Les marabouts africains à Paris

Liliane Kuczynski

Les marabouts africains à Paris

CNRS EDITIONS
15, rue Malebranche – 75005 Paris

Illustration de couverture :
Marabout en consultation dans un foyer de la région parisienne.
Cliché Sada Mamadou BA.

ISBN : 2-271-06087-7

Transcription

Les termes en arabe ont été transcrits en suivant les normes ci-dessous :

'	*hamza*	*ḏ*	*ḏâd*
b	*bâ'*	*ṯ*	*ṯâ'*
t	*tâ'*	*ẕ*	*ẕâ'*
th	*thâ'*	*c*	*cayn*
j	*jîm*	*gh*	*ghayn*
ẖ	*ẖâ'*	*f*	*fâ'*
kh	*khâ'*	*q*	*qâf*
d	*dâl*	*k*	*kâf*
dh	*dhâl*	*l*	*lâm*
r	*râ'*	*m*	*mîm*
z	*zâ'*	*n*	*nûn*
s	*sîn*	*h*	*hâ'*
sh	*shîn*	*w*	*wâw*
s̱	*s̱âd*	*y*	*yâ'*

a, *i*, *u* : voyelles brèves ;
â, *î*, *û* : voyelles longues ;
s̱, *ḏ*, *ṯ*, *ẕ* : correspondent aux formes emphatiques de *s*, *d*, *t*, *z*.

Les termes transcrits en arabe sont le plus souvent accompagnés de leur prononciation locale (ex. : arabe *jinn*, prononciation locale *jinne*).

Les autres termes sont précédés de l'indication de leur langue.
Les termes figurant dans des citations respectent les transcriptions de leurs auteurs.

Introduction

L'idée d'une recherche sur les marabouts africains est née lorsque demeurant à Paris dans le quartier des Épinettes[1] habité par une population aux origines fort mêlées, j'ai commencé à recueillir les cartes déposées dans ma boîte aux lettres par des marabouts ; ces publicités semblaient suivre mes trajets quotidiens puisque je les retrouvais dans le journal gratuit distribué par mon boulanger, à l'entrée de ma station de métro, et même, à une certaine période (1984), dans mon quotidien (rubrique « Gri-gri » de *Libération*). L'étonnement suscité par cette manière directe de s'adresser à tous les Parisiens, dont je croisais les auteurs en boubou dans ma rue, je n'étais pas la seule à l'éprouver : plusieurs personnes autour de moi avaient entamé la même collection de ces petits cartons colorés aux formules chatoyantes[2]. Une autre découverte allait attiser encore mon intérêt : au musée de l'Homme où je travaillais alors, une stagiaire africaine portait des talismans maraboutiques pour se protéger des attaques qu'elle disait subir de la part de ma plus proche collègue. Au fil des mois et des années, les marabouts gagnèrent de plus en plus droit de cité dans le folklore parisien, jusqu'à devenir des personnages de roman[3] et des marionnettes satiriques[4], jusqu'à être évoqués dans un procès.

Il fallait aller au-delà de cet aspect pittoresque souvent non dénué d'ambivalence. Une multitude de questions se posait : Qui sont ces Africains ? Quelles sont les conditions de leur présence en France ? Quel est leur savoir, leur rôle ? Quel rapport entre celui qu'ils ont en France et leur pratique africaine ? Quelle est leur organisation à Paris ? À qui s'adressent-ils ? C'est à ces interrogations que cet ouvrage espère répondre.

---

1. Partie est du XVIIe arrondissement.

2. Cet intérêt est resté constant : il existe actuellement (2001) un site web entièrement consacré aux collectionneurs de cartes de marabouts (dénommées *flyers*).

3. Voir le roman de Thierry Pfister *Le Nègre du palais*, Albin Michel (1994), qui fait intervenir un personnage tantôt dénommé « sorcier » tantôt « marabout » dans la vie du président de la République française. Plus récent, le récit de Laure Adler, *À ce soir*, Gallimard (2001) où l'auteure évoque en des termes très négatifs sa visite chez un marabout parisien dans un moment de détresse ; voir aussi *La Mort du marabout* (titre anglais *The Conjure-Man Dies*) du romancier noir américain Rudolph Fisher, roman situé à Harlem (publié aux États-Unis en 1932 ; et *Retour définitif et durable de l'être aimé*, d'Olivier Cadiot, récit poétique au titre directement inspiré des cartes de marabouts (2002).

4. Dans l'émission télévisée « Les guignols de l'info » , Canal+, mai 2000.

La facilité consistant à mener une recherche dans sa rue, dans son quartier, dans sa ville, n'est qu'apparente. Discontinuité obligée de l'enquête (l'ethnologue n'est pas, comme souvent en terrain exotique, installé pour une longue durée au centre d'un village ou d'un campement), séparation entre sphère publique et vie privée modifient les conditions de l'observation participante. Mais surtout, entre les marabouts, outre leur origine ouest-africaine, un seul point commun : leur activité professionnelle. Leur dispersion géographique, leur mobilité contraignent à les rechercher dans un espace et un temps éclatés. En outre, aucune instance ne permet de les appréhender collectivement : ni syndicat, ni chambre des métiers, pas même une manifestation collective tels les « salons » des voyants, trois ou quatre associations ne regroupant que peu de membres et dont la représentativité est contestée, sans compter la rivalité régnant entre les marabouts, chacun accusant l'autre de profiter de la situation parisienne pour usurper une fonction. Alors s'agit-il vraiment d'un groupe ?

Mon fil conducteur principal fut alors de suivre les réseaux de ceux qui, Africains, Français ou Antillais, vont consulter régulièrement ou occasionnellement ceux qu'ils appellent marabouts. Position inhérente à la démarche ethnologique, qui suppose l'existence de « passeurs », particulièrement féconde dans ce cadre précis puisqu'elle introduit un rapport fondamental en Afrique : la médiation ; je pus ainsi profiter des liens de parenté et d'amitié, des relations à plaisanterie. Mais cette position fit surgir d'emblée un problème méthodologique épineux. Mes premières lectures m'avaient enseigné que les marabouts, figures de l'islam, travaillaient avec des « noms de Dieu », avec les « mots du Coran » ; or mes observations, la façon dont certains étaient nommés et se dénommaient eux-mêmes[5] révélaient une réalité plus enchevêtrée. Il fallait donc éclairer ce vocabulaire et en même temps se conformer au terrain : prendre acte du langage employé à Paris, de cet usage large des mots. Par ailleurs, ces réseaux me menant sans solution de continuité à des marabouts usant de la publicité comme à d'autres ne se faisant connaître que par leur renommée, il fallait renoncer à construire l'objet de recherche comme l'avait fait Massaer Diallo dans son article pionnier (1984) sur les marabouts à Paris, où il ne traitait que des marabouts « à carte » . Mon objectif n'étant pas non plus de me limiter aux représentants ou chefs de confréries musulmanes qui viennent épisodiquement faire des « tournées » à Paris, il fallait élargir l'étude à tous ceux auxquels, par quelque moyen que ce soit, des consultants pouvaient avoir accès.

Si un petit nombre de marabouts accepta ma démarche, tentés parfois de lisser leur image pour la conformer à un idéal quasi hagiographique[6], les difficultés que je rencontrai avec d'autres allaient me plonger au cœur même du sujet.

---

5. En particulier l'un d'entre eux qui, dans une publicité, se définissait comme « chef religieux célèbre médium africain spécialiste de la pensée animiste ».

6. En m'interdisant, par exemple, l'accès à leurs consultants.

Accompagnée d'une amie africaine, j'expose au marabout Dramé le sens de ma présence ; quelques réponses générales à mes questions, puis s'adressant à ma compagne, il lui fait jurer sur le Coran que je ne suis pas venue pour lui nuire et m'exhibe sa carte de séjour « en règle », précise-t-il. La visite est terminée. Expérience cuisante aussi avec Keita : « On n'a pas attendu les Français pour réfléchir sur le maraboutage et en faire », me rétorque-t-il, d'ailleurs : « Les Français sont venus en Afrique parce qu'ils y avaient des intérêts. » Cette relation violente se clôt symboliquement : Keita refuse désormais de me parler en français.

L'enseignement qui se dégage de ces deux entrevues est clair : accusation de surveillance, méfiance envers celui qui, sous couvert de science, peut n'être qu'un policier ou un travailleur social chargé de vérifier la régularité des papiers, pour l'une, accusation de colonialisme pour l'autre : à Paris, l'ethnologue n'est jamais hors jeu, dans cette position de neutralité qui, en terrain exotique, semble souvent, parfois de façon fallacieuse, aller de soi. Dans les deux cas évoqués, le rapport non dit qui conditionne le refus d'information est un rapport de pouvoir. Être ainsi brutalement remise dans les cadres de sa propre société souligne aussi combien, à Paris, l'ethnologue est loin du prestige évoqué par Zempleni (1968) lors de son enquête dakaroise en milieu wolof, et combien sa présence, même une fois la méfiance dépassée, y est peu valorisante[7]. Mais cette remise en place va encore bien au-delà de la prise en compte d'une relation de domination. Il s'agit d'assigner l'ethnologue à une place précise, celle où justement ce rapport est inversé, où ce sont les marabouts qui détiennent un savoir – un pouvoir – dont les Français sont potentiellement demandeurs : celle de cliente. Cette inversion subversive des termes habituels de l'échange où les Européens donnent tandis que les Africains prennent, allait devenir un fil directeur de ma recherche. Position pleinement justifiée par ailleurs car dans le domaine d'action des marabouts, « c'est secret et discret », comme le dit l'un d'eux : l'ethnologue ne peut donc, à plusieurs titres, qu'être acteur, le tiers est forclos[8].

Assumer cette place imposée, consulter moi-même ou accompagner des clients impliquent des conditions d'enquête particulières : faire la part de ses émotions, attitude exigeant une vigilance sans relâche ; exclure bloc et crayon, photographies et enregistrements : la possibilité d'utiliser un magnétophone caché me parut très vite aussi irréaliste qu'indéfendable. Ainsi seule s'exerce la mémoire. Mais les pratiques divinatoires, le « travail » proposé et assumé par le marabout et le

7. Que vaut son travail, pour se faire connaître, au regard des caméras de TF1 ? L'un des marabouts me promit, en effet, de me montrer « plein de choses » si je réussissais à lui amener les journalistes de cette chaîne. J'ai exposé de façon plus détaillée la construction de mon enquête dans Kuczynski 1987 (a) et (b).

8. Position amplement démontrée par le travail de J. Favret-Saada (1977), et qui rend caduc le débat courant du choix quasi existentiel de l'ethnologue entre « dedans » et « dehors » ; la « place du témoin », pour reprendre les termes de Vidal (1977), est celle dans laquelle le groupe met l'ethnologue. On comprend donc en quoi faire une partie de l'enquête comme cliente ou en accompagnant des clients ne résulte pas d'un « choix » de ma part.

consultant, les interactions complexes entre les deux partenaires deviennent enfin observables.

Une seconde position d'acteur était théoriquement possible, pratiquement inacceptable : celle de disciple ; position que je n'ai jamais sollicitée moi-même mais qui a été évoquée par les marabouts, précisément pour l'exclure sans aucune ambiguïté : une femme, impure par définition[9], non musulmane de surcroît, ne pouvait prétendre accéder à des secrets, par ailleurs jalousement soustraits à la connaissance d'autres marabouts. Autre preuve de l'impossibilité du tiers neutre...

Je découvris plus tard une troisième attitude admissible, dans laquelle les marabouts m'ont souvent placée, qui allait me permettre de sortir de l'enfermement dans celle de cliente ou d'accompagnatrice : l'échange de savoirs. Dans ce domaine, une première forme d'acceptation de ma présence a consisté, pour les plus lettrés, à assimiler ma recherche à celle d'un historien, les sciences historiques étant très prisées ; mais quelle ne fut ma confusion de voir comparer mon entreprise à celle de l'illustre Ibn Khaldûn ! Heureusement nos relations prirent souvent un tour infiniment plus modeste. Comme on le verra, le travail de la connaissance joue un rôle capital dans la culture maraboutique. Être considérée comme détentrice de bribes d'un savoir supposé particulièrement efficace (et par conséquent particulièrement recherché) fut, en définitive, la position la plus féconde, même si elle me mit plus d'une fois dans l'embarras[10] ; elle me permit d'assouplir mes relations avec les marabouts, dont certaines devinrent très amicales. Mais le souci de connaissance n'est jamais gratuit, et plus d'une fois il me fut reproché de n'avoir pas expérimenté sur mes proches ou moi-même la puissance de ce qui m'était donné…

Ne cherchant jamais à pousser les marabouts dans leurs retranchements, je suis d'ailleurs loin de ne m'être attachée qu'aux « secrets » et à l'« efficacité symbolique », cherchant également à saisir dans sa dynamique leur organisation sociale et culturelle à Paris. N'étant à l'origine ni africaniste ni islamologue, le point de vue que j'ai adopté a été avant tout celui de l'anthropologie urbaine ; non pas uniquement pour souligner en quoi le contexte urbain parisien infléchit le mode de vie des marabouts, point de vue trop restrictif, habituel aux études sur l'immigration, mais pour éclairer la façon dont ils y vivent, y gagnent leur vie, la place qu'ils s'y sont faite, pour expliciter le sens des pratiques, des paroles, les saisir dans leur interaction avec le milieu environnant.

L'enquête m'a menée aussi sur les marchés où s'achètent les poulets du sacrifice, dans les boutiques où se vendent plantes et benjoin, colas et cauris ; elle m'a aussi conduite, dans les lieux d'attente des marabouts, à discuter avec nombre de

---

9. Il est certains livres qu'une femme ne doit pas toucher, sur lesquels elle ne doit pas même jeter son regard sous peine de les souiller. Tout au long de mon enquête je fus questionnée sur mon état de « propreté » et, parfois à mon insu, soumise à des rituels de purification.

10. Il s'agit, en l'occurrence, de la « science des juifs », très valorisée. Il me fut aussi demandé, à plusieurs reprises, un gri-gri juif ; mon embarras à répondre à cette demande rappelle celle de désorcellement qui fut faite, dans le bocage normand, à J. Favret-Saada (1977 : 183 et sq.), demande dont elle ne comprit pas sur-le-champ l'enjeu.

clients de diverses origines, à nouer des relations avec certains d'entre eux. J'ai aussi « tourné autour du pot », visitant voyants, imprimeurs de cartes publicitaires, responsables administratifs, etc. Si j'ai porté mon attention sur les langues vernaculaires, je me suis aussi attachée aux expressions françaises utilisées, *lingua franca* de la pratique maraboutique à Paris.

Observant les faits et gestes des marabouts, consciente de l'incongruité qu'il pouvait y avoir, en milieu africain, à poser de nombreuses questions, j'étais à mon insu soumise moi-même à l'observation ; concluant avec satisfaction un de nos entretiens, le marabout Cissé me dit que nos conversations lui étaient fort utiles pour savoir... comment traiter les problèmes des Blancs ! Ce simple exemple montre l'élargissement nécessaire du champ de l'étude : loin que les « marabouts de Paris » soient un objet d'investigation exotique placé tel quel en face de l'ethnologue, il s'agit de comprendre en quoi ils sont un phénomène de la société parisienne actuelle et ce qu'ils en révèlent.

Je n'ai pas mené, de front avec l'enquête parisienne, un terrain parallèle au Sénégal ou au Mali, choisissant plutôt de m'attacher, outre à des repères bibliographiques indispensables, à la vision qu'ont des pratiques de leurs pays les Africains vivant en France : cette perspective permet, me semble-t-il, de nuancer la problématique connue comparant tradition et modernité, dont la valeur heuristique ne me semble pas toujours évidente.

La perspective choisie dans cet ouvrage est à la fois diachronique et synchronique. Le recours continuel, fréquemment rencontré, à une norme historique du marabout authentique, m'a incitée à un retour historique et épistémologique sur le cheminement du mot et du rôle en Afrique de l'Ouest. On trouvera cet examen dans la première partie, ainsi que celui des conditions matérielles de la venue et de l'existence des marabouts à Paris. La seconde analyse la connaissance de ceux-ci et le dynamisme de leurs pratiques. Enfin la troisième cerne de plus près les relations avec les clients et les divers rôles joués par les marabouts à Paris. Centrée principalement sur ceux-ci plus que sur leurs consultants, cette étude suggère aussi la diversité des chemins que se sont frayés les marabouts en France, et laisse émerger des personnalités, la justification d'une telle approche apparaissant au fil de ce travail[11].

La recherche de « terrain » proprement dite, débutée par diverses collectes dès 1985, s'est déroulée de façon intensive de 1986 à 1995 environ à Paris et dans sa banlieue ; mais, privilège de la recherche anthropologique en milieu proche, j'ai maintenu jusqu'à ce jour des liens étroits avec quelques marabouts et leurs consultants. L'étude, s'étendant sur une période relativement longue, est donc à même de saisir des évolutions en cours. Mes relations avec la soixantaine de marabouts sur

11. Pour des raisons évidentes, tous les noms ont été modifiés. Cet ouvrage est issu d'une thèse de doctorat en ethnologie, soutenue à l'université Paris X-Nanterre en décembre 1995. Je remercie pour leur aide intellectuelle et matérielle les membres du Laboratoire d'anthropologie urbaine et du groupe de recherches Anthropologie comparative des sociétés musulmanes (CNRS).

laquelle est fondé ce travail, ont été diverses, depuis une simple conversation téléphonique jusqu'à une familiarité de plusieurs années.

Cette recherche a été menée à Paris ; peut-être a-t-elle une valeur de modèle, il reste néanmoins à démontrer si les réseaux fonctionnent de façon identique dans des petites villes, telles Saint-Brieuc ou Menton, ou si l'histoire de certaines villes[12] influence leur activité.

12. Par exemple la marque, à démontrer, du spiritisme sur Lyon.

Première Partie

« Tenter sa chance »

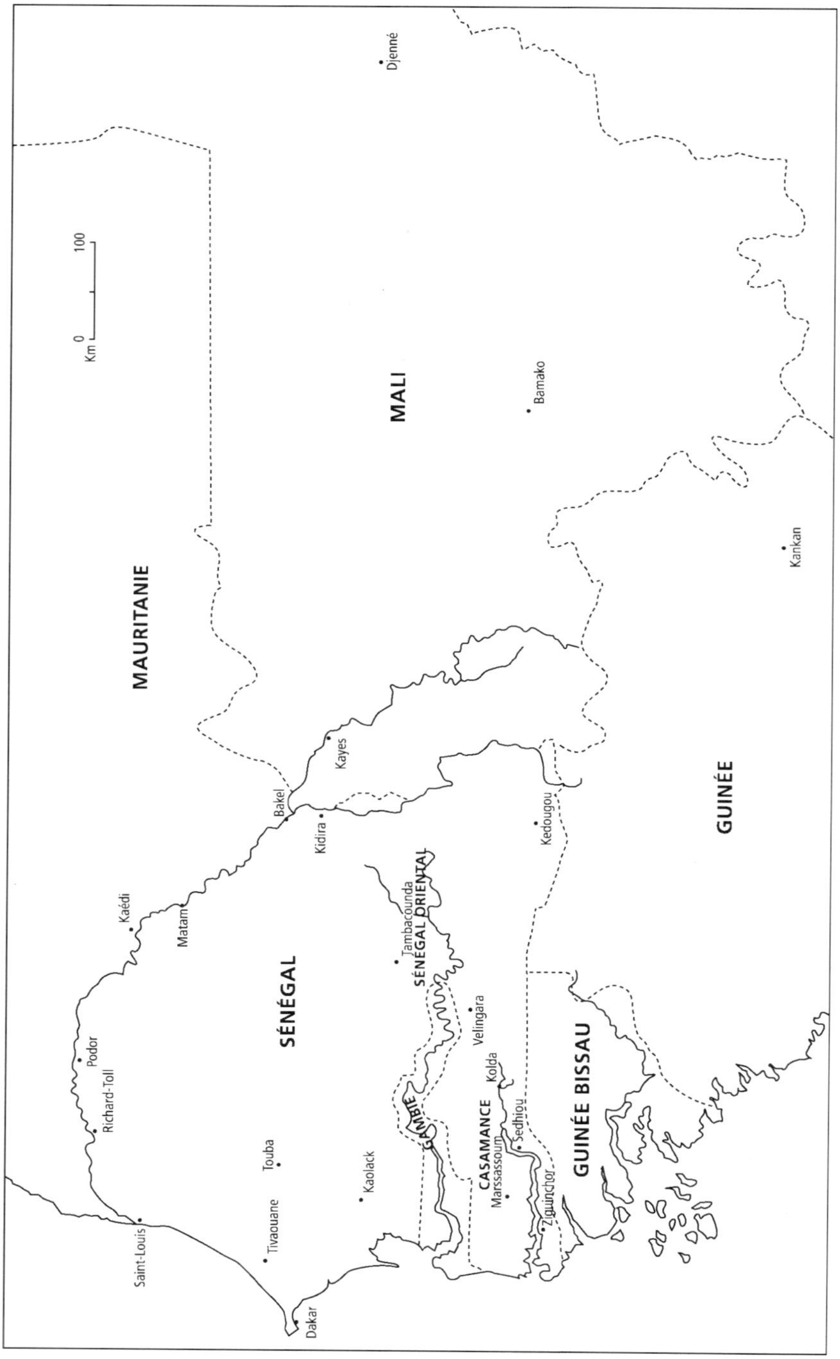

Carte 1. Région d'origine des marabouts parisiens.

Chapitre premier

Le mot et le rôle : les marabouts en Afrique de l'Ouest

En Afrique de l'Ouest, tout comme au Maghreb, le terme de « marabout » et le rôle du personnage qu'il désigne ont une histoire, témoignage des normes et représentations, de l'état social et politique des sociétés qui les produisent. C'est à éclairer cette histoire et son évolution que ce chapitre est consacré.

DES PREMIÈRES IMAGES À LA FABRICATION COLONIALE

Les récits des voyageurs

Au milieu du XVe siècle, Alvise Ca' da Mosto, jeune aristocrate vénitien engagé dans les premières expéditions commerciales portugaises en Afrique, note que dans le royaume du Sénégal où domine l'islam, les seigneurs wolof ont constamment à leurs côtés « des prêtres » qui :

> [...] les instruisent dans la foi mahométane et les persuadent qu'il serait fort malséant d'être seigneur et de vivre sans connaître les lois et commandements de Dieu comme fait le peuple (1994 : 66).

Ces seigneurs eux-mêmes, « très grands magiciens », s'y entendent à confectionner des poisons pour les armes et des protections pour les chevaux de combat : après les avoir enduits d'un onguent magique en prononçant des incantations, ils leur suspendent à l'encolure

> [...] certaines amulettes enveloppées dans du cuir rouge ; elles ressemblent à des brevets pliés en quatre (*ibid.* : 89).

Tout en notant l'accommodement entre une foi musulmane et des pratiques d'« enchanteur », ce récit met clairement en lumière le personnage du « prêtre » musulman, terme qui sera repris par bien d'autres auteurs. Le mot « marabout » n'existe pas encore dans les langues européennes, mais nous n'en sommes guère loin. Selon le dictionnaire *Robert*, le relais entre la forme arabe[1] et les formes françaises se trouve dans le portugais *marabuto*[2] et la forme *morabuth* serait attestée en 1575. Le mot « marabout » figure dans des relations de voyage du XVIIe siècle (Mocquet 1617, Saint-Lo 1637) et du XVIIIe siècle (Pruneau de Pommegeorge, en 1789, écrit « marabou » et « marabate[3] ». Sanneh (1979), Saad (1984) citent le marchand anglais Jobson qui, dans un récit intitulé *Le Commerce de l'or* (1623), nomme curieusement *mary-bucke* un type de lettré : personne privilégiée (parce que lettrée), celui-ci peut poursuivre son voyage en temps de guerre sans être inquiété par aucune des deux parties.

Les descriptions de l'homme et de ses rôles deviennent plus complexes dans le récit de Mungo Park qui, à la fin du XVIIIe siècle, traversa de multiples petits États indépendants d'Afrique de l'Ouest jusqu'à la région de Ségou. Parmi divers personnages auxquels sont dévolus respect et pouvoir, tels les *sharîf*[4] maures qui écrivent des « saphis[5] » et dont on recherche la bénédiction, et les vieux musulmans en général, le voyageur rencontre le « marabou ou prêtre » (musulman) ; il a pour charge d'appeler le peuple à la prière mais est « à la fois prêtre et maître d'école » ([1800]-1982 : 167). Ainsi ce portrait, fait à Kamalia, en pays manding :

> [...] quoique fort strictement attaché à la religion de Mahomet, il n'était nullement intolérant dans ses principes à l'égard des personnes qui ne pensaient pas comme lui. Il passait beaucoup de temps à lire, et l'enseignement de la jeunesse semblait faire son amusement autant que son occupation. Son école était composée de dix-sept garçons, pour la plupart fils de kafirs, et de deux filles [...]. Les filles recevaient leur instruction pendant la journée, mais les garçons prenaient une première leçon à la lumière d'un grand feu avant la pointe du jour et une deuxième le soir, car, étant considérés pendant le temps de leur éducation comme esclaves domestiques de leur professeur, ils étaient occupés toute la journée à planter du maïs, à apporter du bois pour le feu, et aux autres travaux serviles de la maison (*ibid.* : 306).

---

1. Étymologiquement, le mot « marabout » (arabe classique *murâbiṯ*) est, à l'origine, en relation directe avec la notion islamique de *jihâd* « guerre sainte ». Il désigne, en effet, l'homme qui habite un *ribât*, lieu où l'on tient liés les chevaux prêts à partir combattre les infidèles (Berbères, Byzantins, etc.). La fonction du *ribât*, forteresse frontalière, est double, d'une part politique et économique (au Maghreb, contrôle des routes caravanières sahariennes), d'autre part religieuse (enseignement et propagation de l'islam) ; le *murâbiṯ* est donc, à l'origine, un guerrier et un prosélyte musulman.

2. Les voyageurs portugais furent en effet nombreux en Afrique de l'Ouest dès le milieu du XVe siècle et c'est à propos de cette région, et non de l'Afrique du Nord, que le mot serait apparu. Alvise Ca' da Mosto voyagea un temps sous la bannière portugaise.

3. Signalé par Monteil ([1964]-1980).

4. Descendants du Prophète. Les Maures ont joué un rôle d'intermédiaire et de transmetteur capital dans l'histoire de l'islam ouest-africain.

5. Les « *saphis* » sont des « charmes ou amulettes que les Nègres [...] portent constamment sur eux » ([1800]-1982 : 64). Mungo Park retranscrit le terme manding.

La supériorité qu'apporte la connaissance de l'écrit, remarquée surtout en milieu maure, vaut souvent au « prêtre mahométan » une place stratégique dans la cité, un prestige et une considération redoublés par l'écriture et la vente des talismans ; à ces versets du Coran inscrits sur des morceaux de papier et généralement enfermés dans des cornes de moutons sont attachées des vertus considérables :

> Il y a des Nègres qui les portent pour se préserver de la morsure de serpents ou de crocodiles, et alors le saphi est ordinairement enveloppé dans un morceau de peau de serpent ou de crocodile et attaché au bas de la jambe. D'autres s'en servent en temps de guerre, dans l'idée que cela peut les mettre à l'abri de l'atteinte des armes de leurs ennemis. Mais ce qui fait surtout employer les saphis, c'est qu'on croit qu'ils préviennent et guérissent les maladies, qu'ils empêchent qu'on n'éprouve la faim et la soif, et que dans toutes les circonstances ils attirent sur celui qui les porte la bienveillance des puissances célestes (*ibid.* : 65)[6].

Bien que la confection des amulettes ne soit pas l'apanage des seuls « prêtres musulmans », Park relève là une de leurs fonctions importantes, objet encore actuel tant de leur succès que des condamnations formulées à leur encontre.

René Caillié qui traversa, de 1819 à 1828, la région sénégambienne pour atteindre Tombouctou, découvre les marabouts dans la région sous influence maure (Saint-Louis, Podor), évoquant ainsi la division des pouvoirs entre les différentes classes de cette société :

> Les marabouts sont les prêtres, ils ne sont pas armés, et ne vont pas à la guerre ([1830]-1979, I : 100)[7].

Certains d'entre eux occupent dans les villages et les villes des positions centrales (*ibid.*, I : 63-64). Offrir asile, logement, nourriture, protection, soins aux voyageurs leur incombe. Leur revient aussi la pratique de la circoncision, la négociation et la célébration des mariages :

> Lorsqu'un jeune homme devient amoureux d'une fille et qu'il veut l'épouser, il cherche en secret à obtenir son consentement. Dès qu'il en est assuré, il charge un marabout de négocier les conditions du mariage avec les parents de la fille ; celui-ci convient des présents que devra faire le prétendu, du nombre de bœufs qu'il donnera à sa belle-mère, etc. Quand les conditions sont réglées, le négociateur en instruit les autres marabouts, lorsqu'ils se réunissent à la prière et en présence de l'amant (*ibid.*, I : 136).

---

6. Park cite le cas d'un jeune païen ayant demandé des saphis contre les dangers de la guerre à un « prêtre musulman », ce dernier profitant de la situation pour séduire la femme du jeune homme ; l'affaire est morale puisque l'indélicat reçut « quarante moins un » coups de baguette (*ibid.* : 100).

7. La société maure est fondée sur un ordre tribal et statutaire. Les *ḫassân*, d'origine arabe, détiennent le pouvoir politique et ont le monopole des armes ; les *zawâyâ* exercent une fonction religieuse, tout en étant agriculteurs, éleveurs, commerçants. Certains d'entre eux sont indépendants, d'autres sous la protection des *ḫassân*. Cf. Bonte (1991 : 142 et sq.).

Les marabouts ont également pour tâche de veiller les morts, de dire les prières sur la tombe, parfois même de procéder à l'inhumation. Ce sont toujours eux qui procèdent à l'abattage des animaux (moutons et bœufs), recevant en partage une fraction de la viande (*ibid.*, I : 124).

Comme Park, Caillié souligne en de nombreuses descriptions leur maîtrise de l'écrit et le rôle de lecteur public et surtout d'« instituteur » (*ibid.*, I : 91) qui en découle. Il met aussi l'accent sur l'un des principes de l'éducation : l'itinérance, aussi bien du maître originaire d'une autre région, que de l'élève qui, franchissant les niveaux de l'apprentissage, part à la recherche d'enseignants plus doctes. Mais l'auteur signale aussi l'activité pastorale, agricole et commerciale des marabouts. La plupart d'entre eux emploient des esclaves pour cultiver le mil et exploiter la gomme ; ils sont les maîtres de leur commercialisation. L'auteur décrit la vente aux traitants européens d'une cargaison de gomme que des marabouts ont convoyée, montrant la lenteur des transactions due à la méfiance des marabouts et l'importance des cadeaux qui leur sont donnés en sus du marché (*ibid.*, I : 180).

Voyageant en pays manding et en pays foulah, Caillié insiste sur la confection des amulettes, qu'il remarque au fond de la caisse d'un tambour de guerre, protection contre les ennemis (*ibid.*, I : 259), et dans les champs pour éloigner les voleurs (*ibid.*, II : 42) ; quant aux marchands :

> [...] ils portent toujours des saphis pendant à leur cou et sur diverses parties du corps ; ils en suspendent aussi à l'entrée de leurs cases pour les préserver de tout accident, soit du feu, soit de la part des voleurs (*ibid.*, II : 62).

Mais qu'il s'agisse d'amulettes pour protéger des ennemis, des maladies, pour assurer la sécurité du voyage, ou des bénéfices considérables lors d'une vente, Caillié, qui reste fort peu explicite sur les personnes chargées de les rédiger ou de les confectionner, n'en fait pas l'apanage exclusif des marabouts, « docteurs du pays », et semble l'étendre à toute personne respectable[8].

Telles sont les premières images des marabouts que nous livrent ces voyageurs antérieurs à l'époque coloniale[9], portraits vivants de personnages très respectés aux rôles multiformes, commerçants ou enseignants, régulateurs de la vie publique et privée, « capteurs de divin[10] » et intercesseurs, dont les fonctions se recoupent partiellement avec ceux des anciens et des *sharîf*.

---

8. Tel l'auteur lui-même, sollicité pour cette précieuse tâche (*ibid.*, I : 298) ; n'oublions pas qu'il passe pour un *sharîf* arabe.

9. Nulle prétention à l'exhaustivité ici mais le choix des deux voyageurs les plus célèbres du XIXe siècle.

10. J'emprunte cette expression à Augustin Berque (1951).

Éléments constitutifs du maraboutisme

Retracer la genèse du phénomène maraboutique en Afrique de l'Ouest sort largement des limites de cet ouvrage[11]. Rappelons simplement, pour mieux en rendre sensible la complexité, les éléments dont il porte fortement l'empreinte.

Le prestige des sharîf

Descendants historiques réels ou fictifs[12] du Prophète, cette véritable « noblesse » religieuse transmise de façon héréditaire, dont l'aura rejaillit sur l'ensemble du groupe, vient doubler, dans certaines familles, la généalogie mystique (*silsilat al-baraka*) qui rattache le fondateur d'un ordre mystique au Prophète et se continue jusqu'au maître actuel. Ce phénomène est certainement moins développé en Afrique de l'Ouest qu'il n'a pu l'être au Maroc, où l'on a pu parler d'une « épidémie de chérifisme » (Bel 1938 : 381) ; cependant se réclamer d'une ascendance sharifienne, stratégie courante en Afrique de l'Ouest, attire toujours sur celui qui porte ce titre respect et prestige, y compris à Paris où l'arrivée d'un *sharîf* est très vite connue et se souligne.

Le soufisme

Il privilégie l'expérience intime du cœur, sous la conduite d'un maître. Outre la puissance de la *baraka*, influx spirituel dû à la fréquentation intensive du Coran, les soufis, personnalités hors du commun, sont doués de perceptions surnaturelles : visions, inspirations, révélations, songes, autant d'indices jalonnant leur itinéraire spirituel. Ils possèdent également des pouvoirs miraculeux (*karâmât*) qu'il leur est loisible d'exercer au profit d'autrui. La vénération du livre saint sous-tend des rites propres aux soufis, s'ajoutant à ceux pratiqués par tout musulman : invocation (*dhikr*) des noms divins qui régissent toute chose, récitation parfois continuelle du Coran, prières personnelles, demandes d'intercession (*du*ᶜ*â*), veilles, silence, ascèse, jeûnes, retraites. L'enseignement très individualisé dispensé dans les *zâwiya* et les écoles peut prendre des orientations différentes selon le maître ; l'une de celles-ci, le ᶜ*ilm al-asrâr* (« science des secrets »), réputée dangereuse et inaccessible tant que le disciple est dans son jeune âge et qu'il ne fait pas preuve de dispositions particulières, aborde le sens caché des textes, révèle les noms secrets d'Allah et leur puissance. Mais l'étude de la combinaison des chiffres et des lettres et les prières d'invocation sont aussi au fondement d'une action effective sur la nature ; l'existence de talismans, élément capital dans la diffusion de ce que Brenner

11. Pour une étude des multiples constituants de l'islam ouest-africain et de son évolution historique, on consultera notamment les synthèses de Willis (1979), Nicolas (1981), Hiskett (1984), les livraisons de la revue *Islam et sociétés au sud du Sahara*, et l'ouvrage collectif dirigé par Robinson et Triaud (1997).

12. Les liens historiques sont loin d'être toujours authentifiables et, dans bien des cas, la revendication d'une origine sharifienne est l'objet d'une construction *a posteriori*, apportant un surcroît de considération ou venant conforter un pouvoir défaillant.

nomme « culture islamique » en Afrique de l'Ouest (1985 : 3 et sq.), est l'objet de maints débats passés et contemporains, certains de leurs détracteurs soutenant que leur rédaction ne serait le fait que de personnages de niveau médiocre issus des classes les plus populaires ; cette dichotomie ancienne entre savant et populaire se double d'une seconde opposition séparant magie et religion ; elle reproduit un « modèle à deux vitesses » dont Chodkiewicz (1986) après P. Brown (1984) ont brillamment démontré l'inconsistance[13]. Ces talismans islamiques sont attestés dans la région dès le XIIIe siècle (Hiskett 1984 : 315) mais il existait d'autres sortes d'amulettes graphiques, certaines mêlant même plusieurs sortes d'écrits (voir un talisman combinant prières islamiques et signes bambara, analysé par Dieterlen et Ligers 1959).

En Afrique de l'Ouest, le soufisme, apparu aux XVIIe-XVIIIe siècles, se manifesta sous trois formes coexistant à toutes les époques (Brenner 1988) :

– un lien très individualisé avec un *walî* célèbre dans une région, dans un lignage, pour sa science ou son savoir-faire ;

– des confréries (*tarîqa*, plur. *turuq*) dont l'organisation peut interférer avec d'autres structures, ethniques ou lignagères, telle la confrérie layène particulièrement vivace en milieu lébou ;

– des confréries à vocation universaliste, existant à des degrés divers dans l'ensemble du monde musulman, telles la *qadîriyya*, introduite en Afrique de l'Ouest au XVIIIe siècle et la *tijaniyya*, introduite à la fin du XVIIIe et au milieu du XIXe siècles. Certaines ont donné naissance à des branches locales, telle, pour la *qadîriyya*, la *murîdiyya* exclusivement sénégalaise. Si le rôle et la puissance de ces confréries ont été fantasmatiquement exagérés et fabriqués par les autorités coloniales (Triaud 1986 : 271), il n'en reste pas moins que, de façon variable selon leurs chefs et chacune ayant sa couleur particulière, celles-ci sont devenues des forces économiques et sociopolitiques aux réseaux multiples[14], que les indépendances ont peu modifiées.

L'accommodement[15]

Mélange, symbiose, rapprochement, équivalence, à des degrés fort divers selon les individus, et variable selon les époques, entre l'islam et d'autres pratiques, ce fait

---

13. Desparmet (1932) avait déjà dépassé ces oppositions dans son étude sur la Mittidja. Concernant plus spécifiquement l'Afrique de l'Ouest, Marty montre nettement que l'art talismanique a été pratiqué par les plus grands *shaykh* comme par les plus humbles maîtres d'école ; ainsi à propos de la ville de Dia (moyenne vallée du Niger) : « Tout le monde se livre peu ou prou à cette industrie [la fabrication des amulettes], même les plus savants professeurs, dont la bibliothèque renferme toujours plusieurs ouvrages de la magie classique arabe et de la cryptographie » (1920, II : 165).

14. Étudiant cas par cas les biographies de plusieurs chefs charismatiques de ces confréries, l'ouvrage édité par Robinson et Triaud (1997) éclaire leurs différentes implications et stratégies face à la politique coloniale.

15. J'emprunte cette notion à Robinson (1985).

banal dans toutes les sociétés ouvertes ou colonisées a fourni, jusqu'aux années 1950, l'argument d'un « islam noir » conçu comme une forme inaboutie, quasiment folklorique au regard d'un islam purifié de diverses scories tel qu'il existerait à La Mecque, au Caire ou à Damas[16]. Ce point de vue aujourd'hui très largement contesté, qui relève de la polémique théologique ou de la stratégie politique plus que de l'analyse anthropologique, semble être l'écho d'une condamnation analogue émanant, depuis le XIVe siècle et le célèbre polémiste hanbalite Ibn Taymiyya, des musulmans les plus rigoristes. Le blâme de toute innovation religieuse postérieure à l'époque prophétique (*bidᶜa*) et de toute « association » (*shirk*) de l'islam avec d'autres pratiques trouve en effet particulièrement à s'exprimer à propos des imbrications culturelles souvent caractéristiques des pratiques maraboutiques. Pourtant cette présentation dichotomique est battue en brèche par de multiples analyses de la réalité sociale, montrant que les limites des pratiques culturelles sont plus indécises qu'on l'a souvent dit. Ainsi en milieu songhay, les magiciens *sohantye* recherchent l'efficacité des pratiques islamiques ; lors d'une cérémonie de la saison des pluies, Dongo lui-même, génie du tonnerre, recommande aux hommes de ne pas oublier le dieu de l'islam. Le sacrifice de la *tabaski*[17] sert en même temps le culte de Dongo, cela sans que les identités de chacun en semblent atteintes (Rouch [1960]-1989). La recherche du sens de ces enchevêtrements, de leur cohérence dans une société donnée, celle des « résonances harmoniques » sous-jacentes – beau terme employé par Rouch – permettent de dépasser des interprétations purement diachroniques et des attributions culturelles trop formelles, écueil de bien des études trop positivistes sur les syncrétismes.

Quelques exemples de ces accommodements prendront sens au regard de notre étude en milieu parisien.

Un récit relatant les hauts faits du *walî* Malik Sy[18] (Skinner et Curtin 1971) le présente aux prises avec les *faddubé* (sing. : *paddo*), groupe territorial qui semble avoir dominé le Boundou (Sénégal oriental) avant la pénétration de l'islam (fin du XVIIe-début du XVIIIe siècle). Ceux-ci sont présentés comme des êtres à peine humains, vivant dans des trous. Ils ne parviennent pas à achever la construction d'un puits et, lorsqu'ils veulent manier la hache, sont assaillis par les génies des arbres qui les battent et les soufflettent. Survient Malik Sy dont l'existence sainte est décrite ; il résout la difficulté grâce aux bienfaits d'une amulette musulmane écrite (*aya*), les *faddubé* lui reconnaissant alors la propriété du puits. À leur demande, alors qu'ils prennent Malik pour maître et que celui-ci poursuit son œuvre civilisatrice, est conclu entre les descendants des uns et des autres un pacte de non-agression et d'amitié encore en vigueur aujourd'hui. Ce récit hagiographique, mettant en valeur la supériorité du saint dans un parcours parfaitement canonique, affirme néanmoins la coexistence des deux cultures ; car les actes « civilisateurs »

16. C'est, par exemple, la thèse de Marty (1917, II : 3 ; 1920, II : 98), de Cardaire qui considère que : « La religion du Prophète, dès ses débuts en Afrique, s'est enlisée dans le pays noir et dans les pratiques fétichistes de ce pays » (1949 : 101).

17. Dénomination ouest-africaine de l'*ᶜayd al-kabîr* commémorant le sacrifice d'Ibrahîm.

18. Chef charismatique de la *tijaniyya* sénégalaise (1855 ?-1922).

du *walî* – la culture contre la nature... – ont plus pour but de montrer sa puissance que d'indiquer des adhésions effectives des *faddubé* à l'islam. Il s'agit donc d'alliance et de respect mutuel sur un territoire dominé[19].

Passons des récits à la pratique sociale avec ce second exemple d'accommodement décrit par Girard (1969) ; il a pour cadre la Casamance, lieu d'où, on le verra, sont originaires nombre de marabouts parisiens. Peu marquées par les religions monothéistes jusqu'à la fin du XIXe siècle, et rendant, tels les Diola, des cultes à leurs génies claniques, lignagers et inter-lignagers, ces derniers régulant et ordonnant la vie collective au sein des quartiers, les populations de Basse-Casamance furent secouées par des luttes mêlant étroitement intérêts coloniaux, guerres de *jihâd* menées par des chefs prosélytes, mouvements de résistance (Roche 1985), luttes qui accélérèrent la diffusion de l'islam. Or dans le même temps où tel village « adoptait » l'islam se créait une société de masques, forme culturelle nouvelle en milieu diola : le *kumpo*. À ces masques, inventés depuis les années 1930, s'adjoint une société secrète à fonction magico-ludique et de régulation sociale, composée de jeunes célibataires. Le *kumpo* est-il un phénomène contre-acculturatif, une « résistance à l'islamisation[20] » ou une « forme originale d'adaptation de la structure traditionnelle diola aux exigences d'une réalité socio-économique moderne » (Girard *ibid.* : 145) ? Le fonctionnement social de cette société secrète montre qu'elle permet de restructurer une société ressentie comme culturellement menacée sans exclure l'adhésion de ses membres à l'islam et qu'elle est au cœur des transformations traversant la société diola (dont l'islamisation n'est qu'un aspect), y compris dans les groupements citadins créés par les jeunes diola immigrés. Ainsi, par ses multiples fonctions, le *kumpo*, apparu en même temps que l'islamisation, transcende l'opposition factice entre religion traditionnelle et islam, tradition et modernité.

Dernier exemple illustrant les sens successifs ou concomitants dont est chargé un objet : en milieu peul, les bandes de pagne tissées de façon artisanale (*leppi*) dont étaient cousus les vêtements portés autrefois, sont considérés comme protection efficace contre toute maladie. On peut en acquérir à Paris, dans certaines boutiques spécialisées. Elles servaient également à la fabrication des sachets (*bàta* ou *boota*) contenant, sur l'autel du lait des pasteurs (*kaggu*), poudres de racines et écorces utilisées pour la prospérité du troupeau. Manifestant la pureté nécessaire de l'objet lui-même, le tissage de ces cotonnades est réservé aux tisserands de pur lignage, ou à un esclave particulièrement honoré. Or avant l'introduction massive du papier, c'était sur ces bandes que les marabouts peuls avaient coutume de consigner fragments coraniques et noms divins dont ils ne se séparaient pas ; et c'est sur les

19. Une version *faddubé* de cette histoire, recueillie à Paris, en livre une version différente. Elle exalte le savoir propre à ce groupe, son contact privilégié et aisé avec les génies, ses connaissances en matière de pharmacopée. Il s'agit clairement d'inverser le récit musulman en arguant que celui-ci n'est de la réalité qu'une vision lettrée relayée par les griots.

20. Termes employés par Delafosse (1922).

boubous faits de ces bandes assemblées qu'ils inscrivaient signes et versets, réalisant les fameux vêtements d'invulnérabilité portés par les guerriers.

Donner de cet « accommodement » une explication univoque serait réducteur. Outre la « continuité du sacré » (Dermenghem [1954]-1982 : 34), on peut aussi souligner la continuité des personnes puisque c'est souvent le *silatigi* peul, maître des connaissances initiatiques pastorales, qui est devenu le praticien musulman ; ou encore l'accumulation, voulue ou insue, de pratiques dans le but de renforcer l'efficacité. On serait là dans l'ordre non du différent mais du même.

C'est sans doute à la pluralité de ses éléments constitutifs, à son caractère composite toujours présent que le phénomène maraboutique doit toute sa vitalité. Pourtant, dès la fin du XIXe siècle, lorsque l'islam devient, pour l'administration coloniale, une menace et un enjeu politique, la figure du marabout se durcit et son caractère protéiforme se fige autour de quelques valeurs clés.

Les portes étroites de la construction coloniale

Dans son ouvrage consacré aux rapports entre la France et l'islam en Afrique de l'Ouest dans les années 1860-1960, Harrison (1988) montre que la « peur de l'islam » caractérisant la politique coloniale française particulièrement dans les années 1898-1912[21], est fondée sur une pièce maîtresse : la construction de la notion de « marabout » et de celle de « maraboutage ». Cette période est, en effet, marquée par de nombreuses missions dont l'objet est de collecter des informations sur ces personnages.

Ceux-ci font l'objet d'un jugement extrêmement dépréciatif. Selon un raisonnement analogique qui les assimile notamment à des curés de village, très dévalorisés en cette période d'anticléricalisme, ils sont considérés comme des parasites exploiteurs du peuple qu'ils maintiendraient dans l'ignorance et les pratiques superstitieuses ; mais surtout, ils sont accusés, sur le plan politique, d'être hostiles à la présence coloniale (*ibid.* : 42, 47). L'un des acteurs principaux de cette lutte contre la « conspiration maraboutique », le gouverneur du Haut-Sénégal-Niger William Ponty, par ailleurs imprégné des idées laïques de la IIIe République, s'efforça par tous les moyens de réduire l'influence de l'islam et des marabouts, y compris en tentant d'interdire l'usage de la langue arabe et d'affaiblir les écoles coraniques traditionnellement tenues par ces personnages.

C'est dans cette ambiance de crainte de l'islam, de rumeurs incessantes de complots fomentés par des marabouts que s'inscrivent deux auteurs qui nous intéressent particulièrement ici : Paul Marty et Maurice Delafosse, tous deux fonctionnaires de l'administration coloniale. Le but du premier était clairement de rassembler, de centraliser des matériaux pouvant servir l'« action politique

21. Mais cette peur de l'islam anima l'administration française jusqu'au seuil des indépendances (Triaud 1997 : 493).

coloniale » (1917, I : 288)[22]. Le second réalisa de nombreuses monographies de cercles et des études plus globales à la demande du gouverneur général de l'A.O.F. Clozel[23]. Leurs matériaux sont en grande partie constitués par les multiples rapports fournis par les commandants de cercles[24].

Pour Marty et Delafosse, les marabouts sont les preuves vivantes de la corruption de l'islam avec le « fétichisme ambiant », certaines pratiques, communes aux sorciers et aux marabouts, tournant souvent, écrit Marty, au « charlatanisme » (1920, II : 126 ; IV : 185) ; il donne plusieurs exemples de marabouts vagabonds, quêteurs et magiciens qui furent condamnés par les autorités coloniales pour « maraboutages » (terme extrêmement dépréciatif) ou « pratiques frauduleuses » (1920, IV : 8 ; 185). Il n'est pas inutile de le noter, l'auteur ajoute à la description des activités inadmissibles de ces personnages un comportement hostile aux Français ! Situés uniquement par rapport à l'islam et à la politique coloniale, les marabouts s'inscrivent également dans la vision extrêmement organisée, hiérarchisée, ramifiée qu'a Marty des sociétés musulmanes africaines. Le premier tome de *L'Islam au Sénégal* (1917) est, en effet, entièrement constitué de notices personnelles sur chaque marabout, avec mention explicite de leur influence, de leur attitude vis-à-vis de l'administration coloniale, seuls les personnages de quelque envergure, qualifiés du titre inventé mais flatteur de « grand marabout », retenant son attention, les autres étant relégués au rang de « maraboutaillons » (1920, IV : 5).

Delafosse quant à lui, dégage différentes figures, du fondateur d'empire au faible d'esprit, du lettré célèbre à l'ignorant, qui constituent la « pierre angulaire de l'islamisme aux pays du Sénégal et du Niger » (1912, III : 206). Sa vision moins univoque de l'islam, partagée entre admiration et mépris, ne l'empêche pas de fustiger particulièrement cette « forme nouvelle et quelque peu redoutable du maraboutisme » (*ibid.* : 208) qu'est le mouridisme[25] : bien qu'il existe aussi chez les animistes des « marchands du Temple » (*ibid.* : 167), la croyance excessive en la *baraka* du marabout – façon dont il définit cette création totalement hétérodoxe à ses yeux – a amené « des marabouts intelligents et avides » à se constituer « de véritables fortunes » et à gagner une autorité tout à fait condamnable sur leurs mourides (disciples), piètres musulmans qui leur sont totalement soumis.

Ce premier filtre que constitue le modèle du marabout défini à la seule aune d'un islam à la fois idéalisé et redouté, quasiment hors de toute implication sociale mais où le poids politique est très transparent, n'appartient pas qu'à la littérature coloniale. Copans constatait encore, en 1980, que les travaux les plus récents n'avaient

22. Sinon, écrit-il, « c'est avoir fait œuvre de simple érudition qui, pour quelque intéressante qu'elle soit, n'apporterait à notre action politique aucun secours efficace » (*ibid.* : 286).

23. Dans une circulaire du 12 janvier 1909 « relative à l'étude des coutumes indigènes », celui-ci recommande de se pencher, en matière religieuse, sur les « progrès de l'islamisme et des sectes religieuses. Marabouts principaux. Établissements religieux : leur nombre. Leur importance ».

24. Divisions administratives créées par les autorités coloniales.

25. Confrérie proprement sénégalaise dont le fondateur, Amadou Bamba, à l'origine adepte de la *qadîriyya*, fut particulièrement surveillé par les autorités coloniales, condamné à deux exils successifs entre 1895 et 1902 puis assigné à résidence jusqu'à sa mort en 1927.

pas encore fait disparaître « l'image d'Épinal du "marabout-exploiteu de-son-fidèle-serf-fanatisé-par-un-faux-islam" » (1980 : 32), perspective que l'on pourrait qualifier d'hyperpositiviste. Bien que la perception de l'islam ouest-africain ait quelque peu changé depuis l'époque coloniale, il semble que, des arguments de type réformiste venant se mêler à une vision toujours ambivalente de l'islam et à une surinterprétation politique, cette image souvent dévalorisante du marabout demeure dans les mentalités. Nous en trouverons, en tout cas, une manifestation claire à Paris.

La seconde valeur clé mise en exergue dans la construction du marabout est la maîtrise de l'écriture. Tout en les nommant « docteurs, savants ou lettrés » (1912, III : 190), Delafosse insiste sur leur érudition variable, certains, en nombre « relativement considérable » ayant des connaissances assez étendues, d'autres n'ayant « aucune instruction » :

> il ne faudrait pas inférer *a priori*, de ce qu'un musulman porte le titre d'*alfa* ou quelque titre analogue, qu'il soit nécessairement un savant (*ibid.* : 191).

On trouve bien des échos contemporains de cette équivalence *alfa*-marabout, chez Bernus, par exemple, dans son étude consacrée à Niamey (1969 : 78), ou chez Saad dans son ouvrage historique consacré à Tombouctou (1983). Mais être marabout correspondrait-il à une catégorie particulière de lettrés ? Il semble qu'hormis peut-être à Tombouctou aux XVIe et XVIIe siècles, où l'on peut distinguer une hiérarchie nette entre différentes catégories[26], domine une grande imprécision terminologique que traduisent parfaitement, selon Sow, les langues africaines elles-mêmes (du moins au Fouta-Djalon) ; cet auteur montre qu'au cours de l'histoire, la puissance de l'« aristocratie du livre » s'est accrue au point qu'il devient difficile

> [...] de distinguer l'écrivain du professeur, le professeur du docte musulman, du jurisconsulte, du missionnaire-prêcheur et du souverain, puisque tous portent les mêmes titres et jouent, dans la société, des rôles parfois confondus (1966 : 13).

Voilà qui justifierait l'emploi par les auteurs anglo-saxons notamment de vastes catégories tels *scholars*, *clerics*, *literati*, dénominations quasi équivalentes[27]. Et voilà que ces définitions très larges nous éloignent d'une définition stricte de notre personnage. Pourtant, dans la construction française du marabout que Delafosse et surtout Marty ont particulièrement contribué à fixer, c'est bien une fonction particulière qui est distinguée : celle d'enseignant. De sorte que, par un raisonne-

---

26. Depuis les personnalités exceptionnelles particulièrement érudites et très vénérées parmi lesquelles pouvaient être choisis les juges et les principaux imams jusqu'aux hommes simplement instruits nommés *alfa*-tailleurs (artisans plus instruits que d'autres corporations mais ne consacrant pas toute leur activité à l'étude).

27. Avec une nuance plus érudite pour la première ; certains historiens français (tel Triaud qui emploie le mot « clerc ») reprennent ces catégories.

ment métonymique, le maître d'école coranique permet de créer le modèle du marabout en général[28]. N'oublions pas le contexte de l'époque dont Marty hérite lui-même : la valeur attribuée à l'instruction et à la construction de l'école républicaine. Déjà avant lui, bien des voyageurs se réjouissaient de rencontrer des vieux apprenant à lire à des enfants ; tel Sanderval qui traversa le Fouta-Djalon en 1879-1880 :

> Je les ai trouvés tous occupés à lire le Koran dans de bons vieux manuscrits, bien reliés avec double et triple étui, comme des livres d'heures. [...] Ces vieux bonshommes étaient entourés d'enfants joyeux et attentifs. Cela a l'air tout à fait patriarcal et respectable. L'un d'eux, assis sous un bel oranger, copiait sur une planchette des feuillets du Koran pour les faire ensuite lire aux enfants. Je l'ai félicité de s'occuper ainsi de la jeunesse (1882 : 200).

Propos moins admiratifs lorsqu'il s'agit de juger de la valeur scientifique du texte coranique... Marty est bien de son époque aussi dans les références qu'il utilise : c'est par contraste avec l'instituteur français que se construit le modèle du marabout et que sont décrites les « écoles maraboutiques » – synonyme d'« écoles coraniques ». Ainsi il s'inquiète du manque de rigueur « académique », pourrait-on dire, qui consiste pour chacun, au Sénégal, à s'instaurer lui-même marabout en ouvrant sa propre école au terme de ses études (1917, II : 47). Mais nul n'est seulement maître d'école et Marty décrit aussi les autres activités du maître, cultivateur ou commerçant, propriétaire d'immeubles, d'entreprise de navigation fluviale ou de barques de pêche, voire pêcheur ou colporteur, créant des écoles itinérantes. Concernant l'activité régulière, complémentaire de celle de maître d'école et dérivant de la maîtrise de la lettre coranique : celle de fabricant d'amulettes, il ne faut pas s'attendre, de la part de Marty, à un jugement autre que positiviste et rationaliste (1917, II : 141).

Certes, tous les marabouts décrits ne sont pas des savants ni des techniciens de la lettre ; il y a aussi des marabouts dévoyés et illettrés qui cependant, héritiers d'une lignée prestigieuse, jouissent eux-mêmes d'un grand charisme ; il y a, en outre, tous ceux qui manifestent une certaine sainteté :

> [...] son instruction n'est pas très développée mais sa sainteté est admise par tous, et on lui donne généralement le nom de ouali, quelques-uns même, spécialement attirés par son mysticisme, le dénomment « le soufi » (1920, IV : 91).

Mais, ici encore, cette caractérisation des marabouts comme « lettrés », conforme à l'esprit de l'époque férue d'instruction voire de scientisme, accompagne un projet politique. Si Marty tolérait les « écoles maraboutiques » pourvu que leur chef ne soit pas hostile à la France, elles ne représentaient en rien un idéal ; en témoigne la fondation, tôt vouée à l'échec, de plusieurs medersas dont le but explicite était de former des musulmans éclairés, de culture française, acquis à la cause

---

28. C'est à son propos que Marty cite les termes vernaculaires désignant, dans différentes langues, le marabout : *tierno* en poular, *serigne* en wolof, *karamokho* en socé-mandingue, etc. (1917, II : 50).

coloniale et pouvant fournir à celle-ci des représentants. À défaut, l'administration prévoyait pour ces « lettrés » un rôle de relais ou de conciliateur, comme secrétaire du chef de province ou du chef de village, comme juge ou assesseur du tribunal de cercle[29]. Dans de nombreux portraits se profile une convergence souvent évidente entre *literacy*, pour employer le terme de Goody (1986), et alliance politique ; très explicite, la description qui suit montre à merveille comment la politique coloniale favorise ou fabrique les personnalités maraboutiques :

> Peu fortuné, il [le marabout Taïebou Yerowel Ba] fait le cultivateur pour vivre. C'est un homme fort instruit, très souple, le type de Peul qui sait s'adapter. Il jouit d'une très grande considération parmi ses compatriotes. Quand, au début de 1916, lors de la réorganisation du tribunal de division de Sokolo, on rechercha un assesseur peul, Taïebou Yerowel fut désigné par l'ensemble des djemaa de Nampala, d'Akor et du Kourmary. [...] ses qualités et l'estime dont il jouit furent la cause déterminante de l'élection. Il s'acquitte fort bien de ses fonctions judiciaires, et, comme il ne demande qu'à faire son chemin, on ne saurait trop le pousser. Ce sera un excellent auxiliaire (*ibid.* : 158).

Vérification *a contrario* de cette conception utilitariste de la *literacy* : les portraits de ceux qui, bien que lettrés, manifestent de la réserve ou de l'hostilité envers les autorités coloniales : ainsi celui du très célèbre Sharîf Hamallah, particulièrement surveillé par les autorités coloniales :

> [...] intelligent et fin, c'est un bon lettré, mais rien n'indique qu'il sera un grand savant. Il avoue lui-même qu'il ne s'intéresse qu'aux ouvrages de mystique, et sa bibliothèque est des plus rudimentaires (*ibid.* : 220).

Cette faveur coloniale, dont les lettrés ont joui, a sans aucun doute contribué à accélérer une certaine mobilité sociale et la multiplication, surtout en milieu urbain, hors de toute famille maraboutique ou de toute spécialisation lignagère, de nombreux marabouts *self made men* ; mobilité sociale facilitée par l'absence d'une hiérarchie académique des lettrés, mais due aussi à la puissance économique des musulmans et à l'attirance exercée par ces gens « mieux habillés et plus policés sur les populations plus frustes qui les entourent » (Delafosse, *ibid.* : 210 et sq.). Marty lui-même donne plusieurs exemples de ces changements sociaux : tel griot devenu marabout, tel *silatigi*[30] cité parmi les marabouts de Médine (Khasso) (1920, IV : 14), tel caporal de tirailleurs sénégalais en retraite, ayant mesuré l'avantage à devenir marabout, acquérant, dans sa région, une autorité sur les disciples d'un

29. Dans la réalité des faits, une telle position n'a pas été incompatible avec le développement d'écoles coraniques et la progression de l'islam : voir l'ouvrage édité par Triaud et Robinson (1997), dont plusieurs articles montrent les effets d'une attitude de compromis face à l'autorité coloniale.

30. Le *silatigi* désigne, en milieu peul, « celui qui a la connaissance initiatique des choses pastorales et des mystères de la brousse » (Ba et Dieterlen 1961 : 21). Malheureusement Marty ne mentionne pas si ce sage a conservé ses pratiques traditionnelles peules en devenant marabout.

grand *shaykh* moyennant trois jours passés auprès de celui-ci et le don de 50 F ; il est cependant, ajoute Marty, « un néophyte zélé » (1917, I : 353). Une telle mobilité sociale trouvera d'autres avatars à Paris.

Le caractère réducteur de la construction de Delafosse et Marty, témoignage d'un pragmatisme politique oscillant entre méfiance à l'égard de l'islam et privilège de fait, n'empêche pas de reconnaître l'influence majeure, largement soulignée par Goody (*op. cit.*), exercée sur toutes les cultures peu touchées par l'islam, par une *literacy* inséparable de celui-ci et préexistant à la colonisation[31] ; elle fonde le prestige de ceux qui la maîtrisent, depuis l'« aristocratie du livre » jusqu'aux néophytes de l'écriture. On pourrait même soutenir l'hypothèse que la *literacy* a, au fil du temps, acquis en Afrique de l'Ouest, l'importance du sharifisme au Maroc.

Pourtant si maintes descriptions normatives du personnage du marabout, recueillies à Paris, mettent bien l'accent sur la maîtrise de l'écriture « avec les noms de Dieu », « avec les mots et les secrets du Coran », si, disent certains, la relation d'un marabout à son disciple ou à son consultant s'établit par l'intermédiaire de la « tête de la plume » (qui écrit[32]) – spécialisation permettant d'opposer le marabout au « féticheur » connaisseur des plantes et des racines, et au « sorcier » bénéfique (*biledjo*), chargé en particulier de libérer de l'emprise des « mangeurs d'âmes[33] » –, cet apanage n'épuise en rien la complexité du personnage. Elle risque, en particulier, de méconnaître l'absence de transformation radicale des savoirs au contact de l'écriture, dans ces sociétés où la tradition orale garde un rôle essentiel. A. H. Ba ne déclarait-il pas à l'Unesco, en 1957 : « L'écriture, c'est la photographie du savoir, ce n'est pas le savoir » ?

D'ailleurs les descriptions recueillies à Paris mettent l'accent sur la complexité de la « connaissance » (poular : *gandal*) qui ne s'alimente pas à la seule source de l'islam, comme le dit nettement le marabout Cissé :

> [...] pour être marabout, il faut connaître le Coran mais ça ne suffit pas, il faut connaître les arbres, les racines, aller dans la brousse et ailleurs.

Ainsi de ce grand marabout sénégalais, affichant un nom à connotation fortement musulmane[34], qui se réclame à la fois du Coran et du *kaggu* (autel du lait dans les pratiques pastorales peules) ; ou de cet autre, très vénéré, âgé de quatre-vingt-trois ans, ainsi décrit :

---

31. Mungo Park remarquait déjà que « [...] tous ceux de cette partie de l'Afrique considèrent l'art d'écrire comme une espèce de magie. Ce n'est donc point dans les sentences du Prophète, mais dans le talent du magicien, qu'ils placent leur confiance » ([1799]-1980).
32. Il s'agit d'une expression courante en milieu peul.
33. Car ces *biledjo* sont souvent réputés être des sorciers guéris.
34. Kane ; il est originaire de l'un des quatre grands clans peuls, et son nom, dans ce cadre, est Diallo.

> [...] il a un grand mausolée, on se déchausse à deux kilomètres [de sa maison], il est vautré, pas comme un marabout qui baisse les yeux ; lui fait l'écriture, ses deux sœurs font le travail des racines : où est le réel savoir ? le réel pouvoir[35] ?

Cette connaissance ouverte comporte, en outre, une part de perspicacité personnelle (poular : *gandal hoore*, « savoir de tête »), qu'on peut déjà reconnaître chez l'enfant. Enfin, quelle que soit sa forme, elle est essentiellement fondée sur le secret (*gandal sirru*), transmis oralement et jalousement gardé.

Ainsi la définition étroite du marabout comme musulman lettré, s'inscrivant dans un contexte historique précis mais encore vivace dans bien des définitions contemporaines, fondée sur une pensée binariste qui fige des traits opposés (musulman/non-musulman, lettré/non-lettré) est insuffisante pour décrire toutes les facettes du personnage et la fluidité de bien des situations. Hors de ces portes étroites, un auteur comme Gaden, lié comme Marty et Delafosse à l'administration coloniale, nous offre une vision plus kaléidoscopique et plus anthropologique. Consacrée essentiellement à la culture peule et « toucouleur » du Fouta sénégalais, son œuvre, dont la matière est avant tout le fonctionnement vivant et quotidien d'une langue, montre qu'il y a, derrière ce qu'il continue à traduire par « marabout », des mots peuls différents désignant des caractères, des rôles, des personnages distincts. Ainsi le terme poular *tierno* désignant surtout « un enseignant, un maître, un professeur », activité qui n'exclut pas la pratique de la divination, s'applique aussi, tout comme le mot arabe *shaykh*, à un homme vertueux :

> *tierno, ko terdo e ko boni* : « marabout, c'est celui qui a rompu avec le mal » (1914, 1931 : 212)[36].

En écho, cette définition recueillie à Paris :

> le *tierno*, c'est un homme mûr, respectable, qui a fait sa vie, par exemple qui s'est marié, qui a eu des enfants[37].

Sans souci d'exhaustivité, Gaden mentionne quelques spécialisations, tel le *beytoowo*, qu'on peut toujours voir sur les marchés sénégalais,

> [...] sorte de troubadour qui chante les louanges de Dieu et qui vit du produit de ses chants. Ces *beytoowo* sont fréquents chez les marabouts et les aveugles (1972),

---

35. On remarquera, au passage, que si l'écriture est affaire d'hommes, les femmes n'en sont pas pour autant dépourvues de pouvoir.

36. Quinn signale également qu'au milieu du XIXe siècle, en Sénégambie, on désignait ainsi tout musulman respectueux de la loi islamique par opposition au *kafr* (« infidèle », « païen », « mauvais musulman »), le critère de ce respect pouvant être simplement de ne pas consommer d'alcool (1979 : 239-240).

37. On peut établir un parallèle avec le judaïsme ashkénaze qui appelle *reb* non seulement un homme détenteur d'un savoir religieux et jouant, de ce fait, certaines fonctions sociales, mais tout homme connu pour sa vertu, sa sagesse. Rappelons également que, selon Doutté, le terme *sid* avait un fonctionnement identique.

Les *sirruyankobe* (sing. *sirruyanke*), marabouts « versés dans les sciences occultes et qui en vivent », scribes de talismans maléficients ou bienfaisants, sont très fréquemment consultés, comme d'autres devins souvent moins coûteux, pour l'interprétation d'un rêve, une décision à prendre, l'évolution d'une affaire. Tout « chef indigène », avant une action importante, en consulte un ou plusieurs (1931 : 111-112 ; 254 et sq.). Fallacieuse partition, d'ailleurs, que celle habituellement faite entre marabouts et magiciens puisque *vinndôbe ko vilêbe*, « ceux qui écrivent sont des magiciens » (*ibid.* : 318).

Il y a aussi les *waliyâbe*, « saints » :

> [...] marabouts qui, lorsque leur renom de sainteté est bien établi, créent un mouvement religieux et se lancent à la conquête du pouvoir (*ibid.* : 260).

Cette incursion dans la sémantique peule à partir des mentions, certes bien parcellaires, de Gaden, appelle une remarque fondamentale : elle n'autorise en rien l'élaboration d'une hiérarchie des termes, qui pourrait justifier l'« homogénéisation coloniale » précédemment évoquée. Le sens, l'emploi de ces mots se recoupent selon des registres différents, certains étant des référentiels « techniques » (tels *sirruyankobe* et, dans une certaine mesure, *tierno*), d'autres étant également des appellatifs généraux connotant le respect (en particulier *tierno*). Autre remarque : si le fait d'être musulman apparaît en filigrane dans l'usage du mot *tierno*, il semble bien atténué dans celui de *sirruyanke*. Quant au terme *torodo*, le plus général, il se réfère plus à la constitution même de la société peule qu'à une qualité ou à une activité particulière, puisqu'il désigne les musulmans qui, en 1776, ravirent le pouvoir aux anciens maîtres Dénianké. Certains proverbes relevés par Gaden expriment d'ailleurs avec violence le mépris et la condescendance des guerriers peuls ou de leurs descendants envers ces *torodbe* usurpateurs ; opposition non plus construite sur des critères externes comme dans les écrits coloniaux, mais sur un antagonisme inhérent à la morale sociale peule elle-même[38].

L'actualisation du terme *tierno* par un marabout parisien nous fait entrevoir une autre dimension de ce vocabulaire ; selon lui, le mot désignait autrefois

> [...] celui qui enseigne [le Coran] aux enfants ; mais maintenant, c'est celui qui fait des fétiches ou l'écriture, qui connaît quelque chose, un secret, qu'il s'agisse de magie noire ou non. C'est d'abord quelqu'un qui détient un secret, que ce soit pour sauver une vache perdue dans la brousse et empêcher qu'une hyène ou un lion la mange, ou pour soigner une morsure de serpent, un mal de ventre. Actuellement, conclut Sow d'un ton désabusé, on peut dire *tierno* à presque n'importe qui !

38. *Torôdo ko torotôdo*, « le torodo est un mendiant » : il passe son temps à quémander, alors que la valeur essentielle du peul, ce qui fait son *pulaagu*, c'est donner ; *Torôdo, so hâri, 'innira sôlde mum Gelâdjo*, « le Torôdo, s'il est repu, nommera sa verge Gelâdjo ». Le nom de Gelâdjo, précise Gaden, ne se trouve que dans les grandes familles peules : donner ce nom à sa verge, c'est se prendre soi-même pour un grand chef, un grand roi, comme l'a fait, au Boundou, Malik Sy (1931 : 316 et sq.).

Ces dernières notations témoignent une fois de plus de l'extrême flexibilité du sens des mots et de leur polysémie, dont il importe de tenir compte et qu'on continuera d'observer largement à Paris.

On a insisté sur l'uniformisation (et son corollaire : l'exclusion) à laquelle procède la fabrication coloniale du terme « marabout », terme dont Delafosse constatait déjà, en 1912, malheureusement sans aucune explication, qu'il était « assez impropre » (1912, III : 190). Qu'est-ce donc qu'un marabout ? À l'issue de notre cheminement à travers l'histoire et les mots, la réponse ne peut être qu'analogue à celle formulée par Bazin à propos de « bambara » :

> [...] il y a tant de réponses que la quête d'une identité absolue, originaire (dont toutes les autres dériveraient), reste vaine (1985 : 212).

Du moins avons-nous montré les présupposés coloniaux et les fluctuations[39] contemporaines de ce vocabulaire.

Les marabouts au quotidien

S'il est marqué par l'époque de la conquête, ce mot ancien de « marabout » n'en est pas moins largement repris actuellement, débarrassé de sa charge négative, et toujours employé en Afrique de l'Ouest ; fait qui témoigne à lui seul de l'actualité du phénomène dans cette région.

Le contexte social

Les travaux des historiens l'ont bien montré : la surestimation par les autorités coloniales du rôle de leader joué par les marabouts eut comme conséquence, par un jeu dialectique, l'importance accrue que ceux-ci prirent à cette époque dans la région sénégalo-mauritanienne. Les attitudes qu'ils adoptèrent à l'égard de l'administration française furent très diverses[40], mais l'expansion de l'islam fut irrésistible, réponse multiforme à la destruction des identités : progression des voies soufies et particulièrement de la *tijaniyya*, rôle important, dans la région arachidière, des marabouts traitants dans l'affirmation progressive d'une identité

---

39. Fluctuations qui existent aussi dans bien d'autres domaines : Marty (1917, I : 367) mentionnait déjà qu'en Casamance, le nom présumé « ethnique » de « manding » était synonyme de « musulman », celui de « soninké », de « non-musulman »...

40. Certains refusèrent activement la présence des Européens, prônant l'émigration ou la guerre sainte, d'autres optèrent pour une résistance silencieuse, d'autres encore limitèrent la cohabitation au strict respect des contraintes tandis que les plus nombreux acceptaient de se soumettre au projet colonial pour servir des intérêts religieux et vitaux. Un petit nombre choisit de rester en retrait de la « politique » (*syâsa*). Voir à ce sujet l'ouvrage édité par Triaud et Robinson (1997), notamment les articles de Wuld al-Bara et Ould Cheikh.

musulmane, transformation d'un islam cantonné à une minorité ethnique et professionnelle en une religion adoptée par l'ensemble d'une ville multi-ethnique et rayonnant au-delà d'un ensemble régional, et surtout renforcement du charisme des élites musulmanes auxquelles les autorités coloniales attribuaient une fonction d'intermédiaire ; ce fut là, accompagné de la constitution de vastes clientèles, la réplique principale à la situation coloniale, « le socle solide sur lequel pouvaient s'inscrire les identités[41] ». Les communautés urbaines existantes ou en formation constituèrent un milieu particulièrement favorable à cette progression de l'islam et à une certaine uniformisation des pratiques. Pendant cette période, l'enseignement islamique fut extrêmement dynamique, sous des formes souvent concurrentes et contradictoires, enseignement dont le contrôle semblait de première importance à l'administration coloniale et qui pourtant lui échappa de multiples manières (Triaud et Robinson 1997).

Actuellement en Afrique de l'Ouest, partout l'on constate, avec des degrés divers de tension, un nouveau dynamisme de l'islam. Au Sénégal, qui nous intéresse particulièrement, le modèle soufi et maraboutique imprègne profondément l'ensemble de la société et la puissance économique, administrative, financière, politique des confréries est grande. Si, comme le montre à grands traits Magassouba (1985), le pouvoir politique sénégalais ne peut se passer de cet appui, ménageant les grands dignitaires tout en favorisant l'actuelle multipolarité de ces groupes qui en dilue le pouvoir, le fait le plus important reste l'organisation sociale que ces confréries ont depuis longtemps mise en place, d'abord en milieu rural[42] puis dans les villes ; elles y ont organisé les réseaux sociaux les plus efficaces. Selon Coulon, qui montre comment la société sénégalaise s'est reconstituée autour des confréries après la destruction des chefferies par la colonisation, « avoir un bon marabout, c'est bénéficier d'une sorte de sécurité sociale » (1983 : 58).

À Dakar et Pikine, où vivent de nombreux migrants, où la famille, lointaine, n'assure plus tout le contrôle social ni tout le soutien communautaire[43], où les associations culturelles ou d'originaires ont peu de pouvoir et peu de moyens, les confréries ont créé un grand nombre d'associations religieuses (*dahira*). L'appartenance à ces groupes, tout en permettant à leurs membres de définir leur identité, contribue à l'insertion urbaine : la médiation des représentants des *khalif* (grands dignitaires des confréries), qui font intervenir leur réseau de relations et le crédit moral et spirituel que leur confère leur place, permet d'aplanir des difficultés rela-

---

41. J.L. Triaud, introduction à l'ouvrage *Le Temps des marabouts. Itinéraires et stratégies islamiques en Afrique occidentale française vers 1880-1960* (1997 : 22).

42. Voir pour le milieu mouride, l'ouvrage de Copans (1980), qui décrit le fonctionnement des communautés agricoles (*daara*) : elles réunissent un nombre plus ou moins importants de *taalibe* (« disciples ») agriculteurs, dont la tâche essentielle est de développer et de commercialiser la production arachidière, fondement de la richesse de la confrérie.

43. Voir à ce propos l'analyse d'A. Marie (1997) sur les processus d'individualisation en milieu urbain africain.

tives à l'emploi, au logement, à diverses démarches administratives ; sein de l'association est également encouragée. La cohésion du groupe, le l'allégeance aux autorités de la confrérie, sont renforcées par des réuni au tier où, après une collation, des chants religieux sont entonnés. me

Dans sa fine analyse des rapports qu'entretient l'État sénégalais avec ries, Villalón souligne le rôle de celles-ci dans la structuration d'une soci rôle explicable par leur autonomie économique et par les organisations qu pu ainsi favoriser en dehors de l'action de l'État (1995 : 15). Mais ce d'entraide peut aussi conforter d'autres réseaux, comme le montre Fall (199 les hommes d'affaires sont souvent les relations privilégiées et les représenta ville des grands marabouts, les uns et les autres s'assurant ainsi l'accroisseme leur prestige et de leur cercle de pouvoir et aboutissant, de fait, au maintie système inégalitaire en place. En outre, ces réseaux d'entraide et d'influence q facilitent la survie des petites gens, s'ils pallient les insuffisances de l'État ou représentent un contre-pouvoir efficace à la puissance de celui-ci, constituent parfois des groupes de pression allant jusqu'à brider ses initiatives.

Dans ce contexte, le mouvement dit « réformiste » ou « islamiste[44] », parfois violent au Nord-Nigeria (Kane 1998), a peu d'ampleur au Sénégal, malgré des alliances ponctuelles et des rapprochements idéologiques entre chefs de confrérie prestigieux et réformistes : ce fut le cas de Ibrahima Nyass dans les années 1940[45], et plus récemment de la radicalisation de la *Da'irat al-mustarshidîn wa al-mustarshidât*, mouvement dirigé par un jeune marabout tijane de la famille Sy ; la complexité des liens noués est bien soulignée par certains analystes, qui définissent ce mouvement comme à la fois confrérique, réformiste et islamiste (Kane et Villalón 1998 : 274-275). De façon globale, si les « arabisants », anciens étudiants des universités islamiques proche ou moyen-orientales ont quelque peu investi le système scolaire sénégalais, contestant la laïcité à l'occidentale en affirmant la nécessité de l'enseignement religieux dans les écoles publiques (Mattes 1990), leur impact reste limité au milieu urbain intellectuel et les associations semblent rester « une mouvance encore mal stabilisée dont les activités revêtent un caractère d'expérimentation sociale » (Gomez-Perez 1998 : 153).

Le modèle confrérique hiérarchique dominant ne doit cependant pas laisser dans l'ombre tous les aspects moins institutionnels de l'islam ouest-africain contemporain : adhésions individuelles et changeantes, pratiques familiales, petits marabouts indépendants ou aux liens confrériques plus ténus : c'est essentiellement parmi ces derniers que doivent être classés ceux qui viennent en France tenter leur chance.

---

44. La terminologie reste très fluctuante.

45. Il serait, d'ailleurs, intéressant d'étudier l'éventail des positions occupées par différents membres d'une même famille confrérique, le public que chacun d'entre eux vise, leur « spécialisation », en quelque sorte. Deux des fils d'Ibrahima Nyass s'illustrèrent par leur extrême virulence à l'égard de l'État sénégalais ; mais le plus jeune, à la tête d'une association et d'un journal de tendance islamiste (fondé en 1984), tiendrait actuellement des propos plus conciliants (Gomez-Perez 1998).

onnage protéiforme

gré la présence forte, en Afrique de l'Ouest, de ces marabouts obscurs sans isabilité confrérique, peu de travaux anthropologiques leur ont été directe- consacrés[46]. Ils sont, en revanche, des figures récurrentes de nombreux textes éraires, qui nous en offrent une peinture contemporaine[47]. L'évocation de ces ersonnages a pour toile de fond deux thèmes : le changement social (émergence d'une classe de « nouveaux riches » reprenant fonctions et valeurs des colons européens, fascination des fastes factices de la ville « dangereuse » mais inévitable (Sadji 1958 : 71), urbanisation rapide, partition en quartiers riches et pauvres, petits métiers de survie[48]) ; et le balancement dialectique, le choix reculé ou l'absence d'alternative entre « tradition » et « modernité », ces deux termes ne traduisant que très schématiquement les réalités évoquées[49]. C'est dans ce cadre qu'évoluent les marabouts, au nom de ces conflits qu'on les juge.

À travers romans et récits apparaissent des types contrastés.

---

46. Outre l'ouvrage déjà ancien de Copans (1980) consacré au milieu mouride, la perspective de plusieurs études est celle de l'anthropologie de la maladie (Zempleni [1968] dans la mouvance des travaux du docteur Collomb à l'hôpital de Fann [Dakar], Fassin [1992] qui inclut l'analyse des pratiques maraboutiques dans celle, beaucoup plus large, du traitement de la maladie à Pikine, d'Almeida *et alii* [1997] qui traite des marabouts guérisseurs dans un ouvrage consacré à la folie au Sénégal). L'objet essentiel de plusieurs autres recherches orientées vers les sciences politiques concerne les relations entre « les musulmans et le pouvoir », pour reprendre le titre d'un ouvrage de Coulon (1983). Hormis ces thèmes dominants, les autres rôles sociaux des marabouts demeurent encore, comme le remarquait déjà Schmitz en 1983, *terra incognita*.

47. La cohérence du corpus rassemblé ici, qui ne vise en rien l'exhaustivité, repose sur le fait qu'il est constitué de romans, récits évoqués par mes informateurs eux-mêmes tout au long de l'enquête. Ce sont donc leurs propres références. Par ailleurs, l'analyse de ces textes ne vise qu'une « vérité de dévoilement » que Todorov (1989 : 9) distingue de la « vérité-adéquation ». Je fais toutes les réserves d'usage sur l'emploi de ce corpus clos, sur la subjectivité propre à chaque auteur. Enfin il va de soi que je n'ai ici aucune prétention à l'analyse littéraire.

48. Ce thème de la ville apparaît particulièrement dans *Maïmouna* (Sadji 1958), portrait d'une jeune paysanne du Cayor venue à Dakar qui, peu préparée aux roueries et pièges de la ville, sombrera et retournera dans son village, pitoyable et meurtrie à jamais ; dans *Xala* de Sembene Ousmane (1973) description ironique de l'ascension et de la chute d'un homme d'affaires ; dans *Karim* (Socé 1948), aventures d'un jeune Saint-Louisien contraint de partir à Dakar, où il comprend l'impossibilité de vivre la vie d'autrefois qui n'était compatible qu'« avec l'armature d'une société indigène qui n'existe plus ; du moins qui est en pleine décomposition et en pleine évolution ». Le thème de la dégradation sociale, de la prolétarisation apparaît dans *Les Soleils des indépendances* (Kourouma 1970), chronique de la décrépitude de Fama, dernier représentant d'une chefferie spoliée, réduit à la mendicité. Dans *Un attiéké pour Elgass* (1993), Monénembo met plus l'accent sur la réussite que sur la survie.

49. Dans le récit très connu de Cheikh Hamidou Kane, *L'Aventure ambiguë* (1961), c'est à propos de l'éducation que s'exprime ce face-à-face incertain ; autre déchirement encore plus complexe dans le roman de Couloubaly, *Les Angoisses d'un monde* (1980), s'agissant de l'adhésion aux cultes d'initiation bambara.

Le « maître »

C'est dans *L'Aventure ambiguë* que cette figure est dépeinte avec le plus d'acuité :

> Deux occupations remplissaient sa vie : les travaux de l'esprit et les travaux des champs. Il consacrait aux travaux des champs le strict minimum de son temps et ne demandait pas à la terre plus qu'il ne faut pour sa nourriture, extrêmement frugale, et celle de sa famille, sans les disciples. Le reste de son temps, il le consacrait à l'étude, à la méditation, à la prière et à la formation des jeunes gens confiés à ses soins. Il s'acquittait de cette tâche avec une passion réputée dans tout le pays des Diallobé. Des maîtres venant des contrées les plus lointaines le visitaient périodiquement et repartaient édifiés. Les plus grandes familles du pays se disputaient l'honneur de lui envoyer leurs garçons. Généralement, le maître ne s'engageait qu'après avoir vu l'enfant. Jamais aucune pression n'avait pu modifier sa décision, lorsqu'il avait refusé. Mais il arrivait qu'à la vue d'un enfant, il sollicitât de l'éduquer ([1961]-1979 : 18)[50].

Cette figure du maître, sage, vénéré, influent, appartient clairement au passé, et son évocation est liée aux périodes de fondations, au village[51]. Êtres d'élite, fortement idéalisés, ils constituent, comme l'écrit Cheikh Hamidou Kane (*op. cit.*), la « conscience » d'un peuple qui en garde mémoire ; ils sont le symbole, teinté de nostalgie, d'un monde déjà lointain.

Serigne Thierno « le connaisseur »

Ce nom pléonastique que l'on trouve dans *Maïmouna*[52] semble décrire celui qu'on pourrait appeler le « marabout de base ». Figure présente dans quasiment tous les romans de notre corpus, son intervention dans la vie quotidienne apparaît comme un passage obligé. Voici, par exemple, le portrait de Hadj Abdoulaye :

> Né dans le Tombouctou aux portes du désert, derrière le fleuve, dans l'infini du sable jaune et des harmattans rigoureux, où les vents même nourrissent les hommes de connaissances comme dans nos cantons les orages apportent la typhoïde, Abdoulaye cassait et pénétrait dans l'invisible comme dans la case de sa maman et parlait aux génies comme à des copains (Kourouma 1970 : 66)[53].

---

50. Le personnage du maître est également dépeint dans *Les Soleils des indépendances*, sous les traits du fondateur de dynastie, s'installant aux confins de deux territoires dont il assure la prospérité.

51. Lui-même extrêmement idéalisé en l'occurrence ; Kourouma cependant, montre bien comment l'état de la ville se répercute sur le village. Voir aussi à ce sujet *Ville cruelle* d'Eza Boto (1954).

52. Comme on l'a vu, *serigne* désigne le « marabout » en wolof, *tierno* ayant un sens identique en poular. Mais dans certains cas, *tierno*, comme tout titre, peut devenir un nom. « Connaisseur » est ici à prendre dans le sens de « celui qui détient la connaissance » (Sadji, *op. cit.* : 58).

53. Cf. autres descriptions dans Socé (1948 : 60) ; Sadji (1958 : 60).

Si la plupart des marabouts décrits vivent en ville, ceux de la brousse fonctionnent d'une manière sensiblement identique (*Xala*, Sembene 1973 : 108). Cependant leur rétribution est exprimée de fort diverses façons : refus de tout paiement par le marabout qui s'en remet à la générosité de son client (Ba 1973 : 237), paiement différé jusqu'au résultat (Socé 1948 : 62) ou ajusté aux possibilités du consultant (Kourouma *op. cit.* : 67). Mais il est aussi des marabouts, villageois comme citadins, qui instituent avec leur consultant un rapport ouvertement marchand.

L'« amusant hypocrite »

Férocement caricaturé, notamment parce qu'il fait preuve d'ostentation religieuse[54], ce personnage apparaît dans de nombreux romans ; ainsi dans *Le Prétexte*, conte de Birago Diop :

> Serigne Fall était de ces éternels talibés gravitant de loin autour de nos vrais marabouts, de nos grands marabouts. Ne connaissant ni khala ni kassirane, presque souvent guère plus de cinq ou sept sourates en plus de la Fatiha, abondamment nourris de bida, ils se disent à leur tour marabouts auprès du profane crédule, et, « sans bûcher ni tailler », veulent vivre et mener grand train, payant le gîte et la vêture, le boire et le manger en prières ; en prières marmonnées inintelligiblement (et pour cause) et en salive copieusement aspergée sur les mains tendues des grandes personnes et sur le crâne tondu et teigneux des enfants. Nous les appelions « petits serignes », vous les qualifiez maintenant de « grands fainéants ». L'espèce est toujours la même : pleine de fausse onction et insinuante, parasite type, inconstante et vagabonde. Si tu veux les couvrir, tu resteras les fesses à l'air (1961 : 41)[55].

Ces condamnations de l'« amusant hypocrite », ou du « pique-assiette » comme le nomme encore Santerre (1973), nous invitent à revenir sur l'ensemble des critiques, très variées et anciennes, formulées à l'encontre des marabouts :

– religieuses, opposant un islam « vrai » à un islam dévoyé : thème datant d'Ibn Taymiyya, repris, on l'a vu, par les réformistes et à certaines périodes, par les administrateurs coloniaux, et fondé sur la manipulation de la notion de « pureté » ;

---

54. Tierno Bokar, auquel est empruntée l'expression d'« amusant hypocrite », trace le portrait d'un « individu qui, affublé d'un turban entortillé huit fois autour de la tête, porte ostensiblement au cou un chapelet à gros grains, marche appuyé sans nécessité sur l'épaule d'un disciple et sur un bâton plus fétiche que bourdon » (Ba 1980 : 83).

55. Les terme *khala* et *kassirane* n'ont pas pu être élucidés avec précision ; *bida* (arabe : *bid^ca*) désigne une « innovation, croyance ou coutume qui ne s'appuie pas sur un précédent datant de l'époque du Prophète » ; elle s'oppose à la notion de *sunna* (*Encyclopédie de l'islam*, t. 1, fasc. 19 : 1234). La *fâtiha* est la sourate d'ouverture du Coran. Cf. d'autres portraits dans Sembene (*ibid.* : 66) ; dans A.I. Sow (1966 : 59 et 237-245) ; dans Ba (1980 : 83).

– politiques, blâmant les marabouts tantôt pour leur manque de collaboration avec les autorités coloniales, tantôt, au contraire, pour leur complaisance envers le colonialisme (Monteil [1964]-1980 : 320) ;

– sociales, liée, par exemple, au contexte peul, comme l'expriment les proverbes de Gaden, faisant des marabouts des fils de personne usurpateurs du pouvoir ;

– « modernistes », condamnant les marabouts au nom d'un certain rationalisme se gaussant des « superstitions[56] » ; ou au nom du rejet de pratiques considérées comme désuètes ; variante par ignorance, celle des *ndjudu djeri*, nés en ville et éloignés des habitudes ou de la langue de leur village ;

– morales, fustigeant cette fois, non les marabouts en eux-mêmes mais leurs excès et ceux de leurs consultants ; en particulier la condamnation de l'âpreté au gain qui semble entacher l'image modeste et généreuse du « maître » est un classique dont on peut déjà trouver l'expression chez Ibn Khaldûn[57].

« Marabouts-cognac » selon l'expression rapportée par Delafosse, « marabouts Cadillac » selon un sobriquet plus récent : les satires sont innombrables, radiodiffusées, colportées oralement, peintes sous verre. Pourtant l'absence d'univocité, la multiplicité de ces stigmatisations parfois contradictoires, dont chacune se réfère à une situation d'énonciation précise, amènent à relativiser la typologie des marabouts suggérée par les romanciers africains, tout comme l'existence d'une « tradition » toujours reculée, fort difficile à situer réellement. Plus que de trois personnages essentiellement différents, le second étant la banalisation, le troisième la caricature du premier, il s'agit plutôt d'une vérité kaléidoscopique présentant les facettes différentes d'un même phénomène. Au demeurant, l'étendue de cette tradition du mépris et de la crainte mêlés envers les marabouts n'a d'égale que l'ampleur des requêtes qu'ils reçoivent.

Des interventions multiformes

Chacun est concerné : la petite paysanne, l'homme d'affaire parvenu, la jeune citadine survivant grâce à divers petits métiers, l'interprète prospère mais exposé... À des titres divers, l'intervention des marabouts est sollicitée pour régler et célébrer

56. Attitude analogue à celle condamnant la sorcellerie ; cf. Favret-Saada (1977).

57. C'est parce qu'elle lui semblait liée au contexte urbain et aux moyens de subsistance faciles qu'il suscite qu'Ibn Khaldûn exprimait sa méfiance envers la géomancie (Brenner 1985 : 78) ; plus tard, au début du siècle, Delafosse évoquait avec résignation les « marchands du Temple » (1912, III : 167) ; ambivalence de l'existence urbaine, perversion pour les uns, libération pour les autres ! Mais la figure la plus populaire des condamnations du marabout est celle du multiplicateur de billets de banque, qui trompe son client trop crédule ; on peut recueillir des versions orales et écrites de cette histoire dans les médias, y compris les plus actuels, dans les contes, dans les récits colportés oralement, en Afrique, en France, aux Antilles, etc.

les événements charnières de la vie (naissance, mariage, enterrement, succession), pour résoudre des difficultés ponctuelles (inspection financière, Ba, *op. cit.* : 83) ou majeures (stérilité, maladie, impuissance[58]).

> La Badiène, de plus en plus véhémente, reprenait : « Je te l'avais dit ! Toi et tes semblables, vous vous prenez pour des tubabs. Si tu m'avais écoutée hier, ce matin tu n'en serais pas là. Quelle honte ! Qu'est-ce que cela pouvait te faire, de t'asseoir sur ce mortier ? [...] Maintenant que tu es ainsi, qu'est-ce que tu dois faire ? Tu dois te guérir, trouver un marabout » (Sembene, *op. cit.* : 45).

Ils savent interpréter la cause d'une maladie, le sens d'un rêve :

> Wangrin, la fumée noire sortant d'une cheminée pour se répandre signifie difficultés et embûches dans le ciel de ta vie. Il te faudra lutter durement pour te garantir des pluies d'ennuis qui vont commencer à tomber sur toi (Ba, *op. cit.* : 236).

Ils savent prédire l'avenir d'une personne, tout comme l'issue d'une guerre telle celle de 1914-1918 (*ibid.* : 71)[59] ; ils fournissent des protections contre les attaques de rivaux (*ibid.* : 167) ou de sorciers (Sadji, *op. cit.* : 198), contre l'infidélité d'un époux (*ibid.* : 129).

Un seul des récits présente le personnage du marabout dans une opposition radicale, très manichéenne, au sorcier : figure de l'islam, le marabout est le parangon de ses valeurs[60] et le champ d'excellence de son action réside dans la lutte contre les sorciers qu'il décèle derrière une maladie ou une mort étrange, décrivant la cause de leur intervention et leur comportement, munissant leurs victimes d'amulettes nécessaires à leur anéantissement. Mais une telle représentation semble exceptionnelle. Dans tous les autres récits, la médiation du marabout s'exerce exactement sur les mêmes thèmes que celle d'autres praticiens, et parfois par des gestes similaires. Ainsi un marabout maure prescrit-il à Wangrin un sacrifice : nourrir et vêtir somptueusement pendant un mois sept orphelins et sept veuves sans ressources (Ba, *op. cit.* : 236) tandis qu'un magicien gourmantché, consulté quelque temps plus tard pour la même cause, conseille au héros de nourrir pendant une semaine cinq familles pauvres (*ibid.* : 309). Il est, certes, fallacieux de fonder cette convergence sur la seule existence de pratiques semblables sans s'interroger sur les ressorts de

58. C'est l'histoire d'El Hadji Bèye qui, lors de sa nuit de noces avec sa troisième épouse, s'est révélé impuissant ; il avait, la veille, refusé de se soumettre à certaines pratiques « traditionnelles ». La Badiène est la tante paternelle de la mariée, qui jouit d'une grande autorité.

59. Wangrin et son père adoptif vont consulter le marabout Tierno Siddi sur la probabilité de la guerre de 1914-1918 et son éventuelle répercussion sur le « bonheur personnel » des habitants et de leur ville. Celui-ci prédit « beaucoup de morts sur terre et sur l'eau, beaucoup de veuves et d'orphelins, beaucoup de mutilés ».

60. Certains passages du roman sont nettement apologétiques, situant l'islam du côté de la création, de la vérité, alors que la sorcellerie serait du côté du fantasme (Ba, *op. cit.* : 67).

leur efficacité symbolique[61] ; mais à l'évidence, on retrouve dans ces récits l'affirmation de cet accommodement déjà longuement évoqué. Quant aux consultants, ils pratiquent sans ambages la pluralité des recours. Ainsi, dans *Maïmouna*, interviennent de concert pour soigner le paludisme les vieilles femmes, le marabout, le « féticheur » ; pour combattre la stérilité, les « médecins les plus renommés » et « les marabouts et féticheurs les plus savants » (Sadji, *op. cit.* : 92) ; pour définir la cause d'une étrange maladie, annoncée par les jets de cauris de vieilles femmes, le marabout, la féticheuse, la sage-femme. Car « en mobilisant toutes les sciences, les exactes et les occultes, on était du moins assuré de ne rien négliger et de ne pas se tromper tout à fait » (*ibid.* : 163).

Wangrin est le champion de ce que A. H. Ba nomme, sans aucune nuance péjorative, l'« opportunisme » (*op. cit.* : 237). Bambara initié au *komo*, dès sa jeunesse le héros avait, par un thème géomantique, entrevu toute sa destinée. Prenant ses fonctions d'interprète dans une ville inconnue, il va s'assurer, avant d'en avoir besoin, du soutien des autorités du lieu parmi lesquelles le marabout qui deviendra son protecteur, car « ce n'est pas le jour de la battue qu'on dresse son chien de chasse » (*ibid.* : 48). Pour résoudre une difficulté, il lui arrive de faire intervenir trois et même sept marabouts en même temps qu'un géomancien, tout en récitant les incantations du *komo* et en implorant son fétiche (*ibid.* : 201). Traqué, loin de ses marabouts protecteurs, il en consulte d'autres et réunit autour de lui « un véritable arsenal d'occultistes de tous bords et de tous gabarits : géomanciens, magiciens, interprétateurs de songes et de cris d'animaux, décrypteurs des empreintes, etc. » (*ibid.* : 306). Car Wangrin « n'était le fidèle exclusif d'aucune religion. Il reconnaissait la puissance divine partout où elle se logeait » (*ibid.* : 304).

Cette pluralité des recours va-t-elle jusqu'à rendre caduques des oppositions trop normatives entre un islam quotidien[62] et les « religions de la coutume[63] » (Ortigues 1981) ? Bernus remarquait, à Niamey, que :

> [...] dans l'esprit des Nigériens, il n'y a pas dichotomie entre les deux sortes de pratiques, mais [...] il s'agit bien d'un tout relativement cohérent (*op. cit.* : 190).

Il semble bien, du moins, que s'y superposent des distinctions plus empiriques. Sembene classe tous les praticiens (marabouts, voyants jetant les cauris, multiples guérisseurs, psychiatres) que fait intervenir El Hadji Abdou Kader Bèye pour

---

61. Ce que les récits ne permettent généralement pas ; on pourrait tout au plus, dans le cas cité, souligner la différence entre le chiffre sept du marabout et le cinq du magicien et sur l'action de durée plus courte prescrite par ce dernier.

62. Je propose de nommer ainsi ce qui ne relève pas de gestes d'allégeance directe à l'islam mais d'un usage de celui-ci dans les gestes quotidiens. On pourrait aussi parler d'« islam ordinaire ».

63. S'agissant de ce pluralisme, on pourrait trouver des exemples dans d'autres domaines ; ainsi chez les Zarma du Niger, le nom du nouveau-né était-il autrefois tiré à la courte paille. Puis, avec l'islamisation, ce fut au marabout de proposer en fonction du jour de naissance une liste dans laquelle le père de l'enfant choisissait. Mais une vieille femme venait, après le marabout, confirmer le nom du nourrisson en le lui criant aux oreilles. Ainsi la boucle se refermait-elle (Diarra 1971 : 93-94).

soigner son impuissance en deux grandes catégories : les *facc-katt*[64] (« guérisseurs » qui agissent) et les *seet-katt* (« voyants ») ; les marabouts appartiennent à la première catégorie.

Au terme de cette investigation, apparaît encore une fois clairement la difficulté de fondre le personnage du marabout lui-même, d'une part, ses pratiques d'autre part, dans un moule unique ; remarque faite dans un autre contexte par Hamayon à propos des chamanes et du chamanisme[65], constatant l'écueil d'une définition trop large comme d'une définition trop étroite (1990 : 29-40).

Si, dans une approche normative, quelque peu décontextualisée[66], on peut considérer l'islam, dans sa diversité, comme un facteur d'unification, c'est oublier l'existence de perspectives plus pragmatiques, ou empiriques, où ce critère n'est pas toujours mis en exergue ; c'est aussi faire fi de termes d'adresse au sens très large, où prédominent prestige et sagesse ; c'est enfin ne pas tenir compte de la variation du sens des termes dans l'histoire. C'est bien la flexibilité des représentations du personnage, la multiplicité des ancrages, et cet entrelacs de définitions qu'il faut prendre en considération.

Mais notre investigation nous a permis de croiser certains thèmes : le changement social, sensible dès la période coloniale, l'influence des villes, évoquée dès la formation des *torodbé* et entrant déjà dans les préoccupations d'Ibn Khaldûn. Nous sommes désormais prêts à franchir un nouveau pas : celui de la venue en France des marabouts.

---

64. Ce terme wolof, désignant un guérisseur, un soignant, praticien auquel Zempleni a consacré une longue étude (1968) se trouve, sous la plume de Sembene, tiré hors de son contexte strictement wolof pour recevoir une acception beaucoup plus générale.

65. Le problème étant, dans ce cas, encore plus complexe puisqu'il existe de nombreuses sociétés à chamanes et que dans chacune d'elles le statut des phénomènes chamaniques varie.

66. Que les intéressés produisent eux-mêmes.

Chapitre 2

La venue en France

La venue à Paris des marabouts s'inscrit dans le cadre général de l'immigration d'Afrique de l'Ouest ; dans la réalité de leur existence quotidienne, ceux-ci sont soumis, peu ou prou, aux mêmes aléas que l'ensemble des immigrés originaires de cette région : recherche de logement, problèmes de titres de séjour, tractations difficultueuses avec diverses administrations.

Bref historique de l'immigration d'Afrique de l'Ouest

Très anciennes à l'intérieur de l'Afrique, les migrations subissent, à la période coloniale, un changement de nature, une accélération et une diversification des destinations. Dès la fin du XIXe siècle, la mise sur pied d'une forte armée indigène, une politique de grands travaux (tel le chemin de fer Dakar-Niger en 1881) impliquent des déplacements forcés de population[1].

Le système mis en place par l'administration française comporte, pour notre propos, deux faits marquants. Le premier est la levée des impôts sur tous les territoires colonisés[2], uniquement réglable en espèces dès 1888 ; cette entrée forcée de l'économie villageoise de subsistance dans une économie monétarisée eut pour conséquence une émigration de main d'œuvre hors du champ régional. Dès cette époque, c'est vers le bassin arachidier que se dirigent les émigrés : le « navétanat[3] », émigration agricole saisonnière, se développe, prélude, dans de nombreux cas, à une émigration vers la France. Le second fait marquant est le recrutement

1. Selon Weigel (1982 : 21), le travail forcé est encore attesté en 1936.

2. Outre l'aspect économique évident de cet impôt, un immigré interrogé par Samuel en précise la portée symbolique : « [...] il faut savoir qu'une fois que quelqu'un paie les impôts, cela veut dire qu'il est colonisé » (1978 : 40).

3. De *navet*, « saison des pluies, hivernage » ; sur le navétanat en milieu soninké, cf. Pollet et Winter (1971 : 126 et sq.).

obligatoire de soldats originaires d'Afrique de l'Ouest, venant grossir les rangs des combattants des guerres coloniales et des deux conflits mondiaux[4]. Nombre d'entre eux furent employés comme « navigateurs » (matelots et soutiers) et dockers[5] : début d'une longue tradition, commencée avec les recrues forcées mandjak puis soninké, qui a persisté jusque récemment.

Depuis la fin de la Seconde Guerre mondiale, la politique française oscille entre des périodes d'ouverture et de fermeture totale des frontières, périodes déterminées essentiellement par les variations socio-économiques de l'état de la France.

À l'étape de « reconstruction nationale » de l'après-Seconde Guerre mondiale, faste pour l'immigration, succède, de 1950 à 1959, une période de chômage et de récession entraînant une restriction de l'immigration : il est interdit aux « navigateurs » d'entrer en France et, de 1957 à 1959, le billet aller-retour est exigé. À partir de 1960, reprise des entrées qui se règlent désormais par des accords de main-d'œuvre d'État à État. Cette émigration est accentuée par les indépendances qui, avec la fermeture des comptoirs et des petites entreprises françaises en Afrique, amenuisent la demande de main-d'œuvre sur place. En 1974, crise économique, chômage, licenciement, en tout premier lieu celui des immigrés. Diverses circulaires[6] marquent l'arrêt de l'immigration. La nécessité d'obtenir, pour entrer en France, un « contrat de travail » met les immigrés dans une situation quasi insoluble. À partir de 1977, une somme de un million de centimes est offerte pour l'« aide au retour[7] ». En 1980, la loi Barre-Bonnet systématise le refus de renouvellement des titres de séjour et renforce le pouvoir des autorités locales, notamment en matière d'expulsions.

En 1981, le gouvernement socialiste, sans revenir sur l'arrêt de l'immigration[8], aménage un véritable « droit d'entrée en France » dont jouissent les étrangers, moyennant certaines formalités administratives[9]. Ces mesures sont accompagnées de plusieurs autres visant à l'amélioration des conditions de travail[10], et d'une loi (29 septembre 1981) relative à la régularisation des travailleurs en situation irrégulière. Mais cette loi (dont on reparlera bientôt) fut loin de dénouer la situation de

---

4. L'idée de la « force noire », née dans les années 1910, est officialisée par un décret de 1912. De nombreux témoignages mentionnent l'importance des pertes subies parmi ces soldats originaires d'Afrique de l'Ouest (Samuel 1978 : 38).

5. Cf. description des conditions de vie des navigateurs de diverses origines à Marseille dans les années 1930 par un ancien navigateur sénégalais dans Dewitte (1985 : 279-282) ; itinéraires de marins dans Bredeloup (2000). Si, depuis le milieu des années 1950, les émigrés se dirigent vers les villes industrielles, les Sénégalais sont toujours nombreux dans certaines villes portuaires tels Le Havre, Marseille, Rouen.

6. Marcellin-Fontanet, Dijoud-Poniatowski. L'institution de la carte de séjour date de 1975.

7. Le « million Stoléru ». Cette offre n'a pas eu l'effet escompté pour réduire le nombre des immigrés.

8. Sauf le droit au regroupement familial ou au droit d'asile.

9. Preuve du but et des conditions du séjour, activité professionnelle nécessitant une autorisation préalable, stricte définition des refoulements, des contrôles, etc.

10. Notamment par la condamnation du travail clandestin.

tous les clandestins[11]. À cela s'ajoute une donnée que des témoignages récurrents ont montrée : le manque de clarté concernant l'application effective de cette loi, le pouvoir dévolu antérieurement aux autorités locales (notamment administratives), voire au simple guichetier de préfecture restant exorbitant.

En 1986, les conditions de vie des immigrés se dégradent à nouveau : contrôles, tracasseries diverses, expulsions abusives, diverses déclarations ministérielles ; dégradation qui n'a fait que s'accentuer en 1993 avec les lois dites Pasqua[12], que les récentes lois dites Jospin ont assez peu assouplies.

Entrée depuis 1974 dans la clandestinité, l'immigration semble pourtant actuellement inéluctable en raison de l'affaiblissement économique des villages africains : raréfaction de la main-d'œuvre à la suite de l'abolition de l'esclavage, décadence de la production vivrière et augmentation de l'achat de produits importés[13], soumission aux lois internationales du marché, etc. Dernière cause, enfin, d'émigration : la sécheresse des années 1970 et 1980, décimant les troupeaux, réduisant considérablement la production agricole, contraignant à acheter encore plus pour nourrir des familles toujours plus nombreuses.

Ce déséquilibre économique s'est accompagné de modifications sociales : émancipation des anciens captifs[14], contestation des aînés par les cadets. L'antériorité de l'émigration des nobles, constatée par Barou (1978) ne semble pas avoir été un fait généralisé, d'autres études (Samuel, *op. cit.* : 247-248) montrant d'importantes variations selon les régions, les époques, les groupes ethniques. De même les origines des immigrés se sont diversifiées, les Soninké de la région de Kayes (limitrophe du Mali, du Sénégal et de la Mauritanie) ayant été rejoints par les Halpulaar, les Bambara puis les Wolof, les Sérères, les Diolas. Actuellement, les immigrés de la région du fleuve (Soninké, Halpulaar) forment le groupe le plus important de l'immigration sénégalaise en France.

Les marabouts dans l'immigration

Ils ont « toujours été là », « ça fait très longtemps que les Français vont voir les marabouts[15] » : réponse fréquente, souvent agacée, à une question maladroite de

11. Cette loi n'est plus appliquée qu'au « compte-gouttes », selon l'expression du conseiller juridique du consulat du Sénégal, et avec encore plus de rigueur depuis 1993.

12. Pour lutter contre ces lois, des résidents d'un foyer de la région parisienne ont dit projeter d'aller au Mali « faire le *korté* » (magie bambara considérée comme particulièrement puissante).

13. Un immigré dit : « On est très loin du sac de riz qui permettait d'aller d'une *tabaski* à l'autre ». Sur les aspects économiques de l'immigration, cf. Samuel (1978), Weigel (1982), Quiminal (1991), etc.

14. Même si des témoignages concordants, vérifiés par ma propre enquête, montrent encore des traits d'allégeance de ces captifs envers leurs anciens maîtres, y compris en France.

15. Cette affirmation s'accompagne de la mention du marabout personnel du général de Gaulle, qui lui aurait été recommandé par L. S. Senghor : il s'agirait de El Hadj Seydou Nourou Tall, descendant de la famille d'El Hadj Omar, mort en 1980 à l'âge de 116 ans (information non vérifiée…).

l'ethnologue, ressentie comme une mise en cause de leur présence en France ou de la légitimité de leur pratique. Le contexte colonial n'est pas oublié. Sylla dit :

> Les Français sont venus construire en Afrique des routes, des écoles, des hôpitaux ; ils sont venus parce qu'il avaient en Afrique des intérêts, nous maintenant, on a le droit de travailler en France.

Juste retour des choses…

Mais qu'en est-il pour les périodes antérieures ? Y eut-il, parmi les « tirailleurs sénégalais », des marabouts dont certains, une fois démobilisés, se seraient installés en France après la fin de la guerre de 1914-1918 ? L'intérêt naissant pour les cultures nègres, intérêt d'où paternalisme, exotisme et folklorisation étaient loin d'être absents s'est-il accompagné d'un engouement pour une « magie noire » ? Dans son ouvrage consacré à la « force noire », aux soldats recrutés en A.O.F. et à leur vie en France, l'historien Marc Michel mentionne bien la présence de marabouts. Il s'agissait de « quelques centaines de Mourides (wolof) », dont la présence est attestée dès 1915, non au front mais à l'arrière, dans les dépôts et camps où les tirailleurs furent repliés en grand nombre (1982 : 380 et sq.).

Il semble que, de façon générale sinon unanime, leur présence fut regardée par les autorités avec une « neutralité bienveillante » comme favorable au maintien du bon moral des troupes. Il semble même que, en dépit d'une « manœuvre cléricale destinée à transformer les camps en terres d'évangélisation et de contre-offensive musulmane[16] », l'adhésion à l'islam progressa parmi les tirailleurs, et que ceux-ci trouvèrent en France des lieux de culte et de sépulture. Mais quelle était l'action de ces marabouts mourides ? Les documents analysés par l'historien ne mentionnent que leur rôle religieux au sens strict (direction des prières), et aucunement un rôle de pourvoyeur de protection, certainement plus difficile à observer par un regard extérieur.

Par ailleurs, aucun élément ne permet de savoir si ces marabouts mourides ou si même des tirailleurs seraient restés en France. Marc Michel montre que les contacts que les tirailleurs purent avoir avec les Blancs, à l'occasion soit de permissions, soit d'embauches dans des ateliers de l'armée, dans les services des chemins de fer ou dans des équipes agricoles, restèrent superficiels et limités[17].

Enfin, un sondage effectué dans les journaux du début du siècle, tels *L'Illustration*, *Le Rire*, *Le Petit Écho de la mode*, a révélé l'existence de plusieurs mages ou prophètes étrangers (ou empruntant un nom étranger) exerçant en France, mais parmi eux ne figure aucun Africain de l'Ouest. Dans l'état actuel des recherches,

---

16. Qui finit par être désavouée.

17. M. Michel montre, cependant, que c'est grâce à ces contacts que les soldats noirs « prirent malgré tout conscience de leur "identité" » (*ibid.* : 473) ; sur les conditions de vie des tirailleurs sénégalais démobilisés, cf. Dewitte (1985 : 27-40). Cet auteur montre notamment que ces conditions difficiles feront de ces hommes « le gros des troupes militantes nègres dans les années 1920 ».

aucune trace tangible ne permet d'établir une filiation entre les tirailleurs sénégalais et les marabouts contemporains.

Pourtant c'est sous une forme plus globale et plus acrimonieuse qu'apparaît ce lien :

> Si on creusait le sol de France, on y trouverait beaucoup de squelettes d'Africains, alors que la France ne leur donne pas une existence correcte : pas de boulot, pas de logement, seulement l'obligation d'apprendre à lire et à écrire !

déplore Sow. Personne n'a de comptes à rendre et, dit Keita, « on n'a pas attendu les Blancs pour faire du maraboutage ». Leur ancrage en France, les marabouts, immigrés parmi d'autres, le datent et le légitiment avec force par ce tribut aux guerres, au travail, par cette présence physique du sang versé, des os en terre, du lieu des morts. Et l'évocation violente de cette « dette du sang », selon l'expression de Dewitte (1985), est chez eux tout aussi brutalement réaliste, aussi peu mystique, qu'elle l'est dans la bouche d'autres immigrés africains.

Hormis cette affirmation d'ancienneté toujours vive, les marabouts ont été atteints par les mêmes transformations sociales, par les mêmes mouvements migratoires que les autres catégories des populations africaines. Les premiers d'entre eux sont arrivés en France peu après les indépendances. Mais les premières études mentionnant leur existence ne datent que des années 1970.

Les années 1970

Les études de Samuel (1978) concernant l'émigration du village soninké de Diaguily (région du fleuve Sénégal) en 1974-1975 montrent que des marabouts ont gagné des villes africaines, notamment Dakar et Nouakchott. Émigration individuelle ? Ou organisée par des clients, des disciples ? Aucune indication ne permet de le dire. De même, on ne sait pas comment ces marabouts devenus citadins ont combiné pratique magico-religieuse et activité professionnelle. Selon Samuel, on trouve parmi les marabouts originaires de Diaguily à Dakar deux manœuvres, un gros commerçant riche, un petit marchand au marché Sandaga[18] ; et à Nouakchott : un commerçant, un employé de société, un gendarme. Recensement trop partiel pour autoriser des conclusions générales, mais où la liaison traditionnelle marabout-commerçant est bien représentée.

Parmi les émigrés de Diaguily en France, les statistiques de Samuel[19] montrent qu'au sein du groupe des hommes libres, sensiblement égal à celui des esclaves et bien supérieur à celui des castés, le nombre des marabouts est légèrement inférieur à celui des nobles ; tendance qui s'accentue considérablement lorsqu'il s'agit non plus d'un seul village, mais de l'ensemble de la région (le Diafounou) : parmi les

18. Marché important de Dakar.

19. L'auteur insiste sur le caractère très relatif de ces chiffres, qui ne prennent évidemment pas en compte les clandestins.

83,92 % d'hommes libres émigrés, on ne compte que 18,82 % de marabouts. Mais là encore il faudrait disposer de bien d'autres études pour vérifier si, comme dans cette région, les marabouts semblent avoir moins émigré (ou émigré plus tardivement) et pour tenter d'expliquer ce fait.

Bien que leurs études ne concernent pas particulièrement les marabouts, Barou (1978) et Samuel (*ibid.*) nous donnent quelques indications sur leur existence quotidienne et leur rôle en France, dans les foyers. Ces lieux sont en effet, à cette époque, et restent encore actuellement un pôle d'ancrage important[20] même pour ceux qui n'y résident pas. À cet état de fait, de multiples raisons : une partie de leur parenté y vit, ils peuvent, un jour ou l'autre, être amenés à y revenir, ils y assistent aux assemblées de village, viennent y faire diverses emplettes, participer à diverses fêtes, y rencontrer des relations ou y prier.

Dans ces foyers, les marabouts :

– travaillent à l'extérieur durant la semaine (Barou, *op. cit.* : 124) ; mais rien n'est dit du genre d'activité exercée ni du nombre concerné ;

– en fin de semaine, ils dispensent un enseignement coranique qui a, en émigration, plus de succès que l'alphabétisation et pour lequel ils se font « largement rétribuer » (*ibid.* : 29). Entre eux s'établit une hiérarchie fondée sur le savoir (entre *fodé* et *taalibé*, « maître » et « disciple »), celui qui a la meilleure connaissance des textes pouvant tenir le rôle d'imam ;

– ils règlent dans les foyers les questions relevant de la justice islamique : mariage, décès, héritage (Samuel, *op. cit.* : 126) ;

– ils président aux cérémonies des grands stades de la vie : « baptême », mariage, etc. On les remercie habituellement de leurs prières en leur glissant des billets ;

– ils peuvent gérer les comptes des caisses de village[21], noter les décisions des assemblées et parfois les arbitrer (*ibid.* : 125) ;

– leur intervention dans ces conseils va le plus souvent dans le sens du maintien des traditions et de la hiérarchie sociale. Samuel (*ibid.* : 113-114) cite le cas d'une révolte de jeunes esclaves d'un foyer, refusant d'être les seuls à devoir faire la cuisine ; le marabout consulté, tout en affirmant comprendre les motifs de ce conflit, mit l'accent sur la fraternité, la solidarité africaines, ceci impliquant le maintien, sous le regard d'Allah, du statut antérieur ;

– ils utilisent leurs connaissances ésotériques pour la confection d'amulettes, médiations de chaque instant dans la vie des immigrés : pour

20. Voir les descriptions de Barou (1978) et Samuel (1978) dans le milieu des années 1980, celles, plus récentes, de Quiminal (1991). Ces études font une large place aux luttes menées par les résidents des foyers pour obtenir des conditions de vie plus supportables.

21. Ces caisses recueillent les cotisations des immigrés en vue de réalisations collectives au village. Certains témoignages recueillis par Samuel dénoncent les abus de certains caissiers, en émigration comme au village, qui détournent à leur profit les sommes collectées (*ibid.* : 201-202).

faciliter l'embauche dans une usine, avoir de bons rapports avec ses supérieurs, obtenir une promotion, être protégé des « mauvais esprits et des mauvaises langues », régulariser une situation administrative (Samuel 1978 : 130, 146). Leur efficacité dans ce domaine, source d'enrichissement et de réputation, permet à certains d'entre eux de faire de cette activité leur gagne-pain essentiel et de quitter le foyer pour rechercher ailleurs une clientèle plus fortunée.

Mais ténue est la limite entre richesse comme signe d'une compétence et stigmate d'un dévoiement de la fonction. On retrouve, dans les propos des interlocuteurs de Samuel, dénigrant les marabouts qu'ils nomment « gauchistes », « de moins en moins instruits et dépravés, s'adonnant à l'alcool, ou s'établissant une solide réputation de coureurs de jupons » et se livrant à maints trafics interlopes[22], la même condamnation que celle du « marabout Cognac » ou du « marabout Cadillac » déjà formulée en Afrique. Y a-t-il dans cette affirmation de « décadence de la fonction » rapportée par Samuel[23], l'analyse d'un phénomène lié à l'immigration ou la perpétuation d'une idéologie déjà à l'œuvre dans un autre contexte ? Ces témoignages trop parcellaires ne permettent pas de répondre à cette question, mais ils semblent dessiner une distinction entre ceux des marabouts qui, demeurés dans les foyers, resteraient les garants d'une pratique et d'un ordre « authentiques » et ceux qui, vivant pour la plupart d'entre eux à l'extérieur, auraient choisi la voie d'une réussite plus individuelle. On reviendra sur cette distinction.

Les années 1980

Depuis le début de cette décennie, le nombre des marabouts en France s'est accru, tout comme leur visibilité. Les conditions de leur venue, leur mode d'existence en France se sont fort diversifiées.

Venir en France[24]

Gassama, âgé d'une soixantaine d'années est soninké, originaire du Sénégal oriental. Issu d'une famille de commerçants, il a lui-même longtemps exercé cette

22. Trafic de renseignements, importation clandestine d'objets « investis de valeur religieuse (habits, livres, amulettes, calendriers, etc.) », collusion avec des agences de voyage pour lesquelles ils recrutent des voyageurs en direction de La Mecque sont des exemples de ces « activités parallèles » des marabouts que cite Samuel (*ibid.* : 147).

23. Et que celui-ci reprend à son compte. Sa position est celle d'un militant, adversaire de toute forme d'explcitation.

24. Extrême réticence des marabouts à raconter leur histoire, questions détournées, récit différé parfois pendant plusieurs années ; l'ethnologue doit faire preuve d'une grande patience s'il ne veut se contenter de phrases laconiques : « On se débrouille », ou : « Vraiment je ne me gêne pas. » Le désir de s'entourer d'une aura de mystère s'allie à la méfiance, au souci de ne pas dévoiler des situations parfois délicates.

activité en Afrique centrale où il s'est enrichi. Mais il a dû laisser une bonne partie de sa fortune au Congo, à la suite des troubles survenus dans ce pays, et est arrivé en France en 1974. Employé saisonnier de la Ville de Paris, il est confortablement installé dans la capitale avec plusieurs femmes et de nombreux enfants ; tous ne vivent pas en France en permanence, les allées et venues avec le village sont incessantes, y compris celles de Gassama lui-même. C'est en France qu'a vraiment débuté son activité de marabout, alors qu'il était éboueur.

Dia est peul, originaire de la région du fleuve Sénégal, d'une famille de marabouts dont, dit-il, on recherche l'alliance. Il est né en 1948. Dans son enfance, il était berger tout en étudiant auprès de son maître ; mais la sécheresse des années 1970 causa de lourdes pertes à son troupeau. Raisons économiques ? Désir d'aventure chez ce jeune homme soumis à la tutelle de son marabout, et très tôt marié ? Il vend en cachette trois taureaux appartenant à son père et part pour Dakar où il mène pendant deux années une existence marginale, à « faire des bêtises » et à « bouffer tous [ses] sous ». Rencontres féminines, trafic divers sur le port, démêlés avec les autorités douanières contre lesquelles il exerce ses connaissances maraboutiques. Retourné un temps dans son village, il récidive, cette fois, pour aller plus loin, muni des protections données par sa mère qui renonce à le retenir. En 1974, sans aucun contact en France, il s'embarque sur un bateau en partance pour Marseille dont il avait beaucoup entendu parler, prend le train pour Paris où, par chance, il retrouve des condisciples de l'école coranique de son enfance ; ceux-ci, tout en l'aidant à trouver un travail, contribuent à fonder sa réputation de marabout. Arrivé en France quasiment sans bagage, il ramène, lors de son premier retour au Sénégal (en 1977), une bonne partie de son matériel maraboutique.

Keita est manding, âgé d'environ quarante ans. Sa première venue en France date de 1974 ; il y vit de son activité de marabout. Mais il est retourné de nombreuses fois au Sénégal et a séjourné dans d'autres pays. En 1986, à l'issue d'un long périple, il est retourné pour plusieurs années dans son village près de Dakar, s'occuper de son verger de manguiers. Depuis cette période, ses séjours en France se sont raréfiés et beaucoup écourtés (un ou deux mois au plus).

Cissé est songhoy, originaire de Djenné (Mali) où son père, récemment décédé, était un marabout très connu. Il est âgé de quarante ans environ. Depuis le début des années 1980, il vient régulièrement en France pour trois mois avec un visa de touriste lui permettant d'échapper à toute tracasserie administrative. Séjours bien préparés : le billet d'avion est généralement payé par le client qui sollicite sa venue[25]. Mais Cissé met à profit cette présence de courte durée pour intervenir auprès d'autres clients du réseau qu'il a réussi, au fil des ans, à se constituer en France.

Diaby, tout juste vingt ans, est diakhanké, originaire d'une famille connue de Casamance (Marsassoum). Venu pour la première fois en France en 1984, il reste toujours extrêmement évasif sur les conditions de sa présence sporadique en France.

25. En 1985, il s'agissait d'un Africain américain.

Il connaît bien les filières d'entrée clandestine sur le territoire français[26]. Le risque ? « Si on se fait prendre, on est reconduit à la frontière et on réapparaît quelque temps plus tard avec d'autres papiers. » De fait, Diaby est insaisissable, déjà parti aussitôt qu'arrivé, ne se fixant jamais longtemps dans la même ville, resurgissant après quelques mois ou quelques années.

Cinq exemples qui sont loin d'épuiser tous les cas observés. Certains encore, sont venus en France dans le sillage de leur maître et y sont restés quelque temps après le départ de celui-ci. D'autres, riches commerçants internationaux voyageant à Paris pour des soins médicaux ou des affaires, profitent de ce séjour pour recevoir des clients[27]. La plupart d'entre eux ont connu la ville avant de venir en France.

La très grande majorité y est arrivée pour la première fois dans les années 1970 ou 1980. Pour quelques autres, le voyage est plus ancien, tel Camara, originaire du Mali, arrivé en France en 1963 après avoir été soldat en Algérie où il a été gravement blessé. À Paris, il est salarié et vit avec une Française. Il fait partie de la trentaine de marabouts les plus anciennement installés. Nous n'avons rencontré ni trouvé trace d'aucun marabout dont la présence en France soit antérieure aux années 1960.

Figures très diverses, donc, de l'éboueur au berger fugueur, du riche commerçant au jeune clandestin, dont se dégagent néanmoins quelques traits :

– la coexistence de marabouts vivant en France depuis longtemps avec d'autres n'y faisant que de brefs séjours. Souvent nommés « tournées » à l'instar des voyages des leaders de confrérie ou de leurs représentants venant conforter, en France, en Italie comme aux États-Unis, la cohésion de leurs disciples et en recueillir les dons, ces passages rapides sont cependant entrepris ici de façon toute individuelle.

Les séjours de longue durée sont le fait des marabouts exerçant ou ayant exercé un travail salarié ou de ceux qui, pour diverses raisons, possèdent un titre de séjour de longue durée[28], ou ont acquis la nationalité française. Quant aux séjours brefs, un an renouvelable, quelques mois, quelques semaines, quelques jours, ils renouent, adaptés à des conditions socio-économiques nouvelles, avec le premier type d'immigration pratiquée en Afrique de l'Ouest : le travail saisonnier, actuellement plus rémunérateur en France que dans les villes africaines. Cette présence épiso-

26. Par les pays limitrophes, en particulier la Belgique où il se rend souvent, dans le sillage d'hommes d'affaires africains familiers de la police des frontières, par l'acquisition de papiers guinéens ce qui, vu la nature du régime politique de ce pays, peut permettre d'obtenir le statut de réfugié politique. Diaby a également proposé un mariage blanc à une de ses clientes françaises qui a refusé cet arrangement.

27. Ainsi Traoré est descendu, en 1987, dans un grand hôtel parisien, accompagné de sa femme enceinte.

28. Soit parce qu'ils résident en France depuis au moins dix ans, soit parce ce qu'ils sont parents d'enfants nés sur le sol français, soit parce qu'ils sont conjoints de Françaises – ce dernier cas étant devenu litigieux depuis les lois « Pasqua » –. Le titre de séjour de dix ans, de « résident privilégié », est jusqu'à maintenant renouvelable.

dique caractérise actuellement ceux dont l'activité de marabout constitue l'unique gagne-pain, l'invisibilité ainsi pratiquée permettant parfois de masquer un séjour ou une activité non officiels. Pourtant cette brièveté est loin d'être toujours liée à une contrainte. Outre les « tournées » des marabouts reconnus, se rendant en France surtout pendant la période du ramadan, et les escales des hommes d'affaires marabouts, ces voyages fugaces traduisent un art du passage sur lequel on reviendra.

– Cette venue en France n'a pas toujours eu pour but de s'y livrer à l'activité de marabout. Sans aucun doute faut-il prendre en considération une évolution historique dans l'émergence d'une telle stratégie : à une époque où « trouver du boulot » était facile a succédé, depuis le début des années 1980, une période beaucoup moins faste où « pratiquer » a pu constituer un solution alternative ; mais, l'exemple de Dia le montre clairement, c'est parfois dans le contexte français qu'un héritage, une réputation ont pu être mis en exergue par l'entourage, presque à l'insu de l'intéressé, du moins sans qu'il prenne l'initiative d'un tel processus.

Pour les autres, venus explicitement pour être marabouts, la raison officielle généralement avancée est l'incitation d'un ou plusieurs clients, africains mais aussi français ; ainsi l'arrivée de Keita aurait été favorisée par la rencontre, au Sénégal, d'un consultant français qui lui aurait trouvé un appartement à Paris et l'aurait recommandé à son entourage ; certains marabouts sont effectivement pris en charge de façon plus ou moins totale, plus ou moins durable, conduits en voiture, logés à l'hôtel, etc. Mais cette mise en avant du rôle indispensable qu'ils joueraient en France doit être inscrite dans un contexte plus large : la présence des marabouts est liée à l'allongement du séjour en France des Africains de l'Ouest, qui choisissent de mettre leurs pourvoyeurs de protection à leur portée. Pourtant cette légitimité sociale parfois incontestablement vérifiée, en tout cas régulièrement affirmée, ne doit pas faire oublier qu'entre, dans le voyage des marabouts, une part non négligeable d'aventure individuelle, de recherche personnelle de la réussite que manifeste clairement leur stratégie d'ouverture sur une clientèle non africaine déjà entrevue dès l'Afrique.

Certains d'entre eux défendent, souvent farouchement, l'exclusivité de leur activité, voire de leur présence en France au sein de leur parenté. Sow, aîné de sa fratrie, déjà marabout en Afrique, mais dont les frères ont aussi quelques connaissances, s'emploie sans relâche à dissuader ceux-ci de venir[29] ; rivalité classique entre aînés et cadets, constatée de façon très générale en Afrique de l'Ouest.

Mais pour la plupart, les « petits », souvent très jeunes, se succèdent. Fréquemment, lors de nos visites, dort, dans l'unique lit de l'unique pièce habitée par le marabout, l'un de ses parents ou de ses « collègues » tout juste arrivé d'Afrique. Cette succession principalement familiale peut aussi traduire d'autres liens : être du même village, voire du même arrondissement, ou encore avoir été condisciples à l'école

29. La rivalité a été, lors de l'enquête, très nette entre lui-même et un de ses petits frères, qu'il avait empêché de venir en France. Le « petit », choisissant alors une autre voie, a réussi à prospérer un temps comme commerçant au Gabon, éveillant à son tour la jalousie de Sow.

coranique. Tel est le cas d'Ousmane, venu en France sur l'instigation du fils de son maître, lui-même déjà marabout à Paris. Il n'est pas rare qu'un consultant contactant son marabout, s'entende dire que celui-ci est parti en Afrique mais que son « frère[30] » ou son fils le remplace, qu'il s'agisse du fils agnatique, du cousin germain ou du disciple d'un même maître. À Diakhaby, arrivé au milieu des années 1960, ont succédé plusieurs de ses fils que d'autres remplaceront à leur tour : la présence de cette famille à Paris est donc continue depuis une trentaine d'années. Certaines cartes de publicité témoignent de cette rotation des personnes, le « petit » reprenant parfois la même chambre que celui auquel il succède, souvent le même texte publicitaire, la même photographie, se contentant au mieux de modifier le nom.

Ces successions, ces allées et venues sont le fait d'une multitude de micro-réseaux au fonctionnement identique, mais indépendants, sans autre lien que celui d'être régis par le même mouvement migratoire général. Chacun joue avec les liens, les repères, la connaissance qu'il possède des lieux et usages de Paris. Aucune organisation, ni confrérique ni religieuse, aucune personnalité de référence ne centralise ni ne facilite la venue en France des marabouts, qui garde un caractère très souple et très individuel, contrairement à ce qui se produit dans l'organisation du commerce mouride en France, par exemple, largement dominé par l'appartenance confrérique[31]. En outre, les marabouts font partie de ces micro-réseaux au même titre que d'autres candidats à l'entrée en France, les solidarités qui s'instaurent rassemblant surtout des fragments de lignages ou de villages ; leur seul privilège est de pouvoir bénéficier, en outre, de l'aide ou de la sollicitation relative à leur fonction, réseaux dont l'ampleur varie en fonction de la personnalité, de la sociabilité, de la réputation de chacun, et qui peuvent être parfois très restreints[32].

Dans ces différents modes de venue et de présence en France, le statut juridique des marabouts joue un rôle non négligeable.

Le statut juridique. Théorie et réalité

C'est dans le cadre de la « régularisation des clandestins » qu'en 1981, le gouvernement socialiste s'est particulièrement penché sur le sort des marabouts. Si aucun problème théorique ne se posait pour les nombreux salariés sans titre de séjour, la situation des marchands ambulants et celle des marabouts était plus délicate à régler. Les premiers reçurent une carte de commerçant avec un titre de séjour de « marchand ambulant » valable un an et renouvelable.

---

30. Il est souvent difficile d'établir la nature exacte de ces liens, le terme « petit » désignant une classe d'âge, le terme « frère » étant employé dans un sens très large, n'impliquant pas nécessairement des liens de parenté.

31. Dans ses études sur le commerce mouride en France, Salem montre « la conjonction des stratégies singulières, peut-être ponctuelles, mais cimentées par l'appartenance commune à la confrérie » : les jeunes commerçants bénéficient en France du « système commercial (hébergement, approvisionnement, commercialisation) mis en place par les mourides, ainsi que de leur formidable pouvoir de pression » (1981 : 271-272). Voir aussi Ebin (1993).

32. Excepté, bien entendu, lorsqu'il s'agit de représentants notables de confréries.

Le statut des seconds fut résolu d'une autre manière. En 1981, le gouvernement socialiste, sans revenir sur la limitation de l'immigration, choisit de mettre l'accent sur l'amélioration des conditions de vie des immigrés en France. Dans ce cadre, c'est le rôle indispensable de « religieux », joué par les marabouts auprès des Africains, qui a été considéré avec mansuétude. Il est vrai aussi que, antérieurement aux indépendances, les responsables politiques français[33] avaient souvent entretenu de bonnes relations avec les responsables des confréries musulmanes africaines, d'où découlait une certaine considération pour les marabouts. Certains de ceux qui sont arrivés en France dans les années 1960 ont, en effet, bénéficié d'une protection administrative plus ou moins marquée. Sans doute faut-il également prendre en compte l'itinéraire personnel du directeur général du 9e bureau à la préfecture de police en poste dans les années 1980 : ayant effectué une partie de sa carrière en Afrique, celui-ci connaissait bien les marabouts et avait pour eux une « grande tendresse[34] ».

Moyennant une attestation préalable émanant des consulats[35] justifiant d'une activité de marabout exercée en Afrique, donc antérieurement à la venue en France, d'une attestation de domicile et de l'existence d'un compte dans une banque du pays d'origine, les marabouts pouvaient déposer en préfecture une demande de régularisation. En cas d'acceptation, ils recevaient une carte de séjour temporaire renouvelable, d'une durée de six mois ou d'un an, mais portant, contrairement aux marchands ambulants également « régularisés » à cette époque, la mention « visiteur[36] ». L'obtention de ce titre était, en outre, soumise à l'assurance signée des marabouts qu'ils ne chercheraient pas à transformer ce statut en celui de salarié. Ainsi l'existence en France était reconnue aux marabouts mais non leur activité, le statut de « visiteur » impliquant que son détenteur dispose de ressources propres, ce qui, bien entendu, dans la réalité des faits, n'était pas le cas... Le paradoxe d'une telle définition, ajustée « au coup par coup sans philosophie générale particulière[37] » est d'ailleurs très net puisque, lors du renouvellement du titre temporaire de séjour, la préfecture de police exigeait des marabouts la preuve du

---

33. Les responsables politiques les plus fréquemment cités sont, outre le général de Gaulle, Pierre Messmer et Gaston Deferre, tous deux ayant, en effet eu des liens institutionnels avec l'Afrique. Selon un membre proche d'un actuel khalife de la *tijaniyya*, les liens avec les milieux « gaullistes » seraient toujours maintenus (entretien octobre 1999).

34. Le 9e bureau est chargé de l'admission de séjour pour les ressortissants du Maghreb et de l'Afrique. M. Lacoste est resté en poste jusqu'en 1988 ; les détails le concernant m'ont été fournis par son successeur et ses anciens collaborateurs.

35. Essentiellement ceux du Sénégal et de Guinée.

36. En application de l'article 12 de l'ordonnance de 1945 : « La carte de séjour temporaire délivrée à l'étranger qui apporte la preuve qu'il peut vivre de ses seules ressources et qui prend l'engagement de n'exercer en France aucune activité professionnelle soumise à autorisation porte la mention "visiteur". » Cet alinéa de l'article 12, appliqué aux marabouts, s'oppose à l'un des suivants, appliqué aux marchands ambulants notamment : « La carte de séjour temporaire délivrée à l'étranger qui, désirant exercer en France une activité professionnelle soumise à autorisation, justifie l'avoir obtenue porte la mention de cette activité, conformément aux lois et règlements en vigueur. »

37. Selon les termes du responsable du 9e bureau.

paiement de la TVA ! Considérés juridiquement comme « sans profession », les marabouts, avaient, de fait un statut de profession libérale, à l'instar des voyants.

Il est impossible de dénombrer les marabouts ainsi régularisés, dont le titre de séjour temporaire pouvait être prolongé d'année en année. Le consulat du Sénégal, très évasif à ce sujet, reconnaît qu'il y a eu « des abus ». Il aurait fourni de 300 à 400 attestations[38]. Selon la préfecture de police, 75 dossiers auraient été régularisés en 1981, 117 en 1985, 200 en 1986[39]. De nombreux marabouts, profitant de cette solution administrative au séjour en France, semblent avoir afflué au début des années 1980.

Mais cette procédure est devenue plus complexe à partir de 1986, exigeant désormais une entrée régulière en France et l'obtention d'un visa de long séjour, très rarement accordé[40]. De ce fait, les demandes de première carte se sont beaucoup raréfiées.

En outre, c'est de plus en plus sur le contrôle des ressources puis sur l'acquittement des impôts – donc sur le statut effectif de « profession libérale » – que l'administration s'est appuyée pour « dépister les faux marabouts qui pouvaient abuser de la situation ». En 1990, le nouveau responsable du 9e bureau à la préfecture de police[41] décida de « mettre le holà à la filière carte de séjour maraboutique » et de « moraliser la profession » en contrôlant plus rigoureusement les ressources des marabouts. En deux ans environ, la commission de séjour[42] entérina son refus de renouveler le titre de séjour d'une soixantaine de marabouts, au motif que leurs ressources étaient insuffisantes (ce qui sous-entendait que leur activité professionnelle n'était pas réelle). Ce refus impliquait un délai d'un mois pour quitter le territoire et, en cas de non respect, une reconduite autoritaire à la frontière[43].

Quant à l'exigence de l'avis d'imposition et de l'acquittement des taxes professionnelles, entérinant de fait le statut de profession libérale, elle rendait caduque la notion de « visiteur » ayant ses ressources propres ; modification de perspective qui

---

38. L'« attestation de marabout » (émanant du consulat général du Sénégal à Paris) que j'ai eue en main précise que tel ressortissant « est marabout et aide les ressortissants sénégalais dans la pratique religieuse ».

39. Cf. Michèle Durand, « Gris-gris contre képis », *Le Matin*, 23 janvier 1986.

40. Mesure datant du 13 septembre 1986, liée aux attentats terroristes de la même année ; elle concerne les ressortissants de certains pays, dont le Sénégal, désireux de séjourner en France pour une période supérieure à 90 jours.

41. Entretien réalisé en octobre 1993.

42. Cette commission, instituée le 2 août 1989, comprend un vice-président du tribunal d'instance, un juge du tribunal d'instance et un juge du tribunal administratif de Paris. Tout refus de renouvellement de titre de séjour devait, pour être exécutoire, recevoir de cette commission un avis favorable. La défense des personnes en cause pouvait être, à leur gré, assurée par un avocat. Depuis le 24 août 1993 (loi Pasqua), l'avis de cette commission n'est plus que consultatif, le pouvoir direct de la préfecture de police s'en trouvant accru.

43. Nous n'avons pas pu obtenir le nombre exact de ces reconduites à la frontière, l'hypothèse avancée par le responsable du 9e bureau étant que « un certain nombre de marabouts seraient partis d'eux-mêmes ». Une journaliste d'*Afrique-Magazine* (septembre 1992) avance le chiffre de 80 expulsions depuis le début de 1991.

n'a, cependant, selon les informations recueillies, fait l'objet d'aucun règlement d'application mais de simples circulaires internes aux administrations. Reconnaissance professionnelle tout juste concédée pour des raisons évidentes d'opportunité, jamais réellement officialisée, qui marque l'incapacité ou la réticence des autorités à concevoir le rôle des marabouts dans leurs multiples facettes, tels qu'ils ont été expliqués plus haut. D'autant plus que, selon le droit français, une part non négligeable de l'activité effective des marabouts, la divination, peut, à l'instar de celle des voyants, tomber sous le coup de plusieurs articles du code pénal (R. 34 et 405)[44].

Enfermer les marabouts dans la catégorie restrictive et bien-pensante du « religieux », comme l'ont fait les autorités françaises, projection, sans doute, d'une société à la recherche d'une pureté perdue, reproduit exactement certains schémas courants à l'époque coloniale[45], lorsque la crainte de l'islam prenait le masque d'une condamnation du « charlatanisme ». Dans la position des autorités administratives actuelles, il s'agit toujours du nivellement à un islam idéal, spiritualiste et fait de dépouillement vertueux, induisant un comportement normatif, une partition commode et sans nuance entre « vrais » et « faux » marabouts – « purs » et « impurs », ces derniers fauteurs de désordres –, comme en témoignent clairement les jugements de Maurice Lacoste, pourtant auparavant bienveillant :

> [...] les marabouts sont sortis de leur rôle traditionnel et [...] exercent aujourd'hui une activité illégale, réprimée par le code pénal [...] ce n'est pas pour cela qu'on les a fait venir, le marabout est un religieux et non pas un voyant[46].

Même définition univoque encore, dans d'autres propos où l'on retrouve des expressions connues : le marabout est « une personne religieuse, un moine, un

44. Selon l'article R. 34, la divination, fait de « deviner et de pronostiquer, ou d'expliquer les songes » est une contravention passible d'une amende, du retrait du matériel et d'une peine d'emprisonnement en cas de récidive. Cet article du code, peu modifié depuis le Code Napoléon, tire sa source de la législation révolutionnaire (1791). Mais cette interdiction de la pronostication pourrait remonter au XVe siècle ; son but serait la défense de tout pouvoir établi (royal, ducal, etc.) contre des troubles de l'ordre public que la divination pourrait occasionner. L'article R. 405, plus fréquemment employé, réprime l'escroquerie, qui est un délit pénal : « Quiconque, soit en faisant usage de faux noms ou de fausses qualités, soit en employant des manœuvres frauduleuses pour persuader de l'existence de fausses entreprises, d'un pouvoir ou d'un crédit imaginaire, ou pour faire naître l'espérance ou la crainte d'un succès, d'un accident ou de tout autre événement chimérique, se sera fait remettre ou délivrer des fonds, des meubles ou des obligations, dispositions, billets, promesses, quittances ou décharges, et aura, par un de ces moyens, escroqué ou tenté d'escroquer la totalité ou la partie de la fortune d'autrui, sera puni d'un emprisonnement d'un an au moins et de cinq ans au plus, et d'une amende de 3 600 F au moins et de 2 500 000 F au plus. » Cet article ne peut s'appliquer que si les « manœuvres frauduleuses » sont clairement établies, un simple mensonge, par exemple, ne suffisant pas ; et s'il y a plainte avec constitution de partie civile, attestant le préjudice subi.

45. On peut d'ailleurs penser qu'il y une certaine continuité par les hommes eux-mêmes : on a signalé que Maurice Lacoste avait été en poste en Afrique, et son cas n'est pas isolé.

46. Cf. « Gris-gris contre képis », article cité.

prédicateur, il n'est pas vénal, il renonce aux biens[47] ». Un autre rapport indique que l'activité à laquelle se livrent les marabouts à Paris (la divination) serait « hérétique ».

Mais, question identique à celle qu'on se pose à la lecture de bien des textes datant de l'époque coloniale, une telle conception ne relève-t-elle que d'une difficulté à appréhender la complexité du phénomène, d'une vision ethnocentrique prisonnière de ses cadres de référence, ou d'une stratégie politique relative à l'immigration ?

Les marabouts furent effectivement surveillés et firent l'objet de plusieurs rapports principalement dans les années 1984-1987. Dès la fin des années 1970, plusieurs d'entre eux avaient déjà été convoqués par les services de police judiciaire et interrogés sur leur activité. D'une part, il s'agissait de vérifier si, comme « religieux », ils n'étaient pas les pivots de mouvements « islamistes » et « intégristes » (ou « extrémistes »). Les enquêtes de police et celle de la DASS de Paris[48] furent négatives sur ce point. D'autre part, il s'agissait de réprimer une activité conçue comme dévoyée et illégale. Les pièces à conviction choisies par les services de police furent notamment les publicités faites par les marabouts dans divers journaux, ou les cartes distribuées dans la rue, dont le nombre diminua à cette période. La tolérance à l'égard des voyants en général autorise à s'interroger sur les raisons profondes qui présidèrent, particulièrement en 1985, à plusieurs retraits collectifs de titres de séjour[49]. Cette même année, un marabout venu faire une demande de regroupement familial, se vit retirer sa carte de séjour[50]. Des enquêtes de police furent également menées en 1986-1987[51]. Les plaintes pour escroquerie à l'encontre de marabouts n'étant, selon plusieurs officiers de police judiciaire et le secrétaire général de la section des escroqueries du parquet de Paris, pas plus nombreuses que celles à l'encontre des voyants, il s'agit bien, sous couvert d'une moralisation de l'activité maraboutique, à la faveur d'une définition opportunément restrictive, de mesures politiques visant à réduire l'immigration.

Marquée par une grande ambiguïté de la part de la préfecture de police, qui accentue à sa guise le versant « religieux » ou le versant « profession libérale »,

47. Entretien avec un inspecteur de la police judiciaire.

48. Cette enquête fut réalisée à la demande de la préfecture de police dans le XVIIIe arrondissement, en raison de l'« influence néfaste » des marabouts sur les familles immigrées de ces quartiers, contraire au rôle positif escompté en 1981.

49. Grâce à des manifestations de groupes, de *sitting* devant la préfecture, les marabouts ont pu récupérer leurs papiers.

50. Défendu par un avocat du GISTI (Groupe d'information et de soutien des travailleurs immigrés), il finit par avoir gain de cause à la faveur de la naissance d'un enfant sur le sol français. Depuis la loi du 24 août 1993 sur la nationalité, une telle solution est devenue impossible.

51. Enquêtes nominales sur 64 marabouts (48 Sénégalais, 14 Guinéens dont 13 réfugiés politiques, 2 Gambiens) dont nous n'avons pas pu obtenir communication. Il s'agissait de vérifier s'ils avaient bien la qualité de marabout, ainsi que leurs ressources. Cette période, où les marabouts furent surveillés, est, corrélativement, marquée par une certaine baisse de leur visibilité dans les divers canaux publicitaires.

cette situation est encore renforcée par le statut des marabouts au regard des services fiscaux. Les deux administrations ont d'ailleurs des liens.

Pragmatique, le fisc admet parfaitement l'activité des marabouts pourvu que ceux-ci paient l'impôt. « Normalisés » dans les cadres socioprofessionnels de l'INSEE[52], ils entrent, comme les voyants, dans la vaste catégorie fiscale de ceux qui tirent leurs revenus d'« activités non commerciales[53] », et sont assujettis au régime des « bénéfices non commerciaux ».

Prenons un exemple concret : en 1984, dans le quartier de la Goutte d'or (XVIIIe arrondissement), sont répertoriés 130 marabouts environ, devant s'acquitter, outre de l'impôt sur le revenu, des taxes professionnelles et, depuis 1979, de la TVA[54], condition nécessaire au renouvellement des titres de séjour ; toutes formalités fiscales témoignant d'une activité, qui cependant, en ces années, ne donnent droit qu'à un titre de « visiteur » ! Pourtant, bien des marabouts sont parfaitement conscients de l'enjeu de ces mesures et de la menace qui plane sur eux en cas de refus de paiement.

La procédure ne se déroule pas toujours simplement. Le rôle des inspecteurs est de démêler entre ceux de ces contribuables réputés éphémères et irréguliers qui ont une activité professionnelle réelle et les autres, les « marginaux[55] », auxquels tout dossier est refusé ainsi que, par voie de conséquence, tout titre de séjour. Paradoxe encore : les publicités, considérées par la police comme preuves d'un délit, fournissent au fisc méfiant une présomption d'activité[56] ! Témoignage supplémentaire de la difficulté éprouvée par les administrations à faire entrer les marabouts dans la classification claire et nette imposée le système administratif français. Mais loin d'une mise en question de la rigidité des cadres disponibles, c'est une critique soupçonneuse de ces personnages sortis de la norme qui s'exprime, les uns soutenant *a priori* avoir affaire à une pratique religieuse dévoyée, à la « déviation d'une institution propre à l'Afrique islamique[57] », les autres, à une profession libérale souvent

52. Qui classe les astrologues, les voyants, les marabouts dans la catégorie des « services professionnels divers », au même titre que les agences matrimoniales ou les cabinets de graphologie.

53. Regroupant, outre les voyants, aussi bien les médecins libéraux que les prêtres et les prostituées.

54. Il s'agit, bien entendu, de ceux qui ont choisi de déclarer leur pratique maraboutique comme source de revenus. Les prêtres et les prostituées ne sont, non de droit mais de fait, assujettis ni aux taxes professionnelles ni à la TVA ; de ce fait, certains marabouts ont revendiqué le même statut que les prêtres, argument qui semblait logique puisqu'ils étaient considérés comme « religieux » par la préfecture de police. Pourtant, ils sont soumis au même régime fiscal que les voyants et les psychanalystes non-médecins.

55. Terme employé dans une monographie professionnelle émanant de l'administration des impôts.

56. Avec une restriction : « S'il y en a quatre ou cinq à la même adresse, ce n'est pas bon », affirme ce même inspecteur, « car il n'y en a qu'un qui paie la TVA ». Les services fiscaux repérant, dans un journal, la publicité d'un marabout, doivent, en principe, vérifier s'il est régulièrement inscrit ; si tel n'est pas le cas, ils doivent contacter le marabout et le mettre en demeure de se déclarer. En pratique, ce contrôle et la notification de taxation qui devrait s'ensuivre sont irréalisables.

57. Selon les termes d'une monographie professionnelle bien documentée de l'administration des impôts, datant de 1984.

détournée. D'ailleurs le terme même de « profession » appliqué aux marabouts, est contesté ; n'est-ce pas pourtant à ce titre que ceux-ci peuvent être assujettis à l'impôt ?

Des 130 marabouts recensés par le centre des impôts de la Goutte d'or, le fisc conclut à une clientèle très restreinte pour la plupart, à une activité professionnelle réelle pour certains seulement, parmi lesquels deux ayant réussi à acquérir des biens immobiliers ; ceux-là feront, à partir de 1984, l'objet de vérifications[58].

En 1985-1987, les mesures policières ont pour effet de diminuer le nombre visible de marabouts. En 1989 et 1990, 110 dossiers auraient été gérés par le centre des impôts de la Goutte d'or. Selon l'analyse d'un inspecteur[59], une partie de ces marabouts continuait à se servir du fisc comme d'un « alibi ». Stratégie bien huilée : après avoir déclaré au fisc vouloir exercer une profession libérale[60] et s'acquitter d'un acompte provisionnel de TVA, les marabouts, munis de certificats fiscaux en règle, se rendaient à la préfecture de police où ils obtenaient des titres de séjour. « Puis ils revenaient au fisc un mois après, se faisaient radier à la date de création en disant que leur activité ne marchait pas, mais ils avaient eu leur papier. »

Une telle « facilité », alliée au désir clairement exprimé de supprimer le maximum de dossiers considérés comme « parasites sur le plan fiscal[61] », rend le fisc plus sévère : en 1991, une première mesure dissuasive (la nécessité préliminaire d'une déclaration d'existence à l'URSSAF[62], administration très rigoureuse) diminue de moitié le nombre des marabouts ayant déposé un dossier, qui cessent officiellement toute activité professionnelle. D'autre part, des avis d'imposition sur le revenu de l'année antérieure s'ajoutent désormais à l'attestation de paiement de la TVA et à l'inscription au régime de l'évaluation administrative pour se présenter avec succès en préfecture. Supposant une stabilité, une longévité dans l'activité, cette dernière mesure abaisse encore le nombre des marabouts ayant au centre des impôts un dossier professionnel et pouvant être, à ce titre, en règle quant à leur présence en France : actuellement, une trentaine au plus est dans ce cas au centre des impôts de la Goutte d'or, parmi lesquels deux, anciennement installés, se détacheraient[63].

---

58. C'est vraisemblablement la vérification fiscale, effectuée à partir de 1984, d'un marabout très connu du quartier de la Goutte d'or, qui fera basculer définitivement l'administration vers l'assimilation des marabouts aux voyants et non plus aux religieux.

59. Partagée par une grande partie de ses collègues.

60. Et être soumis au régime de l'évaluation administrative, réservée aux personnes réalisant moins de 175 000 F de recettes annuelles. Cette procédure repose sur un accord entre l'inspecteur des impôts et le marabout et non sur un examen de la comptabilité.

61. En raison de leurs faibles ressources et/ou de leurs charges familiales, la quasi-totalité des marabouts n'est pas imposable au titre de l'impôt sur le revenu ; on leur reproche, par ailleurs, de ne pas payer la TVA dont ils dont redevables, en bref, de ne rien rapporter à l'État.

62. Organisme chargé du recouvrement des cotisations sociales (sécurité sociale, caisse de retraite).

63. Ils déclareraient plus de 175 000 F de recettes par an et seraient soumis au régime de la déclaration contrôlée.

On peut pourtant s'interroger sur le sens de telles mesures, de nombreux marabouts, les plus anciennement installés, les plus visibles à Paris étant parfaitement en règle, certains utilisant désormais les services d'un cabinet de comptabilité. On peut également s'étonner de l'exigence d'ancienneté imposée aux marabouts alors que, dans le quartier de la Goutte d'or, les prostituées[64], précisément parce qu'elles sont considérées comme une population peu stable sont, elles, simplement exemptées de la taxe professionnelle ! De fait, l'acquittement de ces impôts, de plus en plus rigoureusement contrôlés et accompagnés d'exigences de plus en plus draconiennes, et en particulier la TVA, équivalent au paiement déguisé d'une taxe de séjour[65] ; la direction générale des impôts aurait effectivement, en 1984, étudié la possibilité d'une taxe forfaitaire générale de 2 000 F. Cette tentation d'établir une taxe annuelle de séjour sur les étrangers n'est pas récente puisqu'elle a été formulée dès 1883 et reparaît périodiquement[66]. Ce projet, en raison de l'impopularité qu'il aurait suscitée, n'a pas été suivi d'effet ; mais il montre très clairement que l'administration a été tentée d'entériner ce que précisément elle reproche aux marabouts : le paiement de l'impôt comme moyen de rester en France.

Depuis ces mesures, tempérées par une directive européenne relative à la TVA assouplissant le régime fiscal de certains marabouts et permettant à une cinquantaine d'entre eux, dans le quartier de la Goutte d'or, de refaire surface[67], la surveillance semble se relâcher. « On a compris qu'ils étaient plus forts que nous » : à cette remarque désabusée d'un inspecteur s'ajoute la constatation que la vraie délinquance fiscale est bien ailleurs et dans d'autres sphères de la société. Néanmoins ces rigueurs traduisent assez la volonté de réduire le nombre de marabouts « spontanés » et de privilégier ceux qui « jouent le jeu » d'une professionnalisation à la française.

Comme on le verra en détail plus loin, certains Africains condamnent l'usage de la publicité par les marabouts parisiens. Pourtant, l'utilisation qu'en fait l'administration fiscale montre qu'il ne s'agit pas, de la part des marabouts, d'une simple stratégie visant à asseoir une carrière individuelle, débordement ajusté au contexte parisien d'une pratique « authentique » : bien souvent il détermine la présence en

---

64. Qui appartiennent, comme on l'a vu, à la même catégorie des « professions libérales ».

65. Ce que résume fort bien un inspecteur des impôts déplorant qu'on fasse jouer à ses services le rôle d'un « bureau d'immigration ».

66. Cf. Philippe Videlier, « Répertoire ancien pour xénophobie moderne », *Le Monde diplomatique*, octobre 1993, p. 16-17, qui en établit la chronologie.

67. Datée de janvier 1991, elle crée un « micro-régime » relatif aux bénéfices non commerciaux, qui dispense de cet impôt toute personne réalisant des bénéfices d'un montant inférieur à 70 000 F par une activité annexe à un éventuel revenu salarial. Les marabouts peuvent donc déclarer leur pratique sous cette rubrique, dans la limite de la somme indiquée. La moitié d'entre eux déclarerait des recettes allant jusqu'à 10 000 F, l'autre moitié des revenus allant de 49 000 à 69 900 F. Parmi eux dix seulement auraient une activité salariée, les revenus issus de la pratique maraboutique n'étant qu'annexes, les quarante autres ne vivant que de cette dernière.

France. Inversement, n'en sont pas pour autant « purs » ceux que les mesures décrites plus haut engagent à rester moins visibles, voire totalement clandestins[68].

Franchir tous les barrages, en revanche, permet à certains des marabouts qui y ont réussi d'affirmer une légitimité dont l'expression ne pouvait naître que dans le contexte français. Pour Sakho, le « bon marabout », c'est celui qui « paie la TVA et la taxe professionnelle chaque trimestre ». « Être en règle », pour ces gens qui provoquent toutes les méfiances, avoir le statut de contribuable, confère une raison sociale à la mode française, d'où découlent directement une visibilité, une respectabilité, voire l'assurance d'une excellence professionnelle. On mesure la distance parcourue entre l'image du marabout de village ou de celui dont la réputation est liée à son hérédité, à sa communauté d'appartenance, et cette honorabilité purement individuelle, totalement extérieure à la pratique maraboutique proprement dite, mais acquise du fait de remplir les contrats régissant la société française. En outre, payer beaucoup d'impôts signifie avoir une nombreuse clientèle, donc être un bon marabout[69]. Intégration réelle dans des normes ambiantes, ou simple façade ? En tout cas cette affirmation n'est pas exclusive d'autres définitions parfois contraires : de El Hadji qui, depuis des années, passe entre les mailles des filets du fisc, on dit qu'il est un bon marabout...

Utilisant de façon opportuniste un critère prétendu traditionnel, classique depuis l'époque coloniale : la conformité à une norme religieuse que les marabouts auraient trahie, comme si des immigrés ne pouvaient fournir qu'une image troublée, les autorités administratives ont elles-mêmes introduit dans l'existence des marabouts des critères professionnels nouveaux, liés au contexte parisien, dont ceux-ci se sont saisis pour élaborer une nouvelle légitimité.

Mais quelle est la taille réelle de cette « population » si problématique ?

Nombre

Dramé lève les yeux au ciel : « Personne ne peut le dire... » De l'invisibilité déjà plusieurs fois évoquée ressort, en effet, la quasi-impossibilité de recenser le nombre exact de marabouts parisiens. Ce vaste groupe des « invisibles » se compose de plusieurs catégories :

– ceux, tels Gassama l'éboueur ou Camara le plongeur, pour lesquels l'activité de marabout apporte un appoint à un travail salarié. En Afrique, les marabouts, tout comme les guérisseurs et les magiciens (Gibbal 1984 : 23), sont souvent commerçants, cultivateurs, pêcheurs, la plupart n'exerçant leur activité maraboutique qu'occasionnellement, pour répondre à la demande de ceux qui viennent les

---

68. On pourrait même se demander si ces tracasseries n'engagent pas à rester clandestin ou à choisir d'autres solutions, tels les faux papiers.

69. Symétriquement, un inspecteur, évoquant un voyant de la Goutte d'or qui ne « déclarait rien » concluait : « C'est un mauvais voyant. »

solliciter. Ainsi la législation française considère comme suspect, voire illégal[70], ce qui est une tradition en Afrique ; tradition au demeurant en changement dans les villes africaines où bien des marabouts se sont installés dans ce rôle.

– Ceux qui, en France, vivent essentiellement de l'activité maraboutique mais sous le couvert légal d'une autre. Barry est officiellement déclaré comme professeur d'arabe (en fait, il enseigne le Coran) ; la publicité de marabout qu'un de ses amis fit malencontreusement passer, en 1985, dans un journal gratuit, faillit lui coûter son titre de séjour ; paradoxe d'autant plus grand, dans ce cas, que le rôle d'enseignant est, en France, dissocié de celui de marabout alors qu'en Afrique, il en constituait naguère la fonction centrale ! Autre exemple : Dramé habite, boulevard de la Chapelle, deux petits appartements dont la séparation symbolise sa double activité. Dans l'un, où il vit avec sa famille, les pagnes et pièces de tissu pendant à des cordes tendues révèlent son statut officiel de marchand ambulant. L'autre appartement, secret, est celui où il consulte, où sont entreposées des liasses de requêtes, des planchettes à écrire, divers livres, des fioles, un téléphone : tous éléments nécessaires à sa pratique de marabout, connue seulement de ceux qui appartiennent aux divers fragments de réseaux menant jusqu'à lui.

– Ceux dont la présence en France est très éphémère ou sporadique et qui ne cherchent pas à « normaliser » leur situation.

– Enfin le vaste groupe de ceux qui, consacrant tout ou partie de leur temps à la pratique maraboutique, n'ont, pour des raisons variées, recours à aucune publicité : seule la renommée, les réseaux d'interconnaissance permettent d'avoir accès à eux. C'est le cas de Keba, issu d'une lignée maraboutique, arrivé en France en 1965, personnalité respectée parmi les marabouts parisiens. Mais c'est aussi celui de Ndao qui, contrairement à Keba, est un pur *self made man*.

Invisibilité multiforme, donc, résultant d'une pratique considérée comme clandestine mais également du choix de marabouts parfaitement en règle au regard des lois françaises.

Peu fiable également se révèle le nombre des adhérents des associations de marabouts (trois ou quatre à Paris) qui ne regroupent qu'un très petit nombre de membres : bien des marabouts en ignorent même l'existence, ou n'ont aucun désir de s'y affilier, voire leur sont hostiles. Par ailleurs, des marabouts peuvent avoir un rôle dans des associations au regroupement beaucoup plus large (associations d'originaires de tel lieu, ou associations villageoises).

On ne peut non plus se fonder sur le comptage des cartes de publicité distribuées par les marabouts, ou de leurs annonces dans divers journaux. Outre que l'extrême visibilité ainsi acquise par certains laisse nécessairement de côté tous ceux, déjà évoqués, qui ont choisi de rester dans l'ombre, et outre le caractère aléatoire de la

70. Il s'agit d'une situation typique de ce que la loi française définit comme « travail au noir ». On devrait dire quasi illégal seulement en raison de la tolérance des 70 000 F expliquée plus haut. Mais ni Gassama, ni Camara ne déclarent ces revenus.

collecte, l'identification des marabouts est très complexe, certains d'entre eux diffusant, simultanément ou à des périodes différentes, des cartes sous plusieurs noms différents.

Malgré toutes ces difficultés, des chiffres ont circulé.

1) À la fin de 1983, la préfecture de police dénombrait 482 marabouts pour l'ensemble de Paris[71].
2) En 1984, un document fiscal décomptait 246 marabouts dans le seul XVIIIe arrondissement et, par extrapolation, évaluait à environ 500 le nombre des marabouts parisiens.
3) La même année, une enquête de la DASS de Paris avançait, pour ce même arrondissement, le chiffre de 316 marabouts, 50 personnes ayant récemment cessé de pratiquer ou ayant changé de domicile (donc un total de 366 marabouts[72]).
4) En 1986, un centre d'information pour les immigrés (Accueil et promotion) avançait le chiffre de 460 marabouts pour l'ensemble des arrondissements de Paris[73].
5) En 1987, une enquête policière, se fondant notamment sur les déclarations des associations de marabouts, en dénombrait environ 500.
6) Pour les années les plus récentes, il est difficile d'obtenir des chiffres globaux, les marabouts ne constituant plus une catégorie « sensible » et leurs dossiers étant dispersés entre divers services.
7) Pour l'année 1992, les centres des impôts parisiens fournissent les chiffres suivants[74] :

- X[e] arrondissement : une quinzaine ;
- XIe arrondissement : 43 ;
- XVIIe arrondissement : environ 25 ;
- XVIIIe arrondissement : environ 170 ;
- XIXe arrondissement : 13 en activité (auxquels ont peut ajouter 5 recensés mais ne pratiquant plus depuis peu) ;
- XXe arrondissement : 15.

Le nombre de marabouts exerçant dans quelques autres arrondissements se limitant à un ou deux praticiens, la totalité de ceux recensés par les services fiscaux pourrait être estimée au chiffre global de 290 pour Paris *intra muros*.

---

71. 199 en situation régulière, 148 en cours de renouvellement, 135 en situation irrégulière.

72. Évaluation bien supérieure à celle émanant des services fiscaux qui sont pourtant, selon l'auteur du rapport de la DASS, à l'origine des informations qu'il fournit lui-même...

73. Chiffre cité par Michèle Durand, article cité, repris par Jean-François Legrain, « Islam en France, Islam de France », *Esprit*, octobre 1986, p. 9. On ne sait rien des critères ayant conduit à une telle évaluation.

74. Je n'ai recensé que les arrondissements où les marabouts sont présents en plus grand nombre. Ces chiffres font état des déclarations de 1992.

Mais ces services eux-mêmes ne songent nullement à considérer ces données comme représentatives du nombre des marabouts parisiens[75] : elles ne donnent qu'une image ponctuelle de ceux qui sont déclarés à l'administration.

À tous ces chiffres dépourvus de rigueur scientifique et n'indiquant au mieux qu'un ordre de grandeur, il faudrait pouvoir ajouter ceux, non quantifiés, des banlieusards en nombre croissant, et ne pas oublier la très forte mobilité des marabouts parisiens, à l'intérieur de la France ou à l'étranger.

Pour toutes ces raisons, toute évaluation plus précise du nombre des marabouts s'avère impossible. Mais à supposer même les « invisibles » plus nombreux que ceux recensés de façon officielle, on est bien loin de l'envahissement que certaines allégations laissent imaginer. L'invisibilité réelle, par définition non quantifiable, de nombreux marabouts, alimente un sentiment subjectif très souvent exprimé : « On dit qu'ils sont plus nombreux à Paris qu'en Afrique », affirme un imprimeur de cartes publicitaires. Un autre considère que : « Rares sont les Africains qui ne se sont pas faits marabouts, un jour ou l'autre. » Ces remarques peuvent prendre des connotations politiques plus précises. Ainsi dans une question à l'Assemblée nationale,

> Mme Martine Daugreilh attire l'attention de M. le ministre de l'Intérieur sur le développement particulièrement important des activités de « Marabout grand voyant et médium international ». Les journaux d'annonces gratuites regorgent de publicités de ce type promettant tout et n'importe quoi au futur client. Déjà, de nombreuses personnes ont été victimes d'escroqueries plus ou moins graves. Elle lui demande donc de renforcer les contrôles sur les activités de ces « professionnels » (question à l'Assemblée nationale, 23 mars 1992).

En réalité, c'est plutôt la récurrence de ces publicités, de plus en plus le fait d'un petit nombre de marabouts (une trentaine au plus), et non leur quantité qui nourrit ce sentiment participant du rejet de l'autre dont on retrouvera d'autres échos dans la presse.

À défaut d'avancer des chiffres précis, nous pouvons, en revanche déterminer des périodes de flux et de reflux dans la présence des marabouts en France. À la venue d'un très petit nombre à partir des années 1960[76] succède, à la fin de cette décennie (1968-1969), un accroissement qui va en s'accentuant. La période faste dure jusqu'aux années 1984-1985 : de nombreux marabouts viennent en France, cherchent à avoir pignon sur rue, diversifient leur public. Puis les conditions commencent à devenir moins aisées pour différentes raisons : pression de plus en plus forte des administrations, concurrence des marabouts entre eux, raréfaction de la clientèle, baisse générale du niveau de vie qui fait hésiter les consultants à payer

---

75. Un inspecteur a déclaré que : « Les cessations d'activité, il faut s'en méfier comme des créations ; quand ils en ont assez de cotiser, ils continuent… au black. » Un autre nous a affirmé que « la plupart ne déclarent pas », un autre encore que la caractéristique de cette « population » est d'être « mal recensée ».

76. Keba, arrivé en 1965, en dénombre alors moins d'une dizaine à Paris.

les sommes demandées par certains. Tout comme l'ensemble des candidats à l'émigration, plus attirés actuellement par l'Italie et les États-Unis que par la France, des marabouts connus à Paris antérieurement à 1987 n'y reviennent plus et cherchent de nouvelles terres d'élection plus favorables. Actuellement, si nombreux sont encore ceux qui tentent leur chance, outre quelques personnalités depuis longtemps reconnues, la réussite d'un petit nombre est due à une structuration réellement professionnelle de leur activité.

Si leur nombre est incertain, on a, en revanche, plus de certitude sur l'origine des marabouts parisiens. Mais la réalité est tout aussi complexe.

Origine

« Moi, je suis international », déclare Camara. Dans le contexte français, une telle réponse, fréquente, peut sembler une façade, une tactique : la grande expérience accumulée dans de nombreux pays, la facilité à franchir des frontières matérielles et culturelles que suppose le terme « international » forgent l'image d'un praticien dont la présence en France serait aussi aisée qu'ailleurs. Mais elle traduit bien l'expérience de mobilité commune aux Africains de l'Ouest, et l'inadéquation d'une identité régionale ou ethnique unique dans laquelle l'on chercherait à enfermer les marabouts.

Les marabouts parisiens sont en majorité d'origine sénégalaise ou guinéenne ; en nombre moins important viennent les Maliens, les Gambiens, tandis que les Mauritaniens ne sont que l'extrême exception. Cette appartenance nationale ou régionale doit s'envisager dans toute sa relativité. Keita se dit « sénégalais d'origine guinéenne » (Kankan), Seydou est « de Casamance mais d'origine malienne », Traoré « malien mais avec des papiers ivoiriens ». Seuls les documents administratifs fixent une identité que l'histoire personnelle, les liens familiaux, débordent toujours. Rien n'est plus contraire à la pratique des Africains de l'Ouest qu'une conception « substantiviste » de l'identité. Quant à la remise en cause désormais classique de la notion d'ethnie[77], elle semble encore plus actuelle en milieu parisien, où rien ne distingue l'itinéraire de Dramé le Soninké de celui de Ba le Peul. D'ailleurs les réseaux déterminant l'existence des marabouts à Paris sont diversifiés : avoir eu le même maître crée parfois entre les disciples des liens plus étroits que les relations lignagères[78]. En outre, l'islam traverse toutes les appartenances ethniques, ce que Diakité exprime, de façon un peu idéale et unificatrice :

77. À propos des « Bambaras », Bazin fait cette remarque générale que « la lecture en termes ethniques de la réalité sociale est une sorte de mise à plat, de mise sur carte, dont le principe est l'oubli obstiné de [l'] histoire » (1985 : 105). Pour une étude globale de la notion d'ethnie et celle d'ethnicité, cf. Poutignat et Streiff-Fenart (1995).

78. Il peut en être de même en Afrique : Sow, vivant depuis bien des années en France, a confié son troupeau à un condisciple et non à ses frères pour lesquels il éprouve la plus grande méfiance.

> C'est peu important de savoir si les *karamokho* sont peuls ou diolas... l'important est de savoir si leur famille est religieuse, s'ils connaissent profondément l'islam ; alors ils sont *karamokho* et leurs enfants aussi[79].

Ce nivellement dû à l'islam est encore plus perceptible à Paris.

Il n'en reste pas moins un fait notable : la très nette prédominance de marabouts d'origine mandingue, soninké et surtout diakhanké, réputés grands voyageurs et grands vendeurs d'amulettes[80], la présence de ces derniers groupes en France étant la plus ancienne ; entre eux, aucune coupure radicale, d'ailleurs, puisque nombre de marabouts mandingues ont étudié auprès de Diakhanké, au Sénégal comme en Guinée (Sanneh 1979 : 107). Très loin derrière viennent les marabouts d'origine peule, ceux d'origine wolof, sérère ou diola n'étant qu'un nombre infime. Ici encore toute appartenance ethnique se doit d'être relativisée, comme le confirment les Peuls « bambarisés » ou « diakhankisés », les Mandingues « diakhankisés », les Soninké devenus Peuls rencontrés parmi les marabouts parisiens. Ceci n'empêche pas, en opposition avec la revendication d'universalité citée plus haut, l'affirmation plus ou moins appuyée, plus ou moins sporadique selon les contextes et les individus, d'une identité durcie (« moi je suis Peul » clame Dia avec hauteur).

Mais si l'organisation communautaire ayant parfois présidé à la venue des tous premiers marabouts est désormais révolue, le voyage de chacun étant largement individuel[81], comment expliquer alors la présence majoritaire des marabouts mandingues et diakhanké ? Sans conteste, pour ces derniers, par une tradition du voyage et de la dispersion (*al-safar*), l'un des fondements de leur mode d'existence, qui vise à développer, dans de nouveaux lieux, le capital symbolique et matériel du fondateur. Les Diakhanké offrent, en effet, l'image de ces lettrés dont on a vu l'émergence en Afrique de l'Ouest, construisant leur prestige sur la combinaison entre une forte pratique d'enseignant, de devin, de guérisseur et une activité de commerçants et d'agriculteurs, inscrivant la mobilité au cœur de leurs principes de vie. À Paris cependant, cette implantation se réalise de façon plus fluide, a largement perdu sa cohésion collective et est constituée de micro-réseaux familiaux. Mais l'autre raison majeure réside dans le fait que Mandingues et Diakhanké ont, pour une bonne partie d'entre eux, une origine géographique commune : le Sénégal oriental, région ancienne de migration et, de façon beaucoup plus massive, la Casamance.

---

79. L'étude de Bernus sur la ville de Niamey montre que l'appartenance ethnique détermine des stratégies différentes d'insertion dans cette ville, mais que l'islam, commun dénominateur des différents groupes, est le seul facteur permettant « de transcender la notion d'ethnie » (1967 : 208).

80. Issus du groupe soninké, les Diakhanké s'en sont progressivement distingués par une spécialisation professionnelle : celle de lettrés musulmans (Sanneh 1979). Leur émergence date du XIIIe siècle, antérieurement aux grands courants d'islamisation, et leur doctrine est élaborée dès cette époque. Ils sont, encore actuellement, prosélytes et éducateurs, défendant une vision essentiellement pacifiste de l'islam ; mais ils sont aussi commerçants.

81. Ce qui, comme nous l'avons vu, ne signifie pas solitaire.

L'originalité de la région casamançaise est d'abord son caractère composite sur le plan religieux. Les pratiques traditionnelles des populations « autochtones » converties à l'islam ou au christianisme (Baïnouk, Diola, Mancagne, Mandjak) y côtoient de multiples courants islamiques, résultat de nombreuses migrations de populations musulmanes depuis le XIIIe siècle[82]. La colonisation française a accéléré la progression de l'islam, désormais hégémonique surtout dans le nord de la région ; elle a contribué à augmenter le nombre de marabouts et de vendeurs d'amulettes. Outre les nombreux marabouts étrangers indépendants des confréries, ayant établi au début du XXe siècle leur influence dans cette région[83], il existe à Médina-Gonasse une forte communauté *tijaniyya* ; les Diakhanké y sont également bien implantés et la ville de Marsassoum est actuellement un de leurs centres importants (Sanneh, *op. cit.* : 21, 48). Les marabouts casamançais émigrés en France ont donc tous vécu dans un milieu culturel et religieux extrêmement diversifié.

À cette forte imbrication s'ajoute le fait que la Casamance est, depuis la colonisation, une zone d'immigration (des Soninké du Boundou, région du Sénégal oriental, venant temporairement y cultiver l'arachide) et d'émigration (vers les centres commerciaux de Gambie ou de Guinée-Bissau), mouvement qui s'accentue pour la Basse-Casamance (pays essentiellement diola) depuis les années 1960 (De Jonge 1978). Les villes ont vu affluer des paysans originaires de la région mais aussi du Sénégal ou de Guinée, des commerçants, des artisans venant y chercher un emploi (Trincaz, *op. cit.* : 17) ; le surpeuplement de ces villes, succédant à l'exode rural, est un facteur non négligeable expliquant une émigration plus lointaine.

Dernier facteur d'émigration : les troubles indépendantistes en Casamance à partir du début des années 1980.

Mais le nombre de Casamançais venant de divers lieux (Marsassoum, Sédhiou, Vélingara, etc.) parmi les marabouts parisiens n'explique pas pourquoi, dans les publicités, seule cette origine est régulièrement mise en valeur[84]. L'un des marabouts les plus ouverts sur une clientèle européenne se définit ainsi :

> [...] né à Kabendou, arrondissement de Koukanée, dans le département de Vélingara, dans la belle région de Casamance. C'est un terroir très connu en Afrique de l'Ouest, par la compétence des autochtones réputés et spécialisés pour leurs dons exceptionnels de Médium. Ils sont capables de résoudre tous les problèmes qu'un individu peut rencontrer dans sa vie quotidienne[85].

82. Mandingues en Haute puis Basse-Casamance, Peuls originaires du Macina, du Khasso, du Boundou depuis le XVe siècle, Wolof depuis le XIXe siècle. S'il était encore besoin de relativiser la notion d'« ethnie », notons qu'en Casamance, les musulmans nommaient soninké les mandingues païens (Roche 1985 : 55). Sur le maintien en ville des autels et des cérémonies traditionnelles mandjak et diola, et sur l'accroissement du pouvoir des « féticheurs-guérisseurs », cf. le travail de Trincaz (1981 : 2-17) consacré à la ville de Ziguinchor.

83. Sharîf Yunus, originaire du Ouadaï, Sharîf Mahfud, Maure originaire du Hodh, etc.

84. On peut y ajouter l'origine sénégalaise.

85. Texte extrait de la messagerie Minitel de ce marabout, 1994.

C'est que, comme nous le dit Baro, « la Casamance a bonne réputation au niveau de la voyance ; c'est une région où il y a les sorciers de la forêt, les racines, tout ce qu'ils font marche ». Par ailleurs, c'est essentiellement cette région que connaissent les touristes européens qui, répandant des images d'une vie riche et facile, peuvent, comme de nombreux « explorateurs » naguère, approcher guérisseurs, marabouts et devins. C'est donc chez eux que ceux-ci commencent d'étudier le comportement des Européens. Cette origine casamançaise constitue ainsi l'un des premiers composants de l'image parisienne du marabout.

On comprend alors qu'elle puisse parfois être simplement affichée par certains sans être avérée, d'où la suspicion qu'elle fait naître chez les Africains eux-mêmes. Et il n'est pas sûr que cet emploi quasi systématique ne finisse par teinter cette connotation flatteuse de plus d'ambivalence : pour Sow, les cinq marabouts « de Casamance » qu'il a vus à Roubaix « ne savent rien, on a besoin, là-bas, d'un vrai marabout »...

Réelle ou alléguée, cette origine ne suffit pas à caractériser l'existence des marabouts.

Mobilité

Interprétés par les autorités administratives comme une instabilité, voire une fuite, comme s'il fallait une fois pour toutes être d'un côté ou de l'autre de la frontière, renoncer à jamais à la multiplicité de ses attaches, les voyages fréquents des marabouts sont un argument supplémentaire prouvant leur caractère équivoque.

Pourtant cette mobilité, réponse à des nécessités diverses déjà évoquées[86] autant qu'art de vivre, caractérise les Africains de l'Ouest et particulièrement les marabouts bien antérieurement à leur venue en France et n'est en rien une stratégie spécialement ajustée à l'existence dans ce pays.

Les langues africaines n'ont d'ailleurs aucun terme désignant proprement l'émigration ou l'immigration. En poular, l'expression *yaade farayse*, « venir en France », implique l'idée de « déplacement » : « On voyage, à la façon des nomades, et ce n'est jamais définitif », commente notre interlocuteur ; en manding, *hardiègnino* ou *safario* veut dire : « On vient en France, un jour on repart ; on ne dit pas immigration on dit quelqu'un qui va chercher quelque chose, qui va chercher sa chance où il peut. » Les connotations dominantes, différentes de celles que suggèrent les termes français, sont donc celles du voyage, de l'aventure.

Chacun des marabouts rencontrés a une solide expérience du voyage, même si les récits invérifiables de certains semblent frôler la forfanterie. En tout cas, nombreux sont ceux qui vont et viennent, parfois plusieurs fois par an, entre France et Afrique où sont restés femmes, enfants, clients, affaires : manifestation évidente

86. Sans compter la forte mobilité résidentielle des marabouts à l'intérieur de Paris, qu'ils partagent d'ailleurs avec l'ensemble de la population d'origine africaine : elle s'explique moins par le désir délibéré de contourner les lois, « de changer de palier où personne ne vous retrouve », selon les mots d'un inspecteur des impôts, que par la nécessité de trouver un logement acceptable.

de l'absence de rupture entre attaches africaines et françaises. Ces séjours brefs et répétés, cette circulation incessante constituent une de leur originalité.

En ce domaine, l'expérience de Dia peut être considérée comme plutôt pauvre. Arrivé à Paris en 1974, il ne repart en Afrique qu'à trois reprises en vingt ans. Entre-temps, il a vécu quelques mois ou quelques semaines en Belgique, à Nice, en Allemagne et dans diverses villes du nord de la France où il a rejoint des clients. À Roubaix, il jouit de l'hospitalité et des réseaux de connaissances d'un parent à plaisanterie. Souffrant actuellement de « trop durer » en France, il rêve : le commerce de diamants en Afrique centrale ? Le Canada ? Le Botswana ? Hésitant toujours entre sa pratique de marabout et celle de négociant, selon une oscillation fréquente[87]. Dia attend l'occasion qui lui permettra de partir.

L'expérience de Diaby, en revanche, est particulièrement riche. « Je suis là pour le moment » : si l'on ne prend cette expression à la lettre, on risque de manquer son passage à Paris. Quelques brefs séjours dans la capitale en 1984 et 1985, quelques semaines en Alsace, entrecoupées de courtes haltes parisiennes de deux ou trois jours précèdent une installation provisoire dans une ville de province où réside une de ses clientes ; retour à Paris en janvier 1986 avant de repartir, six mois plus tard, à Bordeaux, puis à Troyes. Après un long séjour au Sénégal où il s'occupe de son verger, il part pour les Antilles où il passera une bonne année et où il reviendra à plusieurs reprises. Sa curiosité, ses réseaux l'ont également mené en Belgique et aux États-Unis.

La France n'est pas la seule destination possible : pour les marabouts, l'horizon est très ouvert, tant vers l'Amérique (États-Unis, Canada), que vers l'Afrique (Côte-d'Ivoire, Gabon, etc.), La Mecque et les Émirats, et, récemment, d'autres pays d'Europe (Espagne et Italie notamment). Ainsi avant son arrivée en France en 1974, Gassama a passé de longues années au Congo où il s'est beaucoup enrichi dans le commerce des tissus et des diamants. Partir en Afrique centrale est une tradition ancienne pour les Sahéliens (Weigel 1982 : 23). Mais elle s'est répandue depuis les années 1975, permettant de compenser les difficultés rencontrées en France depuis l'arrêt officiel de l'immigration. D'ailleurs les Gabonais, Zaïrois, Congolais, gens de la forêt et non du Sahel, constituent, bien qu'ils soient considérés comme « sauvages », une clientèle non négligeable pour les marabouts. C'est ce même souci de compensation qui les oriente aujourd'hui en nombre croissant vers les Antilles et la Guyane.

Mais qu'est-ce, exactement, que « chercher quelque chose » ?

---

87. Le lien entre lettrés musulmans et commerce est en effet ancien, que les marabouts soient particulièrement réputés pour assurer la prospérité commerciale des villes ou qu'ils soient eux-mêmes marchands. Selon un proverbe recueilli par Gaden au début du XXe siècle : « Dieu aime celui qui a vendu, celui qui a marchandé » (1914 : 244).

Le sens du voyage

Suivre un groupe familial, un client africain ou européen : ces raisons évoquant le dévouement, le service rendu, n'excluent pas d'autres motivations que certains marabouts expriment sans fard.

Économie et prestige

Sané emprunte à une de ses amies quelques éléments d'un matériel divinatoire, « pour me faire des sous », dit-il ; Ndao, comparant la rétribution du marabout en Afrique et en France en réponse à une cliente qui tergiverse, ajoute :

> Il ne faut pas oublier non plus que les marabouts sont venus en France pour gagner leur vie !

Mais la réalisation de ce but admet de multiples nuances. Gassama se défend d'être « comme les petits marabouts de Paris qui font payer cher la consultation : on ne paie pas pour ça », se récrie-t-il : la menace de perversion est un thème récurrent chez bien des marabouts, même si certains, parmi les mieux insérés dans la vie parisienne, n'ont pas de ces états d'âme.

La destination des gains réalisés en France par les marabouts diffère peu de celle décrite pour l'ensemble des immigrés d'Afrique de l'Ouest (Weigel 1982, Quiminal 1991 et 1994). Dans leur immense majorité, ils servent des projets et des investissements en Afrique[88].

Les projets agricoles tiennent une place non négligeable. « Tous les marabouts aident leur village », et ceux qui exercent leur art à Paris ne dérogent pas à cette tradition. Au Maghreb comme en Afrique de l'Ouest, on connaît le rôle joué par les marabouts dans le défrichement et la mise en valeur des terres, actes réels que transfigure souvent l'hagiographie. À celle-ci, Sow, marabout parisien, ajoute une connotation plus moderne d'aide humanitaire au tiers monde : prescrivant un sacrifice à son client, il lui montre la photographie d'une région desséchée de Mauritanie qui, sans son action, se désertifierait[89]. Les marabouts participent à d'autres réalisations : celui-ci prend part à l'édification d'un dispensaire dans son village après avoir rêvé d'y créer une compagnie de taxis ou une affaire de vente de voitures d'occasion, celui-là prend l'initiative de la construction d'une mosquée dont il commente avec importance les plans commandés par lui-même à un architecte.

Mais à côté de ces réalisations collectives toujours actives prennent place toutes celles concernant les marabouts eux-mêmes et leur famille, à commencer par la survie, l'envoi de mandats aux épouses laissées au pays et aux nombreux enfants[90],

88. Seydi, avec lequel je chemine dans le métro, me montre un chèque qu'il va déposer à la banque du Sénégal à Paris : comme lui, de nombreux marabouts possèdent des comptes dans cette banque.

89. Il affirme vouloir y forer un puits.

90. Rappelons qu'un musulman peut avoir jusqu'à quatre femmes. Un marabout parisien déclara avoir 25 enfants à charge, information que refusa de prendre en compte l'ordinateur du centre des impôts, ignorant de la polygamie et de la parenté classificatoire !

aux parents, au maître malade auquel Dia a honte de ne rien pouvoir envoyer pour le moment... Culture moderne d'un verger de manguiers ou de terres dont on vante la fertilité, accroissement du troupeau, telles sont quelques-unes de leurs fiertés. Mais comment pouvoir faire l'acquisition d'une charrette facilitant le transport de l'eau pour abreuver les vaches lorsqu'il faut envoyer, en ces temps sombres, plus de 100 000 francs CFA[91] ?

Les sommes gagnées servent aussi aux alliances matrimoniales, projet qui, en France, alimente de nombreuses conversations où sont en jeu aussi bien la descendance que le prestige. Entre ses pérégrinations, Gassama a pris une troisième femme, Diaby a épousé une toute jeune femme, qui fait à Dakar des études de couture. Quant à Dia, toujours désargenté, il se marie, lors de l'année qu'il passe au Sénégal (1991) avec une jeune femme divorcée (pour laquelle la dot est moins élevée que pour une jeune fille vierge).

Autre destination plus récente de l'épargne, la construction de maisons à étages, de « villas » à Dakar et dans la zone du Cap-Vert (SICAP), ou au village, destinées à la famille ou à la location. Ce signe le plus visible de la réussite en France, souvent souligné tant par le marabout parisien que par ses clients, est pourtant rarement évoqué directement, comme s'il fallait, tout en disant sa richesse, conserver l'image de modestie du marabout. Ainsi Gassama met en valeur les réseaux de relations auxquels lui donne accès la possession d'une telle maison plutôt que le coût ou la taille de celle-ci.

Réussite matérielle et prestige sont, en effet intimement mêlés ; prestige qui peut aussi prendre une forme religieuse. Un long voyage à La Mecque est le point d'orgue du séjour fructueux de plusieurs années que fit Keita à Paris ; Ndao lui aussi emmène en pèlerinage ses vieux parents, façon d'apposer le sceau de l'islam sur une réussite parisienne quelque peu douteuse et faite de bric et de broc. Cet acte pieux[92] confère le titre de *ẖajji* utilisé pour s'adresser à des hommes dignes d'honneur. Mais, comme l'évoque un roman de Sembene Ousmane[93], ce geste est devenu, chez les nouveaux riches issus de la colonisation, une étape indispensable dans l'acquisition de la respectabilité, tendance encore accentuée actuellement : il est de bon ton d'aller à La Mecque, d'en rapporter divers produits, livres, parfums, appareils électroniques, etc.[94]

Tous ces projets réalisés hors de France sont sous-tendus par une attitude communément adoptée : dépenser le moins possible en immigration, à commencer par le loyer : « Ce n'est pas parce que je vis dans cette merde que je n'ai pas d'argent », lance Samba, désignant la chambre du foyer qu'il partage avec trois de

91. Équivalant à 1 000 francs français.

92. C'est l'un des cinq piliers de l'islam. Marty signalait cependant, en 1917, que le pèlerinage était peu pratiqué par les marabouts sénégalais et que seulement la moitié des grands chefs religieux se seraient rendus à La Mecque (1917, 2 : 20).

93. *Xala*.

94. Qu'on peut d'ailleurs acquérir dans plusieurs boutiques parisiennes, notamment dans le quartier de la Goutte d'or.

ses parents. Sentiment du peu d'importance des événements de la vie en France au regard de ce qui se passe au pays : l'état du troupeau, l'attente de la pluie trop rare ces dernières années, la santé de la femme, la croissance des enfants[95]...

Pourtant un petit nombre de marabouts développe, depuis les années 1980, une nouvelle stratégie qui, si elle n'est pas exclusive de la première, rompt avec cette parcimonie : l'acquisition de biens immobiliers en France. Sakho a acheté en 1982, dans le quartier de la Goutte d'or, un premier appartement de deux pièces, où il loge, puis, en 1990, un second de même taille dans le même immeuble. Sylla a acquis, dans le quartier des Épinettes[96], un appartement de cinq pièces où il vit avec sa famille et où il exerce son activité de marabout, puis un logement d'une pièce-cuisine destiné à l'hébergement de parents de passage ou à la location à des compatriotes africains. Ces investissements, sans représenter une rupture avec l'existence africaine, traduisent une certaine sédentarisation en France où ces marabouts ont jusqu'à présent choisi de bâtir la plus grande part de leur carrière[97]. Rien ne prouve, cependant, qu'il s'agisse d'un investissement à très long terme.

Le cas de El Hadji, arrivé en France en 1973, se détache des précédents par l'importance du patrimoine immobilier acquis de 1974 à 1978 dans le quartier de la Goutte d'or : plusieurs appartements destinés à son habitation et à la location, plusieurs locaux à usage commercial ; l'un d'eux deviendra, en 1983, le siège d'une association islamique qu'il a créée. Issu d'une lignée de marabouts (*qadîriyya*), se disant khalife général de cette confrérie en France[98] sans pourtant jouir d'une exceptionnelle aura personnelle, il fut lui-même marabout au début de son séjour à Paris et est actuellement commerçant, selon une association parfaitement canonique en Afrique ; mais son enrichissement personnel trop visible lui vaut bien des critiques de la part d'autres marabouts, et quelques ennuis de la part des autorités françaises[99]. Malgré tout, El Hadji est honoré en raison de l'ancienneté de sa présence en France et surtout de son âge[100], conformément aux habitudes africaines ; il est, pour cette raison, le président d'honneur de plusieurs associations. Il profite doublement de son capital symbolique héréditaire. D'une part, les relations qu'il entretient de ce fait avec des hommes politiques sénégalais confortent sa puissance financière en France et lui assurent protection, voire impunité, pour certaines transactions. D'autre part, son rang lui permet de donner à son emprise non négligeable sur une

95. Mais les moqueries concernant des immigrés d'autres origines ne sont pas rares, par exemple à l'égard des Portugais, trop acharnés au travail : on peut vouloir thésauriser sans pour autant s'aliéner totalement, et il faut, malgré tout, réussir à vivre soi-même en France.

96. Partie est du XVIIe arrondissement.

97. Ce mouvement de sédentarisation s'inscrit, par ailleurs, dans celui constaté généralement depuis la raréfaction des flux migratoires.

98. Titre que bien des marabouts lui contestent à mi-voix et qui a, auprès des Africains de l'Ouest vivant en France, un impact très limité.

99. Profitant de la perplexité des autorités administratives concernant le statut des marabouts, il joua sur son rôle de « chef religieux » venu en France pour assister ses compatriotes sénégalais, affirmant ne vivre que de dons, pour réclamer de substantielles réductions d'impôts.

100. Il est âgé d'environ 65 ans.

fraction du territoire de la Goutte d'or un sens qu'aucun hagiographe ne désavouerait. Ainsi l'association qu'il créa en 1983 a comme objet de :

> [...] faire connaître et transmettre la doctrine du wird khadriya, fournir aux membres de l'association une place pour prier et méditer, fournir un enseignement religieux coranique, constituer une bibliothèque coranique, loger les membres de l'association de passage, fournir par tous les moyens des repas conformes aux exigences religieuses, organiser toutes manifestations culturelles (*J.O.*, 30 juillet 1983).

Transposé dans un cadre parisien, l'on retrouve plusieurs éléments permettant de définir une conduite sainte : l'implantation sur un territoire au sein de ses compatriotes qu'El Hadji dit avoir vocation d'assister (ce territoire étant aussi un nœud commercial important qu'il contribue à développer) ; la formation de disciples ; le don de nourriture aussi bien spirituelle (la bibliothèque) que matérielle (le restaurant) ; un dénuement personnel (il dit vivre de façon « très modeste, même ascétique »). Ainsi l'accumulation de biens acquis en France peut s'accompagner, comme le montre le cas d'El Hadji, d'une élaboration hagiographique cohérente qui en transcende les buts.

Si tous ces types d'investissement sont communs à l'ensemble des immigrés ouest-africains, il en est un, très marginal il est vrai, qui singularise les marabouts : l'enrichissement du savoir. Avec ses gains parisiens, Cissé projette de financer les études de poésie et de littérature arabes (*lûgha*) qu'il souhaite entreprendre en Arabie Saoudite, ce qui témoigne d'une culture islamique avancée. Mais un usage comparable du gagne-pain s'observe en Afrique : en milieu peul du Nord-Cameroun, Santerre note que la tradition d'aller étudier telle discipline auprès d'un maître réputé demeurant parfois très loin de son village oblige les élèves étrangers ne pouvant disposer de champ pour assurer leur subsistance à vivre d'« activités maraboutiques » (pratiques paramédicales et magico-religieuses) (1973 : 139 et sq.). Dans le cas de Cissé, le profit de son séjour à Paris constitue une étape supplémentaire puisqu'il va étudier ailleurs ; mais il compte bien, tout en étudiant, exercer ses talents de marabout en Arabie saoudite.

Toutes les raisons économiques évoquées ne suffisent pas à expliquer pleinement ce que signifie « chercher quelque chose ». Même si la plupart sont arrivés en France dans les années 1970-1980, il serait erroné de ne voir dans ces praticiens que des « marabouts de la sécheresse ».

Valeur de l'« ailleurs »

Malgré des exceptions à cette règle, un grand nombre des marabouts rencontrés à Paris sont des cadets. Touré est le deuxième de quatre frères de « même père-même mère ». L'aîné, succédant à son père, n'a jamais quitté le village où il remplit notamment la fonction d'imam et a la garde des livres et des secrets familiaux. « Il faut toujours, dit Touré, que quelqu'un reste à la maison pour enseigner. » Lui-même est venu en France, tandis que son troisième frère est marabout au Mali ; le benjamin vit actuellement en banlieue parisienne mais, salarié durant la semaine, il n'est marabout que pendant ses jours de repos tandis que Touré se consacre exclusivement à cette activité. Effet de la segmentation lignagère, il revient à chacun de chercher sa place[101], et Paris constitue une possibilité.

Mais aller ailleurs, « voir autre chose » comme le dit Diaby, a aussi une valeur heuristique évidente : ces années d'apprentissage hors de chez soi sont considérées comme une étape indispensable dans la constitution de la personnalité, qu'on soit marabout ou non. En milieu soninké, « qui fut à Paris, Dakar ou Abidjan est écouté par les villageois et a du succès auprès des filles » (Pollet et Winter 1971 : 131). Dans bien des régions, il est même exclu de pouvoir se marier avant d'être « sorti ». Diarra évoque la réprobation de l'« enfant de la saison froide », celui dont le séjour en France a été trop bref, auquel on peut refuser le droit de prendre femme (1971). Aujourd'hui encore, être V.I., ou V.A. (« venant d'Italie » ou « venant d'Amérique ») est un avantage clé aux yeux des jeunes filles à la recherche du meilleur *thiof*[102].

De ces valeurs proprement africaines, où il s'agit de forger un homme, l'on peut, certes, rapprocher celles que l'islam met en exergue, avec des connotations différentes : pérégrinations à des fins spirituelles (*siyâha*) d'origine soufi, qui clôturent le cycle d'apprentissage, ou *safar* des Diakhanké, aux buts plus explicitement pragmatiques (enseignement de l'islam, recrutement de disciples, vente d'amulettes de protection, recueil de fonds auprès de fidèles lointains, commerce). Cette comparaison est évidente pour les chefs religieux reconnus qui viennent, surtout en période de ramadan, visiter leurs adeptes et en recueillir les dons, pertinente pour tous ceux qui, à Paris, enseignent le Coran, ont une fonction d'intercesseur, de guide ; elle est plus incertaine pour d'autres, même si l'on rappelle, soigneusement masquée par l'hagiographie, la recherche de maîtrise symbolique et économique d'un espace par les plus grands marabouts du Maghreb comme d'Afrique de l'Ouest. Mais demeure, chez tous, ce besoin du détour par l'ailleurs pour devenir soi. Keba affirme qu'il peut très bien « se lever un jour pour aller voir s'il n'y a pas ailleurs quelque chose de plus ».

Toutes les nuances sont possibles. Son embarquement sur un bateau en partance pour Marseille dont il avait « tant entendu parler » sans y connaître personne semble à Dia tout naturel, rien de plus que l'itinérance qu'il vivait avec son marabout[103] ; la curiosité qui le conduit en France est dans la totale continuité de son éducation islamique.

---

101. Cette nécessité vaut autant pour les cadets de lignée maraboutique que pour les autres.

102. Dans le langage sénégalais contemporain, *thiof* signifie « petit ami » ; au sens propre, le terme désigne un poisson très cher, qui n'est pas à la portée de toutes les bourses.

103. « On quitte le village, on va un peu partout, en Mauritanie, loin du village où on est né ; le marabout ne connaît pas forcément des gens là où il va, mais on le reçoit partout, pas uniquement parce qu'il est marabout. »

Il y a enfin une véritable « stratégie de l'ailleurs ». Loin d'être une innovation adaptée au contexte parisien, celle-ci est au contraire une constante dans l'établissement du pouvoir et du prestige des marabouts ou des chefs de confrérie africains dont les plus célèbres construisirent leur renommée hors de chez eux.

Le cas le plus spectaculaire est celui de El Hadj Aliou Bah, marabout guinéen installé durant l'été 1985 à Étampes ; il réunit autour de lui une foule importante d'Africains de l'Ouest et d'Européens, éveillant chez d'autres un respect mitigé ou un doute affirmé. Son comportement donnait à voir des signes canoniques de la sainteté : jeûne prolongé, nuits passées en prières, bénédictions publiques, soins aux malades au moyen d'une eau chargée de son souffle. Son hagiographie était soigneusement diffusée à tous les assistants : photos vendues par des disciples, représentant le maître en boubou blanc immaculé, chapelet en main, assis sous un arbre[104] dominant légèrement la foule ; « épître » photocopiée dans laquelle un de ses disciples sénégalais décrivait ses prodiges, ses contacts privilégiés avec anges et prophètes, la lumière « plus forte que le soleil » qui régnait autour de lui... Plusieurs articles de presse se firent longuement l'écho du séjour en France de cet être hors du commun[105]. Ce comportement démonstratif fit cependant sourire des marabouts parisiens respectés[106].

La reconnaissance d'El Hadj Bah dans la région parisienne, d'autant plus aisée dans ces lieux que son comportement frappant est tout à la fois traditionnel pour les uns et exotique pour les autres, est une pièce maîtresse de la construction de sa réputation en Guinée réduite jusqu'à présent à un petit cercle de proches. Sa stratégie n'est pourtant pas exceptionnelle. Le fait d'avoir été marabout en France et, surtout, d'y avoir acquis une supériorité économique, est une pièce non négligeable du prestige et du pouvoir reconnus lors du retour en Afrique. Le cas de Diakité combine une petite notoriété acquise dans son milieu (le Sénégal oriental), notoriété qui le suit en France, et une respectabilité acquise à Paris. Lorsqu'il vient s'y installer au sein de sa parenté, dans un quartier à forte population ouest-africaine, il est l'un des premiers marabouts et devient, à ce titre, au sein de la mosquée de Paris, le représentant des Africains. C'est là qu'en 1966, il est contacté par les services de la présidence de la République pour participer, à Verdun, à une commémoration de la guerre de 1914-1918 aux côtés du général de Gaulle. Sa présence en ces lieux permet de lier symboliquement l'existence contemporaine des Africains de l'Ouest en France avec l'histoire des tirailleurs sénégalais dont on a déjà évoqué la force de

104. Ce qui évoque des connotations autant dans les cultures africaines que française...

105. « Mamadou Aliou Bah, le marabout qui ne mange rien », *Libération*, 27 août 1985 (article sur deux colonnes qui cite des fragments de l'opuscule hagiographique) ; « Hadj Aliou Bah, 8760 jours sans manger ! », *Jeune Afrique magazine* n° 56, février 1989 (article plus critique d'une page accompagné d'une photo pleine page). La presse sénégalaise s'exprima également avec admiration lors du séjour de ce marabout à Rufisque : « Rencontre avec El Hadj Mamadou Aliou Bah, homme de Dieu : depuis 33 ans, je ne mange pas, je ne bois pas et ne dors pas », titrait un article tandis qu'un autre annonçait : « Un miraculé » (*Le Témoin*, n° 439, janvier 1999).

106. L'un d'entre eux me demanda sur un ton narquois si El Hadj Bah n'était pas le fils d'Adam, de Noé, d'Abraham, grands prophètes qui, eux, mangeaient, buvaient, dormaient bel et bien...

légitimation. Cet événement grandit le prestige parisien de Diakité dont les responsabilités augmentent, tout comme sa renommée de marabout. Très actif, créateur de plusieurs associations, il a eu un rôle certain dans la structuration des milieux sénégalais musulmans de Paris. Il est actuellement le représentant reconnu de diverses associations ouest-africaines, régionales ou islamiques et dispose d'un réseau africain et français solide. Mais cette réputation lui permet, en retour, d'être reçu à Dakar par une clientèle accrue, et d'y créer une école. Il faudrait, certes, pouvoir étudier avec précision les retombées différentes du passage en France pour un marabout *self made man* ou pour l'héritier d'une lignée reconnue. Mais pour tous demeure ce détour par l'ailleurs, qu'il résulte d'une construction délibérée ou d'un mouvement plus spontané.

« Chercher quelque chose » résulte donc autant d'une nécessité économique que de pratiques socialement valorisées, qu'elles soient communes à l'ensemble des Africains de l'Ouest ou qu'elles prennent des formes plus spécifiques au milieu maraboutique.

Cette ouverture indispensable sur l'ailleurs, chacun lui donne une réalisation différente selon sa personnalité, ses projets, les contraintes auxquelles il est soumis. Insertion plus nette dans les cadres de la société d'accueil, comme on l'a noté avec l'émergence d'une nouvelle définition de l'excellence maraboutique, attitude plus circonspecte où l'on ne se prête au jeu qu'un temps, où l'on s'impose des limites : les conditions d'existence des marabouts à Paris jouent un rôle non négligeable dans le choix de ces attitudes.

Chapitre 3

La vie parisienne

Avoir « tant entendu parler de la France » : encore faut-il pouvoir y vivre, s'y loger...

La présence des marabouts en France est un phénomène urbain. Il suffit d'examiner les journaux gratuits de diverses régions, les publications spécialisées, les cartes publicitaires pour en trouver à Nice ou Albi, Marseille ou Bordeaux[1], Dijon ou Besançon. Mais c'est dans l'agglomération parisienne que les marabouts sont nettement les plus nombreux.

ADRESSES PARISIENNES

Quartiers

Gibbal note que « très souvent les maisons des guérisseurs et magiciens [sahéliens] se trouvent sur les bords de l'espace habité, à la limite du monde des hommes et de la brousse, domaine des dieux, des génies et des démons » (1984 : 33). Rien de tel actuellement pour les marabouts des villes africaines : rues quelconques de Dakar ou de Saint-Louis.

Mais n'est-ce pas une autre forme de marge, d'un symbolisme tout différent, que l'on retrouve dans la localisation des marabouts à Paris ? À de rares exceptions près, ils logent dans les arrondissements situés au nord et à l'est de la capitale (partie est du XVIIe, XVIIIe, XIXe, XXe, X^e^, XIe). Ces quartiers ont abrité, depuis la fin du XIXe siècle, une population ouvrière pauvre, d'origine française et immigrée. Restés encore populaires aujourd'hui en dépit de multiples entreprises de « réhabilitation », ils sont habités par des ressortissants d'Afrique sub-sahélienne en

1. Concernant Bordeaux, cf. les articles de Degos (1983) et Fall (1987, 1990).

nombre non négligeable. Là se situent plusieurs foyers de travailleurs immigrés, pour la plupart surpeuplés et dégradés[2].

Aucun marabout n'habite le Ier arrondissement ni les « beaux quartiers » de la rive gauche (V^e^, VIe, VIIe). Les autres localisations, beaucoup plus disséminées, sont des habitations sans confort des XIIe, XIIIe, XIVe et XVe arrondissements, où se situent aussi quelques foyers, et des chambres de service du XVIe arrondissement. La comparaison de cette répartition avec celle des voyants auxquels les marabouts sont statutairement assimilés, montre une différence assez nette puisque les premiers sont principalement domiciliés dans les IIe, IXe, X^e^ et XVIe arrondissements. Le centre des impôts de la Goutte d'or ne gérait, en 1984, que deux dossiers de voyants, trois en 1992 pour respectivement 130 et 80 marabouts. Il y a donc, dans la répartition spatiale de la voyance à Paris, une séparation claire entre les Français, situés au centre et dans les arrondissements « chic » et les Africains, cantonnés à la périphérie, dans les quartiers les plus populaires.

Une autre caractéristique notable de cette localisation est sa permanence. Les 642 cartes publicitaires de marabouts parisiens collectées de 1984 à 1993[3] corroborent totalement cette répartition sur une période de dix années, fait également vérifié par l'analyse d'un corpus de publicités dans des journaux gratuits et publications spécialisées, et par l'étude de la localisation des marabouts « invisibles » connus par divers réseaux : elles n'ajoutent qu'une ou deux adresses supplémentaires dans la même rue, une impasse ou un passage de plus dans le même quartier.

Cette répartition se vérifie encore aujourd'hui (2001). Deux études antérieures (Globet et Guillon 1983, sur un échantillon de 56 adresses, Toubon et Messamah 1990, sur un échantillon de 122 cartes) confirment cette récurrence. Si, depuis près de quinze ans, les marabouts n'ont guère investi de nouveaux lieux parisiens, en revanche ils ont pu en délaisser certains, fait explicable par la diminution globale du nombre des marabouts mais aussi par une installation plus marquée en banlieue proche et lointaine. Certains y sont arrivés aussi anciennement que dans la capitale, en particulier dans les foyers (Aubervilliers, Drancy, Aulnay-sous-Bois) et quelques communes habitées par de nombreux Africains de l'Ouest (Mantes-la-Jolie, Les Mureaux, Poissy, Trappes[4]). Mais l'augmentation du prix des loyers parisiens a

---

2. À Paris, une quarantaine de foyers, gérés par divers organismes, abritent des Africains de l'Ouest. Certains d'entre eux sont menacés d'expulsion depuis 1971.

3. Je remercie tous ceux qui m'ont apporté leur concours dans cette collecte, notamment C. Coiffier, Y. Delaporte, C. Pelras, M. P. Pernette, D. Privat et J.-L. Triaud.

4. Les communes situées au nord-ouest, au nord et à l'est de Paris sont les mieux représentées. Département de Seine-Saint-Denis (Aubervilliers, Bagnolet, Bobigny, Clichy-sous-Bois, Drancy, Épinay, La Plaine-Saint-Denis, Les Lilas, Montreuil, Pantin, Romainville, Rosny-sous-Bois, Saint-Denis, Saint-Ouen, Villemomble) ; département des Hauts-de-Seine (Asnières, Boulogne, Chatillon-sous-Bagneux, Clichy, Colombes, La Garenne-Colombes, Levallois-Perret). Cette liste ne prétend pas à l'exhaustivité.

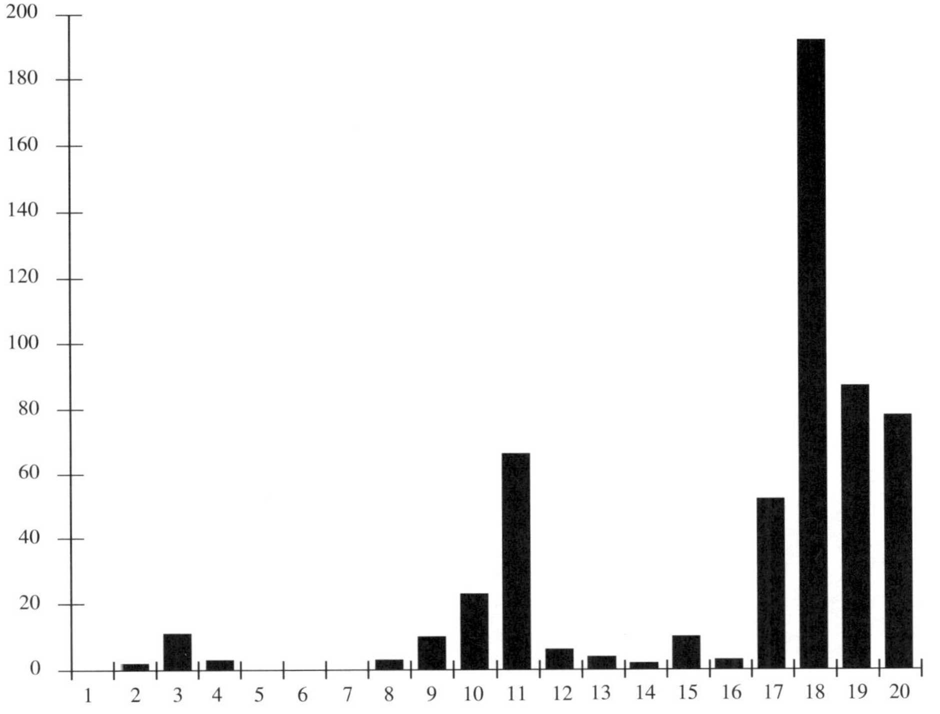

Graphique 1. Répartition du nombre de cartes collectées par arrondissement.

accentué cette tendance. Après de multiples séjours à l'étranger, Diallo n'a pas retrouvé son vaste logement du Boulevard Barbès et vit à Noisiel (Seine-et-Marne).

Amadou, dont l'immeuble vétuste du XIe arrondissement a été démoli, quitte Paris après une halte provisoire chez un parent dans le XIXe arrondissement. Ces mouvements centrifuges ne sont d'ailleurs pas définitifs mais souvent affaire d'opportunité : six ans après, Amadou, de retour d'Afrique, s'installe dans le XVIIIe arrondissement.

L'examen attentif de l'implantation des marabouts dans Paris révèle trois pôles de plus forte concentration : les Épinettes (partie nord-est du XVIIe arrondissement), la Goutte d'or (partie centre-est du XVIIIe arrondissement), Belleville et Folie-Méricourt (parties nord des XXe et XIe arrondissements). La première caractéristique commune de ces quartiers est l'existence, dans une forte proportion, d'un cadre bâti de qualité médiocre, fait de bois et de plâtras expliquant l'actuel délabrement de certains immeubles. Seconde caractéristique commune : un certain enclavement (derrière l'avenue de Clichy pour le quartier des Épinettes, derrière le boulevard Barbès pour la Goutte d'or) et l'existence d'une multitude d'impasses et de ruelles à l'habitat vétuste, au confort souvent inexistant.

Carte 2. Répartition des marabouts parisiens en 1986.

Carte 3. Répartition des marabouts parisiens en 1993.

Carte 4. Répartition extensive des marabouts (1984-1993).

Enfin la population de ces quartiers est extrêmement mélangée. Il suffit de se promener dans la rue de la Jonquière et ses environs (XVIIe arrondissement) pour constater, à côté de boulangeries et boucheries tenues par des commerçants français, l'existence de restaurants et traiteurs asiatiques, de bazars indo-pakistanais, d'ateliers de couture turcs, de salons de coiffure antillais, d'épiceries africaines. Il suffit de passer rue de l'Orillon (XIe arrondissement) en temps de ramadan pour se croire, comme s'en étonne une consultante venue y voir un marabout, « très loin de Paris ».

Mais à l'intérieur de ces quartiers, comme ailleurs dans Paris, on ne peut parler d'une concentration massive de marabouts ; ce qui frappe, au contraire, c'est l'existence d'une multitude d'îlots, de minuscules regroupements, dus plus à la succession d'Africains de l'Ouest en ces endroits qu'à un rassemblement des marabouts eux-mêmes : trois adresses rue Haxo (XXe arrondissement) et rue de Flandres (XIXe arrondissement), deux dans la rue Capron (XVIIIe arrondissement), quatre dans la rue Gauthey (XVIIe arrondissement) par exemple, ces marabouts voisins pouvant n'avoir entre eux aucune relation si ce n'est de concurrence. Dans la plupart des autres rues, seule une adresse indique leur présence. Cette « concentration discontinue » est en tous points conforme au type de peuplement africain dégagé par Toubon et Messamah dans le quartier de la Goutte d'or :

> La tendance, écrivent-ils, est à la constitution d'enclaves culturelles ponctuelles, petits regroupements d'immeubles et de commerces homogènes sur le plan de l'appropriation et de l'occupation qui forment une véritable mosaïque ethnique (1990 : 227).

Cette répartition sans création véritable d'enclaves africaines, *a fortiori* « maraboutiques » se vérifie dans tous les quartiers. Ainsi pour la Goutte d'or on constate :

– une plus forte implantation dans le secteur nord (au nord de la rue Polonceau, secteur caractérisé par l'exiguïté et la vétusté de l'habitat) ; les rues les plus riches en commerces africains sont aussi celles où est repérable le nombre le plus important de marabouts (rue Myrha, rue des Poissonniers) ; même constatation pour les rues sans grand mouvement (rue Ernestine, rue de Laghouat) ;

– une implantation plus limitée dans le secteur sud, encore considéré comme majoritairement maghrébin, avec cependant une présence forte rue Polonceau et assez importante dans ce « cœur maghrébin » qu'est la rue de Chartres.

Ces quelques exemples montrent que la localisation des marabouts dans le quartier ne se distingue quasiment pas de celle de l'ensemble des Africains. Cette discontinuité dans l'habitat explique en partie pourquoi les marabouts ont eu très tôt accès à une clientèle multiculturelle, présente dans leur environnement immédiat.

Succession et permanence

Plusieurs raisons expliquent la récurrence depuis plus de dix ans des lieux habités par les marabouts. La première réside dans la mobilité précédemment évoquée et dans le mécanisme de succession qui en découle. Suivant un client en province, retournant pour un temps ou définitivement en Afrique, les marabouts confient leur logement à un parent ou à un « frère ». Dans un ancien hôtel meublé du quartier de la Chapelle, depuis longtemps promis à une proche destruction, se sont succédés, de 1984 à 1993 au moins onze marabouts[5], certains y logeant dès 1973 ; phénomène semblable dans une HLM située non loin de la place des Fêtes, presque entièrement habitée par des Africains. Diakhaby est accueilli, en 1979, par son frère, rue de Chartres ; puis il déménage dans un endroit plus calme où il est périodiquement remplacé par plusieurs de ses fils (classificatoires) ou parents, marabouts comme lui ; il finit par leur abandonner ce logement pour en habiter un autre du même immeuble. Mais ces réseaux, encore très déterminés par des liens familiaux et villageois, d'ailleurs fort étendus[6], ont tendance à s'élargir encore hors du milieu maraboutique, incluant des liens amicaux ou plus distants forgés en France, débordant même le milieu africain, ces mécanismes de remplacement

5. Dans six chambres différentes. Ils n'appartiennent pas tous au même réseau.

6. Outre la parenté de sang, il y a la parenté de lait et divers liens de cohabitation villageoise, tout aussi étroits.

Carte 5. Localisation des marabouts à Paris selon Globet et Guillon.

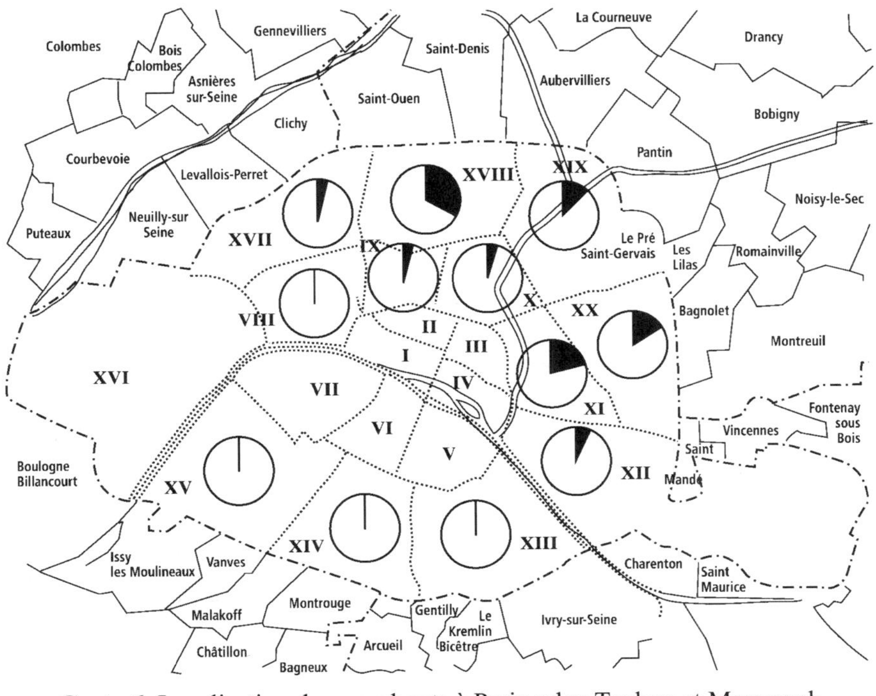

Carte 6. Localisation des marabouts à Paris selon Toubon et Messamah.

n'étant pas propres aux seuls marabouts (Toubon et Messamah 1990 : 293)[7]. C'est un tailleur guinéen qui a laissé son studio à Dia, c'est par l'intermédiaire d'un ami africain qu'Arfan a pu louer à une Portugaise une chambre à Belleville. Objets de règles orales tacites, ces successions comportent parfois des risques lorsque le remplaçant indélicat rompt la chaîne, laisse un arriéré de loyer ou une facture téléphonique impayée...

Mais la pénurie de logements, les conditions matérielles de plus en plus difficiles contribuent à éroder ces solidarités ; bien qu'il ait mis à contribution divers réseaux, y compris ceux de ses clients français, Kanté met bien longtemps à trouver une chambre individuelle pour remplacer l'hébergement très inconfortable de son cousin.

Seconde explication à la récurrence des lieux : la présence à long terme, à Paris, d'un nombre croissant, bien qu'encore limité, de marabouts dont la résidence reste fixe. Naguère venus pour une saison, une année ou deux, certains, à l'instar d'une part importante de la population immigrée, s'installent désormais de façon plus permanente et plus stable. Sekou vit depuis 1984 dans le XXe arrondissement[8], Ka n'a déménagé qu'une seule fois en dix ans, restant dans le même périmètre du quartier de la Folie-Méricourt (XIe arrondissement). Cette présence de longue durée ne signifie pourtant pas que ces marabouts soient devenus sédentaires, qu'ils aient abandonné ce « chercher quelque chose » où le voyage a une si grande place. Simplement, ils assurent à leur clientèle une certaine continuité en laissant chez eux femme, enfants, parents ou « frères », amis de confiance connus en France, capables d'informer les consultants de la date de leur retour ou d'assurer quelques consultations.

Permanence des lieux : mais tous ne sont pas équivalents. C'est avec soulagement que Keba échange son appartement de Pigalle avec celui, sis dans le XIe arrondissement, qu'habite son cousin : bien qu'il n'y ait pas encore autant de clients, et que sa nouvelle rue soit assez « chaude », « c'est mieux qu'à côté des prostituées ! ». Pour rien au monde Aw ne voudrait habiter « Barbès », qu'il déteste à cause de « la saleté, la drogue, les disputes dans les cafés maghrébins, le bruit, un vrai marabout doit habiter dans un endroit propre et tranquille, pas à Barbès ». C'est en réponse à cette image très sombre que Diakhaby, installé depuis longtemps dans une rue tranquille du quartier, tient à préciser dans sa publicité qu'il habite un « lieu calme et respecté »... Parfois, c'est Paris dans son ensemble qui est l'objet d'une

7. « Environ 68 % des occupants ont obtenu leurs logements par connaissance soit qu'ils aient pris directement la suite d'un ami ou d'un parent, soit qu'ils aient été alertés ou recommandés par des relations ou des parents déjà présents dans l'immeuble ou le quartier. » Les auteurs citent l'exemple d'un marabout ayant habité longtemps villa Poissonnière, introduit dans ce lieu par un ami guinéen, qui a lui-même fait venir dans l'immeuble plusieurs de ses amis pour lesquels il s'est porté garant auprès du propriétaire : « [...] On a donné une chance à moi, j'essaie d'en faire autant pour les autres » (*ibid.* : 613).

8. Il s'est contenté de déménager une seule fois dans cette même rue, cédant son ancien logement à son frère mais gardant précieusement sa ligne téléphonique.

telle condamnation où percent des nuances d'inquiétude. Diaby préfère nettement la province : « On est plus tranquille. »

Cette stigmatisation de « Barbès » comme territoire de répulsion n'est cependant pas sans ambiguïté. Sans relation réelle avec les contours physiques du quartier, ce lieu symbolise, pour ceux qui n'y demeurent pas, le creuset, le repaire de tous les marabouts peu respectables, ces « voyous », « charlatans », « guignols de Barbès ». Il y a là plus un écho des formulations péjoratives employées par les médias, friands de désignations rapides, qu'une analyse réelle, et surtout un moyen commode de se démarquer, de conforter sa propre vertu. D'ailleurs pour bien des marabouts développant aujourd'hui ces stratégies d'évitement, le boulevard de la Chapelle ou la rue de Chartres ont souvent constitué, à leur arrivée en France, une étape[9]. Plusieurs d'entre eux continuent de fréquenter la mosquée de la rue Polonceau[10], d'enseigner le Coran au sein d'associations sises dans le quartier, et viennent régulièrement y faire diverses emplettes. Une association fédérative (la FAIACA) y a, pendant quelques années, installé son local, où se tenaient des réunions, où se célébraient mariages et baptêmes. Les rares mouvements centrifuges paraissent témoigner autant de la réussite sociale des marabouts qu'ils concernent, que de leur souci de pureté.

HABITATION ET ESPACE PROFESSIONNEL

Habitat individuel et foyer

Tout comme entre les quartiers, les marabouts tissent entre ces deux types de lieux de nombreux liens et passent aisément de l'un à l'autre.

Arrivant pour la première fois du Sénégal en 1974, Dia débarque au petit matin gare de Lyon ; aucune adresse en poche, l'aventure, le hasard... Il hèle le premier Africain venu qui lui indique où logent ses compatriotes : c'est ainsi qu'il trouve un lit au foyer de Drancy où il rencontre par chance des condisciples de l'école coranique. Ce lieu restera longtemps son point d'ancrage, bien qu'il l'abandonne à plusieurs reprises pour des chambres en province ou à Belleville. Pauvre, Dia qui se dénomme lui-même avec dérision le « marabout-clochard », n'a, malgré son désir, plus les moyens actuellement de payer un loyer en ville et loge clandestinement dans un foyer, près d'un de ses parents[11].

Ndao, venu très jeune en France (en 1967), a vécu à Drancy, dans un foyer où étaient déjà installés certains de ses parents. Audacieux et curieux, il l'a quitté pour

---

9. D'ailleurs leurs sentiments ne sont pas univoques, preuve que le lieu n'est pas en cause ; Diakité évoque l'hôtel meublé du boulevard de la Chapelle où il a logé pendant quinze ans avant de s'installer dans un autre arrondissement : « C'est là, soupire-t-il avec nostalgie, que j'ai eu mes huit gosses... ».

10. Dont l'imam est un Diakhanké.

11. Faut-il souligner ce paradoxe ? Ces foyers où tant d'hommes, marabouts ou non, logent depuis des années, ne sont pas considérés par les autorités comme un domicile stable !

mener une vie aventureuse, habitant, au hasard de ses rencontres, des studios dans le XVIIIe arrondissement ou en banlieue. Après s'être beaucoup enrichi puis avoir dilapidé tout son bien, il retourne au foyer en 1972 pour, allègue-t-il, rester auprès des siens dont il partagera longtemps la chambre. Il ne le quitte qu'en 1993 pour s'installer dans un appartement récemment acquis.

Nulle coupure, donc, entre les deux types d'habitat, sur laquelle fonder une prétendue authenticité des pratiques, les marabouts des foyers restant plus conformes à la « tradition », les autres étant plus tentés par l'appât du gain, comme le suggérait l'analyse de Samuel (cf. *supra*, p. 45). D'ailleurs, dans les exemples choisis, Ndao est un marabout presque totalement autodidacte. Quant à Diakité, l'un des marabouts les plus respectés de Paris, il n'a jamais logé en foyer. Le type d'habitat n'est pas lié à l'excellence mais aux opportunités et aux contraintes de l'existence en France.

D'ailleurs d'autres liens très souples existent encore puisque les foyers sont des lieux où l'on peut prendre ses repas[12], prier, organiser un baptême à prix modique, acheter les noix de cola, le lait caillé, la viande destinée à la cuisine et aux sacrifices. Inversement, loger dans un foyer n'empêche pas un marabout de travailler pour des clients extérieurs.

Mais ces lieux sont surchargés. Dia vit dans une chambrée de quatre places[13], à l'atmosphère confinée, où l'intimité de chacun se limite à une étagère et quelques cintres, un rideau tiré la nuit permettant de clôturer l'espace du lit. À peine la place d'une table et d'une chaise, d'un réfrigérateur composé de casiers fermant à clé, au-dessus duquel trône une vieille télévision ; l'endroit où l'on peut déplier son tapis de prières mord sur le maigre espace central où l'on enjambe sacs et chaussures. Souvent un ou deux « clandestins » y déplient, chaque soir, un lit de camp ou un simple matelas ; mais ces emplacements eux-mêmes deviennent rares, les « clandestins » étant actuellement beaucoup plus nombreux que les résidents officiellement répertoriés auprès du gérant[14].

12. Quelques femmes extérieures aux foyers préparent de grandes quantités de différents mets : riz, sauce d'arachide, gombos, poulets rôtis, etc. qu'elles vendent, dans de petites cuvettes de plastique, aux résidents ou à tout visiteur de passage.

13. Rares sont, dans la région parisienne, les foyers à chambres individuelles ou ceux pouvant héberger des familles ; ainsi on peut voir des hommes mariés vivre au foyer tandis que leurs femmes habitent des hôtels meublés.

14. Ils ne sont pas tous nécessairement « clandestins » au sens où leur présence en France serait illégale ; il s'agit très souvent de chômeurs auxquels l'administration du foyer refuse de plus en plus fréquemment la location d'un lit, par crainte qu'ils ne puissent plus payer leur loyer mensuel. Celui-ci varie en fonction des diverses aides au logement. En 1992, le loyer moyen, aides au logement comprises, était d'environ 400 F tandis qu'en l'absence de celles-ci, il avoisinait les 1 200 F (chiffres purement indicatifs). L'attitude, compréhensive ou hostile, du gérant du foyer a un impact capital sur l'efficacité des visites de la police.

Dans ce contexte difficile, rien d'étonnant à ce que la majorité des marabouts recherche des appartements indépendants[15]. Mais là aussi l'espace est souvent compté. D'un extrême à l'autre, on trouve le logement de quatre pièces spacieuses[16] occupé par Gassama, avec deux de ses femmes et de nombreux enfants, dans une HLM récemment construite. Porte à code, hall d'entrée anonyme et propre indiquent dès l'abord sa respectabilité ; à l'intérieur, hormis la télévision allumée en permanence même lors de la consultation d'un client, le va-et-vient des visiteurs et ce qu'un de ses parents nomme en plaisantant le « bureau » du marabout, tout, la cuisine équipée, le vaste salon aux baies munies de rideaux, les canapés, porterait à croire qu'on pénètre dans le logement d'une famille française moyenne. À l'autre extrême, ce squat de la place des Fêtes : vitres manquantes à certaines fenêtres, aucun éclairage dans les couloirs ni dans les escaliers, paliers servant de dépotoirs à divers détritus, vieux matelas, poubelles éventrées, huisseries attendant des réparations depuis des années, chambres minuscules. Entre ces deux cas exceptionnels, la plupart des marabouts sont logés très modestement dans des immeubles souvent déclassés, « pourris, [que] seuls des immigrés peuvent habiter », dit l'un d'eux ; fonds de cours, passages oubliés, rues quelconques de Paris, presque partout l'exiguïté du logement et son manque de confort sautent aux yeux : une, rarement deux minuscules pièces[17], situées souvent au rez-de-chaussée dans d'anciens locaux de concierges, ou chambres de service dans des immeubles plus bourgeois munis d'ascenseurs, sanitaires situés parfois à l'extérieur du logement. Un petit nombre de marabouts loge, parfois depuis vingt ans, dans des hôtels meublés[18], dans des conditions plus précaires encore. Le problème de l'exiguïté des lieux, et de leur surpeuplement, est d'autant plus fortement ressenti que les marabouts, comme d'autres immigrés africains, accueillent fréquemment le parent de passage, celui qui est en difficulté, et que, depuis les années 1980, nombre d'entre eux ont fait venir à Paris, clandestinement ou non, une première femme, parfois une seconde, les enfants de l'une ou de l'autre, certains de ceux-ci étant nés en France[19].

Quelle que soit l'habitation, l'on est frappé par la présence d'éléments récurrents : des valises, entassées sur le haut d'une armoire ou sous le lit, symboles d'une existence toujours prise entre un départ et un retour ; une ou plusieurs lignes

---

15. Soulignons toutefois que cette alternative entre foyer et habitat individuel, ou ce passage de l'un à l'autre n'est en rien une constante de l'immigration ouest-africaine en général ; ainsi les Mandjak, dont l'immigration ancienne a toujours été plus familiale que celle des autres groupes, se sont rarement installés dans les foyers, préférant d'emblée les grands ensembles (Diop 1981 : 137).

16. Il a réussi à l'obtenir grâce au soutien d'un collègue salarié de la Ville de Paris.

17. Un marabout rencontré dans la rue vanta son don en ajoutant aussitôt comme une preuve qu'il disposait d'un deux pièces pour lui seul.

18. Souvent dénommés « hôtels-foyers » par les Africains. Ils sont nombreux dans le XVIIIe arrondissement.

19. Rappelons que les lois sur le regroupement familial exigent que soient remplies certaines conditions telle, notamment, une surface d'habitation suffisante ; elles n'admettent, en outre, qu'une seule femme à la fois. Par ailleurs, les lois de 1993 ont considérablement réduit le droit des familles aux allocations familiales et à la sécurité sociale.

téléphoniques, témoignant autant d'une liaison avec des clients potentiels qu'avec la parenté restée en Afrique. On appelle pour avoir des nouvelles, pour demander l'envoi de tel produit, de telle plante nécessaire au travail maraboutique ; de sorte que les marabouts parisiens sont le centre d'un vaste réseau, toujours dynamique, s'étendant du client parisien au maître ou aux parents africains qui, par ce moyen, sont associés à la résolution de certains problèmes. Extrêmement fréquent, le matériel audiovisuel fait partie de ces biens tangibles qui, pour certains, signent la réussite en France et qu'on rapportera au pays, en grande partie pour cette raison[20] ; c'est de ce luxe atteint que Djitté tire la preuve de son excellence : posséderait-il tous ces objets s'il n'était pas un bon marabout ? Définition tout aussi extérieure à la pratique que celle concernant le paiement de l'impôt. Mais ces outils contemporains permettent également un mode de plus en plus répandu de communication avec la parenté restée en Afrique, les cassettes semblant plus aptes à restituer la voix vivante, la précision des messages, que des lettres souvent stéréotypées, à la lecture souvent malaisée. Ils ont également un usage professionnel, certains utilisant le dictaphone pour noter leurs rendez-vous. Un nombre croissant de marabouts disposent de téléphones portables ou d'un appareil de télécopie recevant les demandes de la clientèle, ou de messageries Minitel[21]. Pointe de la modernité dès 1998, l'un d'entre eux, bientôt suivi par d'autres, possède une adresse électronique et une page web.

Mais la question fondamentale est moins celle des conditions de l'habitat, communes à bien des Africains de l'Ouest à Paris, que celle de l'aménagement intérieur auquel les marabouts doivent se livrer pour les besoins de leur pratique. Là semblent se cristalliser tous les rêves de réussite et d'installation au sein de la vie parisienne.

Du « cabinet » au cagibi

Du plus riche au plus modeste, les agencements sont variés, reproduisant des modèles habituels à Paris ou faisant preuve d'une grande imagination pour pallier l'exiguïté des lieux.

Rares sont les marabouts assez aisés pour disposer d'un « cabinet[22] » distinct de leur résidence privée. Pendant les années qu'il considère comme son « âge d'or[23] », Diallo loue pour sa pratique un grand appartement sur la façade haussmanienne du boulevard Barbès, qu'il déclare à l'administration fiscale comme local professionnel. Une circulation intérieure permet au client de pénétrer dans la salle

20. Mais qui confirme aussi la stratégie d'accumulation précédemment évoquée.

21. Code 36-15. En 1993, une seule messagerie est en fonctionnement. Plusieurs autres se sont installées depuis cette date.

22. Ce terme est apparu récemment (1992 ou 1993) dans les publicités et dans la bouche des marabouts.

23. Quelques années plus tard, ayant dû abandonner cet appartement, il devra se contenter d'un coin de chambre.

d'attente par une porte et de ressortir de la pièce de consultation salle d'attente, aux volets mi-baissés atténuant la lumière, est me chaises ; sur une table, journaux et revues à la disposition de dessus de la porte d'entrée, une corne contenant une branchette de cheval[24] ; aux murs, des chromos de La Mecque, quelques miniatures de style XVIIIe siècle, une devise gravée sur bois : « L'amitié est un joyau dont le cœur est l'écrin », et une grande carte du métro, symbole on ne peut plus éclatant de l'insertion parisienne suggérée par Diallo. On franchit une lourde porte capitonnée de cuir pour pénétrer dans le cabinet, où l'origine ouest-africaine du marabout est beaucoup plus sensible. Boîtes, bocaux remplis de plantes, sacs béants débordants de racines, bric-à-brac de chiffons et ficelles voisinent avec des livres entassés ; dissimulé derrière un rideau, l'autel des Peuls, *kaggu*, où l'on dépose les calebasses de lait. Un lit pliant, deux ou trois chaises, une peau de vache sur laquelle le marabout s'assoit[25]. Dans un réduit, un point d'eau permet à Diallo de se livrer aux préparations et manipulations qui lui sont nécessaires.

Diakité, quant à lui, vit et reçoit ses clients dans un vaste appartement situé dans une rue commerçante du Xe arrondissement. L'agencement y est en apparence conforme à celui de sa maison dakaroise, où, outre de nombreuses pièces d'habitation, deux chambres sont réservées à son usage : l'une pour « recevoir des gens, pour discuter », l'autre pour faire ses ablutions, prier, lire le Coran ; l'on n'y entre pas sans autorisation. Même répartition à Paris, où ce marabout aisé consacre, cependant, à sa pratique, une grande partie de son appartement[26]. Depuis 1995 une plaque métallique fixée sur la façade extérieure de l'immeuble indique son nom et l'étage où il loge[27] : fait unique à Paris où le domicile des marabouts est, vu de la rue, parfaitement anonyme ; mais Diakité est un marabout très connu et il occupe de multiples fonctions au sein des associations ouest-africaines en France. La porte d'entrée ouvre sur le « petit salon » meublé de fauteuils et de canapés ; dans une encoignure, un appareil téléphonique à pièces, à la disposition des visiteurs. Cet espace est en principe destiné aux visites familiales et amicales, non aux clients qu'un panneau invite à se rendre au fond de l'appartement, dans la « salle d'attente[28] ». Dans cette vaste pièce, aussi nommée « grand salon[29] », des canapés confortables et profonds ; au centre, une table basse recevant journaux et magazines de grande diffusion ; des lithographies montrant des paysages de montagnes enneigées agrémentent les murs ; lourdes tentures aux fenêtres, vaste tapis aux motifs

24. Pour une analyse plus détaillée de ces objets, cf. *infra*, p. 365.

25. Le cabinet de ce devin a été décrit par Ba (1987).

26. Il dispose cependant pour sa famille d'un autre appartement dans le même immeuble.

27. Ces indications sont rappelées sur une seconde plaque fixée sur un mur de la cour intérieure.

28. Ce panneau indique : « Vous êtes priés de vous rendre dès votre arrivée, en salle d'attente dans la limite des places disponibles. À défaut, patientez un instant dans le salon à l'entrée. Afin d'éviter toute polémique, vous voudrez bien vous assurer de votre tour de passage en fonction des personnes qui vous précèdent. Mr Diakité. »

29. Cette pièce est également destinée aux réunions et à la réception de personnalités.

persans, pots d'azalées fleuries, télévision à la disposition des clients complètent le décor de cet espace au confort bourgeois. Cette pièce communique avec le cabinet dont le marabout entrebâille la porte pour laisser entrer chaque consultant. Là, une bibliothèque débordante de livres en arabe surplombés de vidéo-cassettes à thème islamique, quelques chaises de bois doré, un canapé où s'assoit le visiteur ou le client, face au marabout installé à terre le dos calé par des coussins. On ressort par le petit salon de l'entrée, selon le même principe de circulation que chez Diallo. La taille respectable de l'appartement permet aisément d'isoler les lieux privés.

La spécialisation d'un espace professionnel, jusque dans les mots employés pour le désigner, et dont l'emblème est la « salle d'attente », correspond moins à une disposition africaine des lieux qu'à la reproduction voulue la plus exacte possible d'un agencement typique des professions libérales françaises. Car en Afrique, la coupure est moins entre privé et professionnel qu'entre partie privée et partie collective de l'habitation, lieu de convivialité où l'on reçoit les visiteurs, tout comme l'on fait patienter les clients.

À Paris, on retrouve, par nécessité, cet espace collectif chez des marabouts plus petitement logés. Dans le deux pièces de Keita, ce qui tient lieu de « salle d'attente » est une pièce où parents et clients attendant leur tour regardent ensemble la télévision, tandis que, sur le canapé, une femme de la maison fait la sieste. Le « cabinet » du marabout est sa chambre à coucher : un grand lit, quelques Corans posés à terre, une large chaise longue où il se tient assis, deux ou trois chaises pour le consultant. Même disposition chez Gassama, dont le « bureau » est installé dans la pièce commune où se prennent les repas ; mais l'emplacement qu'il s'y est réservé se situe dans un angle de la pièce, légèrement en retrait de la télévision[30]. Des tapis empilés sur le sol lui servent de siège, un meuble de cuisine déborde de livres et dossiers. Épars sur le sol, le matériel de travail : un sac de plastique rempli de coupons de tissu rouge et blanc servant à confectionner les amulettes, des pots à encre, des calames, des chapelets, des sachets de différentes sortes d'encens, des planchettes de bois et de cuivre, un paquet de cartes de visite artisanales, des enveloppes, des feutres. Sous la télévision, un carton contient diverses bouteilles de plastique pleines d'une eau « travaillée » par le marabout : chaque client viendra chercher la sienne. Dans cet endroit peu solennel[31], Gassama passe une bonne partie de sa journée. La consultation proprement dite se déroule dans la chambre d'un des enfants, aux murs décorés de posters d'acteurs de cinéma ou de chanteurs à la mode.

Si, généralement, la pièce collective tient lieu de salle d'attente, celle où le marabout dort devenant la pièce du secret, comment ménager ce double espace lorsque, comme chez la plupart, l'habitation est réduite à une seule pièce ? Comment concilier les exigences d'une vie familiale, d'une convivialité importante et fréquente avec la réception convenable d'un consultant ? Et que faire si deux clients se présentent simultanément ? Le palier d'un immeuble n'a rien de commun avec la

30. Ce qui constitue peut-être une limite symbolique avec le reste de la pièce.
31. Les femmes viennent y chercher qui un crayon, qui une feuille de papier.

cour d'une concession dans une ville africaine, où l'on peut attendre confortablement... À Paris, l'espace extérieur, vite atteint, pour être collectif, n'en est pas pour autant disponible sans infraction aux règles élémentaires de cohabitation. Problème difficile, exigeant un gros effort de planification... Mais parfois, impossible de ne pas étendre son territoire, comme chez Samaté qui loge, avec son ami Moussa, dans une minuscule mansarde du XVIIIe arrondissement. Dérangé très tôt par un consultant intempestif, il fait attendre celui-ci dans l'escalier de l'immeuble, le temps d'effacer les désordres de la nuit, d'installer ses objets et le décor nécessaire. Parfois, la famille est même contrainte de sortir : la femme de Camara arpente, pendant la consultation, les couloirs de l'étage, son jeune enfant sur le dos. L'exiguïté et la discrétion obligent à une appropriation sporadique presque clandestine du domaine commun.

Ces conditions difficiles n'empêchent pas certains marabouts ingénieux de maintenir coûte que coûte une séparation symbolique indispensable. Pour atteindre la chambre d'Aliou, on traverse une première cour, on franchit quelques marches ; au fond de la seconde cour, on monte au premier étage. Le marabout est assis à terre, devant quelques chaises destinées au consultant ; aux murs, des chromos de la Kaaba, des portraits des parents et du maître restés en Afrique, et de quelques personnalités renommées de l'islam ouest-africain ; des amulettes et des ceintures de protection sont pendues à des clous, sur le radiateur électrique sèchent des planchettes à écrire. Un rideau sépare cet espace du reste de la pièce, contenant juste la place d'un lit. Un parent entre, qui assiste sans vergogne à la consultation. Une cliente frappe à la porte, attend quelques instants à l'extérieur, mais sa présence met un terme rapide à la visite du consultant précédent. Disposition inverse chez Aw, qui habite un immeuble vétuste du XIXe arrondissement ; marches usées de guingois, cage d'escalier noircie par un incendie : faut-il s'arrêter à ce caractère presque sordide de l'immeuble, à ce dénuement extérieur qui saisit l'étranger ? La chambre du marabout est d'une propreté méticuleuse. Parents et amis devisent en grignotant tandis que dans un coin, le thé convivial bouillotte sur un camping-gaz[32]. Aw entraîne son consultant derrière le rideau, dans la pénombre ; faute de place, on s'assoit au bord du lit où dort un frère, vigile de nuit. Le reste de l'espace disponible est occupé par une petite table débordant de divers objets de divination. Chuchotement pour ménager la connivence ; la concentration des deux partenaires semble étouffer les rires des convives.

« C'est secret et discret » : ainsi Dia caractérise-t-il le rapport entre marabout et consultant tel qu'il prévaut en Afrique, silence et huis clos étant indispensables tant au lien entre les deux partenaires qu'au bon déroulement du « travail » maraboutique (Kuczynski 1999). Ce n'est donc pas uniquement par souci de se conformer au modèle français envié des professions libérales (au « secret professionnel ») que certains marabouts cherchent à organiser l'espace de façon adéquate : valeurs ouest-

---

32. Au Sénégal, le thé est une décoction et non une infusion. Chaque convive doit boire trois verres de thé successifs ; interrompre cette séquence, qui peut durer fort longtemps, est une incorrection notoire qu'il faut en principe « payer ».

africaine et française se rejoignent ici. Pourtant cette règle est bien souvent malmenée. Dans les foyers, où il est pourtant d'usage que les visiteurs et colocataires du marabout s'éclipsent à l'arrivée d'un client, la promiscuité, les allées et venues inévitables sont la cause d'interruptions, d'interventions intempestives qui, comme dans les minuscules chambres, perturbent cette relation et rebutent les clients : là, « tout se voit, tout se sait, tout se dit », remarque Dia.

D'où la nécessité d'inventer des solutions de remplacement ; pour l'un c'est une seconde chambre au foyer, dont certains de ses proches lui laissent la disponibilité, pour l'autre, c'est une visite au domicile de ses clients. Dia, quant à lui, donne souvent rendez-vous à ceux qui le sollicitent dans les cafés proches de son foyer. Dans ces lieux étrangers, tenus par des Maghrébins, des Italiens qu'il connaît bien, clients éventuels ou effectifs, aucun emplacement particulier ne lui est réservé et rien n'institutionnalise sa présence dans un but professionnel. Il y retrouve un calme relatif, dû à la possibilité de s'isoler avec son consultant parmi des consommateurs dont beaucoup lui sont inconnus. La fluidité, la neutralité de ces endroits lui permettent de restituer la « discrétion » nécessaire. Usant de ces lieux publics, Dia qui, par ailleurs, reste très proche de son héritage de marabout africain, fait ainsi preuve d'un analyse très fine des possibilités de certains espaces urbains.

Tentatives isolées, hasardeuses, cependant, que ces trouvailles, dont on aura d'autres exemples dans l'analyse du « travail » proprement dit. Le bricolage souvent malaisé de l'espace irrite bien des marabouts, plus peut-être que le manque de confort ; après avoir erré longtemps entre plusieurs chambres parisiennes à la recherche d'une habitation assez vaste pour y ménager cet objet de fierté, ce signe de respectabilité, cette idée fixe qu'est pour lui comme pour bien d'autres la « salle d'attente », Diaby conclut d'un air désabusé : « On ne peut pas bien travailler à Paris. »

Par leur implantation privilégiée dans certains quartiers, la constitution de petites enclaves, les mécanismes de succession des logements, mais aussi leur « lecture » de la ville comme un tout organique, qui les incite à privilégier tel lieu à tel autre, les marabouts révèlent des constantes, des tendances repérables pour d'autres vagues migratoires, telles celles des Portugais et Espagnols étudiées par Petonnet (1982) ; mais ils s'en détachent par leur grande mobilité, leurs appartenances multiples et leur sens du voyage. En outre, ils font preuve d'une parfaite maîtrise d'un espace urbain plus que chichement mesuré, qu'ils accommodent souvent astucieusement aux nécessités de leur pratique, trouvant des solutions de rechange lorsque les nuisances sont trop fortes ; mais ces difficultés liées au logement peuvent finir par avoir raison de certaines conduites trop contraignantes, par éroder un certain idéal ordinaire ouest-africain, déjà passablement éloigné d'ailleurs, notamment dans les villes. Pourtant la modernité parisienne des marabouts a de multiples facettes. Celui dont le « cabinet » a des allures très « professionnelles » ne s'est pas nécessairement écarté de la pratique de ses maîtres, celui qui est resté au foyer près de sa parenté peut avoir totalement renouvelé son capital de savoir, ses façons de faire : il faut se méfier des apparences.

LE « MÉTIER »

Passage d'une immigration de travail à une immigration de peuplement : comme les autres Africains de l'Ouest, les marabouts sont d'abord venus en France comme travailleurs ; puis les difficultés économiques ont crû, le « retour » est sans cesse différé, et l'activité maraboutique a parfois remplacé le salariat. Mais ce schéma global doit être fortement nuancé.

Le salariat et ses mirages

Jusque vers le milieu des années 1970, aucun marabout n'était venu en France dans le but explicite d'y jouer ce rôle, même ceux qui, de fait, n'ont jamais été salariés, qui projetaient de travailler en usine, tout comme leurs parents arrivés avant eux et qui tiennent, lorsqu'ils racontent leur itinéraire, à se situer dans ce cadre. Lorsque Diakité est venu à Paris en 1962, il a d'abord « cherché du boulot chez Renault », mais c'est sa famille qui, dès son arrivée, l'a installé dans sa fonction de marabout :

> La France, lui disait-elle, n'est pas un pays musulman ; si on meurt, on a peur, s'il y a un mariage, on ne sait pas comment faire, s'il y a un malentendu, qui va l'arranger ? Qui va nous tranquilliser s'il y a un malheur ? Il y a la guerre entre la France et l'Algérie...

Quant à Touré, il pensait travailler en France quatre mois, pas plus, puis retourner en Afrique ; mais le voyant, au foyer, avec ses livres, les gens ont dit : « Celui-là doit savoir quelque chose » ; il est devenu leur marabout.

Ces deux hommes sont une exception, largement explicable par le contexte historique : s'ils ont pu être, dès leur arrivée, pleinement accaparés par leur fonction de marabout, c'est que, venus en France très tôt, ils étaient les premiers à y assumer cette tâche. Hormis ces cas, très rares sont, parmi les marabouts arrivés en France avant le début des années 1980, ceux qui n'aient pas exercé une activité salariée.

Dans la totalité des cas, ces travaux ne nécessitaient « aucune qualification », selon la nomenclature française des professions ; ils se répartissaient dans les domaines suivants :

- voirie (éboueurs ou balayeurs dans les services de la Ville de Paris ou dans les aéroports) ;
- nettoyages divers (bureaux, locaux industriels) ;
- entreprises diverses (transport de bois, placages, bâtiment) ;
- industrie automobile (manœuvres, O.S.) ;
- gardiennage de nuit, surveillance de locaux ;
- restauration (plonge, nettoyage, en particulier dans les aéroports) ;
- manutention (aux halles de Rungis par exemple).

Cette absence de spécialisation s'explique, bien sûr, par l'état des besoins de l'économie française, mais aussi par le fait qu'un grand nombre de marabouts n'a pas été scolarisé en français : s'ils parlent plus ou moins couramment cette langue, bien peu savent l'écrire[33]. Mais contrairement à la petite émigration congolaise des « sapeurs » (Gandoulou 1984 : 67), les Africains de l'Ouest n'ont jamais eu « honte » de balayer ou de nettoyer pour assurer leur subsistance.

« Je suis fonctionnaire », affirme fièrement Camara. Mais la plupart, n'étant pas de nationalité française, sont « employés saisonniers » ou ont des statuts plus précaires : le temps d'une saison, d'un chantier.

Touchés les premiers par la crise économique (en particulier celle de l'industrie automobile), beaucoup, comme nombre de travailleurs immigrés, ont été licenciés. Commence alors la recherche souvent infructueuse, humiliante, de travaux intérimaires, trois jours par-ci, deux mois par-là, puis plus rien.

Kanté a travaillé trois ans chez Peugeot à Bagnolet, et sept ans chez Talbot à Poissy avant d'être licencié. En 1985, il a retrouvé, pour une très courte période, un travail dans la restauration pour connaître à nouveau le chômage.

Arrivé à Paris en 1974, Dia a trouvé rapidement du travail en se présentant, le matin, à la porte des usines : trois mois à Étampes dans une usine de fabrication de pièces pour voitures, trois mois à Roubaix dans une maison de transport de bois, un mois à Valenciennes où il est tourneur. En novembre 1975, il est embauché comme O.S. chez Talbot, à Poissy. Il loge dans un foyer jouxtant l'usine, vote pour le syndicat patronal... Au bout de trois ans, il est licencié. Il retourne dans le Nord chez un parent à plaisanterie, « balaie » un peu, cherche du travail dans les filatures, mais maintenant, dit-il, on y refuse les étrangers. Revenu dans son foyer de la région parisienne, il se lève très tôt tous les matins pour faire le tour des bureaux d'intérim, attendre de longs moments devant les usines, pointer à l'ANPE ; RMI et éphémères stages d'enseignement du français ne débouchant sur aucune modification concrète de son existence sont ses seuls horizons.

Fallait-il que Kanté, Dia et bien d'autres aillent « chercher quelque chose » ailleurs ? – Mais où ? Fallait-il qu'ils se contentent de quémander qui une allocation, qui un improbable contrat d'insertion ? Tout ça, des aumônes, des « sacrifices » (*sadaqa*) de la part des Français, dit Dia qui, fier comme tout noble Peul, est humilié de les recevoir.

C'est dans ce cadre que, chômeur à nouveau, Kanté fait imprimer pour la première fois des cartes publicitaires. Il en a presque honte : son père lui avait dit qu'il était trop jeune pour être marabout, qu'en France, il devait d'abord travailler.

---

33. Trincaz note qu'en Casamance, l'adhésion des marabouts à l'administration coloniale a été plutôt conjoncturelle qu'inconditionnelle ; ceux-ci ont souvent empêché leurs enfants d'aller à l'école française. Remarques similaires dans Soares à propos de la famille Tall de Nioro (Mali) (1997 : 206). Dans le Sénégal actuel, hormis à Dakar, peu nombreux sont les marabouts, quel que soit leur niveau dans les matières islamiques, qui parlent et écrivent le français. Le poids de l'enseignement dans les *daara* (écoles coraniques) reste très grand.

Mais aujourd'hui, il est « dans les problèmes » et n'a pas d'argent... Chacun fait comme il peut.

Du chômage à l'activité maraboutique ?

Il faut souligner d'emblée le caractère mouvant de cette « stratégie de survie » ; car Kanté continue opiniâtrement à chercher du travail et Souaré a l'intention, s'il trouve « une bonne place », d'abandonner sa pratique de marabout. Le passage du chômage à l'activité maraboutique est donc conçu comme réversible même si, dans la réalité des faits, il en va le plus souvent autrement.

Les choses ne se passent, d'ailleurs, jamais de façon aussi linéaire et le passage est rarement aussi brusque ; O.S., plongeurs, éboueurs, la plupart d'entre eux consultaient déjà le soir, en fin de semaine ou les jours de congé. Dès 17 heures, la chambre collective d'Aliou était pleine de monde, le marabout ne commençant ses consultations qu'au retour du travail ; certains, impatientés, repartaient. Dia a commencé à pratiquer au foyer pour ses condisciples au moment même où il était embauché en usine, jonglant avec ses horaires lorsque le problème d'un client nécessitait un travail ardu et de longue haleine. Transposée et adaptée au contexte français, cette complémentarité entre deux activités ne faisait que reproduire une situation africaine ancienne, où le marabout était aussi cultivateur, commerçant, ou plus contemporaine : l'un des marabouts dont Fassin fait le portrait (1992 : 74) était employé à la mairie puis dans les services de la voirie de Dakar.

Le chômage n'a donc pas amené une transformation radicale mais un glissement : de secondaire qu'elle était, du moins par le temps qui lui était dévolu, la pratique maraboutique est peu à peu devenue le seul gagne-pain. Il en va d'ailleurs de même lorsque arrive l'heure de la retraite : Sané, âgé de soixante-cinq ans, ancien éboueur, consacre désormais tout son temps à ses clients.

Mais la précarité économique croissante des années 1975 et, plus encore, des années 1980 a modifié cette situation comme le montrent les exemples de Dia, de Kanté et de bien d'autres. Une étape supplémentaire a encore été franchie lorsque, dans les villes africaines, la nouvelle de cette aubaine s'est colportée : la pratique maraboutique constituerait une alternative plus ou moins heureuse aux aléas de l'existence en France. Dès lors, le prestige du modèle maraboutique en Afrique, qu'on est tenté de reproduire dans un autre contexte, allié à une analyse de la situation en France, favorable à la voyance ainsi que la relative facilité (jusqu'en 1986) des formalités administratives ont fait que désormais des hommes d'âge mûr, mais aussi de très jeunes gens s'installent comme marabouts à Paris sans plus y chercher d'autre activité, sauf lorsque l'occasion s'en présente ; mais celle-ci n'est plus qu'un travail d'appoint. Ainsi Kaoussou fait-il office de gardien et d'homme de ménage dans son immeuble, tâches pour lesquelles il reçoit du syndic une rémunération modique. Le rapport entre salariat et activité maraboutique s'est désormais totalement inversé. Dans le même temps, la tendance au rétrécissement général de la « panoplie » des marabouts, déjà constaté par Samuel, s'est accentuée.

En effet, au début de leur présence en France, ceux-ci étaient sollicités par des Africains désireux de respecter les règles en matière de mariage, de décès, et par des clients moins soucieux d'apprendre l'islam que de se protéger contre les dangers, de dénouer des problèmes parfois inédits ; l'activité d'enseignement était alors secondaire. Le désir d'apprendre le Coran ne s'est développé en France que dans les années 1980, mais alors les lieux d'enseignement se sont accrus et diversifiés, de même que les enseignants ; ce rôle, désormais assumé par de nombreuses *madrasa* (« écoles ») et associations, n'a plus été le fondement de l'activité des marabouts. D'ailleurs l'exiguïté de leur habitation leur interdit de recevoir plus d'un ou deux disciples, et le rapport entre ces derniers et leur maître a peu à voir avec ce qu'il est en Afrique. En outre, ce rôle n'est en rien rémunérateur[34]. La place des marabouts lors des grandes étapes de la vie reste plus importante, témoignage de la sédentarisation et de la structuration des communautés ouest-africaines en France, à laquelle les premiers arrivés en France ont contribué. D'ailleurs ces cérémonies, marquées par des repas collectifs et souvent par des distributions de viande du (ou des) mouton(s) abattu(s) pour la circonstance et de colas, sont l'occasion de réaffirmer implicitement la cohésion des groupes et parfois la hiérarchie qui les caractérise[35]. Pour l'imposition du nom, qui a lieu en principe sept jours après la naissance mais plus généralement, à Paris, le jour le plus favorable au rassemblement des personnes qui travaillent, le marabout prononce les prières reprises par l'assistance, confère à l'enfant le nom (à Paris, généralement celui choisi par le père, mais d'autres seront donnés par plusieurs personnes de la famille) et remet à la mère amulettes et bains indispensables à la protection et à la chance du nouveau-né[36]. S'il arrive qu'il soit récompensé pour ces gestes par quelque argent, il ne reçoit, le plus souvent, que sa part de viande et de colas. Lors des mariages, son rôle est à peu près semblable ; s'y ajoute souvent, avant la cérémonie, une divination pour savoir si l'union prévue sera chanceuse, si des enfants en naîtront, etc. S'agissant des funérailles, la dépouille est, dans la plupart des cas, rapatriée au pays[37]. Auparavant, le marabout préside au lavage du corps, prononce les prières adéquates aux divers stades du deuil, participe aux sacrifices, aux repas, etc.[38]

À ces rôles internes aux communautés ouest-africaines, qui manifestent néanmoins une certaine ouverture en raison notamment de l'existence de mariages exogamiques (y compris avec des Français), de Français convertis à l'islam souhaitant suivre un enseignement, et de multiples relations hors des milieux ouest-

34. En 1995, Dia recevait environ 150 F par mois par élève, et Diakité, une somme modique ou quelques kilos de riz selon les possibilités de chacun.

35. En milieu diakhanké, un marabout que l'on veut particulièrement honorer reçoit, en principe, dix colas tandis que les autres assistants en reçoivent une seule. La distribution de la viande se fait selon des règles fixes : aux personnes respectées (père, marabout) reviennent gigots et épaules (ou une partie de ceux-ci, selon le nombre des convives).

36. On verra plus loin la forme particulière prise par ces protections à Paris.

37. Ce transfert est en général payé par les cotisations aux associations villageoises ou régionales.

38. Je ne décris pas en détail ces cérémonies, qui sortent du cadre strict d'une étude sur les marabouts.

africains[39], il faut encore ajouter la place que jouent certains marabouts au sein de nombreuses associations[40], villageoises, régionales, islamiques, fédératives, etc. ; celles-ci sont elles-mêmes conçues comme l'un des pivots de la cohésion des groupes, mettant chacun sous le regard des autres et permettant d'éviter les « bêtises ».

Assumer ces fonctions n'est pas à la portée du premier venu : il est indispensable d'être réputé bon connaisseur du Coran. Pourtant il s'agit moins de connaissances absolues que d'opportunité sociale, être originaire de la même région, avoir des liens d'amitié a aussi son importance : la force des réseaux auxquels on appartient prédomine sur le savoir sans que ce dernier puisse pour autant faire défaut.

Prendre en charge ces « besoins religieux », comme les définit Diakité, distingue nettement les marabouts des voyants qui, même s'ils s'inscrivent souvent dans une culture chrétienne, n'en sont en rien, parfois même bien au contraire, les représentants reconnus. C'est, on l'a noté, l'existence de ces rôles qui a causé l'hésitation des autorités entre le statut religieux et celui de voyant finalement attribué aux marabouts. Mais à Paris, ils ne concernent qu'un très petit nombre d'entre eux, et restent une tâche infiniment moins quotidienne que la divination et le « travail ». En outre, avoir affaire à une clientèle d'origine très variée, souvent totalement étrangère à l'islam, a encore renforcé la spécialisation des marabouts parisiens : actuellement, la plupart se consacrent exclusivement au traitement de désordres et d'infortunes divers, au pourvoi de protections, activités souvent rémunératrices.

Mais cette évolution générale, qui n'a fait que s'accentuer, est-elle liée à une situation urbaine proprement française ? Santerre (1973 : 99) rend compte d'une situation comparable en milieu peul du Nord-Cameroun dès les années 1960. Montrant que l'enseignement islamique en général prépare peu à la vie moderne, il évoque la dégradation de la situation des maîtres d'école coranique dans les villes. L'une des solutions possibles pour échapper à une telle situation est de ne faire de l'enseignement qu'une « couverture à des activités plus ou moins occultes, mais combien plus rémunératrices, qui accaparent l'essentiel de [leur] temps et surtout de [leur] intérêt ». Ce que l'auteur désigne ainsi, c'est la préparation d'amulettes dont l'utilisation est « monnaie courante au Nord-Cameroun », « secteur d'activité le plus rentable actuellement et celui qui bénéficie, du fait des circonstances, des meilleures promesses d'avenir » (*ibid.* : 97).

Cette solution dépeint exactement le cas de certains marabouts parisiens arrivés dans les années 1980 qui, parfois déclarés comme professeurs d'arabe ou de Coran, ou encore « chef religieux » sans qu'à Paris personne ne puisse garantir la légitimité

39. Dans les cérémonies auxquelles j'ai participé, la voisine française, l'ami non africain sont admis sans réticence.

40. Certains en sont président, trésorier, etc. On a évoqué plus haut l'importance de la création de la FAIACA, regroupant une quarantaine d'associations islamiques originaires d'Afrique, des Antilles et des Comores. C'est dans ce cadre que certains marabouts retrouvent un rôle d'enseignant.

d'un tel titre, se livrent exclusivement aux activités évoquées par Santerre. On verra que le lien avec l'islam peut être plus distendu.

L'évolution constatée en France n'est donc que le prolongement de celle déjà à l'œuvre dans les villes africaines. Mais l'anonymat du milieu urbain parisien, où personne, pas même les personnalités respectées, n'a le pouvoir de légitimer efficacement ou au contraire de contester celui qui se dit marabout, la diversification de la clientèle hors du milieu africain, l'ignorance des autorités françaises concernant le rôle exact des marabouts, accroissent, de fait, les possibilités de ceux, nombreux, qui tentent ainsi leur chance. Pourtant les schématisations habituellement entendues, selon lesquelles il y aurait d'un côté les religieux, de l'autre les improvisateurs incontrôlables, ne sont pas de mise. Les premiers arrivés, venus pour travailler en entreprise, ont certes joué auprès d'individus, de familles originaires d'Afrique de l'Ouest momentanément sédentarisées en France, le rôle habituel des marabouts. Mais, tous le confirment, leur ouverture sur une autre clientèle, maghrébine, antillaise, a été immédiate. C'est donc un même double mouvement qui a ouvert la voie aux *sharîf* arrivés en France à la fin des années 1970, soucieux de renforcer des cohésions familiales ouest-africaines, tout comme aux improvisateurs visant avant tout des consultants d'autres origines. Et tous, à Paris, ont, à des degrés divers, une clientèle mêlée.

Aspects de la professionnalisation

Petits métiers

En Afrique de l'Ouest, être marabout, que l'on soit descendant d'une lignée estimée ou considéré comme un « amusant hypocrite », correspond à un rôle ancré depuis plusieurs siècles dans les pratiques sociales, qu'elles soient politiques, religieuses ou thérapeutiques[41]. Rien de tel en France où cette activité, dans ses multiples facettes, est, à son origine, dépourvue de toute reconnaissance et inconnue des non-Africains. Cette absence de cadre institutionnel originel jointe à l'évolution retracée plus haut permettent d'interpréter la pratique maraboutique à Paris, du moins dans ses avatars les plus contemporains, comme l'un des multiples petits métiers improvisés par de nombreux immigrés – mais aussi par des Français – pour assurer leur survie. Chacun sait qu'en Afrique, les activités plus ou moins ponctuelles, plus ou moins structurées, sont innombrables, depuis celle des gardiens de voitures et de certains chauffeurs de taxi jusqu'à celle des vendeurs de sachets et de bouteilles en plastique, depuis les restauratrices de Dakar, évoquées dans un roman de Kourouma[42], jusqu'aux vélos-taxis de Kaolack (Morice 1981) ou aux revendeurs

41. Bien que le cadre légal réglementant l'exercice de la médecine en vigueur dans toute l'Afrique reprenne un décret colonial datant de 1922, exactement calqué sur celui actuellement en vigueur en France. Il n'est évidemment jamais appliqué, sauf en cas d'accident et de plainte (Fassin 1992 : 249).

42. *Les Soleils des indépendances* (1970).

de multiples pièces détachées des véhicules les plus divers[43]. En France, on peut faire le tour de ces *ethnic business* que pratiquent le plus souvent les Africains de l'Ouest : cordonniers, bijoutiers, tailleurs installés dans les foyers ou dans des appartements, vendeuses de boissons et de plats cuisinés, de tissus, brodeuses, tresseuses, sans parler des *bana-bana*, vendeurs le plus souvent ambulants de maroquinerie et de pacotille, qui sont, eux, souvent extrêmement organisés (Salem 1981) ou encore, à une autre échelle, d'autres formes de commerce reposant sur des réseaux transnationaux (Bertoncello et Bredeloup 2000). La pratique maraboutique est bien l'une de ces multiples activités que les Africains de l'Ouest ont su faire naître en France, mobilisant un savoir ancien, qu'il soit approfondi ou réduit, qu'il ait été utilisé auparavant en France dans un cadre familial ou mis en veilleuse, ou encore totalement improvisé. Keba est marabout de la même manière que sa femme brode des robes et des nappes qu'elle vendra ensuite lors de réunions ou de baptêmes ; de la même manière que sa fille tresse, des heures durant, les cheveux des fillettes et des femmes. Ces « petits métiers », extension en France de l'esprit « baol-baol[44] », se soutiennent et se génèrent : le marabout fait travailler le cordonnier (pour la confection d'étuis d'amulettes et de ceintures de protection), le bijoutier (pour la fabrication de bagues d'argent) ; il achète parfois des plantes et des racines aux petits revendeurs du quartier de la Goutte d'or.

Pour les marabouts, une fois le problème du logement résolu, une fois les éléments du savoir nécessaire rassemblés, peu de choses, en effet, peuvent paraître suffire pour improviser une activité à court ou long terme : un téléphone, élément essentiel à Paris[45], un chapelet, quelques cauris, des corans, quelques fragments manuscrits, quelques objets dont l'acquisition est aisée (bougies, encens, etc.), une photographie ancienne du père, le réseau de connaissances d'un ou deux « frères » : aucun capital important, en somme. Un tel art de l'improvisation existe bien à Paris ; les marabouts plus anciennement installés s'en démarquent très vivement, se défendant d'être venus « pour ça », contrairement à leurs épigones contemporains. Il est malséant de montrer qu'on est venu en France comme marabout pour y gagner sa vie. Pourtant, classer la pratique maraboutique à Paris dans le cadre des petits métiers, de l'imagination sociale spontanée que le milieu urbain permet ou contraint de développer, ne rend compte que d'un aspect de la réalité.

Le cadre institutionnel

Loin de se contenter de se débrouiller dans les interstices d'activités répertoriées, un grand nombre de marabouts a, en effet, très tôt cherché à s'insérer dans un cadre français parfaitement institutionnel qui semblait tout prêt : celui de la voyance. Les

---

43. Toutes activités regroupées au Sénégal sous l'étiquette d'« économie informelle ».

44. Les gens du Baol, région du Sénégal central, sont réputés pour leur débrouillardise. Mais cette aptitude s'est étendue à tout le pays, y compris les villes, où les activités « informelles » sont visibles en tout lieu.

45. Le téléphone portable a beaucoup facilité l'existence des marabouts souvent difficilement joignables en raison de leurs changements fréquents de logement.

premiers à passer des annonces publicitaires dans les journaux ne s'y sont pas trompés : avant les problèmes liés à l'arrêt de l'immigration, avant même que les autorités administratives ne s'intéressent à leur statut en France[46], ils ont choisi de s'inscrire eux-mêmes dans le droit fil d'une tradition française extrêmement vivace en se nommant, dans des revues à destination d'un public essentiellement non africain, « médium » (revue *Horoscope*, février 1973), en se disant spécialiste de « psychologie, télépathie, voyance » (*ibid.* : octobre 1975) ou encore « radiesthésiste, psychologue-conseil » (*ibid.* : 2e semestre 1977)[47]. D'autres, sans adopter l'usage de la publicité, ont coulé leurs façons de dire dans un autre vocabulaire, parlant, par exemple, de « travail médiumnique » puisque, comme le constate Samba, « le milieu change, on est obligé de changer de langage, on s'approprie des termes ». Au fil des années, certains, fortement réprouvés par les plus anciennement installés[48] et tous ceux qui persistent à considérer ces façons de faire comme une hérésie ont continué à innover en s'installant délibérément dans la concurrence. Ils ont emprunté aux voyants de multiples techniques de visibilité : publicités écrites dans un grand nombre de journaux, la distribution de cartes restant cependant l'une de leurs spécialités, techniques d'appel de la clientèle (réductions, consultations gratuites) et, pour un petit nombre d'entre eux, achat de canaux publicitaires, inscription dans les rubriques professionnelles de l'annuaire téléphonique[49], émissions de voyance en direct. C'est, en effet, bien une reconnaissance médiatique, démarche on ne peut plus contemporaine, qu'à l'instar des voyants, les plus « modernistes » des marabouts recherchent, même s'ils restent pour la plupart d'entre eux très loin derrière l'organisation industrielle de leurs modèles. Ce mode de reconnaissance totalement inédit permettant de pallier celle, souvent absente, du milieu africain en France, se constitue selon le même mécanisme que celui déjà décrit à propos du légalisme devant l'impôt.

Ainsi la présence actuelle des marabouts à Paris s'explique autant par l'insertion possible, perçue très tôt par certains, dans un cadre professionnel bien établi, à l'existence florissante : celui de la voyance, que par le bricolage et l'improvisation hors de toute norme, dans ce nouveau contexte urbain, d'une spécialité africaine. L'emprunt de ce cadre formel commode et adapté au mode d'être parisien n'impliquait pas pour autant, on le verra plus loin, un nivellement total aux pratiques des voyants.

---

46. L'institution des cartes de séjour date de 1975 ; jusqu'à cette date, venir en France était, comme nous l'a dit un marabout, « aussi facile que boire de l'eau », aucun justificatif n'étant exigé. C'est, comme on l'a vu, à partir de 1981 que le statut des marabouts a été objet de débat.

47. Pour une analyse détaillée de la publicité, cf. *infra*, p. 341-345.

48. Ainsi Dramé, resté à l'écart de ce mouvement de modernisation, ne veut-il plus entendre parler d'un autre marabout de sa famille – membre très éloigné, il est vrai – qui, lui, est entièrement entré dans ce processus.

49. En 1993, on trouve, à la rubrique « astrologie-numérologie » deux marabouts pour environ 120 annonces et, pour le même nombre, sept marabouts à la rubrique « cartomancie-voyance » ; plusieurs d'entre eux pratiquent intensivement la publicité écrite.

Sans doute cette attitude fut-elle un facteur parmi d'autres dans la perception que les autorités administratives eurent des marabouts ; sans doute, également, les marabouts avaient-ils, à l'origine, en se coulant dans ce cadre, plus le souci immédiat de survivre à Paris que de se doter d'un véritable statut. Mais l'aboutissement, on le sait, en fut, après plusieurs détours, l'intégration de tous les marabouts, anciens travailleurs, religieux, nouveaux arrivés, dans le même statut juridique et fiscal, surveillé et contrôlé, que les voyants ; statut combien moins valorisant que ce qu'il était en Afrique puisque en France, rappelons-le, cette activité est simplement tolérée. Mais il leur offrait la possibilité d'une existence légale.

Dès lors, des solidarités professionnelles inédites se constituent : Sow vérifie auprès d'un collègue le prix des encarts dans telle revue, prend des renseignements sur tel agent de publicité, Diaby conseille le cabinet juridique auquel il a confié la gestion de ses affaires. Solidarités limitées cependant, bien loin de former un véritable réseau, et qui n'effacent en rien des relations de rivalité sur lesquelles on reviendra.

Légitimité

Mais ce cadre professionnel désormais fixé n'empêche pas l'affirmation d'une autre légitimité, à la fois plus flatteuse dans le contexte français tout en étant plus conforme à la situation africaine moderne : l'assimilation au milieu médical. L'usage d'un certain vocabulaire (le « cabinet »), la référence fréquente à une catégorie commune (les « professions libérales », plus souvent mis en avant que le statut de voyant), montrent d'abord la volonté d'affirmer une respectabilité similaire.

Mais d'autres rapprochements sont suggérés de façon plus précise : la longueur des études[50], une division identique entre « généralistes » et « spécialistes[51] », la même variété des moyens permettant de soigner un mal selon l'analyse qui en est faite, une relation de confiance et de fidélité entre marabout et consultant comparable à celle établie avec un « docteur de famille[52] », le prix de l'intervention du marabout qui, pas plus que les honoraires fixes d'un chirurgien, ne devrait se discuter[53].

Le vocabulaire employé par les marabouts pour décrire leur pratique témoigne lui aussi largement de ces assimilations : « consultation », « diagnostic » (divinatoire), « traitement », « patients », dont est tenu un « fichier », « médicaments[54] »

---

50. Ce qui ne suffit d'ailleurs pas à leur garantir le succès puisque dans les deux cas, la « chance » est indispensable.

51. Remarquons au passage que ce qui, précisément, choque de nombreux Africains suspicieux à l'égard des marabouts parisiens, c'est que ceux-ci se disent « spécialistes... de tout », selon l'expression moqueuse d'un Sénégalais.

52. Assimilation que l'on retrouve également au Sénégal : « En Afrique, dit Demba, on a un marabout de famille comme ici on a un médecin de famille », même si ce que suggère notre interlocuteur implique parfois des relations lignagères rarissimes dans le cadre français.

53. Ce que la pratique dément souvent.

54. Désignant couramment le talisman ou la lotion que le marabout donne à son consultant. Ce terme, comme celui de « consultation », est déjà employé en Afrique.

sont des termes courants ; sans pourtant parler d'« ordonnance », Ndao note, pour chacun, sur un bloc de papier où il inscrit le mot « consultation », ses conclusions et l'emploi exact et daté des amulettes et des objets qu'il leur remet ; il appose, au bas de la feuille, sa signature. Ses visions divinatoires lui fournissent, dit-il, une véritable « radiographie » de la personne. Quant à Diallo, son souhait le plus cher, lorsqu'il rentrera en Afrique, est d'y créer un « centre de soins » qui associerait « thérapies traditionnelles et occidentales ».

L'emprunt si aisé d'un tel vocabulaire ne trouve qu'une explication insuffisante dans une activité effective de thérapeute, au sens occidental du terme, qu'exerceraient les marabouts à Paris comme en Afrique, d'autant plus qu'en France, celle-ci ne représente qu'une infime part de leur pratique. Il s'agit bien plus de la transposition essentiellement verbale dans le contexte français, d'une situation qui est la leur en Afrique. De cette légitimité thérapeutique bien assise dans leurs pays d'origine, qui reste presque implicite à leurs yeux et beaucoup plus fortement ancrée que leur régime juridique en France, les marabouts ne demandent d'ailleurs pas la reconnaissance ni la formalisation par un statut ; en outre, aucun n'ignore le monopole de la médecine occidentale et la répression drastique de tout exercice illégal[55] de celle-ci. D'ailleurs un tel statut serait-il plus adéquat que celui de voyant ? En Afrique de l'Ouest, il n'y a aucune rupture entre l'interprétation d'un désordre physique, d'un trouble mental ou d'une infortune quelconque et « être malade » peut tout autant signifier être atteint de rougeole qu'éprouver une passion amoureuse ravageuse ou manifester toute forme de vulnérabilité. En outre, même en Afrique, cette légitimité affirmée ne définit, on l'a clairement entrevu à travers la lecture des récits de voyageurs, qu'une partie de l'activité des marabouts. La « thérapisation », dont le docteur Collomb et son équipe furent les maîtres d'œuvre à l'hôpital psychiatrique de Fann (Dakar) en associant des praticiens « traditionnels » aux soins prodigués par la « médecine moderne », expérience dont de nombreux marabouts parisiens se réclament encore aujourd'hui, n'était qu'une manière de réintégrer ces derniers et d'autres praticiens dans un rôle social acceptable[56] mais néanmoins réducteur tout autant que celui de voyant qui est le leur aujourd'hui, dans un autre cadre. L'image que les marabouts parisiens donnent implicitement d'eux-mêmes n'est que le prolongement d'une telle situation[57]. Mais c'est bien l'activité protéiforme des marabouts qui autorise la diversité à travers le temps et l'espace des constructions sociales de ces personnages, tantôt considérés comme instituteurs, guérisseurs ou

55. Dans les années 1985, à la suite d'une plainte déposée par un médecin ayant saisi le conseil de l'ordre, une enquête de la DASS fut menée sur un marabout parisien accusé d'exercice illégal de la médecine (pour soins contre la stérilité). D'autres furent convoqués pour les mêmes raisons à la préfecture de police.

56. En rupture avec la période coloniale, pendant laquelle « les tradithérapeutes étaient traqués, les soins prodigués en cachette et dans l'inquiétude (du praticien) » (Sylla et d'Almeida 1997).

57. Certains auteurs (Fassin 1992 et surtout Olivier de Sardan 1994) montrent de façon convaincante le rôle du prestige du système de santé occidental en Afrique noire dans la « thérapisation » des marabouts et d'autres agents du surnaturel. Pour une évaluation critique de l'« école de Dakar » fondée par le professeur Collomb, cf. Couloubaly (1997).

voyants selon les contextes ; de sorte que c'est autant ces derniers qui sont ainsi éclairés que la nature des fonctions exercées.

Rôle des associations de marabouts

Quoi qu'il en soit de l'acquisition d'un statut légal réel mais fragile et peu valorisant ou d'une légitimité implicite qui se soucie peu d'être officialisée, la professionnalisation est, en France, indispensable et vivement suscitée par les autorités administratives. Car de même que celles-ci fixent les identités, de même elles fixent les métiers. Leur souci est la recherche de critères pertinents et discriminants de la validité professionnelle, souci sous-tendu par une politique de l'immigration[58]. Or à Paris, l'activité des marabouts n'est pas réglementée : ni chambre des métiers, ni ordre, ni syndicat, ni code de déontologie, ni diplôme ; inorganisation fort gênante aux yeux de l'administration, qui préoccupait déjà les autorités coloniales. Dès les années 1980, l'avis des marabouts les plus anciennement installés ou les plus respectés fut sollicité lors du renouvellement des titres de séjour : untel était-il connu ? Exerçait-il une influence en Afrique ? Ce besoin administratif d'interlocuteurs, expression d'un souci plus global formulé par les autorités françaises de structurer l'ensemble des musulmans en France dans le cadre d'« institutions représentatives », fut un élément déterminant dans la création d'associations de marabouts. La plus ancienne, l'Association cultuelle et culturelle des marabouts sénégalais en France[59], créée le 26 août 1984, a pour but de

> rassembler tous les Sénégalais exerçant le métier de marabout en France ; de constituer un fonds d'entraide destiné à secourir les cas sociaux, à financer les cérémonies (baptêmes, décès...) ; à faciliter les relations tant avec les autorités sénégalaises en France qu'avec les autorités françaises en ce qui concerne les formalités administratives (*J.O.*).

Il ne s'agissait pourtant pas d'une création *ex nihilo* mais, à la faveur d'une vive sollicitation des autorités administratives, de l'officialisation, désirée par ses membres, d'une association religieuse et culturelle vieille de vingt ans, regroupant, à son origine, des Diakhanké originaires du Sénégal oriental. Son rôle d'intermédiaire[60] entre marabouts et administration fut effectivement important lorsque qu'il s'est agi, comme on l'a vu, de « moraliser la profession » en France, l'adhésion à l'Association ou le fait d'être connu de ses responsables apportant effectivement

---

58. Un inspecteur des impôts comparait l'entrée en France ou le renouvellement du titre de séjour des marabouts africains avec ceux des artistes peintres étrangers, deux activités insaisissables, selon lui, pour lesquelles n'existe aucun critère de qualification professionnelle.

59. Ces associations sont régies par la loi de 1901 et non celle de 1905, ce qui explique la double appellation « cultuelle » et « culturelle ». Ce régime associatif autorise des subventions et une gestion administrative souple.

60. Éventuellement par le relais du consulat du Sénégal en France.

« un petit plus de crédibilité[61] » et favorisant pour les marabouts en difficulté l'obtention de papiers divers. Ce rôle s'est aujourd'hui tari, la situation des marabouts ne posant plus de problème aigu, et le nombre de ses adhérents, jamais considérable, a beaucoup diminué[62]. Son activité actuelle est essentiellement culturelle et religieuse (lecture du Coran, discussions concernant l'éducation des enfants, entraide mutuelle, etc.). Sa composition reste conforme à ce qu'elle était à l'origine : les Diakhanké y sont en plus grand nombre. Les autres regroupements de marabouts, telle l'Association cultuelle et culturelle musulmane des marabouts de Casamance, fondée en 1985 par un *sharîf*, ont connu une évolution identique[63]. Ce fonctionnement associatif est cependant fortement concurrencé par l'appartenance à d'autres regroupements, villageois ou régionaux, créant des liens de solidarité beaucoup plus intenses, ou à la FAIACA, fédération d'associations islamiques d'origine africaine, antillaise et comorienne[64], dont l'ambition, selon l'un de ses membres éminents, est de constituer pour les ressortissants de ces pays une structure de référence analogue à ce que représente pour les Maghrébins la grande mosquée de Paris.

Pourtant, si les associations de marabouts ont accédé, de façon limitée, à un rôle de régulation, elles ne se sont jamais prononcées que sur la réputation, sur la renommée, sur la connaissance du lignage de certains marabouts en difficulté, comme il est d'usage en Afrique ; esquivant le désir de normalisation des autorités françaises, aucune ne s'est hasardée à fournir des critères d'excellence professionnelle. À cela, de multiples raisons : outre la faible représentativité de ces associations, souvent concurrentes, leurs présidents sont inconnus de bien des marabouts parisiens et aucun ne jouit, en France, d'une autorité suffisamment établie pour jouer un rôle normatif incontestable[65]. L'association X. ? « Tous les faux marabouts viennent de là », lâche Ndao, *self made man* qui dénie aux autres le droit de le

61. Selon les mots d'un responsable du 9e bureau.

62. D'une centaine dans les années 1986-1988, il serait actuellement, selon son président, d'environ une cinquantaine, voire d'une vingtaine selon d'autres témoignages.

63. Leurs présidents actuels, l'un diakhanké, l'autre, un *sharîf* allié des Diakhanké, sont très liés et ont effectué en commun plusieurs démarches officielles. L'objet de l'Association culturelle et cultuelle des marabouts de Casamance est le suivant : « [...] un but culturel et social d'entraide, de médiation entre l'administration et les marabouts. L'ACCMM se propose de jouer le rôle d'une communauté de rappel de la tradition musulmane pour une meilleure adhésion aux valeurs islamiques fondées sur les enseignements et préceptes du Prophète (qu'Allah lui accorde ses grâces et sa paix), par l'enseignement et l'éducation, l'entraide et l'assistance mutuelle. »

64. « Fédération des associations islamiques d'Afrique, des Comores et des Antilles », fondée en 1990 ; depuis deux ans, cette organisation, rassemblant une quarantaine d'associations islamiques, recueille en France la *zakât*, assure à ses membres en France assistance pour les baptêmes, les décès (elle a, depuis peu, deux laveurs de morts), les problèmes matrimoniaux, prend en charge l'organisation du pèlerinage à La Mecque (elle en négocie les modalités et les prix avec l'Arabie Saoudite) et a une activité d'enseignement de l'islam. Cette fédération a depuis peu un local, où se tiennent réunions, baptêmes, etc. Le président de l'Association cultuelle et culturelle des marabouts sénégalais en France est également celui de la FAIACA.

65. Il en va de même pour le milieu de la voyance en général ; cf. Dessuart (1984 : 49).

contester en leur refusant toute légitimité ; et Diakité, président de l'Association islamique décrite plus haut, ne suggère-t-il pas que les marabouts regroupés autour de lui ne sont pas nécessairement les meilleurs mais simplement ceux qui ont souhaité s'organiser ? L'existence officielle acquise en milieu parisien ne saurait, à leur yeux, tenir lieu de légitimité et les quelques *sharîf* pratiquant à Paris n'échappent pas à cette règle, même s'ils sont individuellement respectés. À la difficulté de s'octroyer un droit de contrôle s'ajoute le sentiment de la vanité d'une telle entreprise : « il faudrait, dit Touré, faire un travail d'agent secret », d'autant plus impossible à Paris qu'on ne peut y connaître tout le monde. Mais un argument décisif rend improbable l'émergence de tout critère normatif : l'affirmation toujours réitérée qu'il existe de multiples façons d'être marabout. Liés aux problèmes de légitimité, le respect du pluralisme, de la variété des voies et, malgré les critiques, du savoir et du pouvoir de l'autre, rendent impensable tout nivellement. Cette impossibilité, à laquelle s'ajoute aussi le refus secret d'être totalement instrumentalisé par l'administration, s'oppose à certaines tentatives sénégalaises plus classiques, telle la formation du « Cercle des tradi-praticiens de Pikine », qui s'efforça de construire une « légitimation rationnelle et légale, [assumant] le double rôle de la faculté de médecine et de l'État, imitant le travail expérimental de la science et le travail juridique du pouvoir » (Fassin et Fassin 1988 : 205). Sans négliger cet aspect de l'établissement de leur légitimité, les marabouts parisiens se sont comportés de façon plus pragmatique, moins directe et souvent plus individuelle que leurs collègues dakarois.

Divergences

En dépit de cette absence de critères, qui gêna la compréhension du rôle du marabout par les autorités françaises, ces dernières ont parfois imposé une « professionnalisation forcée ». Lorsque Koly, après avoir exercé pendant plusieurs années l'activité maraboutique, trouva un travail plus rémunérateur de peintre en bâtiment, il faillit être expulsé de France. Car pour l'administration (en particulier la préfecture de police), celui qui est marabout doit le rester, tout changement d'activité étant aussitôt interprété comme signe d'incapacité, ou de tromperie sur la qualification précédemment annoncée ; être marabout, ce serait n'être que cela et, sans faille, réussir. En rupture avec cette appréciation univoque, manifestation évidente du soupçon pesant sur tout immigré, les marabouts avancent d'autres explications. La première : une conception radicalement différente de la « profession ». Ainsi pour les Diakhanké, « tout le monde ne peut pas être marabout », même si la connaissance est dans la famille, même si chacun est « bien qualifié : un travailleur en France, qui a beaucoup étudié en Afrique, peut très bien ne pas s'installer comme marabout à Paris si les conditions ne s'y prêtent pas, mais en avoir la connaissance ». La professionnalisation, au sens « français » du terme, n'est pas nécessaire à la reconnaissance, qui reste plus affaire de statut social et de prestige que de métier même si, comme on l'a montré, l'improvisation se développe aussi en Afrique. La prise en compte, par les marabouts, des opportunités fluctuantes qu'offre le milieu français s'oppose fortement à la fixité, fort suspecte en l'occurrence[66], de la conception française. La seconde explication avancée par les marabouts relève précisément d'une analyse de ces phénomènes en France.

> Un marabout, dit l'un d'eux, il paie la TVA, les impôts, la taxe professionnelle, la Sécurité sociale, l'URSSAF : c'est beaucoup ; s'il s'en va un mois, il doit le déclarer, sinon il paie pour rien et si ça ne marche pas pour lui, il se déclare en faillite et il fait autre chose. Si ça ne marche pas, ça ne veut pas dire que le marabout n'est pas fort, c'est le destin. C'est comme les commerçants : certains marchent, d'autres pas, c'est comme pour les médecins ou les avocats, qui ont tous les mêmes diplômes.

Cette analyse globale qui met l'accent, de façon certes idéaliste, sur le légalisme des marabouts vis-à-vis des règles de l'État, dénonce du même coup l'arbitraire qui pourrait les en exclure.

Dans un milieu où leur rôle n'était pas connu, les marabouts en France ont choisi la voie de la professionnalisation, de gré ou de force, même si les méthodes choisies par certains pour le faire ont été vivement contestées par les plus anciens ou les plus attachés à leur mode d'être africain, choqués d'un accommodement si manifeste aux normes françaises. Cette professionnalisation a permis à certains marabouts de s'affirmer dans le cadre français, ce qui leur aurait été difficile en Afrique. Mais malgré les apparences, les conceptions du « métier » de marabout demeurent profondément différentes, le pluralisme résiste à l'émergence de toute norme et la légitimité s'affirme en dehors du statut octroyé. Cette impossible coïncidence n'a pourtant pas empêché que se dégagent des lieux et des thèmes de négociation entre marabouts et institutions, pour lesquelles, au demeurant, ils n'éprouvent aucune fascination.

Regards croisés

Les marabouts à travers la presse

Le regard porté, en France, sur les marabouts, nous l'avons, jusqu'à maintenant, perçu surtout à travers les gestes et les dires des autorités administratives aux orientations et buts assez clairs. Se tourner vers la presse est un moyen d'élargir cette perspective : quelle(s) image(s) des marabouts les journalistes renvoient-ils à leurs lecteurs ? D'un corpus, certes non exhaustif, composé néanmoins des premiers articles parus sur ce sujet, recueillis sur plus de dix ans, se dégagent plusieurs thèmes invariants, les titres eux-mêmes, dans leur répétition, traduisant les tendances générales[67].

---

66. Alors que l'instabilité de l'activité de voyant est tout à fait connue des autorités administratives, en particulier des services fiscaux. On peut, de plus, peser ici ce que peut signifier l'« intégration » : c'est se modeler obligatoirement dans des cadres existants... non applicables à tous !

67. Les articles sont numérotés de 1 à 18 ; ils apparaîtront sous cette référence dans l'analyse qui suit.

1. *Le Figaro*	5 septembre 1980	« Les petits marchands d'illusions »
2. *Le Monde*	25-26 octobre 1981	« Les marabouts en exil »
3. Mensuel *GIG*	1982	« Les marabouts de Barbès »
4. *Le Monde*	25-26 avril 1982	« Love Connection »
5. *Le Parisien*	14 juin 1984	« Les marabouts. De coûteux marchands de rêve »
6. *Le Nouvel Observateur*	22 février 1985	« Marabouts : de 200 à 2 000 francs »
7. *Libération*	27 août 1985	« Mamadou Aliou Bah, le marabout qui ne mange rien »
8. *L'Express-Paris*	15-21 novembre 1985	« La ruée des marabouts »
9. *Nice-Matin*	27 décembre 1985	« Le "coup du marabout" : ça marche encore »
10. *Le Matin*	23 janvier 1986	« Gris-gris contre képis »
11. *Le Monde*	Juin 1986	« Une expulsion de locataires à Paris. Crédules marabouts »
12. *Libération*	7 août 1987	« Les bonnes ficelles des marabouts »
13. *Le Monde*	5-6 juin 1988	« À Vesoul. Le marabout désenvoûtait surtout les magnétoscopes »
14. *Lui*	Janvier 1989	« Les ficelles des marabouts »
15. *Jeune Afrique Magazine*	Février 1989	« Hadj Aliou Bah, 8 760 jours sans manger »
16. *Télérama*	20 février 1991	« Ficelles de marabouts »
17. *Afrique-Magazine*	Septembre 1992	« La marabout connection »
18. *50 millions de consommateurs*	Janvier 1993	« Malédiction sur la ville. Descente chez les marabouts »

La structure de ces articles est invariable : des informations émanant le plus souvent des autorités administratives, présentées sans recul, à la notable exception de 10, et une consultation « typique », d'un ou de plusieurs marabouts par le journaliste ; mais le ton est donné d'emblée, celui-ci exprimant ouvertement scepticisme et méfiance, exceptionnellement crainte (3) : il est vrai que dans ce cas, c'est un Africain qui a tenu le rôle du client à la place du journaliste… Tous les articles continuent de développer, peu ou prou, cette tradition du mépris vivace dès la période coloniale. Comme pour la sorcellerie du bocage normand, la présence des marabouts à Paris et leur fréquentation sont placés sous le signe de la superstition, du primitivisme :

> En plein XXe siècle, l'amour nous rend aussi primitifs et superstitieux qu'au Moyen Âge, courant après les sorciers aussi vite que dans les brousses reculées de l'Afrique ou les montagnes de Kabylie (4).

L'Afrique, même à Paris, c'est donc le Moyen Âge. La perspective sous-tendant l'ensemble des jugements est évolutionniste, tout comme celle que l'on rencontre, s'agissant des marabouts du Maghreb ou de l'Afrique de l'Ouest, dans certains textes coloniaux. Quant au journaliste et à son compère le lecteur, ils sont, eux, modernes, donc à l'abri d'un commerce aussi absurde, d'où le ton d'ironie moqueuse sensible dans tous les articles :

> Mais maintenant, aïe, il y a un problème, un petit blocage. À qui la faute ? Mais, voyons, c'est quelqu'un dans l'entourage de Rod qui lui veut du mal ! Et pourquoi ? Mais parce qu'il est jaloux, êtes-vous bêtes ! (3).

Ce ton subsiste même lorsqu'il s'agit de relater une escroquerie dont les marabouts eux-mêmes ont été les victimes (titre de 11[68]). L'humour léger existe aussi, comme dans cette analyse rapide des cartes de marabouts, ne faisant de celles-ci rien de plus qu'un support important de la « poésie urbaine » (16).

Une autre constante de ces articles est la mise en exergue souvent exclusive des scandales et des escroqueries qui ont pu se produire. Le thème essentiel de celles-ci est l'appât du gain. Tous ces articles relatent avec complaisance, sous diverses variantes, la façon dont les marabouts soutirent de l'argent à des clients trop crédules. Un épisode-phare est particulièrement mis en vedette : la promesse de multiplication de billets de banque que le client (généralement un Français) confie à un marabout s'empressant de disparaître avec son butin. C'est là, en France comme en Afrique de l'Ouest, un classique de l'évocation des marabouts. Il s'agit aussi de souligner finement des « supercheries » : ces graines d'Haïti vendues à prix fort ? Des herbes folles qu'on trouve partout (1) ; cette poudre magique ? Une vulgaire

68. Cet article relate une expulsion de quelques familles maraboutiques escroquées, dans un immeuble du XVIIIe arrondissement, par de faux propriétaires leur ayant fait payer des loyers avant de disparaître.

farine (12) ; cette eau magique dans une bouteille de Coca-Cola ? De l'eau sale (12). Mais le positiviste n'est-il pas pris à son propre piège : les substances magiques devraient-elles être de nature extraterrestre ?...

Le second thème de ces escroqueries, ce sont les abus sexuels que des marabouts auraient commis sur leurs clientes, allant même jusqu'à des pratiques relevant de la traite des Blanches (14). La sexualité en général est souvent présente (1, 3, 18).

Il s'agit, remarquons-le, de même que celui du primitivisme, de thèmes tout à fait classiques repérables dans d'autres contextes, telles les condamnations habituelles de la sorcellerie (Favret-Saada 1977 : 64-65).

Pourtant on franchit un pas de plus lorsqu'est avancée, dans quelques articles, l'idée d'une « connection » ou d'une mafia, faits, bien évidemment, jamais prouvés :

> Existe-t-il au pays du camembert et du vin rouge, une marabout connexion qui, partie du Sénégal, arriverait en France en passant par Barbès ? Une mafia du gri-gri et de la poudre magique chargée de ruiner les gogos en mal de prédiction ? Peut-être... (12).

Ici apparaît un autre grand classique de la mise en accusation de l'autre : d'un côté l'homme débonnaire, de l'autre l'organisation qui conspire dans l'ombre. Un article va même plus loin, suggérant qu'on aurait affaire à une véritable « filière du crime » (14). Des clients, nul portrait si ce n'est sous les traits de malheureuses victimes abusées ; précisons d'ailleurs que dans ce rôle de victime malheureuse, nul n'est épargné : ni Algérien ni Antillais (1), ni agent d'assurance (14), ni vendeuse en parfumerie (12), ni informaticien (17), ni homme d'affaires (18).

On l'aura compris : les cas de rencontre heureuse entre un marabout et un consultant sont très rarement évoqués et de façon très fugitive : en tout début d'article alors que le titre, et le reste du développement expriment des idées inverses (1). De même, seul un article, un peu mieux documenté[69] (2) fait le portrait positif de deux marabouts, l'évocation des « purs charlatans » étant reléguée en fin de texte. Il est vrai qu'on est en 1981, que le rôle religieux du marabout du foyer est bien souligné et que celui vivant dans une chambre en ville est dit vêtu d'une « robe de bure grise »...

L'ensemble de ces présentations est donc doublement manichéen : il y aurait, d'une part, les méchants – la grande majorité –, opposés aux bons – une infime minorité – ; il y aurait, d'autre part, tous ceux qui vivent en ville, peu recommandables sauf exception (cf. *supra* 2) et ceux des foyers, se tenant farouchement à l'écart de la civilisation occidentale et vivant « au sein de la tribu reconstituée » (2, 6, 14) (on saisit, au passage, ce qui constitue le primitivisme africain précédemment évoqué). Pour la très grande majorité des journalistes, à Paris, lieu essentiellement bon enfant (le « camembert et le vin rouge »), la présence des marabouts se résumerait, en somme, à des faits divers plus ou moins sordides et plus ou moins crous-

---

69. Il présente un encart sur le soufisme.

tillants, d'où cette question clairement posée : « Que fait la police contre ces charlatans ? » (1) Il lui est difficile d'agir en raison du faible nombre de plaintes (1 et 18) et des « ghettos noirs, véritables jungles urbaines » que sont les quartiers où vivent les marabouts et où il vaut mieux ne pas s'aventurer (14).

À ce tableau à la foi sombre et ridicule, rassemblant un grand nombre de fantasmes[70] et peu d'information véritable, viennent s'ajouter, dans quelques articles, des notations concernant le statut d'immigré des marabouts : la plupart serait en situation illégale (5,14) ; les « faux » seraient des « immigrés clandestins » dont la police veut se débarrasser (6) ; mais aussi : « le taudis pue les ordures, la merde et la pisse » (6) ou encore : « la pièce minuscule sent l'urine et la crasse » (18). Tout marque le rejet profond manifesté par la plupart des journalistes, rejet non seulement des pratiques mais aussi des gens. Signalons enfin, dans quelques articles, la pratique de l'amalgame : s'agissant des marabouts, on passe, sans transition, à la description de malversations diverses concernant des voyants non africains (13, 17, 18). Les marabouts ne seraient rien d'autre que le symbole de la pègre des voyants.

De ces articles ne relatant à plaisir, sauf exception très rare, que les excentricités, aucun ne se pose la question du fonctionnement d'une consultation, de la place des marabouts à Paris. Pourtant, une lecture attentive autorise à formuler un certain doute sur l'information rapportée. En effet, de texte en texte, les mêmes formules, les mêmes idées, les mêmes exemples se reproduisent :

– les mêmes formules : « Ces immigrés [...] perpétuent à l'intérieur [du foyer] leurs structures tribales et religieuses » (2) ; « Là, [au foyer] les ethnies se regroupent entre elles, reconstituent la tribu avec son organisation sociale » (6) ; [les vrais marabouts s'installent uniquement] « dans les foyers d'immigrés où s'est reconstituée une société tribale traditionnelle » (14) ;

– les mêmes idées : celle de la « connection » se retrouve, sous la même formulation, dans 12 et 17 (qui omet, cependant, le camembert et le vin rouge mais n'hésite pas à se prononcer positivement sur la question posée concernant l'existence de cette « connection », tandis que 12 répondait prudemment par « peut-être... ») ;

– les mêmes exemples : celui du « bon » marabout Ousmane Ba (2, article datant de 1981) est presque intégralement recopiée dans 17 (article datant de 1993), celui de la cliente Catherine (12) se retrouve également dans 17, avec un simple changement de prénom (Catherine est devenue Nadine) ; il en est de même pour l'évocation de l'escroc Pierre Etouko Sosso, spécialiste du tiercé gagnant (un Camerounais dont il reste à démontrer qu'il s'agissait bien d'un marabout...) décrit dans 14.

Quel crédit peut-on apporter à des articles qui reproduisent comme s'il s'agissait de cas réellement observés des expressions, des paragraphes entiers empruntés à des

70. Celui faisant des marabouts des pourvoyeurs de drogue est aussi présent dans 14.

textes antérieurs[71] ? Est-ce là une information, un regard ? Ou, à partir des mêmes événements malheureux indéfiniment relatés et grossis, le renforcement toujours recommencé des mêmes préjugés, à partir d'éléments récurrents tels le nombre, le désordre, l'excentricité, la saleté, l'expression non voilée du rejet de l'autre ?

La vie en France vue par les marabouts

Face à cette vision péjorative, quel regard les marabouts jettent-ils sur leur existence en France, sur leurs clients ? Il serait difficile de dégager une position unifiée, le milieu maraboutique parisien étant, comme on l'a souligné, traversé de nombreux clivages. Celui dont le cabinet ne désemplit pas n'a pas la même vision que celui dont les rares clients n'ont parfois pas d'argent pour le payer ; celui qui a forgé l'essentiel de son savoir-faire à Paris n'a pas la même opinion que celui qui, déjà connu dans sa région au Sénégal, va et vient entre la France et plusieurs pays d'Afrique. Pourtant, entre l'acrimonie des uns, le légalisme réservé des autres, se détachent quelques points de convergence.

Aux yeux des marabouts, Paris, pour des raisons plus larges que la non-appartenance de ce lieu au *dâr al-islam*, n'est pas un lieu investi par la sainteté. Tandis qu'à Dakar la maison de Diakité est, dit-il, tout entière pourvue de *baraka*, rien de tel à Paris où un luxe de précautions est nécessaire pour assurer aux protections destinée aux clients une pureté suffisante. Affleure même le sentiment très fort que la société française est un milieu souillé.

Souillure matérielle d'abord, dont la cause principale est la promiscuité des appartements parisiens. Comment atteindre un état de propreté propice au rêve, à la prière, alors que dans la plupart des cas, un seul point d'eau sert à tous les besoins, cuisine, toilette, à ceux de toute une famille, y compris femmes et enfants[72] et que, de plus, il jouxte souvent les W.-C. ? De même, comment assurer l'efficacité maximale au « bain » de protection dont le consultant doit se recouvrir alors que ce geste doit être effectué au centre d'un espace purifié, loin des lieux souillés (les W.-C., la salle de bains), loin de toute atteinte des enfants ? À Paris, outre ces conduites d'évitement et de pureté, parfois impossibles à tenir, s'ajoute l'hétérogénéité de comportements déterminés par des codes sociaux différents. Dans de nombreuses habitations africaines à Paris, on se déchausse dès le seuil franchi, habitude qui prend, chez les marabouts, une valeur particulière. Chez Touré, l'amoncellement

---

71. La presse française n'est d'ailleurs pas la seule à pratiquer ce genre de reproduction : *La Chronique du soir*, journal ivoirien, avait publié, le 12 septembre 1991, un article intitulé « L'univers secret des marabouts : vrais ou faux diseurs de destin » ; il a été presque entièrement reproduit le 15 décembre 1993 sous une autre signature, avec des modifications de détail minimes, dans *Bonsoir*, un autre journal ivoirien, sous le titre « Médecins, devins, féticheurs : vrais ou faux diseurs de destin ». Le scandale a éclaté dans les colonnes de *La Chronique du soir*, et l'on a parlé, outre de plagiat, de honte et de discrédit sur la presse. Je remercie le directeur de la revue *Amina* de m'avoir communiqué ces articles.

72. Réputés impurs. À Paris, certains marabouts ne serrent pas la main des femmes.

uches et des baskets dans le couloir suggère immédiatement l'attitude à ivre ; chez Diakité, cette pratique est institutionnalisée par une affiche sur la porte palière : « Prière d'enlever les chaussures dans l'entrée s'il vous plaît. Merci de votre compréhension ». Amadou, dans sa minuscule chambre désigne d'un geste impératif ses pieds au client néophyte : « Les chaussures ! » Première scène de la consultation... Mais tous n'osent imposer leur coutume : Diali se plaint de celles[73] qui amènent de la poussière et des « crottes de chien » sur son tapis de prières.

Autre cas encore plus grave, l'impureté relative à la souillure des règles, parfois comparée à celle qui résulterait du contact avec un animal mort non égorgé : elle est réputée détruire la puissance de toute protection, de tout écrit. Pendant cette période, une femme ne doit pas approcher un marabout, ni toucher un objet lui appartenant, en particulier ceux utilisés pour la divination. Cette contamination redoutable, limitée en général à ce que la femme touche, s'étend même, pour certains marabouts, à ce qu'elle voit. Avant toute chose, le marabout doit donc vérifier si son consultant mais surtout sa consultante sont « propres ». Sow prend le billet de 100 F que lui tend Khadi et le place dans un livret. Sur la page de droite est tracé un carré magique (*khâtim*[74]) ; dans la page de gauche une pochette recouverte d'écrits coraniques est ménagée : le marabout y place le billet, celui-ci restant visible. Refermant le livret, Sow le glisse sous son tapis et prie ; puis il le ressort, l'ouvre : le billet n'a pas disparu[75]. Cela signifie qu'aujourd'hui, « les génies ne veulent pas », Sow ne pourra rien faire pour Khadi, il sait qu'elle n'est pas « propre ». D'ailleurs durant cette période, la voyance est réputée floue. Cependant plusieurs rituels permettent de lever cette souillure, rituels qui, par prudence, s'appliquent aux femmes en général. Ainsi, lorsque l'une d'entre elles a par inadvertance touché un boubou de protection[76], Cissé jette quelques morceaux de cola (*Cola nitida Vent.*) dans une calebasse contenant de l'eau et de la poudre des plantes ayant servi à teindre le boubou. Au lieu de tomber, les colas flottent. Celles-ci, devenant rouges lorsqu'on les croque, sont un substitut du sang ; le fait qu'elles flottent signifie que les plantes ont « chassé le sang[77] ».

Mais à Paris, tous les marabouts sont loin de se livrer à une telle procédure, attendue d'une consultante d'origine africaine, mais qui risque de choquer des

---

73. Il cite les femmes antillaises.

74. Carré magique comprenant la transcription en chiffres du nom de la personne pour laquelle le marabout travaille, des noms d'anges, des nombres résultant de divers calculs, etc.

75. Dans les cas où le billet disparaît, le marabout peut commencer sa divination. Il s'agit moins, ici, de voir dans la pratique de Sow un subterfuge (son livret comporte une double pochette), que de comprendre le code sous-jacent à cette procédure : la vérification nécessaire, l'avis déterminant des génies invoqués.

76. Courte chemise, teinte ou non, recouverte par le marabout d'écrits coraniques et de *khâtim*, ou cousue d'amulettes de protection. Déchiffrement des écrits sur quelques vêtements talismaniques dans Hamès et Epelboin (1993).

77. Il est nécessaire d'ajouter que souvent les plantes utilisées n'ont pas que des propriétés tinctoriales, elles sont aussi utilisées dans la divination (cf. *infra*, p. 239).

clientes extérieures à ce milieu ; certains, fins casuistes, affirment que la cliente ne fait que passer, emportant avec elle tout ce qu'elle avait apporté...

Souillure aussi en raison des demandes redoutables de certains clients. Chacun remarque qu'« en France, les problèmes d'amour, c'est très important », problèmes posés non seulement par les Antillais, les Français, mais aussi désormais par certains Africains imprégnés des habitudes françaises ; la folle insistance du désir dont font preuve certains consultants n'est pas sans les décontenancer.

> En Afrique, constate Moustapha, quelqu'un qui court après un homme qui est parti, ou une femme, qui va jusqu'à essayer de se suicider pour ce genre de problèmes, c'est pire qu'un chien. S'il réussit son coup, on l'enterre presque en cachette, en pensant que cette personne était moins que rien.

De même, Diallo est troublé par les demandes pressantes de recherches de trésor que lui soumettent, aux Antilles, ses clients[78]. Mais il sait parfaitement qu'à leur dire qu'il n'y a rien, il risque de les perdre. Certains accèdent néanmoins à ces demandes, d'autres s'en défendant avec vigueur ; mais ce passage forcé qui les pousserait vers la « magie noire », ou vers l'illicite, vers l'emploi intempestif de secrets réservés aux marabouts d'âge mûr, ne se fait pas sans une certaine inquiétude, sans le sentiment d'être en danger de se perdre soi-même.

C'est qu'à trop séjourner en France, on risque de perdre sa connaissance, on risque de se « gâter ». Pour Cissé, il ne faut pas y rester longtemps sinon, dit-il,

> mon caractère va changer, c'est grave pour moi ; un marabout qui est resté beaucoup ici, il abandonne sa religion, son maraboutage, il ne répond plus à son grand marabout, il n'envoie plus d'argent, il mange n'importe quoi : il est gâté, il va devenir comme les Blancs, un bandit !

Ce terme de « bandit », rencontré plusieurs fois, signifie : « être astucieux, savoir se débrouiller, être tourné vers les choses modernes », bref, avoir la maîtrise d'un savoir-faire technologique, rançon d'on ne sait quelle damnation. Ces menaces de perversion qui guette les marabouts en France contiennent toutes les connotations traditionnelles de la *bid^{c}a* (« innovation blâmable »). S'il est nécessaire de venir à Paris, il est souhaitable de ne pas s'y attarder ; et c'est pourquoi, au sein des associations dont il est le président ou qu'il a lui-même créées, Diakité attache une telle importance à l'éducation islamique des enfants[79].

La ville elle-même abrite ses génies. Dans le quartier de La Chapelle (XVIIIe arrondissement), Sow a croisé, un jour, un ange (*râwh̲ân*) qui risquait de l'entraîner dans son tourbillon : cette rencontre est cause de folie ou de mort si l'on

---

78. Cette foi en l'existence de trésors enfouis a pour origine des légendes prises à la lettre, datant de l'époque des flibustiers.

79. Il a lui-même renvoyé les siens en Afrique dès l'âge de quatre ans. L'impossibilité éprouvée à élever à Paris les enfants dans le respect des aînés et de la parole juste a été évoquée plusieurs fois.

ne sait s'en protéger. En 1987, a circulé, dans les foyers et parmi les Africains de l'Ouest, l'histoire d'une femme non humaine, très belle, un « diable » apparaissant à la station de métro La Chapelle lors du passage du dernier train et attirant les hommes. Un marabout nous relate cet événement, très tenté lui-même d'y aller voir, de toucher cette femme quoi qu'il puisse lui arriver ; surgi de sa mémoire, un épisode de son enfance donne la mesure de cette apparition souterraine. Lorsqu'il avait cinq ou six ans, gardant ses vaches, il a aperçu, au sommet d'un tourbillon de sable, une femme très belle, un peu claire[80], avec des cheveux noirs. Il a couru vers elle, lui a lancé son bâton, la femme a disparu. Au récit de cette aventure, la mère de l'enfant s'est mise à pleurer, craignant qu'il en devienne fou. Dans un foyer de la région parisienne, alors qu'il dormait, Dia a senti qu'on lui tirait l'orteil. Il a allumé la lumière : rien ; mais aucun doute, il s'agissait d'un « diable ».

Évocations fugaces, qu'il serait abusif de systématiser. Les conditions d'apparition de ces « diables », leur description, sont en tous points conformes à ce qu'elles sont en Afrique de l'Ouest : classiques sont les mésaventures d'hommes ou de femmes saisis par des êtres nocturnes ou par des tourbillons, des « diables » habitant le seuil des maisons, repaires privilégiés de génies malfaisants. Ceux rencontrés à Paris sont, tels les génies de la brousse, tous maléfiques. Pourtant ces êtres viennent bien à Paris, dans ces lieux familiers que sont le métro, le foyer ; cette reproduction d'un univers symbolique interprétable contribue à apprivoiser l'espace, même s'il demeure redoutable. Cependant l'expérience de la *khalwa*, pratique de réclusion dans des conditions éprouvantes de jeûne et de veille[81], révèle en effet qu'il demeure, à Paris, des choses que les marabouts ne parviennent pas à dominer, du hasard et de la violence, du désordre.

Ce regard porté sur la vie parisienne, loin de l'assurance de certaines publicités qui affirment pouvoir « pulvériser l'obstacle », montre au contraire les incertitudes des marabouts face à un environnement humain et social parfois inquiétant, parfois même peu maîtrisable. L'adaptation à certaines pratiques françaises ne se fait pas sans doutes, sans réticences.

Pourtant cette vision assez sombre n'est autre que la réplique de celle, invoquant le désordre, qu'ont des marabouts les autorités administratives et les journalistes. En outre, elle semble avoir parfois une valeur auto-justificatrice. Quelques marabouts, les mieux insérés dans la société marchande, amplifient cette idée de souillure, cette toute-puissance de l'argent : c'est ce milieu qui les détournerait, sans résistance possible, d'une conduite mesurée, qui expliquerait, par exemple, leurs prix exorbitants. Aussi faut-il également comprendre au second degré le sens de ce regard.

---

80. Une peau claire est signe de beauté.
81. Cf. p. 266-270.

Venus à Paris pour y vivre ou y survivre, mais aussi pour y « chercher quelque chose », sans pour autant rompre leurs liens avec l'Afrique, les marabouts se sont efforcés d'aménager, souvent avec talent et une grande souplesse, les duretés de l'existence urbaine, les exigences administratives, les contraintes spatiales. Ces accommodements ont parfois suscité de nouveaux critères d'exercice professionnel que tous les marabouts n'ont pas partagés et parmi eux de nombreux clivages se maintiennent. Mais les virtualités de ce lieu non investi de sainteté ont représenté pour tous, détenteurs d'un savoir déjà reconnu ou obscurs élèves d'écoles coraniques, une ouverture : certains s'y sont créé une clientèle, d'autres s'y sont essayé, d'autres y ont également fait naître des associations qui, même si leur légitimité est loin d'être absolue, leur a apporté un surcroît certain de prestige.

Ces détournements et contournements des contraintes rendent, en outre, sensibles l'espace de liberté que le contexte parisien laisse ouvert à qui sait le voir, les jeux possibles auxquels les marabouts s'essaient (également au sens où l'on dit d'un rouage qu'il a du jeu). Ils nous renvoient l'image d'une société réglée mais aux effets non entièrement prévisibles, et estompent la vision habituelle de l'individu « à intégrer », de l'immigré miséreux et traqué.

Deuxième Partie

La connaissance

Chapitre premier

Chercher la connaissance

Les difficultés de la vie parisienne n'ont pas émoussé l'appétit, la quête de savoir qui conditionne pour une part la venue des marabouts en France. Moyen d'approcher le divin pour les soufis, il est pour chacun au fondement d'une action possible sur les choses et les gens. Évoquant le respect dû, en Afrique, aux anciens, Sow met ainsi en garde celui qui manquerait à cette règle :

> « on va le liquider vite fait avec la connaissance ; il y a des gens, là-bas, on les respecte par force sinon ils ne pardonnent pas, ils vont te montrer tout de suite leur connaissance[1] ».

Comme dans l'enseignement socratique, le langage est un acte, et savoir c'est faire. C'est sur cette propriété remarquable que reposent le rôle d'intercesseur joué par les marabouts, leurs procédés divinatoires et leur « travail ». Élément d'une culture ouest-africaine ancienne, approfondie chez certains, modeste pour d'autres, enrichie selon différents procédés[2], cette connaissance, en particulier celle des secrets (*asraria*, *lasrari*, *sirru*, termes dérivées de l'arabe *ᶜilm al-asrâr*, « science des secrets »), constitue la pièce majeure de l'« entreprise ethnique » des marabouts en France. La stratégie de ceux-ci ne consiste donc en rien à inverser, à réhabiliter pour en faire une richesse, quelque stigmate habituellement attribué aux immigrés ; elle est la transposition dans un nouveau contexte d'un mode d'être ouest-africain.

---

1. Ce terme de « connaissance » est le plus couramment employé par les marabouts parisiens s'exprimant en français.

2. De nombreux auteurs se sont penchés sur l'acquisition du savoir : Brenner (1988, 1993) traite du « savoir islamique » en général, Santerre (1973, 1982) évoque l'éducation peule du Nord-Cameroun ; d'autres ont développé ce thème à propos de recherches plus larges, envisageant de façon plus précise la pratique de la connaissance (Sanneh 1979 à propos des Diakhanké, Tall 1984 à propos des pratiques thérapeutiques des Halpulaaren de la région du fleuve Sénégal).

Le pouvoir attribué à cette connaissance explique qu'elle ne se distribue jamais de façon inconsidérée. Comment alors se transmet-elle, s'enrichit-elle ? Comment est-elle employée, comment se travaille-t-elle ? Quelles modifications subit-elle à Paris ? Les cheminements sont divers car à leur arrivée en France, les marabouts parisiens, tous formés en Afrique, sont loin de disposer du même capital culturel.

Itinéraires africains

Certains ont reçu une éducation classique, pour peu qu'on puisse ainsi désigner un apprentissage si fortement marqué par l'empreinte d'un ou de plusieurs maîtres et si nettement inscrit dans un itinéraire individuel. En revanche, d'autres suivent une trajectoire hors des chemins tracés. Les Diakhanké appartiennent pour la plupart à la première catégorie.

De quelques Diakhanké

Outre l'art de la migration (*al-safar*) qui, on l'a souligné, explique leur grand nombre à Paris, les Diakhanké placent au fondement de leur mode d'être l'étude (*al-qirâ'a*). Celle-ci est valorisée quelle que soit la spécialisation du lignage, et dans chaque famille, « il y a toujours un petit quelque chose [de savoir][3] ». Touré affirme :

> Dans ma famille, si tu n'as pas appris, c'est comme si tu étais un animal dans la rue. On est obligé d'étudier même si on ne veut pas faire de cela son métier. Et le Coran ne suffit pas, il faut encore connaître les secrets ; on est chef depuis des générations, et si quand vient ton tour, tu ne connais pas le secret...

Il y va non seulement d'une responsabilité familiale mais aussi de la dignité d'homme.

L'éducation de Diakité, originaire du Boundou[4] (Sénégal oriental), est supérieure à celle de la plupart des marabouts parisiens. Il maîtrise parfaitement l'arabe oral et écrit. À cinq ans il a commencé l'apprentissage du Coran dans l'école de son père, puis il a étudié divers ouvrages de théologie (*tawhîd*) et de jurisprudence (*fiqh*), notamment des textes de base : le *Lakhdari*, la *Risâla*[5]. À la mort de son père

---

3. Selon l'expression d'un interlocuteur parisien.

4. Du village de Diakha-Madina (cf. Sanneh 1979 : 63).

5. La *Risâla* ou *Épître sur les éléments du dogme et de la loi de l'islam selon le rite malikite*, est un traité très populaire écrit au Xe siècle par Ibn Abi Zayd al-Qayrawani ; il codifie les faits et gestes que doit accomplir tout croyant. Le *Lakhdari*, ouvrage très fréquemment cité par les marabouts, est un traité indiquant les obligations rituelles, composé par un auteur algérien du XVIe siècle, Abu Zayd 'Abd ar-Rahman al-Akhdari. Cf. *Encyclopédie de l'islam* 2, entrée al-Akhdari. De nombreux traités de cette sorte ont été diffusés en Afrique de l'Ouest (sur la rédaction de traités par les savants, traditionnelle en islam, cf. Bel 1938 : 326). Le *Lakhdari* s'enseigne pratiquement en même temps que le Coran et correspond à un niveau élémentaire.

(Diakité est alors âgé de quatorze ans), il étudie deux ans chez son oncle paternel puis part en Guinée chez un maître lié à son patrilignage[6] auprès duquel il reste sept années. Progressant dans l'étude d'un grand nombre d'ouvrages de *fiqh* (notamment des commentaires de l'œuvre de l'auteur malékite Shaykh Khalîl[7]), il entreprend aussi celle des *ḫadîth* et de diverses sciences islamiques, la linguistique (*lûgha*), notamment l'ouvrage *Al-lûgha wa l-madh* d'Ibn Mohayb (?), et un ouvrage de Shaykh al-Fadyadihi al-Andalus, la philologie (*nahw* « grammaire », *saraf* « morphologie », etc.), la poésie (notamment *al-Burda*, de l'imam Busîrî, poème auquel des vertus protectrices sont reconnues).

Son maître, qu'il décrit comme un véritable *waliyu*[8], enseignait à deux cents élèves divisés en deux groupes alternant agriculture et étude. Après les deux fils du maître, Diakité en est le disciple le plus proche, et son dévouement va parfois jusqu'à sacrifier à la satisfaction des désirs de celui-ci le temps dévolu à l'étude. Pour le récompenser, le maître aurait doué son élève d'une grande mémoire, indispensable à l'apprentissage des textes[9]. Quelques années avant d'avoir achevé son cycle d'études, Diakité a commencé de recevoir le secret (*sirru*), un secret très fort, « pas pour avoir de l'argent », précise-t-il, mais pour approcher Dieu : « Pour être marabout, il faut être dans la lumière », dit-il. Puis le maître a dit la *du^ca*, a gratifié son élève de sa *baraka* et l'a laissé partir. De retour dans son village, Diakité a partagé les tâches habituelles d'un marabout avec son frère aîné, ce dernier s'occupant de la jurisprudence (mariage, funérailles, héritage, etc.) tandis que lui-même prenait à sa charge une trentaine d'élèves. En échange de son enseignement, Diakité affirme n'avoir reçu que des « petits cadeaux », un sac de riz, par exemple, mais jamais de salaire.

Diakité se revendique avant tout comme un « religieux » et moule entièrement sa formation dans un héritage soufi. Il n'est guère sorti du cercle diakhanké ni de son patrilignage. Outre son père et son oncle, il est le disciple d'un seul maître qui l'a accompagné dans un apprentissage livresque assez poussé avant de le juger digne de recevoir les secrets.

Itinéraire plus diversifié pour Touré, autre Diakhanké originaire du Sénégal oriental. C'est notamment auprès de ses oncles maternels et paternels, eux-mêmes fils de maîtres réputés[10], qu'il a durant de longues années approfondi ses connaissances coraniques, progressé dans les sciences islamiques et appris les secrets (*gullo*) consignés dans des livres familiaux et transmis en lignée agnatique.

---

6. Shaykh Kadialy al-Baghdadiou.

7. Il cite deux ouvrages qui n'ont pu être identifiés : *Muqaddimat al-idiya et As-sahlu al-masalik*, « Les chemins faciles ».

8. Prononciation ouest-africaine du terme arabe *walî*.

9. Sur la valeur de la mémoire dans la conception traditionnelle de l'intelligence, cf. Doutté (1914 : 152).

10. Parmi lesquels El Hadj Khalifa Sylla, marabout célèbre dont l'école comptait jusqu'à deux cents ou trois cents élèves.

À vingt-trois ans, il part étudier quatre ans à Dakar auprès d'un vieux maître halpulaar appartenant à la *tijaniyya*, lui-même disciple d'un de ses grands-oncles maternels. Puis, désireux de savoir s'il y avait, ailleurs, plus que ce qu'il savait déjà, il passe encore plusieurs années à Mbacké (région du Baol) auprès d'un autre maître qui lui est aussi apparenté, et apprend seul quelques éléments d'astrologie (*londo karanna*, « connaissance des étoiles »). C'est à Dakar que sous la surveillance de son maître, Touré a débuté son activité de marabout.

Son apprentissage s'est donc accompli au sein de ses deux lignages, entre lesquels la connaissance s'échangeait depuis déjà plusieurs générations ; mais Touré n'en franchit pas les frontières puisque l'apport des anciens disciples peut être interprété comme une façon de restituer ce qui leur a été donné. Cet enseignement si poussé, Touré le doit moins à une élection personnelle, à une qualité propre qui lui aurait été reconnue, qu'à une nécessité lignagère ; tous ses frères ont étudié autant que lui, et, fait rare, même ses sœurs ont appris le Coran. Ceci n'enlève cependant rien à son appétit de connaissance. Touré est sorti de la *tarîqa* à laquelle appartient sa famille (*qadîriyya*) ; mais l'appartenance confrérique est de peu de poids au regard de la valeur personnelle des maîtres : « Ça n'a rien à voir avec le Coran ; quand on a fini de tout apprendre, c'est soi-même qui choisit son *wird*. » Le fait le plus marquant de cette formation est l'importance des « secrets » et de l'usage des plantes qui se fait, dit Diakité, en vénérant Allah et n'est, à ses yeux, en rien opposé à celui des « noms de Dieu » et des versets du Coran[11] : nulle solution de continuité, donc, entre des pans de savoir qui seraient « traditionnels » tandis que d'autres seraient « islamiques », mais bien, au contraire, une unité de la connaissance.

Quant à Gassama, il n'est pas issu d'un lignage de lettrés mais de riches commerçants, activité qu'ont conservée ses frères aînés et que lui-même a pratiquée avec succès pendant de longues années. Son savoir est modeste, d'ailleurs il insiste plus volontiers sur le fait qu'il est « aimé de Dieu » que sur sa science. Il a étudié quelques livres[12] auprès de son père, qui l'a préféré à ses frères pour lui livrer une partie des secrets familiaux ; transmission interrompue par divers voyages commerciaux, riches cependant d'expériences formatrices, et reprise individuellement au retour lorsque, retrouvant la malle aux livres à l'abandon, en partie mangée par les termites, Gassama s'appropria ce trésor. Il est extrêmement jalousé par ses frères qui contestent son savoir. C'est à Paris qu'il a commencé son activité de marabout, activité qu'il n'exerçait auparavant que dans un cadre familial, comme le font encore aujourd'hui ses frères. Lorsqu'il retourne dans son village, il se consacre exclusivement à la culture de ses champs.

Mais l'enseignement islamique et celui des secrets ne sont pas toujours exclusifs d'autres formes de connaissance. Diaby est issu d'une célèbre famille d'origine

11. Dans son ouvrage sur les Diakhanké, Sanneh (1979 : 207) minimise l'emploi que ceux-ci peuvent faire des plantes, affirmant qu'ils ont, pour la plus grande part, limité leur activité à l'utilisation de la langue sainte du Coran. L'exemple de Touré et de nombreux autres recueillis à Paris infirment cette généralisation.

12. Notamment la *Risâla*, le *Lakhdari*.

guinéenne établie en Casamance (Marsassoum). C'est pour pouvoir répondre aux nombreuses sollicitations et aux courriers émanant des autorités coloniales que son père, un mufti très réputé, envoya ses fils aînés à l'école française[13], malgré la réprobation de son entourage. Les cadets, quant à eux, dont Diaby, suivirent un enseignement coranique au village puis en ville. Stratégie bien connue de partage des savoirs au sein d'une même famille[14], qui n'implique cependant pas un cloisonnement étanche : de même que tous les enfants, quel que soit leur itinéraire, ont reçu en partage les secrets familiaux, de même Diaby maîtrise parfaitement le français oral et écrit ; cette connaissance n'est évidemment pas étrangère à l'aisance de son comportement en France et il se gausse des marabouts parisiens dont la plupart sont, dit-il, « illettrés[15] ».

Ces quatre exemples éclairent l'hétérogénéité des modes d'acquisition de la connaissance chez les marabouts diakhanké venus en France : transmission lignagère à laquelle peut s'ajouter une élection individuelle, séjours auprès de plusieurs maîtres ou apprentissage uniquement paternel, cursus très long ou, beaucoup plus fréquemment, enseignement réduit à quelques livres[16]. Outre un savoir islamique lettré toujours présent, mais souvent allié sans solution de continuité à des « secrets » d'autres natures, en particulier ceux liés à la connaissance et à la manipulation de végétaux, outre une combinaison entre enseignement livresque et transmission orale, apparaissent les multiples apports venus de contacts avec d'autres mondes, d'autres activités, qui contribuent à nourrir la connaissance. Mais les Diakhanké ne sont pas les seuls à exercer leur art à Paris.

De quelques autres

Dia, marabout peul, tient son savoir islamique et les « secrets du Coran » principalement de son matrilignage, et c'est encore aujourd'hui sa mère qui, conservant les secrets familiaux dans une malle, lui révèle parcimonieusement ceux qui lui sont accessibles en fonction de son âge[17]. Son père était détenteur d'un savoir de berger, le « savoir des Peuls », que Dia nomme « magie noire » ; il lui a aussi enseigné la pratique de la géomancie, dont il a fini par lui interdire l'usage, non tant, dit-il, parce que cette pratique est illicite en islam que parce qu'elle est réputée trop dangereuse, qu'elle révèle « trop de choses ». Dia est l'aîné d'une fratrie de dix enfants dont cinq sont morts en bas âge, malheur attribué par sa famille aux

---

13. Ceux-ci devinrent des personnalités importantes des milieux ministériel et diplomatique sénégalais.

14. Elle évoque l'« aventure ambiguë » de Samba Diallo racontée par Cheikh Hamidou Kane. Coulon évoque des stratégies similaires dans les grandes familles du Fouta (1983 : 101).

15. C'est-à-dire qu'ils ne maîtrisent pas le français.

16. De nombreux marabouts parisiens n'ont pas poussé leurs études livresques au-delà du *Lakhdari*, ignorant, en particulier, la *Risâla*.

17. Dia a une quarantaine d'années. Il est des secrets, des « noms de Dieu » ou d'anges qu'un marabout jeune ne peut en aucun cas manipuler.

maléfices fomentés par les co-épouses. Des trois garçons, il est celui qui a le plus longtemps fréquenté l'école coranique, qui connaît le mieux le « savoir des Peuls » et les secrets du Coran. C'est que, enfant, il a guéri d'une terrible maladie (*tjame*, rougeole) grâce au travail bénéfique d'un marabout parent de son père, appartenant à la *tijaniyya*. Comme il est habituel, c'est pour honorer cette dette que l'enfant a été « donné[18] » à ce maître. Dia est resté pendant de longues années le disciple de ce maître, le seul qu'il ait eu. Il l'a suivi dans son itinérance[19] à travers l'Afrique de l'Ouest, en quête d'une connaissance auprès de plus savants que lui.

Dia a étudié peu de livres. Il connaît le Coran par cœur et sait en écrire les versets ; le *Dalâ'il al-khayrât* de l'imam al-Jazûlî, contenant « tous les noms de prophètes[20] » lui est familier et il a étudié par lui-même une « Clé des songes » (*miftâh*[21]) héritée de son père. Ignorant tout des ouvrages qui les enseignent[22], il maîtrise cependant fort bien les règles de pureté rituelle qu'ils contiennent, et des éléments de droit islamique et d'astrologie qu'il a reçus oralement de son maître. C'est, en effet, cette transmission personnelle qui a, pour Dia, la plus grande valeur[23]. Outre ces connaissances familiales multiples, Dia a échangé ailleurs, loin de son village, dans des villes, Dakar ou Kaolack, des secrets avec d'autres marabouts qu'il a pu y croiser. D'autres rencontres de hasard, faites au cinéma, par exemple, il a appris des bribes de savoirs différents, telle la divination par les cauris[24].

Nouveaux éléments de cette diversité des apprentissages : en premier lieu, une autre forme d'élection personnelle, la forte marque d'une aventure traumatique (ici la maladie), vouant un individu à l'étude[25], plus qu'une nécessité lignagère comme en milieu diakhanké. Second élément : le caractère nettement composite du savoir acquis. Ce n'est que par souci normatif que Dia oppose « savoir des Peuls » et « savoir de l'écriture » alors que sa pratique révèle une totale imbrication de ces

18. Dans une autre version de son histoire, Dia raconte que lors de sa maladie, son père avait fait le vœu de confier son fils à un marabout si l'enfant, malade, atteignait l'âge de sept ans. Le terme « donner » est celui qu'emploient régulièrement les parents confiant leur enfant à un marabout.

19. L'itinérance a lieu pendant la saison sèche où l'on va chercher de l'eau ; pendant l'hivernage, chacun rentre au village.

20. Ouvrage très célèbre contenant des prières adressées au Prophète, et les 200 noms de celui-ci. De nombreux marabouts font de cet ouvrage un usage magique.

21. L'oniromancie est, de tous les procédés divinatoires, l'un des seuls qui aient été légitimés par l'islam. Sur l'origine grecque de cette pratique, sur les multiples procédés, les multiples Livres des songes, cf. Fahd (1987 : 247-367).

22. Il ignore en particulier le nom de *Risâla*.

23. Les modalités de transmission du savoir religieux et ésotérique sont classées par ordre de valeur décroissant dans Aigle (1997 : 284). Au sommet de cette hiérarchie se situent différentes formes de transmission orale.

24. Petits coquillages du groupe des porcelaines.

25. Cette maladie guérie dont la conséquence est soit le fait d'être dédié à un savoir, soit la faculté de soigner, soit la pratique de la voyance, est un classique tant en Afrique de l'Ouest – c'est le cas du *biledjo* – que dans d'autres cultures : voir par exemple le cas des femmes-chamanes kabyles étudié par Virolle-Souibès et Yacine (1982).

connaissances, la cueillette des plantes, par exemple, ou leur usage s'accompagnant de prières islamiques. Ces savoirs divers, multiples fragments assemblés par ce marabout en une somme qui lui est propre, n'empêchent pas que celle-ci soit très nettement placée sous le signe de l'islam. Enfin à une transmission verticale et hiérarchique de maître à disciple, de père en fils, vient s'ajouter une circulation plus souple du savoir entre pairs.

Dernier exemple enfin : celui de Ndao, un de ces *faddubé* « sauvages » déjà évoqués, dont un récit hagiographique nous relate la « conversion à l'islam » ; nous y avions vu un parfait exemple d'accommodement. Vivant souvent dans les villages en bonne harmonie avec les Peuls dont ils sont tributaires, ils en sont néanmoins très méprisés et toujours entachés de maléfice et d'impureté, y compris par certains Peuls parisiens[26].

Les héritages familiaux de Ndao sont multiples. De son patrilignage, il tient des connaissances liées à la divination de la chasse et à la guérison des morsures de serpents[27] et des maux de ventre ; de son matrilignage, un savoir lié à la contre-sorcellerie[28] et à la guérison des maladies infantiles. L'un de ses oncles maternels, spécialiste de l'épilepsie, aurait été collaborateur du docteur Collomb à l'hôpital de Fann. Cet héritage, Ndao a mieux su l'exploiter que ses frères et, pour cette raison, il est extrêmement jalousé et critiqué dans son milieu. Il n'est pas inutile de préciser qu'il est cadet de sa fratrie[29] et qu'il porte le sobriquet de Samporo (« le vaniteux »).

Ndao est allé à l'école française ; il écrit et parle bien cette langue. En outre, fait nouveau dans sa famille qui n'a jamais fréquenté la mosquée, il est le premier à avoir étudié à l'école coranique de son village, apprentissage qu'il a continué quelque temps en ville.

En 1966, alors qu'il est âgé de dix-huit ans, un événement, à la fois totalement codé dans plusieurs cultures africaines, et inouï dans la vie d'un individu, scelle son destin exceptionnel. À l'extérieur de son village, un peu à l'écart, se trouve un marigot, bordé d'un buisson épineux et d'une grande termitière, lieu réputé dangereux qu'on doit éviter à certaines heures car il est, dit-on, la demeure de génies. C'est aussi dans ce voisinage qu'habiteraient les propres ancêtres de Ndao. Un soir, alors que celui-ci s'approchait du marigot, il aurait rencontré un génie qui l'aurait pris par la main, l'aurait emmené jusqu'au bord du fleuve, lui aurait enjoint de faire ses ablutions, puis entraîné vers une féerique mosquée sub-aquatique. Ndao aurait

---

26. On dit que si l'on voit un *paddo* (singulier de *faddubé*) le matin en se levant, rien n'ira dans la journée ; que si un *paddo* vient dans une maison, l'on doit brûler tout ce qu'il a touché ; ou encore, que l'on ne doit pas prononcer le nom d'un *paddo* après le coucher du soleil sous peine de malheur. Certains affirment qu'à Paris, on n'attend pas un *paddo* en retard pour commencer une assemblée de village.

27. Sur les guérisseurs de morsures de serpents, nommés *tjammitowo* chez les Peuls du Fouta, cf. Gaden (1931 : 66).

28. La transmission en lignée utérine est considérée, en milieu ouest-africain, comme particulière à la sorcellerie. À propos du *biledjo*, cf. p. 26.

29. Il se nomme Samba ; dans la caractérologie peule, d'un Samba, second fils, on ne peut attendre que des entreprises audacieuses. Samba est aussi celui qui construit le pouvoir.

été retrouvé par des villageois à quelques centaines de mètres du marigot, hors de lui-même, entièrement dévêtu. Certains dirent l'avoir entendu réciter le Coran, d'autres relatèrent même qu'il aurait fait ces déclamations du haut d'un mirador dominant le village.

De cette expérience exceptionnelle, Ndao garde le surnom à la fois admiratif et moqueur de « reste du génie ». Lui-même a toujours répugné à raconter ce voyage initiatique, laissant à d'autres le soin d'annoncer son don[30] ; et le secret qu'il entretient aujourd'hui encore à ce sujet contribue largement à la construction de son pouvoir. Il en laisse filtrer l'idée d'une disparition de quelques heures ou de quelques années selon les versions, expérience miraculeuse analogue à l'absence et au resurgissement des saints musulmans. La mise en exergue de l'islam, à travers la récitation du Coran, et la nouvelle naissance de Ndao qui réapparaît nu, semblent évidentes ; c'est précisément l'islam et la connaissance du Coran qui, on l'a vu, le singularisent dans son milieu. Toutefois, comme dans les cas d'« accommodement » si souvent évoqués, c'est sous la conduite d'un génie des eaux[31] voisinant avec ses ancêtres qu'elle se produit, et non par une inspiration divine. Ce n'est pas là la seule révélation de ce périple sub-aquatique. Car de cette « initiation » par des voies non humaines, Ndao aurait acquis une faculté de voyance intense mais surtout une aisance exceptionnelle à la traversée des mondes[32] ; expérience de la perméabilité de différents univers qu'il mettra en pratique dans plusieurs domaines. C'est peu après cet événement qu'il part pour Paris.

Ndao n'est en rien issu d'un lignage maraboutique. Il est clair aussi que sa connaissance de l'islam, qu'il a cultivée sans rien rejeter de ses héritages familiaux, a été constituée de bric et de broc. Enfin, ce contact direct avec les génies, ébranlant toute sa personnalité, lui a révélé, plus qu'un véritable savoir, un don sûr, d'où résulte une disponibilité à tout ce qui peut le traverser. Valorisant plus que tout cette rencontre fondatrice, il aime d'ailleurs dire, non sans quelque provocation, qu'il n'a « rien appris » (d'aucun maître), contredisant ainsi ouvertement le modèle aux multiples facettes d'une transmission verticale de la connaissance, et rejetant la dette qui lui est liée.

Figures de la diversité

On comprend mieux, à travers ces quelques exemples de formation, l'hétérogénéité des milieux dont les marabouts sont issus, la diversité de la connaissance

30. Les réputations s'appuient toujours sur des récits oraux retravaillés et enjolivés. La version reproduite ici est celle qui m'a été relatée par l'un des camarades de Ndao qui, ce jour-là, l'avait accompagné jusqu'à la sortie du village. On pourrait qualifier cette expérience de parachamanique, bien que les critères définissant le chamanisme soient tous insatisfaisants et remis en question (cf. Hamayon 1990).

31. Les récits relatant l'enseignement de l'islam par des génies sont nombreux en Afrique de l'Ouest ; cf. par exemple, en milieu soninké, Pollet et Winter (1971 : 50).

32. Il se compare volontiers à un cosmonaute.

dont ils sont dépositaires lorsqu'ils arrivent à Paris, et l'impossibilité d'établir une norme. Aux *sharîf* jouissant de l'aura attachée à la descendance du Prophète, à ceux dont la spécialisation est lignagère, spécialité qui peut être plus ou moins axée sur l'étude, à ceux qui, bien qu'issus d'un lignage maraboutique n'en sont pas savants pour autant, à ceux qui, comme les marabouts diolas[33], « ne sont pas du tout dans la lignée des marabouts mais ont beaucoup appris », comme les définit Touré, à ceux, encore, dont le savoir n'est pas très étendu mais qui possèdent « un seul secret très lourd, qui va au fond », selon les mots d'un Diakhanké, viennent s'ajouter tous ceux qui, tel Ndao, se sont eux-mêmes forgé un savoir-faire plus qu'une connaissance, tous ceux pour lesquels le don reçu (qu'il émane de Dieu ou d'un génie) fonde l'ouverture, la souplesse de leur pratique[34]. À ceux qui étaient déjà marabouts dans leur pays viennent aussi se joindre ceux qui n'y employaient leur connaissance que dans un cadre purement domestique. Aux personnalités respectées viennent se joindre les « petits diables » selon le mot de Touré, dont le nombre en France reflète la pyramide des âges de la société sénégalaise[35], jeunes gens en cours d'apprentissage manipulant quelques secrets : Sherif n'a-t-il pas commencé de pratiquer dans le port de Dakar, en cherchant à éloigner ses rivaux courtisant les mêmes filles que lui ? Lorsqu'il était jeune, Bakary ne pratiquait-il pas en cachette des marabouts plus âgés qu'il ne fréquentait plus et dont il craignait les représailles ?

Pourtant en Afrique, il est des requêtes qu'on ne saurait soumettre à un marabout d'âge respectable : pour un simple mal de tête, on s'adresse à un « petit » dans la rue, qu'on remercie d'une pièce ; il en est de même pour courtiser une fille sans être encore sûr de l'épouser, la pudeur interdisant de recourir à un « vieux[36] » ; lors d'un accouchement difficile, on demande une prière à un marabout de son âge. Mais à l'inverse, celui qui veut être chef ne saurait se satisfaire de l'aide d'un jeune marabout. Ces constatations infirment l'opinion souvent entendue selon laquelle il n'est de marabout que d'hommes mûrs : de même qu'il existe des spécialisations lignagères, de même il existe des spécificités, des complémentarités liées aux classes d'âge. Il est certains travaux qu'un jeune marabout sait et peut faire, d'autres qui sont réservés aux aînés[37]. Enfin, que la transmission « de père en fils » soit si fréquemment évoquée ne signifie pas seulement la prééminence d'un héritage lignager mais indique aussi qu'il n'est, en Afrique de l'Ouest, nulle famille qui ne possède quelque secret : « Chacun de nous a un petit domaine » et peut, par exemple, rédiger les gris-gris pour ses propres enfants ; le passage est alors aisé pour devenir, en contexte parisien, sans aucune solution de continuité, marabout pour les autres.

33. Les Diolas sont restés longtemps à l'écart de l'islam.

34. Sans vouloir en rien généraliser ce fait, remarquons que moins l'intensité du savoir lettré est valorisée, plus le don l'est ; mais il ne s'agit que d'une tendance puisque, dans un exemple précédent, nous montrions que Diakité avait reçu de son maître le don de l'étude.

35. Actuellement, plus de 60 % de la population de ce pays a moins de 25 ans.

36. Dans le français employé par les Africains, ce terme indique un grand respect.

37. Ce qui n'empêche que la tentation de la transgression soit parfois forte à Paris.

Il n'est, d'ailleurs, pas toujours nécessaire de plonger dans les racines du lignage : c'est de son frère, étudiant au Caire, que Fatou tient la connaissance de certaines prières, dont la récitation permet de voir « tout ce qui va t'arriver ; n'importe qui peut faire ça[38] ». En dépit de la très forte institutionnalisation de la personne du marabout et de l'existence de grandes lignées, ici, comme dans le chamanisme bouriate étudié par Hamayon (1990), il est parfois malaisé de trancher entre un savoir que chacun peut pratiquer pour son propre compte, et une pratique de spécialistes formellement investis : entre les deux formes, les frontières sont souvent imprécises et nullement étanches. En outre, il est des savoirs que tous, praticiens ou non, possèdent à un niveau élémentaire, tel, en milieu peul, le *ngabdi*, sorte de physiognomonie. Les vieux connaissent bien cela qui, quand un mariage est projeté, regardent le pied de la jeune fille : si, lorsqu'elle marche, ses orteils sont rétractés, mauvais signe ! De son port de reins on peut déduire si elle aura de nombreux enfants. Et encore, s'agissant toujours de mariage : si le futur marié entre dans la maison et que la jeune fille se gratte l'oreille, ou si elle est en train de piler le mil, mauvais présages. Chacun connaît aussi, qu'il en fasse cas ou non, le sens faste ou néfaste que prend telle personne rencontrée, tel oiseau, tel geste :

> Le premier présage du voyageur quittant sa maison, sa peau de bouc à l'épaule, ses sandales aux pieds, son sabre en bandoulière, c'est la première personne qu'il croise au seuil : homme ou femme, cela a toujours un sens (Sissoko 1960 : 13).

Ainsi la connaissance, objet d'un enseignement tout comme secrets familiaux, est partagée en une infinité de parcelles dont tous peuvent saisir des bribes mais dont chacun ne maîtrise que des pans. La conception d'un savoir absolu est impensable.

Cette diversité des savoirs et ces « voisinages paradoxaux[39] » des personnes, déjà constatés en Afrique de l'Ouest, ne sauraient donc étonner à Paris. Pourtant Ndao, en dépit de son don, de sa découverte de l'islam, pourrait difficilement recevoir, au Sénégal, le nom de marabout ; on le nommerait *dabotodo*, *fibirbaji*, « celui qui connaît les plantes, les racines, la divination par les cordelettes », un « charlatan ». Or à Paris, il reçoit bien de son entourage le titre de *tierno* (« marabout » en poular, avec toute la polysémie que ce terme recouvre) et lui-même s'assimile sans hésitation aux marabouts. L'extension de ce « signifiant flottant[40] » qu'est le terme de marabout est encore plus large en France qu'en Afrique[41]. Et l'on comprend alors qu'il soit parfois besoin de quelque précision,

38. De façon significative, défendant son pouvoir, le marabout, auquel Fatou s'adressait, répondit que malgré cette connaissance à la disposition de tous, certains ne parvenaient à aucune voyance.

39. Expression employée par J. Berque (1955 : 319).

40. Dans l'« Introduction à l'œuvre de M. Mauss », Lévi-Strauss nomme ainsi « une simple forme, ou plus exactement symbole à l'état pur, donc susceptible de se charger de n'importe quel contenu symbolique » ([1950]-1980 : XLIX-L).

41. Argument supplémentaire à ajouter à la nécessité de considérer le sens des mots dans un contexte spatial et temporel et non dans l'absolu.

comme en témoignent les expressions de « marabout coranique » ou de « marabout de l'écriture » entendues à Paris[42].

La démocratisation de la *baraka*

Ce phénomène de démocratisation du savoir et du statut social qui lui est lié est une des caractéristiques majeures de la situation française. À Paris, personne ne sait (ou ne peut savoir avec certitude) que tel marabout nommé Camara est un Camara *ile*, « qui a tourné [son nom] », que tel Sow est un Sow *maccudo*, issu d'anciens esclaves ayant pris le nom de leur maître, et que leur statut éloigne, théoriquement, du savoir[43]. Ou si ce fait est connu, il n'est pas toujours indispensable d'en tenir compte dans ce contexte urbain où s'entrecroisent des codes culturels différents, où tout individu a la liberté de se prévaloir de l'un ou de l'autre. Bien que, en Afrique de l'Ouest, la corrélation soit complexe entre activité ou statut social et nom[44], celui de certains marabouts parisiens est un indice probable de leur origine castée : Diabaté ou Diali indiquent une appartenance au groupe des griots, Kanté à celui des forgerons, Diaouné des cordonniers – même si les individus en question n'ont jamais exercé personnellement une telle activité –, toutes catégories dont la spécialisation et le rang social les excluent théoriquement du savoir maraboutique. Pourtant cet ébranlement de la stratification sociale est déjà depuis longtemps à l'œuvre en Afrique de l'Ouest. Si elle est encore rare dans les petites villes du Mali où l'hégémonie de certains lignages reste très prégnante[45], cette aisance à sortir du rang se manifeste dans les grandes villes où les contraintes sociales sont moins lourdes, et particulièrement en Sénégambie : Marty signalait déjà, au début du siècle, des griots devenus marabouts[46]. Dans les villes modernes, marquées par « un intense mouvement de décomposition et de recomposition, démographique, sociologique et culturel générateur de tensions, d'angoisse et de violence » (Guissé 1997 : 121) et à Dakar en particulier, émergent périodiquement dans les quartiers populaires des personnalités hors de toute généalogie reconnue, se disant habitées par la puissance divine ; considérées comme d'authentiques guérisseurs par les uns, comme des imposteurs par les autres, elles disparaissent comme elles sont

42. Quelques précédents maghrébins faisaient déjà entrevoir l'extension du terme puisque Doutté découvrant au Maroc un sanctuaire vénéré par des juifs et des musulmans, évoque un « marabout juif » (1914 : 382).

43. Ce fait ne concerne pas que les marabouts ; il est, à Paris, des hommes issus d'un lignage de forgeron qui cherchent délibérément à cacher cette origine.

44. Voir à ce sujet, en milieu soninké, Pollet et Winter (1971 : 196 et sq.). Selon un proverbe wolof, « le nom n'habite nulle part ».

45. Voir l'étude de Soares (1997 : 237) concernant la ville de Nioro du Sahel. L'auteur note que ceux qui prétendent à la manipulation de l'islam ésotérique sans appartenir à un lignage reconnu parviennent rarement à tirer leur subsistance de cette activité et sont souvent contraints à l'émigration dans les grandes villes ou à l'étranger (*ibid.* : 298, 303).

46. Rappelons aussi que l'un des disciples les plus proches d'Ibn ᶜArabî était un esclave éthiopien affranchi (Addas 1989 : 197).

venues[47]. Le contexte urbain parisien n'a fait qu'amplifier ce processus : la présence seulement sporadique, à Paris, des leaders charismatiques confrériques qui ne reproduisent que pendant quelques jours les hiérarchies statutaires en vigueur au pays, l'absence d'une organisation ayant un contrôle réel sur l'ensemble des marabouts, et d'une personnalité incontestée ayant le pouvoir de légitimer tout prétendant à la pratique maraboutique renforcent cette possibilité. Le milieu maraboutique parisien est donc acéphale ; chacun peut tenter d'y jouer sa partie, chacun est un petit entrepreneur religieux indépendant.

Par ailleurs, une constante du mode d'être diakhanké, dont on a constaté la large représentation à Paris, mérite d'être rappelée : la volonté d'une diffusion étendue d'éléments de savoir, se traduisant par la fondation d'un grand nombre d'écoles sur un vaste territoire (aussi bien au Sénégal qu'en Guinée) et, malgré la vénération du maître, une structure moins nettement hiérarchique que celle des autres groupes religieux, de même qu'une moindre rigueur dans l'attribution du titre de *fodé* (équivalent de *alfa* dans un autre milieu). De plus, après l'abolition de l'esclavage, les lettrés diakhanké admirent dans leurs centres d'enseignement leurs anciens esclaves, qui en avaient été auparavant tenus à l'écart, et fondèrent de nouveaux établissements là où ceux-ci s'installèrent (Sanneh 1979 : 228). Ainsi cette démocratisation du savoir était-elle déjà largement à l'œuvre en milieu diakhanké.

Ce fait lui aussi, allié à la tradition de la dispersion, explique le grand nombre des membres de ce groupe parmi les marabouts parisiens. En revanche, les mourides y sont en nombre infime[48] ; leur structure, où l'accès au savoir est très fermé, reste, même à Paris, extrêmement hiérarchisée. Les « maîtres spirituels » veillent à la pratique islamique de leurs disciples, commerçants, artisans, étudiants qui ont envers eux un devoir très fort de soumission : devant son *serigne*, observe un mouride, le *taalibé* est comme un « mort vivant » tant il est « inerte et docile » ; ces disciples ne peuvent sortir du rang sans être désavoués. « Un bâton a beau durer dans l'eau d'un marigot, il ne se transformera pas en caïman » : ce proverbe, cité par un mouride parisien, indique clairement cette absence de mobilité.

Casser le joug de la stratification sociale, c'est bien ce que fait Ndao en France lorsqu'il exploite sa connaissance acquise hors des sentiers tracés. Fort de son voyage initiatique, de l'ouverture qui en découle, de l'expérience qu'il a accumulée à Paris, de la façon dont il a su intégrer cet ensemble dans un cadre islamique, principe de distinction par rapport à son milieu, il affirme sans ambages la validité de son savoir. « Jeune-Turc » contestant toute confiscation de la légitimité au profit d'un petit nombre, il se dit marabout « démocrate et libéral », prêt à démystifier toutes les constructions où savoir (en particulier le savoir lettré) rime avec

47. Voir par exemple la description du marabout guérisseur de Grand Yoff dans Guissé (1997) et le dossier de presse reproduit en annexe. Ce marabout-guérisseur est un modeste agent du Conseil économique, soudain conseillé par des voix nocturnes qui lui recommandent de se consacrer à Dieu et lui donnent la capacité d'actions hors du commun.

48. Un responsable mouride en France m'a déclaré n'en connaître que trois.

pouvoir[49]. Cependant, c'est bien, lui aussi, sur le mystère et la pratique du secret qu'il bâtit son prestige, et qu'il le défend contre les plus jeunes, « cette petite racaille qui ne sait même pas écrire son nom », cette « boucherie commerciale » des marabouts « ignorants » qui lui font, à leur tour, concurrence...

Cette démocratisation de la baraka et cette contestation de toute autorité hégémonique s'expliquent aussi par les modes d'appropriation du savoir et par la diversification possible de la connaissance qu'offre le contexte parisien.

Entre l'Afrique et la Chine

Le savoir en mouvement

La connaissance n'est jamais acquise une fois pour toutes, on doit la chercher, affirme un marabout parisien, « de la naissance à la mort ». Ainsi la désignation de *taalibé* (*arfan* en mandingue), entendu au sens de « celui qui apprend » qualifie-t-elle moins un stade de l'apprentissage qu'un état permanent. Sa soif de connaissance, autre facette de ce « chercher quelque chose » déjà évoqué, le jeune marabout Bakary l'exprime très simplement : « Si j'ai un bic et que tu m'en donnes un, j'en ai deux, si tu m'en donnes un autre, j'en ai encore plus... »

Ce savoir toujours en mouvement, ne constituant jamais un stock clos, pose notamment la question des rapports avec le (ou les) maître(s) resté(s) en Afrique. Si certains, tel Ndao, sont délibérément des marabouts sans maître, de nombreux autres gardent toujours une allégeance envers celui-ci, le danger d'une présence trop longue en France en étant précisément la dissolution.

Diakité a gardé des liens très étroits avec la famille du sien (aujourd'hui décédé) ; il est allé à La Mecque avec un des fils de celui-ci. Sow retourne périodiquement à Tivaouane (Sénégal), l'un des hauts lieux de la *tijaniyya* à laquelle il appartient ; lorsque son *shaykh* vient à Paris, tout s'arrête pour lui et il passe nuits et jours à ses côtés. Une fois le maître parti, il s'affaire à rattraper le temps perdu pendant lequel il n'a pu recevoir ses clients... Cissé, Camara et bien d'autres restent très liés à leurs pères restés en Afrique, dont ils sollicitent les conseils dans les cas difficiles, et sont fort soucieux de leur prouver qu'ils ont conservé leur savoir.

C'est le plus souvent, outre la part irrépressible d'aventure, avec l'autorisation de leur maître que certains marabouts sont venus en France, formation supplémentaire et parfois solution d'attente : Cissé n'y est plus revenu depuis qu'il a repris, au Mali, la place de son père décédé. Outre ces relations très personnelles, les tournées à Paris des représentants des grandes confréries, Mountaga Tall héritier d'El Hadj Omar (*tijaniyya*), le fils de Cheikh Hamallah (*hamawiyya*), Serigne Mourtada

49. Une telle problématique a une ressemblance lointaine avec « la question de l'analyse profane » en faveur de laquelle Freud s'opposa en 1927 aux médecins qui entendaient se réserver l'exercice de la psychanalyse.

dernier fils d'Amadou Bamba (*murîdiyya*) par exemple, ou des membres de ces familles illustres, rassemblent autour d'eux un grand nombre de musulmans, parmi lesquels les marabouts parisiens redevenus pour un temps simples disciples dociles[50]. À ces occasions, les diverses associations, toutes appartenances confrériques confondues, constituent des « délégations » pour aller leur rendre hommage. La légitimité de ces personnalités est, en effet, reconnue de façon unanime, contrairement à celle des marabouts parisiens, y compris des plus anciens, à l'autorité contestée ; et ces derniers mettent implicitement à profit la présence de ces représentants respectés pour tenter de renforcer leur propre prestige[51].

Pourtant les relations de maître à disciple comportent toujours une certaine ambivalence. D'ailleurs il existe plusieurs façons de quitter son maître, non à l'issue mais en cours d'un cycle d'études, pour se marier, lors du décès du père, de la maladie d'un frère, etc.

Ces liens peuvent donc être beaucoup plus distendus que ce que l'exemple de Diakité précédemment cité, faisant état d'une déférence et d'une allégeance extrêmes, laisse entendre. Un maître ne confie d'ailleurs jamais l'intégralité de ses secrets à son disciple, il en garde toujours quelques-uns pour se défendre au cas où celui-ci lui manquerait de respect, tenterait trop d'indépendance, se poserait en rival : la relation reste toujours agonistique. Inversement, le jeune marabout ne se contentera jamais de reproduire à l'identique la connaissance apprise : il s'efforcera de la parfaire, la cherchera là où son maître n'est pas allé, y adjoindra de nouveaux éléments, tentera d'« inventer », comme le dit Sow, non seulement en cherchant dans d'autres livres, ou auprès d'autre marabouts, mais aussi en faisant « travailler son esprit : si tu as appris à construire un hélicoptère, dit Sow, ce n'est pas suffisant ; tu dois continuer à chercher, réussir à construire un sous-marin, un bateau ».

Le nécessaire dépassement du maître montre que la transmission de la connaissance réside plus dans l'acte même de chercher que dans un contenu précis, acquis une fois pour toutes. Le rôle du maître est avant tout celui d'un passeur, celui de l'héritier étant d'ajouter sa pierre à l'édifice. Or cette création, cette invention permanente et personnelle de la connaissance, il est difficile de la nourrir en restant dans son village ou même en s'adressant à une personne qui en serait proche puisqu'en règle générale :

> S'il y a de grands secrets dans la famille, on ne peut pas les faire sortir, on donne ça à son fils qui est le plus intelligent, on doit passer comme ça.

On peut, certes, payer très cher la connaissance convoitée, pratique commune en milieu ouest-africain où la transmission du savoir s'accompagne toujours d'une dette d'importance variable à l'égard du donateur : dette infinie envers le maître,

---

50. La présence en France, fin 1993, du petit-fils d'al-Hajj Umar avait notamment pour but de rentrer en possession de la bibliothèque de son grand-père, confisquée par les autorités coloniales. Selon un témoignage, il aurait collecté en France, pour ce faire, environ trois millions de francs.

51. L'un d'entre eux, un Diakhanké, tient à signaler que Mountaga Tall (*tijaniyya*) l'a fait asseoir à ses côtés.

renouvelable envers les pairs (Kuczynski 2000b). Mais on peut aussi aller plus loin, au-delà du lignage, là où critiques et concurrence seront atténuées. « Cherchez le savoir jusqu'en Chine » aurait dit le Prophète (cité par Lings 1977 : 16) : sur le chemin de la Chine se trouve la France.

Continuité et ouverture

Ici encore, force est de constater la grande diversité des attitudes.

Réticences

Pour certains des plus lettrés, disposant d'une bibliothèque de plusieurs dizaines d'ouvrages, être en France a eu peu d'influence sur l'approfondissement de leur savoir : ils continuent d'étudier et de commenter le Coran, les *ḫadîth*, le *fiqh*, de lire, pour les plus curieux d'entre eux, les ouvrages historiques d'Ibn Khaldûn, seul ou en compagnie d'un très petit nombre d'autres marabouts très proches, connus depuis l'Afrique ou rencontrés à Paris. Mais dans ce cadre, ce sont les échanges de secrets, fréquents en Afrique non seulement entre maîtres et disciples mais aussi entre pairs choisis, qui posent problème. Au delà des « lois du silence » (Jamin 1977) que chacun érige comme remparts de son pouvoir, au delà de la rivalité plus ou moins affirmée qui préside aux rapports des marabouts entre eux, une représentation générale des relations à Paris se dessine.

« On ne peut chercher les secrets ni dans les marchés ni dans les bibliothèques », dit l'un d'eux. Réinventant spontanément, en l'enrichissant, la métaphore classique du « marché religieux » utilisée pour caractériser le bricolage contemporain des pratiques et des croyances, les marabouts définissent la grande ville comme un lieu quelque peu mal famé, où chacun pourrait vendre sans contrôle toute forme de marchandise, où circulerait un flot de personnes inconnues et peu fiables : aucun n'y est stable, aucun n'y vit comme dans ces vieilles demeures dont on peut connaître les habitants depuis leur origine. Paris brouille les généalogies, seul critère dont la validité reste incontestée. L'expression de cette méfiance extrême peut être parfois plus détournée et plus paradoxale. En Afrique, pour obtenir des secrets, on doit payer le marabout sollicité de son travail, de sa sueur, de sa personne, parfois pendant très longtemps ; mais à Paris, qui pourrait s'acquitter de l'énorme somme exigible pour une telle transmission ? Fixer un prix exorbitant n'est-il pas le meilleur moyen pour rendre pratiquement impossible toute communication de secrets ?

Cette attitude quelque peu patricienne de rétention et de maintien du savoir dans un cercle extrêmement restreint, qui s'adosse sur l'idée de « souillure » parisienne déjà évoquée, n'est le fait que d'une minorité de marabouts. Sans atténuer pour autant la vivacité des sentiments de méfiance et de rivalité, d'autres ont cherché à enrichir leur savoir à Paris.

Échanges : une circulation du savoir entre pairs

Dia porte toujours sur lui un Coran dont la lecture, la récitation, la mémorisation nourrissent son existence. Mais tout en restant presque exclusivement centré sur un fonds islamo-ouest africain, il a cherché à progresser dans les chemins de la connaissance, profitant, comme il l'avait déjà fait au Sénégal, des multiples rencontres possibles en ville telle celle faite à la grande mosquée de Paris, avec un Peul guinéen. Ce scénario s'est répété à plusieurs reprises dans diverses circonstances, non seulement avec des marabouts mais avec des « connaisseurs », simples Africains porteurs d'un secret jugé important – manifestation supplémentaire de cette circulation de savoirs fragmentés à la disposition de tous. La médiation d'un tiers de confiance peut parfois remplacer l'interconnaissance[52]. Certains ont donné à Dia un « nom de Dieu très fort », d'autres un « nom d'ange » (*râwhân*) capable de régler les problèmes avec les Blancs. Deux constantes se retrouvent dans ces dons réciproques : d'une part, Dia ne les a pas limités au milieu peul auquel, par ailleurs, il reste très attaché ; d'autre part ils ont toujours concerné des hommes de passage à Paris[53] ou sur le point de retourner en Afrique, avec lesquels la rivalité était réduite.

Cet exemple représente, à Paris, le cas le plus fréquent. L'enrichissement de son savoir dans cette ville est pour Dia dans la continuité de ce qu'il recherchait déjà en Afrique. Mais la pérégrination religieuse à la quête de la connaissance prend la forme prédominante de l'échange entre pairs ; la rareté, à Paris, d'une transmission verticale de maître à disciple a pour cause l'éloignement du maître et l'absence de personnalités monopolisant le savoir ésotérique. Une telle situation laisse libre cours à la curiosité et à la recherche individuelles. Pourtant, ici comme là-bas, le pivot de ces échanges reste la rencontre elle-même. Même le plus autodidacte des marabouts se détourne d'un secret qui pourrait lui être proposé sans qu'il en connaisse le donateur[54]. Puisque savoir c'est agir, celui émanant d'un inconnu, peut-être malfaisant, est *a priori* considéré comme redoutable et rejeté avec la plus grande énergie ; certains marabouts refusent de toucher ou même de jeter le moindre regard sur les feuilles de papier sur lesquelles il peut être écrit, voire simplement photocopié. En outre, divulguer sans façon un secret est totalement incongru, cache nécessairement une intention mauvaise. C'est qu'avant la connaissance, c'est l'homme qui la détient que l'on recherche, le « cœur pur », ceci en dehors de toute considération généalogique.

52. Il s'agit notamment de deux cas où j'ai moi-même joué, à la demande de Dia, ce rôle de médiateur.

53. L'un de ceux-ci était momentanément hospitalisé dans un hôpital parisien, et devait retourner en Mauritanie.

54. J'ai fait maintes fois cette constatation en montrant à des marabouts parisiens les exemples d'amulettes publiés par Marty (1917) ou, pire encore, en leur soumettant celles émanant d'autres marabouts. Si une curiosité très critique pouvait, dans certains cas, atténuer la réticence s'agissant des livres, tel n'était pas le cas pour les feuillets manuscrits.

La place de l'écrit imprimé

L'extrême individualisation de l'échange des secrets, la rencontre d'homme à homme qui y préside, réduisant le cercle de ceux entre lesquels la connaissance peut circuler, expliquent en grande partie la méfiance très générale envers un savoir simplement puisé dans des livres, autre figure de l'inconnu. Rares sont, à Paris, les marabouts qui se contentent de consulter des ouvrages imprimés. Il existe pourtant de nombreux abrégés de traités géomantiques rédigés en arabe, des compilations de carrés magiques ou de prières d'intercession issus d'ouvrages des grands auteurs[55] édités pour la plupart, au Moyen-Orient (notamment à Beyrouth), plus récemment en Côte-d'Ivoire ou au Sénégal[56] ; mais ces provenances contemporaines sont moins prisés que d'autres moins accessibles, censées être plus anciennes, telles l'Égypte ou la Tunisie[57]. Un « bon » livre serait-il donc un livre désormais introuvable ? L'un des marabouts que j'ai fréquentés est allé vérifier avec satisfaction, dans une librairie islamique, l'absence d'un ouvrage, précieux à ses yeux[58], et l'impossibilité d'en faire commande. La vénération de certains livres, en tout premier lieu le Coran qui, dit-on, résiste au feu et a par lui-même une vertu protectrice[59] n'empêche pas le mépris de la connaissance des secrets obtenue par le simple truchement d'une chose imprimée, donnée en pâture au premier venu dans les librairies de la Goutte d'or et de Belleville et dans les bibliothèques. Seuls sont tolérés les opuscules qu'on peut acquérir auprès des marchands ambulants circulant dans les foyers, ou dans des réseaux d'interconnaissance, d'homme à homme. Or même cette littérature de colportage, plus discrète, moins publique, est objet de méfiance.

---

55. Certains marabouts ont refusé d'en communiquer les titres ; d'autres les ont écrits de façon erronée et donc illisible par les spécialistes ; d'autres encore n'en ont fourni les titres qu'oralement. Voici néanmoins quelques uns de ceux qui ont pu être décryptés : *Jawâhir al-khoms*, « Les joyaux des cinq » (?) ; *Aba Ma'ashar al-fulki* (sans doute un livre d'astrologie de Abû Ma'ashar al-Balkhî, grand astronome musulman, auteur de plusieurs traités, XIe-XIIe siècle, *fulki* correspondant à l'arabe *al-falakî* « l'astronome ») ; *Kitâb al-shurbi safi*, « Le livre de la boisson pure » ou « Le livre des médicaments à boire » (?) ; *Khâzinat al-asrâr* « La bibliothèque des secrets » (contenant des prières propitiatoires et curatives). Les livres de « secrets » sont innombrables ; il n'entre pas dans mes capacités de les identifier, encore moins d'en étudier le contenu, mon rôle se limitant à en étudier la circulation. La difficulté éprouvée pour en obtenir les titres confirme l'analyse proposée plus loin. Merci à Constant Hamès pour la traduction et l'identification de ces titres.

56. Voir par exemple la *Niche des secrets. Recueil d'arcanes mystiques dans la tradition Soufie (islamique)*, de Cheikh Ahmad Tall, ouvrage publié à compte d'auteur dans les années 1990, qu'on peut acheter dans toutes les librairies « par terre » de Dakar. Sur la diffusion récente de ce genre d'ouvrages au Mali, cf. Soares (1997 : 400-401).

57. La valorisation particulière de ces deux origines trouve l'une de ses explications dans le fait que, pour nombre de marabouts, les Égyptiens et les Tunisiens ont été les copistes de la « science juive », l'une des racines importantes de l'*asraria*. Par ailleurs, jusqu'au début du XXe siècle, les commerçants d'origine arabe avaient le monopole du marché de l'écrit en langue arabe au Sénégal.

58. Que d'ailleurs il ne possédait pas.

59. Les chrétiens disent de même des écrits de saint Dominique.

« C'est du commerce, et pas de la connaissance » affirme Sakho ; « c'est trop modernisé, il y a des choses fausses et même dangereuses pour tromper les marabouts d'ici, il faut bien réfléchir avant », dit Sow, qui compare ces erreurs prétendues volontaires à des impostures scientifiques qu'oserait un savant cherchant par tous les moyens à asseoir son pouvoir. La pensée de ces falsifications dans des ouvrages trop facilement accessibles rappelle la façon dont un devin livre souvent un secret volontairement lacunaire à un homme de son village, pour se protéger lui-même. Les imprimés ne dévoilent qu'une connaissance « fermée », inutilisable, où souvent une « clé » manque pour faire fonctionner ces secrets[60]. Seul l'individu qui la détient sait restituer à cette connaissance sa complétude, l'« ouvrir » pour celui auquel il accepte de la confier. La transmission écrite ne saurait être complète sans une herméneutique orale qui seule peut en dévoiler le sens.

On comprend que dans ce cadre, le manuscrit soit extrêmement valorisé. L'écriture constitue la trace tangible de l'échange humain et de la réflexion, comme le dit Sow. Plus que des livres, la plupart des marabouts gardent précieusement, à l'abri des regards, des fragments recopiés de leur main ou de celle de leur père, de leur maître ou d'autres donateurs, sur du papier blanc ou des feuilles de cahiers d'écoliers ; certains, plus rares, disposent aussi de photocopies de fragments manuscrits. L'ensemble constitue des compilations personnelles d'interprétations de thèmes géomantiques, de noms d'anges, de prières de demande (*du*ᶜ*a*), de *khâtim* amassés peu à peu, en France comme en Afrique, fruits du hasard des rencontres y compris celles d'intellectuels ou d'« arabisants » donnant accès à des ouvrages d'orientalistes[61].

Même pour les marabouts connaisseurs des grands classiques de magie islamique des siècles passés, al-Bûnî (XIIIᵉ siècle), al-Ghazâlî (XIIᵉ siècle) dont sont dérivés la plupart des procédés qu'ils utilisent[62], l'auteur réel de l'opuscule qu'on consulte, du carré magique (*khâtim*) du nom de Dieu qu'on recopie, a peu d'importance[63] comparé à celui qui en est le transmetteur ; au contraire, il fait précisément partie du jeu du secret d'en oublier l'auteur. Le texte n'a de valeur qu'en dehors de son caractère public, publié, ne prend sens que lorsqu'il est inscrit dans une filiation secrète où

60. Un exemple de « clé » est l'un des 99 noms de Dieu à répéter pour que le secret soit efficace. L'idée de la falsification des textes est en milieu musulman une tradition très ancienne.

61. Tel l'ouvrage de Doutté ([1908]-1984) ou ceux de Marty (1917). La curiosité l'emporte parfois sur le mépris que les marabouts témoignent à ces ouvrages.

62. Sur la pénétration des ouvrages de ces auteurs en Afrique de l'Ouest, notamment le traité *Shams al-mâ*ᶜ*ârif* (« Le soleil des connaissances ») attribué à al-Bûnî, cf. Hamès (1987, 1993).

63. Le plus souvent, les marabouts les désignent par des noms relatifs à leur usage, ou empruntés aux figures de la magie islamique qu'ils font intervenir, répandus tant en Afrique du Nord qu'en Afrique de l'Ouest : ceux des sept rois des génies, Shemharush, Borqan, etc (cf. Doutté [1908]-1984 : 160). Quant au nom bien connu de *budûh̲*, il « n'est qu'un mot talismanique artificiel formé des éléments du simple carré magique à trois colonnes » (*Encyclopédie de l'islam,* article *djadwal*). Il est extrêmement utilisé dans la fabrication des amulettes. Selon Dia, cet opuscule contiendrait des procédés permettant de transformer un objet, une personne (*tabdîl*). Cette transmission sans citation directe des classiques, mais réalisée par de multiples relais serait à comparer à l'influence multiforme de l'enseignement d'Ibn ᶜArabî étudiée par Chodkiewicz (1993).

le passage d'un homme à l'autre repose sur une relation d'extrême confiance. Le papier jauni et déchiré[64], l'encre décolorée ou le stylo-bille permettent de reconstituer les strates successives de ces documents assemblés, les plus anciennes étant les plus valorisées ; de l'objet même émane une sorte de *baraka* et il est important de pouvoir le toucher. Chaque marabout organise à sa façon son propre dossier, certains mettant à part les secrets familiaux, d'autres préférant un classement selon l'usage. Le terme de *kitâb* (« livre ») est souvent donné à l'ensemble de ces feuilles volantes réunies dans des chemises, des classeurs ou des cahiers soigneusement protégés de tout regard non autorisé.

L'appropriation du savoir

Une perspective historique peut permettre de situer dans son contexte cette pratique de l'écriture manuscrite de fragments divers : la rareté et la cherté des livres arabes au Sénégal jusqu'au début du XXe siècle, livres que seule l'aristocratie maraboutique pouvait acquérir. Le recopiage serait alors l'exacte réplique de l'enseignement oral des obligations légales, des pratiques rituelles contenues dans d'inaccessibles ouvrages de *fiqh*. Explication bien insuffisante cependant ; car cette graphie manuscrite est bien le premier acte d'une appropriation, elle donne, à la façon d'une signature, son authenticité à la connaissance.

Le second acte est le travail totalement personnel que le marabout va effectuer pour « ouvrir » ce savoir secret transcrit manuellement, expliqué oralement, qui sera rarement utilisé tel qu'il a été donné. De même qu'on accommode à sa façon une recette de cuisine aux quantités imprécises, aux ingrédients peu appréciés, Dia se livre à des changements en fonction de ses connaissances antérieures, de ses besoins du moment, de son âge, des conditions de vie à Paris, etc. Ainsi il va modifier le nombre de récitations de tel nom de Dieu[65] ; pour tel *khâtim*, il va adopter un mode différent de calcul des noms, correspondant à un travail d'intensité différente ; ou bien il va n'en utiliser qu'une partie, va supprimer l'emploi concomitant d'une plante qu'il ne peut se procurer à Paris. De telles modifications sont dues aussi à la nécessité de pallier le manque inhérent à la transmission : il faut suppléer à une « clé » manquante, replacer, par exemple, tel fragment à répéter dans la sourate d'où, pense-t-il, il est issu et dont l'indication ne lui a pas été donnée[66].

Toutes ces procédures de transformation, de recréation personnelle du savoir expliquent que, si l'écriture des *khâtim*, du Maghreb à l'Afrique de l'Ouest, est assez stéréotypée, en revanche leur signification, leur usage (*turjmann*) se modifient

64. Un marabout nous a soutenu que certains de ses feuillets auraient plus de quatre cents ans... L'ancienneté de la transmission s'oppose évidemment à la modernité des livres imprimés.

65. Car répéter ces noms un nombre trop élevé de fois peut être dangereux pour un marabout trop jeune, qui peut en devenir fou.

66. La variabilité est ici due au fait qu'un même fragment peut être retrouvé dans plusieurs sourates différentes. L'expérience de comparaison entre certains *khâtim* publiés par Doutté et ceux possédés par un marabout a montré que, dans la majorité des cas, les modes d'emploi indiqués divergeaient.

considérablement d'un marabout à l'autre[67]. Cette flexibilité, cette adaptabilité, ne sont pas seulement dues à la transmission orale des secrets, transmission parfois volontairement fragmentaire. Il y a, au-delà de ce phénomène, une conception anti-fixiste, anti-dogmatique de la connaissance et de l'agir qu'elle produit. La validité du savoir, c'est essentiellement à l'homme qui la travaille, qui se doit de la travailler, qu'elle est due.

Enfin, conformément à un usage de l'éducation islamique mais qui trouve ici une nouvelle valeur, le dernier acte de cette appropriation est l'apprentissage par cœur. Un bon marabout, dit-on, ne se sert pas de livre. Lorsque Dia, ayant atteint l'âge propice à cette transmission, reçut enfin de sa mère un « nom très chaud », celui de la mère de Moïse, il ne put l'utiliser avant de connaître de mémoire les sept feuillets sur lesquels ce nom et son usage étaient écrits. Mais plus que d'une simple mémorisation mécanique, il s'agit véritablement d'une incorporation intime du savoir, littéralement porté par le marabout lui-même. Dès lors, celui-ci peut mutiler ou détruire les documents manuscrits dont il n'a plus l'usage ; mais souvent il en transcrit tout ou partie en écriture cryptée, afin que nul autre que lui ne fasse usage de ce savoir qu'il s'est approprié[68] et qu'il protège. Ceci jusqu'à ce qu'il rencontre à son tour l'homme avec lequel il souhaitera échanger ses secrets.

NAISSANCE DU DON À PARIS

Pour un grand nombre de marabouts déjà formés en Afrique, quelles que soient l'intensité ou la nature de leur savoir, la pratique en France de même que l'enrichissement du savoir, avaient été inaugurés sans rupture particulière. Mais pour quelques autres, c'est à Paris que la connaissance ou le don se révèlent.

Longtemps ouvrier dans l'industrie automobile, Lamine a été licencié. Désœuvré, sombre, il tue le temps dans le foyer où il loge. Un jour, il est saisi d'une étrange maladie qui le laisse prostré pendant un temps interminable. Cet état de retrait de soi, d'absence au monde, est brusquement rompu par un ébranlement créateur intense : Lamine se met à noircir les pages d'un cahier d'écolier d'une écriture lisible par lui seul, qu'il apparente à l'hébreu et qui lui permet, assure-t-il, de tout transcrire ; il ne laisse personne s'en approcher. Son exaltation et cette invention miraculeuse lui attirent un très grand respect : un marabout est en train de naître.

Cette émergence s'insère en tous points dans le contexte ouest-africain, où l'on a souligné la vénération de l'écriture ; analysant la « scène primitive » marquant l'entrée de certains personnages ivoiriens dans la carrière prophétique, Dozon note précisément pour l'un d'entre eux « l'incroyable idée d'inventer une écriture »

67. L'une des critiques essentielles que formulent les marabouts aux ouvrages des orientalistes est précisément qu'ils figent l'usage des talismans et des carrés magiques alors que celui-ci se modifie sans cesse.

68. Dia habite au foyer et est très soucieux de soustraire ses documents aux regards indiscrets de tous ceux qui passent dans sa chambre. Ses sacs sont fermés par un cadenas.

(1995 : 195). Elle s'intègre aussi parfaitement dans le cadre de la magie arabe traditionnelle puisque l'un des traités célèbres attribués à Ibn Wahshîya (IIIe siècle de l'hégire ?) dévoile une centaine d'alphabets occultes couramment utilisés dans les traités d'art talismanique[69]. On connaît aussi le « syriaque », langue magique permettant d'entrer en communication avec les anges[70]. Mais toute codée que soit la découverte de Lamine, cette écriture de l'autre qu'il transcrit ne constitue-t-elle pas un pont symbolique jeté vers un autre univers, l'univers parisien dont il aurait très indirectement trouvé une clé[71] ?

L'expérience de Diallo peut être rapprochée de celle de Lamine. Devin peul originaire du Sénégal oriental, il est le fils aîné d'un *silatigi* réputé[72]. Son savoir, essentiellement pastoral, est assez peu nourri d'islam, qui forme cependant un cadre général auquel il se réfère et auquel il a parfois recours ; cet enseignement lui a été transmis par un marabout de passage ayant pendant un temps vécu dans sa famille. Lorsqu'il eut atteint une vingtaine d'année, Diallo reçut de son père l'autorisation d'en faire quelque usage. Arrivé à Paris en 1961, il est ouvrier dans une usine de bois de placage jusqu'au jour où, celle-ci ayant fait faillite (en 1969), il se trouve au chômage. Il a alors environ quarante ans lorsqu'il est assiégé par une maladie violente et mystérieuse (*tjorfol*) : dans son appartement du XIXe arrondissement, pendant des jours et des jours, viennent le saisir les odeurs, les bruits, les cris des animaux de la brousse : le bourdonnement des abeilles, le rugissement des lions, le ricanement des hyènes, le frôlement des insectes, des lézards, des margouillats. Tout ce monde grouillant, effrayant, prend possession des lieux, approche Diallo de près, le nargue. Une nuit, il fait face à ces êtres qui menacent de le submerger et se met à les invectiver à voix haute. Puis il reste longtemps endormi, d'un sommeil qui ressemble à la mort. Lorsqu'il se relève, il a vaincu ces puissances de la brousse, venues lui transmettre le don, l'usage total des connaissances jusqu'alors dévolues à son père. Diallo se met alors à exploiter son don, le nombre de ses consultants et sa réputation augmentent de jour en jour[73].

Cette expérience initiatique lors de laquelle Diallo perd tous ses cheveux, véritable renaissance qui lui ouvre les portes d'un savoir ancestral dont il a désormais entièrement la charge, c'est à Paris, dans un petit appartement de deux pièces qu'elle se produit, c'est là qu'il affronte les forces de la brousse et en sort victorieux : la transmission nécessaire se joue des frontières[74]. Mais celle-ci n'est

---

69. *Kitâb shawk al-mustahâm fî ma*c*arifat rumûz al-aklam*, « La connaissance longuement désirée des alphabets occultes enfin dévoilés », publié dans *La Magie arabe traditionnelle* (1976).

70. Cette langue n'a aucun rapport avec la langue sémitique du même nom.

71. Je n'ai malheureusement pas pu travailler avec Lamine, entièrement accaparé par sa découverte ; puis il a déménagé et je l'ai perdu de vue.

72. Sur l'initiation du *silatigi*, cf. Hampaté Ba et Dieterlen (1961).

73. L'expérience initiatique de ce devin a été décrite par Ba (1987).

74. Un cas similaire m'a été rapporté par un de mes interlocuteurs, celui d'un « cadre supérieur » travaillant à Paris. Lorsque son père est mort, en tant que fils aîné, il a « été obligé de reprendre ça sinon il allait devenir fou, il a abandonné sa profession ». Mon interlocuteur précise que cet homme était « un animiste ». Je n'ai pas rencontré cette personne.

pas que lignagère, elle vise la propre personne de Diallo dans sa singularité ; car lorsque cette étrange maladie s'empare de lui, son père est mort depuis plusieurs années (en 1963), en revanche lui-même vient d'atteindre l'âge de quarante ans, âge charnière autant dans l'islam, le judaïsme, que dans diverses cultures africaines[75] ou des pratiques guérisseuses occidentales, où l'homme est reconnu désormais assez fort pour pouvoir approcher les puissances occultes. En outre, l'émergence de ce don prend son sens lorsqu'on le replace dans le contexte français de Diallo, alors que sa situation sociale s'est dégradée ; survenant à ce moment précis, le don substitue à cet état de dépossession un capital symbolique qui se transformera lui-même en un investissement professionnel puisque Diallo aura très rapidement pignon sur rue, se moulera dans le statut juridique analysé plus haut, attirera une clientèle multiculturelle, non seulement africaine mais maghrébine, antillaise, française.

Cas classique, certes : c'est en des termes semblables que Friedmann (1981 : 53 et sq.) examine la carrière mouvementée d'un magnétiseur du Maine-et-Loire, ancien viticulteur mis à la retraite dont l'entreprise vient d'être reprise et modernisée par son fils ; à la suite d'une crise violente de possession, cet homme surmonte cette situation d'infériorité en devenant guérisseur professionnel. Cependant il y a, dans le cas de Diallo, une dimension supplémentaire, une inversion des rôles : le don a transformé le travailleur immigré assujetti, en situation doublement précaire[76], en un connaisseur détenteur d'un savoir qui en impose aux Français eux-mêmes, dont ceux-ci sont demandeurs. Ainsi Diallo n'a pas seulement maîtrisé la brousse à Paris, il a maîtrisé la brousse qu'est Paris[77]. Il est devenu, au sens propre du terme, un entrepreneur.

L'expérience vécue par Diallo, celle de Lamine, décrite de façon plus fragmentaire, montrent que ce don survenu à Paris, loin de les enfermer dans leur culture venue s'imposer à eux, leur fournit au contraire une articulation avec le milieu dans lequel ils vivent désormais. Il est élargissement, disponibilité. Diallo va dès lors pouvoir se livrer à de multiples investigations, innover. C'est pourquoi il était nécessaire d'évoquer son histoire avant de continuer à examiner l'ouverture sur d'autres savoirs.

D'AUTRES SAVOIRS

Rares sont les marabouts qui, en France, se sont repliés sur leur connaissance islamo-africaine d'origine et n'ont pas cherché à enrichir celle-ci par des échanges

75. Ainsi chez les Baïnuk, la grande initiation dans le bois sacré a lieu à cet âge (cf. Roche 1985 : 28).

76. Parce que immigré et chômeur.

77. Cette métaphore de la brousse se trouve dans certaines expressions désignant l'émigration : *nô gunné* (soninké), *lûtudé* (poular), littéralement « entrer dans la brousse », d'où « sortir de chez soi », « aller dans l'inconnu ».

multiples. En revanche nombre d'entre eux ont intériorisé la condamnation de toute *bidᶜa* et de tout *shirk*[78], et se tiennent à l'écart de savoirs issus d'autres traditions, en particulier celles extérieures aux religions du Livre. Cependant le travail individuel sur sa connaissance, l'ouverture que permet la sûreté du don, le « chercher quelque chose » propre au mode d'être ouest-africain, la nécessité de se conformer aux attentes complexes d'une clientèle variée, le désir d'accroître son efficacité, de faire mieux que son rival, le foisonnement des rencontres et des possibilités offertes par le milieu parisien expliquent les emprunts d'un nombre croissant de marabouts hors des limites théoriquement autorisées.

La science juive

L'intérêt que nombre de marabouts portent à la « science juive », outre qu'il est licite, est remarquable par sa fréquence ; il préexiste à leur venue en France et a des racines multiples.

Les travaux de Zafrani notamment ont montré les nombreuses interactions entre mystique juive et mystique musulmane : la traduction en hébreu dès le XIIIe siècle des œuvres d'Al-Ghazâlî, la présence d'éléments juifs ou pseudo-juifs dans le *Shams al-mâᶜârif* d'Al-Bûnî en sont des exemples (1986 : 29 ; 380-381). On sait aussi que la kabbale a développé une science de la combinaison des lettres fort semblable à celle utilisée par les soufis et les marabouts, science dont un emploi dit « pratique », utilisé pour la fabrication d'amulettes, dans des conjurations ou des prières rogatoires, a fait l'objet, à travers les siècles, de multiples critiques émanant des autorités rabbiniques les plus rigoristes, tout comme ce fut le cas dans le domaine islamique. Au rappel de cette « convergence socioculturelle des sociétés judéo-musulmanes d'Orient et d'Occident » (*ibid.* : 33), s'ajoute l'extrême pouvoir attribué, par les musulmans marocains, par exemple, à l'écriture de l'autre. À Marrakech, on disait des *fqir sûsi*, fabricants d'amulettes particulièrement renommés, originaires du Sous, qu'ils tenaient une partie de leur science des juifs.

Au-delà de ces rapprochements, ce que certains marabouts cherchent aussi dans la « science juive », c'est une part de leur histoire. L'idée aujourd'hui considérée comme obsolète[79] de l'origine juive des Africains et particulièrement des Peuls, est encore vivace parmi bien des Diakhanké et Peuls parisiens. Ainsi Aw attribue-t-il à son nom une étymologie hébraïque[80], se définissant plaisamment comme le descendant d'un juif compagnon du Prophète, devenu musulman puis ayant pris pour femme une indigène... Ainsi Sow se dit-il juif « à cent pour cent », identifiant

---

78. Cf. p. 19.

79. Elle a notamment été développée par Delafosse, selon lequel les Peuls seraient issus de juifs ayant fui l'Égypte par le Nil, et les Diakhanké, des Bani Isra'ila, descendants de Jacob, Joseph et Salomon, ayant fui en Cyrénaïque (Sanneh 1979 : 49). Ces théories ont longtemps été enseignées aux enfants des écoles ; cf. par exemple le cours d'histoire africaine de Jaunet et Barry (1949).

80. Il viendrait du mot *aba*, « père ».

a posteriori comme hébraïque l'inscription mystérieuse sur une gargoulette que possédait sa famille. En outre, tout comme la connaissance parfaite du Coran et de ses secrets, celle des livres du judaïsme et du christianisme, religions révélées, est considérée comme la formation indispensable de tout bon marabout[81]. Les rêves de Sow sont habités de figures juives ou chrétiennes, Jean-Paul II qui lui annonce la venue prochaine de Jésus, Jésus lui-même qui, le prenant doucement par la main, l'appelle par son nom[82]. Cet œcuménisme maraboutique dont on pourra, par ailleurs, constater l'exploitation à Paris auprès de clients français (censés être chrétiens, *nasâra*), n'est pourtant pas une innovation : Tierno Bokar proclamait déjà l'universalité de la Loi divine « tirée des textes révélés, qu'ils soient judaïques, chrétiens ou musulmans » (Hampaté Ba 1980 : 139) et affirmait la nécessité de s'enrichir de l'apport des autres religions[83]. Outre cette attitude spéculative des marabouts les plus lettrés, Towrat, ou Towreta (la Thora, le Pentateuque) et Ingil, ou Lingila (les Évangiles) sont considérés, à l'instar du Coran[84], comme des « noms de Dieu », possédant en eux-mêmes une valeur sainte, un « message de Dieu transmis à Moïse, contenant les paroles de tous les prophètes », comme les définit Gassama. C'est pourquoi, à Paris, celui-ci recherche ces manuscrits qu'il considère comme les livres de divination les plus anciens. Ici encore, le contexte français ne fait que prolonger une recherche beaucoup plus ancienne déjà relevée par Mungo Park : traversant des contrées mandingues, il note que ces ouvrages sont colportés par les marchands maures, ou empruntés par les maîtres d'écoles pour être soigneusement recopiés à la main ; parmi ceux-ci, la *Taureta la Mousa*, version arabe du Pentateuque, est si estimée qu'elle « se vend quelquefois le prix d'un esclave de choix » ([1800]-1982 : 307). À Paris, les vies et les miracles de Moïse (Mûsâ), de Salomon (Sulaymân), de David (Dâwd), issus de ces ouvrages autant que du Coran, et la plupart du temps transmis oralement, nourrissent les récits des marabouts et suscitent leur intérêt[85]. Cette proximité conduit nombre d'entre eux à désirer faire un voyage en Israël, à chercher le contact avec des rabbins, à acheter leur viande dans des boucheries casher.

Cette attirance pour la « science juive » s'explique aussi par la place particulière occupée par Salomon, David, dans la pratique du *ᶜilm al-asrâr*. Salomon est, en effet, considéré comme le roi des génies[86]. La manifestation des pouvoirs extraordi-

81. Cependant le poids du colonialisme entache le christianisme ; un marabout a déclaré que celui-ci avait été introduit en Afrique par la force, tandis que le judaïsme et l'islam y avaient été introduits par la foi...

82. Selon la tradition islamique, le prophète ᶜIsâ (Jésus) reviendra à la fin des temps rétablir la paix en se conformant à la loi islamique ; voir les liens particuliers entre ᶜIsâ et Ibn ᶜArabi (Addas 1989 : 58-59).

83. Voir aussi les écrits d'Ibn ᶜArabî, qui considère le Coran comme un grand fleuve d'où sont issus trois fleuves plus petits, la Thora, les Psaumes, l'Évangile (Chodkiewicz 1986 : 208).

84. Cf. Coran III : 3, 48, et nombreuses autres occurrences.

85. Apprenant à lire le français, Sow a fait l'acquisition d'un recueil d'histoires bibliques pour enfants, livre qu'il chérit tout particulièrement.

86. Nombreuses allusions dans le Coran ; voir par exemple sourate XXVII : 16 et sq. Cf. aussi Doutté ([1908]-1984 : 48-49).

naires de ces prophètes s'exprime selon de nombreuses variantes. Selon Ndao, Salomon est capable de parler le langage des bêtes, et réunit ses génies le septième jour et la septième nuit de chaque mois lunaire. C'est à Moïse et à son bâton[87] qu'on doit tous les procédés permettant de transformer la nature d'un objet ou d'une personne ; c'est d'Abraham que vient la possibilité de se rendre invulnérable. Pour Cissé, qui rappelle que dans la pratique maraboutique en général, « il y a des choses qui viennent des juifs, Mûsâ, Y^{c}aqûb, des prophètes, Mûsâ, Ibrâhim, ^{c}Isâ » et que « c'est pas seulement les musulmans qui ont créé ça », c'est à David que l'on doit la « recette pour que les armes, les couteaux, les aiguilles ne pénètrent pas dans la peau[88] » ; et pour lui comme pour bien d'autres, rien n'est supérieur à ce nom de neuf lettres par lequel Moïse a battu Pharaon, ni à ce nom juif particulièrement recherché de la mère de Moïse, si fort qu'on doit l'abréger, et qui permettrait aux juifs eux-mêmes de devenir riches (valeur conçue comme éminemment positive). C'est également la langue hébraïque elle-même, langue de l'autre, plus puissante, que quelques marabouts veulent apprendre, c'est de juifs qu'ils veulent obtenir des talismans efficaces[89]. Ainsi Dia s'enquit-il en vain de livres de magie et d'amulettes dans une librairie de la rue des Rosiers. Ainsi Diallo fit-il l'acquisition de brochures de vulgarisation concernant la kabbale ; sans s'attacher de façon très exacte aux explications qu'il y trouva, il travailla de façon intuitive les reproductions d'arbres séphirotiques, de lettres agrandies, de carrés magiques, de micrographies, établissant des équivalences personnelles avec ses connaissances peules et islamiques.

C'est donc par des rencontres fortuites ou suscitées avec des juifs parisiens, par des recherches livresques toujours remodelées, que ces marabouts cherchent à enrichir leur propre connaissance[90] de cette « science juive » multiforme. Mais d'autres vont au-delà de cette fréquentation presque classique.

Du magnétisme aux tarots

Dans leurs premières publicités, certains marabouts se disaient radiesthésistes ou télépathes. En 1977, par exemple, Moustapha annonce qu'il est « diplômé de l'I.P.S.[91], disciple d'un Maître de l'INDE » (revue *Horoscope*). Il n'y a pas là que pure propagande : si certains n'en éprouvent que la tentation (tel Sow qui désirait entrer en relation avec des « disciples de Çakya-Mouni », dont il avait vu la

87. Coran II : 60, etc.

88. Interprétation beaucoup plus souvent rencontrée que celle évoquée par Ndao.

89. Cissé chercha à échanger certaines bribes de ses propres secrets contre ceux de la juive supposée savoir que j'étais à ses yeux.

90. Dia, ayant « travaillé » le nom de la mère de Moïse voulut aller confronter ce savoir avec celui du grand rabbin de France.

91. Institut de psychologie scientifique ; organisme créé en 1946, toujours en activité.

publicité dans un journal africain[92]), quelques marabouts ont, en effet, intégré dans leur pratique des méthodes de divination ou d'action empruntées à un patrimoine non africain. Leurs démarches sont variées.

Dans un souci évident d'adaptation, Amadou a appris à manipuler les tarots, ce qui lui a permis, en 1986, de participer à un festival de la voyance organisé dans un grand hôtel parisien par un voyant français ; adaptation nécessaire car le discours officiel des voyants concernant les marabouts est, on le verra, extrêmement péjoratif, et attisé par une concurrence très sévère. Or le rôle de ces festivals est d'attirer la clientèle, d'où l'intérêt d'y participer. Amadou a donc cherché à se fondre dans un moule acceptable, ce qui ne l'empêche nullement, hors de ce cadre public, d'utiliser le savoir islamique qui lui est familier.

La démarche de Diallo est plus complexe. Sa curiosité pour les savoirs non africains, déjà repérée dans son intérêt pour la kabbale, il la situe dans le prolongement de l'effort qu'il fit pour apprendre le français dans des cours du soir : « Dans la vie, dit-il, il faut pouvoir dialoguer » ; ce dialogue et l'opération de traduction qui y préside s'instaurent, pour lui, à différents niveaux.

Exerçant son art de devin après la révélation, en France, de son don, il est appelé au chevet d'une femme française[93] que, raconte-t-il, il parvient à guérir. Magnétiseuse et radiesthésiste elle-même, cette cliente récitait des neuvaines et écrivait des « pentacles[94] ». Diallo, qui assiste désormais aux consultations de cette praticienne, reste sceptique jusqu'au jour où, alors que celle-ci exerçait la « suggestion verbale » sur un patient, il sent comme un courant électrique passer dans son propre corps. Désireux d'essayer à son tour, il réussit à soigner, par magnétisme, une personne souffrant de constipation chronique. Dès lors, il veut apprendre « chez un vrai maître », un Français dont il trouve l'adresse dans une revue. Pendant six ans, Diallo prend, auprès de divers enseignants, des cours de magnétisme, d'hypnose, de sophrologie, de radiesthésie. Il assiste à des conférences « sur la voyance et l'au-delà ». Puis il travaille seul son ouverture sur d'autres savoirs en étudiant, comme pour la kabbale, des livres d'ésotérisme concernant l'hindouisme et notamment les chakras[95], le bouddhisme, l'astrologie. Il a encore enrichi sa connaissance des pratiques « indiennes » lors de ses nombreux séjours aux Antilles[96], délaissant le

92. Cette publicité, qu'on peut lire depuis de longues années dans la revue franco-africaine *Amina*, vante les mérites du bouddha Çakya-Mouni le généreux : « Seul il possède les DONS MAGIQUES qui peuvent changer votre VIE, avoir plus d'ARGENT, plus d'AMOUR, plus de CHANCE et la RÉUSSITE en TOUT, il vous offre de les partager avec lui... » La boîte postale de Çakya-Mouni, située à Paris, est accompagnée de témoignages de consultants satisfaits originaires de Dakar, de Cotonou, d'Abidjan et de Paris.

93. Diallo précise qu'elle ne pouvait plus marcher.

94. Par ce nom, Diallo désigne l'équivalent chrétien des *khâtim* islamiques.

95. Points situés sur le corps par où circule l'énergie vitale. Diallo établit un rapport intuitif entre ces chakras et les points par lesquels on peut, selon les pratiques islamo-africaines, « attraper » une personne (cf. *infra*, p. 226-227).

96. Depuis de nombreuses années, les cultes indiens (introduits dans les îles par les Tamouls immigrés dans la seconde moitié du XIXe siècle) attirent de nombreux Antillais ; en outre des pratiques asiatiques telle le Mahikari, « Lumière de la vérité » d'origine japonaise, se sont implantées aux Antilles dès les années 1970.

vaudou en raison, dit-il, du faible niveau de connaissance des praticiens qu'il a rencontrés[97]. Pourtant, cette influence antillaise semble plus importante que ce qu'il veut bien en dire, tant dans les pratiques de voyance que dans l'interprétation. Il posséderait même des talismans qui lui viennent indirectement de « Grand Zongle », sorcier martiniquais très redouté, aujourd'hui décédé, « qui a tué 199 personnes ». Extrêmement passionné par ses découvertes, Diallo est réellement habité du désir de chercher la connaissance, où qu'elle se trouve. Il explique très clairement que c'est son initiation première, celle de *silatigi*, qui lui a ouvert les clés de tous les « symbolismes », entre lesquels il établit des liaisons et des équivalences : « Qu'on dise Allah ou Alpha et Omega, c'est la même chose. » Se référant à la figuration d'un arbre de vie kabbalistique, il explique que toutes les sciences occultes, quelles qu'en soient les origines, sont comme les branches d'un même arbre, sont nourries par les mêmes racines. D'ailleurs, ce que lui-même nomme kabbale, loin d'être enfermé dans la culture juive, n'est autre que la « connaissance d'un secret donné à l'homme pour agir sur l'univers » ; aucune importance si le sens de certains mots, de certaines figurations lui échappent, car « certaines choses, quand on en comprend le sens, l'efficacité disparaît ». Cette expérience, maintes fois rappelée par les marabouts, pour lesquels l'invocation de noms d'anges ou de noms de Dieu, et la récitation de prières, sont plus importantes que leur sens, s'inspire directement de la conception soufie.

Expérience : c'est, en effet, pour Diallo, cela qui, au-delà de la découverte de nouveaux symboles, fonde véritablement la connaissance. Il cherche avant tout à éprouver personnellement ses trouvailles, à constater leur force à travers son propre travail de devin, validité directe au regard de laquelle l'origine de ce qu'il met en œuvre lui importe peu. Mais le « dialogue » souhaité par Diallo se repère aussi à un autre niveau puisque ces pratiques différentes, variantes d'un même ensemble, lui sont comme une large panoplie qu'il adapte à la personnalité, aux besoins, aux possibilités de chaque client : ainsi la divination par les bâtonnets lancés dans l'eau d'une calebasse (*tuppal*) pourra être complétée par la radiesthésie ou la voyance par photographie, les bains de plantes ou d'écriture pourront être remplacés par la fabrication d'une bague portant des inscriptions en sanscrit, etc.

Analyser en détail toutes les équivalences, les « résonances harmoniques », pour reprendre l'expression de Rouch, qu'établit Diallo se révèlerait une entreprise périlleuse, d'une part parce que le devin, questionné, ne fait alors que rationaliser ce qui est pour lui avant tout expérimental, d'autre part parce qu'un tel comparatisme suppose de retrouver avec une certaine certitude ce qu'aurait été un état antérieur de sa connaissance ; tâche délicate : l'hypnose qu'il dit avoir apprise à Paris, ne la pratiquait-il pas au Sénégal sans en connaître le nom[98] ? Le maniement du pendule n'est-il

97. Bien que, en 1993, un marabout se prétende « grand prêtre vaudou », il ne semble pas y avoir, par l'intermédiaire des Antilles, de retour aux Africains des pratiques béninoises. Comme on le verra plus loin, les marabouts cherchent, d'ailleurs, en général, à se démarquer de ces pratiques.

98. L'« hypnotisme » existait effectivement en Afrique, si l'on en croit Traoré (1946).

pas, à son insu, induit par certaines pratiques africaines consistant à faire osciller un chapelet saisi par une seule boule[99] ? Si tel est le cas, n'est-on pas plutôt dans l'ordre de l'identique que dans celui du semblable ? Au demeurant, si de telles compatibilités sont possibles, c'est que souvent l'origine des pratiques, leur fondement idéologique sont identiques : ainsi la géomancie pratiquée en France, dont les figures portent des noms latins, a été transmise par les géomanciens arabes ; ainsi l'oniromancie arabe s'est-elle très probablement inspirée de la science grecque des rêves ; ainsi le système développé par Al-Bûnî porte-t-il l'empreinte du système néoplatonicien. Plus généralement, l'occultisme islamique a pénétré sans heurt dans les écrits et les pratiques des Européens du XIIe au XVe siècle, tout comme les Arabes avaient auparavant mis à profit une tradition européenne antique[100]. Et l'on ne peut oublier l'intense circulation des savoirs en ce domaine dans l'ensemble du bassin méditerranéen et au-delà (Perse, Inde). Mais on pourrait citer d'autres exemples de ces pérégrinations culturelles, telle celle de Fodé auquel un client cambodgien a donné « des choses de Bouddha » ; connaissances engrangées jusqu'à leur mise à l'épreuve.

Si le pragmatisme domine, très généralement, l'appropriation de savoirs nouveaux, la recherche spirituelle ou philosophique n'en est pas absente. Dès la fin des années 1960, Diakité s'est intéressé ponctuellement à Krishna et à l'hindouisme, à travers des ouvrages acquis dans une librairie orientaliste[101].

Adaptation à la situation française, concurrence avec les voyants ou avidité, devoir de connaissance induit par un mode d'être islamo-africain, cette circulation des savoirs que nous voyons à l'œuvre à Paris est déjà largement repérable en Afrique. Rouch note que les plus grands *zima*, prêtres songhay, ne se sont pas contentés d'apprendre auprès de leurs maîtres mais ont entrepris des voyages lointains pour prendre contact « avec les prêtres des religions voisines » ([1960]-1989 : 208). En milieu peul, on n'hésite pas à aller ailleurs « acheter la connaissance » lorsque dans telle famille elle fait défaut. C'est aussi en Afrique que les marabouts, les autres praticiens, l'homme de la rue, ont fait connaissance avec certaines pratiques indiennes ; la vogue des « fétiches » hindous mettant leur possesseur à l'abri de tout danger, des « médicaments hindous infaillibles » soignant la faiblesse sexuelle ou le diabète, la syphilis ou les maux d'estomac, est loin d'y être récente[102].

---

99. L'existence de cette pratique m'a été rapportée par un Diakhanké, mais je ne l'ai jamais vue à l'œuvre à Paris. Maupoil ([1936]-1981 : 43) signale, parmi les procédés divinatoires antérieurs à Fa, l'usage d'une « petite natte que le devin [...] tenait à la façon d'un pendule ». Il décrit également l'usage du « chapelet divinatoire », sorte de collier non fermé que le devin balance « d'avant en arrière, et en égalise les branches avec la main gauche » (*ibid.* : 237). Il s'agit ici d'une pratique géomantique. L'existence de la natte divinatoire a été évoquée par un devin parisien d'origine peule comme faisant partie de sa panoplie ; mais je ne l'ai pas vu l'utiliser.

100. Voir l'analyse de ces influences multiples dans Lemay (1992).

101. Diakité mentionne également une vive discussion avec des représentants de la secte Haré Krishna, rencontrés à la mosquée de Paris.

102. Il faut aussi signaler l'énorme popularité du cinéma indien au Sénégal. En outre *Amina*, revue féminine diffusée en Afrique, aux Antilles et en France, contient un grand nombre de publicités de voyants hindous. On en reparlera plus loin.

On ne s'étonnera donc pas du succès remporté, en 1987, auprès d'un grand nombre d'Africains de l'Ouest, par un « marabout indien[103] », spécialiste du tiercé, installé pour un mois dans un hôtel meublé du XVIIIe arrondissement. Le « tout petit secret hindou » que Diakité refuse d'apprendre, restant fidèle à sa pratique islamique et à sa qualité d'« homme de Dieu tout simple » (même s'il s'est, lui aussi, adapté à sa clientèle parisienne), en dit long sur la force des influences contre lesquelles il a choisi de résister.

Au-delà de cette perméabilité que nous voyons ici en acte, et que favorisent les multiples brassages de populations à Paris, il faut rappeler à nouveau la somme d'apports divers dont ce que l'on nomme « magie islamique » est la résultante, fait d'autant plus remarquable qu'il est souligné par certains marabouts eux-mêmes.

La médecine occidentale

Quelle est, dans ce travail d'emprunt et d'ajustement, la place de la médecine occidentale ? Hormis l'utilisation d'une rhétorique empruntée au domaine médical afin d'étayer une légitimité thérapeutique[104] implicite, prolongement, par les mots, d'une situation africaine, alors que la légitimation réelle, en France, avait suivi d'autres voies, force est de constater que les marabouts n'ont pas choisi le chemin des *medicine-men*, ces chamanes indiens nord-américains et leurs épigones modernes qui, depuis une dizaine d'années, se sont associés à des équipes américaines et européennes (notamment espagnole) de psychothérapie de groupe. Les relations entre médecins et marabouts restent d'ailleurs, jusqu'à présent, de part et d'autre, fort distantes et méfiantes ; la présence de ces derniers au chevet de patients hospitalisés dans des services de psychiatrie (Sainte-Anne, Claude-Bernard) vise avant tout à tranquilliser ceux-ci : si elle est, pour cette raison, parfois appréciée des médecins, elle n'implique en rien une réelle collaboration thérapeutique[105]. Les marabouts ne jouent qu'un rôle de médiateurs presque involontaires.

Pour plusieurs raisons déjà évoquées, parmi lesquelles la crainte de la répression de tout « exercice illégal de la médecine », leur champ d'intervention ne concerne que peu, à Paris, la « maladie » au sens occidental dominant du terme (le soin d'une maladie telles la rougeole, les maladies de peau, d'yeux, etc.) et ils ont très peu intégré à leur pratique des éléments de savoirs psychothérapiques ou biomédicaux[106]. Les jugements qu'ils formulent à l'encontre d'un emploi trop intensif des

---

103. C'est en ces termes qu'il m'a été présenté. La consultation coûtait deux cents francs, somme supérieure au prix de consultation des marabouts à cette date ; la liste des numéros gagnants valait mille francs.

104. Au sens très large du terme.

105. Un marabout raconte qu'un de ses clients a voulu introduire dans l'hôpital psychiatrique où il séjournait, les « médicaments » qu'il lui avait donnés. L'interne a opposé un refus scandalisé à cette démarche et en a référé au directeur de l'établissement.

106. Je n'ai rencontré, à Paris, nul praticien qui, tel le coupeur de luette peul malien décrit par Gibbal (1984), ait infléchi son art jusqu'à employer des instruments de chirurgie occidentaux.

produits chimiques, leur usage des plantes ou même, pour quelques-uns d'entre eux, de l'argile, les inscrivent plutôt dans le courant des « médecines douces ». En outre, pas plus à Paris qu'en Afrique de l'Ouest[107], les marabouts ne s'intéressent aux seuls symptômes physiques, ni ne se contentent de soigner le corps malade : c'est de l'étiologie révélée par la divination, qui prend en compte non seulement le patient mais ses génies, ses voisins, ses parents, Dieu, puis de la puissance des prières, des écritures faites par le marabout dont dépendra la guérison. Ceci ne postule en rien l'existence de frontières étanches entre différents recours thérapeutiques : certains maux peuvent être soignés par des plantes sans grande élaboration magico-religieuse, d'autres (l'asthme, les maladies du foie, par exemple, pour certains marabouts) ne peuvent être soignées que par un médecin, dont le marabout conseillera sans hésitation la visite à son consultant ; d'ailleurs les marabouts eux-mêmes consomment des médicaments allopathiques et ne dédaignent ni le médecin ni l'hôpital.

Est-ce précisément parce qu'il y fait de fréquents séjours ? Est-ce en raison de la collaboration d'un de ses parents avec le professeur Collomb ? Ndao est l'un des rares exemples de marabouts qui aient introduit dans leur pratique des éléments empruntés à la médecine occidentale. Alors que d'autres précisent bien qu'ils n'ont « pas de machine » pour examiner leur consultant, Ndao utilise l'une de ses pierres divinatoires comme un appareil objectif destiné à prendre toutes sortes de mesures. Il pose et déplace cette pierre comme un stéthoscope, à même la peau du consultant auquel il demande de tousser, de respirer fort... À plusieurs reprises, il observe les veinures de la pierre, l'effet sur elle de la transpiration du patient. Le résultat de cet examen s'écrit selon un code élaboré par Ndao : à chaque organe est affectée une lettre, à laquelle s'ajoute un chiffre variable sur une échelle calquée sur celle de la tension artérielle ; il compare les données ainsi recueillies aux chiffres d'un sujet « normal[108] ». Cette invention d'un objet nouveau, qui mêle à la divination[109] les formes de l'examen médical fondé sur des mesures objectives, est, en outre, totalement cryptée, reproduction à la fois du secret de la pratique maraboutique et du caractère hermétique du langage médical : Ndao cherche à conjuguer les deux pouvoirs.

Les collaborations entre marabouts et médecins en restent donc le plus souvent à l'état de souhait ou de projet. Certains évoquent leur coopération manquée[110] avec des médecins qui savent bien qu'en France, on ne sait pas soigner « les têtes qui tournent[111] ». Le seul cas réel d'association (indirectement) rencontré est celui d'un

107. Cf. les travaux pionniers de Zempleni (1968).

108. Par exemple : GM 22, AM 13. La comparaison avec un sujet normal évoque, évidemment, la présentation des résultats d'analyses biologiques. Mais l'usage d'échelles de chiffres existe aussi chez certains guérisseurs ; cf. Friedmann (1981 : 189).

109. Car la pierre garde sa valeur divinatoire et n'est pas qu'un simple outil scientifique.

110. Soit par absence de compensation financière offerte au marabout, soit par un recul de dernière minute de la part du médecin.

111. Poular *djilul*, maladie assimilée à l'épilepsie.

médecin antillais d'une ville de province qui envoya à un marabout pendant quelque temps des malades qu'il ne pouvait guérir lui-même (dépression, alcoolisme, problèmes psychosomatiques[112]).

Cette situation inverse l'analyse que nous projetions de faire : il y aurait pour les marabouts moins d'emprunts possibles à la médecine occidentale (à la biomédecine), que d'apports qu'eux-mêmes pourraient fournir à celle-ci. Camara dit avoir reçu la visite d'un médecin ayant opéré un malade à trois reprises sans succès. Lui, le marabout, a préparé un médicament à base de maïs[113] et de riz bouillis : « Beaucoup de choses sont sorties de son ventre [du malade], il s'est senti comme un jeune homme de dix-huit ans. » Cette maladie que le médecin n'avait su soigner, c'était un sort jeté sur la personne, qui en a été évacué par la diarrhée, selon une procédure classique visant à expulser le mal hors du corps. Plusieurs marabouts ont dit être détenteurs d'un secret permettant de soigner qui le diabète, qui l'épilepsie, la maladie de Parkinson ou des cancers, toutes affections délicates ou dont la thérapie en est encore à l'état expérimental. Car c'est bien là, dans ces failles actuelles de la médecine occidentale, que les marabouts peuvent trouver une place, ainsi qu'auprès de médecins timidement ouverts à des pratiques différentes de celles qui leur sont habituelles, souvent en raison d'un séjour en Afrique ou en raison de leur appartenance à une autre culture[114]. Mais, répétons-le encore, les exemples de collaboration réelle sont très rares en France.

Ndao, pour sa part, a constitué de volumineux dossiers sur le sida ; il en cache soigneusement le contenu, s'inscrivant dans un jeu de rivalité avec les plus grands chercheurs, ses concurrents. La confrontation avec les médecins français lui semble d'ailleurs inégale, car ceux-ci formulent une exigence inacceptable : la divulgation du secret, divulgation sans contrepartie, impliquant une désacralisation totale des pratiques.

Son secret, une formule indiquant les plantes composant un médicament antidiabétique[115], Sory l'a obtenu il y a plus de vingt-cinq ans grâce à une *khalwa*[116]. Il a, dit-il, soigné avec succès des malades à l'Hôtel-Dieu. Les médecins l'ont-ils cru ? Beaucoup ont invoqué le hasard. Le laboratoire pharmaceutique (spécialiste

---

112. Au cours de sa collaboration avec le médecin, le marabout s'est occupé de patients envers lesquels il a été convaincu d'escroquerie. Le médecin n'était pas en cause. Ce sont les dépositions des protagonistes du procès dont j'ai pu avoir lecture.

113. En milieu peul, le maïs est nommé « graine de La Mecque » et est souvent employé dans la fabrication de protections (Gaden 1913, t. I : 122).

114. Ceci n'est, d'ailleurs, en rien une condition suffisante. J'ai rencontré des médecins martiniquais qui, connaissant parfaitement le système d'explication de l'infortune vivace en Martinique consistant à en porter la responsabilité hors de l'individu concerné, étaient farouchement opposés à toute collaboration avec des spécialistes magico-religieux.

115. Certaines des plantes composant ce médicament peuvent être achetées en pharmacie, d'autres ne sont pas cultivées. Sory a refusé d'indiquer le nom des plantes utilisées. Le cas de ce marabout, relaté à travers son propre récit, vise à cerner son mode de pensée plus que la véracité de ce qu'il avance.

116. Inspiration divine survenant pendant une retraite.

d'homéopathie), qu'il a contacté pour tenter de donner plus d'ampleur à sa découverte, lui a demandé de soumettre sa formule à des expérimentations, à des batteries de tests, comme s'il s'agissait d'une vulgaire technique ! Sory a décidé de garder pour lui son secret.

Au-delà de l'existence, vérifiable ou non, d'un authentique moyen de guérir, au-delà de la différence irréductible entre deux modes de savoirs, ce qui se joue se situe encore à un autre niveau. Les marabouts, tout comme les guérisseurs pratiquant en France dans leur ensemble (et c'est bien dans ce cadre que s'inclut Diallo, marabout féru de radiesthésie) savent fort bien qu'ils sont, pour les médecins patentés, des hors-la-loi ; antagonisme extrêmement fort en France, beaucoup moins dans d'autres pays[117]. C'est pourquoi Ndao l'iconoclaste accepterait, prétend-il, d'expliquer ses découvertes à un médecin, à un grand médecin, pourvu que celui-ci vienne jusque chez lui, comme un patron viendrait chez un modeste ouvrier, chercher ce pouvoir dont il ne serait plus le seul détenteur. Il s'agit plus d'une lutte globale pour la reconnaissance que d'un problème de relations de savoir entre médecins et marabouts ; lutte rêvée, rarement vraiment engagée, qui dépasse largement le seul cadre des « ethnomédecines[118] ».

L'exemple de Ndao

À l'opposé de la conduite de Diakité, de lignée maraboutique, qui, en France, reste fidèle à son maître et à son savoir islamique, le cas de Ndao représente l'un des points extrêmes de ce que permet le milieu urbain français.

Rappelons qu'il est issu d'un groupe méprisé, que le savoir coranique n'est en rien l'apanage de sa famille, mais que lui-même est détenteur d'un don, dû à sa rencontre avec un génie. C'est peu après cet événement qu'il arrive à Paris.

Il interrompt, après deux ans, son travail dans l'industrie automobile[119]. Devenant alors un véritable champion de la mobilité, tant par les activités qu'il exerce que par les lieux qu'il fréquente, il circule dans différents milieux investis de quelque pouvoir : ceux des policiers, gardiens et vigiles, fonctionnaires de préfecture, journalistes[120]. Fasciné par le prestige que confère l'uniforme, il a suspendu en bonne place dans son logement des encadrements le représentant en caporal, en vigile aussi bien qu'en pèlerin de La Mecque. Cette recherche de l'autorité, et des différents appuis que ses représentants peuvent lui procurer, est conforme à son statut africain de *batula* (« courtisan ») ; elle témoigne aussi de son audace : à l'instar des grands marabouts sénégalais, Ndao s'entend à faire jouer ses différents réseaux pour résoudre ses propres problèmes ou ceux de son entourage (logement,

---

117. J.-P. Chaumeil montre que certains chamanes yagua du Pérou ont récemment mis au point un « chamanisme chirurgical », pratiquant des ablations d'organes. Ils ont parfois pour clientèle des personnes envoyées par des médecins.

118. Sur les conflits de pouvoir autour des « médecines douces », cf. Benoist (1998 : 523-542).

119. À la suite d'un accident.

120. Pendant un temps, Ndao a été en possession d'une carte de presse.

travail, papiers, etc.). Il fréquente également le milieu consulaire sénégalais qui lui procure plusieurs invitations à la mairie de Paris : éléments parmi d'autres d'une véritable stratégie du prestige social et de la représentation[121]. Parallèlement, Ndao se lie, toujours à Paris, avec un groupe de Maghrébins ; c'est auprès d'eux qu'il apprendra à parler l'arabe, qu'il perfectionnera sa connaissance de l'islam, qu'il enrichira son savoir des procédés et des méthodes du *ᶜilm al-asrâr*, retournant par là, sans le savoir, à l'une des sources de ces pratiques. Goûtant fort l'écrit, il constitue de gros dossiers constitués de copies[122] de vies de saints musulmans et de prophètes, de fragments de gloses du Coran, de développements généraux sur l'islam, de prêches, y compris des condamnations des marabouts d'Afrique de l'Ouest... Lui qui contestait le pouvoir des lettrés issus du sérail conquiert ce statut dans son milieu, où il est le seul à posséder cette connaissance. Sans doute est-il aussi perméable au mouvement global d'expansion de l'islam dans les milieux immigrés en France. L'ensemble de ces raisons a pour effet de transformer Ndao en un bon musulman : la référence à Allah est constante, soude ses écrits, nourrit son comportement[123].

Cependant il ne se limite pas à cette connaissance. Il recueille deçà, delà, dans des livres ou à l'occasion de contacts personnels, des bribes de chimie et d'alchimie (concernant notamment la pierre philosophale), des éléments de magnétisme, d'astrologie, d'hypnose, d'informations sur les météorites, de magie égyptienne, hébraïque. Il s'intéresse également à la phytothérapie, à la pharmacopée, avec le projet de prouver que l'efficacité de ses plantes égale celle de certains médicaments occidentaux ; à la minéralogie, dans le but de confronter les propriétés divinatoires de ses pierres avec leurs caractéristiques physico-chimiques. Sur tous les thèmes qu'il explore, Ndao, saisi par la pensée classificatoire, écrit, forge des théories qu'il souhaite publier, s'appropriant ainsi l'un des signes majeurs des milieux scientifiques. Pourtant, tout comme pour la médecine occidentale, sa fascination pour ces milieux ne l'entraîne jamais jusqu'au point où il dévaloriserait son propre savoir. Mais pas plus qu'à l'islam sa curiosité ne s'arrête au domaine scientifique. Il travaille également la philosophie politique, le matérialisme dialectique, la sociologie, rédige discours et harangues révolutionnaires destinés à ses « frères », concernant le développement des villages, la politique économique, éducative du Sénégal. De plus, Ndao rassemble, à l'instar d'un ethnologue, des observations sur les rites de naissance, de mariage, sur les récits mythiques *faddubé* du Boundou (sa région d'origine), dans le but explicite de valoriser sa culture familiale. Enfin il porte un regard personnel sur le monde qui l'entoure, et consigne ses pensées en un recueil intitulé *Les pensées de Ndao ou l'observation universelle dans le monde*.

---

121. Ces invitations sont accrochées, bien en vue, sur les murs de sa « salle d'attente ». Doit-on voir aussi un symbole dans un des encadrements représentant Bonaparte à cheval ?...

122. Essentiellement en français. Tous ses textes sont dactylographiés. Comme on peut s'y attendre, c'est son diplôme de brevet des écoles, et non un *ijâza* (« diplôme ») sanctionnant un savoir coranique qu'il a également accroché à un mur de son appartement.

123. Mais l'islam qu'il pratique n'est en rien dogmatique.

Cet ensemble éclectique ouvre encore les perspectives de la recherche de connaissance que mènent en France les marabouts.

D'abord apparaît nettement combien, outre le savoir islamique, phytothérapique, outre le don, la connaissance de milieux diversifiés peut être nécessaire à la pratique du marabout comme à son prestige. Ndao lui-même, lorsqu'il intervient pour un consultant, ne cache en rien les réseaux qu'il s'efforce éventuellement de faire agir. C'est notamment cette construction audacieuse d'un faisceau de relations non traditionnelles, hors de son milieu méprisé, qui lui permet, à Paris, de sortir de son statut, de se forger une personnalité de marabout. Ensuite son exemple montre avec éclat le profit qu'il a su tirer du brassage des hommes à Paris : sortant de son groupe d'origine, il a puisé auprès de Français mais aussi auprès de Maghrébins une part essentielle de son savoir, celle qui, en définitive, modèle son existence. En fait, il met parfaitement en pratique ce que sa rencontre avec le génie lui a donné d'essentiel : l'aptitude à traverser différents univers, l'expérience de la perméabilité des mondes. Enfin, ce qu'il recherche de façon beaucoup plus explicite que d'autres marabouts, c'est ce qu'exprime clairement le titre de son écrit le plus personnel : l'universel. Cette recherche n'exclut en rien la mise en valeur de la culture de son groupe, non sans relation, d'ailleurs, avec la position avantageuse qu'il a su acquérir à Paris.

Connaissance et chance

De cette analyse du savoir des marabouts parisiens se dégagent quelques constatations générales.

Cette connaissance résulte d'un apprentissage, quelle qu'en soit l'étendue, quelle qu'en soit l'ancienneté dans le lignage. Le don lui-même, simple aisance dans l'étude, prédisposition innée au contact avec le divin, ou ouverture parfois brutale sur des mondes insoupçonnés, doit se cultiver. Mais la connaissance est aussi un processus éminemment créatif. En France, il peut arriver que le grappillage individuel, auquel se livre la grande majorité des marabouts parisiens, franchisse les frontières, d'ailleurs imprécises, des cultures islamo-africaines ; mais la compatibilité entre eux de ces fragments assemblés s'enracine parfois, comme nous l'avions remarqué pour Diallo, dans les influences diverses qui forgent des cultures particulières. Au demeurant, ce qui fonde cette appropriation de savoirs « étrangers », c'est avant tout, comme le montre aussi clairement l'exemple de Diallo, une démarche pragmatique. La connaissance est aussi un savoir-faire. C'est notamment celui-ci, allié à la diversification des sources du savoir favorisée par le milieu parisien, qui rend possible la démocratisation de la *baraka*. Ce grappillage dans un patrimoine, à l'origine le plus souvent écrit, se fait, même à Paris, selon toutes les règles d'une transmission orale : de bouche à oreille, entre partenaires soigneusement choisis, sous le sceau du « savoir-taire[124] » sans lequel nulle efficacité n'est possible, sans lequel nul pouvoir ne peut être protégé. Cette curiosité

124. Expression empruntée à Jamin (1977 : 60).

gourmande, cette création permanente, véritable « tradition » d'un mode d'être ouest-africain tout comme manifestation de l'extrême souplesse de l'islam (ou peut-être de toute pratique, de toute pensée magico-religieuse[125]) invalident ce regret de la déperdition du savoir maintes fois entendu à propos des marabouts parisiens. Elles reproduisent, en revanche, ce discontinu, cette « marqueterie de documents », ce « génie du bric-à-brac » dont on pourrait dire, en paraphrasant Ortigues (1981 : 81), qu'ils caractérisent toute culture vivante[126]. Elles montrent, en outre, combien les marabouts ont su s'insérer, à Paris, dans une dynamique sociale : s'adapter à leurs nouvelles conditions, à leur nouvelle clientèle, à leurs concurrents, choisir le « dialogue », selon le mot de Diallo.

Cette connaissance, à laquelle s'ajoute l'ampleur des réseaux de relations, n'est pourtant pas suffisante. Rien ne saurait advenir si n'intervient la chance du marabout (poular *ardige*, manding *hardiakhe*). « Un marabout qui travaille très bien, il peut ne pas avoir beaucoup de clients ; un autre qui a fait les mêmes études, il a beaucoup de monde : c'est la chance », constate Touré.

C'est à ce facteur mystérieux, qui échappe au travail le plus assidu, aux protections les plus scrupuleuses, au savoir le plus abouti, qu'est attribuée en dernier ressort la réussite professionnelle, celle du consultant mais aussi celle du marabout lui-même : les deux partenaires sont soumis aux mêmes aléas. Bien naïf serait celui qui compterait sans la chance, inégalement et aléatoirement répartie. L'interprétation la plus courante est que tout reste entre les mains de Dieu : « Je propose, Dieu dispose », répète Gassama. Pourtant un proverbe recueilli par Gaden (1931 : 91-92) dit :

> Le profit que Dieu donne à l'improviste n'est pas retenu [auprès de Lui, mais] a été éparpillé[127].

Si Dieu décide à qui et quand il prodigue cette chance, il est possible de l'aider puisque « le profit envoyé par Dieu ne réveille pas celui qui dort[128] ». La chance nécessite une attitude dynamique que les consultants doivent eux aussi adopter. Il est possible de la faire tourner, au sens où l'on forcerait quelqu'un à tourner la tête. Si la réussite n'est jamais assurée, les jeux ne sont jamais faits. C'est cette attitude non entièrement déterministe qui justifie l'action des marabouts eux-mêmes : il y a toujours quelque chose à tenter.

Ainsi il existe entre l'activité de connaissance – le travail de l'homme –, et la chance – le travail du destin –, une relation complémentaire et dialectique.

---

125. N'en est-il pas de même du chamanisme ?

126. C'est à Ortigues que j'emprunte les expressions citées entre guillemets ; l'auteur les applique à toute « pensée religieuse vivante », qu'il s'agisse de l'islam, de l'Ancien ou du Nouveau Testament ou des traditions religieuses africaines.

127. Transcription peule de Gaden : *'Arsuku surâka, sâka.*

128. *'Arsike findinta danîdo* ; commentaire de Gaden : « Dieu ne donne pas la fortune aux paresseux. »

Chapitre 2

Les pratiques maraboutiques

Cette connaissance aux formes multiples, nous allons maintenant la voir à l'œuvre. En quels termes les marabouts parisiens en parlent-ils ? Comment usent-ils de leur savoir-faire ?

JUSTIFICATIONS DE L'ACTIVITÉ MARABOUTIQUE

Entre *waliyu* et « copiste »

Nul doute : il n'y a, à Paris, aucun *waliyu* ; quelle que soit sa réputation, aucun marabout parisien n'est considéré comme tel, n'aurait l'outrecuidance de se prétendre tel. Le *waliyu*, homme de savoir (poular *djom gandal*), ne quitte jamais son village et ceux qui le sollicitent se déplacent pour lui rendre visite. Vivant dans un endroit exempt de toute souillure, il passe son temps en méditations et en prières, fuit le contact public trop fréquent. Il écoute surtout, sa parole est parcimonieuse. Sage, modeste, charitable, lumineux, il est solidaire des personnes qui s'adressent à lui, il peut avertir du malheur, le prévoir, le détourner. Mais il peut aussi entrer dans des colères terribles. Son pouvoir émane de Dieu, dont il est l'intermédiaire, et il a le privilège de connaître des choses cachées. Il a un contact, toujours redoutable, avec les génies.

Cette figure idéalisée, décrite par un marabout parisien, porte l'empreinte du soufisme ; sorte de puissance tutélaire qui porterait sur ses « ouailles » parisiennes un regard vigilant mais lointain, elle n'existerait qu'en Afrique, surtout celle des villages. Pour trouver les marabouts parisiens, il faut descendre beaucoup plus bas : « Il y a mille et mille grades entre un prophète ou un *waliyu* et moi », dit humblement Diakité qui se définit comme un « petit ouvrier de Dieu tout simple ». Mais à Paris, même celui, très modeste, que son maître a conduit sur le chemin du *ᶜilm al-asrâr*, où n'existent ni diplômes ni règles d'acquisition, peut être imité par des « copistes » qui ne maîtrisent que quelques formules...

Certes, cette dénonciation n'a aucune valeur absolue, chacun étant le copiste de l'autre. Elle n'est pas, non plus, révélatrice d'une situation française puisque déjà Gaden l'évoquait au début du siècle, en milieu peul sénégalais[1]. En outre, cette vision idéologique dichotomique, reproduisant d'autres hiérarchies différemment exprimées ailleurs (entre « saint » et « marabout », entre « marabout » et *ṯâleb*, entre « prophète » et « devin », le deuxième de ces couples n'étant toujours qu'un technicien) ne dépeint en rien la complexité du travail maraboutique. Pourtant, entre l'affirmation unanime de l'absence en France de tout *waliyu* et celle de la présence probable de « copistes », on peut voir un trait de lucidité des marabouts parisiens sur eux-mêmes ; portrait sans illusion qui, rappelons-le, a pour corollaire (ou prémisses) la vision de la France comme un milieu souillé.

Questions sur la licéité

Si les discussions parisiennes concernant la licéité islamique de la pratique maraboutique n'apportent à ce débat toujours recommencé aucun argument réellement nouveau, elles sont intéressantes par l'art du compromis qu'elles révèlent.

Selon un marabout diakhanké, la légitimité de l'invocation, de la prière pour soigner, ne fait aucun doute (cf. Coran LXXV : 27, CXIII et CXIV). Il raconte le *ẖadîth* suivant :

> Dans un village, au temps du Prophète, ses compagnons aperçoivent un serpent qui piquait un homme réputé. Les gens du village demandent si les compagnons du Prophète peuvent le guérir. Un homme nommé Saïd est venu, il a posé la main sur la piqûre, il a récité la *fâtiẖa*, a craché sur la blessure, l'homme a été guéri, carrément. La famille a donné à Saïd une chèvre. On l'a tuée, on l'a partagée entre les compagnons du Prophète. Mais ceux-ci se sont inquiétés : ils n'avaient pas reçu d'ordre du Prophète pour faire cela ; on ne peut rien faire sans l'avis du Prophète. Ils vont le voir, lui expliquent le cas, lui demandent si c'est bien ou mal. Le Prophète répond : « Pourquoi ne m'avez-vous pas apporté ma part ? » On ne peut donner de meilleure récompense que pour le Coran lorsqu'il guérit. Si l'on guérit d'une autre manière qu'avec le Coran, on paie, mais c'est le Coran qu'il vaut mieux payer, car il fait le plus de bien[2].

En outre, le contenu des études comprend, pour les Diakhanké, une « matière » particulière : le *tasrîf* (Sanneh 1979). Il s'agit d'une justification en termes islamiques, au moyen de la casuistique légale (*ẖiyal*) et du raisonnement analogique (*qyas*), de pratiques dont les Diakhanké sont, de fait, les spécialistes : la conduite

1. « Ces marabouts de petit savoir sont qualifiés, par moquerie, de *mankataba* parce que, dans les traités de magie, chaque reproduction de talisman est précédée d'une légende explicative qui commence, dit-on, par *man kataba* "celui qui a écrit", et que c'est précisément cela que ces marabouts se bornent à faire, leur science ne leur permettant que de copier servilement. » (1931 : 112).

2. De cette tradition musulmane concernant les bienfaits de la parole et des invocations, Desparmet donne deux versions maghrébines différentes (1932 : 126).

d'un travail occulte (divination, fabrication d'amulettes, d'eau chargée de pouvoirs bénéfiques, prières d'intercession en diverses circonstances, guérisons). Un fois de plus est donc vérifiée l'aptitude à l'« accommodement » de ces marabouts largement représentés à Paris[3].

Mais pour d'autres, la réponse à cette question est plus nuancée. La « consultation[4] » ? Pour Cissé, marabout d'origine songhay, elle est sans conteste illicite.

> Quand le Prophète a quitté La Mecque, ses ennemis voulaient le rattraper. Il a couru avec ses gens, il est entré dans un caillou[5] pour se cacher. Donc ils l'ont suivi. Il y a quelqu'un qui connaît la consultation, qui connaît le chemin, là où il est. Ils [les ennemis du Prophète] le consultent ; ils suivent, ils suivent jusqu'à arriver au caillou. Mais ils ont trouvé qu'il y avait là un oiseau qui a fait son nid, et plein de toiles d'araignées, elles ont fermé toutes les portes comme ça, donc tu es sûr qu'il n'y a personne qui est entré. Les ennemis ont trouvé ça, ils ont dit : « Il n'est pas là-bas ». C'est Dieu qui a fait ça pour protéger le Prophète, les ennemis n'ont pas pu[6]. Donc la consultation est contre le Prophète. Dieu n'a pas voulu ça.

Les talismans et amulettes ?

> Le Prophète n'a pas fait ça, dit Cissé ; le Prophète a soigné quelqu'un, tous les prophètes, Mûsâ, Y^{c}aqûb, ^{c}Isâ, en donnant des choses comme l'eau pour boire, les médicaments, le miel... Ils ont demandé quelque chose à Dieu, ils n'ont jamais utilisé les gris-gris. Le Prophète travaille avec sa propre main, il n'a jamais écrit. Le premier qui a commencé à écrire, c'est Umar, un des quatre qui étaient comme le Prophète, qui avaient sa confiance[7].

Comment, alors, Cissé justifie-t-il son activité[8] ? D'abord en déplaçant l'objet sur lequel porte l'interdiction ; ce n'est plus la « consultation » en elle-même mais la parole du devin qui devient objet de débat : « Moi, dit-il, je connais ce qui est

---

3. On retrouve une situation similaire dans le bouddhisme du « petit véhicule » (*teravada*), en Asie du Sud-Est : les pratiques consistant à attirer à soi les forces bénéfiques ou à éloigner les forces maléfiques se développent non pas marginalement ni à l'intérieur du seul bouddhisme ésotérique, mais au cœur même du canon bouddhique.

4. Terme français le plus répandu pour désigner la séance divinatoire. En poular, on utilise le terme *timgal* (racine : « se pencher sur », « regarder »).

5. Une caverne.

6. Un récit similaire relatif non à la divination mais à l'origine du tissage a été relevé en Kabylie ; il ne fait mention que des toiles d'araignées. Chez les Peul du Fouta sénégalais, l'oiseau qui aurait fait son nid à l'entrée de la caverne est assimilé à la tourterelle, Mariyama, oiseau sacré qu'il ne faut tuer sous aucun prétexte, même lorsqu'il est pris au piège (Ba 1968).

7. Dans des récits relevés par Desparmet, on attribue au khalife Umar la pratique des présages, considérés par le Prophète comme polythéiste (1932 : 138).

8. Précisons que Cissé pratique de préférence la géomancie, procédé mantique dont la licéité fait objet de maints débats en islam.

h̲arâm[9], mentir c'est mauvais, moi je ne mens pas. » Ensuite, bien que, en définitive : « Dieu seul peut dire : *"Fais ça"* », et qu'il ne faille pas faire de cette activité son « métier », Cissé défend l'art divinatoire comme devant être le fait d'une élite compétente dont il fait partie :

> Tout musulman qui est fort, qui est instruit, il connaît la consultation, c'est pourquoi c'est interdit, tout le monde va vouloir savoir, va laisser tout pour ça… n'importe qui peut faire ça, mais il y en a qui ne voient pas, qui ne sont pas propres.

Cette revendication de la spécialisation, indispensable à la construction du pouvoir, s'articule néanmoins à un principe de réalité : « Moi, je travaille avec ça, c'est mon domaine. » Dernier argument enfin : outre la diversité des connaissances composant la pratique maraboutique, dont toutes ne sont pas coraniques, dont certaines « sont sorties après le Prophète », et d'autres avant lui, Cissé suggère à sa manière l'impossibilité de suivre les préceptes du Coran à la lettre :

> Le Coran, il est venu, il a dit une parole : tout ce qui n'est pas issu de Dieu, c'est interdit ; mais alors beaucoup de choses sont interdites, pourtant à La Mecque, il y a l'informatique dans la mosquée, il y a la télé, c'est interdit ça, la façon dont nous on est ensemble, on cause, c'est *h̲arâm* !

Mélange de déférence envers la norme véhiculée par le texte sacré et ses commentaires, et d'affirmation quelque peu polémique de son inadéquation à une modernité qui la dépasse, la casuistique maniée par Cissé ne vise qu'à justifier sa pratique de marabout ; de celle-ci, la légitimité sociale, garantie par la compétence de l'homme, ne fait aucun doute.

Entre « magie blanche » et « magie noire »

On retrouve d'autres ruses du licite et de l'illicite dans l'opposition classique entre « magie blanche » et « magie noire ».

Tous se défendent de pratiquer cette dernière, maléficiente. Désignée du nom de *bat̲tuta*[10], elle relève d'une alliance avec Iblis, ange rebelle chassé du paradis ; incompatible avec la religion, elle est réputée porter ceux qui s'y vouent à des conduites déviantes et provocantes : ils ne tiennent pas compte de l'interdit portant

9. Illicite.

10. L'origine de cette dénomination fort répandue reste obscure. A-t-elle un rapport avec le voyage qu'Ibn Battutah fit au Sahara et au Niger en 1352 lors duquel il aurait rencontré des géomanciens ? Le terme arabe courant est *sihr*, désignant la magie, la sorcellerie, les pratiques illicites. Cependant Kassibo (1992 : 546) nomme *batuta moriw* les « marabouts devins », sans que ce terme implique une liaison particulière avec des puissances maléfiques. Mais on sait que la géomancie, remarquée par Ibn Battutah, est illicite en islam.

sur le sang menstruel, ils prient secrètement vers l'ouest[11]. La force de cette *battuta* est inouïe, celle de l'hypnose, dit Dabo, n'en représente qu'un centième : avec la *battuta*, on peut arrêter un train, détruire une machine, se rendre totalement transparent, voler le sexe d'une femme ou d'un homme, tuer une personne, faire surgir le fantôme d'un parent décédé ; de ses carrés magiques jaillit du feu.

Est-ce uniquement pour conforter son image d'homme de bien que tout marabout parisien récuse avec force cette *battuta* ? Remarquons qu'entre elle et certaines pratiques admissibles, s'il y a une différence dans l'inspiration (Iblis contre Allah), il n'y a pourtant nulle différence de nature : faire le mal « avec le Coran » est bien licite mais seulement lorsqu'on est attaqué, quand c'est la guerre, quand il s'agit de se défendre du mal qu'on vous a fait, quand il est impossible d'agir autrement... Dans ce cas, on ne parlera plus de *sihr.* Cette ambivalence entre attaque maléfique et riposte salutaire, loin du manichéisme habituellement avancé, explique pourquoi « on ne donne pas ça aux jeunes » qui risqueraient d'enfreindre une règle si fragile[12], et pourquoi le maître doit avoir bien éprouvé les qualités morales de son disciple avant de lui donner ses secrets.

Si les marabouts parisiens disent ne pas pratiquer la *battuta*, certains s'affirment, en revanche, familiers d'une de ses formes plus édulcorées : la transformation (*tabdîl*[13]). Récits innombrables : eau changée en lait ou en vin, feuilles d'arbre en billets de banque[14], (« de quoi faire une croisière ! », comme le décrit un jeune Sénégalais), femme muée en chèvre, en âne, en chien. Le ressort de ces pratiques reste mystérieux ; il ne s'agit plus d'un pacte démoniaque mais parfois de l'emploi de certaines matières (tel le mercure, qui entrerait dans la fabrication de la fausse monnaie). Ces procédures, réputées très efficaces et expéditives ont toutefois une contrepartie : leur caractère éphémère, illusoire.

> On peut faire revenir très vite une femme ou un homme qui est parti, mais dès que l'affaire marche, ça s'arrête comme c'était venu[15].

En outre, il y a danger pour le marabout et pour le destinataire de son travail. Bien entendu nous sommes ici dans le domaine du récit. Pourtant, suggérer qu'on peut agir de la sorte, même si on dit s'y refuser, est un élément non négligeable de la

11. Et non vers l'est comme tout bon musulman. Desparmet relève des oppositions et des représentations similaires dans la Mittidja, à propos des *kâhinas* (1932 : 49 et sq.).

12. Qui explique qu'on puisse faire du mal au nom de Dieu (l'expression *bismillah* figure dans les invocations, dans les écrits). Sur le licite et l'illicite en matière de magie islamique, cf. Fahd (1993) ; voir aussi le chapitre de la *Muqaddima* d'Ibn Khaldûn, qui se livre à une distinction laborieuse entre l'art des talismans situé du côté des « choses défendues » et les pratiques apparemment analogues de certains soufis (traduction de Slane [1868]-1977 : 44).

13. Le *tabdîl* dériverait de l'usage de son bâton par Moïse.

14. C'est dans cette catégorie que se classe la multiplication des billets, escroquerie devenue une sorte d'archétype, tant en Afrique qu'en France ou aux Antilles, pour caractériser un marabout véreux.

15. D'où l'intérêt de spécifier, comme dans cette publicité d'un journal gratuit : « Résultats irréversibles en 3 jours », *Annonces Quartier*, 2-9 mai 2000.

construction de son pouvoir, auquel la transgression d'interdits n'enlève rien, bien au contraire...

Mais la « magie noire » désigne encore autre chose : c'est « dès qu'on ne travaille pas avec les mots du Coran », mais avec les plantes, les incantations (poular *tjefol*), dit Dia ; le symbole en est la corne, qui sert de protection, dont on fait des talismans. Cette « magie noire », tout le monde la pratique, peu ou prou, et les forgerons sont réputés en être des spécialistes. Mais une telle classification normative se révèle ambiguë. Ainsi Dia, dont nous avions analysé les connaissances mêlées, peut tantôt exprimer son plus grand mépris pour l'usage des plantes, des nœuds, du « savoir des Peuls » qu'il a appris, tantôt déclarer, avec quelque nostalgie, que celui-ci « va plus vite » : nul besoin de vivre en reclus pendant des jours et des jours, de passer des nuits à invoquer un nom de Dieu ; la rapidité de l'obtention du résultat n'est entachée, dans ce cas, d'aucun caractère évanescent. Par ailleurs, en milieu peul, « magie blanche » et « magie noire » recouvrent des significations nettement différentes de celles qui viennent d'être évoquées ; la première se réfère à l'apport d'un gain (richesse, accroissement du troupeau, etc.), la seconde à tout ce qui concerne la prévention, la défense (se prémunir contre une maladie, la soigner, etc.). Cette distinction, qui ne s'applique en rien aux moyens utilisés (Dieu ou démon, plantes ou Coran), se fonde exclusivement sur un double mouvement dont l'homme est le centre : attirer le bien, ou repousser le mal.

Si les catégories du noir et du blanc, du licite et de l'illicite sont éminemment mouvantes, c'est encore une autre opposition qui donne sens à cette dichotomie presque toujours manichéenne. Mohammed jette, de très loin, un œil méfiant sur l'écrit émanant d'un autre marabout, que je lui montre : « Ça, c'est de la magie noire », affirme-t-il. Pour ceux qui font paraître des publicités dans les journaux de quartier, Sow n'a que dédain : « C'est tous des Maliens qui font de la magie noire[16]. » Dia vit dans le même foyer que Ndao, ce dernier étant son concurrent plus chanceux. N'éprouvant pour lui qu'un profond mépris, autant dit-il, parce qu'il « ne sait rien » qu'en raison de son origine sociale[17], Dia soutient l'avoir vu prier vers l'ouest...

Il ressort clairement de ces quelques exemples que la « magie noire », condamnable et redoutable, est avant tout celle des autres, contre lesquels on affirme ainsi sa propre valeur.

La divination

Entrons maintenant dans la description de l'activité des marabouts. En suivre pas à pas le déroulement permet d'en mieux comprendre l'enchaînement et la dynamique et surtout de saisir la trame émotionnelle qui se tisse, l'engagement qui se

16. Sow est sénégalais et il hait les Maliens.
17. Voir ci-dessus les conduites d'évitement à l'égard des *faddubé*.

noue entre les partenaires ; sur ces liens et sur la force de cette expérience, nous reviendrons en détail plus loin.

S'agit-il de s'informer du déroulement d'un projet (voyage, demande de travail, mariage, etc.) ? De résoudre une difficulté (maladie, chômage, impuissance, stérilité, problème d'amour, etc.) ? Alors le concours d'un marabout peut s'avérer utile. Mais le consultant peut exprimer clairement ce qui l'amène, ou se taire et demander laconiquement au devin de « regarder » pour lui : la révélation par l'homme de l'art du problème posé constitue un premier témoignage de son excellence[18]. À Paris comme en Afrique il arrive que certains marabouts se fassent expéditifs et se contentent des réponses du client pour faire le tour d'un problème. Mais généralement, la séance divinatoire est un moment inaugural aux implications multiples.

Cependant faut-il révéler un grand malheur, des « choses qui font pitié pour la personne », pour lesquelles rien ne peut être tenté ? Certains marabouts choisissent de garder le silence, se refusant le droit de tout dire et d'influer gravement sur le destin d'autrui ; d'autres manient l'euphémisme, déclarant avoir vu des choses « bizarres », assurant toutefois pouvoir se tromper et engageant le consultant à la prière. Si ne s'ajoutait à ces attitudes celle consistant à taire le malheur entrevu par crainte des fausses interprétations – le consultant pouvant penser que le marabout lui-même lui est hostile et cherche à lui jeter un mauvais sort –, on pourrait rapprocher ces préoccupations éthiques de celles, très contemporaines, des praticiens de la médecine prédictive[19].

À l'issue de la divination, le marabout annonce s'il peut faire « quelque chose » pour dénouer la situation. Le consultant décide alors de s'en tenir là ou accepte le principe de cette intervention. Dans ce cas, s'enchaîne une série d'actes imposés ou simplement conseillés par le devin : sacrifice, usage de produits, d'objets agissants, de protections. De ce « travail[20] », la partie centrale consiste en la récitation généralement nocturne par le marabout lui-même de prières ou d'incantations dont la durée dépend de l'intensité et de la difficulté du problème à résoudre. L'ensemble de cette relation entre consultant et marabout est strictement privé, placé sous le signe du secret absolu et de la plus grande discrétion ; la divination se déroule très généralement à huis clos et sans témoin. Si quelques marabouts admettent que leur client soit accompagné d'un(e) ami(e), nombreux sont ceux qui renvoient d'autorité celui-ci attendre au-dehors : pas un bruit ne filtre derrière la porte capitonnée que Diallo a refermée sur son consultant.

---

18. L'une des phrases récurrentes des cartes publicitaires témoigne de cette double possibilité : « Sans question ou avec autant de question que vous désirez votre présent et votre futur vous seront révélés à votre stupéfaction. »

19. Les généticiens s'interrogent sur l'opportunité de communiquer à leurs patients des diagnostics négatifs (untel sera atteint, à 40 ou 60 ans d'une maladie mortelle) ; tout comme pour certains marabouts, la notion de présomption tend à se substituer à celle de prédiction.

20. Dans le français employé par les Africains, demander à un marabout de « regarder » et de « travailler » sont les expressions les plus courantes.

La première étape de l'intervention du marabout est donc la « consultation » divinatoire. Mais qui parle par la bouche du devin ? De qui le marabout se fait-il l'interprète ?

Les représentations de l'univers et de la personne

On ne trouve, chez les marabouts parisiens, aucune représentation mythique aussi élaborée et cohérente que celle que Dieterlen nous présente en milieu bambara ([1950]-1988) ou Rouch en milieu songhay ([1960]-1989) ; l'évocation des génies ne donne pas lieu à la composition d'un panthéon tel celui des génies du fleuve Niger (Gibbal : 1982, 1988). Ortigues souligne d'ailleurs la face que ces élaborations harmonieuses occultent : leur fragmentation, leur émergence parcellaire dans les discours et les actes : « le grand mythe n'existait qu'en lambeaux », écrit-il à propos du « système du monde » dogon dégagé par Griaule. Si dans l'identification des êtres invisibles invoqués par les marabouts, toutes les cultures (peule, soninké, diakhanké, etc.) présentent des constantes dues à une imprégnation islamique plus ou moins marquée, en revanche domine un assez grand flou dans les dénominations, aussi bien françaises qu'arabes, ce qui trouble la cohérence de l'ensemble.

Entre les hommes et Dieu, présent pour un marabout d'origine bambara peu islamisé tout comme pour un pieux Diakhanké, mais d'une présence plus ou moins distante, l'univers est peuplé de plusieurs catégories d'êtres. D'abord les anges, maintes fois évoqués dans le texte coranique, le signifiant français « ange » recouvrant de multiples signifiés[21]. Sow, marabout peul, insiste sur le rôle dans l'embryogenèse de trois « anges » envoyés de Dieu. Le premier, *al-khâli'u*, examine le sperme, soigne les éventuelles déficiences, et mélange celui-ci avec du sable, à la fois vie et mort puisque là où il a été prélevé, l'être à venir trouvera sa sépulture. Le deuxième ange, *al-mubâri'u*, place correctement l'enfant dans le ventre de la mère, détermine la date de la naissance et fabrique la peau. Le troisième, *al-musâwiru*, confère à l'enfant chance ou malheur, décide de son sexe, façonne les yeux, les oreilles et le principe vital, *wonki*[22]. Ces trois anges qui donnent forme et souffle de vie au fœtus sont une émanation des noms de Dieu[23]. Ce sont également deux

---

21. Cette recherche ne porte pas sur le texte coranique mais sur les représentations que s'en font les marabouts parisiens.

22. « Le wonki des Peuls, yonki des Soninké, est le fiitta^{n}du des Toucouleurs. C'est, pour eux, une sorte de principe vital qu'ont tous les êtres vivants, mais sur lequel ils ont les conceptions les plus vagues et les plus imprécises, car ce sont là des questions qui les préoccupent peu. On admet que c'est le wonki ou fitta^{n}du qui, après la mort, va au paradis ou en enfer » (Gaden 1931 : 46). En milieu wolof, le *fit* est, selon Zempleni (1987 : 271), réputé situé dans le foie. Pour Sow, le *wonki* résiderait dans toutes les parcelles du corps.

23. Le fondement de l'intervention de ces trois anges est dans le Coran, sourate LIX : 24 : « [...] c'est Dieu, le créateur, le producteur, le formateur. À Lui les plus beaux noms. Tout ce qui est dans les cieux et la terre chante pureté de Lui. Et c'est Lui le puissant, le sage. » Les noms des trois anges correspondent à ces beaux noms de Dieu. Sur l'embryogenèse, voir aussi sourates XXII : 5 et XXIII : 12-15, qui ne mentionnent pas l'intervention des anges. En revanche, celle-ci est bien mentionnée dans les *ḫadîth* de Buḫârî relatifs à l'embryogenèse.

« anges », *malâ'ika*, nommés *munkirun* et *nakirun* qui, le jour de la mort, pèsent respectivement le bien et le mal que l'homme a faits dans sa vie. Ce sont aussi quatre « anges » qui interviennent très régulièrement dans le travail du marabout : Jibrîl, le commandeur, Mikâᶜîl et Asrafîl, gardes du corps de Dieu, et ᶜAzrâᶜîl, ange de la mort. D'autres forces agissantes, en nombre indéterminé, nommées *râwh̲ân, jinne*[24], ou « génie », « ange » (en français) sont les collaborateurs indispensables du marabout : celui-ci invoque ces entités toujours redoutables lors de son travail bénéfique ou maléfique, et ce sont elles qui lui apparaissent lors de la divination ou lors de la *khalwa*.

Très présents également, et souvent très dangereux, sont les anges déchus. Habitant sous terre, sur les seuils, se déplaçant de droite à gauche ou se manifestant sous forme de tourbillons, ils peuvent causer à l'homme qui les croise les plus graves dommages. Nommés indifféremment *jinne* ou *râwh̲ân*, « génies » ou « diables », ils sont fondamentalement ambivalents puisque, s'ils sont le plus souvent évoqués pour leur maléficience[25], ce sont également de tels êtres qui protègent chaque individu. Avec ceux-ci les marabouts ont des contacts privilégiés et peuvent, par leur action, les faire intervenir .

Il serait extrêmement tentant de livrer un catalogue méthodique de ces différentes entités, comme le fait Zempleni dans sa présentation de la « hiérarchie céleste » lébou et wolof (1968 : 382 et sq.). Certains marabouts s'entendent, en effet, à construire une cosmologie bien ordonnée. L'un d'entre eux, obsédé par le chiffre sept si présent dans la magie islamique[26], propose un montage apparemment très cohérent de sept cercles concentriques où, entre hommes et Dieu[27], gravitent différentes catégories d'êtres. Les fantômes, « un genre de momie capable de changer d'aspect », restes de l'homme après sa mort, hantent les cimetières, les lieux et les gens manifestant une ressemblance avec ceux qu'ils ont jadis habités. Les démons sont des diables maléficients pouvant, pour tromper les humains, se transformer en lion, en oiseau, en femme ; les météorites, dont la chute est extrêmement redoutable, sont des démons qui sont retombés sur terre[28]. La distinction entre les autres types d'êtres, nommés « diables », « génies » et « esprits », est plus imprécise et leur description presque redondante. Mais outre cette imprécision, quelle cohérence pourrait-on dégager ici, alors que ce marabout, profondément fasciné par la magie égyptienne qu'il évoque d'ailleurs souvent, s'inspire ouvertement de celle-ci

24. Prononciation ouest-africaine de l'arabe *jinn* « génie ».

25. Ils peuvent, dans ce cas, être nommés *shejtan* (de l'arabe *shajtân*).

26. Ce chiffre sept est évoqué de nombreuses fois dans le Coran (cf. par exemple LXV : 12), symbolisant perfection et totalité (les sept jours de la création, les sept versets de la *fâtih̲a* sourate d'ouverture du Coran, les sept tours du pèlerin autour de la Kaaba, les sept ciels, etc.). Cf. Westermarck (1935 : 146) ; Doutté ([1908]-1984 : 184 et sq.).

27. Respectivement le plus petit et le plus large des cercles.

28. Plusieurs traditions islamiques évoquent les météorites. L'une d'entre elles dit que lorsque Mohammad fut chargé de la mission divine, les *jinn* furent chassés du ciel par des jets de météorites (cf. sourate LXXII : 9). Ndao contracte cette tradition en assimilant les météorites aux djinns (qu'il nomme « démons »).

pour définir ses fantômes[29] ? N'est-ce pas plutôt de collage dont il s'agit, au sens que Mary donne à ce terme, l'opposant au bricolage défini par Lévi-Strauss[30] ? Par ailleurs, et de façon plus générale, les interprétations rationnelles que peut fournir un marabout directement interrogé sur sa cosmologie ne sont pas celles, plus incertaines et polyvalentes, qu'il emploie dans le cours d'une consultation ou d'un travail. Cette absence de rigidité montre à l'évidence que les représentations de l'univers sont beaucoup plus diffuses que ce qu'on en a souvent dit. Plus que d'une déperdition des savoirs, cette fluidité, accrue par les exercices de traduction française auxquels les marabouts parisiens se livrent, témoigne plutôt de la souplesse des concepts qu'ils emploient[31].

Les marabouts sont donc les médiateurs, les interprètes d'êtres surnaturels peuplant l'univers, nommés esprits, anges, ou plus couramment génies, *râwhân* ou *jinne*, quelle que soit la position de ceux-ci dans une hiérarchie virtuelle fort mouvante[32]. La puissance qui leur est reconnue explique la nécessité de leur intervention. Mais il nous reste à comprendre sur quelle conception de la personne se fonde l'action des marabouts.

Chez les plus instruits, l'on retrouve la représentation classique de l'islam, selon laquelle l'homme est constitué d'une triade : l'enveloppe corporelle, le principe vital (*rûhu*) qui est, explique l'un d'eux, « ce qui te tient quand tu nais ; sans lui tu es morte » ; *rûhu* sort du corps lors du sommeil, fragilisant alors l'être humain, et perd sa force en cas de problème. Le troisième élément est *nafsu*, qui « salit » *rûhu*, principe féminin que l'on cherche à combattre mais qui pourtant nous meut ; il est lié au désir, il est le désir lui-même[33]. Seul Dieu peut déterminer ce qui, de ce dernier, est légitime ou condamnable. Sans doute pourrait-on comparer cette notion musulmane de la personne à celle dont Sy, par exemple, s'efforce de dégager les « principes constitutifs », sortes de dénominateurs communs à l'ensemble des cultures ouest-africaines, en se plaçant du point de vue du magicien (1971)[34] : le

---

29. Il partage cette fascination avec nombre de nos contemporains ; cf. Étienne, M., *Heka. magie et envoûtement dans l'Égypte ancienne*, Paris, Réunion des Musées nationaux, coll. « Les dossiers du Louvre », 2000.

30. Pour Mary, le collage « post-traditionnel » se distingue du bricolage tel que l'entend Lévi-Strauss en ce qu'il est création purement individuelle, qu'il est simple réemploi d'une matière disponible, et qu'il échappe à la notion de « pré-contrainte » qui fait toute la richesse et crée toute l'ambivalence des formations par bricolage (2000 : 200-201).

31. Dans son analyse du « sacré anonyme » chez les Arabes, Chelhod aboutit également à la conclusion que « malgré la distinction qu'on s'efforce d'établir entre les deux entités [*jinn* et *malâ'ika*], elles semblent provenir d'un fonds commun, au point qu'en poussant l'analyse on déboucherait sur une confusion » (1986 : 79).

32. Cependant il semble bien que, pour la majorité des marabouts, les *râwhân* soient une catégorie particulièrement puissante de *jinne*.

33. Les exemples donnés par le marabout auteur de ces définitions sont : être attiré par une belle fille qu'on voit passer, vouloir être président. On pourrait peut-être rapprocher *nafsu* de la *libido* freudienne. Chez la plupart des marabouts, ces principes sont dégagés de leurs connotations morales.

34. Concernant « la notion de personne en Afrique noire », cf. notamment le colloque portant ce nom et l'ouvrage qui en est issu ([1973]-1981).

corps physique enveloppe un premier principe vital d'origine divine, composé de plusieurs « fluides », mais inerte (cf. *supra* la notion peule de *wonki*), et un second, nommé *mbeelu* en peul, *biya* en songhay, qui anime l'homme et par lequel il est vulnérable[35].

Mais la pratique de la plupart des marabouts parisiens permet de vérifier encore une fois la justesse de l'analyse faite par Ortigues du « mythe fragmentaire » ; car ce qui leur importe surtout, c'est cette force ambivalente faisant agir l'individu, qu'ils nomment tantôt « génie » (*jinne*), tantôt « double[36] », plus rarement « diable » ou « esprit ». Chaque être humain a le sien, bon ou mauvais, souvent capricieux. C'est précisément le « génie » de son consultant que le marabout cherche à capter, grâce auquel il « travaillera[37] », pour l'affaiblir ou le renforcer, le principe vital de l'homme. Et c'est par le sien propre que, lors de la divination, le marabout pourra entrer en contact avec le monde invisible.

Ces conceptions de la personne et de l'univers, animés et constamment redéfinis par des forces diverses, constituent un fond commun à l'ensemble des marabouts parisiens et à leurs consultants d'origine africaine ; représentations parcellaires aux dénominations multiples, ce qui ne les empêche nullement d'être opératoires.

Les conditions de la divination

Le retour au pays va-t-il bien se passer ? La bourse va-t-elle enfin arriver ? La venue du frère ou du cousin va-t-elle se dérouler sans embûches alors que les conditions de l'immigration sont difficiles ? Le mariage sera-t-il réussi ? Qu'en est-il de la relation entre tel homme et telle femme ? De l'origine de telle maladie ? Du concours qu'on doit passer ? Du jour favorable pour entreprendre telle action ? Les situations sont innombrables pour lesquelles une consultation divinatoire s'avère nécessaire. Cet acte banal, bien que, certes, non systématique, pour bien des Africains de l'Ouest, tend à le devenir dans la France contemporaine, comme en témoigne le succès grandissant des émissions télévisées et radiodiffusées consacrées à ce domaine[38], le nombre considérable des messageries interactives consacrées à la voyance, et l'état florissant de ce secteur de l'édition, ceci en dépit du statut marginal toujours dévolu aux devins.

À Paris comme en Afrique de l'Ouest, la pratique de la divination est loin d'être toujours réservée aux spécialistes. Khadija, étudiante tchadienne, lance sept cauris[39]

---

35. La cohérence de l'ensemble, très brièvement résumé ici, est-elle si manifeste ? En débattre sortirait de notre champ de recherche.

36. Selon Charles Monteil cité par Sy (1971 : 38), le terme de « double », aujourd'hui fréquemment employé par les Africains, aurait été introduit par les Européens. On trouve cette conception du double dans plusieurs cultures maghrébines ; cf. par exemple Desparmet (1932 : 279).

37. Celui de son consultant ou d'un tiers impliqué dans l'affaire traitée par le marabout.

38. En particulier sur les radios de la bande FM, où on peut entendre des devins maghrébins, antillais, portugais, des cabinets français ou multinationaux proposer des émissions de voyance.

39. Petits coquillages du groupe des porcelaines. Cf. p. 178.

et des pièces de monnaie, elle « regarde » pour elle-même et le cercle de ses proches : voici une visite, voici une dispute entre deux femmes, un troisième enfant. Ce savoir-faire, elle l'a acquis par la simple observation de tous ceux qui, autour d'elle, jettent les cauris et, en France, elle continue naturellement cette pratique. De même Christine, jeune assistante sociale française, questionne presque chaque matin le Yi-King dont elle a appris le maniement dans un livre. C'est, on l'a vu, ce partage des savoirs, du moins à un niveau élémentaire, qui explique les professionnalisations improvisées auxquels certains marabouts se livrent à Paris. Mais ce fait, manifeste dans le cas de la divination par les cauris, affaire de femmes autant que d'hommes, l'est infiniment moins pour d'autres pratiques telles la géomancie ou celles qui ressortissent d'une connaissance islamique, apanage essentiellement (et, à Paris, exclusivement) masculin, soigneusement protégé par le secret[40]. En outre ce qu'on pourrait nommer auto-divination ne concerne que le quotidien le plus banal ; crainte de ne pas être « propre », conviction de ne pas maîtriser un savoir suffisant, toute question quelque peu cruciale engage à rendre visite à un spécialiste.

Les problèmes pour lesquels les marabouts sont consultés sont toujours d'ordre privé. La publicité de l'un d'entre eux, qui affirme avoir prédit la dévaluation du franc CFA, la destruction du mur de Berlin, le conflit entre la Mauritanie et le Sénégal, la guerre du Golfe, les troubles de Moscou, la réélection d'Abdou Diouf[41], s'inscrit à l'évidence plus dans la lignée de celle des voyants français qui, pour accréditer leur don, mettent en valeur leurs prédictions dans ces domaines, que dans une liaison, classique en Sénégambie, avec le pouvoir politique. Pourtant, même si encore aujourd'hui, le poids des leaders charismatiques est toujours très fort dans la vie étatique sénégalaise, certains donnant des consignes de vote, d'autres faisant des prédictions sur l'issue de celui-ci, cette participation traditionnelle des marabouts aux décisions politiques est actuellement l'objet de vifs débats[42]. Au demeurant, le rôle de ces personnages dans la gestion individuelle du quotidien a largement supplanté celui qu'ils ont dans le règlement des affaires générales de la cité, ce que regrettait le romancier Kourouma :

> Il demeurait bien connu que les dirigeants des soleils des Indépendances consultaient très souvent le marabout, le sorcier, le devin ; mais pour qui le faisaient-ils

40. À Paris, une seule femme s'est prétendue « marabout » : « Madame Loango, une voyante africaine marabout et astrologue qui consulte dans le centre de Paris. Cartes, tarots, voyance sur photos » (*Horoscope*, mai 1987). Il ne s'agit que de l'emprunt d'un nom. Cette femme, qui a aussi fait plusieurs séjours aux Antilles, n'est pas d'origine maraboutique mais, aux dires de son logeur martiniquais, une métis afro-vietnamienne.

41. Messagerie Minitel de ce marabout, avril 1994.

42. Lors des élections présidentielles de mars 2000 au Sénégal, la révélation publique que fit de ses visions un marabout mouride, nommé « le marabout des jeunes », fit grand bruit, alors que le khalife général de la confrérie avait ostensiblement gardé le silence, refusant toute implication directe dans la vie politique du pays. Il semble que ce marabout ait été fortement critiqué par la hiérarchie mouride, et quelque peu tourné en dérision par certains journaux. Ses prédictions furent d'ailleurs démenties par les résultats du vote.

> et pourquoi ? Fama pouvait répondre, il le savait : ce n'était jamais pour la communauté, jamais pour le pays, ils consultaient toujours les sorciers pour eux-mêmes, pour affermir leur pouvoir, augmenter leur force, jeter un mauvais sort à leur ennemi (1970 : 163).

Si l'accomplissement des désirs individuels et l'attachement aux réalités du monde est bien, selon plusieurs sociologues des religions[43], une caractéristique de la modernité religieuse, celle-ci semblerait avoir atteint l'Afrique bien avant l'Occident...

Quels que soient les procédés employés par le devin, celui-ci doit, au préalable, remplir deux conditions essentielles : être propre et être protégé. Car jamais la divination n'est considérée comme une entreprise bénigne.

Être propre signifie avoir fait ses ablutions afin d'être débarrassé de toute souillure ; ne pas se soumettre à ces obligations rituelles[44] amoindrit les capacités et la chance du marabout, le rend vulnérable, sans compter le risque que l'impureté du consultant opacifie la divination. Pour cette purification (*tayammum*), les pierres naturelles, « sœurs de la terre », sont plus commodes dans un appartement parisien que l'eau ou la terre. Diakité en possède deux, l'une ramassée à Dakar au bord de la mer, l'autre à la campagne non loin de Paris. Ces gestes sont particulièrement indispensables lorsqu'est pratiquée la divination par rêve nocturne (*listikhar*). Outre les ablutions, le marabout revêt un boubou propre, le plus souvent de couleur blanche. Propre non seulement au sens hygiénique du terme : certains marabouts exigent que leur vêtement soit lavé séparément du linge des femmes et des enfants, dont l'impureté est toujours à craindre. L'environnement doit également être propre, calme, tout comme le cœur (*qalb*) du marabout.

La seconde condition à respecter est d'être protégé. S'il est souhaitable que tout homme le soit, le marabout plus encore, en raison des puissances toujours ambivalentes et souvent menaçantes qu'il côtoie, celles des villes étant réputées encore plus méchantes que celles de la forêt ; certains procédés, telle la géomancie (*ramli*[45]), sont considérés comme plus dangereux que d'autres. Le devin doit aussi se défendre contre les influences maléfiques pouvant émaner du consultant ou des objets qui lui appartiennent. Mais ces protections ne doivent pas être excessives : comme s'il fallait maintenir un équilibre général de la nature, la démesure ici est compensée par un manque ailleurs. Ainsi Sow, trop bien protégé, affirme qu'il lui est difficile d'avoir rapidement des enfants[46].

Protections plus ou moins visibles ou ostensibles : un grand talisman tracé sur une feuille de papier protégée par un plastique transparent et recouvrant à la façon d'une nappe toute la surface de la table sur laquelle opère le marabout[47] ; un

---

43. Cf. les travaux de Hervieu-Léger, notamment 1999 : 157 et sq.
44. Elles sont codifiées avec la plus grande précision dans la *Risâla*, chap. II à VI.
45. Sur l'origine de la géomancie, cf. *infra*, p. 166.
46. Il en a, cependant, trois.
47. Il s'agit très probablement d'une variante du talisman préservant de la suggestion des démons reproduit par Doutté [1908]-1984 : 167.

chapelet qu'il pose près de lui ou qu'il enroule autour de sa main gauche tout en manipulant ses objets divinatoires de la main droite ; des pierres, des petites cornes[48] entourées de fil rouge fixées au pied d'un lit ou cachées derrière un rideau ; une amulette discrètement fixée au-dessus de la porte ou totalement dissimulée sous le papier peint ; ou encore, imperceptibles au consultant, des lotions protectrices que le marabout se passe sur le corps, ou des prières qu'il récite. Avant de commencer la « consultation », chacun, selon sa culture et ses moyens, ne manque pas de se garder des agressions possibles.

Ces pratiques protectrices et propitiatoires idéales sont souvent difficiles à réaliser à Paris, alors même que ce milieu est réputé hostile[49]. Mais à l'inverse, parfois, une certaine désinvolture, un certain relâchement, percent, comme si Paris semblait rendre moins nécessaire les contraintes, car que connaissent les consultants de tout cela ? Cette distance n'est cependant pas dépourvue d'ambivalence : la confidence d'un marabout, avouant s'être soustrait à ces obligations, ne faisait qu'en souligner le caractère impératif puisque c'est précisément à leur transgression qu'il attribuait son échec.

Les procédés divinatoires

Il y a, assure Sylla, « plus de mille » types de consultation divinatoire : la palette des procédés utilisés à Paris est en effet très large. Chacun, même s'il est spécialiste d'un seul procédé, connaît les rudiments de plusieurs autres. La plupart varient leurs méthodes selon la formulation de la question, selon le consultant, selon leur propre préférence ou disponibilité. Comme on l'avait déjà suggéré dans l'analyse des savoirs enrichis à Paris, certains mêlent, parfois dans la même séance, des techniques d'origines diverses. Diallo regarde la main droite de son consultant, puis jette dans une calebasse d'eau des petits bâtonnets dont il observe les positions (procédé peul) avant d'entreprendre une voyance sans aucun support, qu'il prise particulièrement ; il complète sa divination par l'examen de photographies ; les « clichés[50] » ainsi provoqués interfèrent avec le *ngabdi* déjà évoqué : celui qui a de petites oreilles pointues n'est pas une personne chanceuse, celle dont le milieu du front est légèrement bombé sera veuve, celui dont la lèvre supérieure est épaisse ne sera jamais pauvre, etc. Ce simple exemple ne rend pas compte de la panoplie complète de Diallo, qui maîtrise encore le maniement du pendule, la voyance dans

---

48. L'emploi de cornes comme protection (contre le mauvais œil) est noté par Desparmet dans la Mittidja (1932 : 97).

49. Cf. p. 109-110.

50. Ce mot, de même que le terme de « flash » qu'emploie Diallo et d'autres marabouts, fait partie du vocabulaire courant de la voyance en France. Dessuart (1984 : 8) note que ces visions sans support « ne correspondent en rien à celles perçues dans un état normal de veille, elles se rapprocheraient davantage de celles du rêve par leur forme un peu surréaliste. Elles viennent en surimpression transparente et n'altèrent que très peu la vue normale des choses. Ces images qui apparaissent peuvent être statiques ou dynamiques, on peut les comparer à un film qui se déroulerait devant l'esprit et dont on ne pourrait parfois retenir que quelques fragments ».

la flamme d'une bougie ou dans un verre d'eau limpide, la télépathie. Il pratique également la « voyance dormante », directement inspirée de pratiques antillaises[51].

Certains marabouts utilisent des indices physiques. D'une paralysie, Diallo sait qu'il s'agit des génies des eaux ou des forêts selon que le corps du malade est froid ou chaud ; tel autre prend en compte l'odeur que dégage son consultant : des effluves de forte transpiration peuvent dénoter une attaque de sorciers, des relents de pourriture, de fumier peuvent indiquer un cas d'envoûtement ou un assaut de génies. Un consultant se plaint de nausées quand il se rend dans une certaine partie de sa maison ; sent-il une odeur de nourriture ? Ce peut être les esprits des anciens habitants du lieu qui sont cause de ce malaise ; une odeur de soufre ? Ce peut être un démon, etc.[52] Tel autre marabout examine, d'une façon à la fois clinique et divinatoire, la bave d'un enfant souffrant de crises d'épilepsie, recueillie sur un coton envoyé par un client lointain par courrier (accompagné d'une description de l'enfant et des circonstances d'apparition du mal). Comme nous l'a déjà montré l'usage du *ngabdi*, c'est en effet dans le corps de l'homme que son destin est infailliblement inscrit.

Mais l'emploi de certains procédés peut aussi être entièrement induit par le comportement de clients non africains. Dia doit travailler pour un consultant français abandonné par son amie qui, spontanément, lui tend une photographie de la femme volage. Le marabout, surpris, la repousse : de quelle utilité pourrait-elle lui être ? Cependant d'autres praticiens, plus ouverts ou meilleurs stratèges, acceptent ce don, vont même jusqu'à le solliciter, et s'exercent désormais à ce type de voyance. Il en est de même du signe astrologique dont certains consultants informent spontanément leur devin. Enfin d'autres marabouts ont composé, à partir de différents procédés, un mode de divination qui leur est entièrement personnel.

Aux procédés et combinaisons déjà cités, ajoutons encore, sans atteindre l'exhaustivité, l'hydromancie, la lithomancie, la bibliomancie (en particulier sur le Coran), l'usage de surfaces réfléchissantes (miroir, souvent associé à l'hydromancie), d'œufs, des signes du zodiaque. De cette énumération émergent cependant très nettement, par la fréquence de leur emploi, quatre procédés : l'usage du chapelet, le *listikhar*, la géomancie et les jets de cauris.

Analyser le fonctionnement de toutes ces techniques pourrait faire à lui seul l'objet d'une recherche. On pourrait les regrouper, comme il est classique, en divination inductive ou déductive (Vernant 1974), ou encore en méthodes licites ou

51. Certaines voyantes antillaises, spécialistes de rêves divinatoires, sont nommées « dormeuses » ; cf. portrait de l'une d'elles dans Henry Valmore (1988 : 46 et sq.). Diallo a fait de nombreux séjours aux Antilles. Lors de ce type de séance, il fait noter ses paroles à son consultant, car lui-même, allongé sur un lit et pris dans ses pensées, dit ne se souvenir de rien.

52. Cet usage des odeurs comme indice du mal, pour africain qu'il soit présenté, entre en résonance avec des conceptions occidentales de même nature ; Le Guérer (1990 : 1935) rappelle que jusqu'à la fin du XIXe siècle, la peste « a été pensée en rapport avec l'odeur ». Au demeurant, on peut supposer que ce devin, en France depuis trente ans, a une certaine connaissance de ces théories.

illicites au regard de la norme islamique[53]. Cette dernière dimension a son importance. De nombreux marabouts savent parfaitement que le jet de cauris est *ḫarâm*.

> Un jour, raconte un marabout peul, Jibrîl, messager de Dieu, descend sur terre et aperçoit Ramsès jouer avec des cauris. Curieux, il se présente au pharaon sous une forme humaine et sollicite une divination ; Ramsès lui tend quelques coquillages, auxquels l'ange doit formuler en secret sa question : il demande où est Jibrîl. Ramsès, après avoir remué ses cauris dit : « Si ce n'est pas toi Jibrîl, en tout cas il n'est pas au ciel. » Donc Ramsès a deviné.

Ce récit, soulignant que ce type de divination émane d'un être particulièrement honni (Pharaon), en affirme en même temps la puissance – puissance de l'autre. L'origine de la géomancie ? Selon un marabout songhay :

> C'est Jibrîl *malâ'ika* qui a donné à Idrisa la consultation qui vient d'Ibrahîm. Idrisa, il vient dans la ville, quelque chose qui est caché, il fait sortir, quelque chose qui est perdu, il fait sortir, quelque chose que... ça fait cent ans, dix ans, quelque chose comme un médicament, il consultait, il consultait, il consultait ! Il prend le sable, il tape, il dit toutes les choses qui sont cachées dans la vie, qui se passent, donc les gens, ils suivent. C'est pour Idrisa ; avant, ᶜIsâ, Mûsâ, ils ont vu que ça existe, ils n'ont pas interdit.

C'est du Coran, ajoute le marabout, que date l'hétérodoxie de la géomancie, ce qu'il trouve injustifié puisque cet art divinatoire était pratiqué par un prophète[54]. L'existence de ces normes n'empêche cependant nullement la plupart des marabouts de faire usage de procédés théoriquement illicites.

Mais ces classements des procédés divinatoires ne nous apprennent rien sur le contexte parisien. Or celui-ci fait naître un critère discriminant. Bakary pratique le jet de cauris car il remarque que « les gens aiment tellement ça ici [à Paris] ». Une des raisons de ce choix nous est livrée par Koly :

> En France, on n'a pas le temps, qu'on soit africain ou français et lorsqu'on consulte, on veut savoir de suite.

---

53. Les seuls procédés dont la licéité n'est pas contestée sont l'oniromancie et la physiognomonie. Cf. Fahd (1993).

54. Rouch relève une autre origine de cette pratique en milieu songhay : « c'est Iblis qui aurait donné aux hommes la géomancie » (Rouch [1960]-1989 : 31). Brenner (1985 : 78 et sq.) cite un récit oral bas-dahoméen attribuant bien à Idris l'origine de la géomancie, considérée comme une pratique condamnable car associée au goût du lucre. Cette opinion a probablement pour origine celle que formula Ibn-Khaldûn. Au-delà du débat concernant l'orthodoxie de la géomancie, Brenner développe l'idée que celle-ci est partie intégrante de la culture islamique et « a contribué à la diffusion de l'islam en Afrique ».

C'est pourquoi, modifiant ses habitudes, ce marabout a appris auprès d'une femme le jet de cauris, pratique se déroulant devant le consultant et dont les résultats sont immédiats. C'est cette prise en compte du temps qui donne aux différents arts divinatoires leur nouvelle légitimité. Ce bouleversement parisien, tout comme, d'ailleurs, le savoir fortement composite de nombreux marabouts, relativise la pertinence du critère formel d'orthodoxie.

On peut alors opérer le classement suivant : d'un côté les pratiques « instantanées » (cauris, chapelet, géomancie, hydromancie, etc.) de l'autre, les pratiques « lentes » ou « différées » (le *listikhar*, pratique nocturne qui nécessite un délai et généralement une seconde visite au marabout). Si les premières sont souvent privilégiées, il faudrait, cependant, se garder d'être univoque : le *listikhar* garde encore la faveur de nombreux marabouts. Mais le choix judicieux du procédé suffit-il toujours ? N'arrive-t-il pas que le devin, trop pressé par le nombre de ses clients, happé, en quelque sorte, par les contraintes de la vie moderne, délivre son pronostic... sans avoir eu le temps de rien voir[55] ?

Suivant notre classification parisienne, nous allons maintenant décrire les procédés les plus fréquents, en nous attachant aux permanences, aux recompositions ou aux réinterprétations les plus manifestes.

La divination par le chapelet

Utilisé par tout musulman pour comptabiliser ses prières ou invocations, le chapelet (*krus*, *wirdu* ou *tasbîh*, mais le terme français est couramment employé) est aussi un instrument de divination. Il est constitué d'une enfilade de boules en nombre variable entrecoupées de témoins[56], et peut être fait de toutes sortes de matières (bois, os, verre, plastique) et de toutes sortes de couleurs (de celle du bois naturel au vert fluorescent). Les marabouts l'emploient lorsqu'il s'agit de répondre avec précision à une seule question clairement formulée : la bourse va-t-elle arriver ? Le voyage va-t-il bien se passer ? Certains utilisent aussi ce procédé pour savoir si l'action demandée par le consultant est réalisable.

Après avoir recueilli le nom propre du client et celui de sa mère, le marabout saisit son chapelet et, le roulant entre ses doigts, commence à réciter prières, demandes de bénédiction et versets. Dia, marabout peul, prononce le premier verset de la *fâtiẖa* suivi des neuf premiers de la sourate *Ya-Sin* (sourate XXXVI[57]) répétés une fois, trois fois ou onze fois ; il peut aussi choisir une seule récitation des deux premiers versets de la *fâtiẖa*. La gestuelle est un élément important pour créer une atmosphère de tension et de concentration. Après la prière, Keita jette le chapelet aux pieds du consultant assis devant lui. Sow pose sa main sur la tête de

55. C'est ce que l'un d'entre eux m'a avoué ; il met d'ailleurs un terme à sa divination après avoir regardé sa montre, en disant : « Ils [les éléments de son matériel] ont fini de parler... »

56. Ce nombre varie selon la *tarîqa* à laquelle appartient son propriétaire ; mais il existerait aussi un chapelet à mille grains, particulièrement utilisé pour le travail nocturne : il suffit de suivre un à un les grains sans devoir comptabiliser les dizaines à l'aide d'un grain témoin.

57. Ces versets sont un hommage au Coran et à l'envoyé d'Allah.

son client en prononçant son nom à haute voix, puis lui tend le chapelet ; quant à Dia, une fois les récitations achevées, il porte le chapelet, les yeux fermés, devant sa bouche puis son visage, ou crachote sur l'objet ainsi porteur de la *baraka* de la prière, et le dépose devant le consultant. Celui-ci, yeux également clos, choisit une boule à partir de laquelle le marabout, égrenant les boules par groupe de trois en commençant dans un sens ou dans l'autre selon le vœu du client, détermine le résultat (la « porte »). Si, l'extrémité du chapelet une fois atteinte[58], il reste une seule boule, le résultat est favorable, la bourse va arriver, le voyage peut être entrepris sans crainte. S'il en reste deux, le résultat n'est pas assuré, un temps d'attente est nécessaire ; le marabout prescrit alors un sacrifice pour faire pencher la balance du bon côté. S'il reste trois boules, « c'est mauvais », il faut remettre le voyage, ne pas compter sur l'obtention de la bourse. Le chiffre un, bénéfique, correspond au nom de Muhammadu (le Prophète) ; le chiffre deux, ambivalent, à celui de Mûsâ (Moïse) ; le chiffre trois, néfaste, au nom honni de Fir^{c}aûna (Pharaon[59]).

Ce type de divination rapide et ponctuel ne peut donner que trois réponses : oui, non, peut-être. Le chapelet, objet associé en lui-même à la prière et vecteur de la chance du marabout, peut être remplacé par d'autres supports. Un marabout bambaro-soninké (spécialiste, par ailleurs, de la divination par les jets de cauris) écrit en larges lettres étirées le nom du Prophète. Sur ce nom, il trace des traits verticaux en nombre aléatoire. Le comptage se fait par groupe de neuf traits (chaque neuvième trait est supprimé). Le résultat indique les trois mêmes réponses que dans le procédé précédent, mais avec une symbolique légèrement différente lorsque le reste est de trois traits : le problème du consultant est sous l'emprise d'Iblis et aucune solution ne pourra être trouvée. Cette pratique se rapproche plus de la géomancie que la précédente ; c'est probablement pour cette raison que Dia, sans pouvoir en expliquer clairement la raison, nomme *ramli* l'emploi divinatoire du chapelet. Faisant intervenir le hasard, il est, tout comme la géomancie, illicite ; sans doute l'usage du chapelet, objet religieux par excellence, masque-t-il cette interdiction qui n'effleure pas l'esprit des marabouts.

Certains d'entre eux font de cette technique un usage plus élaboré. Après que le consultant a choisi une boule, le devin en égrène plusieurs, en nombre aléatoire. Le nombre de grains restant jusqu'au témoin central est référé à des tables quadrillées, le plus souvent manuscrites, portant des noms de prophètes ; la vie de celui qui a été tiré au sort fournit la matière d'une description de la situation du consultant. On trouve ici l'application à la divination d'un des principes gouvernant toute existence musulmane : l'imitation des prophètes. Le marabout peut recommencer plusieurs

58. C'est-à-dire le plus grand des témoins, nommé « nombril du chapelet », *wuddu krus*, en poular.

59. Voir ci-dessus l'origine de la divination par jets de cauris, attribuée à Ramsès. Les allusions à Pharaon sont très nombreuses dans le Coran (sourate II : 49-50, X : 75 et sq., etc.) ; il y figure celui qui s'est opposé au message divin. Cf. aussi *Encyclopédie de l'islam* 2, entrée Fir^{c}aûn). Si la figure de Mûsâ signifie l'ambiguïté, c'est peut-être parce que ce prophète vénéré du Coran est aussi celui d'une religion inaboutie au regard de l'islam.

fois l'opération et consulter des tables différentes[60]. Dans ce procédé, les réponses n'appartiennent pas à un paradigme fermé[61] mais sont plus détaillées, plus circonstanciées.

Une pratique géomantique

C'est aussi une réponse discursive et immédiate que fournit la géomancie (*ramli,* de l'arabe *khaṯṯ bi-l-raml* « tracé dans le sable »). Comme le chapelet, ce procédé peut être utilisé pour un premier contact avec le consultant. Le *ramli* est très répandu à Paris bien que la connaissance en soit infiniment moins partagée entre spécialistes et simples profanes, et largement protégée par le secret.

Dans aucun des cas il ne s'agit de « jeter le sable » (*raml,* d'où le nom de *ramli*) ou d'y tracer des signes : le thème géomantique est monté à partir de traits verticaux lancés en nombre aléatoire, de façon automatique à l'aide d'un stylo sur une feuille de papier, indifféremment blanche ou quadrillée. Cette pratique n'est en rien typiquement parisienne puisque l'islam, à visée universaliste, se détache de l'impact du lieu qu'implique souvent l'usage du sable et que cet emploi du stylo est répandu en Afrique de l'Ouest ; mais cet usage revêt, à Paris, un caractère obligatoire. En effet, le sable, pour « parler », doit être parfaitement propre : comment donc envisager de le recueillir dans le bac d'un jardin public ou sur un chantier où il est foulé par n'importe qui ? « À Paris, dit Fodé, le sable est sale. » Écho de l'idée de souillure si présente... Le vecteur de la parole est donc le stylo sur lequel, après ses prières, le marabout souffle mentalement la question du consultant et le nom de celui-ci avant d'entreprendre son tracé. Ce geste préliminaire revient au client lorsque celui-ci n'a pas explicité la raison de sa venue. Le *ramli* peut se faire en l'absence du consultant. Informée le matin même par téléphone de l'étrange trouble dont est atteinte sa sœur vivant au Cameroun, Bintou se précipite chez Dramé pour en comprendre la nature : le nom de la malade suffit pour entreprendre la divination.

---

60. Un procédé similaire est décrit par Doutté sous le nom de *qorʿa* ([1908]-1984 : 376-377), procédé également pratiqué à Paris. Les tables sont pratiquement toutes manuscrites. Cf. aussi *Encyclopédie de l'islam* 2, entrée *kurʿa*. Exemple de tableau de noms de prophètes dans Monteil (1931 : 61).

61. J'ai également observé d'autres types de divination à paradigme fermé (à deux termes : oui ou non), employés seulement comme appoint à une divination plus complète par un autre procédé : le lancer d'une noix de cola dont les deux cotylédons ont été détachés (cf. Caillié [1830]-1979 t. I : 204, Maupoil [1936]-1981 : 264) ; et l'emploi d'une cordelette : le marabout prend trois mesures de la coudée droite du consultant et marque la corde d'un trait de crayon ; puis il saisit celle-ci par l'extrémité, la porte devant sa bouche, dit à mi-voix des prières. Puis il la reporte à nouveau trois fois sur l'avant-bras du consultant ; si la première mesure prise se révèle plus longue, la réponse à la question posée est positive. Ce que l'ethnologue peut remarquer, contrairement au consultant, c'est que les deux mesures se pratiquent différemment : dans la première, il prend une dimension exacte de l'avant-bras, qu'il reproduit deux fois de façon grossière alors que dans la seconde, les trois mesures sont prises avec précision.

Il est d'usage que le marabout réclame une petite somme avant le début de la consultation, rite d'entrée destiné au sable (ou au stylo et au papier), nécessaire à l'ouverture de la séance, au jaillissement de la parole[62] ; cette menue monnaie n'a, théoriquement, rien à voir avec le don fait plus tard au devin lui-même. Induite par toute pratique divinatoire, cette pratique s'est maintenue de façon plus manifeste dans la géomancie et, on le verra, dans le jet de cauris, sans doute parce que, contrairement aux procédés où la prière tient une place essentielle, c'est ici le matériel divinatoire lui-même qui semble doué d'une sorte d'autonomie, maître de la parole qu'il est indispensable de remercier. Pourtant à Paris, cette coutume n'est pas observée par tous les géomanciens ni par tous les jeteurs de cauris, principalement en raison de l'incompréhension et de la suspicion que suscite, auprès de clients non africains, une double demande d'argent.

Les manières de monter le thème sont multiples[63]. Certains font partir les premiers tracés aléatoires du prénom du consultant, qui doit comprendre quatre lettres[64]. Celui-ci est inscrit en lettres détachées et sous chacune le devin lance quatre lignes de traits. D'autres alternent tracés horizontaux et verticaux correspondant, selon eux, à la chaîne et la trame d'un tissu[65]. L'interprétation finale se fait par la consultation d'ouvrages, ou, le plus souvent, de feuilles manuscrites personnelles où sont développées les diverses caractéristiques de chaque figure.

Dans l'aide-mémoire manuscrit que consulte l'un des marabouts, l'interprétation de la figure finale, associant implicitement ce que le devin sait déjà de son consultant, se réfère à vingt-quatre situations ; mais le caractère apparemment figé de la construction interprétative est très souvent débordé par l'intuition du devin, auquel il arrive même de regrouper plusieurs figures. Les vingt-quatre situations élaborées par ce marabout, dont certains sont redondantes, sont les suivantes : problèmes relatifs aux femmes enceintes, maladie, devenir d'un mariage (enfants), recherche de trésors (deux fois), pèlerinage, emprisonnement, pluie, commerce, empêchement[66], paix ou guerre, *jihâd*, voyages (deux fois), pronostic sur l'année, objets perdus et volés, problèmes relatifs à des personnes absentes, pensées secrètes du consultant, problèmes relatifs aux hommes d'État, tribunaux, problèmes d'argent et de biens, difficultés dans l'exécution d'un travail, mariage ; les problèmes relatifs

---

62. Même remarque dans Maupoil ([1936]-1981 : 231).

63. Sur l'économie générale et le symbolisme fort complexe des pratiques géomantiques, la bibliographie est très abondante. Concernant les formes pratiquées en Afrique, cf. Monteil (1931), Kassibo (1992), Cartry (1963), Adler et Zempleni (1972), Bertaux (1983), et, bien entendu, Maupoil ([1936]-1981) et les éléments de bibliographie dans la postface de cet ouvrage. Sur la tradition géomantique arabe, cf. notamment Fahd (1987 : 196-204) qui rend compte des débats concernant la licéité de cette pratique en islam. Je renvoie à ces ouvrages pour la façon de dresser un thème géomantique (traits aléatoires tracés de droite à gauche, à partir desquels sont dégagées les mères, les nièces, etc). Ce qui m'intéresse ici, ce sont les variantes parisiennes de ces pratiques. La plupart des géomanciens parisiens dressent un thème à seize figures.

64. Pour ce faire, certains modifient ou abrègent le nom de leur consultant.

65. On sait que parole et tissage sont très souvent associés.

66. Ce terme regroupe tout ce qui bride l'activité du consultant.

à la ville (guerre, situation générale de la vie à Paris, par exemple), justifient à eux seuls une rubrique.

Le procédé sur lequel nous allons nous arrêter, pratiqué[67] notamment par des marabouts soninké originaires du Sénégal oriental, associe chiromancie et géomancie. Certains se fondent sur la forme générale de la main droite, d'autres, sur ses trois lignes centrales, examinées avant tout tracé. Dans ce dernier cas, le devin les reproduit schématiquement sur une feuille de papier puis jette, de part et d'autre, les premiers traits du thème géomantique ; fait notable et rare : la divination pratiquée par ce marabout est différée puisqu'il se contente d'en poser, en présence du consultant, les premiers éléments, qu'il continuera de travailler de nuit[68]. Dans cette association, même si la chiromancie joue un moindre rôle que la pratique géomantique, la main ne servant plus que de simple cadre chez certains marabouts, ce symbole garde toute son importance. Il figure sur un grand nombre d'amulettes, moins communément, cependant, en Afrique de l'Ouest qu'au Maghreb ; en revanche, un type de bain protecteur fabriqué fréquemment par certains marabouts est composé de la dilution dans l'eau, de l'encre ayant servi à tracer des versets coraniques et des noms de Dieu à l'intérieur du dessin de la main droite du consultant. Joignant le geste à la parole, un marabout diakhanké nous fournit une autre explication de la valeur de cette main : avec les cinq doigts, l'on peut écrire le nom d'Allah :

5-4 3-2 1

1 = auriculaire
2-3 = annulaire-majeur
4-5 = index-pouce

Le signe de l'index et du pouce correspond à la *du*^{c}*a* (prière de demande) ; à la réponse divine correspond un signe similaire, l'ensemble formant l'hexagramme bien connu figurant le sceau de Salomon[69] :

67. Avec de multiples variantes.

68. Ce marabout a refusé de m'expliquer sa méthode qu'il attribue à une inspiration divine personnelle. Il a même, ajoute-t-il, refusé de la « donner » à son frère aîné (qui a la réputation d'être plus « qualifié » que lui) : manifestation supplémentaire de la rivalité entre aînés et cadets, et de la personnalisation de la pratique.

69. Cf. Doutté [1908]-1984 : 158-159.

Ce « secret de Dieu » synthétiserait la totalité de la création : le haut et le bas, la droite et la gauche, le devant et le derrière. La main résume donc la relation de l'homme au divin, et la façon physique de la réaliser est une preuve supplémentaire de ce que le savoir islamique, et en particulier celui des secrets, est véritablement incorporé. Notons aussi que la chiromancie est le seul art divinatoire où le contact corporel direct a son importance, certains marabouts ajoutant à l'étude clinique de la main du consultant et de ses lignes celle de sa chaleur et de son odeur.

Le système chiro-géomantique qu'on va décrire maintenant est un modèle à six figures. Bakary, jeune marabout, les tient de son maître qui les a lui-même dessinées pour son disciple sur des feuilles de papier d'écolier ; en regard de chacune d'elles il a consigné en arabe quelques lignes d'interprétation. Parmi les modalités de transmission du savoir religieux et ésotérique, celles consistant en un legs d'une copie d'ouvrage ou d'un cahier de traditions rapportées par le maître sont parmi les moins estimées[70]. De plus, cette transmission est ici partielle puisqu'il y manque le dessin des première et troisième figures[71]. Il n'empêche : Bakary montre le plus grand respect pour ce vademecum à l'encre délavée[72], qu'il consulte toujours après avoir élaboré le thème de son consultant.

La première figure est nommée *Yûsufu* (Joseph). Elle indique une longue vie mais de nombreux ennemis : une protection (*hijâb*) est donc nécessaire pour que ceux-ci ne puissent atteindre le consultant. Dieu peut l'aider comme il a aidé Yûsuf[73]. Mais si le consultant est inquiet, il peut acheter trois colas blanches, bien les laver dans de l'eau et utiliser celle-ci, qu'il parfumera, comme bain protecteur. S'il est malade, il guérira à condition de faire le sacrifice d'un poulet. S'il cherche de l'argent, il en trouvera rapidement ; s'il cherche un mari (ou une femme), cela lui sera facile.

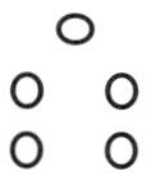

La deuxième figure est nommée *Adama*. Quel que soit le problème du consultant, il nécessite, pour être résolu, le sacrifice d'une poule blanche et de sel un jeudi. Si le consultant cherche de l'argent, il en aura ; s'il a égaré quelque chose, il le retrouvera, ou sera mis sur sa voie parce qu'il en entendra parler. S'il s'agit d'un voyage, il ne faut pas l'entreprendre le jour prévu, mais le remettre à plus tard. Le consultant aura une longue vie, mais a de nombreux ennemis contre

70. Voir la présentation de huit de ces modalités dans Aigle (1997 : 284). On sait qu'au sommet de cette hiérarchie se situent différentes formes de transmission orale.

71. C'est à ma demande que Bakary s'est renseigné auprès de son oncle paternel, avec lequel il collabore parfois, pour compléter l'ensemble.

72. Ce qui suit est la traduction faite par le marabout de ses feuillets, qu'il m'a montrés – marque de grande faveur – mais qu'il a refusé de me confier.

73. Cf. la sourate XII.

lesquels une protection est nécessaire. S'il s'agit de maladie, elle guérira rapidement à condition que le consultant sacrifie un poulet (la couleur en est sans importance) ou de l'argent qu'il devra donner à une personne quelconque. Trouver une femme ou un mari sera facile.

O O
O
O O
O

La troisième figure est nommée *Idrisa*. Si le consultant vient pour connaître le devenir d'un mariage qu'il projette, il est nécessaire qu'il patiente, car de nombreux ennemis séparent le couple ; mais l'union sera chanceuse. Généralement, le consultant a de nombreux ennemis mais ceux-ci ne peuvent rien entreprendre de sérieux contre lui. S'il n'a pas voulu exposer son problème, la figure montre qu'il s'agit d'une question concernant sa vie privée ; s'il sacrifie des vêtements qu'il a déjà portés, la solution sera trouvée. Pour que tout ce qu'il désire se réalise, avec l'aide de Dieu, il doit sacrifier une bague en argent un lundi ou un vendredi.

O O
O
O O
O O
O O

La quatrième figure est nommée *Umar*. Le consultant doit prendre patience au sujet du problème qui l'amène. S'il éprouve de la peur, c'est avec raison, mais tout rentrera dans l'ordre. Il trouvera la chance sur son chemin. S'il prévoit un voyage, celui-ci se déroulera bien, mais il verra du sang, quelqu'un sera légèrement blessé (il ne s'agit pas nécessairement du consultant lui-même). Il lui faut donc sacrifier de la viande, des vêtements blancs ou des dattes, qui peuvent être bénéfiques en toute occasion.

O
O
O O
O O

La cinquième figure est nommée *Allahu*. S'il s'agit d'un voyage, il se déroulera sans encombre. S'il s'agit d'amour, le consultant, homme ou femme, est très aimé de son partenaire. Généralement, il a beaucoup d'amis. S'il est question d'un déménagement dans un autre pays, une autre ville, un autre village, il sera marqué par la chance. Dans toute circonstance, il est bénéfique de sacrifier des vêtements (dont la couleur est sans importance).

O O
O O
O O
O

La sixième figure est nommée *Nûẖu*. Si le consultant a perdu quelque chose, il le retrouvera rapidement. S'il s'agit de maladie, celle-ci va beaucoup le « fatiguer », il ira même jusqu'à penser à la mort, mais il ne mourra pas. Si le consultant veut savoir s'il aura des enfants, la réponse est positive mais il est nécessaire de sacrifier une vache rouge, ou en cas d'impossibilité, des vêtements rouges ; dans ce cas, avec l'aide de Dieu, la difficulté sera surmontée.

Ces figures sont très nettement islamisées : quatre d'entre elles rapportent les paroles de prophètes (*Yûsufu*, *Idrisa*, *Umar*, *Nûẖu*), l'une rapporte la parole de Dieu (*Allahu*) et l'autre la parole de l'homme (*Adama*) ; chacun des fragments interprétatifs commence, en effet, par la phrase : « *Umar* (ou *Allahu*, ou *Adama*) a dit[74]. » Elles appartiennent à l'évidence, en dépit de différences, aux seize éléments entrant dans maints systèmes ouest-africains, qui imbriquent souvent géomancie classique arabe et géomancie « indigène[75] ». On peut, en effet, établir des équivalences entre notre « système parisien » et les figures développées par l'auteur arabe classique Ez-Zenati d'une part, celles d'un géomancien ouest-africain (Ali Kaïtina) étudié par Kassibo d'autre part[76] :

Système "parisien"	*Ez-Zenati*	*Ali Kaïtina*
(1) Yûsufu	Al Kousadji	Janfa almami
(2) Adama	Dahika	Adama
(3) Idrisa	Al Bayada	Albayada
(4) Umar	Al Omra	Lumara
(5) Allahu	Nacrat al Kharidja	Kalalaw
(6) Nûhu	Nacrat ed Dakhel	Nunkoro

Dans le système d'Ez-Zenati, les noms de ces prophètes, d'*Allahu* et d'*Adama* figurent dans le nom des maisons géomantiques correspondantes. C'est sur celles-ci que notre tableau comparatif se fonde, plus que sur la configuration des figures. En effet, deux d'entre elles (*Yûsufu* et *Idrisa*) ne concordent pas, celles-là mêmes qui manquaient dans le grimoire précieusement conservé par Bakary. En outre, les indications sacrificielles de notre système ne correspondent pas avec celles d'une autre école géomantique citées à titre d'exemple par Kassibo. Ces divergences peuvent certes être interprétées comme le résultat d'une transmission fautive ; elles renforcent plutôt l'idée que la circulation de ces procédés divinatoires concourt à l'émergence d'un très grand nombre de variantes personnelles en Afrique de l'Ouest, dont on retrouve un exemplaire à Paris.

Ce système à six figures est-il un système « dégradé » ou, au contraire, cette économie de signes manifeste-t-elle une « grande maîtrise dans l'art de l'interprétation » (*ibid.* : 566) et dans le choix de la figure qui parle ? Répondre à

74. D'où le nom *Kakalaw* donné par le devin Ali Kaïtina, déformation probable de *khalallahu*, « Allah a dit ».

75. Cf. à ce sujet Kassibo (1992 : 542 et sq.) et Brenner (1985 : 78-98).

76. Tableau d'équivalences entre ces deux auteurs dans Kassibo (1992 : 548-549). Comme l'explique cet auteur, dans les systèmes ouest-africains, les noms des maisons ont été donnés aux signes. Cette comparaison se fonde plus sur les noms que sur le tracé des figures, qui ne concorde pas pour deux d'entre elles.

cette question nécessite qu'on ne se contente pas d'analyser l'économie générale des figures, mais qu'on considère aussi la façon dont les marabouts les manipulent concrètement.

Pour monter son thème, le marabout inscrit en haut de sa feuille le nom et l'âge du consultant ; puis il prend la main droite de celui-ci[77] qu'il observe un instant avant de la faire poser à plat sur son bloc de papier. Il en dessine le contour à l'aide d'un stylo-feutre de couleur et referme le tracé du poignet par un trait horizontal. Il inscrit l'âge du consultant au sommet du pouce ou en bas de la feuille, indication qui n'est pas utilisée dans la divination proprement dite, mais dans l'éventuel travail ultérieur. D'une autre couleur, il relie l'articulation palmaire du pouce et de l'auriculaire, formant ainsi une bande qui restera inutilisée dans une consultation normale, mais remplie de noms de Dieu et d'invocations s'il s'agit d'un client pour lequel le marabout ne « voit » pas bien. D'une autre couleur encore, il prolonge les articulations palmaires du médius, délimitant ainsi un espace fermé au bas duquel il inscrit le nom de Muhammad. L'espace divinatoire est prêt pour recevoir les tracés géomantiques. Le jeu des couleurs n'a d'autre fonction que celle de créer une ambiance mystérieuse.

Pour les femmes, le thème s'érige sur le médius. À l'aide du feutre ayant servi à écrire le nom du Prophète, le marabout jette quatre lignes verticales de six traits. Puis, avec un stylo-bille, il relie verticalement chacun de ces traits par des alvéoles[78]. Horizontalement, cette fois, et, théoriquement, les yeux fermés, il isole par des traits des groupes d'alvéoles ; il reporte verticalement la première figure ainsi formée (à partir du bas) sous le nom de Muhammad, complétant éventuellement le nombre des alvéoles pour se conformer à celle des six figures dont son choix aléatoire est le plus proche. Cette configuration est celle qu'il s'agit d'interpréter.

Pour les hommes, le thème s'écrit sur l'index. Quelques différences avec le procédé précédent : le marabout trace trois lignes verticales de sept ou huit traits qu'il relie par des alvéoles, et tire de façon aléatoire des traits horizontaux. La figure de la ligne centrale reste intacte, en particulier lorsqu'elle se compose de quatre signes ; ceux-ci, correspondant aux quatre lettres du nom Muhammadu, ne doivent pas être touchés. Celle qui sera à interpréter est constituée par l'addition des alvéoles de deux divisions latérales (les secondes en partant du bas). Elle est reportée verticalement sous le nom du Prophète. Contrairement à bien des systèmes géomantiques connus, l'aléatoire n'est pas premier dans la démarche puisqu'il intervient après les premiers tracés.

Selon la question posée par le consultant, le marabout s'inspirera de tel ou tel passage du texte interprétatif correspondant. Dans l'érection de ce thème, différent selon qu'il s'agit d'un homme (où le marabout trace trois lignes de traits) ou d'une femme (où il en trace quatre), l'on retrouve un élément récurrent du symbolisme

77. Et non sa main gauche, à laquelle il « ne comprend rien ».

78. Pour expliquer la combinaison des traits et des alvéoles, l'un des marabouts qui le pratique n'évoque pas l'engendrement des mères, des filles, etc., comme dans un tracé géomantique classique ; il s'agit simplement, pour lui, de grossir les premiers traits, trop petits pour être bien visibles.

ouest-africain, qu'on rencontrera encore lors du travail maraboutique : le chiffre trois, représentant l'homme, le chiffre quatre représentant la femme[79].

Mais, tout comme le tracé des traits et alvéoles est essentiellement pragmatique, le procédé, tel qu'il vient d'être exposé, n'est que théorique ; en fait l'extraction des figures finales révèle une sorte de ruse naïve. Sans marquer les divisions aléatoires, le marabout opère de la façon suivante : pour les femmes, il isole toujours un groupe horizontal de cinq alvéoles qu'il reporte verticalement. Quelle que soit la disposition des signes de la figure, celle-ci correspond toujours à celle nommée *Adama*. Pour les hommes, le décompte se fait par quatre horizontalement, ce qui, correspondant encore une fois au nom de *Muhammadu*, n'est pas utilisé pour la divination, et trois verticalement, à gauche et à droite. La figure à interpréter est constituée de l'addition de ces deux groupes de trois signes, soit six en tout. Le résultat obtenu correspond toujours à la figure nommée *Allahu*. L'écriture automatique qui caractérise le tracé des signes géomantiques est donc ici réduite au minimum.

En pratique, donc, seules deux figures sur les six qui composent le système sont utiles, d'où l'imprécision constatée dans la transmission de celles qui ne servent pas : les hommes sont toujours sous le signe d'Allah, les femmes sous celui de l'humain... Un examen attentif montre que les interprétations qui leur sont liées sont, globalement, parmi les plus favorables, les moins perturbatrices, de tout le système : pas de blessure comme chez *Umar*, pas de maladie grave comme chez *Nûhu*, pas d'insistance sur l'inquiétude comme chez *Yûsufu*.

Tout se passe comme si le géomancien ne prenait pas de risque envers son consultant, donnant à sa question une première réponse moyenne, prudente[80], neutre, le nivelant, en quelque sorte, à un « idéal type » de l'homme et de la femme universellement valable. Cependant le caractère « routinisé », somme toute fort peu divinatoire d'un tel procédé, qui semble bien s'être peu à peu élaboré en France, est fortement modulé par l'emploi concomitant d'autres éléments : le jet de cauris, l'emploi d'autres objets de divination considérés comme extrêmement secrets (tels des queues de taureau agitées au-dessus de la tête du consultant). Ainsi la pratique géomantique, quelque peu vidée de sa substance, ou du moins détournée de son but, mais néanmoins fortement marquée d'une présence religieuse, ne fournit-elle ici qu'un cadre rituel général à partir duquel le marabout introduit de nombreux autres paramètres ; la solennité introduite dans le montage du thème, le dialogue qui s'instaure entre le marabout et son consultant sont des éléments non négligeables de l'affinement de la divination. L'usage de ce système montre à la fois le mélange de confiance et de distance pris par le marabout envers son outil et l'astuce dont il fait preuve.

---

79. Ces chiffres sont habituellement référés à la conformation du sexe masculin (la verge et les deux testicules) et du sexe féminin (le clitoris, les lèvres, la vulve) ; cf. critique de cette interprétation physiologique dans Fainzang (1985).

80. Le sens de la figure *Allahu* serait celui de la victoire et du sens religieux ; celui de la figure *Adama* est lié à la chance, aux biens (*ibid.* : 553, 556).

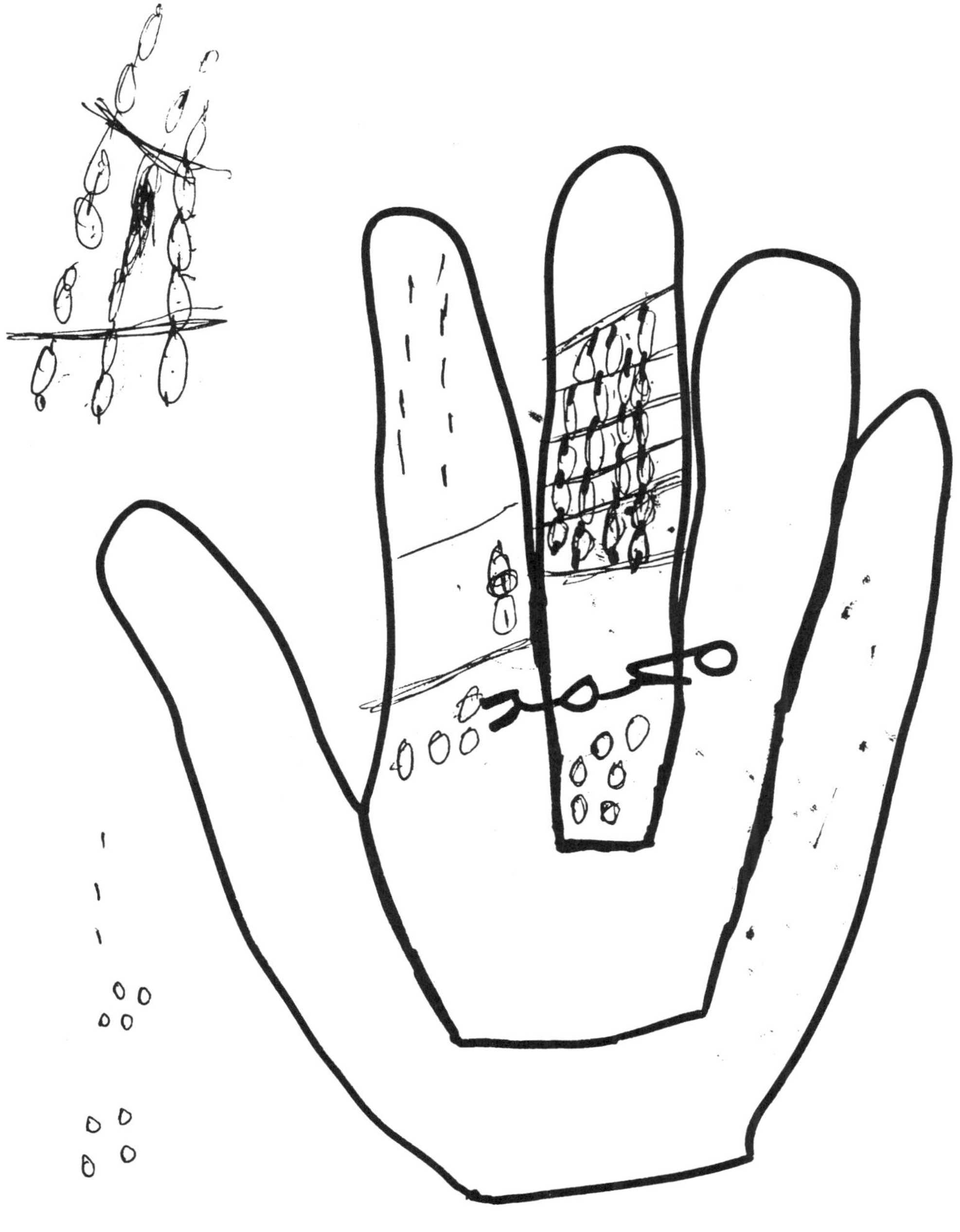

Figure 1. Tracé chiro-géomantique dessiné par un marabout.

Le jet de cauris

Particulièrement adaptée pour un résultat immédiat, cette pratique[81] suscite l'engouement des consultants non africains, attirés par l'exotisme des coquillages et le jeu visuel des figures. À Paris, c'est le seul procédé qui soit l'apanage autant des hommes que des femmes, ces dernières n'ayant pourtant pas pignon sur rue et n'étant connues, grâce au bouche-à-oreille, que dans des réseaux très restreints.

Aucun procédé divinatoire n'est plus individualisé que celui-ci, tant par le nombre de coquillages employés (sept, douze, quatorze, vingt-deux ou vingt-quatre), par la variété des systèmes interprétatifs, que par les conditions de son emploi : certains devins utilisent exclusivement le jet de cauris, d'autres s'en servent comme complément à une divination réalisée par la médiation d'un autre support.

Dans la plupart des cas, la face dorsale des cauris utilisés est abrasée[82]. Ils sont lancés sur un plateau de vannerie recouvert de tissu que le devin tient sur ses genoux ou qu'il pose sur un siège ou à même le sol. Mais avant toute chose, plusieurs préliminaires, d'une complexité variable sont nécessaires pour faire advenir la parole. Ainsi Diali « installe » les « trente hommes » (bambara *tje bii saba*[83]). Il étale sur un tissu blanc, dans lequel il les conserve précieusement, quelques poignées de sable rouge contenant trente cauris (à face dorsale non abrasée, qui ne servent pas à la divination). Il ne s'agit pas d'un sable quelconque, mais de celui qu'il a rapporté d'Afrique, recueilli au bas de sept termitières différentes, là où courent les fourmis[84]. Diali y dispose les trente cauris dans un ordre invariable : d'abord quinze cauris de forme longue qu'il place verticalement, de gauche à droite, face dorsale visible ; puis de droite à gauche, il range les quinze autres cauris, de forme trapue, horizontalement, face ventrale visible. Le premier groupe figure les « musulmans », ou « croyants », le second, les « catholiques », ou « incroyants ». Par un comptage par neuf, le devin parvient à éliminer tous les « incroyants » ; alors seulement les cauris parleront, le devin aura la chance nécessaire à faire « sortir[85] » le problème posé.

Première étape (I = « musulmans ») :

IIII II III I II I II

Deuxième étape (– = « catholiques ») :

IIII– – – – –II–III–I– –II– – –I– –II–

---

81. Nommée *tjedde* en poular, d'une racine signifiant « témoin ». En Afrique de l'Ouest, le cauri symbolise notamment la bouche ouverte.

82. Ceux-ci étaient utilisés autrefois comme monnaie.

83. Selon Youssouf Cissé (communication orale), cette procédure serait liée aux pratiques géomantiques soninké les plus anciennes ; je n'ai pas, pour le moment, approfondi cette éventuelle parenté.

84. En milieu bambara, d'où Diali est originaire, l'un des sens attribués à la termitière est la puissance de la brousse et aux fourmis, le savoir.

85. Dans le sens de « dévoiler » ; ce terme est également employé pour la géomancie.

Troisième étape : suppression des « catholiques » par comptage par groupe de neuf de gauche à droite.

Cette procédure au symbolisme manichéen limpide[86] n'est jamais accomplie devant le consultant, mais elle est toujours implicite : la divination est sous le signe divin et ce sont les « musulmans » qui parlent ; cependant il arrive que le devin trouble ce bel ordre et, mélangeant les genres, ou pour plus de sûreté, place devant son plateau de divination l'un de ses « fétiches » rougi par des crachats de colas[87].

Comme pour la géomancie, d'autres devins demandent à leur consultant des pièces de menue monnaie, don, « sacrifice », selon le terme employé en Afrique de l'Ouest, fait aux cauris avant d'ouvrir la séance : « On met une pièce pour que les cauris parlent, sinon ça ne dit pas la vérité, puis ça reste[88]. » Mais on l'a vu, à Paris certains ont renoncé à faire comprendre cet usage à leurs clients non africains et complètent eux-mêmes leur matériel. Le jeu de Camara comprend, outre ses douze cauris, quatre types de pièces : quelques francs CFA, des centimes français, une pièce américaine de cinq *cents*, et une pièce anglaise, variété tout à fait volontaire, comme s'il s'agissait de susciter une parole universelle. À ses quatorze cauris, Diakhaby a ajouté lui-même une grosse graine rouge de *Canavalia ensiformis (L.)* (poular *fantore*) qui « passe pour jouir de propriétés magiques » (Gaden 1914). Cette association est très fréquente[89].

La séance divinatoire proprement dite commence par des prières et incantations dites à voix basse, lors desquelles le devin prononce le nom du consultant. Tout comme au stylo utilisé pour le tracé géomantique, c'est aux coquillages qu'est formulée la demande de révélation. Plusieurs jets non interprétés sont nécessaires pour que, du désordre initial, puisse naître une disposition inaugurale (chez Diali, plusieurs coquillages, au moins quatre, voire cinq, dans la même position, face dorsale visible).

Chercher à établir une taxinomie rigide serait trahir cette pratique divinatoire où la part de l'improvisation, de l'interprétation métaphorique articulée à la perception que le devin a du consultant, est considérable, débordant largement le décryptage étroit de figures platement répertoriées selon une grammaire apparemment simple (face ventrale/dorsale visible, taille, position verticale/horizontale/inclinée, isolement d'un coquillage par rapport aux autres, figures réalisées). D'une part chacun « travaille beaucoup[90] » pour mettre au point son propre système et les variations existant d'un devin à l'autre sont grandes ; d'autre part le sens des positions et de la forme prise par les coquillages est très polysémique. En outre, toutes les configurations ne parlent pas, et il arrive que plusieurs jets successifs laissent le devin muet ; de même, seuls certains des cauris lancés donnent prise à l'interprétation.

---

86. Y compris dans le sens de disposition des cauris : de gauche à droite, c'est-à-dire du mal vers le bien pour les « croyants », et l'inverse pour les « incroyants ».

87. Rappelons qu'il s'agit d'un substitut du sang.

88. Une telle pratique est également relevée par Maupoil ([1936]-1981 : 231) en milieu béninois ; l'auteur mentionne des remarques analogues de Gaden en milieu peul.

89. Les mourides disent que ces graines porteuses de chance poussent au paradis.

90. Selon l'expression de l'un d'eux.

Voici quelques exemples des divinations faites par Diali, dont le nom seul indique qu'il est issu d'une famille de griots, rôle qu'il joue toujours avec un certain brio à Paris, outre son activité de marabout et de plongeur dans une entreprise de restauration. Il travaille avec un jeu de douze cauris, rougis de crachats de cola.

Figure 2.
Figures du jet de cauris.

L'une de ses constantes, repérable également chez d'autres, est de considérer les cauris retombant face ventrale (a) visible comme présage négatif, ceux retombant face dorsale (b) visible comme positif[91] ; mais les premiers symbolisent également les femmes, les seconds les hommes. L'un des coquillages lancés s'isole et s'immobilise dans la première position décrite : « Pas bon », dit Diali. Un autre, face ventrale visible accolé à deux cauris face dorsale visible : c'est une femme blanche entre deux hommes, l'un blanc, l'autre noir ; cette dernière différence est déduite de la variation de la rayure médiane visible sur la face abrasée des coquillages. Autre jet : cinq cauris regroupés dans un coin, face ventrale visible, puis, un peu plus loin, un cauri face dorsale visible : c'est une réunion (accumulation des cinq), mais dont le consultant tirera bénéfice (le cauri isolé). On voit bien, dans cet exemple, qu'il revient au devin d'organiser le présage en fonction de tous les signes qui lui sont donnés : ici les cauris face ventrale ne sont interprétés ni comme négatifs ni comme féminins. La même remarque vaut pour les figures suivantes : quatre cauris disposés en carré, retombés face ventrale visible sont les quatre coins de la « place » (travail, maison) que le consultant recherche. Ou bien : deux cauris isolés, l'un sur la face ventrale, l'autre sur la face dorsale, signifient un doute. Ou encore : de nombreux cauris face ventrale visible orientés vers le devin présagent beaucoup d'argent pour lui-même ; six coquillages indiquent le gain pour le consultant (ou le devin) d'une somme contenant un six (six cents francs, six millions, etc.). La direction générale des coquillages a aussi, on le voit, son sens : des cauris tombés en ligne, face dorsale, visible, pointés vers le consultant, Diali déduit que la voie est libre pour celui-ci ; cette figure est nommée *jikke* (« bonne réputation, renommée »).

91. Opposition que nous avions déjà remarquée lors de l'opération préliminaire à la divination, où les cauris disposés face dorsale visible représentent les « croyants », ceux face ventrale visible, qu'il est nécessaire d'éliminer, représentant les « incroyants ».

Tous ces exemples montrent la part de l'intuition du devin, entièrement captivé par son jeu. Ce procédé, plus encore que tout autre, atteste qu'il s'agit non d'une connaissance théorique mais d'un savoir-faire pratique d'une grande souplesse. La fin de la divination est signifiée par les cauris eux-mêmes, lorsqu'ils retombent presque tous dans la même position (face dorsale visible). Cette figure, nommée *wasa* (« ne manquer de rien, être comblé »), signifie que le consultant tout comme son devin ont obtenu tout ce qu'ils pouvaient souhaiter, qu'il est temps d'arrêter de « demander » pour ne pas franchir la limite au-delà de laquelle on retrouverait le malheur. Situation dangereuse pour les deux partenaires : Diali raconte l'histoire d'un devin qui, ayant outrepassé cet avertissement, a vu dans les cauris l'annonce de sa propre mort ! Le moyen d'y échapper ? Sortir en courant, le sort néfaste retombant sur le dernier restant dans l'espace de la divination ; mais si le consultant réussit lui aussi à se sauver ? C'est alors le devin que le maléfice happera irrémédiablement. Celui-ci a donc une responsabilité capitale dans la conduite de son art, celle de ne pas frôler la démesure.

Plus que toute autre méthode de divination, le jet de cauris marque son emprise sur un espace dont la maîtrise semble échapper au devin lui-même, pourtant seul médiateur des paroles qui « sortent ». Ainsi, non seulement les coquillages peuvent dire des vérités débordant le problème posé par le consultant (par exemple, l'informer sur sa santé, sur ses relations de travail alors qu'il a posé une question relative à ses amours) – élargissement propre à de nombreux procédés divinatoires à paradigme ouvert, manière, pour le devin, de manifester sa puissance ; mais encore ils peuvent dévoiler des secrets concernant toute personne éventuellement admise près du plateau, voire le devin lui-même.

Cette puissance redoutable est confirmée par un autre trait montrant autant la force du devin que la nature de ce type de divination. Diali fait jaillir une figure néfaste, une mort ; rapidement, il saisit le cauri et le replace avec violence dans une position favorable : « On ne peut pas empêcher une mort, dit-il, mais on peut la retarder. »

Le consultant africain pose sa main sur les figures rendues bénéfiques, comme pour s'imprégner de leur message, lui qui sait que les cauris ne se contentent pas de dévoiler mais font aussi advenir les événements, les rendent fastes, même s'ils ne peuvent totalement les modifier. C'est sans doute parce qu'elle est réputée pouvoir en imposer au cours des choses, être active autant que prédictive que la divination par les cauris a un tel prestige, y compris à Paris. Ce caractère singulier n'est pas sans rapport avec l'hétérodoxie du procédé[92].

Le listikhar

Après ces exemples de procédés divinatoires particulièrement prisés à Paris en raison de leur rapidité, il nous faut revenir à ce grand classique que certains marabouts n'ont pas abandonné malgré sa lenteur : le *listikhar*. Cette pratique d'oniromancie

---

92. Les cauris entrent aussi dans la confection d'un grand nombre d'amulettes de protection. La divination active caractérise également l'art chamanique. Cf. Hamayon (1990 : 599).

(arabe *istikhâra*) plonge ses racines dans l'incubation grecque mais est parfaitement intégrée dans le *ᶜilm*[93]. Elle vise à susciter, par des prières, des rêves nocturnes permettant d'éclaircir une difficulté soumise par un consultant, éventuellement d'y trouver des solutions. Mais le marabout peut aussi, par ce moyen, obtenir des informations sur toute personne de son entourage, responsable administratif, nouvelle connaissance[94], vérifier les intentions réelles de son consultant[95], en particulier s'il s'agit de faire du mal ; car gare à lui s'il acceptait naïvement d'assouvir la jalousie de son client sans avoir la preuve de la légitimité de cette requête ! La nuit la plus propice au *listikhar* est celle du jeudi au vendredi, sauf en cas de problème urgent. Comme pour les autres techniques divinatoires, les procédés permettant de susciter les rêves nocturnes sont fort variés.

Danssokho, jeune marabout soninké, est interrogé par un consultant : celui-ci sortira-t-il rapidement du chômage ? Par un premier dialogue, le devin a recueilli quelques renseignements lui permettant de cerner son client. Ce dernier parti, Danssokho attend la nuit pour écrire, sur une feuille de papier blanc sans lignes, le début du premier verset de la *fâtiḫa* (*bismillah)* dont il prolonge la dernière lettre[96] de façon à représenter un grand rectangle. Sur celui-ci, il dessine soit un second rectangle de façon à former une sorte de croix (procédure rapide), soit un pentagone étoilé[97]. Le premier dessin est d'un tracé plus bref, aux cases moins nombreuses. On retrouve ici, au sein du procédé « lent » qu'est le *listikhar*, le souci de gagner du temps. Dans chacune des cases ainsi formées (cinq dans le premier cas, quinze dans le second), le marabout inscrit le nombre résultant de l'addition suivante : le nombre correspondant à l'équivalent en chiffres du mot arabe *amal* (« travail »), puisque c'est la nature du problème posé par le consultant, auquel est ajouté celui du prénom du consultant, calculé selon la même procédure[98]. Puis il écrit, en lettres simples, la fin du verset.

L'opération qui suit est la plus importante : après avoir prononcé la formule : « Dieu, pardonne-moi », le marabout récite le verset (*wird*) trois cent treize fois, comptabilisées au chapelet[99], décomposées en trois séquences : trois, dix, puis trois cents fois.

---

93. Cf. entrée *istikhâra*, in *Encyclopédie de l'islam* 2. L'oniromancie grecque était bien connue des cultures arabes et islamiques, notamment par la traduction en arabe, au IXᵉ siècle ap. J.-C., de l'œuvre d'Artémidore d'Éphèse dont s'inspirèrent de très nombreux traités et compilations ultérieurs (cf. Fahd 1987 : 341). Sur l'oniromancie dans les cultures arabes et islamiques classiques, cf. Grünebaum (1967).

94. J'ai moi-même été soumise, à mon insu, à un tel test lors de ma rencontre avec un marabout. Ce n'est que beaucoup plus tard que je fus informée de cette démarche préliminaire.

95. Voir la démarche analogue du magicien en milieu songhay (Rouch [1960]-1989 : 341).

96. La dernière lettre du nom d'Allah.

97. Sur la valeur magique de ce pentagone étoilé, cf. Doutté ([1908]-1984 : 156).

98. Calcul identique s'il s'agit d'un problème d'argent (le mot arabe utilisé est *mal*, « argent, richesse »). S'il s'agit d'un problème d'amour, le marabout additionne les valeurs chiffrées des deux noms des personnes concernées.

99. Ce nombre de 313 se retrouve chez de nombreux marabouts. Selon l'un d'entre eux, il correspondrait au calcul suivant : au nombre des côtes que possède l'homme (23 selon lui), on retranche 10 pour la dîme rituelle) ; au résultat obtenu (13), on ajoute 300 ; la somme finale est 313. Autres explications moins descriptives émanant d'un marabout féru d'islam : des 124 000 prophètes, 313 seulement auraient été envoyés sur terre ; ou encore : lors de la bataille de Badr (624), ce furent 313 partisans du Prophète qui l'emportèrent sur plus de 1 000 ennemis.

Cet ordre croissant correspond, de façon générale, à une procédure où il s'agit de faire venir vers soi une chose, une personne, un rêve. Après cette récitation, le marabout demande explicitement à Allah de l'aider à résoudre tel problème de telle personne (dont il prononce le nom), et se passe les mains sur le visage. Puis il plie la feuille et, se couchant, la glisse sous sa tête ; le rêve divinatoire intervient pendant le sommeil, au cœur de la nuit. Le rêveur voit alors « une personne », « quelqu'un » – terme volontairement vague –, qui lui indique la conduite à tenir. Si l'entreprise échoue, le marabout la recommence jusqu'au succès.

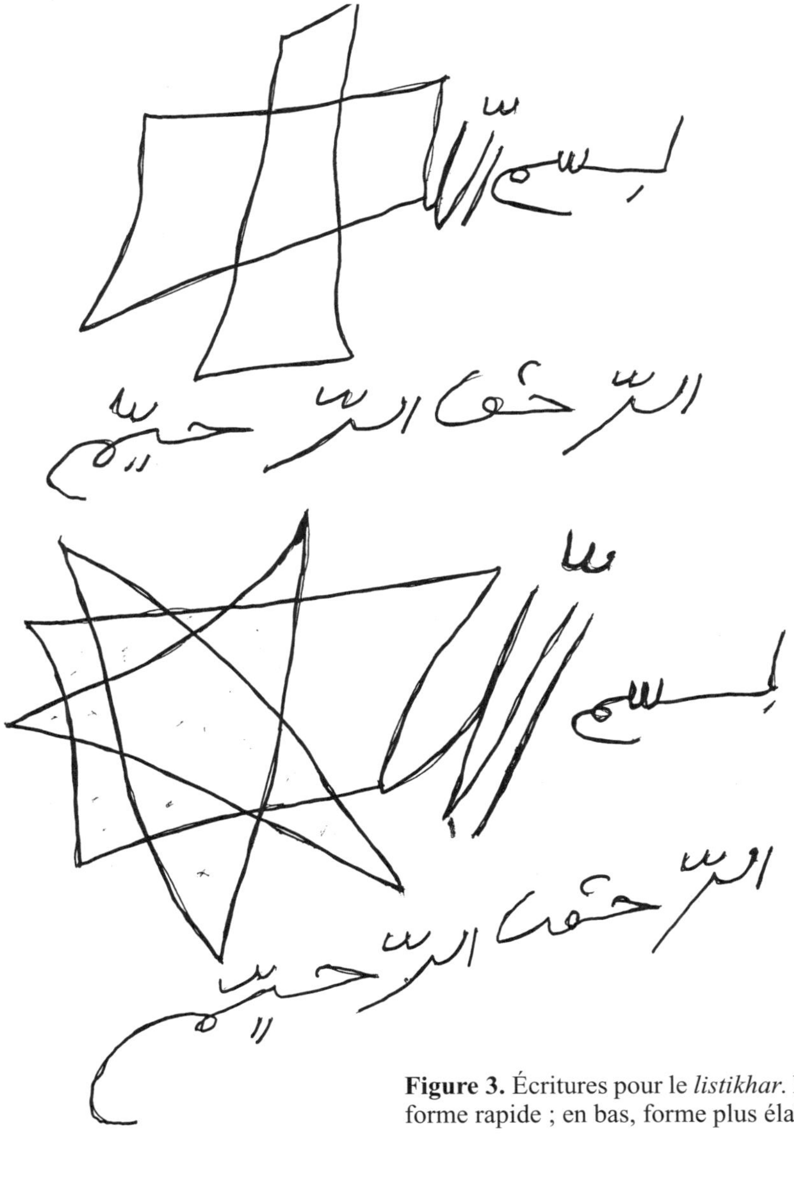

Figure 3. Écritures pour le *listikhar*. En haut, forme rapide ; en bas, forme plus élaborée.

La procédure relativement élaborée employée par ce jeune marabout a pour caractéristique d'être fixe. Son calcul représente, pour lui, plus une façon économique de formuler une question dans un espace réduit, qu'il ne révèle un « ange » spécialement convoqué pour résoudre la question posée. Cependant elle repose sur l'une des pratiques majeures de l'*asrâr* : la science des lettres. Celle-ci n'est pas propre à l'islam mais, comme le rappelle Lory (1985 : 92), « nous renvoie à un espace mental commun à toute l'humanité où, pour ne mentionner que les courants occidentaux, nous retrouvons le pythagorisme, les écoles platoniciennes, l'intuition de visionnaires chrétiens comme Marcos le gnostique et, bien entendu, la kabbale hébraïque ». Elle se fonde sur l'idée que le monde a été créé à partir des lettres du Coran, « message divin *"dicté"* » (Lory 1993 :173), et que celles-ci commandent le monde terrestre, les astres eux-mêmes. Chacune d'elles, chacune des sourates du Coran sont conçues comme des « anges » capables de transformer l'univers et d'avoir une influence sur les hommes[100].

Cette science des lettres, manifestant avec éclat l'idée que les éléments de l'univers ont entre eux de multiples correspondances[101], a été particulièrement développée par Al-Bûnî, auteur dont, on l'a vu, la connaissance parvient généralement aux marabouts par fragments et par la médiation de multiples relais.

La conversion des lettres en chiffres (*abadjada*[102]), fondée sur le principe que les nombres représentent l'esprit des lettres, est une opération essentielle aux yeux des marabouts parisiens, sans qu'ils soient pourtant toujours en mesure d'en expliquer le sens. Pour certains, ce procédé permet d'atteindre le génie de la personne, d'autres se contentent d'affirmer qu'en son absence, tout travail est vain : « En tant que marabout, nous dit l'un d'eux, si tu n'écris pas en *abadjada*, tu perds ton temps. »

La méthode généralement employée affecte aux dix premières lettres de l'alphabet arabe un chiffre allant de un à dix, aux huit suivantes, les nombres des dizaines (de vingt à quatre-vingt-dix), aux neuf suivantes, les nombres des centaines (de cent à neuf cents), enfin à la dernière lettre, le nombre mille. Bien que ce code soit répandu dans l'ensemble du monde musulman, chaque marabout s'en croit le détenteur privilégié. Selon Dia, « pour apprendre l'*abadjada*, il faut avoir beaucoup d'argent, ou être resté chez un maître depuis sa petite enfance ».

Cette prérogative est soulignée par la description des dangers liés à sa manipulation : une femme enceinte qui ne ferait qu'en apercevoir les signes mettrait

100. Cf. l'ensemble des études que Lory a consacrées à ce thème (1985, 1989, 1993 notamment).

101. Comme le manifeste l'explication du nombre de récitations des prières fondé sur le nombre de côtes de l'homme. Sur la valeur des chiffres et des lettres, leurs relations avec les éléments, les planètes, les signes du zodiaque, cf. Doutté ([1908]-1984 : 171 et sq).

102. Il s'agit d'un ordonnancement abécédaire ancien, vraisemblablement d'origine cananéenne, qui n'est utilisé actuellement qu'à des fins divinatoires et talismaniques. Cf. *Encyclopédie de l'islam* 2, article *abdjad*.

en péril son enfant à venir[103]. Mais outre son rôle dans la science des lettres, réservée aux spécialistes, l'*abadjada* est aussi employé par les marabouts pour cacher l'affaire en cours à l'entourage en particulier, rivalité oblige, aux autres devins. De sorte que dans cette « double articulation » du secret (Zempleni 1996 : 24), les marabouts sont à la fois les dépositaires de celui-ci et ses intrus potentiels les plus redoutés.

Il est cependant vrai que les résultats de l'application du code sont illisibles[104] ; il en existe d'ailleurs plusieurs variantes, manifestant autant de combinaisons partagées ou plus personnelles. Ainsi le nombre obtenu par le procédé classique peut être divisé par deux, ou encore multiplié par sept puis divisé par trois[105]. Dans le premier cas, le résultat obtenu a moins de force et peut être employé pour des travaux peu difficiles ; il peut aussi correspondre à un nombre d'invocations ou de récitations moins important. C'est l'inverse dans le second cas : plus grands sont les nombres, plus grande est leur force opérative.

Revenons maintenant à d'autres variantes du *listikhar*. Dia, marabout peul, se purifie, revêt un boubou propre et utilise bougies et parfums (poular *tjuraj*, soninké *kambere*) pour favoriser la venue des « anges ». Bien qu'à chacun de ceux-ci correspondent, théoriquement, une senteur, une substance particulières, ce marabout attache peu d'importance à la nature de ceux qu'il utilise, et choisit, quand il en a les moyens, des parfums de marque[106]. Il n'écrit rien, mais répète plusieurs fois certaines sourates accompagnées de prosternations : soit sept fois la sourate XLI « Les détaillés[107] », soit cinq courtes sourates (sourate XCI à XCIV et XCVII, chacune précédée de la sourate d'ouverture, *fâtiẖa*) ; puis des récitations, comptabilisées au chapelet, de la sourate CXII (« La pureté[108] »). Il termine par trois récitations de la *fâtiẖa*. Le marabout invoque ensuite un « nom de Dieu » approprié et « appelle » le prénom de la personne pour laquelle il entreprend de rêver, suivi du nom de sa mère ; si ce dernier lui est inconnu, il prononce par défaut celui de *Hawa* (Ève, mère de tous les hommes) mais doit auparavant, en compensation, doubler le nombre des prières récitées.

---

103. Manifestation supplémentaire de la division sexuelle du travail maraboutique concernant l'écrit.

104. Qu'on se souvienne de l'exemple donné à propos du *listikhar* pratiqué par le marabout soninké : il est impossible de décomposer le nombre résultant de l'addition si l'on ne connaît pas les éléments de base (le nom du consultant et la raison de la consultation).

105. Par exemple, l'addition des valeurs numériques des lettres du nom Allah, équivalant à 66, peut devenir 33 ; dans le second procédé, au lieu de 66, on obtient 154. D'autres procédés de calcul sont encore plus secrets.

106. Dior ou Yves Saint-Laurent étant ses préférés. D'autres marabouts, plus classiques, utilisent de préférence le benjoin. Cf. tableau des parfums des différents anges et génies dans *Dictionnaire des symboles* (1982 : 339-341), reproduit d'après Hugues, *A Dictionary of Islam* (1896). Cf. aussi Doutté ([1908]-1984 : 72-74).

107. Peut-être parce qu'il y est beaucoup question de révélation.

108. Il s'agit de la pureté de la foi ; sur la valeur de cette sourate équivalant en mérite au tiers du Coran, selon certains hadith, cf. Doutté ([1908]-1984 : 216-217).

Puis il se couche dans une position confortable, sans chercher à imiter celle du Prophète[109]. Ce sont des anges (*râwhân*) qui lui indiquent la nature du problème et les sacrifices qu'il doit prescrire, les talismans qu'il doit écrire. Si le rêve ne survient pas, le marabout augmente le nombre de récitations de la dernière sourate ; il peut ainsi passer de 7 à 11, 111, 1 111 fois ; à ce stade, assure-t-il, « on est obligé de voir[110] ».

Quant à Diakhité, marabout diakhanké, il se prosterne (de deux à cent fois), invoque un nom de Dieu et prononce le nom du consultant. Mais pour le choix des sourates, chacun a son secret[111] et surtout, souligne-t-il, cette inspiration divine ne dépend en rien d'un rituel préalable qui serait codifié avec précision. Si la propreté est, pour lui, fondamentale, en revanche la position est sans importance : il prie jusqu'à ce que son corps, dominé par le sommeil, s'effondre de lui-même, simple défroque dont le principe vital s'est échappé. Au réveil, le marabout dit toujours du rêve qu'il a fait : « Je crois que c'est bon, seul Dieu est sûr. » Car contrairement à celui des prophètes, le rêve humain n'est « pas garanti », l'homme est faillible. Le marabout n'a fait que demander à Dieu de l'« aider un petit peu ».

Un dernier exemple de *listikhar*[112], tout différent, est issu du dossier manuscrit de Ndao, notre marabout « démocrate et libéral ». Il s'agit d'une *fâᶜida* (« recette[113] ») dont la première partie est un verset coranique célèbre manifestant la force de la parole créatrice : « Inventeur des cieux et de la terre, lorsqu'Il décide une chose, Il dit : "Sois. Et c'est ! Rien d'autre" » (sourate II : 117[114]). La seconde partie (*bab*) donne des indications d'usage : « Écrivez ce talisman sur un tissu neuf, placez-le sous votre tête au moment de dormir, vous verrez ce que vous demanderez. Le talisman est :

Figure 4. Talisman pour le *listikhar*.

109. Sur le côté droit.

110. Sur le nombre 111, correspondant à la valeur de l'*alif*, cf. *ibid.* : 175.

111. Il ne me confiera pas les siens.

112. Cf. également d'autres exemples dans Gaden (1931 : 255-256), Zempleni (1968 : 426-430), Sanneh (1979 : 192).

113. Les *fâᶜida*, quel qu'en soit le but, sont généralement composées d'une invocation plus ou moins longue, du fragment *kun fa-yakun* déjà mentionné, du but de l'écrit (« pour l'amour », « pour rendre la vie », « contre le mal au cœur » etc.), du texte que le marabout doit écrire avec les indications du support (un papier, une assiette blanche, un tissu neuf, etc.), des matières à utiliser (du miel, de la rue, du fenugrec), des parfums (encens « mâle », ambre, etc.), des gestes à accomplir (faire boire au consultant, enterrer sous le seuil de la maison, etc.). Elles se terminent par une invocation et la mention « fini » ou « complet ».

114. Cette expression apparaît de nombreuses fois dans le Coran (sourate III, verset 45 et 59, sourate VI, verset 73, etc.).

[Anges] chargez-vous de tel et tel ! Ensuite mentionnez votre pensée. Fin ». La dernière partie exprime des louanges à Dieu (cf. Fig. 5, p. 189).

À la différence des techniques précédemment décrites, placées nettement sous le signe de la prière orale ou mentale, ce procédé de *listikhar* repose avant tout sur l'écriture ; dans celle de la formule indéchiffrable, on peut reconnaître des suites de nombres peut-être équivalentes à des noms de Dieu et certains des « sept signes » et des « sept lettres » de la magie islamique classique (cf. Doutté [1908]-1984 : 155-159). Il s'agit autant, en outre, de commander directement aux anges que d'implorer Allah. Pourtant il existe bien une gradation entre les différentes pratiques de prière décrites, notamment entre l'application presque technique d'un savoir-faire et l'absorption totale du corps dans l'invocation, à la manière soufie. Il n'est pas inutile de signaler que le premier devin est un jeune homme de vingt-cinq ans, le troisième un homme d'une soixantaine d'années, dont la culture islamique est approfondie.

Le point central du *listikhar* est l'indispensable solitude du marabout ; à la différence des autres procédés décrits, le consultant n'est présent que par son nom, élément capital sans lequel rien ne peut être entrepris. Il ne s'agit pas de son patronyme mais du nom qui le caractérise en propre (arabe *ism*, poular *inde*), élément constitutif de sa personne, de ce principe vital sur lequel le marabout peut agir. Contrairement au nom du père, généralement inutile ou relevé par simple conformisme envers le modèle dominant en France, le nom de la mère est considéré comme nécessaire par de nombreux marabouts : il s'agit de bien identifier le consultant, car « seule la mère connaît vraiment son enfant », le nom de celle-ci étant une garantie d'identification exacte ; le remplacer par celui de Hawa replace le client dans l'ensemble de la création, dont l'idée n'est jamais absente du travail maraboutique[115]. La place centrale attribuée au nom permet de pratiquer une divination pour un tiers. Sow a ainsi pu travailler pour un client emprisonné au Luxembourg par l'intermédiaire du frère de celui-ci qui lui avait communiqué les noms nécessaires.

Le *listikhar* est un processus provoqué réservé de fait à ceux qui savent ; le contexte parisien, avec la professionnalisation des marabouts, accentue encore cette spécialisation. Mais tout homme peut faire des rêves spontanés dont la valeur divinatoire ne fait nul doute même si l'effet n'en est pas toujours garanti : « Le rêve, assure Diakité, on ne peut pas le démentir[116] ». C'est ainsi que Bathily a pu savoir qui, dans le foyer où il vit, lui a fait boire cette eau qui l'a rendu malade. Les interprétations peuvent en être parfaitement claires ou énigmatiques. De multiples « Clés des songes », dont l'une des matrices est l'ouvrage classique du pseudo-Ibn Sîrîn[117], sont depuis longtemps en usage en Afrique de l'Ouest (Gaden 1931 : 255, Sanneh 1979 :

---

115. Selon un journal sénégalais, lors de l'établissement des listes pour les dernières élections législatives, des citoyens craignant le maraboutage, ont demandé que le nom de leur mère ne soit pas mentionné (*Le Populaire*, 28 février 2001).

116. La valeur du rêve, en particulier du rêve prophétique, est indiquée dans la sourate Yûsuf (sourate XII). L'orthodoxie islamique considère généralement que le rêve représente 1/60e de la prophétie.

117. Sur la littérature onirocritique arabe, cf. Fahd (1987 : 312 et sq.).

203) et sont en vente dans toutes les librairies islamiques dakaroises et parisiennes ; mais, comme pour l'ensemble des écrits, la transmission orale est privilégiée au détriment même d'une littérature de colportage pourtant abondante[118]. Plus que le simple rêveur, chaque marabout connaît de mémoire les significations (*miftâh*) de nombreux songes. L'un d'entre eux, ayant un dossier administratif en souffrance, rêva qu'un serpent le piquait, signe de « mauvaises choses » entre les Blancs et lui. Il fut, un jour, rempli d'anxiété, ayant vu en songe que l'on donnait à son frère, resté en Afrique, un enfant et de la viande : « C'est mauvais, la viande[119], ça veut dire que quelqu'un est malade ou qu'il est mort. » Rêve et réalité sont une seule et même chose : pendant le rêve, le *wonki*, principe vital, a quitté la personne, c'est lui qui a mangé la viande ; celle ci étant fortement associé aux sorciers, indique que le *wonki* de la personne est maintenant de leur côté, qu'il en est suivi, que la personne tout entière en est désormais le débiteur...

Ce marabout, d'origine peule, nous livra d'autre fragments de sa « clé des songes » entièrement orale :

– rêver d'un cheval signifie qu'il s'agit d'une femme (une amoureuse qui ne peut se déclarer à l'homme qu'elle aime, ou l'inverse) ;
– rêver d'argent (métal) est le présage bénéfique d'« une chance qui descend », rêver d'or annonce au rêveur des maladies dangereuses ;
– rêver qu'on rit (ou rire en rêvant) n'est pas bon, contrairement aux pleurs ;
– rêver qu'on perd ses dents supérieures signifie la disparition prochaine d'un membre de sa famille paternelle, les dents inférieures, celle d'un membre de sa famille maternelle ;
– rêver qu'on voit un curé ou une personne importante (le président Mitterrand, dit-il) est un signe bénéfique ;
– rêver qu'on s'envole est signe qu'une personne vous veut du mal mais qu'elle en est empêchée par votre génie ;
– rêver qu'on fait ses besoins dans son pantalon signifie que sa femme est enceinte ;
– rêver d'un lion annonce, si l'on n'y prend garde, des problèmes administratifs ou judiciaires ;
– rêver de lait est signe de chance ;
– rêver de quelque chose de blanc est bon ;

118. Il en est de même dans la littérature populaire française, où des clés des songes figurent en bonne place. Ainsi l'*Almanach national* de 1932 comporte une rubrique journalière intitulée « Nos rêves » ; après des développements sur la véracité des rêves selon leur situation dans le cycle lunaire, elle détaille, par ordre alphabétique des mots clés (par exemple : abandon, abattoir, abattement, abbaye, abeille, etc.), le sens de nombreux rêves et les multiples interprétations possibles selon la situation.

119. Pour ce marabout, la viande est associée à la sorcellerie « mangeuse d'âmes ».

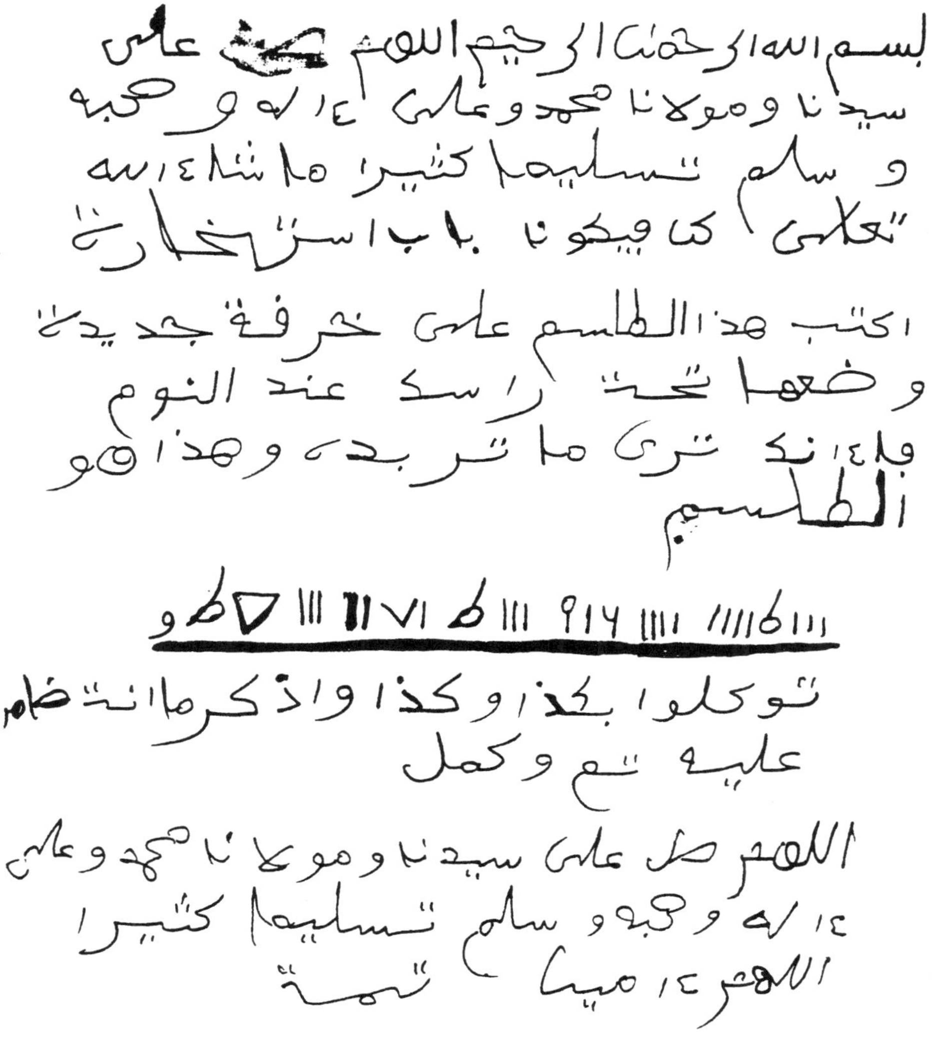

Figure 5. *fâ*[c]*ida* (recette) pour favoriser le rêve nocturne *(listikhar)*.
La formule doit être écrite sur un tissu neuf et glissée sous la tête avant le sommeil.

– rêver d'un œuf est un mauvais présage, bénéfique, en revanche, le rêve de plusieurs œufs ;

– rêver d'une vache, ou de tout autre animal solitaire est mauvais, signe d'une maladie difficile à guérir[120] ; bénéfique le rêve de deux ou plusieurs animaux ;

– rêver d'un âne, ou d'un mouton, que l'on élève et qui se multiplie annonce le bonheur ; l'âne en particulier est un présage bénéfique[121] ;

– rêver qu'on vous donne un enfant signifie qu'on vous fait du mal sans que rien ne puisse être tenté pour l'empêcher.

Ces quelques interprétations présentent des similitudes évidentes avec celles collectées par Holas en milieu wolof (1949 : 45-49), Samb (1998)[122] dans l'ensemble de la région sénégambienne, et des convergences avec celles d'Ibn Sîrîn (1992 : 147)[123]. Il n'est cependant pas aisé de dégager de ces bribes une cohérence sous-jacente, même si certaines explications peuvent être référées, sans grand risque d'erreur, à une pensée islamique (le présage bénéfique du blanc, de l'argent et non de l'or). Par ailleurs, les significations univoques livrées par ce marabout masquent l'ambivalence inhérente à toute interprétation et le rôle important joué dans celle-ci par le contexte comme par la personnalité de celui auquel se réfère le rêve[124]. Mais ce qui demeure notable, c'est la vivacité de l'usage des rêves au cœur même de l'existence parisienne des marabouts.

Concluons sur le *listikhar*. Il peut décourager un consultant impatient, contraint de remettre à plus tard le résultat de la divination. C'est pourquoi certains marabouts ne l'emploient plus que dans un second temps, lorsque le client s'est montré suffisamment intéressé pour qu'à une « consultation automatique » par un procédé rapide, puisse succéder une « consultation approfondie » par *listikhar*. Ce dernier est donc valorisé pour sa plus grande capacité de révélation, le temps alors ne compte plus... C'est aussi que le délai imposé par le *listikhar* crée, pour celui qui l'accepte, un lien avec le marabout. Gassama y introduit subrepticement une certaine tension, insistant pour que le client ne tarde pas à revenir sous peine de voir sa divination devenir

120. Exemple de ces maladies citées par le marabout : folie, « tête qui tourne », crise cardiaque, paralysie.

121. Sur les propriétés conjuratoires du braiment de l'âne, cf. Morabia (1975 : 95).

122. Par exemple, s'agissant de la chute des dents inférieures ou supérieures, cf. Samb (1998 : 241-242).

123. À titre d'exemple, voici le début consacré au serpent : « Le serpent représente un ennemi qui dissimule son hostilité. Combattre un serpent, c'est combattre un ennemi et le vaincre revient à vaincre un ennemi. Se faire mordre par un serpent revient à subir des désagréments de la part de ses ennemis. Couper un serpent en deux signifie se faire rendre justice par son ennemi. Craindre un serpent sans le voir est symbole d'immunité à l'encontre de ses ennemis. Mais voir en rêve un serpent qui vous inspire de la crainte signifie pour le rêveur qu'il lui faudra craindre ses ennemis. » Rappelons que lorsque notre marabout rêva de serpents, il se débattait, à Paris, dans des problèmes administratifs.

124. Ambivalence soulignée par Samb (1998 : 251 et sq.).

caduque[125]. S'il nécessite une sorte d'amorce, le *listikhar* n'a donc pas que des désavantages, même à Paris.

De quelques réinterprétations

Diali, le jeteur de cauris, est fier d'avoir pu conserver, à Paris, son savoir-faire familial ; et pour Sylla, l'efficacité du *ramli* et du *listikhar* a été éprouvée de si longue date que point n'est besoin de changer. Cette manière de s'inscrire dans une continuité, dans la conformité à des modèles africains, n'empêche aucune des modifications qui ont été signalées, induites par diverses contraintes dues au contexte français, parfois aussi par la jeunesse des marabouts. Mais il est des cas où la distance et le jeu s'accentuent, comme dans cette hydromancie pratiquée par un devin halpulaar.

La lecture divinatoire de milieux ou de surfaces liquides, ou du comportement d'objets qu'on y jette, est une pratique africaine fort ancienne[126]. À Paris, des devins mandjak[127] (non musulmans) examinent le vin versé dans une calebasse, mélangé au sang d'un coq ; bien des Africains vont les consulter, après ou avant d'avoir vu un marabout. L'hydromancie sous diverses formes était bien connue également des cultures arabo-musulmanes anciennes (Fahd 1987 : 405-406)[128].

Pour les marabouts parisiens, cette pratique, tout comme l'emploi d'eau dans la fabrication des « protections », trouve l'une de ses explications, fort classique, dans le fait que ce milieu est considéré comme un « concentré » de génies[129]. C'est d'ailleurs pourquoi ce type de divination est réputé particulièrement dangereux : « Si on ne sait pas maîtriser l'eau, on fait ça dans le vide, et un jour, on risque de se retrouver en haillons », dit Ndao, notre marabout *free lance* qui lui-même reçut son don des génies du marigot redouté où ceux-ci l'avaient attiré.

Mais quelle eau utiliser à Paris ? Cette question rien moins qu'anodine préoccupe bien des marabouts comme en témoigne la variété des solutions adoptées. Diallo pratique le *tuppere*[130], procédé divinatoire habituellement utilisé par les bergers peuls pour évaluer la prospérité de leur troupeau. Il jette dans l'eau d'une petite calebasse quatre bâtonnets de jujubier (*djabi, Zizyphus mauritiana Lam.*) qu'il a auparavant confiés au consultant ; il examine leur place, leur forme[131], mais,

---

125. Au sens où, certains éléments de sa divination pouvant se réaliser, le bénéfice lui en échapperait.

126. Elle intervenait, par exemple, lors de l'investiture des souverains wolof : lorsque l'examen de l'eau tirée d'un puits révélait un règne malheureux, la cérémonie était interrompue (Diop 1981 : 134).

127. Les Mandjak sont originaires de Casamance ; cf. Diop (1981).

128. Fahd cite la potamonancie, divination par la couleur et les flux et reflux des fleuves, la pégomancie, examen de l'eau des sources et des rivières, la lécanomancie, divination par les ondulations de toute surface liquide miroitante. Cf. aussi Doutté [1908]-1984 : 388-389.

129. L'eau a d'autres propriétés qu'on examinera lorsqu'il sera question de ces protections.

130. Ce terme désigne tout mélange à l'eau.

131. Une méthode analogue est décrite par Zempleni en milieu wolof (1968 : 249). Le consultant doit formuler son vœu aux bâtonnets et souffler dessus avant de les remettre au devin. Zempleni dégage quelques figures d'interprétation selon la position des bâtonnets.

se fiant plus à son intuition qu'à l'application rigide d'une technique codifiée, il scrute aussi l'eau elle-même, les formes humaines, animales, les objets qu'il voit s'y dessiner, et, mêlant chiromancie (connaissance acquise à Paris) et hydromancie, les reflets des mains du consultant. Dans son village, l'eau qu'il utilise est celle que les femmes vont puiser à la rivière ou au puits, mais qu'il prend soin de prélever avant que cette réserve ne soit répartie dans les différents récipients qui serviront à la cuisine, au ménage ou à la toilette. Dans son cabinet parisien, il a trouvé un autre moyen d'obtenir cette eau exempte de toute souillure domestique, eau sauvage en quelque sorte : après avoir laissé couler l'eau du robinet, il referme celui-ci avec soin puis l'ouvre à nouveau ; la « première eau[132] » qui jaillit est la bonne ; Diallo la recueille dans un pot de confiture. Il renouvelle toute cette opération pour chaque consultant. C'est le geste de séparation qu'il accomplit, plus que la qualité de l'eau, qui crée pour lui l'équivalence avec la situation africaine.

Autre solution pour certains marabouts qui se servent, pour leur divination, de l'eau avec laquelle ils préparent des lotions de protection, obtenues par lavage de la planchette sur laquelle ils ont tracé des versets coraniques ou des noms de Dieu : c'est ici la lettre coranique qui assure la pureté nécessaire. Parfois conservé plusieurs jours, ce liquide noirâtre est souvent utilisé pour plusieurs consultants ; ce double usage et cet emploi multiple sont vraisemblablement un aménagement parisien. D'autres devins, enfin, remplissent sans formalité un récipient d'eau du robinet. Le consultant est invité à y plonger les mains, parfois le visage : les traces du corps laissées dans l'eau sont, en effet, considérées comme part de la personne, de son génie, aussi sûrement que son nom. Lorsque le devin accomplit le même geste que son client, les génies des deux partenaires sont en contact, condition qui doit être remplie pour toute divination. Les récipients utilisés peuvent être des poteries, ustensile habituel, des calebasses, de simples bols de verre ou de faïence, des casseroles ; l'emploi de l'un plutôt que de l'autre est peu significatif du caractère « traditionnel » ou « moderne » du devin.

Aw, marabout halpulaar, prise particulièrement l'hydromancie qu'il pratique sous diverses formes, examinant tantôt la place et la forme de trois cailloux que le consultant a jetés dans l'eau après leur avoir formulé ses souhaits, tantôt celles de gouttes d'encre qu'il a lui-même fait tomber dans une eau préalablement chauffée sur un Butagaz, après avoir prononcé mentalement le nom du consultant. Un autre de ses procédés consiste à se pencher, la tête recouverte d'un grand tissu blanc, au-dessus d'un récipient rempli d'eau claire, dans laquelle il « voit » les problèmes du consultant.

Tous les devins interrogés ont immédiatement assimilé ce type de divination à l'un de ceux pratiqués par de jeunes enfants, sous la surveillance d'un marabout. Sow le décrit ainsi :

> Le marabout écrit sur l'ardoise des versets du Coran ; on lave et on verse le liquide dans une calebasse bien propre. Puis on appelle un enfant, une jeune fille

132. C'est ainsi qu'il la nomme.

> ou un jeune garçon encore vierge qui commence à bien parler. L'enfant, qui se penche au-dessus de la calebasse, est entièrement recouvert d'un grand morceau de percale blanche. Le marabout répète des prières avec son chapelet. Lorsqu'il a fini, il demande à l'enfant ce qu'il a vu dans l'eau ; dès que l'enfant a parlé, on doit jeter l'eau[133].

Le pagne blanc reflète la vérité dont la couleur blanche est le symbole ; la calebasse doit, en principe, être neuve, exempte de toute souillure. Si le très jeune enfant est particulièrement apte à la divination, c'est qu'il n'y a encore « rien de mal entre Dieu et lui » et qu'en particulier il n'a pas connu la souillure sexuelle[134]. Mais cette virginité a pour contrepartie la grande vulnérabilité de l'enfant aux génies malfaisants et aux sorciers : ceux-ci pourraient l'atteindre en provoquant de mauvais rêves, en faisant dommage à sa bouche et ses yeux. C'est pourquoi la médiation du marabout est indispensable durant l'opération, et, aussitôt après, pour la préparation du bain qui purifiera l'enfant ; c'est pourquoi, aussi, une telle divination ne peut se faire publiquement.

Aw est, certes, un jeune marabout (il est âgé d'une trentaine d'années environ), mais il a déjà pris femme ; de plus, il opère sans l'assistance d'un aîné. S'il emprunte, à Paris, ce type de divination, c'est, d'une part, afin de découper, dans sa minuscule chambre où devisent sans cesse parents et amis, un espace isolé plus propice à son art, celui que délimite le drap blanc ; c'est, d'autre part, en raison du caractère spectaculaire de ce pagne dont il se recouvre : celui-ci a la même fonction que les feutres de couleur employés dans le procédé géomantique décrit plus haut. On a donc ici affaire à l'ajustement d'une pratique qui, détournée d'une partie de son sens originel, est, dans son nouveau contexte, investie de fonctions inédites. Mais on peut suggérer une réinterprétation. L'enfant auquel la divination par l'eau précédemment décrite est en principe réservée a un statut social et sexuel encore incertain qui le fait considérer tantôt comme pur tantôt comme particulièrement impur ; c'est cette altérité même qui lui confère cette faculté innée de voyance, de relation avec un monde surnaturel. Mais dans le cadre parisien, cette place ambiguë d'incorporation incomplète au groupe, n'est-ce pas l'étranger qui l'occupe ? C'est donc cette homologie profonde des situations qui autorise Aw à se substituer à l'enfant.

Le « système Ndao »

Un pas de plus dans le jeu et la composition est franchi avec Ndao, notre habile *self made man*. Il dispose d'un véritable arsenal divinatoire forgé par lui-même à partir d'éléments fortement ancrés dans les cultures sénégambiennes, et d'autres qui

---

133. Récit analogue dans Gaden (1931 : 257). Selon certains marabouts, cette divination est particulièrement employée en cas de vol : l'enfant donnera le nom du coupable, dira où est l'objet du larcin. Sur l'enfant voyant et les périls liés à cette pratique en milieu wolof, cf. Rabain ([1979]-1994 : 204 et sq.).

134. Cf. *supra*, p. 163, la purification comme préliminaire à la pratique divinatoire.

leur sont extérieurs. Pour ses divinations les plus extensives et les plus spectaculaires, il utilise un grand nombre d'objets.

Dans sa chambre de foyer[135] qu'il partage avec trois de ses parents, Ndao étend son matériel sur l'unique table, écartant tasses et cafetière ; sa cliente est assise légèrement en retrait. L'objet de la consultation est un problème d'amour : reviendra-t-il, l'aimé infidèle ?

Après avoir inscrit, sur le haut d'une feuille de papier, la date de la consultation, Ndao se livre à un questionnaire serré : patronyme et prénom de sa cliente, de ses deux parents, leur date de naissance, tous renseignements nécessaires à des procédures de calcul relevant de l'astrologie ; en fait, bien qu'il en connaisse des rudiments, qu'il en utilise le vocabulaire, Ndao n'emploie pratiquement jamais cet art divinatoire qui exige des calculs « trop longs[136] ». Dans le luxe de détails recueillis, il se sert donc simplement de l'âge du consultant. Pour les clients maghrébins ou ouest-africains, le nom indique le jour de naissance : se nommer Mamadou (ou Muhammadou, ou Muhammad) indique qu'on est né un lundi, Yaya, qu'on est né un mercredi, etc[137]. Ndao utilise également le nom des deux « génies[138] » du jour de la consultation, selon le tableau classique suivant, qu'il a consigné dans son dossier. Le rôle des seconds, « anges gardiens », comme Ndao les nomme parfois, est, en particulier, de protéger le marabout et le consultant du génie de ce dernier, qui peut se révéler méchant.

Dimanche	Lundi	Mardi	Mercredi	Jeudi	Vendredi	Samedi
Da^{c}wan	Hrach	Khansar	Isma^{c}îl	Shamardal	Mina^{c}îl	Sham^{c}on
Rafa^{c}îl	Jibrîl	Samsa^{c}îl	Mikâ^{c}îl	Hezqi^{c}îl	'Ina^{c}îl	Kisa^{c}îl

Il emploie encore les chiffres correspondant au « génie » de l'heure de la consultation (par exemple 12, pour midi), dont le rôle est, dit-il, de dévoiler le motif de la consultation. Ndao additionne tous les chiffres de ces données[139]. La somme obtenue correspond au signe du demandeur. Puis, selon un procédé parfaitement classique dans l'élaboration des carrés magiques, il en soustrait invariablement 12, puis divise le nombre obtenu par 3. Il distribue le quotient obtenu dans un carré

135. Celui qui a été précisément décrit plus haut.

136. Il affirme comparer les données que lui donne l'astrologie avec celles ressortant du carré magique, tout comme d'autres devins disent vérifier celles issues de la divination par les cauris avec le thème géomantique. Mais en pratique, il ne le fait jamais.

137. Il existe, cependant, de ces équivalences, de nombreuses variantes ; voir celles données par Gaden en milieu halpulaar (1912 : 52).

138. C'est ainsi qu'il les nomme, alors que d'autres distinguent entre « génies » et « anges » ; cf. p. 158-159.

139. Selon la procédure de conversion de l'*abadjada*.

magique (*khâtim*) de neuf cases : l'addition des cases verticales, comme des cases horizontales ou diagonales, a pour résultat le même nombre (*wafq*).

Supposons que la somme des chiffres du nom du consultant, de sa date (ou de son jour de naissance), des génies et des anges du jour ainsi que de l'heure de la consultation soit égale à 1 233 :

1 233 – 12 = 1 221 ; 1 221 : 3 = 403.

Ndao inscrit ce premier chiffre dans l'une des cases puis ajoute une unité pour chacune des suivantes. Le tableau est rempli dans l'ordre qui suit :

4	9	2
3	5	7
8	1	6

soit

406	411	404
405	407	409
410	403	408

Autre procédure possible : il dispose les chiffres correspondant aux lettres du nom du consultant dans un carré, selon l'ordre suivant :

3	8	1
5	5	7
2	4	6

Si les lettres composant le nom de la personne sont en nombre insuffisant, les cases sont complétées par les chiffres de sa date de naissance, d'autres aménagements étant possibles dans le cas d'un nom trop long[140]. Le carré central contient la totalité du nom de la personne en *abadjada* ; ainsi celle-ci y est-elle « incarnée[141] » plusieurs fois. Ces calculs permettent à Ndao d'entrer en contact avec le génie de la personne. À l'extérieur du carré, il écrit également, en caractères arabes, les noms des génies, en nombre variable, puis, en caractères latins, le nom de l'amant(e), du mari ou de la femme qu'il s'agit de faire revenir. Au verso de la feuille, il inscrit le début de la *fâtiha* et d'autres versets coraniques[142] ; puis demande au consultant deux pièces de un franc « pour l'ouverture de la séance du médium », don symbolique qui n'est pas le prix de la consultation, négocié plus tard, mais dont on a déjà évoqué la fonction ; Ndao le place sous la feuille écrite.

140. Dans ce cas, les lettres peuvent être « additionnées » deux par deux.
141. Selon le terme employé par Ndao.
142. Il a refusé de me dire précisément lesquels.

Il ne s'en tient pas là. D'un sac de cuir contenant une pochette de tissu, il extrait son « matériel » qu'il dispose avec solennité et précaution près de la feuille :

– un chapelet ;
– deux objets dont l'usage est lié, une tête de vautour et un appeau de vache[143] recouvert de tissu rouge et marron et cousu de cauris et de plumes ;
– un gros coquillage et deux plus petits ;
– une poche contenant un volumineux aimant ;
– un étui de peau refermant plusieurs amulettes dont certaines contiennent des éléments métalliques ;
– une pierre noire veinée, très polie.

Ndao examine avec une extrême attention la main gauche de son consultant (paume et doigts), la rapprochant de son visage, la sentant, y passant sa pierre. Puis il commence à égrener son chapelet en disant des prières, il enfonce le gros coquillage successivement sur ses yeux et ses oreilles, jette les deux petits afin d'en obtenir une réponse et fait choisir à son consultant une des amulettes. Silence pesant, changement de lunettes, suggérant le passage dans un autre univers. Soudain Ndao annonce : « Ils sont là. » « Ils », ce sont les génies, que Ndao va maintenant invoquer à haute voix dans sa langue[144], dans un dialogue mouvementé, où il acquiesce, crie, s'esclaffe, invective, questionne, répond, fermant les yeux ou les révulsant tout à tour. Ce faisant, il tend aux génies le gros aimant sur lequel sont fixées la feuille écrite et les deux pièces données par le consultant, puis en approche l'appeau surmonté de cauris et de plumes et invoque alors Maryama et Maïmouna. Lors du dialogue s'instaurant avec son consultant, il renouvellera cette opération avec l'amulette choisie par celui-ci. Il prononce également à haute voix le nom de l'amant(e) inconstant(e). Le résultat de cette divination déborde largement le problème posé : Ndao informe avec une précision presque indiscrète son consultant sur son état de santé, sur des particularités de son corps (grains de beauté à tel endroit, etc.), sur son enfance, sur ses traits de caractère que, champion de la quantification, il exprime par des chiffres[145], sur un voyage qu'il déconseille d'entreprendre. Le « retour d'affection » fait l'objet de plusieurs approches divinatoires successives, où, après un jugement général, seront énoncées la cause de l'infortune et les solutions envisageables.

Du « système Ndao » tel qu'il apparaît ici, il serait erroné de faire une construction rigoureuse, un rituel éprouvé, intangible. De ce foisonnement à première vue hétéroclite d'objets, se dégage pourtant, même à l'insu du devin, une certaine cohérence individuelle.

Reprenons les éléments de son matériel. L'appel des génies (*râwhâniyya*), à partir du jeu des chiffres, est un procédé divinatoire courant chez les marabouts

143. Il ne s'agit pas d'un véritable appeau mais d'un jouet.
144. Le poular.
145. Il dira, par exemple, à une consultante, qu'elle est très têtue, appuyant cette assertion du chiffre 179.

ouest-africains ; classique également est l'emploi du coquillage que l'on écoute à des fins divinatoires (Doutté [1908]-1984 : 394). Mais Ndao en donne une version très personnelle : tel un appareil d'audition ou de vision branché sur un autre monde, ce coquillage sert à annoncer la venue des génies. Le dialogue avec ceux-ci, spectaculaire, prend la forme d'une transe très légère, contraire à la pratique maraboutique classique entièrement fondée sur la maîtrise de soi. C'est que ces génies avec lesquels il converse, qui lui envoient des visions analogues à « un film à la télé », qui l'aident, sont divers : outre ceux issus de ses calculs ou de ses invocations écrites, interviennent les propres femmes-génies de Ndao, ses alliées, qui lui apparaissent sous des formes bizarres, des corps très allongés, déformés. Il en a deux, de caractère très différent : l'une, Maïmouna, ne tranche jamais, l'autre, Maryama, la plus jeune – mais néanmoins d'un âge se comptant, à l'instar de celui des personnages bibliques, en centaines d'années –, est extrêmement jalouse[146]. Ici encore, on peut reconnaître dans l'élaboration de Ndao, des éléments connus : les aventures de *ṯâleb* unis à des femmes-génies sont classiques au Maghreb comme en Sénégambie (Desparmet 1932 : 199, Samb 1998 ; 163, qui cite Gaden). Mais la particularité de celles de Ndao est qu'elles le transportent dans un monde merveilleux[147] et non pas inquiétant ou redoutable, qu'elles collaborent avec lui au lieu de le brider ; de plus, elles ont une figuration terrestre : Maïmouna, c'est l'appeau, Maryama, c'est la poche contenant l'aimant, auxquels il soumet la feuille portant inscription du nom du consultant, et l'amulette choisie par lui. Et les petits coquillages qu'il lance sont, dit-il, les « trésors » de ses femmes-génies.

La figuration de Maïmouna est directement issue des pratiques magico-religieuses peule et surtout bambara (*komo*), le bruit produit par l'appeau étant la voix du génie. Ndao dit qu'il « crie beaucoup ». Il en est de même pour la tête de vautour (*dutal*), rougie de crachats de cola ou de *gelloki* (*Guiera senegalensis J. F. Gmel.*) : cet animal à vue perçante incarnant le savoir, l'objet est indispensable à la réussite de la divination[148]. Lors de la séance, Ndao lui réserve un traitement particulier, le plaçant légèrement à l'écart, le recouvrant de plusieurs amulettes de protection. Très différente est la figuration de Maryama, poche renfermant un aimant, auquel Ndao soumet le nom écrit et la demande du consultant, les deux pièces d'un franc que celui-ci a données, l'amulette qu'il a choisie. Certes, en Afrique de l'Ouest, certains praticiens font entrer dans la fabrication des bains des

---

146. Peut-on voir dans l'alliance de Ndao avec des femmes-génies un second trait para-chamanique ?

147. Une sorte de paradis d'où il sort à regret : « Là-bas, dit-il, le temps est aboli, il y a du miel, du lait, on peut faire de la lumière avec la paume de sa main, les problèmes de météorites, de guerre des étoiles sont résolus... » L'inspiration nettement islamo-africaine de ces figurations à la fois matérialisées et protéiformes n'empêche pas de les rapprocher de ces « doubles » ou de ces « esprits-guides » qui habitaient certaines femmes somnambules ou « prophètes » du XIXe siècle ; cf. Edelman (1995 : 175).

148. Certains devins, après avoir « travaillé » cet objet au moyen d'incantations, le glissent sous leur tête pendant leur sommeil ; sa présence favorise une connaissance aiguë des événements passés et à venir.

morceaux d'aimant. Mais chez Ndao, l'emploi de cet objet à des fins divinatoires est une interprétation et une application personnelles de l'une des connaissances qu'il a acquises à Paris, à laquelle il fait constamment référence : le magnétisme et l'astrologie[149].

Sa conception, rapidement résumée, est banale : tous les êtres vivants, les personnes tout comme les plantes qu'il utilise, sont liés à un astre qui détermine ce qu'il nomme leur « tempérament » ; chacune des sept planètes émet un magnétisme différent, auquel s'ajoute celui des étoiles, dont la brillance inégale traduit les variations. Il est donc nécessaire de connaître le signe astrologique d'un consultant pour déterminer sa destinée (que Ndao nomme en peul *hoddere* « étoile »). Des signes du zodiaque, Ndao n'a pourtant que des notions vagues ; quant aux étoiles, son savoir se borne à l'enseignement d'astrologie le plus élémentaire des écoles coraniques, qui est aussi la connaissance des bergers et des paysans. Il en indique trois : *hoddere djajre* (l'étoile du matin, Vénus, toujours située au nord), *datjuki* (la constellation des Pléiades) et *bawngal* (l'étoile polaire dont l'apparition annonce le début de l'hivernage et le retour aux travaux des champs[150]).

En fait, Ndao n'utilise pas plus ces connaissances que les méthodes de l'astrologie mais il a élaboré à partir d'elles un procédé original. Déterminer le signe du consultant, son magnétisme est du ressort de Maryama ; c'est par l'aimant, attribut ou figure de la femme-génie, qu'il sera mesuré sur une échelle allant jusqu'à 27[151]. Plus le nombre est élevé, plus la « force » de la personne est grande. Ainsi, il est particulièrement nécessaire d'évaluer celle des deux partenaires lorsqu'un mariage est projeté et, en cas de déséquilibre, de rétablir une harmonie ; ou, au contraire, de créer une domination de l'un d'entre eux si tel est le travail demandé. Les prières, les incantations et l'aide de Maryama et de Maïmouna servent ces desseins. Car celles-ci sont actives : concernant le « retour d'affection », objet de la consultation prise en exemple, le travail que Ndao proposera à sa consultante sera de « planifier les étoiles » de l'amant volage en l'aimantant. De même, puisque le pouvoir (politique) bouge, il peut l'attirer dans le champ magnétique de la personne qui le convoite, ou faire en sorte de transférer l'image de cette dernière dans celle des quatre zones de l'univers déterminées par les points cardinaux dont la force magnétique est la plus grande.

Ainsi, tout comme Mme Flora à partir du tarot de Mlle Lenormand (Favret-Saada 1990), Ndao a créé de toutes pièces, en combinant et en s'appropriant divers éléments d'origine sénégambienne ou non, un jeu divinatoire entièrement personnel.

---

149. Il existe, bien entendu, une tradition astrologique arabe et islamique fort ancienne, dont les ouvrages ont été traduits en latin ; c'est d'ailleurs grâce à ces traductions de l'arabe que l'on a retrouvé l'astrologie grecque dont la connaissance avait été perdue. Mais c'est essentiellement à Paris, dans des ouvrages de vulgarisation, que Ndao a puisé l'essentiel de son savoir.

150. Les bergers peuls invoquent l'une ou l'autre de ces trois étoiles pour protéger leur troupeau des lions ou des hyènes, ou pour retrouver un animal perdu.

151. Est-ce un hasard si Ndao a choisi ce chiffre ? La Nuit du destin, lors de laquelle a eu lieu la « descente du Livre » est située, pour l'ensemble des musulmans, le 27e jour du mois de ramadan.

Mais à la différence de la désorceleuse, dont Favret-Saada montre l'extrême cohérence, il s'agit moins, pour Ndao, d'élaborer un véritable système que de rassembler les multiples fragments composant son identité multiple de devin *faddubé* exerçant son art en France, frotté aux cultures peules et bambara, à l'occultisme islamique comme à des pratiques occidentales. C'est ce qui explique la profusion des éléments employés qui, s'il n'y avait l'argument invoqué de la vérification de la divination par différents procédés, semblerait tout à fait redondant. Inutile de préciser que le statut qui est le sien en Afrique aurait interdit à Ndao une telle mise en valeur de soi : sa présence à Paris joue donc, en quelque sorte, un rôle fondateur.

Tout comme le jeu des figures et des couleurs dans les cartes de Mme Flora, le montage de Ndao comporte aussi un versant consistant à « compromettre à leur insu les consultants avec le mal, la violence, le sorcier » (*ibid.* : 25) : l'usage de la pierre noire veinée a ce rôle. Avant de le décrire, revenons sur l'emploi que Ndao fait des pierres en général.

À Paris, il en a trois. L'une d'elles, déjà évoquée, est utilisée comme une sorte de stéthoscope divinatoire permettant de repérer toute maladie et de quantifier l'intensité de celle-ci. Ce qui confère à cette pierre sa puissance, ce n'est pas une origine divine[152] mais le lieu auprès duquel Ndao l'a recueillie : le tombeau présumé de la reine Cumba Ndao, ancêtre mythique des *faddubé*. Pourtant cette pierre noire polie avec ses veinures, comparées aux lignes de la main, n'est pas omnipotente ; elle ne peut indiquer le traitement des maladies[153], en raison d'une cassure qu'elle comporte, comme si le fragment manquant, attaché pour toujours à ce lieu que le marabout a quitté, devait irrémédiablement marquer sa divination parisienne d'incomplétude... La seconde de ses pierres s'hérite à l'intérieur de son lignage ; elle protège celui qui la porte. À Paris, Ndao la prête à ses proches, même extérieurs à son lignage, lorsqu'ils entreprennent un déplacement ou toute action qui pourrait être dangereuse. La troisième pierre, plus petite que les autres, de couleur verte et de forme prismatique, a des propriétés divinatoires ; Ndao la dit dérivée de la pierre philosophale[154].

Comme pour la plupart des éléments de son matériel, l'emploi que fait le devin de ses pierres s'ancre dans des pratiques culturelles africaines (tant maghrébines qu'ouest-africaines) fort anciennes. On connaît l'extrême valeur magico-religieuse attribuée aux pierres polies ou taillées, en particulier d'origine néolithique, censées protéger, faire tomber la pluie, être le support de divinations ou de rêves (Champault 1991), le projectile redoutable d'un génie (Rouch [1960]-1989 : 168) ; ou encore l'usage protecteur, curateur, purificateur des pierres trouvées près des tombeaux de saints (Gobert 1948 : 30). Ndao lui-même, lorsqu'il parle de ses pierres, évoque les traces d'humidité qu'elles recèlent, témoignage de leur vie, décrit la façon de les

---

152. Considérer la pierre comme réceptacle du divin est une tradition sémitique ancienne ; plusieurs rituels du pèlerinage à La Mecque concernent les pierres.

153. En particulier cardiaques, dont Ndao souffre personnellement.

154. Ndao manifeste un intérêt passionné pour la pierre philosophale, dont la représentation traditionnelle est un cube surmonté d'une pyramide. Pour lui, les secrets de la pierre philosophale permettent d'accroître sa chance et de vivre dans tous les univers.

nourrir, les interdits qui leur sont attachés. De même qu'il réinterprète à sa manière ces traditions, de même il inverse la tendance de l'islam qui est de substituer aux anciennes divinités des saints musulmans, en attribuant la *baraka* de sa pierre au tombeau de son ancêtre mythique : l'usage des pierres, modelé sur des coutumes vivaces, est, à Paris, ce qui rattache le plus étroitement Ndao à son origine *faddubé* ; il lui permet de magnifier cette culture dont il se réclame, en tirant un trait sur le mépris tenace dont elle est victime en milieu ouest-africain.

Mais une explication unique n'est jamais suffisante : on ne sera pas étonné de ce que, de surcroît, Ndao attribue à ses pierres du magnétisme, ce dont il chercha la preuve scientifique au laboratoire de minéralogie du Muséum d'histoire naturelle. Déception : aucune ne révéla la présence de magnétite[155] ! Ndao, faisant alors volte-face, n'en conçut que du mépris pour cette science occidentale si insuffisante. Un dernier événement permet de mesurer la place très grande tenue par les pierres dans son univers : tombé gravement malade, il m'apprit qu'il avait égaré ces objets investis de tant de multiples significations...

Après avoir ajouté que la lithomancie est fortement prohibée par l'orthodoxie islamique, nous revenons maintenant à l'analyse des éléments divinatoires, à la recherche de ce qui, comme dans le jeu de Mme Flora, compromet le consultant de Ndao avec l'interdit, la violence. C'est sûr, l'amant reviendra, Ndao, par son travail, pourra l'« aimanter », mais ce sera long et difficile. Quand ? demande la consultante (en particulier non africaine), qui ne peut se satisfaire d'une attente si indéterminée. Refus de réponse de la part de Ndao, préciser les délais est interdit, Dieu seul sait... Insistance de la cliente, réticence du devin qui, finalement, consent : il passe longuement sa pierre noire veinée sur la feuille remplie d'écriture, puis sur la main de la consultante : trois mois : « Mais j'ai triché, n'insistez pas, vous comprenez ? » lâche-t-il d'un air mystérieux, inquiétant.

Élaboration certes moins parfaite que celle de la désorceleuse, puisque, ici, la pierre a une double fonction, ayant été utilisée, au début de la séance, pour déterminer les maux cachés du consultant. Mais c'est bien par sa médiation exclusive que se transgressent les limites, transgression fortement désirée par le client, qu'une telle procédure et l'avertissement insinuant de Ndao ne font qu'attiser.

Le « système Ndao » démontre avec éclat le jeu entre reproduction de fragments culturels et imagination créative, auquel se livrent certains marabouts parisiens dans l'élaboration très individuelle de leurs méthodes divinatoires. Les éléments connus qui peuvent être repérés, quelle que soit leur origine (africaine ou occidentale) sont l'objet d'une appropriation toute personnelle et sont investis de significations nouvelles et multiples. Le contexte parisien, qui implique, de façon générale, aménagements et déplacements de sens plus souvent que reproduction à l'identique, permet à des devins tel Ndao de reconstruire tout leur univers, de cristalliser toute leur histoire (y compris française) ; et la marqueterie en apparence anarchique que

155. La première se révéla être un jaspe avec inclusions de silice, la seconde une hématite pure ne manifestant aucune réaction à l'aimant, la troisième un verre volcanique.

constitue l'ensemble de ses objets, de ses méthodes, est la traduction de la multiplicité des influences qui l'animent et de la composition identitaire qu'il élabore.

Hormis ces réinterprétations, ces créations individuelles, les ajustements dus au milieu parisien sont de diverses sortes.

Il s'agit de changement de fonction pour le *listikhar*, dont les procédés restent assez classiques, mais qui, en raison de sa lenteur et bien qu'il soit l'une des seules divinations licites, tend à passer au second plan ; réservé aux cas compliqués, le *listikhar* est aussi plus onéreux pour le consultant, car il mobilise plus fortement et plus longtemps le marabout : 200 F pour le *burdiyu*[156], consultation nocturne permettant de voir la vie d'un individu de sa naissance à sa mort, contre 60 F pour le *ramli* chez Cissé (en 1987), 150 F la consultation ordinaire, 200 F le *listikhar* chez Bakary (en 1993). Secondaire aussi car peu attractive pour les consultants non africains qui en ignorent la place en Afrique et risquent de refuser l'ensemble de la consultation.

Il s'agit d'universalisation dans le cas de cette géomancie où seules deux figures sont le plus souvent utiles, l'une valable pour l'homme, l'autre pour la femme en général, toutes appartenances culturelles confondues – élaboration dont l'intérêt stratégique est évident alors que la clientèle est très diversifiée. Universalisation encore, lorsque certains marabouts considèrent que les prières musulmanes accompagnant la divination peuvent être remplacées avec la même efficacité par des prières juives. Passage d'une vision du monde à une technique universalisable, avec une élaboration religieuse réduite (mais non totalement absente) lorsque la traduction des lettres en chiffres n'est plus qu'un moyen d'écriture rapide pour susciter plus vite le rêve divinatoire.

L'emprise

Cette importance de la technique reste, cependant, très litigieuse ; non seulement parce qu'en dépit de multiples aménagements, demeure, si ténu soit-il parfois, le fondement idéologique de toutes ces divinations : le contact avec les génies, dont le devin est médiateur, mais aussi parce la sûreté du don ou du savoir-faire, l'évaluation aiguë de la personne du consultant, la maîtrise de toute une rhétorique de la persuasion sont des atouts aussi nécessaires au devin que ses procédés.

Rien ne remplace, pour Diallo, la voyance directe, les « clichés » qui interfèrent constamment avec l'hydromancie, la radiesthésie ou tout autre matériel qu'il peut utiliser ; marquant une distance par rapport à ses propres pratiques, il avance même souvent que la présence de supports, quels qu'ils soient, a plus d'importance pour le consultant que pour lui-même, car en leur absence, celui-ci demanderait : « Mais avec quoi tu travailles ? » L'aspect visuel est fondamental pour le consultant (d'où le

156. Ce nom provient de l'usage que fait ce marabout du long poème d'Al-Busîrî, *al-Burda*, auquel est supposée une vertu protectrice.

handicap du *listikhar*). Lorsqu'il ne s'agit pas de clairvoyance, le devin scrute avec grande intensité son consultant, s'autorisant, par exemple, à proférer d'emblée : « Toi, tu es une femme debout[157]. » Toutes les divinations[158] sont interactives et l'analyse des conditions d'énonciation est aussi fondamentale que celle des procédés et des énoncés eux-mêmes. La parole, la réaction du consultant sont toujours suscitées, soit par une hypnose très légère obtenue en le fixant très fortement des yeux, soit par une demande plus ou moins directe. Camara annonce, désignant ses cauris : « Ils ont dit ça, si c'est vrai ou non... », sous-entendant que c'est au client de le dire. Il y a bien là un contrat implicite, un jeu partagé[159]. Sylla s'exprime de façon théâtrale : « Pourquoi ça ne va pas avec les hommes ? », déclenchant invariablement chez son client une forte réaction émotionnelle. Quant à Diallo, il établit avec son consultant une véritable convention : celui-ci doit intervenir si ce que dit le devin n'est pas exact, ou s'il s'agit d'un fait déjà connu de lui, et se taire dans le cas inverse. La divination se déroule dans un ajustement continuel des dires du marabout aux approbations ou dénégations du consultant. Mais celui-ci est vite décontenancé par les paroles du devin, par sa manière de solenniser le face-à-face en répétant à plusieurs reprises : « Je peux vous parler franchement ? » ou : « Sincèrement ? », ou en martelant ses déclarations de : « Vous comprenez ? » suivis de longs silences ; incapable de suivre ces directives, de contrôler ce qu'il dit ou tait, il est la proie d'une attention lacunaire également causée par la puissance du regard, à la fois perçant et mobile, et de la mimique (reniflements, frottement des yeux, soupirs, etc.). De fait, sans que le client en ait conscience, c'est sa propre présence que le devin impose ; mais il met en avant le rôle de son matériel, efface l'anamnèse subrepticement provoquée chez le consultant en ponctuant son discours de remarques comme : « Vous ne m'avez pas parlé, vous ne m'avez rien dit. »

Certains sont plus rompus que d'autres à créer une telle atmosphère, à jouer de ce don de langage fait par le consultant, qui attribue au devin des révélations dont il est l'auteur. D'autres, inversement, font preuve d'une concentration ou d'un ébranlement intérieur extrêmes, qui parfois les épuisent visiblement et nécessitent, au terme de la divination, de se « dégager », selon le mot de Diallo, des images induites par le consultant. Cette interaction plus ou moins perceptible, cette façon de solliciter l'inconscient, est certainement l'une des manières de comprendre cette phrase très courante en milieu ouest-africain, énonçant l'une des conditions premières de la divination : « Il faut que les génies [du devin et du consultant] concordent. » On n'insistera pas plus sur cette influence car elle est propre à l'ensemble des voyants (cf. par exemple Favret-Saada 1977 : 48, qui évoque l'effet de « sidération », d'« amnésie régulière », créé par les conditions du dialogue) ; le français cassé, que manient certains marabouts lorsqu'ils s'adressent à un consultant ne parlant pas leur langue, n'enlève rien à cet art consommé de l'emprise.

157. Être une « femme debout » désigne une personne nerveuse, inquiète, active, par opposition à une femme « assise », calme.

158. Hormis le *listikhar*, qui est, cependant, précédé d'une consultation.

159. Cf. à ce sujet Hamayon (1997 : 121).

À celui-ci participent aussi, comme on l'a vu, la maîtrise de l'espace de la divination, de la personne totale du consultant, qui « parlent » au-delà de la question posée, et le sentiment puissant d'exotisme créé par le matériel de divination : à Paris, aucune boule de cristal, aucune pierre noire ne saurait rivaliser avec des têtes de vautour. Tout opératoires qu'ils soient, ces objets donnent au consultant non africain l'impression d'être soudain au cœur de l'Afrique profonde, ce dont les marabouts jouent en pleine conscience. Nous aurons l'occasion d'approfondir tous ces éléments.

De ces sens et effets multiples induits par des objets ou des gestes, voici un dernier exemple, qui anticipe sur une question qui sera traitée en détail plus loin. Plusieurs devins, on l'a vu, sollicitent de leur consultant un don préliminaire modique, façon d'honorer les génies qui dévoilent les secrets. Certains, tel Ndao, enrichissent le sens de ce geste, faisant de l'élément personnel que le client doit remettre, un dépôt intime équivalent, dans la société marchande parisienne, à ce que sont le nom, les traces de la personne dans l'eau : « Il faut, dit Ndao, que le client dépose quelque chose qui vienne de lui-même, quelque chose qu'il a possédé, qui permette de dévoiler ses secrets. »

Mais plus encore, ce don représente, pour Ndao, un échange nécessaire de biens entre consultant et marabout. Ainsi il a spontanément découvert, à son insu, sans qu'aucune connaissance théorique, aucun contact professionnel, ne vienne étayer cette trouvaille, l'interprétation psychanalytique du don d'argent, très éloignée de l'idée du sacrifice présidant originellement au geste évoqué plus haut, interprétation dominée par l'idée du dédommagement, de l'échange qui seul confère à ce que donne l'analyste (et ici le devin) sa valeur.

Le « travail »

Les réponses de la divination, positives, négatives ou ambiguës, laissent toujours le consultant désemparé et dans un état émotionnel intense. Mais il ne reste pas longtemps sans perspective. Il peut décider d'en rester là, soit parce que le marabout le déçoit (« il ne sait rien »), soit parce qu'il est dépité par les résultats de la divination (« il dit du n'importe quoi »). Mais celle-ci ne se contente pas d'être descriptive ; elle fournit d'emblée, quand elle n'est pas elle-même agissante[160], des indications supposées détourner, atténuer, éviter, résoudre le problème posé. C'est au client lui-même qu'une action est suggérée, y compris celle d'aller consulter un médecin, un avocat. Si cette orientation vers d'autres spécialistes[161] est courante, c'est, plus fréquemment, sa propre médiation que le marabout propose (la bourse de l'étudiant va arriver s'il fait « quelque chose »). Cette offre d'intervention s'inscrit

160. Comme on l'a vu pour la divination par les cauris.

161. Cf. p. 332.

le plus souvent dans un cadre moral : « On ne peut pas laisser souffrir une personne », dit Gassama, « on doit rendre service aux gens », affirme Diaby, qui ajoute qu'« un bienfait n'est jamais perdu ». Comme chez nombre de guérisseurs français, la légitimation des marabouts passe par l'altruisme et la redistribution du don[162]. Mais il est vrai aussi que cette part de leur activité est la plus rémunératrice ; bien qu'à Paris, la totalité d'entre eux pratique voyance et travail[163], certains, ayant expérimenté la difficulté d'être payés pour une simple consultation divinatoire, n'hésitent pas à écourter cette première phase tant que leur client n'est pas réellement engagé dans le « travail ». Ce terme, employé en français, est la traduction exacte du terme poular *dabare*, connotant plus particulièrement une action maléfique, et plus largement du terme wolof *ligej* intégré par les Africains même non wolofophones dans leur langue. Il indique bien, par son double sens, qu'il s'agit pour les marabouts tout autant de se donner de la peine pour gagner leur vie, que de chercher grâce à leur savoir à façonner le destin.

« Il y a, à Paris, beaucoup de problèmes », dit Sherif Aïdara : pour quelles difficultés, pour quelles « pannes » individuelles et sociales se décide-t-on à aller au-delà de la divination en demandant à un marabout parisien : « Travaille pour moi » ?

Les « problèmes » parisiens

Répondant à un double mouvement dont on a souligné l'ambivalence : obtenir un gain ou pulvériser, « désagréger[164] » un obstacle, les marabouts parisiens sont consultés pour de nombreuses difficultés, déjà entrevues à propos de la divination, pour lesquelles leur dossier secret semble en partie obsolète – on y reviendra : nul besoin de pouvoir agrandir un troupeau, ni d'en éloigner les lions, ni de fondre le fer... En revanche, il est toujours souhaitable d'avoir de la chance, de gagner un match, d'attirer une femme ou un homme.

Les premiers problèmes que les marabouts aient à résoudre concernent des consultants au statut souvent précaire[165] nécessitant de constantes démarches. Faire en sorte que le renouvellement de la carte de séjour se passe sans encombre, que les clandestins évitent la police, que les « administratifs » (employés de préfecture, policiers, gendarmes) ne créent pas trop d'inquiétude est, à Paris, une demande fréquente. Dabo évoque le cas d'une guichetière de préfecture peu arrangeante (une

162. Dans une publicité d'un journal du début du siècle (*La Mode*, 1914), on peut lire : « Un Monsieur offre gratuitement de faire connaître à tous ceux qui sont atteints d'une maladie de peau [...], un moyen infaillible de se guérir promptement ainsi qu'il l'a été radicalement lui-même après avoir souffert et essayé en vain tous les remèdes préconisés. Cette offre, dont on appréciera le but humanitaire, est la conséquence d'un vœu ». Le cadre de cet ancien malade guéri qui se met à soigner est exactement celui du contre-sorcier *biledjo*.

163. Ce qui n'empêche que tel soit réputé pour « bien voir », tel pour débloquer une situation en un temps record.

164. Comme certaines cartes publicitaires l'affirment.

165. Toutes origines confondues, comme on le verra plus loin.

Antillaise, précise-t-il) : « Tout le monde s'en plaignait, elle gueulait contre les hommes... » Elle fut ouvertement menacée par l'un de ceux qu'elle malmenait : « La prochaine fois que je viendrai, tu ne seras plus là », ce qui advint : quelqu'un lui avait, dit-on, jeté un sort, et elle fut mutée.

Outre ces cas directement liés à la présence en France, d'autres problèmes témoignent de la difficulté d'y rester, ou plus largement d'y vivre dans des conditions acceptables, questions qui concernent chaque Parisien et non plus les seuls immigrés : trouver un logement, être bien vu de son propriétaire, faire avancer un dossier en souffrance auprès de l'office des HLM, obtenir une bourse, un stage, etc.

Deuxième thème important : le travail. Réussir une entrevue d'embauche, faire en sorte que, de tous les candidats, l'employeur ne regarde que vous, obtenir un poste correspondant à ses diplômes sont des demandes très récurrentes ; Ba a travaillé pour le directeur d'un foyer qui briguait la fonction de délégué des résidents du Sénégal en France. Mais la situation parisienne se révèle particulièrement ardue en raison de la multiplicité des intermédiaires, de la hiérarchie de responsables sur lesquels il est nécessaire d'avoir prise, contrairement à la situation africaine habituelle où, le plus souvent, chacun travaille pour soi ; difficulté insurmontable aux yeux de bien des consultants africains, qui doutent fortement de la capacité des marabouts à résoudre ce type de problème. Malgré ce bouleversement inédit de la pratique maraboutique, les problèmes relatifs au chômage, à l'emploi précaire ou insatisfaisant demeurent, à Paris, une cause très importante de recours. Du reste, même en France, c'est la libre entreprise, le travail où l'on est son propre maître que les marabouts continuent de valoriser : « On n'est pas fait, dit Dramé, pour travailler sous quelqu'un qui vous surveille », pour « attendre quelque chose [un salaire] à la fin du mois ». C'est d'ailleurs ce relatif mépris du salariat, cet éloge de l'initiative individuelle qui explique le développement de l'activité maraboutique elle-même à Paris.

Le boulot, il faut aussi pouvoir le garder : ne pas être « lâché » (licencié) par son patron, obtenir un meilleur salaire, un travail stable, avoir une promotion, faire que l'ambiance entre collègues soit supportable. Il faut parfois neutraliser un chef hiérarchique qui vous persécute : faire en sorte qu'il soit muté, qu'il ait lui-même des ennuis professionnels, voire qu'il soit victime d'un accident. Certains Antillais, « exilés » en métropole, demandent l'aide des marabouts pour obtenir un poste au pays. Pour les commerçants, les agences de voyage, les bijouteries, les épiceries, il est indispensable d'attirer la clientèle, riche si possible. Hedi, d'origine tunisienne, gérant d'une agence de voyages dans le quartier de la Goutte d'or, dit devoir la sienne à un marabout, auquel il donne, chaque année, un billet d'avion pour le Sénégal. Rappelons qu'assurer la prospérité commerciale est l'un des travaux maraboutiques les plus anciennement attestés[166], témoignage du lien entre

166. D'après le *Tâ'rîẖ al-sudan* (*Histoire du Soudan*), la prospérité de la ville de Djenné serait due à la réalisation de trois prières des notables lettrés de la ville, l'une d'entre elles demandant la baraka pour les commerçants du lieu, afin qu'ils puissent faire des bénéfices dans leurs commerces (cité par Meillassoux 1986 : 253).

marchands et lettrés, et que la prise en charge des problèmes relatifs au chômage, loin d'être une innovation parisienne, existe également en Afrique de l'Ouest et est déjà mentionnée par Desparmet en Algérie en 1932. Il faut aussi pouvoir parer à la jalousie de ses concurrents : Dia est intervenu pour une bijoutière française qui trouva un jour devant sa porte une poupée de chiffon criblée d'épingles, objet maléfique déposé, selon l'interprétation qui prévalut, par un voisin rival. En amont de ces problèmes relatifs au travail viennent tous ceux qui concernent le succès scolaire ou universitaire : faire en sorte que l'enfant ait une bonne mémoire, que les examens soient réussis, que le jeune persévère dans ses études, que la licence, le DEA, la thèse soient menés à bien, que l'orientation choisie, en ces temps d'incertitude, soit la bonne.

Le troisième thème concerne les relations interpersonnelles : lever le sort lancé par votre voisin qui a fait que vous avez sans cesse envie de fuir votre maison, se défendre de toute personne à cause de qui tout ce que vous entreprenez tombe à l'eau ; vous protéger (en l'attaquant) contre celui qui vous fait du tort, votre colocataire qui vous a calomnié, vos cohéritiers, votre voisin d'atelier qui a refusé de vous rendre service : gare à sa machine, que le marabout pourra faire tomber en panne. On peut aussi chercher à obtenir d'une personne un « crédit[167] ». Ou encore, prévenir toute tentative de viol dans la rue ou dans le métro[168], échapper aux rixes, être invulnérable aux couteaux ou à toute autre arme. Sow a travaillé pour un Antillais qui souhaitait sortir indemne des bagarres à la sortie des discothèques, « quand on drague les filles et qu'on se bat contre les Arabes ».

Outre ces relations proches ou plus lointaines, les marabouts sont sollicités pour de nombreux problèmes concernant les rapports intrafamiliaux. « Rattraper » un enfant qui ne veut plus travailler à l'école, qui n'obéit plus à ses parents, « tenir » un adolescent qui fugue, une jeune fille amoureuse d'un garçon que sa famille refuse : Touré, Gassama, Diakhaby et les autres sont les témoins privilégiés d'incompréhensions et de conflits inter-générationnels parfois, mais pas uniquement, liés à la situation d'immigration, mais également des mutations contemporaines des rapports entre les sexes. Leur attitude concernant ces problèmes est loin d'être univoque. Certains s'opposent avec une indignation pleine de mépris aux « femmes qui vagabondent », celles qui, sous l'influence pernicieuse, à leurs yeux, des assistantes sociales, vont déclarer à la police l'inconduite de leur mari[169] afin d'obtenir du juge divorce et pension alimentaire. Dans une telle situation, qu'ils jugent contraire aux valeurs africaines, ils prennent résolument le parti du mari bafoué, l'encouragent à ne jamais céder, « travaillent » pour qu'il retrouve sa dignité et pour renvoyer au

167. C'est-à-dire : que cette personne vous prête ou vous donne de l'argent.

168. Comme nous l'explique Bintou, la protection donnée par le marabout a pour effet que « le type ne bande pas ».

169. Soit qu'elles sont battues, trompées, ou que leur mari s'adonne à la boisson. Ces faits peuvent n'être pas contestés, mais ce sont les motivations des femmes que certains marabouts mettent en cause, prétendant que la liberté ainsi acquise leur permet d'avoir des amants en toute tranquillité... Les désirs d'émancipation de ces femmes et leur recours, en France, à la société civile, sont ainsi niés.

pays la femme ingrate. Mais à l'opposé de ces positions défendant un certain ordre social, d'autres prennent acte d'une évolution des relations familiales. Moustapha est intervenu pour une femme maghrébine qui, mariée très jeune avec un homme qu'elle n'avait pas choisi[170], souhaitait vivre avec un autre récemment rencontré à Paris. Aw s'occupe de Dembélé qui, enfreignant gravement les règles de l'alliance, s'est marié à une femme blanche (libanaise) contre la volonté de sa famille qui a « fait des choses » pour les séparer ; la maladie de Dembélé en est le résultat. Dramé défend cette femme abandonnée par son mari qui, utilisant ses papiers d'identité et les diverses allocations dont elle bénéficie, a pris une seconde épouse et a disparu avec elle.

Mais il y a aussi tous les cas plus classiques : régler la mésentente entre coépouses, faire revenir celui ou celle qui vous a abandonné(e)[171], attirer l'amour, faire en sorte que votre femme ne vous quitte pas, ne regarde que vous, que votre mari ou votre compagnon ne prenne pas une autre épouse, une autre amie ; ou encore, se venger d'une relation adultère, lever le sort qui vous empêche d'établir avec un homme (une femme) une relation stable. Les marabouts pourvoient aussi de protections les maisons où les maris travaillent et où les femmes, qui sortent peu, peuvent recevoir la visite d'hommes qui seraient tentés de les courtiser : mal en prendrait à celui qui, en toute candeur, ne ferait que s'appuyer sur le lit : il risquerait de devenir à jamais impuissant !

Certains événements graves rendent indispensable l'action d'un marabout, en particulier les problèmes de justice : « calmer les paroles », au tribunal, faire en sorte que le juge, vous regardant, perde ses moyens et vous acquitte, sortir de prison. Sakho a travaillé pour l'épicier du foyer, un Tunisien ayant fait construire, dans son pays, une maison ; difficultés financières pour la payer, trafic de voitures pour y remédier ont été cause de son arrestation.

En fait, en France tout comme dans l'Afrique urbaine actuelle[172], toutes les périodes de passage, voyage, chômage, divorce, examens, tous les faits et gestes de la vie peuvent justifier le recours au marabout, de la réussite scolaire aux esprits qui hantent votre appartement, de la vente d'une maison ou d'un commerce, qui tarde par ces temps de crise, au travers de votre mari, qui se ruine tous les week-end au casino, de la protection d'une boutique contre les voleurs à l'obtention du permis de conduire. Ces demandes précises s'ajoutent à d'autres, plus générales : avoir de bonnes relations avec les Blancs, voir toutes les portes s'ouvrir devant vous, être aimé, être protégé (ou « couvert », selon l'expression d'Aïdara) « contre les génies, les hommes et les mauvaises langues[173] » : les péchés de langue, compliment ou

170. Il s'agissait d'un arrangement familial.

171. Voir plus loin p. 376, un cas de « retour d'affection ».

172. Le marabout guérisseur de grand Yoff, apparu dans cette banlieue de Dakar dans les années 1980, était consulté par toutes les couches sociales de la population pour toutes sortes de demandes : maladie, réussite à un examen, obtention d'un emploi, etc. Cf. Guissé (1997 : 124).

173. Ce sont exactement les termes d'une demande écrite parvenue à l'un des marabouts avec lesquels j'ai travaillé.

malédiction, paroles de moquerie ou désignations prohibées, sont parmi les plus redoutables. Bref, il s'agit de la gestion du quotidien le plus ordinaire, qu'il tende vers un mieux-être ou qu'il prenne un visage inquiétant, voire tragique.

Ce champ d'action très étendu dresse un panorama des « blocages[174] » auxquels se confrontent les individus dans la société parisienne contemporaine ; des questions liées à la présence en France et aux modifications culturelles qu'elle implique se mêlent à des thèmes banals et actuels en Afrique comme en France, de sorte que particulariser sans nuance des « problèmes d'immigrés » relève largement de la surinterprétation culturelle, comme le montrent les exemples donnés plus haut. On reviendra sur cette question lorsqu'on traitera plus directement de la clientèle des marabouts. Il est cependant un motif qui se singularise, entièrement induit par la situation d'immigration : celui qui relève des relations avec le pays, la famille qu'on a quittés, qu'on soit maghrébin, antillais, portugais ou ouest-africain. Réussir à ne pas rentrer lorsqu'on est rappelé en poste au pays et que sa situation est plus avantageuse en France ; se défaire de l'emprise, très fréquemment évoquée, qu'exerce sur vous votre famille restée là-bas, qui désire votre retour lorsque vous « durez » trop en France, et qui vous a « lié », faisant impitoyablement échouer tout ce que vous entreprenez à Paris, vous empêchant de nouer une relation avec une femme européenne (ou un homme), ou risquant de vous rendre fou si vous résistez : telles sont quelques figures fréquentes de ces « attachements » au pays, au double sens du terme. Un homme du foyer est resté trop longtemps à Paris sans revenir dans son village et, la réussite matérielle se faisant attendre, sans envoyer d'argent à sa femme : la famille de celle-ci, restée au pays, a fait prononcer le divorce et a conclu un second mariage avec un homme habitant, en France, le même foyer que le mari éconduit ; ce dernier a sollicité le marabout Dia, son voisin de chambre, pour faire du mal à son nouveau rival. On peut aussi, au contraire, chercher à mener à bien son retour, surtout lorsque, pour des raisons diverses, les conditions générales sont mauvaises[175] ; ou vouloir parer à la jalousie de ceux qui sont restés au pays et qui ne manqueraient pas, lors de votre voyage, de vous jeter un mauvais sort : avoir vécu un temps en France, n'est-ce pas y avoir fait fortune ? Être en mesure d'en faire retomber le bénéfice sur ses proches ? Ainsi Dolly, qui veut retourner travailler aux Antilles où elle désire ouvrir un magasin, doit-elle auparavant se prémunir contre l'envie probable de ses proches. Il y va aussi de sa propre mort, souci permanent des immigrés : si vous restez à Paris, quelle que soit la durée de votre séjour, il s'agit d'être protégé de la mort hors de votre village ; car on peut vouloir empêcher à jamais de rentrer au pays[176] celui qui est « sorti », qu'on jalouse pour le pouvoir ou

174. Terme employé par les marabouts.

175. Une des questions posées à un marabout par une consultante algérienne au cours de l'été 1994 concernait son retour provisoire dans ce pays, sa sœur venant d'être victime d'un attentat perpétré par des « islamistes ».

176. Cette « importance cruciale des funérailles » et le malheur de celui qui meurt seul loin des siens sont bien soulignés par Marie (1997 : 274-275).

la fortune qu'il semble avoir acquis, dont on estime qu'il s'est soustrait à sa dette et dont on veut se venger.

Ces multiples cas de figure mettent en forme la puissance considérable des liens toujours fortement noués entre les immigrés et leur pays d'origine et les multiples « avatars de la dette communautaire[177] » qui les unissent à leurs proches ; ils témoignent avec violence de l'ambivalence fondamentale, des tiraillements sourdement douloureux que ces liens suscitent, pris entre attachement tantôt porteur d'avenir tantôt intempestif, et détachement tantôt destructeur tantôt indispensable, de toute la gamme des comportements possibles entre émancipation individuelle et soumission au groupe.

On s'étonnera de ce que, jusqu'à présent, les problèmes relatifs à la santé au sens habituel du terme n'aient pas été mentionnés. Ils sont, pourtant, souvent évoqués, chaque marabout avançant telle ou telle spécialité ; pour Dramé, c'est l'asthme, mais il se déclare incompétent pour le diabète. Mais les troubles pour lesquels le recours au marabout est particulièrement indiqué sont les « têtes qui tournent », les crises de folie, et toutes les « maladies inconnues » (poular *tjorfol*) pour lesquelles la médecine occidentale ne trouve rien, ne peut rien, ou ne peut donner que « des choses pour calmer », « faire dormir le mal » sans l'éliminer : « Quelqu'un qui tombe, les médecins disent que c'est cardiaque, mais ce n'est pas ça », affirme Gassama.

Pourtant si les marabouts affichent souvent ces compétences, leur pratique effective en ce domaine est, à Paris, assez restreinte. La crainte de la législation française en matière d'exercice illégal de la médecine ne suffit pas à expliquer cet état de fait. Ce sont les consultants africains eux-mêmes qui, lorsqu'il s'agit d'un cas grave, choisissent souvent le rapatriement d'urgence au pays. Un Africain, mécanicien dans un garage, se met à crier, à tomber, à baver, sa bouche se tord, il a peur de rester seul dans sa chambre. Pour Dia, l'homme a rencontré des génies maléfiques, ce ne sont pas des comprimés qui vont le soigner ! Il écrit « quelque chose » du Coran qu'il dilue dans une eau avec laquelle le malade doit se laver. Mais la décision est prise, on se cotise : l'homme est renvoyé en Afrique pour des soins efficaces. Même cas pour un homme qui se met soudain à cracher du sang : c'est le lieu où il habite qui répand ces influences maléfiques. Une telle résolution semble particulièrement s'imposer lorsqu'il s'agit d'enfants : tous les cas délicats semblent ne pouvoir se soigner en France, et le conseil de faire le voyage au Sénégal ou au Mali peut également être donné aux consultants non africains. La raison en est moins la rigueur de la législation française, une incapacité des marabouts ou un manque de produits, que l'impossibilité de prendre en charge ces patients comme leur cas l'exige et comme on le fait en Afrique. Gassama évoque avec nostalgie son père, spécialiste des « têtes qui tournent » qui allait couper sept plantes en forêt, faisait recueillir de l'eau par une jeune fille vierge, laissait macérer l'ensemble, auquel il avait ajouté des écritures, pendant sept jours dans un canari, tandis que les

177. J'emprunte cette expression à l'article de Marie (1997) qui envisage les différentes formes de liens qu'un individu accepte, noue ou dénoue avec sa communauté originelle, en milieu abidjanais.

patients étaient hébergés dans sa maison ; au terme du traitement, ceux-ci s'endormaient paisiblement. Un tel accueil, élément parfois important du soin, est bien sûr impossible à Paris : où garder les consultants ? Comment les veiller aussi longtemps que nécessaire, comment les entourer avec sollicitude alors qu'en France, la place, le temps sont comptés ?

Il est pourtant des maux pour lesquels les marabouts parisiens interviennent régulièrement : l'impuissance, les déficiences sexuelles, et surtout la stérilité ; cas extrêmement classique, rappelons-le, autant en Afrique qu'à Paris, où s'exerce la compétence des marabouts. Chacun comptabilise fièrement le nombre de couples, africains, portugais, maghrébins ayant réussi, après une longue attente, à avoir des enfants et ayant donné, en signe de reconnaissance, le prénom du marabout à l'un d'eux. La publicité écrite des marabouts confirme cette tendance. Si ces cas peuvent être traités en France, c'est qu'ils ne se manifestent pas par une crise violente, un assaut brutal des génies ; mais ils concernent au premier chef l'image sociale, l'honneur de l'homme ou de la femme, que ces déficiences déchirent. Qu'un jeune couple (maghrébin, africain) ne réussisse pas à avoir rapidement des enfants, et c'est l'ensemble de la famille, celle de la femme, du mari, qui intervient sans relâche, tirant le mariage à hue et à dia, vérification exemplaire de la présence, parfois très redoutée, du groupe derrière le problème individuel. Car une progéniture nombreuse continue à être considérée, malgré les vicissitudes de la vie parisienne, comme la plus grande des richesses, assurer la pérennité de sa famille ne saurait être freiné par les conditions de l'immigration. Diaby conseille même à sa cliente française, qui n'a qu'un seul enfant, de « ne pas s'arrêter » et Barry fait toujours sien ce proverbe peul : « Une femme sans enfants, un âne vaut mieux » (version parisienne : « Une femme sans enfant, une poubelle vaut mieux » !). Fait remarquable, dans l'intervention des marabouts, les troubles sexuels comme la stérilité peuvent êtres attribués aussi bien à l'homme qu'à la femme.

Hormis ces cas, qui relèvent d'ailleurs plus du statut social que de la maladie, les soins thérapeutiques, au sens occidental du terme, sont, en France, mis en veilleuse. D'une part parce que ce dont s'occupent, à Paris, les marabouts, ce que leurs consultants leur demandent, c'est l'amour, la chance, le travail, ce que Guirassy résume en une courte formule : les « affaires sociales ». Cette spécialité n'est, d'ailleurs, pas l'apanage des seuls marabouts : en 1993, une voyante française intitulait son émission bihebdomadaire sur une radio de la bande FM « Écoute sociale ». D'autre part parce que la maladie n'est jamais considérée en elle-même, mais toujours comme signe d'autre chose, prise dans un ensemble dont la cause est à déterminer et qui, elle, fera l'objet d'une intervention du marabout : qu'il s'agisse d'amour ou de « tête qui tourne », le « travail » qu'il entreprendra pour son consultant dépend de l'interprétation du problème qui l'amène. Ce point de vue constitue, aux yeux des marabouts, la supériorité de leur pratique sur la médecine occidentale.

Interprétation des problèmes

Moment attendu et redouté... Le marabout n'est pourtant pas toujours le seul maître de la vérité : la cliente portugaise de Touré sait parfaitement que si son fils passe son temps à ne rien faire, c'est la faute d'une jeune fille qui lui a fait du mal ; c'est forte de cette conviction sans appel qu'elle demande au marabout d'« enlever ça ». Mais il est vrai que la plupart du temps, l'interprétation du spécialiste est requise, et que celui-ci revendique avec force la supériorité de sa connaissance : manifestation à la fois du partage des savoirs et de l'effort que font les marabouts pour en faire leur exclusivité.

Les études traitant du sens de l'infortune en Afrique sont très nombreuses (Ortigues [1966]-1984, Augé et Herzlich 1984, Zempleni *et alii* 1986, par exemple). Notre recherche sur les marabouts ouest-africains parisiens recoupe certains grands traits dégagés par ces recherches :

– La maladie, que sous l'influence du système de pensée biomédical occidental on a coutume d'isoler, est intégrée dans les mêmes schèmes explicatifs que toute autre difficulté, d'ordre sentimental, professionnel ou administratif, d'où le terme général de « problème », emprunté aux marabouts eux-mêmes.

– Ce qui détermine le « travail » du marabout est moins la considération des symptômes du problème (nosologie) que celle de son origine (étiologie) : chaque infortune peut avoir de causes multiples. Savoir que telle jeune femme a continuellement sommeil lorsqu'elle est à son travail, qu'elle ne pense qu'à rentrer chez elle, ne peut suffire si l'on ne sait à quoi est dû cet état. Un marabout résume ainsi sa recherche : après avoir trouvé le génie de la personne, il explore « le pourquoi, le comment, le quand, le par quoi ou par qui, c'est-à-dire la raison du problème ». La redondance des questions concernant la cause souligne bien son caractère fondamental.

– Celle-ci est très souvent recherchée à l'extérieur de l'individu. Qu'un dossier administratif soit rejeté sera peu fréquemment attribué à une faille de celui-ci, qu'une femme soit délaissée par son mari est rarement dû à l'usure d'une relation. Après avoir bu de l'eau, Bathily a mal au ventre ; immédiatement il s'interroge : qui, dans le foyer, lui a proposé cette boisson qui le rend malade ? Voici une illustration très parisienne de cette extériorité du sens de l'infortune, extraite de la messagerie Minitel d'un des marabouts les plus médiatiques de Paris[178].

> Le Professeur constate souvent, que si votre partenaire est parti à la suite d'une consultation de voyance, très souvent ce départ n'est pas naturel et indique que le consultant a été victime d'un mauvais sort. L'intéressé est contrarié, mal à l'aise, parfois perturbé, dans son comportement, allant jusqu'à ne plus savoir ce qu'il

178. Le texte date de juillet 1993 ; il est reproduit exactement.

> veut ! [suivent les indications des étapes du « désenvoûtement »]. Pourquoi le retour d'affection ? Quand une personne est victime d'un envoûtement, ou d'un mauvais sort, elle perd la majeure partie de l'affection qu'elle avait pour vous et parfois même la totalité. Et pourtant il s'agit bien de la même personne qui vous aimait il y a quelques temps seulement ! Que faire alors ? Tout d'abord, il ne faut surtout pas lui en vouloir. En effet, lorsque l'on est victime d'un mauvais sort, on est conditionné par celui-ci ; c'est exactement comme si la personne réagit à la place d'une autre qui ne vous aimait pas du tout !

Délaisser ou être délaissé, c'est perdre la maîtrise de soi, c'est être le jouet de forces néfastes extérieures à soi[179]. Cette messagerie s'adressant en priorité à des clients potentiels non africains, on ne peut que constater la vigueur, à Paris, d'un cadre de pensée bien connu en Afrique.

Si la cause des « problèmes » est souvent extérieure à l'individu, victime « innocente » qui « ne mérite pas [ses] malheurs[180] », elle n'est pas, pour autant, attribuable au seul fonctionnement global de la société. Qu'Amadou ne réussisse pas, depuis six ans, à obtenir un travail stable, que le salon de coiffure de Rose batte de l'aile, que Nadia et son mari ne parviennent pas à obtenir un prêt bancaire, ne sauraient admettre comme seule explication une référence à la crise économique. La mise en cause exclusive de la société en elle-même, modèle dégagé par Herzlich (1984) et Fainzang (1989 : 81 et sq.), ne trouve pas sa place ici. C'est que l'individu a un destin particulier, il est le point focal de forces de plusieurs origines qui amoindrissent ou au contraire renforcent son principe vital : il revient au marabout de les déterminer et, pour certaines, de les maîtriser. Qu'Amadou réussisse finalement à être embauché signifie que son principe vital l'a emporté sur celui de ses concurrents ; inversement, celui qui n'a pas de chance, expression à prendre ici dans son sens fort, sera le premier à être licencié.

Dernière remarque : l'accumulation, l'enchaînement des infortunes, n'est pas nécessaire pour que soit posé le diagnostic d'une action occulte ; bien que, comme le dit un marabout, il puisse y avoir une « répercussion » du problème manifesté, par exemple, dans le domaine amoureux, sur d'autres domaines de la vie individuelle, tel le travail, une seule difficulté suffit pour que l'on consulte un devin et que celui-ci en révèle la cause.

La « maladie d'Allah » ou l'infortune naturelle

Si Allah est souvent invoqué avant toute analyse, cette cause s'applique plus spécifiquement aux cas où le problème posé par le consultant ne résulte d'aucune action néfaste ; Sow les nomme *hoddere*, « étoile », c'est le destin de la personne : « C'est voulu », dit-il. La stérilité peut être due simplement à un problème de dos ou de

179. Ou encore, selon le terme employé par un marabout, c'est être « téléguidé ».

180. Ce sont les expressions employées par le marabout auteur de la messagerie Minitel citée, dans des émissions radiodiffusées dont nous reparlerons.

reins[181], les « têtes qui tournent » (poular *djilul*) peuvent avoir une origine naturelle. Ces marques divines (mais parfois les causes sont plus diffuses) n'impliquent pas pour autant que rien ne puisse être tenté, au contraire, ces maux, tout inévitables qu'ils soient, sont réputés les plus faciles à soigner. Une seule exception cependant : pour Bakary, aucun remède si on est « né avec ça[182] ». Pour les maladies héréditaires d'origine naturelle, le marabout se déclare généralement incompétent. Il en est de même pour celles dont la divination a révélé qu'elles étaient mortelles. La difficulté à résoudre un « problème » est aussi fonction de l'ancienneté de son apparition : le cas d'un consultant, affligé d'impuissance depuis déjà six ans, laisse Bakary perplexe. Mais certaines causes du malheur sont plus précises, plus inquiétantes aussi.

La nature

Les astres, les éléments naturels peuvent influer sur la vie du consultant, ce que la connaissance de sa date de naissance permet parfois de déterminer[183]. La lune, dont les différentes phases ont par elles-mêmes des valeurs positives ou négatives, est l'objet d'une attention particulière. Un enfant conçu en nouvelle lune (en particulier le 27 du mois), surtout s'il s'agit d'un mercredi, sera inévitablement malheureux, malchanceux et cause de malheur : « Il va détruire tous les biens de la famille », dit Dia, sans qu'aucun marabout puisse intervenir. En milieu peul, une telle personne, involontairement dévastatrice pour elle-même et son entourage, est nommée *kîtado*[184]. Le seul comportement possible pour éviter de tels déboires est de s'abstenir de relations sexuelles ces jours-là ; le mari prétextera la fatigue, car dire publiquement qu'on cherche à se préserver de ces jours terribles revient à détruire toute précaution prise. Les « étoiles qui traînent » sont néfastes, en particulier les étoiles filantes (poular *hoddere sirtutode*) qui, en milieu peul, sont cause et signe de mort[185] ; leur course d'est en ouest annonce la mort d'une personne religieuse, d'ouest en est, celle d'une personne ayant fait du mal, du nord au sud, celle d'une personne connue, du sud au nord, celle d'une personne riche. Mais la diffi-

181. Selon Youssouf Cissé ([1973]-1981 : 153), en milieu bambara, les désordres sexuels se traduiraient par des douleurs à la colonne vertébrale ; celle-ci est conçue comme « le "support et l'axe" à la fois biologiques et ontologiques de la personne ». L'interprétation donnée ci-dessus n'émane pas de marabouts bambara mais de soninké du Sénégal oriental.

182. Bakary pose d'emblée la question à son consultant, et même au téléphone lorsque celui-ci veut prendre rendez-vous.

183. Sur l'usage ancien de l'astrologie en milieu musulman, dont les Ouest-Africains ont hérité, cf. par exemple Regourd (1993).

184. Gaden (1931 : 31, 95) décrit ainsi une telle personne, figure de plusieurs de ses proverbes : « [...] la puissance, le fluide dont celle-ci est imprégnée émane d'elle et fait d'elle un porte-malheur pour son entourage, sans qu'elle y soit elle-même pour rien. » Mais il n'en rapporte en rien l'origine à l'influence de la nouvelle lune, et mentionne que « certains marabouts et magiciens passent pour savoir faire des amulettes qui neutralisent les kîte » ; dans notre version, le caractère irrémédiable est, au contraire, très net.

185. Ce fait est déjà signalé par Gaden (1931 : 270). La puissance négative attribuée aux étoiles filantes est sans doute issue de la sourate « Les génies » (LXXII : 8).

culté d'observer de tels phénomènes à Paris restreint l'évocation de cette cause, sauf s'il s'agit de la lune, dont les marabouts tiennent scrupuleusement compte. En revanche, d'autres éléments naturels, les eaux, les vents, animés de forces bénéfiques ou maléfiques, agissent moins par eux-mêmes que parce qu'ils sont le repaire de génies.

Les génies et les anges

On a déjà évoqué ces anges (diables ou génies) habitant les tourbillons et les courants d'air, les seuils, le fond du métro ou les chambres du foyer, qui attaquent d'eux-mêmes quiconque se trouve sur leur passage ; un simple coup de froid peut n'être en rien banal et révéler de telles agressions. Gare à celui qui approcherait de trop près ces êtres invisibles, qui les affronterait, au sens propre du terme ; c'est pourquoi il est recommandé de ne jamais se tenir debout dans l'encadrement d'une porte mais de se placer en retrait sur le côté pour éviter d'être « bousculé » par eux et de risquer ainsi une maladie grave. Certaines morts subites, certaines crises d'épilepsie, certaines paralysies sont ainsi expliquées, considérées comme des cas très graves. Un enfant joue seul dans une pièce fermée ; il tombe d'un coup : c'est qu'il a dû déranger des enfants de diables. Ces génies, ces « mauvais esprits » (*shejtan*) peuvent être aussi à l'origine de cauchemars, d'hallucinations visuelles, de maux de tête. Ils peuvent aussi avoir investi des lieux[186]. Ces diables peuvent également être manipulés par un marabout pour porter dommage à une personne.

Très redoutables également sont les propres génies d'une personne, qui peuvent faire échouer celle-ci dans nombre des ses entreprises, en particulier amoureuses. Tout mariage est voué à l'échec si l'on n'a pas auparavant vérifié que les génies de l'homme et de la femme concordent. C'est l'absence de ces affinités électives qui peut expliquer l'aversion d'un instituteur envers tel élève, les désaccords conjugaux, les querelles incessantes entre associés, et même l'impuissance d'un marabout à régler le problème de tel consultant : leurs génies (ou, comme le dit Bintou, « les sangs ») sont incompatibles. Une femme est-elle abandonnée de tous les hommes ? Ce peut être son génie jaloux (*jinne*) qui « s'approche trop » d'elle, qui l'habite ; la nuit, elle rêve qu'un homme s'avance et s'unit à elle : c'est son génie qui refuse la présence de quiconque, qui peut même la contraindre à une virginité prolongée. L'existence de ces incubes[187] explique également certains cas de stérilité ou d'avortement, de morts d'enfants en bas âge, de même que l'échec de certains mariages, et certains divorces ; car le génie peut aussi s'attaquer au mari, amoindrir sa chance, rendre la vie du couple insupportable. Et c'est à l'échec des manœuvres du génie qu'est parfois attribuée la venue d'un enfant longtemps désiré, longtemps attendu.

---

186. Selon le récit d'un marabout, au Sénégal, les consultants font tester le terrain sur lequel ils ont l'intention de construire une maison ; l'objet divinatoire utilisé peut être un œuf vidé dans lequel on a glissé des fragments coraniques écrits sur un papier ; l'œuf est enterré, dans la plus grande discrétion, au centre du terrain ; le lendemain, si de l'eau a jailli, c'est que le terrain abrite des diables.

187. Les succubes existent pareillement.

La transgression d'un interdit

Nous avons évoqué cette cause d'infortune lors de l'analyse des « problèmes » parisiens : transgression des règles de l'alliance, rupture des normes de comportement familial, irrespect de la « tradition », tous bouleversements que la situation d'immigration et les changements sociaux actuels contribuent à accentuer. Pourtant, est-ce dû à la multiculturalité de la clientèle, qui diversifie les interdits et les relativise, c'est surtout à travers le comportement des marabouts eux-mêmes, et les risques qu'ils prennent envers les désirs de leurs clients, que ces infractions sont, à Paris, le mieux repérables, comme si eux seuls y étaient désormais soumis.

Porteurs du verbe divin, médiateurs privilégiés des génies, les marabouts sont soumis à des contraintes qu'ils peuvent être tentés d'enfreindre ; or « un vrai médium de Paris, s'il ne se nettoie pas, il risque de devenir un être maléfique », avertit Diallo, tandis que pour Touré, celui qui ne respecte pas les règles de solitude, de propreté, « le *râwhân* va l'écraser ou le rendre fou ». Image, toujours vivace à Paris, de l'ambivalence du devin, funambule qui peut tantôt guérir tantôt sombrer dans la malfaisance... Autre condition à respecter : l'usage mesuré des noms de Dieu, proportionnel à l'âge du marabout[188] (un marabout trop jeune n'est pas capable de résister à un nom trop « chaud » qu'il aurait écrit ou invoqué, ou encore prononcé un nombre de fois trop élevé).

Enfin le marabout doit se conformer à la morale sociale exprimée dans le Coran, ne pas faire le mal[189], surtout ne pas s'engager à rapprocher un homme et une femme si, cas fréquent en France, la visée de leur relation n'est que *sifahu*, une union « simplement pour coucher », « un grand péché », et non *nikahu*, un vrai mariage *halâl*, qui doit être proclamé[190] : Keita s'assure auprès de sa consultante française que c'est bien là son projet. D'autres seuils ne sauraient être franchis : Aïdara ne travaillerait jamais pour un dealer ou pour tout problème relatif à la drogue ; Dabo refuse de s'engager « pour des futilités » et Sow n'accepte pas d'assouvir la jalousie de son client qui lui demande de faire du mal ; il discute avec lui, l'envoie réfléchir et, si celui-ci persiste en promettant au marabout tout l'argent qu'il voudra, Sow l'éconduit, le punit en lui prenant son argent sans travailler, ou encore, pour se protéger lui-même, détourne la demande... en faisant du mal à ce client indélicat. Dans le cas cité plus haut, relatant la mésaventure d'un mari écarté pour n'être pas rentré au pays, le marabout sollicité pour agir contre le rival proposa à son consultant un travail visant plutôt à lui ramener sa femme. S'il arrive que le consultant demande sans ambages la mort de celui qui est supposé lui faire du mal, le marabout doit à tout prix « regarder » si cette personne est « vraiment dangereuse ». Enfin Dia refuse de « donner un coup de main aux patrons qui

188. On a déjà évoqué le seuil des quarante ans ; un marabout raconte qu'une personnalité politique antillaise rencontrée à Paris lui a demandé de « travailler » pour l'indépendance des Antilles ; mais le marabout, trop jeune, a dû refuser en raison du nombre trop élevé des récitations de noms d'anges nécessaires. Il est parfaitement conscient du gain que ce refus lui a fait perdre.

189. Surtout pendant le mois de ramadan.

190. Ces deux termes désignent respectivement la mésalliance et le mariage légal (arabe *nikâh*).

veulent faire travailler sans payer » ; il n'intervient que « pour les ouvriers, pour quelqu'un qui travaille trois mois sans voir sa paie », il « défend les faibles ». Dans le cas contraire, il ne pourrait jamais faire bon usage de l'argent ainsi gagné, pire encore, maladie, folie, voire mort, seraient la rançon, toujours évoquée, de telles transgressions, dans la vie présente ou dans une autre à venir, pour soi-même ou pour sa descendance. Car les actes d'un marabout engagent sa lignée.

De nombreux récits de travail maraboutique relatant des accidents très invalidants, des morts brutales, témoignent de la violence contenue dans ces relations. Bien qu'il ne soit en rien atteint de folie, Ndao, notre marabout iconoclaste, est très malade[191]. Pour certains de ses proches, comme pour ceux qui n'ont pour lui que mépris, aucun doute : il paie le mal qu'il a fait, toutes ses « bêtises », ses « mensonges » : le marabout ne doit-il pas se garder du désordre ? Ndao lui-même a, de ses souffrances, une version toute différente : se comparant à un saint que Dieu éprouverait, à une sorte de « sacrifice vivant », il tire de sa maladie le signe d'une élection[192]...

Bien que très intériorisés, ces interdits et leur sanction sont pourtant tout théoriques pour bien des marabouts, la dialectique du bien et du mal autorisant une certaine souplesse, la pression du contexte économique ayant parfois raison de bien des réticences. Ainsi Koly, grand connaisseur des mœurs françaises[193], très permissives, insiste-t-il simplement pour que sa cliente française soit bien sûre de ne jamais abandonner l'homme que son travail va lui ramener ; sinon, prévient-il, cet homme risquerait les pires accidents, la mort, et pour lui-même, responsable de ses actes, les conséquences seraient fort néfastes. Quant à Fodé, il se contente de refuser de s'engager si l'objet de son éventuel travail est une relation adultère. Il y a, à Paris, de multiples aménagements possibles, rendus d'autant plus aisés que l'éparpillement des marabouts, s'il ne leur évite pas la sanction d'Allah, les met souvent à l'abri de toute condamnation sociale par un groupe lui-même distendu[194].

Les sorciers

Les sorciers « mangeurs d'âme » (poular *njamnjeddo*) peuvent être la cause de maux et de détresses réputés très difficiles à soigner. Ils provoquent la déchéance physique et sociale de ceux qu'ils attaquent : alcoolisme, convulsions, fièvres d'origine inconnue que la médecine occidentale ne sait pas soigner, maux de ventre

---

191. Il est cardiaque et artéritique.

192. Ce martyrologe est assez peu fréquent en islam (du moins dans le sunnisme). L'aisance avec laquelle Ndao se meut entre différents univers, les multiples ponts qu'il sait établir entre eux, récusant intuitivement tout enfermement, autorisent à penser qu'il s'agit plutôt d'un modèle chrétien, que ce marabout aurait capté.

193. « Les jeunes aujourd'hui, remarque-t-il, on a une femme aujourd'hui puis une autre demain, pas d'importance ! »

194. Selon plusieurs témoignages, si l'on désire causer un grave dommage à une personne, voire la tuer, il est nettement préférable, en Afrique, de s'adresser au marabout d'un village voisin afin de se soustraire à l'opprobre du groupe.

lors des menstrues, fausses couches, idées suicidaires, anorexies, fatigues qu'aucun fortifiant ne parvient à enrayer : ils anéantissent tout projet ; leur apparition peut être terrifiante : ils peuvent surgir, la nuit, sous la forme d'un chat, alors que l'appartement est hermétiquement clos, provoquer des rêves effrayants aux adultes comme aux enfants, car les sorciers s'en prennent aussi à la descendance de leur victime. Se voir poursuivi par un animal ou par quelqu'un qui vous menace d'un bâton, d'une arme, se sentir tomber dans le vide, être englouti par les flots sont, selon Diallo, les cauchemars les plus typiques signant une attaque de sorciers. Ces êtres sont mauvais en eux-mêmes. Mais l'homme ordinaire a bien des ressources.

L'homme lui-même

Cause majeure des « problèmes » : le chef hiérarchique, le rival, les parents, l'homme en général. Rappeler la force des relations d'envie, de rivalité, de concurrence en Afrique de l'Ouest, aux Antilles, est un lieu commun[195]. Selon un jeune Sénégalais, il est très recommandé, lorsqu'on prend un premier travail, de le choisir inférieur à celui auquel on pourrait prétendre, de peur d'éveiller la jalousie de son entourage. Mais les relations d'envie se manifestent avec autant d'intensité à Paris : ne tait-on pas jusqu'au départ ses projets de voyage de peur que quelqu'un vous empêche de les mener à bien ? Ici comme ailleurs, les faits et gestes de chacun peuvent donner prise à la convoitise, d'autant plus attisée qu'on semble vivre dans l'harmonie et l'aisance.

Le cas le plus classique est celui d'une personne « parti(e) voir un marabout pour faire du mal » dans les domaines les plus divers : attirer votre mari (votre femme), amenuiser votre chance, détériorer vos relations avec vos enfants, éloigner vos amis, vous nuire dans votre travail ou vous empêcher d'en trouver, faire en sorte que vous dépensiez inconsidérément votre argent, que vous ne soyez pas capable de déclarer votre amour, que vous ne puissiez avoir d'enfant. Cause supplémentaire d'infortune, la maladresse ou la malveillance d'un premier marabout, qui, à en croire le second, aurait fait « le contraire de ce qu'il fallait » ; au-delà du cas précis du consultant, cette interprétation montre une nouvelle facette des relations d'envie et d'affrontement auxquelles les marabouts eux-mêmes sont loin d'échapper.

Mais c'est aussi la personne elle-même qui, sans avoir nécessairement recours au travail d'un marabout, peut avoir « jeté un sort », provoqué un « empêchement », terme général employé par Diakhaby, exprimant l'idée que tout ce que sa consultante française entreprend échoue : il est dû à la jalousie ancienne d'une femme envers la mère de celle-ci ; elle « n'a pas fait de mal, mais elle est jalouse et ça bloque tout ». La rivalité entre co-épouses est le cas type de cet « empêchement[196] ».

Multiples sont les signes de cet « envoûtement », terme français par lequel Diallo traduit l'expression poular *dabare*, « travailler, faire un sort », qu'il soit dû à une personne ou à un marabout, provoquant des troubles non naturels, *badanal* :

195. Cf. Marie (*op. cit.*) en milieu ouest-africain ; Bougerol (1997) en milieu antillais.
196. C'est ainsi, on l'a vu, qu'a été interprétée la mort en bas âge des cinq frères du marabout Dia.

« Partout où tu passes, les gens ne peuvent pas te supporter, quand il se passe quelque chose, ça retombe sur toi, quand tu parles avec quelqu'un, ça tourne au drame, tu te fâches facilement, il y a toujours une contradiction qui t'empêche de faire ce que tu veux. » Le consultant fait des mauvais rêves, qui évoquent la saleté, la boue ; ou bien il voit une personne qui le poursuit, il crie, se réveille en sursaut ; ou bien il bouge beaucoup en dormant et se réveille avec la sensation d'une immense fatigue, d'une grande faiblesse, des palpitations, des bourdonnements d'oreilles, des angoisses, des frissons, des éblouissements, des étourdissements, un mal de tête persistant ; ou bien encore, il ne se rappelle rien, « il est ici et son idée est là-bas », il maigrit, ou, plus rarement, grossit de façon anormale, signes d'un amenuisement ou d'une modification anarchique de sa substance vitale.

Mais le maléfice pouvant émaner d'une personne qui « veut vous toucher » (en poular, l'un des noms désignant ce mauvais sort est *djungo*, « main ») dépasse largement ce cadre, et a comme vecteurs essentiels la parole et le regard : de là viennent, comme le dit Dia, « tous les dangers du monde ». Prémunir son client contre la « mauvaise bouche » ou le « mauvais œil », lui éviter d'être « trop regardé » est, depuis des siècles au Maghreb ou en Afrique de l'Ouest, aujourd'hui à Paris, une des tâches essentielles des marabouts. La « mauvaise bouche » ou les « mauvaises paroles » sont des mots qu'on dit devant témoin pour « gâter le nom » d'une personne, pour « lui faire honte au milieu des gens ». Ce qui est en jeu, c'est la réputation de l'homme dans son milieu, dont la perte est une infortune majeure.

Qui sont ces femmes, ces hommes qui, par leur parole, leur regard, ou par l'intermédiaire d'un marabout, sont cause d'infortune ? En tout premier lieu, les proches, même absents et lointains, parents mais aussi corésidents : c'est la « mauvaise langue » des compatriotes de Bayo au foyer qui est à l'origine d'informations calomnieuses à son sujet, parvenues à sa propre famille restée en Afrique ; c'est cette famille qui, à distance, l'a « attaché », l'empêchant de trouver du travail à Paris ; ce sont des parents qui ont cherché à empoisonner Coulibaly, contraint de séjourner à l'hôpital où les médecins ne lui trouvent rien. De même, que cette femme algérienne ne s'entende plus avec son mari est dû à la jalousie de ses proches restés au pays. Comme en Afrique, la nourriture est, en France, un vecteur essentiel du mauvais sort que l'on vous jette et toute relation de commensalité est *a priori* suspecte[197], objet de mises en garde ; lorsque le moyen utilisé est l'écriture, les deux aliments de prédilection sont le café et le coca-cola, dont l'amertume naturelle s'harmonise avec celle de l'encre diluée[198], qu'on peut, de plus, masquer en ajoutant du sucre. Pourtant, en milieu parisien ouest-africain, l'idée de proximité est parfois confirmée par la méfiance particulière envers les mets du pays ; au foyer, Samba se garde des arachides grillées et du « couscous africain » avec lesquels on peut « faire des choses » pour que celui qui les mange n'ait plus qu'une envie : rentrer chez lui. Encore faut-il ne pas être trop naïf... Une jeune Camerounaise,

197. Ainsi Gassama affirme à son consultant qu'on lui « a fait boire quelque chose par la jalousie ».

198. Vecteur du maléfice ; cf. *infra*, p. 253.

suspectant fort la malfaisance d'une de ses voisines, refuse le *tjakri*[199] que celle-ci lui offre ; mais elle accepte le diabolo citron : c'est précisément sa confiance en un aliment ne pouvant, à son sens, qu'être anodin, qui la fait tomber dans le piège de sa rusée voisine ; et l'infortunée se met à vomir, signe certain d'un empoisonnement !

Pourtant cette expression de la rivalité dépasse largement le sein de la famille, le cercle des proches. Chacun peut être suspecté : le semblable – ce sont les autres femmes de l'entreprise où travaille Ernestine, qui en ont fait leur bête noire, qui l'envient alors qu'elle veille à s'habiller le plus simplement possible pour ne pas attirer leurs regards ; les collègues : ceux ou celles qui agissent pour que vous n'ayez pas la promotion attendue, qui cherchent à vous supplanter lorsqu'un poste se libère. Mais le plus souvent, c'est la figure de l'Autre qui est mise en cause. Cette femme, qui a attiré à elle le mari d'une consultante française (blanche), c'est une Antillaise[200], ou une fille d'origine africaine ; c'est, à l'inverse, une Blanche pour cette cliente africaine ; pour cette jeune Sénégalaise, c'est d'un Malien dont elle doit se méfier, etc. À Paris, cette cause des « problèmes » qu'est l'Autre, ayant déjà largement franchi les limites du lignage dans les villes africaines, s'élargit encore : elle tend à cristalliser certaines tensions sociales latentes ou vivaces, qui traversent l'ensemble de la société parisienne en intégrant les relations interculturelles, celles de personnes d'origines diverses qui désormais se côtoient.

La palette des causes d'infortune, d'affaiblissement de la force vitale est donc assez large[201] ; celles-ci ne sont néanmoins pas totalement interchangeables : une paralysie est plus volontiers attribuée à l'assaut de « diables » qu'à des causes naturelles ; le départ d'un être aimé est interprété comme maléfice d'un tiers ou comme effet du génie ombrageux de la personne esseulée, plus que comme attaque de diables ; mais rêver que quelqu'un vous attaque peut être imputé de façon plus large, à l'assaut de génies malfaisants, d'un tiers ou de sorciers.

Cependant la reconstitution formelle de ce système symbolique masque bien des préférences et des variations individuelles ; de toutes ces causes d'infortune évoquées par les marabouts parisiens, deux sont particulièrement vivaces : les attaques des génies et, beaucoup plus encore, celle des hommes. En revanche les allusions directes à des agressions de sorciers sont plus rares. Outre la traditionnelle hostilité de l'islam à l'explication sorcellaire qui, impliquant habituellement le cadre du lignage, s'oppose à ses visées universalistes, l'éclipse de ces « mangeurs d'âmes », de ces « buveurs de sang », de ces « voyageurs nocturnes » peut s'expliquer par le fait qu'à Paris, les situations de lutte, de compétition, qu'il s'agisse

199. Préparation à base de céréales bouillies et de lait aigre. L'écriture n'est pas le seul moyen de « faire des choses », ce qui explique l'emploi de nourritures diverses.

200. Certains Africains redoutent particulièrement les maléfices supposés des Antillaises qui s'emparent du nom ou des photographies de ceux qu'elles convoitent ou, au contraire, veulent repousser, qu'elles confient à un marabout censé travailler pour elles.

201. Rappelons que le Coran énonce trois causes de mal : la nature, les hommes, les génies (sourates CXIII et CXIV).

d'obtenir un logement, un travail ou un papier, sont si visibles et si quotidiennement vécues, que l'implication d'une personne ayant les mêmes besoins ou les mêmes désirs que soi, ou dont on dépendrait, suffit à donner forme à la plupart des difficultés éprouvées. De plus, dans une société exempte de hiérarchie statutaire explicite comme l'est la société française, où chaque individu est théoriquement logé à la même enseigne pour franchir les degrés de la richesse et de la reconnaissance sociale[202], la réussite attise encore plus la jalousie. Quant aux génies, lorsqu'on sait que, comme le dit Diallo, les *jinne* de Paris qui hantent la ville de leur présence inquiétante ou sont comme une part de la personne, sont le reflet exact du monde social, qu'ils sont aussi « méchants, égoïstes, indifférents » que les citadins eux-mêmes, leur intervention maléfique n'est guère étonnante.

Mais il faut nuancer cette explication fonctionnaliste d'une progressive disparition des sorciers, non seulement de Paris mais des milieux urbains en général[203]. L'imprécision décelable dans la caractérisation même de ces sorciers, l'affectation à d'autres signifiés des noms utilisés pour les désigner traditionnellement montrent des réalités plus enchevêtrées. Ainsi Ba nomme *njamnjeddo*, désignation peule des sorciers, ceux qui cherchent à l'empoisonner par un sort (confectionné par eux-mêmes ou par un marabout) ; Aw nomme *sukhunja*, « sorciers », ceux qui provoquent à sa consultante des hallucinations, mais il emploie tout aussi bien les termes de « diables » ou de « mauvais esprits ». De ces glissements qui sont loin de n'être imputables qu'à des traductions françaises imprécises, une interprétation en termes d'évolution linéaire rend mal compte.

L'expérience parisienne de Diallo vient d'ailleurs contredire ces explications trop univoques. Pour lui, l'action maléfique des *sukhunja*, des *palebe* – en français, il emploie le terme de « vampires » –, qui aspirent le sang et la force vitale de l'individu, est le problème essentiel à Paris. Tous peuvent en être affectés, « les Blancs, les Noirs, les Arabes » : le cadre du lignage se trouve ici largement dépassé même si l'on est avant tout le sorcier de sa propre famille. Cette cause est très familière aux Antillais qui emploient indifféremment, dit-il, les termes de zombis, d'« engagés », de *soucougnans*[204], alors qu'elle est méconnue des Européens, qui invoquent des « ondes négatives » ou des « mauvaises influences ». Diallo se conforme à leurs

202. Il ne s'agit pas d'affirmer que la société française est une société égalitaire mais que le statut originel de chacun (griot, artisan, etc.) le bride moins encore qu'en Afrique de l'Ouest, où de multiples transgressions existent cependant, pour progresser socialement.

203. Ce « crépuscule des sorciers » en milieu urbain a été évoqué par plusieurs auteurs (notamment Zempleni 1968 : 454), et n'est donc pas propre à Paris. Pour une discussion générale sur ce thème, cf. Fassin (1992 : 139 et sq.), auquel j'emprunte l'expression citée plus haut. Pourtant dans leur étude sur les pratiques sacrificielles à Abidjan, Touré et Konaté (1990) montrent que la sorcellerie n'est pas absente des préoccupations des citadins ivoiriens. Elle ne l'est d'ailleurs pas plus de celles de certains Parisiens : Gassama cite l'exemple d'un client français venu le voir parce qu'il se pensait la proie d'un sorcier.

204. Terme directement dérivé du poular désignant une certaine catégorie de vampires. Cf. Henri Valmore (1988 : 72) qui ne mentionne pas l'origine du mot ; le soucougnan est un « vampire qui prend l'apparence d'une boule de feu » (*ibid.* : 234).

conceptions et reprend ce vocabulaire. Il remarque néanmoins, lui aussi, que les manifestations de l'envoûtement et celles du vampirisme sont « presque les mêmes » et que très souvent, les deux causes peuvent être mêlées ; de l'une à l'autre, le passage peut être très fluide. Si l'on voulait reprendre un vocabulaire classique, on pourrait dire qu'entre *witchcraft* et *sorcery*, la coupure n'est pas radicale, et que les définitions qu'en donnent les marabouts sont extrêmement flexibles. De même que pour les êtres peuplant l'univers, il est donc plus conforme à la réalité de considérer les causes d'infortune comme un continuum peu rigide et non comme des entités très nettement séparées.

Ceci n'explique toutefois pas pourquoi Diallo lui-même tient le « vampirisme » pour un problème essentiel à Paris, loin du cercle fermé du village et du lignage. Ni sa faible connaissance de l'islam, ni l'influence de ses nombreux clients antillais, ni le maintien obsolète dans le contexte parisien[205] de schémas d'interprétation utilisés en Afrique ne semblent des hypothèses suffisantes. En outre, le sorcier est pour lui d'une toute autre nature que la part malveillante, la face sombre d'un sujet clivé par essence[206]. Les vampires, dit-il, sont partout, toutes les créatures vivantes peuvent l'être[207] ; ce peut être « toi ou moi », l'attaque étant d'autant plus virulente, en France, que la méconnaissance de tels êtres maléfiques empêche les gens trop naïfs de s'en prémunir : n'est-ce pas à ce caractère profondément imprévisible, inconnaissable de la personne qu'on a, à Paris, en face de soi, où chacun est prêt à dévorer l'autre, que Diallo donne forme en privilégiant cette interprétation ? La présence forte des sorciers s'appuie sur un imaginaire de la ville : loin d'être une instance de régulation supposant la cohésion d'une société, la sorcellerie ne manifeste-t-elle pas au contraire à ses yeux la désintégration des liens sociaux à Paris, où les repères communautaires tendent à ne plus être toujours aussi fiables, où la collectivité est infiniment désordonnée, tout ce qui la compose, hommes, lois, étant désormais incontrôlable ? Considérée parfois comme archaïque, la sorcellerie n'est-elle pas alors une caractéristique forte de la modernité urbaine, dont elle donne l'image inquiète ?

Soi-même

Pour importantes que soient ces causes de « problèmes » extérieures à l'individu, causes vivaces dans le cadre parisien et évoquées par les marabouts quelle que soit l'origine du consultant, elles ne sont pas les seules hypothèses formulées.

Ndao, s'intéressant à la maladie en Afrique, établit des listes parfois assez fantaisistes de maladies où domine la symptomatologie et non plus l'étiologie ; amoureux des mots scientifiques, il mentionne même dans ses classements, les « causes

205. Selon la théorie la plus commune, la fonction de la sorcellerie est de maintenir les normes d'une société, en excluant de ses rangs celui qui y contrevient.

206. Cf. Marie (1997 : 108).

207. Contrairement à l'action d'Allah, des génies ou des anges, la sorcellerie est réputée immanente.

iatrogènes » ; cette adoption du discours médical occidental ne l'empêche d'ailleurs nullement de considérer que tout homme est dans la main d'Allah, ni d'évoquer, de façon fugitive, certains rapprochements ; s'interrogeant sur la cause des effets parfois désastreux de l'artériographie cérébrale, il conclut : « Voir la mort étrange ou non naturelle. » L'allusion, dans ce cadre, à un type d'explication étiologique familier à nombre d'Africains de l'Ouest montre bien qu'il ne s'agit pas, chez lui tout comme chez d'autres marabouts, de l'adoption progressive d'un « système occidental », explication par trop linéaire, mais bien plutôt d'allées et venues continuelles, de chevauchements sans heurts de plusieurs références culturelles qui coexistent en un même individu.

De façon plus significative, émergent des causes liées à la perception, par les marabouts, d'un univers de relations différent. Pour Bakary, si son client est impuissant, ce sont simplement ses « pensées » qui en sont la cause ; il constate, d'ailleurs, que cette explication est valable pour la majorité des problèmes qui lui sont soumis à Paris, et doute du bien-fondé de l'interprétation trop systématiquement fournie par ses collègues, consistant à révéler que « c'est quelqu'un qui a fait ça ». Il ne prononce pas le terme de stress, mais la description qu'il donne de ces « pensées » y ressemble fort[208]. Pour Touré, ces cauchemars qui hantent sa consultante, c'est à « elle-même » qu'ils peuvent être dus et non à un *shejtan* ; d'autres marabouts, maniant bien le français, expliquent le malheur de leurs clients par leur « déficience mentale » ou leur « nervosité » ; d'autres encore conseillent à leurs consultants, victimes de troubles psychosomatiques, de « parler », de s'« extérioriser », de prendre le temps de se « relaxer », de se calmer. D'autres encore évoquent clairement « quelque chose de psychologique » et distinguent le « problème » de la simple « inquiétude », qui, elle, ne nécessite pas un « travail » mais une simple « dédramatisation », un discours rassurant. D'autres franchissent le pas en employant un vocabulaire devenu courant : « Vous êtes trop stressée, madame », affirme Guirassy à une consultante venue lui exposer sa crainte d'être stérile, montrant ainsi son aptitude à capter les discours psychomédicaux les plus contemporains[209]. Lors de ses émissions de voyance sur une radio écoutée notamment par des Antillais et des Africains, Mohammed répugne publiquement à parler d'« envoûtement[210] », écartant les interprétations persécutives pour évoquer, lorsque rien ne va, une « défection de soi-même ». À Hélène, consultante antillaise qui ne parvient pas à trouver l'âme sœur, il affirme résolument : « Ne pensez pas que quelqu'un vous a fait du mal ou un travail occulte, non, c'est un comportement que vous devez rectifier. »

208. Il évoque le cas un peu scabreux d'un homme auquel son amie avait mordu la verge, pour qu'il n'ait pas la tentation de séduire d'autres femmes ; Bakary explique que c'est la remémoration continuelle de ce qu'il n'appelle pas un traumatisme mais une « pensée », qui avait rendu cet homme impuissant.

209. Il ajoute : « Le fait d'être stressée peut contribuer à bloquer le système. »

210. Terme que la présentatrice lui suggère avec insistance.

Pour lui enfin, être au chômage ne peut pas toujours être imputé à un manque de chance ou à des travaux occultes, mais aussi bien à soi-même, à son indiscipline, à son inapplication. Ainsi la panoplie des marabouts parisiens est-elle riche de causes de « problèmes » internes à l'individu lui-même, qui tendent à autonomiser ce dernier, à le rendre responsable de ses actes, qui prennent en compte sa propre subjectivité. Certes, il ne s'agit pas de faire table rase du réseau de relations dans lequel chacun est inséré, mais d'affirmer l'existence de sujets qui, dans ce cadre, peuvent prendre en main leur propre destin. Ici encore, nulle évolution linéaire : ces causes coexistent chez un même devin avec celles, plus habituelles en Afrique, faisant intervenir le monde extérieur, les autres. Mais elles sont familières aux marabouts jeunes comme aux plus âgés, aux mieux insérés dans un mode d'être parisien comme à ceux qu'on reconnaît pour leur respect des valeurs africaines. On y reviendra.

Quelles qu'elles soient, les causes d'infortune ne sont néanmoins que de simples hypothèses ; d'une part parce que l'interprétation est toujours conçue comme faillible et nécessitant de multiples vérifications ; d'autre part, et surtout, parce que c'est avant tout par essais et erreurs qu'agissent les marabouts. Comment Diakité sait-il que la cause de ces rêves prémonitoires effrayants était bien un *shejtan*, comme il le présumait ? Simplement si le moyen approprié à cette cause fait effet ; sinon, il doit tâtonner, entreprendre autre chose, la détermination de la cause se faisant, en quelque sorte, rétrospectivement. Et Touré affirme qu'il lui arrive souvent de soigner des maladies dont l'origine lui reste inconnue.

De renforcement de l'action en expérimentation d'un autre nom de *râwhân* ou d'un autre verset, les marabouts ajustent la panoplie dont ils disposent à une cause qui, parfois, leur résiste, leur échappe ou dont la connaissance ne leur est pas toujours nécessaire pour agir : tout montre le pragmatisme dont ils font preuve. De sorte que, nonobstant la prégnance de l'explication causale, sans cesse réaffirmée, la réalité de la pratique amène souvent à constater une dissociation entre celle-ci et les gestes accomplis pour régler le « problème », une certaine autonomie des deux étapes. Ceci n'empêche que, contrairement au fonctionnement de bien des sociétés africaines, divination et travail sont ici assumés par le même personnage.

Le travail : nature, ingrédients, organisation

La cause est décelée, même si elle reste parfois incertaine, maintenant il faut agir. Une fois le prix de l'intervention âprement négocié[211], rendez-vous est pris pour une seconde visite du client, auquel le marabout remettra l'amulette ou la lotion (le « bain ») préparées à son intention, accompagnées d'instructions et de toutes sortes de recommandations sur leur meilleur usage possible pour détruire

211. On traitera en détail de la rémunération du marabout dans la dernière partie de ce travail. Bien sûr, le client peut refuser le « travail » si les conditions proposées lui paraissent exorbitantes.

l'« empêchement », pour attirer la chance. Il est rare que le marabout se déplace, sauf si le lieu même où vit le consultant est en cause, nécessitant par exemple un désenvoûtement *in situ*. Comme pour la divination, le marabout peut agir pour une personne absente pourvu que le consultant ait fourni sur celle-ci les éléments indispensables.

Un barrage contre le malheur

Le travail comporte deux étapes, plus ou moins explicites. D'abord il faut détruire le mal et rétablir une situation plus favorable ; le mal est censé « se retourner », voire, selon certains, retomber sur celui ou celle qui l'a causé. Mais ce « retour » sur le tiers coupable ne fait l'objet d'aucune attention particulière, et souvent, ce tiers n'est même pas clairement désigné. Cette sorte d'interruption du processus symbolique de contre-offensive peut s'expliquer par l'ampleur des réseaux de côtoiement dans un milieu urbain très dispersé mais surtout par la limitation de la violence à Paris, où la vindicte privée est proscrite ; on en évoquera plus loin d'autres effets. Prudent, donc, le marabout évite toute identification trop précise du coupable pour se centrer sur la personne du consultant elle-même. Visant avant tout à restaurer le bien-être de celui-ci, la pratique maraboutique acquiert ainsi un trait en commun avec les multiples techniques psychologiques ou de développement personnel, apparentées de près ou de loin aux « nouveaux mouvements religieux », proliférant à Paris[212]. Ensuite, il faut protéger le client contre tout retour du malheur.

À sa consultante espérant un « retour d'affection », Ndao explique son rôle complexe : d'abord détruire l'envoûtement, le sort dont l'amant volage est le jouet, puis réinstaurer l'amour, provoquer le retour de l'aimé, créer une « barrière » afin qu'il ne puisse pas récidiver, enfin « consolider » l'ensemble.

À ces représentations courantes du « travail », s'ajoutent d'autres termes, tout aussi fréquemment employés par les marabouts, qui en révèlent la nature profonde. Première opération : « dégager », « nettoyer » la personne, « effacer » les influences néfastes, y compris celles qu'aurait pu exercer un précédent marabout, maladroit ou malveillant. Ce qui affecte le consultant[213] est de l'ordre de la souillure et il s'agit fondamentalement de le purifier. La seconde opération consiste à « bloquer » toute nouvelle attaque, à « protéger », à réaliser un « blindage[214] », un « mur de défense » autour du consultant. Dans sa pureté retrouvée, celui-ci devient inaccessible à toute atteinte, au sens quasi physique du terme ; ainsi Gassama explique-t-il à son consultant que grâce à sa protection, il vomirait si d'aventure on tentait de l'empoisonner. Tout élément maléfique étant automatiquement repoussé, expulsé, le consultant est désormais séparé du mal, d'où qu'il puisse venir. Lorsqu'il n'est pas réellement l'objet de forces maléfiques, seule cette seconde étape est nécessaire. Ces conceptions

212. Cf. le numéro spécial de la revue *Ethnologie française* consacré à ce thème (F. Champion éd.).

213. Ou celui qui lui cause le « problème », en particulier lorsqu'il s'agit de relations amoureuses et matrimoniales.

214. Terme employé de façon globale, et pas uniquement lorsqu'il s'agit d'invulnérabilité.

s'apparentent très fortement à la représentation du corps forteresse chez Ghazâlî, auteur du XIIe siècle dont la pensée, comme on l'a vu, s'est largement diffusée dans les pratiques maraboutiques ; le corps, véritable cité assiégée, doit être défendu de ses ennemis, et ses « portes (*ahwab*), ses entrées et ses brèches » doivent être gardées (Benkheira 1997 : 42, qui cite Ghazâlî).

Une autre concept clé du travail maraboutique est celui d'« attacher » la personne dont on veut obtenir argent, aide, amour[215]. Cette « attache » (poular *jabbinirgol*) s'applique à un grand nombre de situations (faire en sorte que deux personnes tombent d'accord, que la mère aime son enfant, qu'un homme revienne au pays) et s'exprime par des gestes matérialisant le fait de lier ou d'immobiliser.

Ficher violemment un clou dans un arbre en prononçant le nom de la fille (ou du garçon) que l'on veut retenir est à la portée du premier venu[216]. Plus spécialisée est la fabrication de nœuds à laquelle se livrent, nonobstant son interdiction[217], certains marabouts, en y ajoutant éventuellement des écritures coraniques ou l'emploi de plantes. Pour « attacher une fille », Sow considère d'ailleurs que ce procédé est beaucoup plus rapide que l'emploi du chapelet ou de l'écriture. Il prépare un nœud en enroulant trois fois des fils de coton artisanal (lorsqu'il en trouve) autour d'une épingle ou d'une allumette, psalmodie en poular une incantation mêlée de versets coraniques puis, après avoir prononcé le nom de la fille et crachoté sur la boucle, tire sur les extrémités du fil de façon à serrer le nœud dans lequel le nom est ainsi enfermé. Il réalise trois nœuds semblables et accroche la cordelette (poular *pibol*) « loin de la terre », par exemple sur la branche d'un arbre.

Enfin le troisième procédé montrant cet « attachement » est l'usage du cadenas, simplement acheté dans un bazar ou préparé avec soin ; rituel considéré comme particulièrement puissant, dont certains marabouts parisiens font un argument publicitaire[218]. Celui que possède Aminata lui vient du travail d'un marabout dakarois[219] ; elle n'hésite pas à l'employer en France pour que sa directrice lui signe sans difficulté une attestation de fin de stage. Avant d'aller la voir, elle a prononcé quatre fois le nom de celle-ci dans l'orifice du cadenas ouvert (ce qu'elle n'aurait fait que trois fois s'il s'était agi d'un homme[220]) et a chuchoté « je veux qu'elle me signe ce papier » ; puis elle a refermé le cadenas et en a retiré la clé. La personne

215. D'un marabout vivant avec une femme (française) beaucoup plus jeune que lui, une amie africaine pensait que ce lien n'était « pas normal » et que le marabout avait dû « attacher » la jeune femme.

216. Par exemple dans le cas d'un mariage endogamique où l'alliance ne s'accompagne d'aucun sentiment et où il faut s'assurer que la femme ne va pas s'enfuir. Le nom poular d'un tel acte est *pengal*.

217. Cf. sourate CXIII, 4, qui énonce comme cause de mal les « souffleuses dans les nœuds ».

218. « Rituel du cadenas vert » annonce l'un d'eux, le vert n'étant que la couleur de l'objet vendu dans le premier bazar venu.

219. Bien qu'assez volumineux, il ne doit pas quitter le sac de son possesseur. Selon Aminata, pour le confectionner, le marabout serait allé prélever, de nuit, un fragment de linceul dans un cimetière (pour certains marabouts, les morts sont, en effet, réputés « plus forts » que les vivants) ; il aurait dit des prières sur le tissu et en aurait entouré le cadenas ; puis il aurait sacrifié trois coqs, un blanc, un rouge, un noir, dont il aurait versé le sang sur l'objet ; enfin il aurait cousu sur le tissu six cauris.

220. Conformément à la répartition de ces chiffres déjà évoquée plus haut.

ainsi attachée « ne peut rien vous refuser » : Aminata constate en effet, avec satisfaction, que celle-ci a signé sans même lire le document. Mais une fois son désir réalisé, il lui faut rouvrir le cadenas, sinon celle qui en est prisonnière risquerait de tomber malade, par exemple, de souffrir de forts maux de tête.

Figure 6. Cadenas confectionné par un marabout dakarois ; utilisé en France pour obtenir l'accord d'une personne (argent, papiers, etc.).

Mais avant de pouvoir « attacher » une personne, dont les gestes qui viennent d'être décrits sont les manifestations les plus claires, le marabout doit pouvoir l'« attraper » (pour le bien comme pour le mal). Lors de la divination, le calcul en *abadjada* du nom de la personne permettait d'accéder à son génie ; mais par d'autres calculs du nom, dont les valeurs en nombres sont alors différentes, on peut l'« attraper » par les cheveux, la peau, le ventre, la moelle, les os, le cerveau, etc. : généralement neuf points[221] dont la désignation et les usages sont un secret transmis

221. Ils ne coïncident pas avec les neuf orifices du corps humain.

oralement, variable d'un marabout à l'autre. Ici aussi il semble possible de déceler l'influence de Ghazâlî, qui décrit onze « portes » par lesquelles l'individu peut être assiégé (Benkheira 1997 : 42) ; mais de cette anatomie ésotérique du corps, aucun ne détient le système cohérent et n'en connaît que des applications pragmatiques : pour Touré, le plus sûr, c'est le cerveau, pour Diallo, le plus efficace est de viser le foie[222]. Ce qui importe avant tout, c'est que le marabout ne se trompe pas, sinon son travail ne sera assuré d'aucune stabilité.

L'ensemble du vocabulaire et des moyens utilisés montre qu'on a affaire à une logique de piégeage. Celle-ci semble un écho aux représentations habituelles de la sorcellerie montrant la société nocturne des sorciers guettant, chassant, abattant ses proies. Même si les procédés qu'utilisent les marabouts ont peu à voir avec ceux des sorciers, même si ces derniers sont réputés n'être que des entités néfastes, une telle ressemblance contribue à la porosité des catégories qu'on a décelées plus haut.

La « langue liée »

L'une des conditions de la réussite repose sur un contrat liant le marabout et son client. Encore plus que pour la consultation divinatoire, le « travail » inaugure une relation empreinte du plus grand secret : « en toute confiance et confidentialité », « discrétion assurée », promettent certaines cartes publicitaires. Bien sûr, il s'agit toujours de se couler dans la déontologie respectable des médecins ou des avocats dont, à Paris, les marabouts revendiquent implicitement le statut. Mais ce respect du secret professionnel et de ce que certains nomment la « vie privée[223] » a bien d'autres dimensions.

Se taire, c'est éviter d'alerter son entourage surtout si une personne proche est visée. Le problème ne se résout jamais par un affrontement direct porté sur la place publique, mais sans bruit, sans scandale ; d'où le handicap majeur, selon Dia, du foyer, où tout se sait et où les gens « ont honte de montrer aux autres qu'ils vont voir un marabout ». Cette relation strictement individuelle situe le « travail » maraboutique sur un tout autre registre que les manifestations publiques et collectives, tels les pèlerinages ou les réunions des Hamadcha marocains (Crapanzano 2000) ou les séances du *ndoep* wolof (Zempleni 1968), où le groupe lignager ou villageois gère et sanctionne l'infortune et sa résolution. Il s'agit ici d'une pratique entièrement privée, bien adaptée au contexte matériel et historique d'une grande ville occidentale.

Pourtant, à travers le problème qui affecte un individu, c'est tout son environnement familial qui peut être visé. L'envoûtement est contagieux : il peut non seulement détruire tout l'entourage familial mais aussi se transmettre à la descendance et les répercussions possibles d'une situation défavorable sur les enfants

222. Siège, dans de nombreuses cultures ouest-africaines, comme dans la pensée arabe ancienne, du principe vital.

223. Terme souvent utilisé par les marabouts pour définir le domaine de leur intervention et les raisons du secret.

sont un danger fréquemment redouté[224], tout comme l'origine lointaine, remontant à une génération antérieure, de tel problème. De même, un génie malfaisant peut très bien s'attaquer aux enfants de la personne qu'il vise si celle-ci se révèle trop bien protégée. Qu'un enfant ait de mauvais résultats scolaires, qu'un adolescent fasse l'école buissonnière, ne respecte plus ses parents, peut fort bien être interprété en ces termes. À travers le colloque singulier entre un marabout et son consultant, il s'agit clairement de veiller à l'harmonie sociale de toute une lignée, dans le présent comme dans l'avenir. Il y va de la responsabilité de l'individu vis-à-vis de sa famille – argument parfois mis en avant par les marabouts pour hâter la décision d'entreprendre un travail. L'apparente individualisation de l'infortune et de son traitement, que le secret semble accentuer, n'efface donc pas toute dimension collective.

Mais tout l'art des marabouts parisiens ne réside-t-il pas dans la maîtrise et la mise en valeur des multiples cercles de secret qui les entourent, depuis leur existence dérobée aux regards, leur présence dans des lieux insolites, jusqu'à cette « science des choses cachées » à la transmission très protégée dont ils vivent ? La relation à huis clos avec le consultant en est une autre manifestation.

« Parler n'est pas bon pour le travail », affirme Moustapha, qui enjoint sa consultante (française) de ne lui poser aucune question. Sous peine d'inefficacité, l'art du *bâṯin*[225] ne s'exhibe pas sur la place publique, d'où la pratique de l'euphémisme : « quelqu'un [lui] a fait quelque chose » se contente-t-on de dire pour évoquer l'action d'un marabout, encore n'est-ce que lorsqu'on s'adresse à un tiers non destinataire du secret et qu'on n'en est pas soi-même le dépositaire[226]. Pour Moustapha, marabout très religieux, ce « quelque chose » si mystérieux, « ça marche ou non[227] », car le fin mot de ce secret qu'il applique, relevant de la création divine, lui échappe en définitive à lui-même. Il ne peut, il ne doit donc pas en parler.

Ce secret, cette absence de questionnement communs à bien des pratiques ésotériques y compris françaises, n'en est pas moins un désir des clients que les marabouts ont tout intérêt à respecter. Le jour où Khadija voit le sien tracer devant ses yeux, au feutre rouge, un talisman qu'il lui destine, sa confiance en lui s'effondre d'un coup. Pourtant bien des marabouts préparent leurs *khâtim* dans un environnement banal, à ce stade du travail, le choix du lieu n'a pas d'importance. Tout en écoutant une cassette de Bob Marley, en préparant le thé qu'il offrira à tous ceux qui passent dans sa chambre du foyer, y compris des femmes de cuisine, Dia trace nonchalamment des versets sur sa planchette, recopie un carré d'un modèle manuscrit, et met l'objet à sécher contre le tuyau du radiateur. Mais ici le client est absent :

224. Ces répercussions ne sont, évidemment, pas à considérer dans leur dimension psychologique mais bien comme un héritage réel. Rappelons qu'il en est de même pour le marabout, dont les fautes engagent également sa lignée.

225. Connaissance du monde caché.

226. Je reprends ici la terminologie de Zempleni (1996) : les destinataires du secret sont ceux auxquels celui-ci est refusé, les dépositaires du secret, ceux qui le partagent.

227. Contrairement à certaines assurances publicitaires. Sur le fonctionnement du secret en milieu maraboutique, cf. Kuczynski (1999).

préserver le mystère de la création du « quelque chose » est un élément non négligeable dans la construction du prestige du marabout. Cissé va encore plus loin : s'il expliquait à son client ce qu'il fait, ne serait-il pas dans le même cas qu'un médecin ou un laboratoire livrant la composition chimique des médicaments qu'il prescrit ? Il ne pourrait alors plus « gagner » [de l'argent] !

Cette articulation étroite entre savoir et pouvoir déjà développée à propos de l'apprentissage se révèle encore dans l'attitude attendue du consultant. Si, selon l'expression couramment employée, le consultant doit prendre ce que le marabout lui donne « avec les dix doigts » (ou « avec les deux mains »), abandonnant à celui-ci le sens de ce qu'il met en œuvre, c'est autant parce que sa confiance est requise que parce qu'à un marabout, il est inconvenant de demander des comptes. Dans les sociétés lignagères, la prise de parole est fortement codifiée ; savoir baisser les yeux devant les aînés, ne pas se mêler de leurs problèmes, ne pas poser de questions intempestives[228] : c'est à travers la « honte » dont de tels comportements sont les signes que se traduit la place qu'on a dans le groupe. Or les marabouts, en raison de leur âge[229] ou de leur statut, font partie de ceux auxquels on ne peut s'adresser qu'avec grande retenue. Le silence correspond donc au rapport d'autorité implicitement instauré entre le marabout et son consultant, rapport d'autorité qui va le plus souvent de soi, même en France, lorsqu'il s'agit d'un consultant africain, mais devient plus problématique lorsque celui-ci est d'une culture étrangère à ces habitudes, on y reviendra.

La parole en général est affaire de juste milieu : ne rien dire de sa vie, de ses difficultés, être replié sur soi peut suggérer qu'on « roule sur l'or », comme le dit Mohammed, et susciter une jalousie maléfique ; inversement, le même sort attend une personne au « cœur trop large », qui ne sait garder sa langue et se confie sans discernement au premier venu. Que le maintien du secret soit chose instable, comme l'a bien montré Simmel (1976 : 283), n'est en outre pas sans conséquences sur les relations entre le marabout et son consultant. À celui-ci, la divination, parfois cruelle, indiscrète, révèle ce qu'il a de plus intime, de plus dérangeant, de plus compromettant. Mais ce secret qui lui est livré, qui est sa possession, devient aussi celle du marabout, et il est immédiatement implicite que ce dernier peut en jouer, s'en servir pour lier son client. À l'issue de la séance, ᶜAli, conciliant, propose de déchirer la feuille sur laquelle il a inscrit données et conclusions de sa voyance, « pour qu'il n'y ait pas d'inquiétude », précise-t-il – proposition qui ne fait que souligner tout ce qu'il pourrait en faire. Mais Abdou, furieux que sa cliente se dérobe au travail qu'il lui propose, sentant un possible gain lui échapper, laisse planer une menace : « J'ai gardé l'eau[230], je peux te faire du mal ! » Pire encore, le

228. Ce qui fait dire à l'un de nos interlocuteurs qu'« en Afrique, la curiosité n'existe pas ». C'est précisément parce qu'en France « on n'apprend pas à parler » selon ces règles qu'un marabout nous a dit préférer que ses enfants, même nés en France, soient élevés en Afrique.

229. On se souvient que, bien qu'il existe des marabouts très jeunes, les « vieux », que leurs consultants appellent souvent « grands », sont plus respectés.

230. Dans laquelle la cliente s'est lavée les mains ; les traces du corps sont, on l'a vu, un élément de la personne au même titre que son nom.

marabout qui a le pouvoir de réduire le malheur n'a-t-il pas aussi celui de divulguer à la cantonade le secret dont il est devenu le dépositaire, faisant irrémédiablement sombrer son consultant dans l'échec et la honte ? Ici encore, secret et pouvoir vont de pair et avoir la « langue liée » est ce qui noue le plus étroitement la relation entre marabout et consultant.

Les ingrédients du travail : noms et versets

Pour attacher la personne, la lier, les marabouts utilisent divers ingrédients. Leur « travail » repose sur une connaissance toujours perfectible du Coran, des « noms de Dieu », des versets efficaces, mais il se fonde également, en composition variable selon les individus, sur un savoir-faire pratique et la manipulation de plantes et de racines, de matières animales, de liquides et d'autres matériaux. Contrairement à certaines pratiques asiatiques, où l'on achète sur les marchés, ou même en consultant les catalogues de maisons spécialisées, un talisman imprimé en série, l'efficacité résidant seulement dans la consécration que lui apporte tel bonze que l'on va trouver dans son monastère[231], contrairement aussi à certaines pratiques françaises où des pierres, des médailles protectrices sont usinées en plusieurs milliers d'exemplaires et parfois vendues par correspondance, le travail maraboutique parisien reste un artisanat très personnalisé.

Ce fait ne s'explique pas seulement par le manque d'industrialisation des sociétés sénégambiennes en ce domaine. Pour Alassane, ne donner au consultant qu'un *khâtim* simplement photocopié voue à coup sûr l'entreprise à l'échec. C'est dire que le geste du marabout, à commencer par celui d'écrire, porte en lui-même une forte charge symbolique ; de même que prononcer le nom du client permet au marabout de faire « sortir » des vérités qui le concernent, de même, tracer des signes, fabriquer des bains ou des objets protecteurs ou agissants à son intention est acte ; il nécessite, pour atteindre le but projeté, cette relation matérielle singulière et unique.

Comme pour la divination, le nom est un des fondements du « travail », celui du consultant et celui de la personne objet du désir ou de la haine ainsi que celui de leur mère respective[232]. S'il ne figure pas toujours dans les écrits, il est, en tout cas, indispensable pour les prières qui accompagnent les objets confectionnés. C'est précisément la méconnaissance de ce nom qui bloque ᶜAli, incapable de rien entreprendre contre son terrible colocataire par lequel il se sent persécuté. Mais certains marabouts ne se laissent pas arrêter par des situations épineuses qui risqueraient de mettre leur réputation en péril : au lieu de chercher à maîtriser toute une hiérarchie de responsables dont souvent ils ignorent les noms, ils emploient, pour un problème relatif au travail, le nom de l'entreprise, personne morale et non plus physique. Astuce trop facile, pour les plus rigoristes...

---

231. À Bangkok notamment, il existe trois marchés spécialisés dans la vente des amulettes, et de multiples publications spécialisées ; cf. Hemmet (1989).

232. Il s'agit, répétons-le, du nom propre à la personne et non de celui de son lignage, ou de son patronyme.

D'autres éléments, moins massivement employés, sont considérés comme partie intégrante de la personne au même titre que son nom : les cheveux, un fragment du tissu, les fils du pagne ou du vêtement que l'on porte, l'écriture manuscrite, toutes traces de la personne, telles celles laissées dans l'eau dans laquelle on a plongé mains ou pieds : on en a vu un usage possible plus haut. Certes, on n'utilise pas, comme en Afrique, les empreintes de pas dans le sable, qu'on peut recueillir pour faire exécuter un « travail » ; mais une photographie[233] fait l'affaire. L'usage du sperme et des sécrétions vaginales est réservé aux problèmes d'amour[234].

Des versets coraniques (*aya*, qui est aussi l'un des noms désignant une amulette ou un bain) ou des sourates entières, des fragments d'autres livres religieux (en particulier le *Dalâ'il al-Khayrât*), des noms de Dieu et de *râwẖân* sont utilisés tant dans la fabrication des talismans ou des bains que dans les invocations. Ce que les marabouts nomment « noms de Dieu » revêt une acception plus large que les quatre-vingt-dix-neuf traditionnels en islam. Selon Dia, il y en aurait trois mille : le premier millier ne serait connu que du diable, le second, des prophètes uniquement, le troisième seulement aurait été distribué sur terre. Certains noms de *râwẖân* sont réputés extrêmement méchants et de manipulation dangereuse[235] ; c'est pourquoi il importe, plus encore que dans la divination, que le marabout soit lui-même parfaitement protégé contre leurs attaques éventuelles. La plupart des marabouts choisissent, pour l'affaire qu'ils ont à régler, le nom du *râwẖân* qui leur paraît le plus adéquat, et l'utilisent dans la forme qui leur a été transmise, consignée souvent phonétiquement dans leur cahier ; mais un très petit nombre les détermine par calcul. Voici comment procède l'un d'entre eux[236].

De la demande du consultant : « Avoir du travail avant janvier », chaque lettre est traduite en chiffres selon le code de l'*abadjada* ; l'ensemble est additionné. À cette première somme le marabout ajoute le nom d'Allah (toujours en *abadjada*), puis celui d'un ou de plusieurs (selon le type de demande) des quatre « anges » qui dominent tout le travail :

– Jibrîl, associé à la chance ;

233. Bien que cet usage des photographies soit induit par les consultants, comme on l'a déjà vu à propos de la divination, on peut se demander si, en raison de l'existence du négatif, celles-ci ne sont pas assimilées à l'ombre de la personne, partie intégrante de celle-ci.

234. Quelques marabouts font entrer les sécrétions vaginales dans la fabrication de charmes (contenus dans une corne fermée par une peau, ou simples cotons recouverts d'une feuille de papier) supposés ramener à la femme son mari ou son ami ; usage ambigu décrié par d'autres pour lesquels une telle pratique n'est, de la part du marabout, qu'une tentative de séduction de leur consultante. L'usage du sperme répond à des buts analogues. Pour une cliente à laquelle un marabout conseille de le recueillir (dans des conditions parfois scabreuses puisqu'il ne s'agit pas nécessairement de celui de la personne aimée mais éventuellement d'un autre homme considéré comme outil), il permet, associé à l'usage du cadenas sur lequel il est déposé, d'« attacher » l'homme convoité.

235. Tel celui qui accompagne le nom de la mère de Moïse, utilisé principalement pour favoriser la prospérité des commerces.

236. L'exemple qu'il m'a donné est transposé en français.

– Mikâᶜîl, associé à l'exécution de tout travail spirituel[237] ;
– Asrafîl, associé à l'exécution de tout travail terrestre ;
– ᶜAzrâᶜîl, associé à la mort, et dont le nom est invoqué en cas de vengeance[238].

Ici, le marabout choisit les noms de Jibrîl et d'Asrafîl. À la somme obtenue, il ajoute 360, correspondant aux angles formés par les quatre points cardinaux, façon d'embrasser la totalité de l'espace, et enfin le calcul du nom du demandeur et de sa mère.

Pour trouver le nom de l'« ange », il retire à la somme totale obtenue l'équivalent en chiffres du nom de Dieu[239], le nombre restant, à son tour recomposé en lettres, correspond au nom de l'« ange » qu'il faudra invoquer. On comprend alors pourquoi les noms de *râwhân* sont souvent difficilement prononçables...

Dans cette « création » quelque peu complexe, c'est l'écriture du désir du consultant et de son propre nom, allié à celui d'Allah et de ses serviteurs, qui fait naître le nom d'un être agissant, c'est-à-dire l'être lui-même. Ces procédures sont réputées périlleuses et réservées aux plus expérimentés : ne risque-t-on pas, en cas d'erreur, de faire apparaître le nom d'un mauvais génie ?

L'ensemble de ces éléments, le caractère performatif[240] des prières, des objets qui, tel le cadenas, sont remis au consultant, montrent l'autre facette du « travail », activité professionnelle comme tout autre, mais aussi, au sens fort, action sur la nature (et la surnature). D'ailleurs nombre des secrets utilisés par les marabouts comportent le fragment coranique *kun fa-yakun* : « [quand Il décide une chose il Lui suffit de lui dire :] *"Sois !"* pour qu'elle devienne réelle[241] » ; l'inscription par les marabouts eux-mêmes de cette expression sur l'amulette donnée au consultant leur confère le rôle de médiateurs de cette parole créatrice.

Les végétaux : l'épreuve du manque

Outre ces éléments de la personne et ces fragments écrits, les marabouts utilisent différentes matières animales ou végétales, différents objets. Ils les achètent eux-mêmes avec l'argent donné par les consultants au début du travail ; mais il revient parfois à ceux-ci d'apporter le matériel nécessaire : pour Bakary, trois bougies rouges en cas d'impuissance, trois bougies blanches pour un problème de chance, ainsi que des cailloux blancs. Pour Diabaté, un morceau de

237. Par exemple à une *khalwa*.

238. Cette répartition des pouvoirs admet de nombreuses variantes, tout comme, on l'a déjà maintes fois souligné pour tous les éléments de la « connaissance ». Ainsi pour un autre marabout, Asrafîl est le justicier, Mikâᶜîl le détenteur de la chance, le serviteur quotidien.

239. Soit Allah, soit la terminaison *-îl* des noms des quatre anges.

240. Je me réfère ici à la terminologie désormais classique d'Austin (1970) ; rappelons qu'il définit « performatives » des « énonciations qui, abstraction faite de ce qu'elles sont vraies ou fausses, *font* quelque chose (et ne se contentent pas de la *dire* » (*ibid* : 181).

241. Cette expression apparaît de nombreuses fois dans le Coran : II (117), III (47, 59), etc.

viande rouge crue lorsqu'il s'agit de faire le mal. Parfois encore, les deux partenaires vont choisir ensemble le parfum, la corne de chèvre indispensables. Certains objets sont particulièrement prisés, auxquels une efficacité extrême est attachée, notamment les cornes et la toison des moutons égorgés pour la *tabaski*[242] ou pour tout autre sacrifice.

L'acquisition de ces matériaux est très facile à Paris. À la Goutte d'or, à Belleville ou dans des banlieues à forte population immigrée, des boutiques tenues par des Maghrébins (parfois par des juifs maghrébins) sont achalandées en musc, sel gemme, encens noir ou jaune, benjoin, eau de rose, tous ingrédients régulièrement utilisés dans le « travail ». Dans les échoppes installées à l'entrée des foyers, on peut acheter colas et cauris. Parfois, ce sont même des produits achetés en France parce qu'ils y coûtent moins cher (tel le benjoin ou les tissus) qu'on ramènera au pays. C'est auprès de pèlerins rentrant de La Mecque que les marabouts, tout comme les femmes d'ailleurs, acquièrent des brûle-parfum électriques[243] à usage aussi bien domestique qu'ésotérique (purification, attirance, préparation de la venue des anges, etc.).

En revanche, bien plus difficile et problématique est l'acquisition des végétaux que certains marabouts emploient pour fabriquer leur encre et surtout comme « médicaments ». Car le plus souvent, la cueillette et la préparation doivent, sous peine d'inefficacité, se faire en des temps et des lieux précis et en accomplissant certains rituels compensatoires[244] indispensables pour que la plante agisse. Pour un marabout peul, par exemple, il est essentiel de cueillir les feuilles de *doki*, aux multiples usages, de nuit en lune bien claire[245] après avoir répété trois fois certaines incantations (*tjefi*) ; pour l'arbre nommé *bobori* (*Sterculia setigera Del.*) utilisé dans le soin de certaines maladies de peau, il faut s'enfoncer dans la forêt, à certaines heures du jeudi ou du lundi, « jusqu'à ne plus entendre le pilon des femmes broyant le mil » ; avant de couper l'écorce ou les bourgeons, selon la saison, il faut jeter sur l'arbre du beurre et prononcer ces mots : « *bismillah nam lij*[246] ». Mais le soin à apporter peut s'avérer plus méticuleux encore. Les feuilles de *tawnawi* (*Tapinanthus bangwensis Engl. et K. Krause*), plante parasite poussant sur certains arbres et notamment le baobab, peuvent être utilisées, avec des gestes et des

242. Ficher dans le sol du seuil de sa maison une corne du mouton égorgé pour la *tabaski* est réputé éloigner les voleurs.

243. En 1993, ils sont vendus environ 150 F. Ces objets sont fabriqués en Chine. Depuis quelque temps, l'on peut acheter ces objets dans quelques boutiques antillaises de cosmétiques possédant un rayon « ésotérisme ».

244. « Récompense » donnée à l'arbre selon certains, dédommagement pour la blessure infligée, selon d'autres.

245. Entre le 1er et le 15 du mois.

246. Le terme *nam* est l'appel d'une réponse, faite à l'arbre ; *lij* désigne un arbre sans épines. Les arbres avec (*njas*) et sans (*lij*) épines forment des catégories distinctes qui ne répondent pas aux mêmes incantations.

offrandes différents, pour le bien ou pour le mal[247]. Dans le premier cas, il faut, un dimanche ou un lundi, déposer au pied de l'arbre, tout en récitant les incantations, du coton ou des graines de coton puis recueillir les feuilles de l'extrémité d'une branche, sans couper celle-ci ; dans le second cas, les incantations étant différentes, on dépose, un mercredi ou un samedi, un morceau de charbon de bois incandescent puis on casse une branche. Sans le respect scrupuleux de ces contraintes où se décèle clairement l'opposition entre le blanc et le lien pour le bien, le noir, le brûlage, la rupture pour le mal, on n'obtiendra du végétal aucun effet.

Ces quelques exemples montrent combien est délicate cette science des plantes, qui ne peut être confiée au premier venu. Science d'autant plus subtile qu'un grand nombre de feuilles ou d'écorces, loin de n'être utilisées que pour leurs propriétés biochimiques, constituent, tout comme les lettres ou les nombres, l'une des parties d'un univers animé, entre lesquelles s'établissent de multiples correspondances[248] ; distinguer radicalement entre emploi pharmacologique et emploi « magique » est donc dépourvu de sens[249].

Quelles sont, alors, les ressources d'un marabout parisien ? Diakhaby profite de ses séjours en Afrique pour reconstituer sa provision de parfums (*tjuraj*), nécessaire notamment à la purification, de feuilles et racines entrant dans la composition des « médicaments » qu'il donnera à ses consultants ; il les rapporte parfois en grande quantité dans de grands sacs de plastique. La fraîcheur n'est, en effet, pas une condition nécessaire à l'emploi des plantes, qui sont, dans la totalité des cas, séchées et le plus souvent pilées. Lorsque le voyage est trop reculé ou que le problème à traiter est urgent, il fait appel aux parents, aux amis qui envoient par courrier, ou se chargent eux-mêmes occasionnellement des ingrédients nécessaires. Ainsi Diakhaby est sûr de ne jamais être à court d'encre, qu'il continue à fabriquer avec des feuilles et des écorces de *wolofito* (*Terminalia macroptera Guill. et Perr.*) bouillies plusieurs jours[250]. Dia fait venir de Dakar plusieurs poudres mais pour l'une d'entre elles, dont la texture pouvait être confondue avec celle d'une drogue, son copain, prudent, n'a pas voulu se compromettre... Les réseaux sont rarement laissés au hasard : le père, le fils aîné déjà formé au travail maraboutique, les proches de confiance sont les pourvoyeurs privilégiés de ces matières végétales qui nécessitent un grand soin.

---

247. Notamment en cas de recherche difficile d'un travail, par exemple, dit notre marabout, pour un « diplômé » qui ne trouve aucun poste à sa mesure : celui qui prend ce médicament sera remarqué tel le baobab qui, par sa carrure, domine le paysage ; mais la même plante peut, inversement, être utilisée pour empêcher l'embauche d'une personne.

248. Chodkiewicz (1986 : 194) note que pour Ibn ᶜArabi, qu'il cite : « Ceux qu'on appelle "minéraux" ou "végétaux" possèdent aussi des esprits (*arwah*) qui échappent habituellement à la perception, excepté pour les Gens du Dévoilement (*ahl al-kashf*) » ; il rappelle le fondement de cette conclusion dans certains versets coraniques tout comme dans l'expérience personnelle.

249. C'est ce que montre également Sindzingre (1985 : 42) en milieu sénoufo.

250. Les recettes pour préparer l'encre sont nombreuses. Sow, un marabout peul, utilise, quant à lui, des feuilles de *doki* (*Combretum glutinosum Perr.*).

Mais lorsqu'il font défaut, il faut alors se contenter des moyens disponibles sur place. Jusqu'à la fin des années 1980, une épicerie africaine, l'une des premières ouvertes dans le quartier de la Goutte d'or, comportait un rayon de produits pour marabouts, le seul de son espèce dans Paris, et, pour cette raison, très connu de tous[251] ; pour constituer ce stock très particulier, la gérante avait comme conseiller et fournisseur un commerçant diakhanké. Mais chacun pouvait aussi passer commande. En 1987, on trouvait, à côté des céréales, des légumes, des fruits tropicaux et des poissons séchés, des lotions capillaires, des mortiers et des calebasses :

– des colliers de perles de verre (noires et blanches) utilisés par les femmes (*kodi*) ;

– des cauris (vendus 1 F la pièce) ;

– des colas entourées de feuilles et conservées dans un grand sac de jute afin de conserver l'humidité nécessaire ;

– des fibres de baobab (*boki, Adansonia digitata L.*) ;

– des colliers de cou ou de reins, faits de bois parfumé et de diverses graines, *dole,* fabriqués par les femmes boisselières (60 F la pièce) ; mis à macérer pendant plusieurs jours dans des parfums, ils sont utilisés par les accouchées pour chasser les mauvaises odeurs et sont également considérés comme aphrodisiaques ;

– des parfums (*tjuraj*) sous diverses formes, encens importés d'Inde, cônes à brûler ou extraits, dont l'un, à l'odeur de rose, était particulièrement prisé des marabouts[252] ;

– des chapelets ;

– diverses graines, notamment *fantore* (*Canavalia ensiformis L. D. C.*) que nous avions vue ajoutée aux cauris (1 F la pièce) ;

– diverses racines et feuilles séchées : (wl)*sangol* (*Cocculus pendulus J. R. et G. Forst*) utilisées contre les maux de ventre, l'impuissance – 10 F pièce ; (pl) *baati*, (md) *batijo* (*Nauclea latifolia Sm.*) utilisées contre les maux de ventre ; (wl) *dakhar* (*Tamarindus indica L.*) entrant dans la composition d'un grand nombre de médicaments ; (wl) *khail* (md) *djallo,* (*Khaya senegalensis Desr.*) ; (pl) *gelloki* (*Guiera senegalensis J. F. Gmel.*) utilisé pour favoriser la mémoire ; (pl) *keli* (*Grewia salvifolia Heyne*) pour la « fatigue générale[253] », (md) *djambakatan*, (*Combretum glutinosum Perr.*), aux multiples usages. Le prix de ces plantes et racines était de 120 F le kilo[254] ;

251. Elle se nommait Sandaga, nom du grand marché de Dakar.

252. L'eau de rose est un ingrédient traditionnel du travail maraboutique.

253. « Quand on met ça dans l'eau et qu'on boit, on est en forme », dit l'un des vendeurs de la boutique.

254. Les termes vernaculaires désignant les plantes appartiennent à diverses langues (wolof, manding, poular) ; j'ai conservé la langue employée par mes informateurs dans la boutique. Les langues sont signalées par les signes suivants, figurant devant les noms : pl = poular, wl = wolof, md = manding.

– des cristaux de sel gemme, dit « sel du désert[255] », particulièrement prisé ;
– des graines de coton *(bidja)* ;
– des petites cornes de mouton et de chèvre[256] (8 F la pièce) ;
– des bobines de fil de coton pur filé artisanalement par les femmes, *falle*, (pl) *bortere*, dont les marabouts se servent pour attacher les amulettes et fabriquer divers nœuds (10 F la pièce) ;
– des bandes de pagne tissées de façon artisanale en Afrique, *leppi* dont, autrefois, on se vêtait pour se protéger des maladies ;
– diverses peaux de lézard, de boa, de caïman, de gazelle entrant dans la confection des amulettes ;
– des enfilades de cartilages de nageoires de lamantin, *liwogu*, dont les femmes se ceignent les reins en cas de règles douloureuses, ou qui sont utilisées pour « durcir le bassin » des femmes enceintes.

Rayon éclectique, recelant des produits connus et utilisables par tous, tels les colliers de reins, certaines racines contre l'impuissance ou la fatigue, alors que d'autres sont d'un usage plus secret ; mais l'ensemble forme une continuité, tout comme le sont les bribes de savoir dont chacun dispose, au regard de la connaissance du spécialiste.

Si les matériaux essentiels nécessaires au « travail » sont disponibles, en revanche, l'éventail des plantes, variant selon les arrivages, y est assez limité et ne propose que quelques grands classiques employés par tous les marabouts quelle que soit leur origine ethnique (*Guiera senegalensis J. F. Gmel*, *Khaya senegalensis Desr.*, *Combretum glutinosum Perr.* notamment). La loi du marché parisien pèse le choix des produits.

La boutique de Fatou a fermé au début des années 1990, affaiblie par la concurrence d'autres épiceries africaines, antillaises, asiatiques[257] proliférant dans le quartier. Actuellement, quelques autres commerces vendent des plantes ; l'un d'entre eux, situé non loin de l'ancienne boutique de Fatou semble avoir pris son relais ; mais il est beaucoup moins connu que la précédente et le choix qu'il propose est encore plus restreint[258].

L'attitude des marabouts envers ces plantes commercialisées rappelle celle qu'ils ont à l'égard des livres imprimés : elle va du refus total à une acceptation

255. Il est extrait dans des mines de sel sahariennes.

256. Les plus couramment utilisées sont celles d'animaux de trois ans.

257. La concurrence entre commerces africains et asiatiques est sévère, tant dans le domaine alimentaire que dans celui des tissus ; certains pagnes, fabriqués en Chine, sont beaucoup moins onéreux que ceux fabriqués en Europe ou en Afrique ; et on sait que sur tous les marchés africains, comme dans certaines boutiques parisiennes vendant des livres écrits en arabe et des objets religieux, on trouve des petites boîtes de divers onguents (baume du tigre, etc.) d'origine asiatique.

258. Tout comme Fatou, l'épicier de cette boutique sait peu de chose de l'usage des plantes qu'il vend, les secrets restant bien gardés.

mitigée. Certains n'ont confiance que dans ce qu'ils rapportent d'Afrique et n'achètent rien à Paris. Mais les raisons de ce rejet sont multiples : outre celles relatives aux conditions très particulières de la récolte, il y a le prix souvent prohibitif des végétaux parisiens[259], et le risque d'erreur, voire de tromperie pouvant émaner du marchand (il est, en effet, difficile de reconnaître une plante une fois séchée). D'autres, en revanche, s'approvisionnent par défaut dans les boutiques, s'appuyant sur le pari que la coupe a bien été faite, en Afrique, par des herboristes spécialisés. Cependant chacun affirme que l'emploi des plantes « va toujours avec le Coran » et que, sans la récitation de versets, celles-ci ne sont d'aucun effet. Cette argumentation, classique de la part des marabouts qui n'avouent le plus souvent qu'avec grande réticence[260] utiliser les plantes prend un sens supplémentaire à Paris : l'usage du Coran et des pratiques scripturaires vient garantir l'efficacité contre une origine peut-être douteuse des matières végétales utilisées.

En dépit des réseaux familiaux et de quelques boutiques, la situation parisienne est caractérisée par le manque. Si l'on peut sans inconvénient utiliser un stylo-feutre ou une pointe Bic pour économiser l'encre, un fil à coudre ordinaire au lieu de coton pur, des parfums liquides européens à la place de ceux à brûler, en revanche la pénurie de plantes à Paris est, pour Dia, encore plus grave que celle du logement ! Des produits de remplacement ? Il n'en existe pas pour Ndao qui, lorsqu'il ne peut se procurer ce qui lui est indispensable, refuse d'intervenir ; tout juste peut-il, pour des cas peu dangereux, employer ce qu'il nomme des « plantes universelles », qui ne servent qu'à atténuer le mal, non à le guérir : action qu'il compare à celle des médicaments occidentaux, peu efficaces, simple solution d'attente, presque des placebo...

Un seul des marabouts rencontrés, vivant en France depuis les années 1960, s'est intéressé au patrimoine français des plantes « médicinales » pour leurs propriétés biochimiques ou symboliques[261] ; encore ne s'agit-il que d'une connaissance essentiellement livresque. L'usage qu'il fait de quelques végétaux reste d'ailleurs extrêmement rare et ne représente en aucun cas une solution de remplacement à un produit africain qui lui ferait défaut. Seuls deux exemples bien particuliers peuvent être la preuve d'une certaine inventivité. Dans le *kaggu* de Diallo, les branches de kapokier (*Bombax costatum*), introuvables en France, sont remplacées par des rameaux de cyprès, arbre que, selon le devin, Moïse aurait utilisé ; de même, au-dessus de la porte de sa salle d'attente, il a fixé une branchette de buis à la place de celle d'*Abrus precatorius* (*jequirity*, liane réglisse) figurant à l'entrée de chaque case peule[262] ; ce choix n'est évidemment pas dû au hasard. Mais il s'agit ici de protection et non de « médicament », dont l'exemple de Dia aurait pu se rapprocher.

---

259. Certaines plantes sont vendues « deux à trois cents francs plus cher » qu'en Afrique, selon un marabout.

260. De peur d'être considérés comme « animistes ».

261. Il cite notamment la chélidoine, la pervenche, la sauge, les orties, le gui, le romarin, le safran, le thym, le houx.

262. Cf. Ba (1987 : 353).

Dans une rue de banlieue, il a aperçu une plante qui ressemblait à *tawnawi* (*Tapinanthus bangwensis Engl. et K. Krause*), utilisée en cas de recherche difficile de travail[263] : même végétation parasite, même forme des feuilles : il s'agissait de gui. Mais il n'a pu se résoudre à l'employer, n'a pas osé franchir les grilles du jardin, puis l'arbre a été coupé...

En Afrique, ces plantes qu'on doit recueillir hors de portée d'oreille du pilon des femmes, c'est bien dans la brousse qu'elles poussent. Or l'espace parisien, s'il est, dans un certain sens, perçu comme une brousse dangereuse, n'est pas productif de savoir. Il est conçu comme saturé, totalement occupé, inaccessible, interdit. Les marabouts ne semblent, en outre, pas avoir la même aisance à découvrir la nature parisienne ou banlieusarde que ces Congolais qui trouvèrent dans les herbes folles d'Aulnay-sous-Bois ou de Sarcelles un substitut au *baadi*, légume cultivé par les maraîchers du pays (Boudimbou 1991 : 172). C'est que les marabouts parisiens sont plutôt citadins ; s'ils suivent volontiers en province un client qui leur a demandé un travail, rares sont ceux qui, comme Diallo, s'aventurent en forêt pour faire des « expériences ».

On pourrait donner de nombreux autres exemples de cette épreuve du manque : la difficulté de se procurer de l'eau de pluie, des fragments de linceul, des têtes d'hyène (dont la rareté est proportionnelle à son efficacité supposée pour régler des problèmes d'amour), l'impossibilité de travailler avec les étoiles à Paris, où le ciel est voilé, l'absence de sable, source de la connaissance, rassemblant en lui la vie et la mort[264]. Certains en ont rapporté du pays quelques poignées, comme Diali qui l'a soigneusement recueilli au pied de sept termitières, sable de la brousse, de l'origine, indispensable à la divination et au travail ; la pénurie de ce sable venu du pays le charge de plus de vertus encore que celles qui sont les siennes en Afrique : alors que n'importe quel autre pourrait faire l'affaire, il est utilisé, soigneusement noué dans un tissu et mêlé à de l'eau propre, à frotter la planchette sur laquelle ont été écrits des versets coraniques conjuratoires ou propitiatoire et est recueilli en même temps que l'eau pour constituer des bains ; comme si, à l'efficacité de l'écriture venait se rajouter celle de la terre d'où les marabouts sont eux-mêmes issus.

Outre ce manque, affirmer, comme le fait l'un d'entre eux, que les plantes même importées d'Afrique perdent de leur efficacité à Paris n'est pas qu'une manière de devancer un éventuel échec, mais suggère une influence délétère de l'environnement parisien... De sorte que certains préfèrent, pour accomplir le « travail », rechercher le calme et la proximité de la mer[265] ; ils y recueillent aussi l'eau et les cailloux permettant de chasser le mauvais œil[266]. Chacun exprime à sa manière la

---

263. Cf. p. 233.

264. Sur l'origine chthonienne des rêves et de la divination, cf. *supra*. On a vu également qu'un ange présidant à la naissance d'un enfant, mélangeait sable et sperme et fixait l'endroit de la mort. Selon un marabout peul, quand on a la nostalgie d'une personne absente ou qu'on attend quelque chose, on prend une poignée de sable qu'on sent : « Tout est là-dedans. »

265. Les destinations les plus fréquentes sont Boulogne-sur-Mer ou Trouville.

266. Sur l'usage des galets de mer ou de rivière au Maghreb, analogue à celui des marabouts, cf. Gobert (1948 : 48).

valeur essentielle de l'eau, perpétuant, sous une forme islamique ou non, des pratiques ancestrales (Westermarck 1935 : 125) : elle est source de la vie et son magnétisme puissant influence toutes les matières ; elle est pure car elle ne contient « pas de sang pour accoucher » ; la mer rejette tout, personne n'en connaît le fond, elle est toujours en mouvement, s'esquive, rien ne peut l'arrêter, elle est la richesse même. Mais ce que suggère aussi cet abandon de Paris, c'est un attirance quelque peu nostalgique pour les confins du territoire. Les attitudes des uns et des autres ne sont cependant jamais univoques, et tel qui n'achèterait aucune plante à Paris, se satisfait de ramasser quelques cailloux sur le premier chantier rencontré.

Le manque de produits accessibles conduit à deux caractéristiques majeures du travail maraboutique parisien :

– la tendance à transformer les plantes reçues du pays, plus rarement celles qu'il est possible d'acquérir à Paris, en panacées permettant de parer à un nombre plus étendu de problèmes ;

– la pratique massive de procédés divinatoires contenant des prières et des « médicaments[267] » fabriqués à partir de l'écriture coranique, pour lesquels les questions d'approvisionnement ou de pureté du produit sont minimes : « Ça marche quand même », dit Dia, son expression suffisant à elle seule à montrer qu'il s'agit d'une sorte d'ersatz. Un exemple parmi bien d'autres : alors que Sow, en Afrique, glisse sous son lit une branche de *doki* favorisant les rêves divinatoires, en France il ne pratique que le *listikhar* ou la divination par le chapelet. Choix non dénué de nostalgie parfois, les plantes étant réputées avoir une action beaucoup plus rapide, alors que les « écritures » sont plus astreignantes : il faut prier longtemps, attendre parfois 41 jours... La pratique de l'écriture et des prières islamiques peut donc s'interpréter autant comme l'expression d'un manque que comme le signe du respect de procédures admises ou couramment pratiquées dans l'islam maraboutique[268] ou comme l'affirmation explicite de leur universalité.

L'organisation du travail

La plupart des marabouts parisiens travaillent seuls, jaloux de leur savoir. Le « problème » à régler résiste-t-il ? C'est, en dernier recours, avec le déplaisir de devoir avouer ainsi sa faiblesse, vers le père, vers le maître restés en Afrique, dont on a reçu sa connaissance, qu'on se tournera alors, auquel on enverra le nom, quelques cheveux du consultant récalcitrant, celui dont « on ne peut pas tenir les étoiles ». Cette solution est de loin préférée à une demande d'aide au collègue parisien, surtout s'il s'agit d'un parent : manifestation supplémentaire de la compétition au sein des lignages et entre égaux. Plus encore, un marabout accepte rarement d'intervenir pour un consultant faisant travailler, en même temps que lui, un autre homme de l'art, alors que cette pratique est tout à fait habituelle ; son travail, allègue-t-il, en serait

267. Bains à se passer sur le corps, amulettes écrites.

268. Cette interprétation est suggérée dans Kuczynski (1989 : 46).

souillé, ses bains et ses amulettes en perdraient de leur puissance. On retrouve ici l'extrême méfiance de chacun pour le savoir de l'autre, mais on verra, plus loin, que l'enjeu d'un tel refus de coopération est aussi ailleurs.

Les collaborations effectives (père-fils, maître-disciple ou « frères ») sont donc assez rares à Paris[269] et sont marquées, dans la grande majorité des cas, par la prééminence des maîtres et des aînés. Dans la famille Sakho, le père, âgé d'une cinquantaine d'années, et son fils aîné[270] travaillent en relation étroite, chacun recevant et conservant cependant ses propres consultants dans des locaux contigus ; mais lorsque pour un client, le nombre des prières à réciter est très élevé ou le travail très long, les deux marabouts se partagent la tâche. Plusieurs petits frères, jeunes gens dont la connaissance des textes islamiques est encore entretenue, à Paris, par le « grand » (le père), aident occasionnellement leurs deux aînés, selon les indications que ceux-ci leur donnent. Mais le rôle d'exécutant de ces cadets se limite principalement à celui de scribe : ils recopient un modèle fourni par les « grands » ou inscrivent de mémoire invocations et versets.

C'est dire que l'écriture, dont on a souligné l'importance, est cependant considérée d'une moindre valeur que la prière qui, elle, est réservée aux aînés. Ce partage du travail, observé à Paris, traduit, en fait, une tendance bien ancrée dans les cultures islamiques sénégambiennes : plus un marabout est réputé, plus il a de disciples, plus il délègue les tâches d'écritures à ses obligés, cherchant lui-même à se conformer à l'idéal prophétique de celui qui n'agit que par la vertu de ses prières.

Pourtant un autre aspect, moins visible, de l'organisation du travail maraboutique mérite d'être souligné. Pour les problèmes difficiles ou, selon les cas, pour les consultants en général, c'est l'ensemble des musulmans qui est sollicité : chez Diakité, lors des séances collectives réunissant, chaque jeudi, un nombre variable de marabouts et de simples croyants, on prie pour différentes personnes mais aussi pour les clients. Ainsi l'efficacité du travail, si elle repose sur le marabout, est aussi implicitement soutenue par l'ensemble de la communauté des croyants.

Objets et prières

Les marabouts sont à la fois des créateurs et des artisans. Créateurs en ce que leur médiation est supposée activer des correspondances, mettre en branle des éléments de l'univers, faire naître des forces censées résoudre les problèmes de leurs consultants ; artisans en ce qu'ils fabriquent de leurs mains les supports ou les vecteurs de ce travail. C'est à cette réalisation matérielle que nous allons nous attacher maintenant.

---

269. Il s'agit ici d'une collaboration dans le travail et non dans l'organisation de la clientèle, qu'on évoquera plus loin.

270. Il s'agit exactement de son fils classificatoire (fils aîné de son frère aîné).

Mots écrits et calculs

Outre le secret dans ses multiples facettes, le geste d'écrire, privilégié à Paris, doit pour être efficace, respecter plusieurs conditions.

Tous les moments ne sont pas également favorables ni également agissants. Parfaitement classiques dans les pratiques occultes islamiques[271] tout comme dans la cueillette et le maniement des plantes et dans l'énoncé des causes d'infortune, ces considérations ont pour fondement une pensée biodynamique, l'intégration de l'homme dans le cosmos : chaque mois, chaque jour, chaque heure sont sous l'influence d'une planète plus ou moins faste. Dans leur dossier, certains marabouts possèdent des tableaux d'une complexité variable notant les correspondances entre tel nom de Dieu et telle manière de l'écrire, telle lettre, tel nom de *râwh̲ân*[272], tel jour, telle planète, telle couleur ou tel goût. Ainsi le lundi est sous l'influence de la lune, de Jibrîl, correspond au nom de Dieu « Puissant » ; le samedi est sous l'influence de Saturne, de Kissa^cîl, du nom « Intelligent », etc. L'influence de Saturne est maléfique[273], celle du soleil bénéfique. Pour « attraper » une femme, Koly choisit le jeudi ou le vendredi. D'autres raisons encore rendent favorable tel jour plutôt qu'un autre : ainsi le lundi, jour de la naissance du Prophète est réputé faste. Les phases de la lune ont également une grande importance. Pour le bien, Sow ne travaille qu'en lune montante sinon la réussite de ce qu'il entreprend est compromise, mais il s'abstient le jour où l'apparition du premier croissant tombe un mercredi ; la nouvelle lune est, au contraire, le moment propice aux travaux maléfiques[274]. Les heures de chance, variables d'un jour à l'autre sont, elles, parfois difficiles à respecter ; dans leur grande majorité, les marabouts se contentent de choisir pour leur travail les moments les plus calmes, souvent la nuit. Pourtant certains problèmes nécessitent absolument une action diurne ; ainsi pour Bakary, les questions relatives au pouvoir (au « gouvernement ») se font pendant les heures de soleil, la nuit étant favorable aux difficultés de mariage, aux recherches de trésor. Le fondement astrologique précis de ces « moments favorables » échappe souvent aux marabouts qui se contentent d'appliquer ces indications telles qu'elles leur ont été transmises.

---

271. La littérature sur ce thème est très vaste ; parmi les productions récentes, citons divers articles du *Bulletin d'études orientales* (t. XLIV, année 1993) intitulé « Sciences occultes et islam » et notamment celui de Marquet. Cf. aussi Doutté ([1908]-1984 : 68).

272. Ceux-ci convergent avec le tableau présenté plus haut. L'un des tableaux que j'ai recueillis présente une variante de celui reproduit par Doutté ([1908]-1984 : 154).

273. La malédiction de l'amant(e) dans les *fâ^cida* de Ndao doit, effectivement, être faite un samedi.

274. Sur l'influence de la lune, voir des remarques analogues dans Desparmet (1932 : 36-37) qui cite un texte de l'auteur arabe al-Qazwînî.

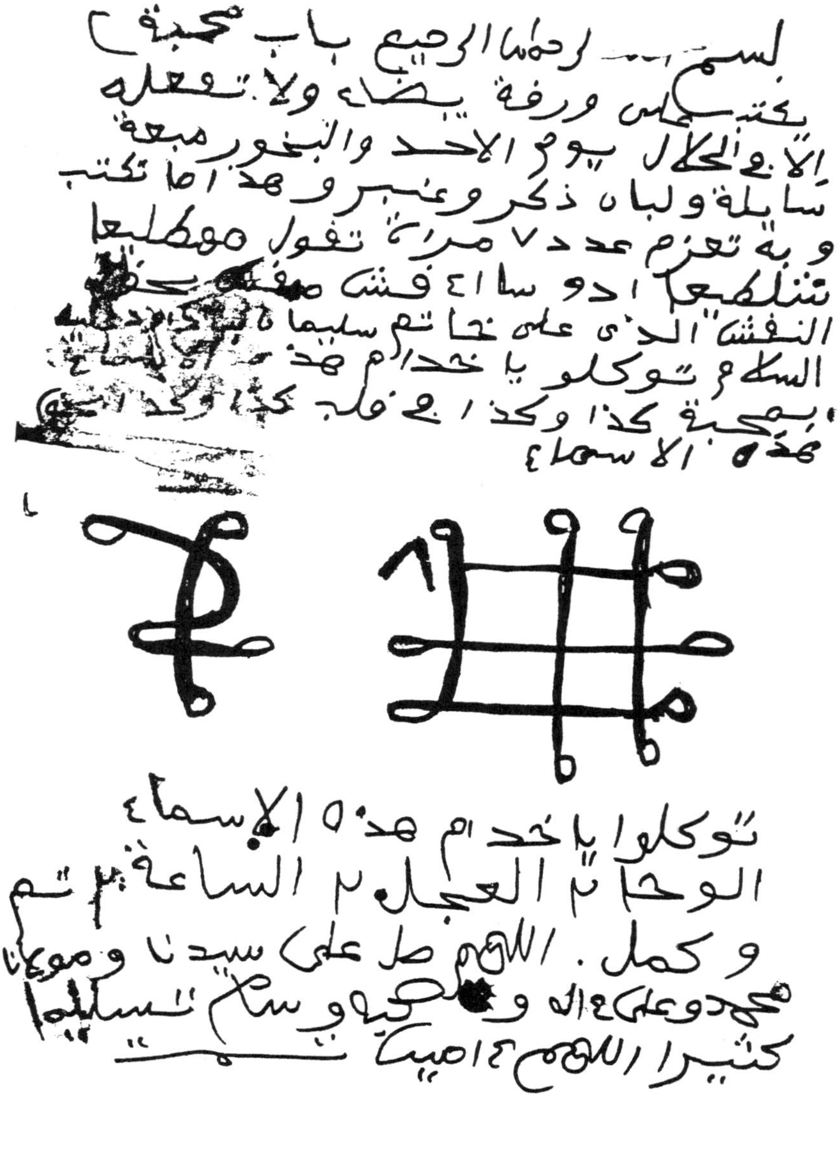

Figure 7. recette de talisman pour activer l'amour ; celui-ci doit être écrit un dimanche sur du papier blanc et être accompagné d'invocations à des « serviteurs », auxquels il est demandé d'agir « vite, très vite, sur le champ ».

Le choix des matériaux utilisés n'est pas non plus indifférent. Certaines actions nécessitent l'emploi de neuf plumes différentes, preuve supplémentaire de la valeur attribuée au geste lui-même nonobstant l'absence de cérémonial. Le papier préféré à Paris pour les amulettes est en général blanc, parfaitement vierge (sans ligne) et très fin afin de faciliter la pliure et l'obtention d'un objet peu volumineux[275]. Mais les matériaux de fortune comme le papier d'écolier, sont loin d'être rares.

Les planchettes en bois (*allual*, de l'arabe *al-lawh*), de taille variable, servent à l'écriture des textes dont l'encre, une fois diluée, constituera l'élément principal des lotions (« bains ») ou des potions. L'objet lui-même, souvent un héritage familial, est chargé de la force de tous les écrits qu'il a reçus et contribue aussi à l'efficacité de l'eau encrée ; c'est pourquoi Bakary en recouvre quelques instants le bol dans lequel il a recueilli l'eau ayant lavé les signes qu'il vient de tracer. L'usage des plaques de cuivre (poular *allual kire*) est réservé à brûler les écrits et les noms, geste particulièrement nécessaire lorsqu'il s'agit d'anéantir des génies maléficients, de détruire l'effet de la jalousie[276], de faire du mal. Cette pratique est également, quelle que soit l'interprétation primitive du problème, un des derniers recours lorsque tous les autres moyens ont échoué. Pour guérir l'impuissance d'un de ses consultants, Diakhaby a tracé sur sa planchette un carré chiffré entouré d'invocations ; il allume trois bougies rouges qu'il dispose sous trois cases du carré ; lorsque ce choix s'avère infructueux, il change de case, conformément au procédé par essais et erreurs précédemment souligné. Pour se venger d'un disciple irrespectueux, Dia trace un *khâtim*, carré à neuf cases où il inscrit les chiffres résultant du calcul du nom du disciple, de ceux de divers anges, tout en se tournant vers les quatre points cardinaux où ceux-ci sont censés se trouver ; puis il expose sa plaque trois jours au soleil, au sommet d'un édifice. À l'expiration de ce délai, il la chauffe sur un réchaud à gaz ; lorsqu'elle devient brûlante, le disciple peut être contraint d'aller à l'hôpital, ou même mourir sur-le-champ[277].

Mais quel est le contenu de ces écrits ? Les amulettes se composent :

– de versets ou fragments de versets coraniques, voire de sourates entières ; ceux-ci peuvent à eux seuls constituer l'amulette mais le plus souvent, ils précèdent, suivent ou entourent un carré chiffré ; la *basmala*[278] et d'autres formules pieuses (*tas̱liya*) figurent fréquemment en tête et fin de l'écrit ;

---

275. Il s'agit le plus souvent de papier pelure. En Afrique de l'Ouest, une façon d'honorer un marabout était, autrefois, de lui offrir du papier blanc sans ligne, dit « papier marabout » ; la pénurie rendait particulièrement précieux un tel présent.

276. Gaden (1972 II, art. *kire*) note une parenté phonétique, en poular, entre le mot « cuivre », *kire*, et le mot « jalousie », *kiram*, pl. *kire*. Il note que « quand quelqu'un a été battu, par exemple dans une rixe, au point de perdre connaissance, on lui fait boire du lait dans lequel on a fait tremper du cuivre : *kosam kiradam*, d'où l'expression *o yari kire*, "il a du ressentiment" ». Cependant l'emploi de la plaque de cuivre est loin d'être limitée aux marabouts peuls, elle est connue de tous.

277. Cette pratique précise n'a pas été effectuée par Dia en France ; il me la relate à propos du fait qu'un marabout ne doit jamais donner tous ses secrets à son disciple, comme vengeance possible contre ce dernier s'il se montrait irrespectueux.

278. Premier verset de la première sourate du Coran : *bismillah ar-ra̱hmân ar-ra̱hîm*.

– de noms de Dieu, de prophètes ou/et de génies ayant avec la situation dont s'occupe le marabout un rapport plus ou moins manifeste ; lorsqu'il s'agit d'obliger un homme à aimer une femme, Amadou emploie le nom *qahhâr*, « celui qui contraint », Cissé, le nom *wadud*, « celui qui aime », mais un troisième utilise le nom *ḫayy* « vivant ». Ces noms peuvent être chiffrés[279]. Lorsqu'il s'agit d'un problème de justice fort délicat, Ndao préfère à des noms de Dieu celui du chef des génies Shamharush[280]. Le choix du nom de Dieu adéquat peut résulter aussi d'un calcul : tel marabout privilégie celui dont la somme en *abadjada* se rapproche le plus de celle obtenue avec le nom du client. Comme dans le calcul du nom du *râwḫân* exécutant précédemment décrit, l'un ou l'autre, ou plusieurs des quatre « anges » jouent un rôle prédominant ; lorsqu'ils sont tous invoqués, Dia les inscrit, parfois en lettres étirées, dans un ordre invariable : Jibrîl au nord, Mikâ^cîl au sud, ^cAzra^cîl à l'est, Asrafîl à l'ouest[281] ;

– de carrés entièrement chiffrés comportant un nombre variable de cases (de trois à dix par côté[282]) ou dont la case centrale vide, carrée ou losangée, est réservée à l'inscription, en caractères arabes le plus souvent – mais certains marabouts ont adopté les caractères latins –, du nom de la personne objet du travail et éventuellement de celui du commanditaire. La place de ces deux noms est chargée de sens. Mûsâ veut faire revenir à lui Khadija qui l'a quitté : c'est son nom qui sera inscrit en haut de la case centrale, en position de domination, celui de son amie figurant plus bas. Mais s'il s'agit de chasser une personne, son nom peut être inscrit à l'extérieur du carré « pour qu'il sorte ». La case centrale peut aussi contenir le but du travail, exprimé en toutes lettres : « que Dieu maîtrise Untel », « que Dieu lui apporte un homme », « rendez-vous obligé, Mlle X jugera l'affaire de Y en sa faveur et lui font sortir de la prison (*sic*)[283] » ;

– de lettres isolées, telles *alif*, *lam*, *mim*, lettres mystérieuses ouvrant certaines sourates, supposées receler une force particulière[284], ou d'autres, équivalents écrits d'onomatopées ; ainsi, lorsqu'il s'agit de chasser une personne, Ba inscrit tout autour du carré une lettre transcrivant l'aboiement d'un chien. Certaines lettres, tel le *fâ'* ont en elles-mêmes une force maléfique[285].

279. Ainsi *ḫayy* peut apparaître sous le nombre 5995 (Hamès 1993 : 224). Selon Hamès, ce nombre représenterait aussi l'addition de toutes les lettres de l'alphabet arabe, soit la totalité de la création.

280. Cependant dans le Haut-Atlas, Sidi Shamharush, chef des génies, est vénéré au même titre que les autres saints.

281. Les remarques différentes faites par Hamès (1993 : 228) montrent que l'ordre observé par Dia est une des variantes possibles.

282. Les marabouts nomment ces cases « chambres ». Chaque carré porte un nom différent selon le nombre de cases de ses côtés : *muththallath* désigne un carré comportant trois cases par côté, *murabb^ca* un carré de quatre cases, *mukhammas*, un carré de cinq cases, *mu^cashshar* un carré de dix cases.

283. Dans ce dernier exemple, l'expression « rendez-vous obligé » est inscrite en arabe, le reste en français.

284. Sur la valeur de ces lettres, cf. Doutté ([1908]-1984 : 173).

285. Elle fait partie des sept lettres n'entrant pas dans les versets de la *fâtiḫa*, auxquelles sont attribuées des vertus particulières ; cf. Doutté ([1908]-1984 : 159) qui cite Al-Bûnî.

Une réflexion générale sur le pouvoir attribué à ces signes inscrits, référés à Allah, aux anges ou à divers génies, pouvoir auquel participe l'acte même d'écrire[286] et les matières utilisées, dépasse largement le cadre de ce travail, ne serait-ce que parce qu'il est commun à la tradition ésotérique musulmane et à la kabbale hébraïque ou encore, fait qui a son importance dans le contexte qui nous occupe ici, aux pratiques scripturaires de l'Europe chrétienne où il est attesté dès les débuts du christianisme[287]. Il constitue le ressort symbolique essentiel faisant agir l'amulette ou le bain.

De la variété de ces noms, fragments de versets, modes d'écriture[288], se dégagent quelques procédés récurrents.

Les versets, sourates et noms de Dieu employés par les marabouts dans la confection de leurs amulettes semblent une illustration parfaite de l'analyse rhétorique que fait Todorov du « discours de la magie » (1973). La première catégorie que cet auteur dégage, celle des « narrations », tire son efficacité d'une similitude entre la situation problématique du consultant et celle des fragments de la vie des saints cités. Le choix des marabouts se porte en effet d'une part sur des textes « généralistes » dont la puissance supposée répond à la résolution d'un grand nombre de problèmes. Les plus couramment utilisés sont les sourates *al-fâtiha* dite « mère du Coran » (I) et *Ya-Sin* dite « cœur » ou « âme » du Coran » (XXXVI), le verset du trône (*ayat al-kursi*, II, 255[289]) ainsi que d'autres fragments dont le sens général est la glorification d'Allah et de sa bienveillance, par exemple : « Le soutien de Dieu est certainement tout proche » (II, 214), ou dont la force tient à une qualité particulière : la présence de nombreuses voyelles. Selon Dia, certains versets de la sourate « Le grand rassemblement » (LIX, 21 à 24) soignent, pour cette raison, toutes les maladies[290]. C'est ici non seulement au sens mais aussi à la qualité vibratoire de parcelles de la langue, réputées capables de mettre le monde en mouvement, qu'est attribuée l'efficacité de l'écrit[291]. D'autres sourates sont dites « protectrices[292] ».

286. Rares sont, cependant, les marabouts parisiens qui soient bons calligraphes ; cet argument est invariablement repris par les uns pour souligner la faible connaissance en islam des autres.

287. Cf. rappel de ce fait dans Charuty (1993 : 224).

288. En lettres liées, étirées parfois jusqu'à former des arabesques, détachées, selon les cas et les marabouts. Un seul exemple : pour Lamine, les noms de Dieu, d'anges, etc., doivent être écrits en écriture liée, voire en lettres étirées et ponctuées tandis que le désir du consultant doit l'être en lettres détachées et sans points. Exemple inverse dans Desparmet (1932 : 207).

289. Selon un marabout, Dieu aurait crée ce verset le troisième jour de la création pour consolider la terre, encore fragile.

290. Sauf, précise-t-il, celles qui sont mortelles.

291. Dans son article consacré à une étude de la *basmala* selon la science des lettres par un auteur du XVe siècle, Atlagh (1993 : 184) note incidemment que pour Ibn ᶜArabî, « les existants sont des lettres inertes [...] et que les voyelles ou lettres mineures les mettent en mouvement et les animent ». Dia n'a, évidemment, aucune connaissance d'Ibn ᶜArabî mais il est bien l'héritier de cette conception. Il nomme, d'ailleurs, « voyelle » tout mot, tels les 99 noms de Dieu, pourvu d'une force particulière. Lamine, quant à lui, exprime plus clairement que « chaque lettre a sa propre spiritualité, sa vibration magnétique ».

292. « L'aurore éclatante » et « Les humains », par exemple. Elles énoncent tous les maux dont protège Allah.

Dans les amulettes figurent, d'autre part, des textes plus spécialisés dont le sens est, de façon plus ou moins explicite, comme pour les noms de Dieu, lié au problème à résoudre. Pour aider son consultant à réussir son examen, Bah inscrit trois fois, un lundi, ce fragment de verset : « Nous élevons les degrés de qui Nous voulons et au-dessus de tout savant se trouve un savantissime » (XII : 76). Pour soigner les « têtes qui tournent », Sow écrit la sourate « Les djinns » en entier, pour soigner la stérilité, Touré choisit quelques versets de la sourate « Marie[293] », pour maudire un amant infidèle, Ndao grave sur un morceau de viande crue le verset : « Il envoya sur eux des vagues successives d'oiseaux qui les bombardaient avec des pierres de terre cuite » (CV : 3-4)[294] et, pour faire face à des Blancs qui lui cherchent noise, le fragment suivant : « Celui qui avait renié en resta interdit - Dieu ne guide pas la gent injuste » (II, 258)[295]. Le choix de ces fragments repose sur une décontextualisation : ainsi le fragment « Dieu a le pouvoir de le ramener » (LXXXVI, 8) est utilisé par Ndao dans un talisman de retour d'affection, où il s'agit de faire revenir l'être aimé, alors que la sourate traite de la résurrection (Dieu peut ressusciter les morts). Ce qui est implicitement postulé par un tel emploi est que le Coran embrasse l'ensemble des significations et des situations possibles. Sa langue est universelle.

La seconde catégorie rhétorique identifiée par Todorov, celle des « apostrophes », est elle aussi largement repérable dans le travail maraboutique écrit. Il s'agit de prières adressées à Dieu ou à ses anges. Certaines, tout comme les versets et noms de Dieu, sont souvent consignées plusieurs fois (par exemple, dix-huit fois la *basmala*), l'écrit fonctionnant, tout comme la prière orale, par sa répétitivité. Les commandements adressés à des serviteurs exécutants sont une autre forme de ces apostrophes. Ces êtres au nom souvent mystérieux (Mahtali'a, Afash, Mafash, Atyush, etc.), ne sont pas toujours respectueusement sollicités pour prendre l'affaire en charge mais peuvent être autrement bousculés, enjoints avec insistance d'agir « vite (inscrit deux fois), très vite (deux fois), sur l'heure (deux fois) ». De médiateurs pleins d'humilité lorsqu'il s'agit d'implorer directement Allah, les marabouts peuvent se muer en maîtres du monde maniant l'ordre et presque l'injure lorsqu'il s'agit de génies plus éloignés d'un panthéon islamique classique. Mais cette sûreté arrogante, si elle se traduit aussi dans leur attitude, peut conduire les consultants à assimiler les marabouts qui en font preuve à des féticheurs sans foi ni loi, qui osent prétendre arriver à leurs fins « si Dieu le veut ou non ». Ici encore, l'art du commandement doit s'assortir de mesure et de rigueur.

293. Elle relate notamment l'histoire du vieux Zacharie et de sa femme stérile, qui, au crépuscule de leur vie, donnèrent naissance à un enfant.

294. Dans le Coran, ce verset fait allusion aux oiseaux ayant défait l'armée d'Abraha, chef abyssin chrétien venu conquérir La Mecque.

295. « Celui qui avait renié » est le *kafr*, le non-musulman. Les sourates « L'aurore écarlate » et « Les humains » sont dites « protectrices ».

Figure 8. amulette (*khâtim*) donnée par un marabout à un consultant antillais pour régler une affaire de justice. On remarquera le losange central, rédigé en français.

Outre les noms, lettres, fragments de sourates, prières et injonctions, les amulettes comportent souvent des calculs, dont certains sont très complexes. Manipulant la calculette qu'il garde toujours à proximité de sa main, à côté de son chapelet, Fodé assure d'ailleurs que la connaissance des « maths » fait partie de la formation de tout marabout digne de ce nom – autre façon d'exprimer sa supériorité de spécialiste. Le calcul n'est pas que la simple addition de la transcription des lettres en chiffres. Le nom a une force, qu'il faut savoir subtilement « mesurer » avant d'écrire : renforcer sa puissance en lui adjoignant une fraction déterminée et variable du nom de la mère si sa valeur numérique est trop faible ; soustraire, à l'inverse, une partie d'un nom trop « fort », faute de quoi « tout sera noyé », les prières ne seront d'aucun secours et le travail du marabout sera vain[296]. Cet art presque culinaire de l'équilibre se complique encore par l'ajout d'autres paramètres. Lorsque Ba cherche à « attraper quelqu'un pour le bien », il n'utilise que les premières lettres de son nom[297], sous peine de faire du mal à la personne concernée ou d'« alourdir son corps », la totalité du nom, dont la somme est plus élevée, étant, au contraire, employée en cas de vengeance. Il y a donc un effet direct des manipulations du nom sur le corps du consultant. La difficulté des calculs est également à la mesure de celle des problèmes, en raison du plus grand nombre d'anges, de *râwhân* convoqués.

Mais il est un principe extérieur à l'individu et au problème à traiter qui domine ces calculs[298] : aux sommes obtenues doit être retirée une part symbolisant l'*asaka* (arabe *zakât*, « dîme »), c'est-à-dire le dixième ; cette opération se fait avant la répartition des chiffres dans les cases du *khâtim*. Cette procédure classe nettement la rédaction des *khâtim* du côté des actes religieux[299].

296. Une telle procédure est signalée par Zempleni en milieu wolof sénégalais (1968 : 463).

297. Ba me donne l'explication de ce calcul sur mon propre nom, Liliane, supposée être fille de Hawa (Ève). On prend les deux premières lettres du nom (L et l, les voyelles ne comptent pas) dont la valeur en *abadjada* est : 30 et 30. Hawa correspond à 20 et 4 ; le chiffre 20 est divisé en 2 et chacune de ses parties est ajoutée à chacun des L du nom soit : 30 + 10 = 40. Le second chiffre du nom de Hawa, 4, est intercalé entre les deux 40 obtenus ; le nombre de la personne à attraper, qui sera inscrit, soit en totalité, soit en parties sur le carré est donc : 40 440. Précisons ce qui paraît maintenant une évidence : en l'absence d'une connaissance précise du mode de calcul utilisé par le marabout, le sens de bien des nombres figurant sur un carré reste irrémédiablement illisible.

298. Principe qui reste souvent théorique.

299. Mais on peut aussi considérer ce don comme l'équivalent islamisé du geste par lequel certains autres praticiens nourrissent leurs « fétiches » de crachats de colas, ou les femmes donnent une part de leur pâte à pain ou de leur fil à tisser pour éviter le mauvais œil.

Comme on l'a vu pour les carrés destinés à la divination, la distribution des chiffres se fait selon un ordre déterminé. Un exemple de *khâtim* utilisé par Sow lorsqu'il s'agit de faire le bien se remplit selon le principe suivant :

3	*	1
*		5
2	4	*

Les cases numérotées de 1 à 5 sont réservées au calcul en *abadjada* du nom du consultant, des lettres de son désir transformées en chiffres, etc., dont la somme est fractionnée en cinq parties ; les trois cases notées par le signe * reçoivent le nom de Dieu ou du *râwhân* choisi, coupé en trois selon un code secret[300]. Les marabouts parisiens connaissent parfaitement les célèbres « carrés magiques[301] », reproduits dans nombre d'amulettes. Lamine en cite deux types. Le premier, plus répandu en raison de la facilité du calcul, correspond à une série arithmétique construite à partir du nombre de base que constitue la somme du désir du consultant traduit en chiffres, de son nom, etc, diminué de 12[302]. L'autre plus rare pour la raison inverse, et pourtant « plus sûr », correspond à une série mathématique, où les cases sont constituées du chiffre de base multiplié par deux. Celui-ci s'obtient en divisant la somme totale obtenue par 15. Supposons un *khâtim* à trois cases et une somme de 120, soit un chiffre de base de 120 : 15 = 8 ; l'ordre de remplissage est le suivant :

4	9	2
3	5	7
8	1	6

soit

32	72	16
24	40	56
64	8	48

Le reste éventuel de la division sera ajouté aux cases 1, 4, 7. Mais son existence même, que Lamine nomme « brisure », présage un risque concernant la réussite du travail. Les explications du marabout s'embrouillent lorsqu'il tente d'expliquer le calcul d'un *khâtim* à seize cases. Il est pourtant assez bon connaisseur des calculs. C'est dire que, contrairement aux textes qui sont de façon très générale inscrits de

300. Que Sow n'a pas voulu me livrer.

301. Il s'agit de carrés à cases ; la somme des chiffres figurant dans chaque colonne, verticale, horizontale, ou diagonale, est concordante (*wafq*).

302. Ce chiffre invariable pour les carrés à trois cases par côté, est indiqué dans les ouvrages de magie. Il s'agit d'une opération mathématique dont le marabout ignore le sens. Le chiffre de chaque case est augmenté d'une unité par rapport au précédent.

mémoire – et l'on a déjà souligné l'importance de l'incorporation du savoir –, la plupart des marabouts parisiens se contentent de recopier d'après leur dossier les carrés chiffrés de leur choix, d'où les nombreuses erreurs. Bakary avoue que, s'il avait le temps, il referait les opérations mais que « c'est déjà calculé » (par son maître)... Ceci revient à dire que ceux des *khâtim* qui comportent le nom du consultant peuvent perdre leur relation à un cas et à une personne précis pour devenir des sortes de figements. Leur efficacité en est-elle réduite ? Le caractère manuscrit, original, donc, du tableau dans lequel, par leur geste, ils ont mis toute leur puissance, semble suffire à bien des marabouts parisiens.

Il nous faut revenir sur le choix des fragments écrits. Les règles que nous avons dégagées n'empêchent pas une multiplicité de possibilités et une très grande individualisation de ce choix. À cela, plusieurs explications : d'une part la transmission du savoir étudiée plus haut, transmission parfois fragmentaire, où peut manquer le *turjmann*[303] qui doit être réinterprété ou réinventé ; d'autre part la nécessaire recomposition à laquelle chacun, s'affranchissant de son maître, peut se livrer. Ces deux raisons expliquent la profusion, nonobstant des sources communes, de tous les écrits efficaces permettant de remédier à un même « problème » : « Chaque *waliyu,* chaque *shaykh a son secret, son muththallath*[304] », dit Touré ; et Keita n'a que mépris pour les reproductions de talismans publiés par Marty (1917 II : 404-428), qui semblent donner des solutions univoques, car : « Le moyen de soigner tel ou tel mal change, comme chez un médecin qui emploie un comprimé ou un autre. » C'est aussi, outre les causes diverses des problèmes, parce que chaque marabout apprécie individuellement une réalité humaine qu'il choisit tel type d'écrit plutôt que tel autre. Sow doit travailler pour un homme que sa femme a trompé. Il peut soit rétablir la situation soit jeter un sort à la femme adultère ; dans ce cas, il peut faire en sorte que ses menstrues se prolongent indéfiniment[305] ou, s'il veut être plus méchant encore, affliger la femme de la maladie de la « tête qui tourne » ; il peut aussi choisir d'éloigner l'amant, ou lui faire ressentir une envie continuelle de dormir. Toutes ces possibilités correspondent à des écrits et des prières différents. Et c'est encore une fois leur pouvoir que les marabouts défendent lorsqu'ils assurent que leur travail ne se réduit pas à l'application d'une série de recettes fixées.

Ces remarques nous conduisent à un autre trait majeur du travail maraboutique : la polyvalence des écrits et des versets choisis, qui ne sont pas dans un rapport direct et unique avec une situation donnée[306]. Ainsi pour Dia, la seule lettre *alif* correspond à sept *du*ᶜ*a* (prières d'intercession) différentes : faire

303. C'est-à-dire l'emploi précis de l'écrit et les gestes qui lui sont liés.

304. Parmi les plus connus, Touré cite ceux attribués à Ghazâlî et à Shaykh Seydi Mukhtâr al-Kunti al-Tombukti ; s'il en était encore besoin, cette très brève énumération manifeste encore une fois l'influence des grands classiques de l'islam et des *shaykh* maures sur les marabouts ouest-africains parisiens.

305. « On achète un peu de viande, on répète ce qu'il faut dessus, on donne ça à manger à un gros chien, ça fait saigner ». Doutté ([1908]-1984 : 296) signale cet effet de « magie maléficiente » mais avec un procédé très différent.

306. Même remarque à propos des talismans serer dans Dupire (1976 : 10).

revenir quelqu'un, rétablir de bonnes relations entre des personnes, faire venir la pluie, faire sortir quelqu'un de prison, avoir de la chance dans la vie, éviter d'être atteint par le mal, avoir une bonne mémoire. Il ne s'agit d'ailleurs pas que de la force particulière qui pourrait être attribuée à certaines lettres, certains versets, certains noms de Dieu. Le *pengal*, cette façon d'attacher la personne en la clouant symboliquement, fut d'abord, en milieu peul, au temps des razzias, pratiquée pour que les vaches capturées ne quittent pas le troupeau, puis pour garder les esclaves, puis pour retenir une femme.

Une telle adaptation à l'époque, au besoin, au milieu, s'observe pour la rédaction des talismans, reposant sur l'analogie des situations que peut établir le marabout. C'est pourquoi on avançait, plus haut, que le caractère obsolète de certaines indications que chacun consigne pouvait n'être qu'apparent. Ainsi Sow utilise tel fragment de la sourate Yûsuf tant pour favoriser une recherche d'emploi que pour réaliser un projet, une association. À cette polyvalence s'ajoute le fait que de nombreuses situations sont assimilées à un problème général de chance. Enfin il faut tenir compte de la familiarité particulière que peut avoir un marabout avec telle sourate, tel nom de Dieu, qui l'incite à en étendre l'emploi. Pour certains cas, tels ceux concernant la prospérité, la question de la transposition ne se pose même pas, tant les marabouts sont habitués depuis leur émergence même en Afrique de l'Ouest à répondre à ce type de demande, à laquelle d'ailleurs l'état actuel du capitalisme donne une vigueur renouvelée[307]. Il en est d'autres où l'adaptation se révèle nettement plus problématique. Conscient qu'il risque de perdre des clients, Sow se refuse cependant énergiquement à appliquer les prières et le rituel qu'il utilise pour les soins aux bovins, dimension essentielle de sa pratique en Afrique et de son « être peul », aux chats et aux chiens parisiens... L'accommodement atteint ici ses limites, provisoires peut-être, et très variables selon les marabouts.

Mais ce qui nous intéresse, plus que les textes[308], ce sont les gestes réels accomplis par les marabouts dans la préparation des différents objets remis au consultant, gestes qui participent en eux-mêmes à l'efficacité. Car comme le remarque Todorov, (*op. cit.* : 41) « la magie n'est pas un énoncé mais une énonciation » mettant en jeu des interlocuteurs, des personnages investis du pouvoir d'écrire et de dire, des circonstances, des rapports qui se créent, des représentations qui s'élaborent, tous éléments que nous cherchons avant tout, dans cette étude, à éclairer.

Du Verbe fait objet aux bains de plantes

Une fois la rédaction achevée, la réalisation des amulettes (support papier), des bains et potions (écriture sur planchette) obéit à une exigence majeure : la pureté,

307. Voir à ce sujet Kendall (1996) qui, dans un article au titre évocateur, montre la prégnance de ces problèmes de prospérité dans les séances chamaniques en milieu coréen urbain contemporain.
308. Sur ce sujet, cf. les travaux de Hamès (1987, 1993, 1997, 2001).

l'écrit ne devant pas être souillé sous peine d'inefficacité et de manquement grave au respect dû à la parole divine ; caractéristique de tout le travail maraboutique que nous avions déjà perçue dans le choix des objets et des matières[309].

Les papiers sont donc pliés, caractères à l'intérieur, de façon à former un carré ou un rectangle de petite taille, beaucoup plus rarement un triangle, selon un choix qui appartient à chaque marabout. Le pli et le repli ne semblent pas avoir de signification généralisable ; cependant pour Dia, le premier pliage en largeur, qui place l'une sur l'autre les prières de début et de fin présentes dans certains talismans, a pour but de renforcer l'invocation. Ces écrits sont ensuite insérés dans des étuis, ceintures, bracelets de cuir confectionnés par les cordonniers[310]. La peau n'est théoriquement pas indifférente, ajoutant son efficacité propre à l'ensemble ; pour éloigner des « administratifs » ou des policiers, Amadou choisit la peau de la face d'un lion, alors que pour favoriser un commerce, il préfère la peau de gazelle[311]. La matérialité du contenant semble renforcer celle du contenu, comme le remarque déjà Mungo Park ([1800]-1982 : 65) qui mentionne l'enveloppe en peau de serpent d'une amulette protégeant de la morsure de ces reptiles.

Pourtant le manque de produits caractérisant la situation parisienne conduit à une simplification de cette symbolique. De sorte que pour certains marabouts, la matière des étuis n'a plus pour seul but que de protéger l'écrit, toute peau *ḫalâl* (vache, mouton, chèvre) pouvant faire l'affaire, dont le choix est laissé au cordonnier qui travaille cependant dans des conditions de pureté guère contrôlables. La contrainte d'utiliser les moyens disponibles, et le souci de commodité invitent souvent à remplacer le cuir des amulettes par du tissu, uni ou même à fleurs et, encore plus fréquemment, par un simple emballage de papier collé de tous côtés par plusieurs couches d'adhésif, ou ficelé à l'aide d'un fil à coudre, de façon à isoler entièrement le texte et à le dissimuler aux regards. À ce stade, on se passe du travail du cordonnier ; et en dépit du souci de ménager le secret auquel le consultant accorde le plus grand prix, il arrive même que le talisman soit remis à celui-ci sous une forme inachevée, avec des recommandations précises pour qu'il puisse effectuer lui-même le travail de couture ou de collage. Après avoir été imprégnée de l'odeur bénéfique de divers encens ou fragments de bois odorants, l'amulette est prête.

Pour la fabrication des lotions (« bains ») et potions d'encre diluée, les exigences de pureté et les compromis symboliques se focalisent, à Paris, sur le choix de l'eau de dilution et du récipient utilisé pour la recueillir. Bakary lave sa planchette avec

309. L'eau pure, le fil artisanal, etc.

310. Rappelons que la cordonnerie est un travail de casté, ce que, originellement, les marabouts ne sont pas. En 1988, le prix payé au cordonnier pour la réalisation d'une ceinture était de 150 F.

311. Si le symbolisme attaché à la face d'un lion semble évident, celui lié à la gazelle l'est moins et n'a pas pu être élucidé ; néanmoins il semble répandu puisqu'un manuel marocain de magie juive préconise l'emploi de cette peau pour le même usage (Zafrani 1986 : 398). Doutté ([1908]-1984 : 140) en signale également l'usage très ancien en milieu maghrébin : c'est le Prophète lui-même qui aurait écrit sur cette peau un talisman.

de l'eau du robinet mais achète en pharmacie des petites bouteilles de verre stériles dans lesquelles il verse le liquide qu'il remet au consultant. Diakité, quant à lui, se sert le plus souvent d'eau minérale et, bien organisé, il se fait livrer, depuis vingt ans, par le même marchand français, des bouteilles de verre et des bouchons. Sow préfère toujours employer une calebasse pour faire ses mélanges ; mais regrettant de ne pouvoir ni recueillir de l'eau de pluie, eau céleste considérée comme particulièrement pure, ni acheter de l'eau de rose trop coûteuse, il se contente lui aussi d'eau du robinet et verse les lotions ainsi préparées dans des bouteilles de plastique vides préalablement rincées. Sa solution, la moins coûteuse, représente le cas le plus fréquent. La présence de ces bouteilles remplies de liquide noirâtre, attendant leur destinataire, est habituelle dans la plupart des chambres de marabout. Mais la remise au consultant de la précieuse bouteille s'accompagne souvent d'une mise en garde : tant est puissant le liquide qu'elle contient, qu'il pourrait faire exploser le plastique ! Nouvelle occasion pour certains marabouts de souligner le pouvoir de leurs manipulations et le jeu dangereux auquel se prêtent les clients, malgré la banalité du contenant[312].

Lotions et potions sont le plus souvent préparées à partir de la dilution du même écrit, divisée en deux parts. Autre compromis, notamment avec le temps : certains fabriquent ces bains pour trois ou quatre futurs consultants à la fois, ce qui laisse supposer que le nom de ceux-ci n'a pas été inscrit sur la planchette. Certains objets peuvent être mêlés au liquide. À un bain de chance, Bakary ajoute des petits cailloux recueillis de préférence au bord de la mer[313], dont le rôle est de concentrer sur eux le mal. Pour l'amour ou d'autres formes d'attirance, Dia additionne à la solution quelques gouttes de musc liquide et un peu de sable recueilli dans un endroit où les gens se rassemblent : en France, il se contente de débris de poussière et de terre ramassés à l'entrée de la mosquée de son foyer[314].

Dernière forme d'écrit répandue à Paris, résultant aussi d'une simplification des pratiques : le morceau d'ouate humide ayant servi à essuyer les signes tracés sur la planchette. Enfermé dans une feuille de papier soigneusement close, ou protégé par un second morceau de coton, il tient lui-même lieu d'amulette et est confié tel quel au consultant.

Mais certains marabouts rapportent aussi de leurs voyages fréquents en Afrique des objets plus élaborés qu'ils y ont fabriqués. Pour un de ses clients belges, Cissé a confectionné au Mali un petit boubou de protection contre les armes. Il a teinté la

312. Cependant la poterie, fabriquée expressément pour contenir le bain, est considérée comme plus efficace que n'importe quelle bouteille ; c'est pourquoi d'un médicament contenu dans une bouteille il est parfois nécessaire de se laver plusieurs fois. Médiocrité des conditions de l'immigration ? Idéalisation de celles du pays ?

313. Idéalement, c'est au marabout de recueillir ces cailloux ; l'adaptation à la situation parisienne rend utilisable tout caillou blanc, que le consultant lui-même peut fournir. Le nombre employé peut être variable, 3, 7 étant les plus fréquents.

314. Au Sénégal, Dia peut recueillir du sable au seuil des mosquées, sur les marchés ou au bord du fleuve, à l'endroit où les gens vont puiser de l'eau.

toile de coton tissée artisanalement[315] en la trempant dans une décoction brunâtre de *Combretum glutinosum Perr.* dont il a lui-même cueilli et pilé les feuilles[316]. Avec une encre végétale dans laquelle il a rajouté du « mercure rouge », substitut du sang[317], il a écrit cinq amulettes différentes. Les étuis de cuir ont été confectionnés par un cordonnier dont il était exigé qu'il soit seul dans sa maison (afin d'éviter maléfices et souillures). Ces conditions idéales sont loin de pouvoir être réunies en France alors qu'en Afrique, assure Cissé, tous les éléments employés, tous les gestes se conjuguent pour atteindre l'objectif visé. Le prix très élevé du boubou en est d'ailleurs le témoignage.

Mais les amulettes ne sont pas que du verbe fait objet. Utilisées seules ou associées à des écrits, les plantes constituent une autre matière importante du travail, plantes dont, on l'a vu, la pénurie constitue un problème majeur à Paris. Et fréquente est la nostalgie de leur efficacité dans les cas difficiles. Sow, marabout peul, ne connaît rien de plus radical pour soigner une maladie qui résiste aux médecins, que de faire d'est en ouest le tour de la ville où réside le patient et, de retour à son point de départ, de cueillir quelques feuilles du premier arbre aperçu, avec les sacrifices d'usage. Le bain confectionné avec ces végétaux fera merveille[318]. Mais comment réaliser cela à Paris ? Toujours la luxuriance et l'abondance des végétaux africains s'opposent à la pauvreté et à la sécheresse des matières parisiennes.

L'emploi des plantes accessibles à Paris n'est en rien l'apanage des moins islamisés, pas plus que l'emploi des *khâtim* ou du chapelet n'est réservé qu'à ceux dont l'éducation maraboutique est solide[319], les isoler des pratiques scripturaires n'est ici qu'une commodité de présentation. On a souligné combien les deux étaient souvent liées, l'absence de coupure entre différentes pratiques étant une constante ouest-africaine maintenue à Paris.

---

315. Cependant on trouve à Paris des bandes d'un tel tissu, auquel est attribuée une vertu bénéfique.

316. Sur les conditions de cueillette, cf. *supra*, p. 233. On a vu que cette plante était utilisée dans le soin de diverses maladies et pour diverses protections. Elle n'est donc pas utilisée uniquement pour ses propriétés tinctoriales.

317. Dans les amulettes ou les *fâᶜida*, l'encre rouge souligne souvent ce qui est important, ou « chaud ». La couleur rouge peut également s'obtenir en ajoutant à l'encre du safran, du curcuma. Dans le cas précis, Cissé affirme que le mercure rouge a pour effet que « tous les projectiles vont tomber comme de la pluie ». Qu'il s'agisse d'un substitut du sang est clairement montré par la similitude avec cette préparation d'un bain d'invulnérabilité : le vendredi matin, au lever du soleil, on tue un coq ; avec le sang, on écrit « quelque chose », on rajoute un peu d'eau. Celui qui se lave avec cette solution verra celui qui tente de le frapper (même involontairement) mourir sur-le-champ. On doit se débarrasser du reste du sang, matière dangereuse s'il en est, en le versant dans un trou creusé dans la terre.

318. Certes le rite circumambulatoire, suivant la course du soleil, prend sa part dans cette efficacité ; mais ce récit énonce cependant bien la puissance des végétaux en eux-mêmes.

319. Ainsi Diallo, qui écrit à peine l'arabe, fait tracer les signes du *khâtim* qu'il désire par une personne compétente de son entourage, lui-même ayant la maîtrise parfaite de la signification et des gestes accompagnant l'écrit.

Il s'agit généralement de préparation de bains, plus rarement d'onguents, donnés au consultant dans des bouteilles, des boîtes, des cornes, des coquillages, etc. La fabrication de ces produits peut parfois requérir l'assistance du consultant pour la prise en compte de l'âge, l'évaluation visuelle de la taille et du poids du destinataire, ou encore pour les dosages qui nécessitent parfois une brève divination. Mais les mélanges eux-mêmes, les invocations les accompagnant obéissent à la même loi du secret que la rédaction des écrits ; secret encore souligné par une longue attente puisque le consultant est renvoyé dans la pièce attenante parfois pour de longues heures, ou convié à revenir plus tard.

L'usage des plantes est, comme celui des écrits, très individualisé, rendant difficile toute étude exhaustive[320]. Diakhité, un marabout diakhanké, combine pour lui-même le traitement anti-diabétique que lui donne son médecin avec les plantes qu'il prépare. Il dit n'utiliser que rarement bains et potions végétales pour ses clients, les réservant à sa famille – affirmation commune visant avant tout à se conformer à l'image idéale du marabout entièrement voué au Coran. Il confectionne cependant diverses potions :

– avec les racines pilées de *batijo* (*Nauclea latifolia Sm.*), utilisées en faible quantité en raison de leur amertume, pour soigner « beaucoup de choses », une sorte de panacée ;

– avec les feuilles séchées de *djambakatan* (*Combretum glutinosum Perr.*), médicament général utilisé par exemple en cas de constipation ;

– avec les racines de *sindjan* (*Cassia siberiana DC.*), qui, en décoction, sont un « remontant » ;

– avec celles, très amères, de *djallo (Khaya senegalensis Desr.*), aussi un « remontant » utilisé également pour soigner certains problèmes dermatologiques, les écorchures ;

– avec les feuilles et racines de *kankanon* (*Guiera senegalensis J. F. Gmel*), pour soigner tous les maux d'origine inconnue ;

– avec les feuilles de *wolo* (*Terminalia macroptera Guill. et Perr.*) et et de *tambakumba* (*Parinari excelsa Sabine*) en décoction, pour les femmes stériles ou celles qui ont des douleurs abdominales. Ce médicament est émétique et purgatif ;

– avec les feuilles et racines de *balibuwo* (*Crossopteryx febrifuga Benth.*) et *birimbaran* (*Securinega virosa Baill.*) pour soigner notamment l'énurésie.

Certaines de ces plantes sont acquises à Paris, d'autres (en particulier les quatre dernières citées) doivent être rapportées d'Afrique.

Sow, marabout peul, attend avec impatience tout voyage en Afrique qui lui permet enfin d'utiliser des plantes, avec la parcimonie qu'impose la situation :

320. Le mystère de leur préparation m'a rarement été dévoilé, de même que le contenu des incantations.

– *doki* (*Combretum glutinosum Perr.*) est pour lui l'essentiel[321] ; pilées avec un peu de sel gemme et mélangées avec de l'eau ou du lait, les feuilles constituent protection journalière[322], et mélangées avec du sel, elles entrent dans le traitement de l'asthme ; c'est aussi une panacée qu'il utilise en bain pour soigner toutes sortes de maux, en faisant varier les incantations qui l'accompagnent ;

– un peu d'écorce de *gelloki* (*Guiera senegalensis J F. Gmel*) permet de développer l'esprit (l'intelligence, la mémoire) ; ce végétal a d'ailleurs d'autres fonctions en milieu peul puisque c'est des crachats de *gelloki* ainsi que de cola ou de sang, qu'on nourrit les autels portatifs (*djalan*[323]) ;

– l'extrémité des feuilles de *bani* (*Pterocarpus erinaceus Poir.*) et de *belowelongel* (*Scoparia dulcis L.*) mélangées avec du parfum (*tjuraj*), est employée en bains pour favoriser l'entente entre des personnes ;

– *bakani* (*Tinospora bakis Miers*) mélangé avec du lait caillé et consommé le matin, est utilisée contre des petits maux, contre la constipation :

– une lotion de *djabi* (*Tamarix senegalensis DC*) est utilisée pour attirer la chance[324].

Outre l'individualisation de l'emploi des végétaux, on constate un va-et-vient entre traitement des symptômes et de l'étiologie, dont témoigne aussi le renvoi à des médecins, dont il sera question plus loin, médecins qui, on l'a vu, sont réputés incompétents pour traiter les véritables causes de l'infortune. Par ailleurs, il n'existe aucune coupure entre un emploi « médicinal » des feuilles ou des racines et un emploi « symbolique » distinct des propriétés biochimiques. L'emploi varié, chez un même marabout, d'un même végétal, tel *Combretum glutinosum*, utilisé pour la « protection générale » comme pour l'asthme, en est un bon exemple ; argument supplémentaire, l'équivalence qu'établissent certains entre pratiques scripturaires et bains ou ingestion de plantes pour soigner, par exemple, un mal de ventre. L'efficacité des végétaux dans leur ensemble est sous-tendue, tout comme la conception de la personne, par une vision globale de l'univers. C'est la douceur du bain de *belwelngel*[325], additionné de miel, de sucre et de sel, dont le consultant se lave, qui a raison de la sévérité d'un juge, qui fait naître le charme entre deux personnes, qui attire les clients, bref, qui rend l'homme *bajre* (« fortuné »). C'est le bain d'écorce

321. On a déjà mentionné les propriétés divinatoires et tinctoriales de cette plante.

322. Cette potion doit se boire à jeun. Autrefois, raconte Dia, lors de la naissance d'un enfant, on cousait une feuille de *doki* dans un étui de cuir que l'on accrochait au cou de l'enfant pour sa protection.

323. Ces autels portatifs, qui peuvent être constitués de tout objet, en corne, en bois, sont des emprunts à la culture manding. Diallo nourrit, chaque vendredi, le sien (fait de cornes d'antilope) de crachats d'une cola blanche.

324. D'autre végétaux utilisés par ce marabout (*tawnawi*, *bobori*) ont été déjà mentionnés ; cf. *supra*.

325. *Scoparia dulcis L.*, dont le nom, en peul comme en bambara, signifie « doux-doux » ; cette plante sécrète un lait sucré.

de *bani* noir, prélevée à cinq endroits du tronc, à la hauteur du front, du cœur, du nombril, du genou, des chevilles de la personne concernée[326], et ce, pour chaque lieu, aux quatre points cardinaux, qui apportera au commerçant, au devin lui-même, clients ou consultants lointains (la hauteur du front sur le tronc) ou proches (la hauteur des chevilles), la prospérité.

Mais l'usage des plantes peut aussi traduire l'interprétation du « problème ». Ainsi la potion émétique et purgative donnée aux femmes stériles par le marabout diakhanké est faite pour expulser un obstacle, matériel ou symbolique, censé empêcher la procréation, pour purifier le corps, le libérer de ce qui le souille. Cette interprétation correspond d'ailleurs à un schéma général permettant de résoudre de multiples difficultés[327] ; elle est transparente dans certaines explications divinatoires ; ainsi Guirassy, décrivant l'isolement d'une jeune femme maghrébine rejetée par sa famille en raison de sa vie trop libre, et tombée malade pour cette raison déplore que, n'ayant plus personne à qui parler, « elle ne peut même plus vomir ce qu'elle a dans son cœur ».

Si l'usage des écrits et des plantes est majoritaire à Paris, il existe encore bien d'autres pratiques, tel l'usage des mesures. Pour un « retour d'affection », Sherif utilise deux longueurs d'une ficelle, celle, allant du coude au bout des doigts de sa consultante et celle allant du nombril jusqu'au sexe. Il enferme cette cordelette dans un papier qu'il ferme avant de le remettre à sa cliente. Celle-ci doit mordre ce paquet en prononçant le nom de l'aimé. Il ne s'agit pas là d'une innovation parisienne, comme le montre le cas de ce footballeur, évoqué par un interlocuteur sénégalais : blessé au pied et incapable de marcher, il fut emmené par un de ses proches chez un marabout qui mesura le membre malade à l'aide d'une baguette de bois, prononça à voix basse des prières et ordonna au joueur de marcher ; celui-ci recouvra sur-le-champ l'agilité de son pied. Des pratiques voisines sont observées par Desparmet (1932 : 102) dans la Mettidja pour enlever le mauvais œil mais aussi par Charuty dans l'Europe méridionale, qui nous en livre une interprétation d'une grande richesse (1997 : 199 et sq.). Cet art des mesures, à la fois curatif et propitiatoire[328], montre encore une fois que c'est par le corps du consultant que se jouent et transitent toutes les influences, bénéfiques ou maléfiques. Lorsque ces mesures sont doubles, la recherche ou la constatation de leur équivalence suggère la restauration souhaitée, activée par les prières et le rituel, de l'assise physique et psychique de la personne, le rétablissement de son équilibre.

---

326. Ou, par défaut, de celui qui va recueillir cette écorce.

327. Ainsi en milieu peul, lorsqu'à une personne on a « pris le pied », ce qui l'empêche de marcher, de se rendre vers un but fixé, on « sort le mauvais sang » par des scarifications suivies de cautérisation. Je n'ai pas observé cette pratique à Paris.

328. Elles sont utilisées aussi comme procédé divinatoire, l'égalité de deux mesures différentes prises sur le corps du consultant augurant de la réussite de l'entreprise.

Quelques pratiques mêlées

Puisque végétaux et écriture coranique vont souvent ensemble, malgré les dénégations d'usage d'une part, l'épreuve du manque et son corollaire, la simplification, d'autre part, nous allons nous intéresser à quelques pratiques enchevêtrées.

Revenons sur le cas de ce marabout soninké élevé en milieu bambara, déjà évoqué à propos des procédés divinatoires[329], qui se sert d'un jeu de trente cauris, représentant « trente hommes » (bambara *tje bi saba*), quinze « incroyants » ou « catholiques » et quinze « croyants » ou « musulmans ».

La force agissante de son travail est liée à l'alliance[330] qu'il scelle avant de rien entreprendre avec ces « trente hommes » auxquels il offre, en principe une fois par semaine, le sang d'une poule blanche et cinquante colas blanches, le sang d'un coq rouge et cinquante colas rouges. Ces dons, accompagnés d'incantations, reposent sur une répartition entre masculin et féminin, bien (symbolisé par le blanc et la disposition à droite), mal (symbolisé par le rouge et la disposition à gauche) ; cette conception dualiste traduit l'équilibre de l'univers et son dynamisme[331].

Pour atteindre tel but, bénéfique ou maléfique, des comptages analogues à ceux pratiqués lors de la divination, permettent de sélectionner le cauri, ou le groupe de coquillages efficaces. Une force vitale maléficiente émane des « incroyants » utilisés pour le mal, qui recèlent, dit Diali, « beaucoup de *njama njama* » ; d'où la présence d'un objet médiateur : le balai[332], rendu d'ailleurs nécessaire par la puissance que dégage l'ensemble du dispositif, objets et paroles.

> On ne peut pas, explique Diali, parler avec les doigts ; les choses que tu es en train de faire, si c'est un travail mauvais, toi-même tu n'es pas bien protégé, des fois les doigts, ça va rester debout comme ça [paralysés] ; tout ce qui est mauvais, ça [le balai] dégage.

Ainsi le marabout balaie-t-il son sable avant d'y poser les cauris. Un autre objet utilisé est encore plus fondamental : le couteau[333]. C'est « sur lui » que le marabout parle[334], c'est avec lui qu'il accomplit les gestes centraux de son travail. Bel exemple d'intrication culturelle, cet objet éminemment actif, Diali le nomme *kun fa yakun*, expression coranique signifiant l'agir divin, dont nous avions vu qu'elle figure très souvent dans le texte des amulettes écrites. Enfin le travail ne saurait être efficace sans la présence de l'un ou l'autre de quatre « fétiches » bambara que Diali

329. Cf. p. 178.

330. Il emploie l'expression « se marier ».

331. Diali explique que le chiffre un, c'est Dieu et que deux exprime les « deux choses dans la vie » : bien et mal, nuit et jour, homme et femme, gentil et méchant, etc., deux choses qui « font tous les problèmes ».

332. Il est constitué de fibres végétales assemblées. Le manche de cuir est décoré de cauris.

333. Par exemple, c'est à l'aide du couteau qu'il dispose dans le sable les « trente hommes » ou qu'il les y enfonce lorsqu'il veut n'en laisser que certains.

334. C'est-à-dire prononce incantations, but du travail, nom de la personne visée.

tient de ses lignées maternelle et paternelle ou de ses maîtres. Il s'agit d'objets recouverts de cuir sur lequel sont cousus des cauris ; certains comprennent des queues d'animal. Le premier se nomme *dunamba* (« le monde est grand »), le second, *urakadja* (« le soir c'est loin »), le troisième *tjelumanka* (« les hommes ne sont pas les mêmes »), le quatrième, *sinekadja* (« demain c'est loin[335] »). Ces objets qui concourent, tout comme le couteau, la force des incantations, et la puissance propre de leur possesseur, à la réussite de l'action entreprise, sont nourris de crachats de colas. Diali utilise aussi, pour certains cas, d'autres éléments telles des cornes de bœuf sauvage, *nagellade*.

Voici Diali à l'œuvre. Au consultant dont il s'agit de rétablir la chance (dans le travail, en amour, etc.), il demande d'apporter quatre bougies blanches. Les « trente hommes » sont étalés sur le sable dont il prélève quelques grains, à l'aide du couteau, sous chacune des quinze maisons des « musulmans ». Il mélange ce sable avec du beurre de karité, y ajoute de la racine râpée de *belwelngel* (*Scoparia dulcis L.*[336]). Prononçant le nom de la personne et des invocations secrètes, il enduit chacune des quatre bougies allumées de ce mélange. L'action sera efficace si les bougies ne s'éteignent pas. Ce travail recèle donc une part de divination.

Pour guérir la stérilité (féminine), Diali prélève un peu du sable situé sous le cauri central du groupe de trois musulmans :

IIII– – – – – –II–III–I– –II– – –I– –II–
↑

Il y incorpore de la racine râpée de *aldjanao* (*Cassia occidentalis L.*, dite « herbe puante[337] ») et « parle » sur le mélange. La femme doit y ajouter de l'eau, en boire une partie, se laver le corps avec l'autre, et s'abstenir d'approcher tout autre homme que son mari pendant un mois.

Pour « jeter le tribunal à l'eau » c'est-à-dire faire échouer un verdict qu'on présume défavorable, il faut éliminer tous les « catholiques », selon la procédure de comptage utilisée pour les préliminaires de la divination. Puis, pour retourner totalement la situation en faveur du prévenu, on prélève deux fois du sable de la maison centrale du groupe de trois « musulmans » qu'on mélange avec du sel, réputé chasser les génies, du sucre, du miel, du parfum bénéfique[338] et, comme pour la chance, de la racine râpée de *belwelngel* (*Scoparia dulcis L.*). L'ensemble est mis dans une bouteille. Avant de se rendre au tribunal, le client lave son visage avec cette préparation : le juge sera forcé d'accepter tout ce qu'il dira.

335. Il s'agit de termes bambara.
336. Cf. ci-dessus le sens littéral du nom de ce végétal.
337. En raison de l'odeur très nauséabonde que dégagent notamment ses feuilles.
338. Le type de parfum importe peu.

Pour faire du mal, le travail s'effectue sur le cauri central du groupe des trois catholiques, qui doit rester après élimination de tous les autres[339].

IIII– – – – –II–III–I– –II– – –I– –II–
↑

En Afrique, Diali utilise un crapaud vivant déposé sur ce cauri. En France où il n'est pas aisé de se procurer des animaux vivants[340] et où la sensibilité à l'égard de leur traitement n'est pas la même qu'au pays, c'est le « fétiche » *urakadja* qui en tient lieu, comme si un simple objet de substitution ne suffisait pas, et qu'il y fallait une force particulière. Après avoir dit sur l'animal ou son remplaçant incantations et malédictions suivies du nom de la personne visée, du mal qu'il veut lui infliger (qu'elle meure, qu'elle soit blessée) et du délai souhaité (avant ce soir), il enfonce par trois coups de marteau un long clou de forgeron dans le dos du crapaud, le transperçant entièrement[341]. Il enterre l'animal dans un trou préalablement creusé. Le clou doit être retiré à l'expiration du délai, lorsque le crapaud tout comme la personne sont morts.

Pour rendre malade une personne, Diali dépose sur un van en peau un morceau de viande rouge apportée par le commanditaire de l'acte[342]. Il y adjoint un œuf, une pochette de cinquante aiguilles, une bobine de fil rouge dont il déroule plusieurs longueurs qu'il tend autour de son gros orteil. Prenant sept petits piments sur lesquels il prononce incantations et malédictions, il les enserre dans les boucles ménagées avec le fil. Il saupoudre la viande de poudre d'une variété non comestible de manioc propre à cet usage, d'un peu de sable prélevé sous une[343] ou plusieurs maisons de « catholiques », puis de poudre de piment, tout en criblant la viande de multiples coups du couteau *kun fa yakun*. Puis il dispose en cercle la chaînette constituée des sept piments et l'œuf. Le tout est enfermé dans le morceau de viande par de nombreux tours du fil rouge. Après avoir à nouveau saupoudré le paquet ainsi constitué de piment, Diali y enfonce soigneusement, l'une après l'autre, à l'aide du couteau, toutes les aiguilles. Il dépose la « pelote » hérissée sur le fétiche tenant lieu de crapaud. Il prononce des incantations sur une cola rouge, puis la casse avec ses dents en deux morceaux qu'il lance en l'air. Lorsqu'ils retombent leur position est un présage : les deux faces internes sont visibles, l'issue du travail sera donc favorable. Après l'avoir croquée, Diali recrache la cola sur les deux côtés du morceau de viande, tout en saisissant un second « fétiche » d'où sort

339. Par une procédure de comptage par neuf.

340. Pour le mal, Diali utilise aussi le margouillat et les queues d'hyène, qu'il remplace par des objets plus accessibles.

341. Diali précise que ces coups font sortir les entrailles de l'animal.

342. Dans le cas dont j'ai été témoin, il s'agissait d'intervenir contre une femme avec lequel le consultant avait une relation privée.

343. Le cauri central du groupe de trois, comme dans l'exemple précédent. Procédure comparable en Algérie dans Desparmet (1932 : 74-75).

une queue de taureau, qu'il passe, à plusieurs reprises, au-dessus de la viande. Enfin il range fétiches et couteau dans la grande calebasse contenant tout son matériel, emballe le produit de son travail dans le papier de boucherie en ayant soin d'y ajouter toutes les parcelles de piment et de poudre restant sur le van. Il asperge d'un verre d'eau l'endroit où il a opéré puis le balaie. Il remet le paquet à son client qui a assisté, immobile et muet, à la scène.

Avant les recommandations finales, aucun mot n'a été échangé ; mais tous les gestes de Diali ont été accompagnés d'incantations, de malédictions[344] et de la prononciation du nom de la personne visée. Le travail sur la viande, associée au sang, est généralement de mauvais augure ; il vise à léser, blesser, causer toutes sortes de déboires[345]. Diali emploie aussi une variante de ce maléfice, enfonçant les aiguilles dans des graines de coton pour rendre aveugle une personne.

Ces quelques exemples suffisent à expliciter le symbolisme mis en œuvre. Diali en démontre lui-même quelques aspects, alors que d'autres restent dans l'ombre. L'enfoncement du clou, la piqûre par les aiguilles ont une fonction assez évidente, y compris, d'ailleurs, dans des pratiques françaises, pour qu'on ne s'y arrête pas. L'emploi de la couleur rouge pour le mal, du blanc pour le bien est très courante ; de même celui du piment sous forme de fruit ou réduit en poudre, utilisé pour causer une brûlure maléfique. Le chiffre sept, admettant, on le sait, de nombreux commentaires, représenterait ici les sept jours de la semaine : la maléficience des sept piments s'étendrait donc sur la totalité du temps. Quant au nombre de trois coups, que Diali porte sur le dos du crapaud, il indiquerait le déséquilibre, la rupture ; en opposition avec le un (le Dieu unique), le deux (l'équilibre et le dynamisme du cosmos), le trois, selon Diali, est ce qui « n'a pas de remplacement ».

De l'usage de *aldjanao* (*Cassia occidentalis L.*) pour soigner la stérilité, usage très répandu au Sénégal (Kerharo et Adam 1974 : 268-273), Diali ne dit rien mais il souligne l'odeur désagréable de ce végétal. Celui-ci, indépendamment des propriétés pharmacologiques de ses racines, semble jouer un rôle répulsif permettant de déplacer hors du corps ce qui empêche la procréation. L'usage de matières malodorantes pour chasser le mal est la réplique inversée de celui des parfums pour attirer anges et esprits bénéfiques[346]. Enfin, même si les « fétiches » de Diali jouent

344. En peul, bambara et soninké.

345. Par exemple, faire en sorte que les règles soient incessantes. Nous avions évoqué un tel traitement chez un marabout beaucoup plus islamisé que ne l'est Diali.

346. L'usage de plantes ou de matières nauséabondes existe dans des cultures diverses. Desparmet (1932 : 206) évoque la « pharmacopée puante » utilisée dans la Mettidja pour « tenir les esprits morbigènes à distance » ; Charuty (1987 : 50) mentionne l'emploi concomitant de senteurs parfumées et de fumées nauséabondes pour fixer la matrice, dont le déplacement est conçu, jusqu'au début du XIXe siècle en Languedoc, en Italie, en Espagne, comme un des signes traditionnels de l'hystérie. Une telle pratique trouve son origine dans la tradition médicale savante du début du XVIe siècle et, au-delà, dans les savoirs de l'Antiquité grecque et romaine. C'est très vraisemblablement à cette même origine qu'on pourrait attribuer la pratique citée par Desparmet.

un grand rôle, le sens de tous ces gestes, de tous ces objets ou plantes est dominé par l'opposition entre « musulmans », utilisés pour le bien, et « catholiques », utilisés pour le mal. Cette présence très forte montre combien chez cet homme, aux pratiques en apparence fort peu islamisées, c'est une vision du monde traversée par l'islam qui informe tout son travail.

Pourtant on reste encore, avec l'exemple de Diali, dans le cadre d'un accommodement des pratiques habituel en Afrique, que la nécessité de quelques substitutions ne modifie que très superficiellement. Mais qu'en est-il de l'influence sur le travail des pratiques que certains marabouts ont acquises à Paris ? Venu en France il y a trente ans, Diallo a eu le loisir d'expérimenter des savoirs que d'autre marabouts installés plus récemment se contentent encore simplement d'engranger. Membre pendant une dizaine d'années d'un groupement national d'hypnotiseurs, s'étant intéressé pendant six ans à la sophrologie, il pratique sur ses consultants des passes magnétiques permettant de soulager migraine, maux de dos, de reins, quelle que soit l'interprétation qu'il donnera plus tard de ceux-ci. L'introduction de ces pratiques fait de lui un des rares marabouts travaillant le corps de son consultant par un contact direct. Mais cette panoplie qui lui sert à calmer des symptômes immédiatement visibles n'est pas la seule qu'il utilise. Il adapte aussi l'emploi de multiples pratiques scripturaires, Coran, signes kabbalistiques ou même sanscrit, et des conjurations qui leur sont liées, particulièrement au traitement de difficultés qui elles-mêmes ont un rapport à l'écriture : lettres de candidature pour obtenir un poste, un logement, toute requête d'ordre administratif. Les bains et poudres qu'il utilise généralement seraient inadaptés au papier qui ne supporterait pas d'être mouillé.

Mais ces pratiques scripturaires et verbales de diverses origines, tout comme le magnétisme et, dans une très faible mesure, l'usage de quelques plantes connues en France ou aux Antilles, servent éventuellement à renforcer, non à remplacer l'action des végétaux africains qu'il utilise communément. Si la curiosité hardie de Diallo, l'ancienneté de sa venue en France et son expérience de divers milieux l'ont conduit à infiltrer son savoir africain de pratiques acquises à Paris, qu'il maîtrise avec aisance, celles-ci restent cependant principalement confinées au rôle de palliatif ou d'adjuvant, simplement juxtaposées sans aucun syncrétisme à ses connaissances africaines, qu'il continue à priser par-dessus tout et qui demeurent sans conteste à ses yeux au fondement de son efficacité. Au demeurant, le critère de l'ancienneté de la présence en France ne semble pas suffisant pour expliquer l'appétit de connaissances différentes instillées dans le travail ; d'autres exemples montrent aussi le poids des différences individuelles ; contrairement à Diallo, Touré, qui vit également en France depuis plus de trente ans, a très peu bouleversé ses méthodes. Le cas de Diallo reste donc assez exceptionnel.

Concernant le « travail » proprement dit, l'utilisation des connaissances acquises à Paris reste donc assez peu fréquent et l'on peut conclure à une certaine permanence des organisations symboliques qui le sous-tendent, hormis quelques modifications induites par le contexte parisien[347] ; en revanche les pratiques divinatoires, les schémas d'interprétation sont beaucoup plus perméables à la transformation, à l'innovation. On retrouve ici l'une des fonctions du secret : ce travail, qui s'effectue à l'abri des regards du consultant et ne nécessite aucune parole explicative, n'évolue pas au même rythme que les autres pans de la connaissance ; une telle constatation renforce également l'idée de la dissociation pratique entre interprétation et travail, dégagée plus haut.

Qu'il s'agisse d'écrits coraniques ou non, de la préparation de bains de plantes ou de maniement de fils et de nœuds, la pensée sous-tendant ces gestes introduit une relation dynamique entre ceux-ci et la personne visée ; relation d'une tout autre nature, cependant, que celle d'une analogie purement rhétorique, qu'on la traduise en termes de métaphore ou de métonymie. D'ailleurs, dans son analyse formelle de formules magiques françaises, Todorov (1973 : 52) montre clairement, que même lorsque celles-ci comportent un terme de comparaison (« comme »), la fonction de celle-ci « n'est pas de faire ressortir des ressemblances mais plutôt d'affirmer la possibilité même d'une mise en relation entre événements appartenant à des séries différentes, de permettre la mise en ordre de l'univers ».

Dans les cas qui nous occupent, il s'agit de bien plus que d'affirmer une quelconque similitude entre une plante parasite qu'on remarquerait sur les branches d'un grand arbre et une personne qui se distinguerait des autres. De même que c'est le cadenas refermé qui attache littéralement la personne, lui « pince le cœur » et la fait souffrir s'il n'est pas rouvert, de même c'est le morceau de viande qu'on jette au chien qui fait saigner la femme, car « cette viande est le corps » de celle-ci, comme le dit un marabout. Ces jeux de correspondances, ces actions réciproques s'appuient sur une identité quasi physique beaucoup plus forte que purement langagière. Une telle vision et les gestes qui s'y réfèrent présentent une parenté évidente avec la « médecine des signatures » théorisée en France à la Renaissance, qui postule une homologie entre le corps et les productions de la nature, le semblable guérissant le semblable[348]. La rémanence et la vigueur de ces conceptions sont attestées dans maints proverbes et comportements contemporains (Loux 1983 : 254-258).

Prières

De même que connaître la consultation divinatoire ne suffit pas à s'intituler marabout, de même faire le travail est réputé incomplet, donc inefficace, tant que le marabout n'a pas récité les prières qui lui sont liées ; sinon, dit Sow : « C'est comme si en construisant une maison, on faisait une place pour les portes sans les poser vraiment. »

---

347. Tels l'usage de la photographie, celui plus large de certaines plantes ou de l'écrit, et une tendance à la simplification.

348. Ainsi la chélidoine, plante au suc jaune, peut soigner la jaunisse, etc.

Tous les ingrédients utilisés, les talismans confectionnés prennent leur valeur de ce qu'ils sont pris dans la parole, c'est donc la relation verbale et incantatoire avec le divin ou avec les génies invoqués, qui informe véritablement le travail du marabout ; c'est à cette partie de son action qu'il attache le plus grand prix – à tous les sens du terme –, non seulement pour sa valeur propre mais aussi en raison du danger qu'elle comporte et du temps parfois considérable qu'elle requiert. Certaines prières doivent, en effet, être récitées sept jours de rang, certaines sourates, de longueur respectable, un grand nombre de fois : les quarante et une récitations de la sourate *Ya-Sin*, exigées par un travail, occupèrent Dramé pendant trois heures trois quart[349]. Dans la hiérarchie des tâches accomplies par les marabouts, celle-ci requiert donc le plus d'effort[350]. C'est pourquoi ils hésiteront à l'entreprendre tant que la détermination du client à poursuivre l'entreprise et en particulier sa résolution de rémunérer le marabout ne seront pas parfaitement claires.

C'est lors de cette phase de l'action que l'absence de souillure de l'environnement et du marabout lui-même, décrite plus haut, devient déterminante, favorisant l'accomplissement du travail et assurant la protection contre les assauts toujours à craindre de *rawh̠ân* mécontents. L'utilisation des parfums est réputée leur être agréable, sous forme de liquide que le marabout répand sur son visage, ses mains, ses vêtements, ou de fumigations.

Bien que les prières et invocations vespérales soient également réputées propices à l'« attachement », le moment le plus favorable est généralement le cœur de la nuit. Une première explication de cette activité nocturne met en exergue l'ascétisme du marabout, qui veille tandis que chacun abandonne son corps au repos ou au plaisir. Mais la nuit est aussi, tout simplement, le moment le plus calme, celui où les visites sont terminées, où la famille n'envahit plus l'espace disponible. Comme pour certaines divinations, la nuit du jeudi au vendredi est préférée à toute autre ; cette nuit-là, Sakho ne se couche qu'au petit matin et ne se lève que lorsqu'approche l'heure de se rendre à la mosquée. Mais en fait, les conditions de vie parisiennes exigent parfois de saisir tout moment où le marabout peut s'isoler dans sa chambre ce qui, particulièrement dans le va-et-vient des foyers, n'est pas toujours facile. Dans l'après-midi, lorsqu'il réussit à être tranquille, Aïdara n'ouvre sa porte à personne avant d'avoir achevé ses récitations.

Identifier les fragments d'incantations et de prières[351] revient à dévoiler ce que les marabouts considèrent comme la part la plus secrète de leur activité. Le choix obéit au même principe que celui des textes écrits, « généralistes » comme la *fâtih̠a,* ou introduisant un rapport plus ou moins clair avec la situation pour laquelle le travail est accompli. Ainsi lorsqu'il est question de favoriser une rencontre avec un

349. Selon son propre décompte.

350. Selon Sylla, égrener les prières à l'aide du chapelet est beaucoup plus « fatiguant » que de rédiger un *khâtim*, et encore bien plus que de fabriquer des nœuds. L'un des marabouts avec lesquels j'ai travaillé, salarié pendant la journée, dut faire un séjour en maison de repos en raison du surmenage que ses nuits de veillées provoquèrent.

351. Certains versets peuvent être indifféremment écrits ou dits.

employeur, de la réussite d'un projet avec un associé, Dia prononce une fois, à voix basse, la prière de base (*basmala*) puis trois fois suivies de sept nouvelles récitations une partie du verset 68 de la sourate Yûsuf :

> Et quand ils entrèrent par où leur avait ordonné leur père, rien, vis-à-vis de Dieu ne les eût mis au large, sauf que ç'avait été, dans l'esprit de Jacob, un désir voulu de Dieu.

En prononçant le nom de Jacob, le marabout doit penser au nom de la personne dont dépend le succès de son consultant. Comme pour l'écriture de certaines amulettes, c'est dans le parallélisme introduit entre la réalisation d'un désir de Jacob, prophète de l'islam, et le désir qu'on souhaite insuffler à la personne concernée (employeur, associé) que réside l'efficacité de la prière. Ce fonctionnement est en tous points semblable à celui de l'*historiola* européenne, « bref récit qui met en scène une guérison exemplaire opérée par des saints ou par des personnages de la Sainte Famille, la Vierge et le Christ » (Charuty 1997 : 47). À ces récitations de sourates viennent parfois s'ajouter des invocations de noms de *râwhân* plus ou moins redoutables ; c'est pour nombre de marabouts, cette alliance dont l'efficacité est la plus forte[352].

Pourtant celle-ci est loin de ne résider que dans la signification des paroles dites, signification dont l'analyse de Todorov (1973 : 52-53) atténuait déjà la fonction cognitive : pour Touré, le plus important n'est pas le sens des mots mais « à quoi ça sert » ; on retrouve ici l'un des fondements de l'expérience soufie évoquée au début de ce travail : les gestes, la prononciation même du *dhikr*, qui doit être absolument impeccable, l'intention qui y est mise sont d'un plus grand prix que le *dhikr* lui-même. Rien d'étonnant alors que Diallo ait consigné dans son cahier, transcrites dans une phonétique artisanale, des incantations à répéter qu'il ne comprend pas lui-même. Supérieure au sens des mots, la valeur de la récitation personnelle est analogue à celle de l'écriture manuscrite, compensant largement, on l'a vu, l'altération possible des textes et des calculs par la copie. Conséquence inattendue de ce fait, rien ne s'oppose à ce qu'un consultant français, antillais, particulièrement proche de son marabout en reçoive le privilège de répéter des fragments d'incantations en arabe, en poular, dont le sens lui échappe[353] ou inversement, que le marabout, feuilletant un livre de prières chrétiennes apporté par un client, conseille à ce dernier la récitation de prières qu'il découvre à peine. En milieu parisien, cette absence d'obligation de maîtriser le sens de ce qu'on profère a un effet secondaire : elle facilite la transmission des savoirs à des disciples ou des pairs de diverses origines.

---

352. Autre exemple : pour empêcher un chef hiérarchique de nuire, plus précisément, pour lui interdire d'adresser la parole à son subordonné lorsqu'il le rencontre, un marabout choisit un nom d'ange particulièrement « méchant », qu'il répète trois fois, puis un fragment du verset 9 de la sourate *Ya-Sin*, relatif aux mécréants, qu'il prononce sept fois : « Nous les couvrîmes ainsi d'un voile et voilà qu'ils ne voient plus rien. »

353. Ainsi, par exemple, de ce même verset 68 de la sourate Yûsuf que Sow donna, un jour, à répéter sept fois à un de ses consultants français.

La gestuelle en revanche, doit être très précisément respectée : outre le fait général de se tourner vers l'est lorsqu'il s'agit de prières répétées, tel fragment permettant d'éviter la rencontre d'anges tourbillonnants se dit en faisant un pas du pied droit, puis du pied gauche, tel autre nécessite une psalmodie particulière, un agenouillement, telle manière de souffler sur ses mains, de les tendre, de les passer sur son visage en fermant les yeux, etc. La prière et son efficacité sont intimement liées à une expérience du corps ; le souffle qui transmet les noms et les versets, qui envoie l'ange invoqué chercher la personne, la « manducation de la parole[354] », sont en harmonie avec cette « incorporation du savoir » évoquée dans l'analyse de l'apprentissage.

Comme dans la pratique du *listikhar*, le nombre des récitations ou des invocations du nom de la personne et, par conséquent, leur danger, croissent avec la difficulté du travail : un nombre trop important, surtout s'il comprend des noms de *râwhân*, n'est pas à la portée d'un marabout trop jeune, sauf à mettre sa santé, sa vie ou celles de sa famille en péril. Mais l'une des adaptations personnelles fréquentes d'une connaissance nouvellement acquise est précisément de modifier celui-ci.

Outre cette loi du nombre, d'autres règles doivent être respectées. Ainsi le décompte des récitations peut être différent selon qu'on travaille pour le mal ou pour le bien. Il s'agit, pour Sow, de prononcer tel nom à 4 750 reprises. Dans le premier cas (pour le mal), ce nombre sera décomposé ainsi : d'abord quatre fois mille récitations, comptées grâce au chapelet, puis cinq fois cent, puis deux fois cent, puis cinquante ; dans le second cas (pour le bien), l'ordre sera inverse[355]. Prendre en considération d'abord les plus grandes unités (4 000) équivaut à repousser tandis que commencer par les plus petites (50) manifeste qu'on cherche à attirer vers soi (le bien, la personne). Autre règle, encore, selon que la personne visée est un homme ou une femme : dans le premier cas, certains fragments, certains noms doivent être « appelés » 113 fois, et seulement 99 dans le second[356], toute erreur pouvant être dommageable au travail et même au consultant lui-même. Conformément à l'individualisation de la pratique, maintes fois soulignée, ces règles ne constituent pas un corpus fixe, mais des possibilités auxquelles chacun se soumet avec plus ou moins de rigueur, qu'il contribue lui-même à enrichir et dont, au demeurant, il ne connaît que des bribes.

La khalwa

Il m'a été impossible d'assister à ces prières nocturnes, impossible donc, d'évaluer le temps effectif que chacun y consacre. Il en a été de même pour la *khalwa*, réclusion réputée particulièrement éprouvante et dangereuse, qui impose un

354. Titre d'un ouvrage de Jousse (1975).

355. C'est-à-dire que Sow commencera par les petits nombres.

356. Ces nombres peuvent aussi être multipliés par dix autant de fois qu'il est jugé nécessaire. La justification de ces nombres est restée peu claire ; le marabout qui m'en a donné l'explication se référait à une différence du nombre de côtes chez l'homme et chez la femme.

isolement pouvant durer quarante jours et un lieu propice à la solitude et à la concentration nécessaires à la prière. Mais les représentations qu'en livrent les marabouts révèlent une des facettes les plus intenses et les plus ambivalentes du « travail ». Profondément ancrée dans la tradition soufie la plus classique comme un moyen d'approcher Dieu, la *khalwa*[357] fait aussi partie des expériences ascétiques que doit vivre tout saint personnage et même tout humble *shaykh* de village. En milieu ouest-africain, Triaud voit dans la *khalwa* un élément important de la « fabrication des saints » et de la « technologie du charisme » (1988 : 54). Cette analyse se vérifie aussi à propos des marabouts parisiens : nombreux sont les récits mettant en scène le danger de cette expérience lors de laquelle, plus encore que lors de la manipulation des noms de Dieu ou d'anges, on risque la folie si l'on se révèle trop jeune ou trop inexpérimenté. La légitimité que confère le fait de sortir victorieux d'un tel voyage est à la mesure des périls traversés.

Mais à Paris, comme déjà en Afrique de l'Ouest (Triaud 1988 : 64), la fonction de la *khalwa* a évolué : plus qu'une pratique ouvrant le chemin de la sainteté, elle est devenue une forme extrême de divination et de recours contre l'infortune, une espèce particulière de *listikhar*, que les marabouts pratiquent dans des cas particulièrement graves ou difficiles à résoudre. Souvent, la décision d'entreprendre une *khalwa* leur revient, mais ils peuvent aussi être sollicités par leurs consultants, qui doivent alors y mettre le prix.

C'est que les périls encourus par les marabouts sont redoutables. La confrontation directe avec les anges (*râwh̲ân*) nécessite une protection particulièrement rigoureuse, acquise par la récitation de la *du*^c^*a* (prière de demande), du nom de Dieu invoqué (par exemple *lat̲if*, « le bienveillant »), une propreté sans faille[358], un « cœur calme ». Outre l'isolement dans un lieu également propre et propice à la prière[359], la *khalwa* exige une abstinence alimentaire, non complète toutefois, conformément aux principes d'équilibre souvent évoqués dans le travail maraboutique. Tel se contente de pain et de café, tel autre de lait caillé et de fruits ; la consommation de lait, souvent privilégiée, trouve une explication dans l'imitation du Prophète dont ce fut l'aliment lors de son voyage nocturne, mais aussi dans un hadith, où le lait symbolise la science et la pureté[360]. D'autres marabouts, cependant, se plient à une diète plus codifiée, excluant viande, graisse animale, poisson, œufs. Simples restrictions purement fonctionnelles pour certains, pour lesquels il s'agit de ne pas fatiguer par une nourriture trop riche son organisme déjà éprouvé par de longues heures de veille. Mais il faut aller au-delà de cette hygiène de la prière. Si ce régime doit être frugal, ce n'est pas seulement parce que le marabout trop peu abstinent risquerait de s'endormir en récitant noms et versets et serait alors

357. Le sens originel du terme signifie « vide », « absence », solitude ».

358. Toute souillure compromet l'expérience ; certains marabouts affirment que les *râwh̲ân* n'admettent pas la vue d'une femme.

359. Mais il existe plusieurs niveaux dans la *khalwa* ; pour plus de précisions, cf. Kuczynski (2000a : 402).

360. Cf. Chodkiewicz (1986 : 192-193), qui cite Bukhârî.

contraint de recommencer son travail ; c'est surtout pour éviter d'être la proie facile des *râwhân*. Les tics, rictus, yeux borgnes de certains marabouts sont les témoignages effrayants de tels assauts. Westermarck (1935 : 162) note, d'ailleurs, que « la *baraka* peut être polluée par un estomac plein ». L'ascétisme nécessaire à la *khalwa* trouve un prolongement dans l'allure physique idéale du marabout, qui doit être mince[361] ; car dans cette pensée bio-dynamique, le corps porte la marque des forces de l'univers qui le traversent. Mais surtout cet interdit des nourritures carnées, signe d'humilité puisque celles-ci connotent habituellement l'abondance et la richesse, semble aussi suggérer que pour affronter victorieusement l'expérience de ce voyage nocturne qu'est la *khalwa*, le marabout doit éteindre en lui une certaine forme de vie, celle qui laisse parler le désir, la peur, la passion ; cette interprétation est confortée par le résumé que fait Cissé du régime alimentaire requis : il faut, précise-t-il, exclure « tout ce qui a une âme[362] ». Par cette abstinence qui rappelle le végétarisme chrétien, s'exprimant aussi par l'exclusion de tout parfum trop huileux et trop puissant, c'est de l'appel trop vif des sens, de l'animalité en soi dont le marabout doit se détourner pour faire face aux *râwhân*[363].

Une exception, cependant est admise à cette diète purificatrice : le foie grillé. Mais il ne s'agit pas ici d'une consommation transgressive que pourrait induire cette pratique magico-religieuse qu'est la *khalwa*[364]. En effet, cet organe échappe à l'interdit portant sur l'ingestion du sang, substance que l'islam considère généralement comme impure. Au contraire, le foie est dit receler plus de *baraka,* être le siège de l'endurance[365] et dans de nombreuses cultures africaines, il serait le centre des énergies vitales. C'est donc de ces éléments bénéfiques dont le marabout chercherait à se charger, alors qu'il est affaibli par les épreuves qu'il traverse.

Tous les récits des marabouts et de leurs consultants africains convergent : cette expérience pousse à l'extrême le contact toujours dangereux avec les génies. Et l'on comprend pourquoi la réclusion et les prières d'invocation nécessitent du « courage », selon le terme employé par un marabout. Le terme de « travail » désignant l'action maraboutique prend ici pleinement son sens d'effort, d'épreuve, et non plus seulement ceux d'activité professionnelle et de façonnement de la nature, déjà notés. Alors que, comme on l'a vu, la description de ces êtres redoutables se révèle fluctuante, elle se fait ici plus unanime (et plus stéréotypée). Au beau milieu ou à la fin de la prière surgissent devant les yeux du marabout solitaire, du fond de l'obscurité et dans un vacarme assourdissant, des êtres d'autant plus puissants et terri-

361. Cette allure idéale est démentie par maintes caricatures qui présentent les marabouts opulents et ventrus ; voir aussi la satire du marabout glouton dans Gaden (1913 : 276-279).

362. On sait que l'âme, *nafs*, est le siège des passions.

363. Chacun brode sur ces restrictions ; ainsi un marabout admet le poisson à condition qu'il soit sans épices et sans goût.

364. Cf. à ce sujet Benkheira (1999 : 93-94).

365. Cf. Chebel (1995 : 174), qui cite Chelhod ; la racine *kabada*, « endurer », « supporter », confirme cette interprétation. Rappelons aussi qu'en bien des lieux, le foie grillé est le premier mets préparé dans la cuisine rituelle de l'*ᶜAyd al-kabîr*.

fiants qu'ils sont informes et innommables : serpents, lions, crapauds, grenouilles, chats hérissés, charognards aussitôt soumis à de multiples métamorphoses[366], et attaquant de tous côtés ; plus effrayants encore, des êtres immondes au système pileux hyperdéveloppé, aux moustaches plus larges que l'embrasure d'une porte, aux cheveux descendant jusqu'à terre[367], envahissant tout l'espace disponible jusqu'à risquer d'écraser le marabout contre les parois de sa chambre. Face à ces apparitions monstrueuses, le marabout ne doit jamais céder à l'effroi mais rester parfaitement calme, le corps bien droit, et surtout ne pas crier, sinon la folie le guette ; c'est alors seulement que le *râwhân* prend une apparence acceptable, un petit chat, un mouton[368], et qu'une conversation de face-à-face peut s'engager, lors de laquelle le génie devenu bienveillant s'enquiert de l'objet de l'invocation et conseille le marabout sur ce qu'il convient de faire. Mais le résultat de ce colloque singulier doit rester secret, la connaissance ainsi acquise par le marabout est incommunicable.

Les râhwân ainsi convoqués sont conçus comme des êtres bien réels, vivant sous terre, dans les eaux, dans les arbres, et leur qualité de musulmans est plus qu'ambiguë. À cet égard, l'explication orthodoxe développée par Ibn ᶜArabî (qui met le voyageur en garde contre les inspirations démoniaques et l'enjoignant de persévérer dans la prière[369]), explication dont rend également compte Zempleni dans son analyse de la *khalwa* en milieu wolof (1968 : 438 et sq.) n'a pas cours à Paris. Loin que cette expérience soit une libération progressive du monde des génies et une révélation du réel pouvoir issu de la parole coranique, elle consiste bien en une mise à l'épreuve émanant des *râwhân* eux-mêmes, musulmans ou non, auxquels appartient la réponse à la question posée par le marabout. L'évocation du bestiaire monstrueux et de sa transformation donne le sens réel de la *khalwa* : autant que d'une expérience ascétique, absolument opposée à la transe, il s'agit d'une victoire du marabout sur la nature sauvage, d'une domestication de celle-ci acquise grâce à un état de pureté et une totale maîtrise de soi. De même, l'on passe du bruit anarchique provoqué par l'apparition des génies, à une situation d'échange et de communication, à la langue. De même encore, l'on passe de l'inquiétante étrangeté d'un état d'infortune qu'on ne comprend pas, à la nomination, la symbolisation de celle-ci par le marabout.

Mais cet apprivoisement des génies qui fait naître le sens est toujours ponctuel, et le marabout doit à chaque fois renouveler son périlleux voyage. Se pose alors, une fois de plus, le problème des conditions dans lesquelles celui-ci peut être tenté à Paris : où aller sans accentuer encore le danger ? Comment s'isoler ? En Afrique de l'Ouest, cette retraite a généralement lieu dans les mosquées ou dans une chambre isolée de la maison, un membre de la famille déposant chaque jour une nourriture

---

366. « C'est comme un caméléon », résume Cissé.

367. Les poils et les cheveux sont vecteurs d'impureté. Certains marabouts portent en permanence la tête rasée.

368. Voir la description convergente des apparitions de la *khalwa*, recueillie auprès de marabouts wolof au Sénégal par Zempleni (1968 : 437 et sq.).

369. Cité par Chodkiewicz (1986 : 191).

frugale devant la porte. Ces espaces remplacent souvent la fréquentation de grottes situées près de Dakar, en bordure de la mer des Almadies (Zempleni 1968 : 436). Solutions impossibles à Paris dans des appartements minuscules ou dans les mosquées où se côtoient de multiples tendances islamiques dont certaines, telle la *wahhabiyya*, sont hostiles à cette pratique. Faisant une fois encore preuve d'inventivité, certains marabouts ont adopté pour leur *khalwa* des petits hôtels de quartier dans lesquels ils louent pour la durée nécessaire[370] une chambre calme, éloignée des bruits de la rue, munie de volets permettant de créer l'obscurité indispensable, pourvue d'une salle de bains permettant de faire ses ablutions sans sortir au-dehors, exempte de toute décoration risquant de détourner l'attention. C'est la séparation d'avec l'habitation commune qui assure à ce lieu une bonne part de sa sacralité. Mais, de façon analogue aux cafés investis par certains marabouts pour la consultation divinatoire, c'est aussi dans ces lieux urbains de brassage, de passage, que les conditions de pureté sont les meilleures, comme si, en raison même de ce passage, toute marque en était effacée. Au contact avec la nature, autrefois perceptible dans l'usage de grottes ou de réduits en terre, à la proximité du divin, manifeste lorsque le lieu choisi est la mosquée, s'est substituée, à Paris, une pureté émanant d'un espace étranger, anonyme.

Ce bricolage symbolique n'empêche toutefois pas la désuétude de la *khalwa*. Au péril de l'entreprise, aux difficultés matérielles, s'ajoute en effet la question du temps : s'isoler pour un seul client pendant plusieurs jours n'empêche-t-il pas d'en voir d'autres ? En tout cas, les périodes longues[371] sont révolues, les délais les plus fréquents étant réduits à un, trois, très exceptionnellement sept jours. Certains Africains se gaussent même des marabouts parisiens qui prétendent faire la *khalwa* la nuit et recevoir les clients le jour... Autre frein à la *khalwa* : son prix élevé, que les clients non africains, ignorants de la complexité de ce travail, ne sont pas prêts à payer. Caractéristique parisienne, alors, que cette disparition progressive ? Pas uniquement. Des marabouts sénégalais font la même analyse, reculant devant les contraintes et considérant comme plus rentable de voir plusieurs clients que de s'isoler pour un seul. Mais il est pourtant une difficulté spécifiquement parisienne, générant une profonde inquiétude. À Paris, disent certains, « on voit trop de choses » : dangereuse surabondance pour les uns, opacité pour les autres, de visions auxquelles ils ne savent pas résister, qu'ils ne parviennent pas à interpréter. L'assurance dont les marabouts font souvent preuve à Paris, leur capacité à réduire l'altérité semblent ici atteindre une limite secrète. L'ambivalence des mondes que le marabout côtoie dans la *khalwa* n'est-elle pas redoublée par la part d'étrangeté irréductible que garde pour eux le monde parisien, brousse non totalement maîtrisable ? Sentiment si insistant dans cette expérience extrême qu'est la *khalwa*, qu'il vaut mieux alors l'éviter ?

---

370. La location est comprise dans le prix payé par le consultant.

371. Dramé évoque une réclusion de 41 jours pour résoudre l'affaire particulièrement épineuse d'un client se livrant à des trafics clandestins.

Nous avons vu jusqu'à présent les marabouts agir seuls, détenteurs de secrets fluctuants, mouvants, dont n'émergent, pour les consultants, que des bribes. Mais le moment de la divination et du « travail » est pour ces derniers un temps de suspension avant qu'ils soient à leur tour relancés dans l'action. Les causes d'infortune étant rarement irrémédiables, il y a toujours quelque chose à tenter pour infléchir le destin, qui nécessite une collaboration étroite entre marabout et client.

Toujours agir : les prescriptions faites au consultant

Bien que, en milieu parisien, de nombreux marabouts aient pris le pli de remettre au plus tôt à leur client les amulettes et les bains qu'ils ont préparés, afin de recevoir au plus vite le paiement convenu, cette séquence a très fréquemment un préliminaire : la prescription d'offrandes sacrificielles. Celles-ci représentent en quelque sorte le pivot du « travail ». Ici encore, elles peuvent résulter d'une conduite spontanée du consultant[372], qui décide de son propre chef que telle situation qu'il vit nécessite une offrande ; mais à l'inverse, professionnalisation oblige, le marabout qui ne saurait pas de quel don rituel s'accompagne telle prière serait considéré comme un « charlatan ».

« Enlever le sacrifice »

« Est-ce que tu peux enlever (ou "sortir") le sacrifice ? » demande le marabout. Ce geste lorsqu'il est imposé, engage la responsabilité des consultants dans la résolution de leur problème ; et c'est très souvent au non-respect, ou au respect partiel de cet acte fondamental que sera attribuée l'absence de résultat. Le nom que portent ces dons rituels dérive, dans diverses langues ouest-africaines, du terme coranique *sadaqa* (wolof *sarakh*, poular *sadaq*, etc.), habituellement traduit par les mots français « aumône » ou « charité » mais que les Ouest-Africains en général traduisent régulièrement, à Paris comme en Afrique, par le terme « sacrifice ». Comme l'ensemble du « travail » maraboutique, cette pratique n'est que tolérée par l'islam sans faire l'objet d'aucune codification[373].

L'issue d'une entrevue d'embauche se révèle-t-elle incertaine ? Le voyage ne se présente-t-il pas sous les meilleurs auspices ? C'est lorsque le résultat de la divination est ambigu que la nécessité du sacrifice se fait sentir. Lui seul peut contribuer à « lever le blocage », à favoriser la réussite ou encore, à long terme, une prédiction positive qui pourrait rester lettre morte[374]. Les offrandes sacrificielles « donnent la

---

372. Résultant par exemple d'un rêve.

373. Contrairement au sacrifice de l'*ᶜAyd al-kabîr*, par exemple, qui est prescrit. Sur les sacrifices en islam, cf. Bonte, Brisebarre, Gokalp (1999) ; pour une description plus précise des sacrifices maraboutiques, cf. notre article dans cet ouvrage (Kuczynski 1999).

374. Par exemple, un avenir brillant promis à un jeune enfant, prédiction qui, pour se réaliser, nécessite, même si l'enfant est dans son plus jeune âge, d'entreprendre sans attendre des sacrifices.

route », « accélèrent » les choses, font « démarrer » l'action. Comme l'expriment ces métaphores de mouvement souvent employées par marabouts et consultants, elles permettent de sortir de cet état de suspension où la réalisation du désir n'est ni tout à fait exclue ni tout à fait possible, de cette situation de liminarité qui rend vulnérable. Elles contribuent à transformer l'incertitude en pouvoir.

Le rituel et ses objets

Les dons sacrificiels se rapprochent symboliquement des offrandes préliminaires à la divination, nommées également, sous l'influence de l'islam, *sadaqa* : menue monnaie ou graines propitiatoires ajoutées aux cauris, goutte d'encre jetée sur le papier avant le tracé géomantique, bagues que le marabout retire de ses doigts et qu'il place sous son matériel. « Ce n'est pas pour le marabout mais pour le sacrifice », souligne une consultante africaine, désignant ce don fait aux génies, à la « tête de la plume » qui écrit pour que le sable[375] parle, pour que les cauris disent la vérité. C'est encore cet échange de prestations que l'on retrouve dans ces crachats de colas, ces poulets offerts régulièrement par le devin aux objets supports des génies afin de sceller le renouvellement de l'alliance, de l'engagement (poular *tjori, ndjenari*) contractés avec ceux-ci. Mais alors que ces offrandes sont récurrentes, telle une dette dont on ne s'acquitte jamais définitivement, le sacrifice prescrit par le marabout à son consultant est ponctuel, articulé au problème précis soumis par celui-ci ; il ne sera éventuellement renouvelé que dans le cas où le travail du marabout n'a « pas marché » et où tout doit être renforcé ou recommencé.

Le but du sacrifice est d'obtenir la réalisation d'un désir par le moyen d'une offrande rituelle faite à un intermédiaire (donataire) qui permet de communiquer avec le sacré[376]. Cet acte doit, en principe, être accompli par le consultant, le lien avec la personne même de ce dernier ou ses biens étant essentiels. Il doit, en effet, se séparer d'objets qui lui appartiennent, vêtements déjà portés, draps déjà utilisés[377]. C'est de ses propres deniers qu'il doit acheter les objets prescrits, aller chercher les volatiles dans les marchés parisiens, les moutons dans les fermes de banlieue, les colas dans les foyers. Ici encore les marabouts maîtrisent parfaitement les ressources parisiennes, sachant recommander à leur client tel endroit plutôt que tel autre[378]. Loin de n'être que de banales emplettes, ces acquisitions doivent être faites avec la pensée

375. Ou ce qui en tient lieu.

376. Cf. évidemment l'ouvrage fondateur de Hubert et Mauss (1968).

377. Non pas parce qu'ils sont usagés, comme les dons généralement faits aux organismes caritatifs, mais parce qu'ils sont empreints du sujet sacrifiant.

378. Les marchés de Belleville et de la porte de la Villette sont particulièrement réputés et souvent conseillés par les marabouts à leurs consultants néophytes ; sur celui de la porte de la Villette, les vendeurs sont parfois des Portugais, très au fait de l'usage que leurs acquéreurs peuvent faire de leur achat. Les animaleries des quais de la Seine sont évitées en raison du prix prohibitif des animaux. Les foyers sont également achalandés en pièces de viande, dont les vendeurs savent fort bien qu'elles ne sont pas uniquement destinées à la simple consommation.

claire du sacrifice et l'expression à haute voix sur les objets et animaux de la raison de ce geste. Il est tout aussi indispensable que le marabout, ou tout autre musulman qui en est capable, consacre ces offrandes par des prières et invocations de noms de Dieu, avant que le consultant n'en fasse don. Le schéma du sacrifice comporte donc cinq séquences rituelles :

– la substitution de l'être du sacrifiant à son avoir qui subit, comme l'écrit Zempleni (1987 : 268), une « altération irréversible ». Il s'agit toujours de se défaire d'un objet auquel on attache une certaine valeur : « Par exemple, commente Diaby, à l'adresse d'un consultant inexpérimenté, j'ai un complet que j'aime beaucoup, c'est ça que je vais donner pour que le sacrifice soit bien » ; de plus, alors que le prix du travail du marabout peut être négocié, diminué en cas d'échec, la somme consacrée au sacrifice est une dépense définitive jamais restituée ;

– l'intention de sacrifier, que le consultant doit manifester, intention (*aniya*, de l'arabe *niyya*) aussi essentielle que le geste lui-même ;

– l'expression du désir du sacrifiant, qui « charge » les oblations et qui circulera par elles ;

– la prière de demande (*du*ᶜ*a*) et d'allégeance à Dieu, médiation suprême. C'est, en effet, à Dieu que le sacrifice est consacré, à la rigueur, ou conjointement, aux « anges », ses serviteurs (*râwẖân*) dont on sollicite une intervention favorable, et non aux êtres surnaturels (« gẽnies », « diables ») qui peuvent être à l'origine de l'infortune mais auxquels on ne s'adresse jamais directement pour la faire disparaître : les offrandes qui leur sont consacrées, fondamentales dans des pratiques non islamisées, où elles sont souvent effectuées sur les lieux mêmes de la divination, voire sur les signes tracés, ont été supplantées par celles dédiées au dieu unique de l'islam ;

– le don à autrui, intermédiaire de Dieu auquel l'offrande est destinée.

Toute personne peut accomplir le sacrifice, à l'exception des femmes pendant leurs menstrues[379].

« Monsieur Sacrifice », marabout diakhanké auquel ses proches ont donné ce surnom plaisant, accorde aux dons sacrificiels une place centrale. Tandis que certains de ses pairs se contentent de signaler à leur client la nécessité du sacrifice sans en indiquer le contenu[380], lui est très précis. Il prescrit, par exemple, à un de ses consultants venu le trouver pour réussir son retour au pays, les offrandes suivantes : trois cent trente colas, un vêtement personnel, un franc, un coq et deux poules blancs, un tissu blanc, une chèvre à donner à sa mère. À un autre qui cherche sans succès du travail, il suggère d'abord de renforcer par un premier sacrifice sa « chance traînante » : un coq et une poule blancs, quatre mètres de tissu de même couleur, un franc ; un second don a plus précisément trait au problème en lui-même :

379. Le sang menstruel, réputé maléfique, détruit la puissance du travail maraboutique, troublant la divination, souillant les objets et l'écriture du texte sacré.

380. Tout dépend du résultat, plus ou moins précis, de la divination.

trois mètres de tissu rouge, cent colas et cent biscuits, un petit clou. On voit que le sacrifice peut se composer d'une seule offrande ou de dons multiples.

Les objets bons à sacrifier sont, à Paris, sensiblement les mêmes qu'en Afrique : objets quotidiens (bougies, vêtements déjà portés, draps de lit, chaussures, tissus), aliments (fruits, lait, yaourt, eau, plats cuisinés, biscuits, farine, riz, haricots secs, couscous, sel, sucre, miel, pain, confiture, œufs), cauris, colas, bagues d'argent, morceaux d'or ou de fer, pièces de monnaie, animaux (poules, coqs, moutons, chèvres[381], poissons). Le caractère domestique des offrandes, maintes fois souligné dans d'autres pratiques ouest-africaines[382], se trouve redoublé par le contexte urbain parisien : bien qu'aucun objet *ẖalâl* ne soit théoriquement exclu, il n'est pour des raisons matérielles pas question d'acquérir très loin de la ville les objets nécessaires. Les offrandes prescrites varient d'un marabout à l'autre et d'une consultation à l'autre d'un même devin, même si quelques récurrences peuvent être décelées ; de sorte qu'il est impossible d'établir une typologie visant à lier telle infortune à tel type d'offrande : nouvelle manifestation de l'individualisation de la pratique, qui constitue un des fils directeurs de cette étude.

« Faire *sadaqa* » est très courant en Afrique, y compris dans les grandes villes, comme le montre l'étude de Touré et Konaté (1990) consacrée à Abidjan[383]. À Paris, la référence au sacrifice, très fréquente, sert de schème interprétatif à des réalités françaises : ainsi Dia, notre « marabout-clochard », réduit au RMI, considère-t-il que ces mesures sociales ne sont rien d'autre que des « sacrifices » faits par le gouvernement français envers les plus démunis. Pourtant cette pratique rencontre de nombreuses difficultés. La première réside dans la diversification de la clientèle des marabouts hors des milieux familiers de ces gestes : ne leur paraît-il pas totalement incongru, par exemple, de déposer un œuf sur un trottoir pour qu'il soit détruit par le premier venu ou de donner une pièce de tissu à la première femme enceinte rencontrée ? La seconde découle de la situation de manque déjà évoquée : devoir s'aventurer hors de l'espace domestique, se rendre dans des fermes de banlieue parfois éloignées pour trouver mouton, chèvre ou volaille suffit à détourner clients et marabouts de ce type de sacrifice[384] ; cela sans compter qu'on n'est jamais sûr de trouver exactement l'animal prescrit. Le troisième problème, le plus important, concerne le sacrifice animal, admissible à des degrés divers pour des consultants

381. Le sacrifice d'un âne est assez rare en Afrique de l'Ouest et incongru d'un point de vue islamique ; il a été rencontré une seul fois à Paris. L'auteur de cette prescription semblait estimer cet animal, dont il racontait certains prodiges du temps du Prophète. Pour des raisons de commodité, ce sacrifice a finalement été remplacé par celui d'un mouton. Les offrandes de gros animaux sont très rares à Paris.

382. Par exemple en milieu gourmantché, cf. Cartry 1976.

383. Ces auteurs notent, d'ailleurs, que même certains Européens ne rechignent pas à faire des sacrifices (*ibid.* : 20).

384. La possibilité d'immoler l'animal dans la cour d'un foyer où des fermiers apportent, chaque semaine, des ovins destinés à la consommation et aux sacrifices, solution clandestine, est de moins en moins répandue.

d'origine africaine, maghrébine ou antillaise, mais qui suscite le plus souvent dégoût et refus horrifié de la part des clients d'origine française. Les analyses de N. Vialles ont excellemment montré combien en France, on s'est efforcé d'« euphémiser la mort des bêtes » (1987 : 51), de faire disparaître le spectacle du sang, de déplacer les abattoirs aux marges des villes. Dans un contexte urbain marqué par une réglementation qui ne considère comme légale que la mise à mort des animaux en abattoir, et par la montée d'un sentiment « animalitaire » sensible à la souffrance des bêtes, les problèmes posés par les offrandes impliquant l'immolation d'animaux se posent sensiblement dans les mêmes termes que ceux soulevés à plus grande échelle par le sacrifice de *l'ᶜAyd al-kabîr* (Brisebarre 1998), parfois clandestin, toujours dérobé aux regards.

Si, malgré ces contraintes parisiennes et les sensibilités diverses d'une clientèle variée, les marabouts n'hésitent pas à prescrire des sacrifices à leurs consultants, c'est qu'ils sont l'objet de multiples accommodements.

Le jeu des équivalences

Le remplacement des offrandes est communément admis, de même que la négociation entre consultant et marabout concernant le prix trop élevé du sacrifice prescrit. Ils se fondent sur l'absence d'une relation directe entre tel type de cause et tel type de don de même qu'entre le coût de celui-ci et la difficulté du problème à résoudre. Si la flexibilité parisienne s'inscrit dans cette continuité[385], il est intéressant d'en repérer les directions. Outre l'adaptation quasi mécanique des offrandes au contexte français, sans grande conséquence symbolique (la substitution d'une baguette de pain à une boule de mil, par exemple), celles-ci permettent d'entrevoir des évolutions très différences du sens donné au sacrifice.

C'est d'abord la variété d'une même catégorie d'objets qui subit une sorte de simplification. Ainsi du grand nombre de colas, oblation d'autant plus fréquente qu'elle est unanimement considérée comme un substitut du sang et que, comme la viande sacrificielle, elle implique le partage ; elles sont différenciées par leur couleur, leur taille, certaines caractéristiques externes[386]. Or à Paris, fréquents sont les marabouts à avoir éludé cette précision, qui, d'ailleurs, n'est pas toujours rigoureusement induite par la divination, et à considérer que l'objet générique est suffisant. À l'ignorance, fort bien ressentie par les marabouts, de leur clients français (comment leur prescrire le sacrifice de colas « ni rouges ni blanches » alors qu'ils ignorent tout du fruit lui-même ?) s'ajoutent le manque de choix ou les prix prohibitifs du marché français. Alors que Sow, au lieu du mouton totalement blanc, inaccessible à sa bourse, se contente d'une bête à la robe approchante, Mohammed va encore plus loin

385. Pour un petit nombre de marabouts cependant, le champ des équivalences est extrêmement réduit. Seul est vraiment admissible le remplacement de l'offrande par des jours de jeûne, que le marabout peut assumer au nom de son consultant. Il en résulte une augmentation du prix du travail.

386. Il en existe des blanches, des rouges, des « muettes », des petites, etc. Elles peuvent montrer une trace évoquant un coup de couteau, l'absence de marque permettant de séparer les deux cotylédons, etc.

dans le nivellement : il recommande simplement un sacrifice de viande rouge, n'importe laquelle mais « pas du porc », précise-t-il, indiquant par là que la chair du sacrifice doit être *ẖalâl*. L'approximation (dans des limites admissibles) est une réponse pragmatique à la pénurie.

Ces remplacements ne sont jamais envisagés sous un jour dogmatique mais résultent de l'expérience personnelle de chacun. Pourtant un principe les dirige : ils ne se déterminent pas en fonction de la valeur marchande des objets, car le sacrifice n'a pas de prix[387], mais selon un code symbolique sous-jacent. Ainsi Gassama change-t-il sans difficulté le mouton prescrit en un coq et une poule, selon un principe auquel il ne déroge jamais : le vivant remplace le vivant[388]. Autre exemple : l'équivalence fondée sur le sacrifice d'objets de couleur identique ; les colas blanches, le sucre pourront être mués en lait, tissu ou feuille de papier blancs eux aussi[389]. De ces codes partiels, susceptibles de nombreuses variantes, le symbolisme des couleurs présente le plus de régularité. Trois d'entre elles dominent le choix des offrandes, soit qu'elles en constituent la note majeure soit qu'elles se succèdent : le noir, le blanc, le rouge. On en a vu quelques exemples dans les prescriptions de « Monsieur Sacrifice », évoquées plus haut. Le noir (coq noir, morceau de fer, etc.) correspond à un mal qu'on cherche à extirper ou à celui qu'on veut faire. À l'inverse le blanc (lait, sucre, bague d'argent, etc.) intervient pour attirer un bienfait, accroître sa chance. Les significations du rouge sont plus complexes. Il rappelle d'abord le sang du sacrifice, aux connotations ambiguës. La hâte avec laquelle on s'éloigne du sang, jamais consommé, qui a coulé dans l'herbe après l'égorgement de l'animal, ou avec laquelle, au foyer, on en fait disparaître toute trace par un jet d'eau purificateur, montre assez que ce fluide vital recèle quelque menace. En outre, ce sang est parfois utilisé par certains marabouts pour des préparations dans des cas particulièrement graves[390]. C'est dire que le rouge (sang, colas, viande, tissu) connote un danger, une perte. Il est également associé à la lutte contre les sorciers « mangeurs d'âme », « buveurs de sang », présents à Paris, comme on l'a vu : le sacrifice d'un objet rouge empêchera ceux-ci d'attaquer le consultant. Le rouge signifie encore que le sacrifiant traverse un danger auquel il ose faire face, contre lequel il se bat. De telles

387. Ce qui sépare encore le sacrifice de la transaction sur le prix de la consultation ou du travail, évoqué plus haut.

388. Il précise : « Le coq et la poule, ça fait quatre pattes, comme le mouton. » Il compense cependant cette équivalence par l'ajout de quelques objets annexes, par exemple un métrage de tissu ; ceci indique qu'il existe malgré tout une hiérarchisation implicite entre les animaux.

389. Autre équivalence encore, déjà signalée dans les sacrifices répétitifs faits au matériel divinatoire : les crachats de *Guiera senegalensis J. F. Gmel.* (poular *gelloki*, manding *kankanon*), plante très largement utilisée par les marabouts et les devins pour divers types de travaux, peuvent, tout comme les crachats de colas, se substituer au sang.

390. On a déjà évoqué, plus haut, le cadenas dont se sert Aminata, constitué, entre autres ingrédients, du sang d'un coq sacrifié. Le sang entre également dans la préparation d'un bain d'invulnérabilité : il sert à tracer des écrits qu'on lave, le vendredi matin au lever du soleil ; on s'enduit le corps de la solution ainsi obtenue. Outre le sang, les poils des animaux sacrifiés peuvent parfois entrer dans la fabrication de certaines amulettes.

représentations constituent, à Paris, une sorte de consensus, quelle que soit l'origine ethnique des marabouts[391]. S'agissant des équivalences, le respect de tels codes prouve que l'échange, s'il est possible, n'est ni généralisé ni aléatoire.

Mais il est des cas où ce code symbolique ne constitue plus un élément déterminant. Pour de nombreux marabouts parisiens, la valeur de l'offrande réside moins dans sa nature que dans le geste lui-même. « S'il ne peut pas [le client] un mouton, dit Bakary, il peut un poulet, ou un vêtement, ou une feuille de papier ; même deux francs, même un verre d'eau, c'est bien. » Le sens de cette souplesse va bien au-delà de la simple adaptation aux lois et coutumes du marché parisien. La substitution généralisée des offrandes admise ici met au fondement du sacrifice non plus le don lui-même, mais l'intention de sacrifier, la *niyya*, « ce qui se passe dans le cœur », selon l'expression de Diaby. C'est cette même tendance qui explique la décision prise par certains de ne jamais imposer de mise à mort d'animaux, et il n'est guère étonnant que les marabouts aient ainsi trouvé une solution alternative au sacrifice sanglant qui les rejette eux-mêmes dans cette « sauvagerie » dont ils cherchent par tous les moyens à débarrasser leur image. Cette évolution vers une moindre substance du don au profit du sentiment intérieur du consultant tend vers l'abandon à ce dernier du choix de l'offrande.

Ce mouvement de spiritualisation et d'individualisation, où prime le sentiment intérieur du sujet sacrifiant, est également repérable dans la destination des offrandes.

La circulation des offrandes

« Sortir le sacrifice » (manding *saraka bo*, poular *jaltinde sadaq*) signifie que le consultant prélève un objet parmi ses biens, objet dont on a souligné la valeur substitutive, et qu'il le porte loin de soi, qu'il le remette à autrui. Participer soi-même au repas sacrificiel ou donner l'offrande à un de ses parents fait l'objet d'interprétations divergentes selon les marabouts et les types de problèmes à résoudre[392].

Les donataires possibles se répartissent en trois groupes[393] :

– les personnes réputées fastes, entre les mains desquelles le désir inhérent au sacrifice sera porté vers sa réalisation ; ainsi d'une personne « pas trop

391. Le rouge intervient avec la même signification dans des pratiques de protection. Ainsi bien des Africains vivant à Paris gardent-ils, dans leur porte-monnaie, un fragment de tissu rouge. Porter un vêtement rouge et le donner en sacrifice la veille du jour où l'on va entreprendre une action importante est aussi conçu comme une protection. Caillié mentionnait aussi l'existence de gris-gris « recouverts d'écarlate » ([1830]-1979, t. II : 33).

392. L'un des points de divergence repose sur la considération du sacrifiant comme sujet individuel ou comme indissociable de sa famille prise comme un tout, auquel cas offrir le sacrifice à un parent ne suffit pas à le faire « sortir ». Concernant la participation du sacrifiant au repas sacrificiel, certains marabouts l'admettent s'il s'agit d'attirer un bien mais le déconseillent s'il s'agit d'éloigner un mal.

393. Sans compter les cas sans donataire explicite, où il s'agit, par exemple, de jeter l'offrande dans une eau courante qui emportera le mal.

noire » qui apportera la lumière, ainsi d'une mère de jumeaux, ainsi des enfants, êtres considérés comme innocents jusqu'à la puberté ;

– l'ensemble des nécessiteux, croyants ou mécréants : la veuve pieuse, l'orphelin, le mendiant du métro, la femme aux nombreux enfants, le sans-abri ;

– une personne quelconque, la première qu'on croise sur sa route, qui doit, en recevant le tissu, les colas, le miel, prier Dieu d'exaucer le vœu du sacrifiant. La circulation du don sacrificiel a pour but d'amplifier, de renforcer par leur multiplication, les souhaits de réussite, ceci sans compter sur la chance qui peut faire rencontrer au sacrifiant un être aimé de Dieu[394].

Mais à Paris, est-il efficace, et même seulement convenable de faire un don au premier venu ? « Un métropolitain dira : “C'est quoi ça ?” Il le jettera par terre », commente Diallo[395]. Le partage de l'offrande sacrificielle est un des fondements du lien social, fait particulièrement manifeste lorsqu'il donne lieu à des repas carnés où les mets offerts sont consommés en commun. Contrairement à ce qui est habituel en Afrique, où toute personne peut être conviée à ce type d'agapes ou peut être amenée à se voir remettre une part de viande crue ou un objet, les donataires possibles d'un sacrifice, forment, à Paris, une communauté virtuelle restreinte, aux frontières fluctuantes.

Ce peut être des Africains qu'on va trouver dans un foyer, lieu emblématique de regroupement de cette « communauté[396] », ou des familles africaines auxquelles le marabout redistribue colas ou vêtements : ceux-là sont réputés être solidaires, comprendre le sens de l'offrande dont il leur revient de porter témoignage, connaître gestes et paroles qui leur incombent. Pourtant la réalité est loin de cette belle unanimité. Dans un de ses romans, Kourouma écrit (1990 : 97) :

> Consommer les sacrifices n'est ni recommandable ni honorable ; c'est une chair qui fainéantise, vauriennise et affaiblit. Elle était traditionnellement réservée aux mendiants et aux hommes de caste. En raison de la dureté de l'époque, à ceux-ci se joignirent d'authentiques fils de guerriers et de nobles avilis par la subjugation et achevés par la famine.

Une telle attitude existe aussi à Paris : décliner l'offrande, c'est refuser d'être pris pour un pauvre ou un casté alors que son statut de noble – ou l'attitude de celui-ci, honorifique et valorisante que l'on cherche à reproduire si l'on en a les moyens matériels – exige, au contraire, de distribuer ses biens à autrui. Et c'est à contrecœur

394. Le souhait de s'assurer du concours de telles personnes concerne d'ailleurs aussi l'assistance à l'éventuelle immolation : on y convie le marabout, telle personne réputée porteuse de *baraka*.

395. Quel ne fut pas l'étonnement d'un fonctionnaire de la DASS lorsque, menant une enquête en milieu africain et ayant frappé par erreur à une porte, il se vit remettre sans autre forme de procès, par l'homme qui lui ouvrit, un billet de cinquante francs !

396. Bien que, par commodité, l'on puisse faire don d'une carcasse entière, le sacrifiant lui-même ou le sacrificateur découpe généralement la viande en parts égales de un ou deux kilogrammes. En milieu peul, si l'égorgement peut être effectué par un noble (qui peut être un marabout), la découpe est faite par un esclave ou, à Paris, par une personne rémunérée pour ce travail.

que Dia et bien d'autres sont contraints d'accepter le RMI, ce « sacrifice des Blancs ». Le proverbe peul rapporté par Gaden, *torôdo ko torotôdo*, « le torodo est un mendiant » (1931 : 316), qui, ne vivant que d'offrandes, passe son temps à quémander, une sorte de pique-assiette, trouve toujours des échos jusqu'à Paris. L'enjeu du sacrifice se heurte donc au respect d'une hiérarchie sociale encore vivace.

C'est une des raisons pour lesquelles le cercle des donataires peut être élargi à tout musulman. Les lieux les plus habituels choisis pour faire don des objets sacrificiels sont les mosquées : là on s'adresse à une personne en particulier ou, plus souvent, on dépose son bien à l'entrée, sur une table généralement réservée à cet usage, à la disposition de tous. Ainsi tous ceux auxquels, par son don, le sacrifiant aura fait le bien en les nourrissant, en les réconfortant, participeront à la résolution du problème du sacrifiant. Cette solution, outre qu'elle atténue le caractère parfois incongru du don direct fait à la première personne rencontrée qu'on oblige ainsi, préserve un anonymat de bon ton à Paris.

Pourtant en milieu parisien, des doutes s'élèvent sur la pratique effective de la prière par certains, qui n'auraient plus de musulman que le nom : « Il vaut mieux donner à quelqu'un qui est dans le besoin », dit Dramé. Les contours d'une « communauté » des destinataires se déplacent encore ; de réduit qu'il était au cercle restreint des Africains ou des musulmans, le lien social s'élargit à nouveau pour franchir les frontières culturelles et embrasser l'ensemble des nécessiteux ; mais son sens s'en trouve modifié : la *sadaqa* est alors comprise comme aumône, « charité[397] » universelles. Outre le respect de l'anonymat, elle délie les donataires de la contrepartie implicite du don que constitue la prière communielle ; délivré de toute attache, le geste est désormais une affaire entre Dieu et l'individu sacrifiant, une nouvelle fois mis en exergue. L'éthicisation sensible dans la mise en valeur de l'aumône est une autre forme de la spiritualisation et de l'euphémisation du sacrifice. Elle s'intègre parfaitement au paysage français[398] : contrairement au sacrifice sanglant, la charité, attitude parfaitement admissible, a ses gens : les pauvres, ses lieux : les portes des mosquées, des églises, les rues, le métro... Certains marabouts, généralement très avares de commentaires sur le sens de leurs prescriptions, osent quelques rapprochements personnels : faire *sadaqa*, c'est comme faire brûler un cierge à l'église[399], c'est comme donner de l'argent aux pauvres. C'est bien cette interprétation commode, conforme aux mœurs françaises, qui prévaut souvent : donner un vêtement, quelques pièces de monnaie, des fruits à un mendiant est un acte connu, banal, relevant d'une morale sociale simple et universelle, d'un comportement civique quand Dieu en est absent. En dehors de cette explication, lorsque le silence du marabout laisse les clients français libres de leur propre exégèse, l'offrande n'est parfois plus que pur cadeau fait à une personne connue,

397. Outre le terme de « sacrifice », c'est la traduction la plus usuelle du mot *sadaqa* par les marabouts comme par leurs consultants.

398. Cf. à ce sujet les ouvrages de D. Hervieu-Léger, notamment 1999.

399. Les bougies constituent une offrande habituelle.

aimée ou respectée, la médiation inhérente à cette relation étant au mieux réduite à la volonté diffuse de réaliser son désir en faisant le bien.

Entre spiritualisation et matérialité du don

Pourtant cette spiritualisation, cette éthicisation universalisante du sacrifice n'est pas la seule modification repérable de cette pratique en milieu parisien. Elle coexiste avec les tendances contraires.

Alors que certains marabouts acceptent sans difficulté des équivalences au don recommandé, d'autres s'y refusent. La divination[400] a-t-elle indiqué avec précision la nature de l'offrande ? Alors il est indispensable de s'y tenir, le message exprimé au moyen du rêve étant une exigence indiscutable. Pour Touré, si soigner telle maladie « du diable » nécessite le sacrifice d'un mouton « un peu noir » qu'il est impossible de trouver ou d'acquérir, le client est contraint d'y renoncer ou d'attendre des conditions meilleures, quitte pour le marabout, si la chose est possible, à trouver un autre moyen de résoudre le problème posé. Un don inadéquat est considéré comme inutile, inefficace ; au mieux, il est hasardeux et son acceptation est entre les mains de Dieu. Une telle position révèle une conception du sacrifice très différente de celle centrée sur l'intention du sujet : l'efficacité repose ici sur un échange de dons, pris au pied de la lettre, entre le sacrifiant et les êtres surnaturels, les « anges » protagonistes de la divination. Ceux-ci expriment avec netteté leurs conditions et refusent d'agir avant d'avoir été pleinement satisfaits. Le rituel implique un respect absolu de la matérialité de l'offrande.

Cette conception « substantielle[401] » du sacrifice, qui se fonde sur le mouvement inverse à celui tendant à psychologiser et à éthiciser le rituel est, elle aussi, l'occasion pour les marabouts d'associer librement au sens habituel du sacrifice des surimpressions originales ; ainsi Diaby explique à sa consultante française que ce coq et cette poule, dont il lui prescrit le sacrifice, auront pour effet de l'élever, à l'instar du vol de ces oiseaux, au-dessus de ses collègues ; que ce don de cent biscuits agira comme un antidote au cas où quelqu'un entreprendrait de l'empoisonner ; que cette pièce d'un franc dont elle doit se défaire aura pour conséquence que, désormais, l'argent restera entre ses mains. Mais elle a surtout une implication majeure en milieu parisien. Elle repose sur l'importance accordée par certains marabouts à la matière même des objets, et surtout aux rites en eux-mêmes. Outre leur conviction personnelle, il s'agit d'une stratégie plus ou moins consciente adoptée envers leurs consultants, dont ils ressentent le besoin d'agir concrètement, et, du moins pour leurs clients d'origine française, de faire des actes qui les décentrent de leur univers quotidien[402].

400. Tous les procédés n'indiquent cependant pas avec une égale précision la teneur du sacrifice ; l'usage du chapelet permet simplement de définir si celui-ci est nécessaire, tandis que le jet de cauris, la géomancie, le *listikhar* désignent en général nettement l'objet, ou une classe d'objets.

401. J'emprunte ce terme à Hourmant (1995 : 216).

402. On développera ce thème dans la dernière partie.

L'adhérence à la matérialité du sacrifice peut paraître rigide et contraignante dans le contexte parisien pour les raisons exposées plus haut ; mais même dans le cas de l'immolation d'un animal, il est des moyens de conjuguer la prégnance du rituel avec la nécessaire politique d'invisibilité obligeant à exiler le sacrifice sanglant hors les murs. La délégation à autrui est la solution la plus fréquente, en particulier aux parents ou amis restés en Afrique. Keita a chargé sa mère, gardienne du troupeau qu'il possède en Mauritanie, d'en prélever pour le sacrifier, tel mouton prescrit qu'il n'a pu trouver à Paris. Mais cette responsabilité revient le plus souvent au marabout lui-même, déchargeant ceux qui sont empêchés d'accomplir le sacrifice[403] tout comme ceux qu'il embarrasse ou dégoûte. « C'est mon métier », précise Touré à sa consultante française ; dans ce cas, la somme réservée à l'achat des offrandes est comprise dans le prix global demandé par le marabout pour son travail.

Les cas de figures sont multiples, depuis celui où le marabout se contente de soustraire la mise à mort d'un animal aux yeux de son consultant mais lui rend la dépouille, à celui où il assume seul l'ensemble du processus, acquisition, intention, consécration, immolation, distribution, le consultant étant tenu à l'écart de tous ces actes, n'ayant plus pour toute tâche que le don d'argent. Mais de cette forme édulcorée, qui tout en conservant une place centrale au rituel, en délègue le geste précis à autrui, la mise en exergue de l'argent, possession contemporaine essentielle dont, pour une partie, le consultant se défait, ne fait-elle pas plutôt la forme la plus moderne, la plus urbaine du sacrifice, où l'on retrouve, de plus, un rapprochement avec le fonctionnement de l'argent en psychanalyse ?

Ce sacrifice par procuration ne va pas toujours sans faire naître quelques soupçons, témoignage supplémentaire de l'ambiguïté des sentiments à l'égard des marabouts, et de ceux-ci à l'égard de leurs pairs : classiques sont, en Afrique comme à Paris, les accusations de détournement à son profit des offrandes, et, pire encore, de commerce de la viande sacrificielle ! C'est pourquoi Gassama, après avoir tué un mouton pour son client, prend grand soin d'en distribuer devant témoins la viande dans un foyer d'Africains situé loin de celui où il habite pour ne pas donner prise à l'accusation de n'en faire profiter que les siens ; et Dramé insiste sur son rôle de redistributeur des dons qui transitent entre ses mains, conformément à la fonction de tout marabout soninké respectable.

Mais pour des raisons qui ne tiennent plus à leur incongruité en contexte français mais à leur nécessaire matérialité, la distribution des offrandes ne va pas toujours de soi. Revenons un instant sur l'une des séquences composant le sacrifice : le prélèvement volontaire fait par le sacrifiant sur ses biens, qui peut être bien autrement utilisé : donner un objet qui, essence de tout don sacrificiel, vous appartient étroitement, ne revient-il pas à fournir une proie trop facile à d'éventuels maléfices[404] ? À l'inverse, si nombre d'Antillais, clients fréquents des marabouts parisiens, redoutent de consommer la viande sacrificielle, si Fatou, une jeune Sénégalaise, alla

403. C'est ainsi que Gassama a tué un mouton pour un de ses clients emprisonné au Luxembourg.

404. On se souvient que c'est à partir d'un objet ou d'un élément du corps d'une personne (cheveu, etc.) qu'on peut « travailler » celle-ci.

jusqu'à faire intervenir sa famille vivant à Dakar pour effacer l'effet présumé d'un don de tissu et de coq reçu d'une amie – don qu'elle avait pourtant refusé –, c'est bien parce que ces objets peuvent aussi être les supports d'actes malfaisants. À Paris, on le sait, la force des relations de rivalité n'est pas moins grande qu'en Afrique de l'Ouest ou aux Antilles : dans les deux cas, le sacrifice peut masquer le maléfice. Mais certains gestes accompagnant parfois l'appropriation préliminaire du don en révèlent encore d'autres significations. Pour parer à des problèmes de travail, Dramé prescrit à sa cliente l'achat de sept paquets de sucre qu'elle devra placer, un par un, sous son lit pendant sept dimanches soirs avant d'en faire don le lundi matin ; de même, pour soigner des maux de ventre, Gassama conseille le sacrifice d'un pot de miel qui devra, avant d'être offert, séjourner une nuit sous le lit ou l'oreiller du consultant. On peut aussi devoir porter trois fois au-dessus de sa tête la viande ou les colas constituant l'oblation. Cette proximité souvent nocturne[405] de la matière sacrificielle avec le corps du sacrifiant correspond à une substitution de l'un à l'autre mais la dépasse. La manière de faire d'un marabout moins islamisé éclaire la procédure : pour guérir des maux de ventre, celui-ci prescrit de frotter une cola blanche sur la zone douloureuse avant d'en faire don. Ce n'est plus la personne dans sa totalité et son désir qui sont transférés dans l'objet, mais bien le mal dont elle souffre. Si la conception du sacrifice comme aumône semble avoir recouvert une telle charge, elle resurgit dans la crainte, souvent exprimée, de recevoir des objets ainsi « lestés » qui sont effectivement, pour certains, réputés chargés de malheur. « Enlever le sacrifice », c'est aussi porter loin de soi le mal qui vous rend vulnérable. Ainsi la matérialité du sacrifice dévoile les sens multiples de ce geste, que masque le caractère consensuel et quelque peu normatif de la « charité ».

Le contexte parisien se caractérise donc par la tension entre deux évolutions contradictoires du sacrifice, l'une qui s'attache plus à la matérialité des offrandes et à l'exactitude des gestes, l'autre qui accélère un processus de spiritualisation, d'individualisation, de minimalisation du rituel. Ces deux tendances ne recoupent ni une répartition entre les consultants africains et ceux issus d'autres horizons culturels (en particulier français) ni une opposition entre marabouts « traditionnels » et marabouts plus sensibles au milieu parisien contemporain, de sorte qu'interpréter cette bipolarité en termes d'acculturation et sa résistance semble insuffisant. Par ailleurs, aucune ne peut être considérée comme une perte de sens du sacrifice puisque aussi bien la *niyya*, « ce qui se passe dans le cœur », comme le dit Diaby, sur laquelle met l'accent la spiritualisation, que l'importance donnée à la substance et au geste sont toutes deux contenues dans la conception islamique de la *sadaqa*. Cette coexistence révèle, au contraire, l'extrême plasticité des pratiques musulmanes. Elle permet en outre de nuancer le processus de désenchantement du monde décrit par Weber, qui

405. Vraisemblablement parce que le principe vital sort pendant la nuit du corps du sacrifiant et peut aller facilement visiter l'objet ; mais aussi parce que le rêve peut indiquer le devenir, faste ou néfaste, du don. Le sacrifice peut comporter sa propre divination : ainsi avant de sacrifier des colas, tel marabout les lance en l'air et détermine, à la position dans laquelle elles retombent, l'effet probable de l'offrande.

fait de l'euphémisation, de la rationalisation éthique un mouvement historique fondamental travaillant l'ensemble des religions, mouvement que l'on peut observer dans d'autres pratiques « exotiques » transplantées à Paris[406]. Il est vrai que cette tendance trouve également sa légitimité du fait qu'elle rencontre le souci d'invisibilité et le respect imposé de la police du corps (y compris animal) ; mais la seconde, qui conduit à l'observance exacte des gestes rituels dans toute leur matérialité trouve tout aussi bien sa vigueur et une dynamique renouvelée à Paris, au point que certains marabouts la considèrent comme une condition de leur succès.

Bains et amulettes

Lorsque le sacrifice a été effectué selon les règles, « Dieu est d'accord pour que ça se réalise », assure Touré. Reste alors la dernière étape : la remise au consultant des « médicaments » que le marabout a préparés pour lui[407].

« Laver le corps », serrer l'amulette

On l'a vu, rares sont les marabouts qui, lors de la divination ou du travail, manipulent le corps de leurs consultants[408]. Cette mise à distance n'exclut cependant pas le regard ; fixer les expressions du visage est essentiel dans cette relation d'emprise évoquée à propos des séances divinatoires[409].

Pourtant c'est bien par des soins du corps que les marabouts s'efforcent de résoudre les problèmes qui leur sont soumis, quelle que soit la nature de ceux-ci, amour comme justice, stérilité comme recherche de travail. « Nettoyer » l'individu des influences néfastes qui l'affectent[410], le « dégager » des désordres de l'existence, le protéger des agressions à venir[411] consiste pratiquement en un traitement du corps dans sa globalité car c'est par celui-ci, conçu comme lieu de vérité, vecteur du destin, réceptacle des principes vitaux, microcosme de la société[412] que transite tout ce qui affecte l'individu. De même que l'acquisition du savoir est incorporation, que l'écriture des talismans est d'abord un geste, de même cette partie du « travail » se fonde sur des techniques du corps ritualisées.

Des « bains » ou des « médicaments à boire » (*aya*, *lotshital* [poular], *nasi* [songhay], *safi* [manding]), dont on a analysé plus haut la fabrication, sont remis au

406. Voir par exemple l'analyse des nouveaux mouvements religieux japonais en France, dont Hourmant décrit l'évolution vers « l'euphémisation de la relation au rituel dans un sens psychologique » (1995 : 214).

407. Cette remise peut aussi avoir lieu en même temps que la prescription du sacrifice.

408. Les exceptions sont les pierres-stéthoscopes de Ndao, les passes magnétiques de Diallo, et le rapide examen de la main dans la chiromancie.

409. D'un marabout dont le regard insistant lui a pesé, une consultante africaine dit : « Il dénude la personne. »

410. Conformément aux analyses désormais classiques de Douglas ([1967]-1981).

411. Cf. p. 224.

412. Cf. Benkheira (1997 : 41) et voir aussi l'analyse du corps forteresse, p. 225.

consultant. Lotion et potion étant souvent prescrites au consultant de façon simultanée, « laver le corps » correspond donc à un traitement d'autant plus complet qu'il est à la fois externe et interne, analyse confortée par le fait que les deux liquides sont deux parts[413] d'une même préparation.

Comme les talismans, les « bains » sont aussi bien curatifs que préventifs ; certains marabouts venus en Martinique les désignent par le terme de « préservatif », et Gassama nomme ceux qu'il prépare « protège » ou « porte-bonheur ». La pureté restaurée permet également de provoquer la chance, d'attirer sur soi l'amour, la réussite professionnelle. « Quand on fait le bain, les gens vous voient mieux », affirme une consultante guadeloupéenne forte habituée à ces pratiques ; « tout le monde se précipite vers vous », renchérit une jeune femme africaine. L'un des effets attendus est de capturer le regard du protagoniste, patron, amoureux, client, et de le contraindre à accéder à tous vos désirs ; la fascination qu'il génère est comme l'antithèse du mauvais œil. Tout comme ils les différencient dans l'égrenage des noms de Dieu ou des versets, certains marabouts distinguent ces deux objectifs complémentaires que sont l'expulsion du mal et l'attraction du bien par des rituels différents : dans le premier cas le consultant doit se laver de haut en bas afin de faire descendre le mal vers les pieds, alors que le geste est inversé dans le second cas, afin que le bien puisse monter[414].

Les consultants viennent chercher le précieux liquide chez leur marabout ; tout en donnant quelques explications, celui-ci en prélève une ou deux gouttes qu'il boit lui-même, preuve que son travail n'est pas maléfique[415]. Si nécessaire, on vient renouveler sa provision lors d'une seconde brève visite, sans prendre son tour dans la salle d'attente. Toutefois, à Paris comme en Afrique, il est conseillé au consultant de compléter par de l'eau son récipient, soit après chaque emploi, soit lorsque la bouteille est à moitié vide, ceci une ou deux fois[416] ; dans certaines limites, le degré de dilution de l'écriture est donc sans rapport avec l'efficacité de celle-ci, fait qui évoque les recherches récentes sur les hautes dilutions, menées notamment à propos de l'homéopathie. Avant l'emploi, il revient au consultant d'ajouter à la part du liquide dévolue au bain un parfum qui lui convient[417] : à Paris, le coût et surtout les goûts variables d'une clientèle diversifiée dissuadent la plupart des marabouts de se charger de cette tâche. Bayo le fait parfois lorsqu'il s'agit d'hommes[418], mais s'en

413. Qu'il revient, généralement, au client, une fois rentré chez lui, de séparer. Même les préparations à effet pharmacologique sont rarement totalement exemptes de cette visée.

414. On retrouve la même symbolique du haut et du bas dans la pratique des contre-sorciers wolof décrits par Zempleni (1987 : 271), qui font réintégrer par les pieds du consultant son *fit* (principe vital) attiré hors de son corps par le sorcier-anthropophage.

415. En milieu peul, cette conduite, qui est loin de ne concerner que les seuls marabouts, est dite « enlever l'œil de la marâtre », personne réputée maléfique (Gaden 1931 : 40). Elle n'est pas spécifique aux Peuls et peut s'observer, à Paris, chez des marabouts diakhanké, soninké, etc.

416. Chaque marabout indiquant ses règles personnelles.

417. Il leur revient plus rarement d'ajouter au liquide d'autres produits, sucre ou sel, dont on a déjà expliqué le sens.

418. Il choisit un parfum liquide bon marché, qu'il achète dans un bazar de la Goutte d'or.

garde bien lorsqu'il a affaire à des femmes ! Le rôle du parfum est d'être agréable aux êtres surnaturels invoqués, d'attirer, tout simplement, mais il revêt aussi un autre sens. L'une des formes du bain que le marabout remet à son consultant est, on l'a vu, un morceau de coton hydrophile ayant recueilli l'encre des écritures tracées sur la planchette ; utilisable tel quel tant qu'il est humide, il doit être à nouveau imbibé de parfum par le client lorsqu'il sèche : « Ça agit quand c'est sec, dit Cissé, mais c'est beaucoup plus fort quand c'est mouillé. » Ce mouillé, que nous avions déjà rencontré lors de l'évocation des pierres de Ndao, connote la force de la vie, opposée à l'affaiblissement, à la sécheresse dans lesquels se trouve le consultant qui doit se « laver ».

Les potions sont plus rares à Paris pour les raisons déjà indiquées. L'écrit, généralement dilué dans l'eau, peut être bu dans un autre liquide, lait baratté, café, etc. Il peut aussi être consommé dans des préparations de céréale et de viande, comme le montre la prescription reproduite p. 286-287[419].

La place centrale du corps dans la réparation du problème se vérifie aussi pleinement par les prescriptions relatives aux amulettes. Désignées, à Paris, par les termes de « gri-gri », « talisman », « médicament », « protection », ou « quelque chose », « truc », selon un usage de l'euphémisme déjà noté, ces amulettes portent, dans les diverses langues africaines, des noms variés permettant d'en distinguer la nature, la destination. Ainsi en milieu diakhanké, à côté du vocable général *ḫidjâb* (« protection[420] ») se distinguent *sebe* (toute amulette écrite), *nombo* (« ceinture »), *karo* (« amulette de poitrine », litt. « poitrine »), *safi ella djifo* (« amulette de poche »), *kungosafi* (« amulette de tête[421] »), de lourds colliers dont on se ceint la poitrine, etc. Mais à Paris, leur variété est limitée : ceintures, bracelets, amulettes recouvertes de cuir, de tissu ou de papier, dans lesquelles peut être passé un lien permettant de les porter autour du cou, constituent la totalité d'une panoplie singulièrement restreinte au regard de ce qu'elle est (ou était) en Afrique (Holas 1949 qui en cite une vingtaine de sortes, en milieu lébou).

---

419. Cette préparation, indiquée à un client résidant en France, est parfaitement conforme à celle que nous avons vu réaliser dans un village de la région de Touba (Sénégal) par un marabout mouride, préparation destinée à un consultant souffrant de maux de dos.

420. Employé tant lorsqu'il s'agit d'une stricte protection que lorsqu'il s'agit d'attirer un bien, ce qui prouve bien la complémentarité entre ces deux buts.

421. Ce type d'amulette, glissée dans un turban volumineux, tombe en désuétude à Paris en raison de la disparition du port de celui-ci.

Mountaga Cheikhou Oumar TALL
Dakar (Sénégal)

Dakar le 4/9/1979

Mon cher

J'ai reçu ta lettre et ce que tu m'as envoyé : les 25.000 frs CFA, mais tout cela m'a trouvé en voyage raison pour laquelle ma réponse est tardive. Ce que je vais t'envoyer, voici bien ce que je vais te dire.

1°) Mettre le "aya" dans de l'eau jusqu'à ce que le coton soit bien propre.

2°) Avec l'eau obtenue tu cherches un poulet que tu cuiras avec l'eau sans rien d'autre pas même du sel

ATTENTION : Tu partageras le "AYA" en trois parts égaux. Avec chaque part, cuiseras un poulet (Donc 3 poulets pour 3 cuissons, pour 3 jours). Tu prendras le repas seulement à l'heure du dîner et tu ne mangeras non plus rien d'autre que cela pour dîner et le restant de la nuit.

Important : si tu as là-bas du "Thiagle" farine de mil tu le feras cuir avec le poulet. C'est encore meilleure :

ATTENTION : Il faut enlever une certaine quantité de l'eau bénite (aya) pour te laver avec, pendant 3 jours (trois jours). Mais il faut le [illegible] lieu propre

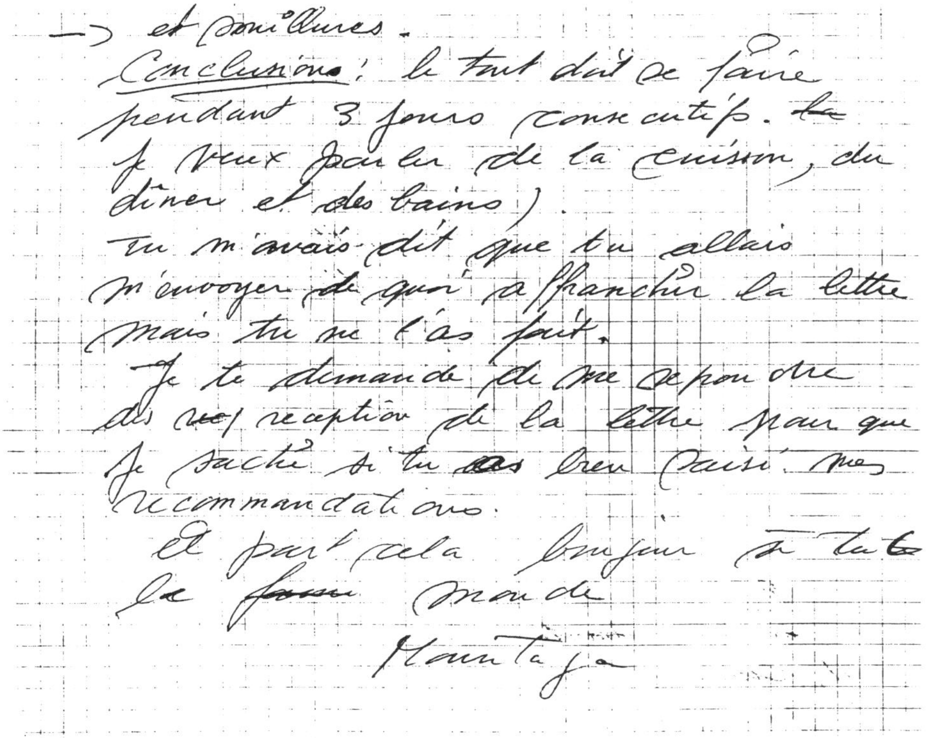
→ et souillures.
Conclusions : le tout doit se faire
pendant 3 jours consécutifs. La
(je veux parler de la cuisson, du
dîner et des bains).
Tu m'avais dit que tu allais
m'envoyer de quoi affranchir la lettre
mais tu ne l'as fait.
Je te demande de me répondre
dès ma réception de la lettre pour que
je sache si tu as bien suivi mes
recommandations.
Et part cela bonjour à tout
la famille monde
Mountaga

Figure 9. Prescription d'un marabout dakarois envoyée à un Sénégalais vivant en France.

L'une des prescriptions majeures relatives à ces amulettes est de les porter en permanence sur soi. La bague ou le bijou en argent sur lequel un orfèvre a gravé quelques lettres ou chiffres, et le marabout, prononcé prières et invocations, est un moyen de protection très classique. À défaut, les clients non africains rechignant parfois devant la dépense, c'est l'amulette qu'il est recommandé de garder en permanence dans son sac ou son porte-monnaie et, la nuit, de déposer sous son oreiller, sous son matelas, dans sa valise. Mais souvent ce sont plusieurs talismans qui sont rassemblés : l'un doit, par exemple, rester dans le sac, l'autre être glissé sous le lit ou accroché à la porte ou sous un fauteuil, de sorte que le consultant est entièrement cerné de cette présence efficiente, d'autant plus que dans le même temps il boit, mange, s'enduit de substances analogues. Bien que ces indications admettent une certaine souplesse à Paris, c'est le contact direct avec le corps qui assure l'efficacité la plus grande ; c'est pourquoi Khadija a attaché ses talismans sur sa poitrine, à droite[422]. Cette présence constante, faisant du corps un support du

422. Elle les a fixés à l'intérieur de son soutien-gorge.

texte ou des matières censées le transformer, est encore accentuée au plus fort du problème. Doit-on affronter un guichetier de préfecture lors du renouvellement de la carte de séjour, franchir une frontière alors qu'on n'est pas en règle, obtenir de sa propriétaire une prolongation de bail ? Il faut alors enserrer avec force son bras droit avec le bracelet contenant l'amulette, ajuster au plus près, à l'aide de toutes ses attaches, la ceinture contenant les talismans que l'on porte autour de la taille[423], toucher trois fois avec sa langue, presser vigoureusement, mordre énergiquement le talisman en exprimant son désir et, souvent, en prononçant le nom de la personne visée. C'est de ce corps à corps intense avec l'objet que naît l'efficacité, les paroles à prononcer renforçant cette attitude offensive.

D'autres gestes s'éloignent de ces rituels corporels : passer sept fois l'amulette devant sa porte en prononçant le nom de l'homme qu'on aime, dont on attend le retour. Le talisman peut aussi avoir pour but de protéger des lieux : la maison contre l'agression de génies maléfiques, la boutique contre l'intrusion de voleurs, mais aussi pour attirer les clients, la voiture contre les accidents, etc. Pour la maison, l'amulette, à défaut de pouvoir être enterrée dans le sol, comme souvent en Afrique, doit être accrochée, avec le plus de discrétion possible, au-dessus du seuil, endroit dangereux par excellence dont est ainsi maîtrisé le franchissement.

Les recommandations qui accompagnent la remise des « bains », potions, talismans sont le plus souvent laconiques. La précision quasi médicale souhaitée par certains clients d'origine française notamment, peu accoutumés à un tel traitement, incite cependant quelques marabouts à donner à leurs prescriptions l'allure d'une ordonnance, parfois même écrite[424]. La périodicité de l'emploi varie selon les marabouts et les buts poursuivis : « Chaque fois que tu sors », indique Sow, s'agissant d'un « porte-bonheur » général ; « pendant six ou sept jours, pas plus, en prononçant sept fois le nom de l'homme », conseille ᶜAli à sa cliente désireuse de retrouver l'amour de sa vie. Aucune posologie exacte n'est préconisée : « Tu bois un peu chaque jour », sauf si le client néophyte insiste ; la seule limitation réside dans le nombre de jours, dont le dépassement risque de transformer le traitement bénéfique en son contraire.

Ces indications parcimonieuses, qui ne livrent qu'un mode d'emploi sans rien dévoiler des principes mis en œuvre, accroissent encore la capture de la pensée propre à toute procédure rituelle (Smith 1991 : 630) et le secret dont sont entourées les « protections », comme tout l'art du marabout ; de sorte que ces liquides et ces objets peuvent s'interpréter comme des « sécrétions » : « ensemble des processus plus ou moins volontaires ou organisés par lesquels les détenteurs ou les dépositaires [...] *exhibent* des fragments du secret [...] devant ses destinataires [...] sans pour autant le révéler ni le communiquer » (Zempleni 1996 : 24).

423. Ceinture qu'on lie, en général, de façon plus lâche.

424. Ainsi l'une de celles rédigées par Ndao se termine ainsi : « à revoir le 17 juin pour conclusion définitive », suivi de sa signature.

Participe également de ce processus l'indication précise mais non commentée de la gestuelle et du comportement rituel indispensables. Il faut protéger le « bain » et l'amulette de toute souillure, les éloigner du contact avec de jeunes enfants, de toute pollution sexuelle[425], de toute contamination par du sang menstruel : comme pour le sacrifice, les femmes ne doivent rien entreprendre pendant leurs menstrues. Le lieu choisi doit lui-même être propre, situé loin des toilettes ou de la salle de bains où se répandent miasmes et pollutions de toute une famille, hommes et femmes mêlés. Généralement, ces prescriptions sont accomplies par le consultant dans l'intimité de sa maison, pratique solitaire et individuelle n'impliquant en rien le contrôle d'un groupe[426]. Mais dans un souci mêlé de ne pas laisser un client néophyte ou désinvolte compromettre l'efficacité de ses préparations tout en accentuant encore la mise en scène rituelle, le marabout peut imposer le « bain » dans sa propre habitation. C'est dans ce cadre qu'une consultante française se dénuda entièrement et s'aspergea du bain, derrière un rideau, à l'intérieur d'un cercle délimité au sol par une corde, cercle sacré gagné sur l'espace parisien[427]. À l'inverse de cette solennité accrue des gestes, d'autres marabouts en banalisent le sens : à une cliente française venue le consulter pour un avancement, Cissé explique qu'avant de se rendre chez son directeur, elle doit prendre ce bain « pour se détendre »... On retrouve ici, déjà relevé à propos du sacrifice, le double mouvement d'attachement presque sans concession à la forme rituelle et de traduction dans un autre registre à l'aide d'un langage moral ou psychologique.

On le sait, l'espace parisien compté rend difficile le respect des contraintes qu'impose le fait de recouvrir son corps du texte sacré ou d'un liquide végétal qui le purifiera. Mais le problème est aussi ailleurs : enlever ses talismans lorsqu'on entre dans un lieu souillé, les remettre ensuite ne nécessite-il pas un temps précieux dont on ne dispose pas toujours ? Cette impatience qui conduit à faire fi, souvent non sans remords, d'une orthopraxie pointilleuse, se manifeste actuellement chez certains consultants tant parisiens qu'habitants des villes africaines, gagnés eux aussi par la presse d'activités multiples et incessantes.

L'eau, l'oiseau, l'arbre, le feu

Outre le « travail » prenant pour support le corps du consultant, d'autres gestes peuvent être prescrits à Paris :

– jeter l'amulette dans une eau courante, purificatrice, qui emportera le mal ; c'est ce que recommande Koly à une de ses consultantes, pour débarrasser l'homme

425. Avant d'effectuer le rituel, le consultant doit avoir fait ses ablutions, voire être en état d'abstinence sexuelle.

426. Ceci n'empêche nullement un marabout d'inscrire sur sa carte publicitaire : « Séances de psychothérapie (de groupe) ».

427. Soin du corps dans sa totalité, ces ablutions peuvent parfois être plus sélectives (pour que son mari ne regarde qu'elle, la femme doit se laver le visage et le sexe) ou plus limitées (au visage et aux bras).

qu'elle aime de l'envoûtement provoqué par une rivale. L'eau généralement choisie à Paris n'est autre que la Seine[428]. Mais pour attaquer une personne malfaisante, faire en sorte, par exemple, qu'elle ne cesse de se disputer avec son entourage, l'eau courante peut être celle de la chasse d'eau qu'on tire sur l'amulette, cette eau souterraine étant le repaire assuré de génies maléfiques ;

– attacher l'écrit à la patte ou autour du cou d'un oiseau qu'on laisse s'envoler ; le consultant doit lui-même acquérir l'oiseau, les pigeons parisiens pouvant faire l'affaire[429]. C'est ce que Sow prescrit à une consultante ayant les pires ennuis avec son chef de service. Tout comme l'oiseau qui s'envolera avec ce talisman, la personne visée ne tiendra pas en place, ne pensera qu'à partir. C'est aussi ce que Dia choisit dans une situation d'adultère pour condamner l'amant à une fuite éperdue. Cette utilisation de l'oiseau est signalée par Doutté ([1908]-1984) en milieu maghrébin, où le vol de la tourterelle porteuse de l'écrit voue l'ennemi à l'errance éternelle ;

– attacher l'amulette à une branche d'arbre, dans un jardin[430], peut être accompli, selon les possibilités de chacun, par le consultant ou le marabout lui-même. Alors que certains agissent selon une transmission routinisée, « c'est comme ça qu'on [leur] a dit », d'autres accentuent à leur manière les sens multiples de cette pratique quasi universelle, répandue du Maghreb à la Sibérie en passant par les campagnes françaises contemporaines, striées par des autoroutes[431] : des ex-voto constitués de lambeaux d'étoffes, ou des requêtes, des malédictions écrites sont noués aux branches et abandonnés au gré du vent. Dia suggère que : « quand le vent souffle, ça fait bouger la personne », qu'il s'agisse de la faire revenir ou, au contraire, de l'éloigner[432]. Mais l'accent peut être mis sur la hauteur à laquelle doit être fixé l'objet, en principe sur une branche supérieure, en tout cas « loin de la terre » : c'est ici la position de domination sur l'adversaire visé qui est en jeu[433] ; mais que l'écrit tombe malencontreusement à terre, et la partie est irrémédiablement perdue pour le commanditaire du talisman ;

---

428. Une pratique sénégalaise, plus complète, ajoute à cet abandon de l'amulette dans le fleuve Sénégal un bain purificateur du consultant qui doit pénétrer dans l'eau jusqu'à mi-corps ; geste évidemment irréalisable à Paris...

429. Un de mes amis a effectivement trouvé, ficelé sous l'aile d'un pigeon blessé, un message, malheureusement presque entièrement effacé, dans lequel on pouvait deviner une malédiction écrite en arabe.

430. Une des clientes de Koly avait choisi le Jardin des Plantes, proche de son domicile.

431. Dans la vallée de la Somme, région où la construction d'une autoroute a détruit les haies et laissé quelques rares arbres autour desquels tournent les tracteurs, on vient déposer sur un « arbre à loques » particulièrement vénéré, des vêtements, tissus, dans l'espoir de guérison de certaines maladies. Cette pratique n'est, dans cette région, en rien une survivance : « il n'y a plus de saint, il n'y a plus d'arbre mais il n'y a jamais eu autant de loques », commente l'auteur de cette information (France Culture, émission « Nuits magnétiques », 2 février 1993).

432. Interprétation analogue dans Doutté ([1908]-1984 : 61).

433. Même remarque à propos de l'écriture des noms sur les talismans, cf. p. 244.

– le consultant peut devoir brûler l'amulette sur sa cuisinière, geste indiqué lorsqu'il s'agit de faire du mal ou comme dernier recours, lorsque toute autre tentative de résoudre le problème posé a échoué. Il constitue aussi une lutte réputée efficace contre les génies maléfiques.

Ces actes[434] sont parfois accompagnés de prières ou d'invocations, que certains marabouts indiquent en français à leurs consultants ignorant l'arabe. Marie, consultante française, désireuse de faire revenir l'homme qu'elle aimait, devait brûler une amulette en prononçant cette phrase : « Viens vers moi comme je viens vers toi ».

Suggérant, pour certains d'entre eux, une topographie imaginaire de la ville, ces gestes sont sous-tendus par une conception du cosmos identique à celle qui préside au choix et à l'usage des végétaux : l'existence de multiples interactions et correspondances entre les éléments qui le composent : l'homme est intimement lié à cet oiseau qui, par son errance, agit sur lui. Loux (1983) décrit, dans les coutumes thérapeutiques françaises traditionnelles, des pratiques à bien des égards semblables[435]. Soulignons une fois encore que les marabouts savent agir avec souplesse et s'adapter aux possibilités de leurs clients, privilégiant pour celui-ci un bain, pour celui-là une amulette à conserver dans un tiroir, selon les souhaits ou répugnances qu'ils sentent chez chacun.

Ces objets, dont la puissance agissante combine de multiples facteurs, tenant tant aux matières utilisées qu'aux méthodes d'élaboration, à la personnalité du marabout, au respect du rituel, sont traités avec le plus grand soin. C'est par colis postal recommandé que Sakho les envoie à ses consultants lointains[436]. Mais quel est leur devenir une fois le problème résolu ? Ou, question irrévérencieuse mais néanmoins posée, quand « ça n'a pas marché » ou même quand on soupçonne qu'ils sont les supports d'une action néfaste ? Dia confie à sa consultante un morceau de coton imprégné de l'encre des écrits qu'il a tracés pour elle sur sa planchette, pour pallier son manque de mémoire. Elle doit préparer un café, y plonger le coton, ajouter beaucoup de sucre[437], bien extraire tout le liquide du coton, et boire le breuvage. Le coton, elle doit le garder, le faire sécher puis le brûler. Simple support, il peut, en effet, malgré le soin mis à en recueillir toute l'encre, en porter encore les traces ; c'est afin que personne ne puisse en profiter qu'il est nécessaire de le détruire. Ce souci de le faire disparaître exprime à nouveau l'idée que son efficience n'est pas proportionnelle à la quantité ou à l'intégrité de l'écriture, mais est également liée à la matérialité de l'objet en lui-même. On retrouve aussi le secret jalousement gardé, entourant toute la démarche.

434. On pourrait en citer d'autres, tel celui d'enterrer l'amulette.

435. Telle celle consistant à attacher au cou de l'enfant une patte de taupe afin que ses dents poussent sans douleur, l'animal ayant souffert à la place de l'enfant (1983 : 234).

436. La conséquence non négligeable étant d'en augmenter la valeur aux yeux de leur destinataire.

437. En raison de son caractère bénéfique et pour masquer l'amertume de l'encre.

Cette destruction par le feu n'est pourtant pas le moyen utilisé pour se séparer d'une amulette ; poubelles et décharges étant théoriquement exclues, tant à cause du risque de récupération par un tiers qu'en raison de la saleté, l'habitude la plus répandue et la plus radicale est de la jeter dans l'eau courante, procédure plus facile à Paris qu'un enterrement, également admissible. Mais certains ont un extrême scrupule à se débarrasser de leur talisman, même si son effet se fait attendre, même s'il s'est déjà produit ; ainsi Maryama porte-t-elle sur elle depuis longtemps plusieurs talismans dont elle a oublié le but et la provenance. Respect mêlé de crainte dû au texte sacré, commun aux juifs et aux musulmans[438], même s'il a été produit dans un but supposé maléfique, puissance illimitée ou imprévisible de l'amulette, écrite ou non, expliquent ces conduites chargées d'une infinie précaution ; d'ailleurs l'eau courante, comme la terre, sont des lieux conçus comme exempts de souillure[439]. Mais il est aussi des marabouts qui, au terme de leur travail, reprennent l'amulette à leur client, sans doute pour éviter que le consultant ne se défasse sans discernement de l'objet.

Quelques constantes du travail maraboutique parisien

Au terme de cette plongée dans les procédés divinatoires et les différentes phases du « travail » maraboutique parisien, nous pouvons dégager quelques-uns des principes qui les sous-tendent.

Discrétion et mesure

Agir pour restaurer la chance d'un consultant, lui restituer ou renforcer son principe vital, est sous-tendu par une reconstruction du monde, que les différentes atteintes subies par le consultant ont bouleversé. Quelques exemples permettent de rendre sensible cet aspect. L'une des procédures utilisées par Cissé se nomme on ne peut plus clairement *safînat-Nûh* (« l'arche de Noé ») ; il s'agit d'un tracé géomantique fait de points et de traits, les premiers étant définis par Cissé comme « le fondement du monde, comme le soleil qui se lève le matin », les seconds comme « les trous que Nûh a creusés dans la terre pour avoir de l'eau ». Dans les carrés magiques tracés par Dia, les sommes horizontales et verticales des cases sont nommées *Hawa* (Ève), les sommes globales portant le nom de *Adama* (Adam) :

438. Voir en milieu juif, l'existence de la *geniza*, pièce où sont entreposés les écrits hors d'usage ; au Maghreb, les vieux Corans ou pages d'écrits sont déposés sur le tombeau des saints.

439. Description du devenir inusité des amulettes à Pikine (Dakar) dans Hamès et Epelboin (1993 : 239-241).

4	9	2	15
3	5	7	15
8	1	6	15
15	15	15	

15 = Hawa

3 × 15 = Adama

Outre ces renvois explicites à la genèse du monde, c'est cette même perspective qui donne tout son sens à la référence, omniprésente dans la composition des amulettes écrites, à des personnages fondateurs tels les prophètes. Rappelons aussi l'usage du nom de Hawa, mère de toutes les femmes, remplaçant celui, manquant, de la mère du consultant. À cette refondation temporelle s'adjoint une reconstruction spatiale. Ainsi chez certains, le tracé même des *khâtim* recompose les éléments du cosmos, les traits du cadre représentant chacun le ciel, la lune, le soleil, la terre selon l'ordre suivant :

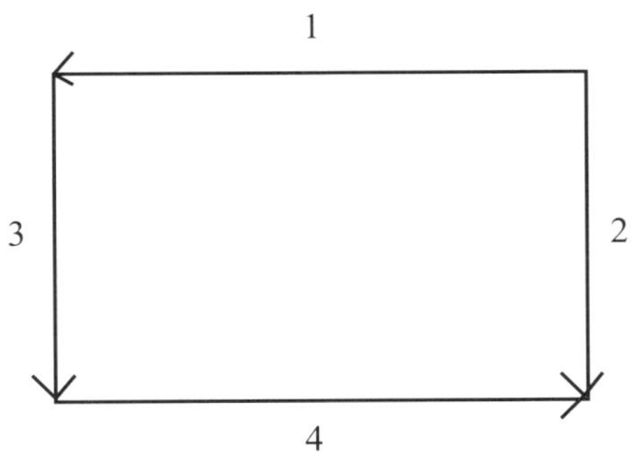

1 = ciel

2 = lune

3 = soleil

4 = terre

Cet objectif est également sous-jacent dans le choix des sourates XCI à XCIV souvent utilisées pour le *listikhar* : ainsi la première, « Le soleil », invoque le soleil, la lune, le jour, la nuit, le ciel, la terre, et l'âme, toutes créations divines.

Quant aux quatre anges principaux fréquemment invoqués, disposés aux quatre coins du carré, ils se superposent clairement aux quatre points cardinaux, totalité de la sphère cosmique, également évoquée dans divers calculs[440]. L'emploi privilégié d'une calebasse pour la préparation des bains (même s'ils sont, ensuite, versés dans une bouteille vide de Fanta ou de Coca-Cola), l'exigence d'une calebasse

440. Cf. p. 232 la somme de 360 (représentant l'addition de quatre angles des points cardinaux) utilisée dans la détermination d'un nom d'ange.

« blanche » (neuve) pour certains travaux, vont également dans ce sens puisque cet objet évoque, dans diverses cultures africaines, la matrice, le cosmos dans son entier. Enfin l'usage de l'œuf que fait Diali, devin nourri de culture bambara, œuf gainé de cuir qu'il place devant son matériel divinatoire et de travail, indique assez ce souci de l'origine : c'est dans l'œuf, dit-il, que se trouvent tous les médicaments des « trente hommes[441] ».

Si le sens de ces quelques exemples est dépourvu d'ambiguïté, il est cependant bien loin d'être mis en exergue par tous les marabouts, qui, souvent, méconnaissent ce moteur de leur efficacité. Il est vrai que les conditions parisiennes ne sont guère favorables à la réalisation de certains gestes qui, même si leur signification s'était opacifiée, auraient pu, eux, demeurer. Ainsi lorsque Sow trace sur sa planchette certains écrits, ou lorsqu'il prépare certains bains, il sait qu'en Afrique, il devrait laisser ceux-ci exposés pendant trois jours, ou huit jours (selon les cas), à la lumière du soleil et des étoiles ; mais impossible d'agir ainsi à Paris : comment atteindre le toit de son immeuble ? où poser sa planchette ? D'ailleurs n'a-t-on pas déjà mentionné qu'à Paris, le ciel était voilé ? Sow remplace ce geste par l'utilisation de la chaleur du radiateur. Mais loin d'être une variante métonymique de cette intégration dans le cosmos (la chaleur se substituant au soleil), cette modification fait référence non plus à l'astre solaire mais soit au brûlage employé pour les travaux maléfiques soit au simple séchage. Il y a bien un glissement de sens. Cantonné dans la grande majorité des cas, à l'intérieur des maisons, le travail maraboutique s'est, en milieu parisien, presque complètement détaché de ses enjeux cosmologiques, déjà considérablement affaiblis.

Sa caractéristique essentielle est, à Paris, l'intervention discrète en faveur d'individus auxquels il s'agit de rendre l'« équilibre », qu'ils aient perdu un travail, un logement ou qu'il s'agisse de leur donner de la chance. Cette notion, employée fréquemment par les marabouts, traverse l'ensemble de leur pratique. Benveniste a dégagé, dans les langues indo-européennes, la signification originelle de la racine **med* (qui donnera notamment, dans différentes langues, des formes telles *medicare*, *medicamentum*, *remedium*) :

> [...] elle peut se définir comme « mesure » non de mensuration, mais de modération [...], propre à assurer ou à rétablir l'ordre dans un corps malade [...], dans l'univers [...], dans les affaires humaines, des plus graves, comme la guerre, aux plus quotidiennes, comme un repas (1969 II : 123 et sq.).

441. Cf. p. 178 et à propos de l'« œuf du monde », cf. Dieterlen ([1950]-1988 : 34). Bien qu'il soit nourri de culture bambara, Diali soutient que cet œuf viendrait d'Inde ; rappelons la place particulière tenue par l'Inde auprès des Africains de l'Ouest ; rappelons aussi que selon certaines traditions, l'origine de la géomancie serait attribuée à un certain Tamtam el Hindi (Tamtam l'Indien).

Cette « mesure[442] », nous la trouvons exactement appliquée par les marabouts, tant en ce qu'ils imposent avec une certaine autorité un ordre à leur consultant, qu'en ce que celui-ci contient de « limitation ou de contrainte ». Lorsque ᶜAli donne à une femme un bain pour favoriser sa rencontre avec un homme, il précise très nettement non pas une posologie mais une durée – ou, selon les termes de Benveniste, non pas une « mensuration » mais une « modération ». La cliente doit passer la lotion sur son visage quand elle sort, trois fois par semaine pendant deux à trois semaines au plus ; si, prolongeant l'usage du médicament ou en faisant un usage excessif, elle outrepassait l'effet escompté, elle pourrait faire la connaissance de plusieurs hommes à la fois, qui risqueraient de se battre. « Il faut, dit ᶜAli, mettre des limites », sous peine d'engendrer un nouveau désordre. Tout comme le *pharmacon*, le travail du marabout peut être bénéfique ou maléfique suivant l'usage qui en est fait.

Cette notion de « limite », qui fait partie du vocabulaire employé par les marabouts, reste très présente à Paris et se manifeste à toutes les étapes du travail : Diali ne devait-il pas clore sa divination dès la sortie de la figure nommée *wasa* (« ne manquer de rien »), sous peine de basculer dans le malheur ? « Attraper » et « attacher », fondements du travail maraboutique, sont également régulés par ces principes d'équilibre et de mesure : à céder à la demande excessive d'un client, à trop appeler un nom de Dieu ou d'une personne, on risque la maladie ou la folie. Peut-être peut-on voir dans cette condamnation de la démesure une trace ancienne de l'influence grecque, pour laquelle celle-ci est une faute majeure. Mais au fondement de ce principe se trouve aussi une loi de l'échange : être trop bien protégé a comme contrepartie de ne pouvoir enfanter, voyager trop souvent sans billet a comme conséquence une difficulté à trouver un travail. Un trop ici génère nécessairement un manque là, afin que l'ensemble de la création demeure dans l'harmonie.

Ces représentations sont partagées par marabouts et consultants africains, même s'ils n'en tiennent pas toujours rigoureusement compte ; Amadou, jeune Sénégalais, se souvient des mises en garde de son père, et sait parfaitement qu'à tenter plus de cinq fois le rituel d'invulnérabilité, il risque la mort. Mais qu'en est-il des consultants non africains ? Cette idée d'harmonie n'est certes pas particulière aux marabouts : elle est devenue presque un lieu commun dans de nombreux milieux contemporains s'inspirant de l'Orient ou prônant un retour à la nature ; pourtant chez de nombreux clients, la tension vers le résultat semble l'emporter. « Milieu pourri ! » murmure Ndao, notre marabout iconoclaste, qui, n'en remettant pas moins à ses trois clientes (françaises et libanaise) le cadenas qui devrait leur permettre de tout obtenir d'un homme d'affaires, les met en garde contre un usage trop peu scrupuleux de l'objet, qui pourrait se retourner contre elles. Quant à lui-même, il cherche à se dégager de l'affaire : « Oubliez-moi ! » leur dit-il. Nombreuses sont les tentations, et grande l'incompréhension de ce principe majeur, l'illusion de la toute-puissance ; l'art de la mesure est, d'ailleurs, toujours concurrencé par ces

---

442. Qui peut d'ailleurs rejoindre le sens de « mensuration » comme nous l'avons vu dans l'effort de rééquilibrage d'une consultante, cf. p. 257.

procédures d'une extrême violence nommées *baṯtuta*. Samba avertit sa cliente française pressée de retrouver l'amour d'un homme : « Je peux te le ramener rapidement ; mais il sera vide et livide et tu n'en voudras pas. » La dysharmonie et le caractère fugitif, instable, attribués à de tels résultats montrent que son emploi est aux antipodes de l'équilibre.

Autre caractéristique du travail maraboutique parisien : une tendance à l'invisibilité, déjà notée à propos du sacrifice, en particulier sanglant, et décelable aussi dans la conception des talismans. Pour activer la chance d'un nouveau-né[443], Dia remplace la ceinture ou le bracelet que l'enfant devrait porter en permanence par une lotion préparée par l'écriture des mêmes versets. Le liquide est remis à la mère qui, hors des regards, doit en verser un peu sur les lèvres de l'enfant et répandre le reste sur ses vêtements. Cette protection, tout aussi efficace selon le marabout, mais moins voyante, permet de se soustraire à la méfiance et aux questions des médecins et des services de la PMI. Notons au passage qu'à cette modification s'en ajoute une autre ; car c'est habituellement sur le sol de la maison que devrait être versé le reste du bain, pour que l'environnement soit également protégé, et non sur les vêtements ; mais comment arroser d'eau le parquet ou le linoléum ? L'absence de contact avec la nature, sol ou ciel, est une donnée parisienne qu'il faut bien contourner, confirmation supplémentaire de la déperdition des repères cosmologiques évoquée plus haut. Il semble même s'agir d'une donnée plus généralement urbaine puisque Boudimbou à propos des Congolais de Paris et Guillemoz à propos des chamans de Séoul évoquent des transformations analogues, opérées avec plus ou moins de bonheur[444].

Autre exemple d'invisibilité à propos des vêtements d'invulnérabilité, dont on avait évoqué la fabrication en Afrique pour des clients européens. Cette protection est très recherchée à Paris pour éviter rixes ou accidents : « Quand on veut vous frapper, le bras se bloque en l'air, même chose quand une voiture vous fonce dessus », commente Diallo. Il en existe aussi des versions plus cruelles, qui vouent l'agresseur à la mort ou à la folie. Nombreuses sont les variantes de ce boubou (peul *ute ndjamdi*, « boubou de fer ») et nombreux sont les noms qu'il porte, selon sa composition, plus ou moins islamisée (poular *tundram*, *lotor*, *lappetaki*, *yasi(n)*[445], etc.). Les écrits, lorsqu'ils sont employés, sont enfermés dans des amulettes cousues sur le vêtement, ou tracés directement sur celui-ci, qui peut être entièrement chargé d'inscriptions.

---

443. Composé de fragments de la sourate III (« La famille d'Imran »).

444. Le premier montre comment l'impossibilité de verser du vin sur le sol de l'appartement, libation faite aux ancêtres, est une « voie ouverte à son rejet » (1991 : 136). En revanche le second montre comment les chamanistes de Séoul ont pris en compte les déménagements fréquents et les locations successives d'un même appartement en remplaçant le dieu de la maisonnée, traditionnellement enchâssé dans le sol, par une divinité mobile : le panthéon chamanique lui-même s'adapte aux réalités urbaines (1992 : 108).

445. Voir la reproduction et l'analyse d'un texte inscrit sur ce type de vêtement dans Hamès et Epelboin (1993). L'appellation *yasi(n)* indique clairement l'utilisation de la sourate du même nom. On a déjà mentionné la vertu supérieure attribuée à cette sourate.

Mais porter en permanence ce boubou à même la peau manque de discrétion, sans compter que l'encre risque de s'effacer par la transpiration. Pour son client antillais qui désire sortir victorieux des bagarres à la sortie des discothèques, Sow choisit de préparer un plat qu'il devra consommer entièrement ; ce procédé, choisi à Paris en raison de sa commodité, est d'ailleurs tout aussi connu et classique que la fabrication du vêtement talismanique (Gaden 1913 : 122).

Sow écrit sur sa planchette un « nom de Dieu » qu'il lave, recueille cette eau dans un récipient qu'il met sur le feu avec des grains de mil ; il y ajoute la chair d'un coq préalablement sacrifié (dont la couleur est sans importance), et une balle de fusil. La cuisson doit se faire sans aucune adjonction afin de ne pas corrompre la pureté de l'écrit et de la chair sacrificielle ; exigence aussi manifeste dans le fait que seul le marabout peut confectionner cette préparation, et en aucun cas une femme. Sans cesser de remuer les ingrédients pendant toute la cuisson, le marabout tourne autour de la casserole en psalmodiant sept fois une incantation, autre rite circumambulatoire convoquant l'ensemble du cosmos. Puis ce plat est ingéré sur place par le consultant[446]. Un tel rituel, marqué par une consommation unique, ne laisse aucun indice. Mais Bakary, jeune marabout, adopte une solution encore plus simple : ce sont ses prières nocturnes qui rendent protectrice toute chemise confiée par son consultant, sans que celle-ci soit marquée du moindre signe. Enfin, c'est aussi dans le sens de l'invisibilité, et non seulement de la protection contre la souillure, que doit être interprétée la restitution de l'amulette au marabout, au terme d'un délai fixé, cette absence de trace faisant disparaître toute preuve à conviction en cas d'une éventuelle action en justice[447].

L'existence de cette invisibilité marque combien sont prises en compte les lois et coutumes françaises, qu'il s'agit de déjouer sans pour autant abandonner ses propres pratiques. Elle ne remet en cause ni aux yeux des marabouts ni à ceux de leurs consultants connaisseurs de ces pratiques, l'efficacité du rituel ou des objets, aucune des procédures employées ne constituant une innovation véritable.

Concernant plus spécifiquement les prescriptions faites au consultant, le sens des gestes qu'il lui revient d'accomplir ne lui est, dans la très grande majorité des cas, pas donné. Toute précision, suscitée par une question insistante (émanant très rarement d'un consultant africain), n'est concédée qu'avec réticence, sur le pas de la porte, soulignée parfois d'un mouvement d'impatience : « On fait comme ça » dit Gassama, ancrant par cette brève réponse l'ensemble de ces pratiques dans une coutume immémoriale, accentuant leur caractère codifié, intangible. La « langue liée » et ses multiples significations trouvent ici une parfaite illustration : « Il ne m'a rien dit et je ne lui ai rien demandé » résume un client français, intuitivement respectueux du laconisme accompagnant les prescriptions ; non-dit si fermement institué que même la pratique insolite de certains marabouts parisiens, complétant

446. Ce rituel peut aussi être collectif, le mieux protégé étant celui qui avale la balle de fusil.
447. On se souvient du statut légal des marabouts.

l'amulette confiée lors de visites successives de leur client[448], ne suscite aucune question.

Un tel fonctionnement implique, du moins pour cette partie du travail, un partage des tâches entre marabout et consultant : au premier l'organisation symbolique, au second la perfection des actes qui la manifestent. Tout n'est évidemment pas si simple, sauf à envisager la situation aussi absurde qu'improbable où des gestes seraient accomplis sans qu'ils soient, peu ou prou, réinvestis d'un sens, quel qu'il soit ; des bribes de significations sont partagées ou supposées, le caractère rituel lui-même, plus ou moins ressenti ou accepté[449]. De cette organisation symbolique, en outre, nous avions remarqué que chaque marabout n'en connaissait lui-même au mieux que des fragments, et qu'elle variait souvent de l'un à l'autre. Quoi qu'il en soit, aux yeux des marabouts, peu importe ce que les clients comprennent du rituel alors qu'est capital le respect méticuleux des actes prescrits. « Il faut venir à temps [renouveler un « médicament »] même si on attend longtemps, il faut être régulier, lui-même [le marabout] suit ce qu'il fait » dit un client à une femme exaspérée du temps passé dans la salle d'attente et menaçant de s'en aller. Et Diallo affirme que, quels que soient les sentiments des consultants à son égard, l'essentiel tient dans la confiance que lui-même a en son propre travail.

Simples exécutants, mais bien acteurs, les clients n'ont qu'une chose à faire : se conformer strictement à ce qui leur est ordonné, l'une des causes admissibles d'échec du travail étant précisément la faute du consultant qui aurait enfreint les règles du rituel lui incombant. C'est dire que l'accomplissement du rituel est en lui-même garant de sens, dont l'exposition au consultant n'est pas nécessaire, pas plus, d'ailleurs, que, pour le marabout, sa connaissance exacte ou exhaustive. C'est dire aussi, conséquence fondamentale à Paris où la clientèle des marabouts est multiculturelle, que l'efficacité ne repose en rien sur l'adhésion des consultants à un corps de doctrines et de dogmes, encore moins à une vision du monde, jamais exposés par le marabout[450], pas plus sur une promesse d'ordre eschatologique. L'essentiel réside dans le respect de la mise en scène rituelle, de ce drame, au sens originel du terme, dont chacun, à titre personnel, modèle peu ou prou des fragments alors que, fait capital lui aussi dans le cadre français, sa validité universelle est postulée.

---

448. Ainsi Keita confie-t-il à sa consultante une amulette qu'elle doit garder neuf jours sous son lit ; à l'expiration de ce délai, il modifie l'amulette qui lui a été ramenée et la rend à sa cliente qui doit la placer au même endroit pour quatre autres jours.

449. Smith le définit par le fait qu'« il se passe réellement quelque chose à ce moment, une opération mystérieuse ou mystique qui ne se laisse pas réduire au symbolisme du geste » (1979 : 140).

450. Il convient d'ailleurs de préciser que de tous les marabouts que j'ai rencontrés, un seul s'est révélé quelque peu prosélyte, conseillant à sa consultante française de se convertir à l'islam. Il s'agissait d'un *sharîf* d'origine mauritanienne, de passage à Paris.

Le bricolage parisien des pratiques maraboutiques

Tout au long de notre description de la connaissance acquise par les marabouts, de leurs techniques divinatoires et de leur « travail », nous avons relevé les multiples aménagements et modifications de forme ou de sens auxquels le contexte parisien donnait lieu. En tenter la synthèse nécessite une remarque préliminaire.

Plus encore à Paris qu'en Afrique de l'Ouest, le mode d'acquisition du savoir et son modelage rendent peu valide la détermination d'une spécialisation ethnique ou confrérique de cette connaissance. Certes, il ne s'agit pas de nier certaines différences : un emploi plus intensif des écrits islamiques par les Diakhanké, un plus faible recours au sacrifice sanglant en milieu peul, par exemple[451]. Mais protéger ses secrets familiaux, ceux confiés par son maître n'est en rien incompatible avec l'accroissement de leur « stock » en tout lieu où cela est possible, et en franchissant parfois largement les frontières de son propre groupe. De sorte que les causes des « problèmes », le fonctionnement du « travail » qu'on a dégagés sont puisés dans un fonds commun à l'ensemble des marabouts parisiens, quelle que soit leur origine. On a pu, d'ailleurs, constater de larges convergences tant avec l'étude menée par Zempleni auprès de marabouts wolof et lébou (1968) qu'avec celle menée par Desparmet en Algérie (1932). Si la connaissance issue de l'islam crée incontestablement de tels rapprochements, l'accès à des savoirs différents, magnétisme, kabbale, etc. ouvert à tous, éloigne encore plus d'une spécificité ethnique marquée de celle-ci.

Cette considération va de pair avec une grande individualisation de la pratique ; car si les savoirs magico-religieux, échappant à tout dogme, ne constituant jamais un corpus définitivement fixé et figé, et remarquables par la souplesse de leurs représentations, circulent avec aisance, leur transmission n'en est pas moins cryptée ; qu'elle résulte d'une rencontre d'homme à homme ou, encore rarement, d'une approche livresque, elle nécessite toujours une réélaboration, une construction[452] personnelles. Cette procédure conduit, à partir d'éléments connus, à des montages aussi originaux que celui de Ndao[453], type le plus extrême que fait naître le milieu urbain. De cet exemple il ne faudrait pourtant pas déduire que l'élargissement de son savoir est le fait des plus marginaux.

Cette connaissance dynamique, dont l'acquisition garde toujours, même s'il s'agit d'écrits, la forte marque d'un enseignement oral, auquel chacun imprime sa marque individuelle, a avant tout les caractéristiques d'un savoir-faire : on a observé les gestes de son père, de ses maîtres, on a recueilli de telle personne de

451. Encore qu'ici aussi il faille apporter de multiples nuances : Dia prescrit régulièrement des sacrifices sanglants tandis que Diallo, moins islamisé, n'y a recours que dans un cas extrême : lorsque la vie même du consultant est en danger.

452. Les marabouts associent d'ailleurs souvent à l'évocation de la connaissance des métaphores empruntées à l'architecture et à la construction d'une maison.

453. Mais une autre caractéristique de ce marabout est précisément ce qu'on évoquait auparavant : son aptitude, exacerbée par son origine non maraboutique, à sortir de son milieu et à grappiller avec avidité parmi tout ce que lui offre le milieu parisien.

confiance tel *khâtim* pour avoir de bonnes relations avec les Blancs, secret qu'on a remodelé, incorporé ; les exégèses que chacun peut en faire sont mouvantes, malgré l'omniprésence du texte coranique y compris chez les marabouts les moins islamisés. Lié à ce savoir-faire enrichi et glané en de multiples endroits, la parcellisation de la connaissance, dont chacun ne maîtrise que des pans, fournit une des explications à l'improvisation de certains à Paris qui, hors d'un milieu où ils peuvent être contestés, « s'installent à leur compte avec quelques carrés magiques », comme s'en insurge avec amertume un marabout jaloux de sa légitimité. On voit donc bien comment collectif et individuel, loin de s'opposer, entretiennent des relations très enchevêtrées.

« [...] la tradition, écrit Bastide (1970 : 79) ne survit, ou du moins n'est évoquée que dans la mesure où elle peut s'inscrire dans la praxis, soit des individus, soit des groupes » : le bricolage auquel chacun procède, soit à l'intérieur d'un savoir-faire islamo-africain où, nous l'avons vu, on peut acheter la connaissance, soit en y intégrant des éléments empruntés à d'autres cultures, est dominé avant tout par une attitude pragmatique repérable à de multiples niveaux : augmenter son efficacité en employant des moyens jusque-là inconnus, pallier une situation où le manque d'un produit, une demande inédite, une impossibilité matérielle à agir comme de coutume, incitent à modifier sa pratique, s'adapter aux contraintes d'un milieu, aux habitudes d'une clientèle non africaine, etc. Cette explication fonctionnaliste ne doit jamais faire oublier l'appétit de connaissance propre à de nombreuses cultures africaines, connaissance qui fait l'objet d'une véritable thésaurisation.

Mais ces accommodements fragmentaires à des situations particulières, ce savoir-faire composite auquel, rappelons-le, de nombreux marabouts, en particulier ceux originaires de Casamance, sont habitués de longue date, ce jeu subtil entre contraintes dues au milieu parisien et liberté individuelle d'adaptation et d'innovation, comment s'organisent-ils ? Reprenant les analyses de Lévi-Strauss (1962) et de Bastide sur les notions de bricolage et de syncrétisme, Mary a bien montré l'intérêt, pour saisir la dynamique des contacts de cultures et ne pas se contenter de la figure molle du « métissage », de s'attacher avec précision aux processus plus qu'aux produits finaux (1994, 2000). Nous en avons rencontré plusieurs. Établissement d'équivalences gommant les différences, telles celles postulées entre les représentations kabbalistiques et celles du *ᶜilm al-asrâr*, ou entre sacrifice et charité. Mais derrière ces analogies globalement affirmées se masquent parfois bien des distinctions résultant de diverses stratégies, de sorte que plus que des correspondances indifférenciées, c'est plutôt des juxtapositions ou des alternances qu'on observe pratiquement : utilisation du tarot ou du pendule lorsque la situation, le client, le problème à régler l'imposent, conciliée avec l'emploi du *listikhar*, des cauris en d'autres temps. Si ce cumul fonctionne le plus souvent sans heurt, selon le principe de coupure théorisé par Bastide, il peut aussi se révéler plus conflictuel. Ainsi c'est à une véritable confrontation entre les différents éléments composant la boîte à outils qu'il s'est constituée que se livre Ndao, notre marabout iconoclaste : se mesurant de front à la science occidentale, il cherche à justifier l'un par l'autre ou au contraire à faire jouer l'un contre l'autre les savoirs divers qu'il a amassés, s'efforçant, par exemple, de confirmer par la minéralogie l'efficacité de ses pierres divinatoires, ou au contraire à prouver la supériorité de ses plantes sur les médicaments allopathiques. Cette joute permanente et cette recherche de légitimité, souhaitée et haïe à la fois lorsque c'est la science occidentale qui la confère, laisse clairement apparaître l'enjeu de pouvoir derrière l'accumulation des savoirs et des techniques, et une cohabitation rien moins que sereine entre eux.

Outre la juxtaposition et l'alternance, les marabouts prennent en compte la présence de consultants de divers horizons en réinterprétant leurs pratiques. L'effet le plus remarquable en est la modification du vocabulaire à laquelle certains procèdent : les génies du consultant deviennent ses « anges gardiens », le sorcier menaçant se mue en « envoûtement » devant des clients antillais, ou encore en « ondes négatives », ou « mauvaises influences », emprunt à un vocabulaire *new age*. C'est peut-être précisément à la faveur de cette modification que l'interprétation sorcellaire peut trouver une nouvelle vigueur à Paris. Certes, tous sont loin de substituer ce lexique à celui qui leur est habituel, certains en ignorent tout, et n'hésitent pas, par exemple, à attribuer à la jalousie du *jinne* de leurs consultantes, y compris françaises, l'insuccès de celles-ci auprès des hommes – avec parfois, d'ailleurs, un effet de surprise assez efficace. Mais la tendance à une certaine uniformisation du vocabulaire se laisse percevoir, qui trouve son sommet dans les émissions de voyance qu'un cabinet de marabouts assura pendant plusieurs années sur diverses radios de la bande FM. Là, les « mauvaises ondes », les « mauvaises pensées » le « blocage », les « vibrations », la nécessité de « blindage » concurrencent largement le *shejtan*, le mauvais œil et la mauvaise langue, la jalousie, l'existence d'incubes habituellement évoqués.

Cette réinterprétation que les marabouts introduisent, qui leur est peut-être nécessaire pour se retrouver eux-mêmes dans la foison de notions qu'ils ont désormais à leur disposition, cette adaptation au langage de l'autre et aux expressions habituelles des voyants, finiront-elles par laminer leur propre organisation symbolique jusqu'à la rendre méconnaissable[454], ou ne sont-elles qu'un phénomène superficiel ? Autrement dit, s'agit-il d'une fusion de sens ou d'un simple emprunt sémantique – il s'agirait alors d'un syncrétisme de masque, pour reprendre encore un terme bastidien –, mais la limite entre ces deux types d'aménagement est parfois bien ténue ? On peut, pour le moment, pencher pour la seconde hypothèse, car cette uniformisation, qui n'est qu'une partie du langage employé, s'accompagne aussi d'un ajustement manifestement tactique au public visé ; ainsi, pour reprendre l'exemple des émissions de voyance, celles qui s'adressent à un milieu maghrébin mentionnent souvent la pratique de la *sadaqa*, bien connue des auditeurs, référence inexistante lorsqu'il s'agira d'un public antillais. Tout semble indiquer que cette adaptation est, actuellement, maîtrisée. Mais la question reste posée pour l'avenir.

Dans cette dynamique d'échanges – contre laquelle nous avons cependant rencontré des marabouts résistant avec force –, peut-on identifier un processus de

454. C'est une telle transformation que constate Perrin (1994 : 78) dans la vision que donne Castaneda, *via* son maître Don Juan, du chamanisme yaqui, Castaneda dont on sait que les ouvrages inspirent tout le courant néo-chamaniste occidental.

réel bricolage, au sens strict du terme lévi-straussien reprécisé par Mary, qui insiste sur l'idée de précontrainte de la matière symbolique[455] ? La transformation de la pierre noire de Ndao en stéthoscope mi-médical mi-divinatoire semble entrer dans ce cadre. Mais ce procédé reste un cas très isolé. De toutes les figures d'emprunts à des cultures hors du milieu africain, la forme la plus répandue réside dans les juxtapositions et substitutions de pratiques diverses, qui ne sont dans la plupart des cas pas confondues.

Mais le contexte parisien donne aussi lieu à un remaniement interne des pratiques africaines. On l'a bien vu dans le réagencement des techniques divinatoires, qui tend à faire passer au second plan la pratique la plus « canonique », le *listikhar*, au profit d'autres rituels moins admis au regard de l'islam, tels les cauris. Cette transformation conduit donc parfois à puiser non pas à l'extérieur mais au sein du fonds africain lui-même, pour ceux qui, à Paris, par pragmatisme, apprennent le maniement des cauris qu'ils ignoraient auparavant ; appropriation que peut accompagner une réélaboration de la tradition puisque, dans ce cas précis, l'usage des cauris est justifié et réinterprété comme la reprise des valeurs authentiquement africaines, que l'islam colonisateur aurait recouvertes. Autre remodelage aussi dans la simplification et la réduction de l'usage des plantes au profit d'écrits, et même, surtout lorsque l'invisibilité s'impose, dans l'abandon de ceux-ci au profit des prières. Mais conclure dans ces cas à une déperdition des rituels et des pratiques serait hâtif. D'une part parce que les marabouts tirent en définitive de cette situation un certain bénéfice : plusieurs d'entre eux ne se font pas faute de remarquer qu'en Afrique, les grands marabouts chefs de confréries prient pour leurs consultants et leur remettent tout au plus quelques grains de sable bénit dont ces derniers eux-mêmes, s'ils le désirent, feront des talismans. Le rappel de ce modèle très idéalisé, qui coïncide opportunément avec leur propre évolution, permet aux « Parisiens » de revendiquer une légitimité qui leur fait défaut. D'autre part parce que cet ajustement témoigne moins d'un affaiblissement que de la plasticité des pratiques maraboutiques, qui permet de puiser selon les circonstances dans un vaste réservoir de ressources symboliques.

Sans négliger l'importance des déplacements et des glissements de sens réels[456], on peut cependant conclure que les réaménagements, les simplifications, les modifications de fonction des procédures employées, les multiples allées et venues entre divers schèmes explicatifs, les gestes ou écrits nouveaux introduits, même s'ils sont spectaculaires (comme les passes magnétiques) paraissent relever, pour la majorité d'entre eux, plus de superpositions, d'entrecroisements, de substitutions d'instruments, de techniques, que de création de schémas symboliques réellement

455. « La matière symbolique récupérée par le bricoleur est marquée par son usage antérieur ; elle est pré-contrainte, c'est-à-dire qu'elle conserve en partie le souvenir de sa valeur [...] et impose à la configuration où elle s'intègre des effets de système qui peuvent déboucher sur une recomposition inédite » (Mary 2000 : 40).

456. Comme dans l'exemple développé plus haut, où l'on passe du soleil au brûlage.

nouveaux. On ne peut, par exemple, considérer que l'emploi fait désormais par certains marabouts, du prénom et du patronyme de la personne, se conformant au système onomastique français, implique une modification radicale dans la perception de celle-ci ; ni que le fait de conseiller aux consultants français la récitation du Notre-Père au lieu de la *fâtiha*, ou la comparaison entre la *sadaqa* et le geste de faire brûler un cierge, corresponde à une quelconque transformation du mode de pensée des marabouts. D'ailleurs l'usage des types de divination en vigueur en Afrique de l'Ouest, celui des *khâtim* et des végétaux, reste le noyau dur de l'ensemble des pratiques, y compris chez les marabouts les plus aventureux ; de même s'expriment avec aisance les mêmes causes d'infortune que celles formulées en Afrique, avec cependant un élargissement des « coupables » possibles bien au-delà du cadre de la famille et du voisinage, intégrant l'ensemble des relations interculturelles qui caractérisent l'existence parisienne. Dans des cas plus problématiques tel celui de Ndao, ouvert à tous les vagabondages, et dont l'arsenal peut sembler proche de ce que Mary nomme « collage », il reste que les pratiques d'origine islamique informent nettement toute sa démarche, comme il l'affirme d'ailleurs lui-même : posant sa main sur le dossier renfermant ses *khâtim*, il proclame : « Pour nous [les marabouts], c'est ça l'important. » Il est vrai qu'il s'agit, pour lui, d'une acquisition récente qui le valorise nettement… Mais cette hiérarchisation des savoirs se manifeste de façon moins démonstrative et plus convaincante chez d'autres marabouts acquis à toutes sortes d'emprunts ; c'est ici la transmission des savoirs qui joue le rôle de révélateur : ainsi Diallo accepte très facilement d'enseigner à qui le désire[457] les éléments de magnétisme ou de « kabbale » qu'il a lui-même appris en France, tandis qu'il garde farouchement, dans l'attente inquiète de trouver dans son milieu la personne qui en soit digne, sa connaissance islamique et peule, consignée dans un cahier secret auquel il attache le plus grand prix.

À cette situation, trois explications : d'abord la rotation des marabouts eux-mêmes, dont on a vu que la plupart restaient en France quelques mois, quelques années avant de repartir en Afrique pour revenir plus tard ; ensuite, même pour ceux d'entre eux qui se sont sédentarisés en France voici dix ou trente ans, la force des liens jamais coupés avec le pays d'origine, où l'on voyage fréquemment. Être entièrement formé en France est, pour un jeune marabout, strictement impensable. Enfin, la conscience ou l'intuition qu'ont les marabouts d'un usage valorisant de leurs pratiques africaines en milieu étranger, ce qui explique en partie le strict maintien de gestes rituels dans le cas du sacrifice, par exemple. Toutefois cet usage nécessite un art de la mesure qu'on analysera plus en détail dans la troisième partie de cet ouvrage[458].

Pourtant, il faut se garder de conclure à une évolution univoque. Tous les pans de la connaissance ne se modifient ni à la même vitesse ni de façon identique. Ceux qui impliquent un contact direct avec la clientèle, les pratiques divinatoires et sacrificielles notamment, se modifient plus sensiblement que le travail maraboutique

457. Moyennant un paiement modique. Il a eu notamment des disciples antillais.

458. Cf. « Soi et l'autre », p. 319-328.

proprement dit. Par ailleurs, et l'exemple du sacrifice est à cet égard le plus démonstratif, ce qui caractérise la situation parisienne, c'est bien la tension entre des tendances divergentes, plus de rituels d'une part, éventuellement accommodés, plus de sentiment intérieur d'autre part, ces positions contraires résultant toutes deux de l'analyse consciente ou de l'expérience pratique des attentes et des possibilités des consultants contemporains.

Restent des faits plus troublants, telle l'introduction, dans l'énoncé des causes des problèmes, de la cause interne à l'individu lui-même, à son propre caractère, à son comportement particulier : s'agit-il d'une adaptation purement discursive à la clientèle ? Doit-on voir dans ce décentrement sur l'individu et sa propre subjectivité un fait d'acculturation formelle conduisant à une modification profonde de la notion de personne ? Trancher cette question nécessite qu'on examine d'abord ce qu'il en est de l'existence de cette cause d'infortune, et de l'affirmation de l'individu dans les villes africaines, débat très actuel. Dans un ouvrage collectif consacré à la folie au Sénégal, Couloubaly impute à « l'immobilisme d'une certaine ethnologie » l'affirmation réitérée du primat des causes extérieures et de l'idée de persécution dans la genèse des maladies (1997 : 107). Néanmoins le passage de la conception persécutive de l'infortune à la culpabilité individuelle a été depuis longtemps repéré en Afrique, notamment par Augé et Zempleni dans leur étude consacrée au prophète ivoirien Albert Atcho (1975) ; cette tentative d'inversion s'expliquait, à leurs yeux, par l'éclatement de la société villageoise et lignagère dû à l'exode rural, au développement des villes où sont nées de nouvelles difficultés et de nouvelles rivalités que le lignage était impuissant à résoudre, d'où l'émergence, à travers la notion de culpabilité, de l'individu responsable. On retrouve ici une thématique générale bien connue liant individualisation, modernité et milieux urbains. Mais un ouvrage récent traitant de l'« Afrique des individus » (1997) montre, à la fois dans des analyses théoriques et dans des études de cas situées dans différentes grandes villes, des réalités contemporaines plus contrastées et une évolution beaucoup moins linéaire. L'analyse de Werner, la plus proche de notre terrain puisqu'elle compare les itinéraires individuels d'habitants de Pikine[459], montre clairement que l'univers de ces citadins est marqué par « la pluralité des systèmes de référence en présence, la diversité des croyances et des savoirs qui cohabitent plus ou moins pacifiquement » (1997 : 397). L'adhésion aux « normes du groupe », se traduisant, par exemple, par l'importance des relations entre égaux et membres de sa classe d'âge, par l'ampleur des rapports de rivalité et de compétition gros de menaces de maraboutage ou d'agressions sorcières, n'empêche pas chacun de se saisir des espaces de liberté ouverts par cette diversité même pour tenter avec plus ou moins de bonheur de réaliser ses aspirations individuelles. S'agissant des trajectoires d'habitants d'Abidjan, Marie atteste également de la variété des cheminements entre soumission à la dette communautaire et individualisation dans le compromis (1997). Pour en revenir aux marabouts parisiens, il semble donc largement erroné

459. Ville voisine de Dakar et « exemple paradigmatique du processus d'urbanisation accéléré actuellement à l'œuvre sur le continent africain » (1997 : 373).

de considérer que l'évocation de causes d'infortune mettant en jeu l'individu lui-même soit dû à l'emprunt de schémas inconnus en Afrique, même s'il est probable que le fait migratoire contribue à l'accentuer.

Démentant eux aussi un schéma trop étroitement évolutionniste, les marabouts témoignent ici encore du caractère non monolithique des cultures et de la tension qui existe, tant dans les villes africaines qu'à Paris, et dans des milieux bien plus larges que ceux des immigrés qui y vivent, entre divers systèmes explicatifs.

Troisième Partie

Marabouts et parisiens

Chapitre premier

Constitution de la clientèle

Dans cette étude consacrée à l'existence parisienne des marabouts, à leur connaissance, à l'économie symbolique que leur action sous-tend – et à ses bricolages –, les consultants sont progressivement apparus comme les partenaires nécessaires du travail maraboutique. Sans renverser totalement notre perspective essentiellement centrée sur les marabouts eux-mêmes, nous nous intéresserons, dans cette dernière partie, aux rapports qu'ils entretiennent avec les « clients », ou « patients », selon les différents noms qui leur sont donnés, traduisant une assimilation plus ou moins nette au milieu thérapeutique. Comment se forme la clientèle ? Comment, outre leur statut légal, les marabouts assoient-ils leur légitimité ? Quels rôles jouent-ils, en définitive, à Paris, auprès de publics divers ?

Même si les relais familiaux ou amicaux restent prédominants pour assurer aux marabouts nouveaux venus à Paris ou de retour dans cette ville le logement ou le « petit boulot » indispensables, croiser sur sa route une « dame portugaise », un propriétaire juif maghrébin qui louent une chambre sont des expériences fréquentes. Les boutiques antillaises, maghrébines où l'on achète encens, tissus, constituent d'autres lieux et occasions de côtoiement et d'échange. Les savoirs glanés à Paris en sont la concrétisation la plus aboutie. Cette ouverture des réseaux se vérifie de la même manière dans la constitution de la clientèle.

Une clientèle d'origine multiculturelle

Chez Diakité, le samedi est un jour chargé. Le petit salon de l'entrée, normalement réservé à la famille ou aux amis, est rempli de monde : avant de gagner la salle d'attente située au fond de l'appartement, des habitués profitent de ce lieu pour deviser longuement avec une connaissance rencontrée là par hasard. Il est plus de 11 heures ; neuf personnes attendent, certaines depuis plus de deux heures. Lors de son arrivée, on s'enquiert de la dernière personne entrée avant soi, pour bien noter son tour. La télévision est allumée, on regardera avec attention les informations qu'on commentera à haute voix ; chacun feuillette des journaux divers, mis à la disposition des clients par le marabout. Par petits groupes, des discussions s'engagent ; on rit, on prend à parti ses voisins. Une femme africaine demande à un monsieur français de lui lire le titre d'un article auquel il vient d'être fait allusion. Une jeune femme antillaise somnole, pelotonnée dans son fauteuil, les jambes repliées sous elle ; un autre fait des mots croisés, une femme portugaise d'une soixantaine d'années fait du crochet dans son coin. Une jeune Française, court vêtue, porte-documents sous le bras, ne fait dans la salle d'attente qu'une brève apparition : elle est simplement venue échanger sa bouteille vide de « bain » contre une pleine, que Diakité lui remettra entre deux clients. Une jeune femme antillaise arrive, accompagnée d'une fillette d'une dizaine d'années ; celle-ci commence ses devoirs, le hamburger et le Coca-Cola achetés chez Mc Donald's une fois engloutis. Les nouveaux venus se succèdent, certains attendent encore. Une femme française d'une quarantaine d'années s'impatiente et décide de partir : voici la troisième fois qu'elle vient sans réussir à voir Diakité ! Sans compter que parfois, les consultations sont annulées sans crier gare parce que le marabout doit présider des mariages, des baptêmes... Un homme maghrébin, sa bouteille de bain vide à ses pieds, condamne à haute voix l'attitude intempestive de cette femme. Pendant quatre heures, ce samedi matin, se seront succédé dans la salle d'attente une quinzaine de personnes, parmi lesquelles une majorité d'Africaines et d'Antillaises (seulement deux hommes), deux Maghrébins (un homme et une femme), une Portugaise, trois Français (dont un homme). Ces proportions ne représentent que celles d'une journée particulière ; en revanche, la diversité culturelle des consultants est une règle générale qu'aucun marabout parisien ne dément, pas même celui qui est resté le plus fermé aux habitudes de cette ville.

Des Antillais aux Portugais...

Très tôt les marabouts, y compris ceux qui sont arrivés en France dans les années 1960, ont spontanément dépassé les limites de leur famille et de leur groupe d'origine. Touré, arrivé en France dès 1965, logé dans un foyer d'Aulnay-sous-Bois, a attiré d'emblée des Africains de l'Ouest mais aussi des hommes du Maghreb ou d'Afrique centrale. Gassama a depuis sa venue (1974) une clientèle antillaise importante à laquelle il doit une bonne part de sa réputation. Cette diversité était déjà perceptible dans l'exposé de la nature des problèmes et de leurs causes. Certes, les combinaisons varient de l'un à l'autre ; Dia a travaillé pour de nombreux Cap-Verdiens alors que ses contacts avec des clients d'origine européenne sont très exceptionnels. Keita, en revanche, s'est constitué un réseau maghrébin et français qui, sans constituer le noyau de sa clientèle, en forme néanmoins une part non négligeable. En deçà des différentes stratégies que, pour capter des consultants d'origines diverses, certains savent mettre en œuvre de façon parfois réellement professionnelle, tout montre l'intérêt que suscitent les marabouts, intérêt qui préexiste à ces stratégies et en justifie l'existence. Celui-ci traverse, à des degrés divers, de nombreux groupes.

Sans en rien nous livrer ici à une évaluation statistique, on placera nettement en tête les Antillais, nombreux à fréquenter les marabouts parisiens. Forts de ce succès, ceux-ci ont d'ailleurs, dès le début des années 1980, pris le chemin des Antilles où ils font des séjours plus ou moins prolongés ou réguliers. Concurrençant quimboiseurs, gadédzafés et autres spécialistes antillais de l'occulte[1], certains y font leur publicité de « voyant médium africain » dans le même type de journaux qu'à Paris, et même, en Martinique, jusque récemment (1999) sur une chaîne de télévision privée. Depuis 1980, Diallo y a fait six séjours. Les contacts entre Africains de l'Ouest et Antillais sont d'ailleurs anciens, puisque nombre de ces derniers firent partie des petits fonctionnaires coloniaux au Sénégal, au Mali ; il arrivait même que les administrateurs de cercles utilisent leurs services occultes pour se protéger de l'action des marabouts et de la sorcellerie locale : juste retour des choses que cette attirance actuelle, en d'autres lieux, des Antillais envers les marabouts ? Des explications plus profondes peuvent être avancées.

L'Afrique représente l'une des racines, particulièrement valorisée quoique toujours très conflictuelle, des cultures créoles. De nombreux Antillais, parmi lesquels des guérisseurs, tentèrent même le voyage, voire le retour vers cette source mère, cette « terre mythique[2] » (Henry Valmore 1988 : 126) ; démarche semblable pour des Africains américains, dont l'un d'eux rencontra à Paris, à mi-chemin, deux années de suite, Cissé, marabout malien, supposé régler ses problèmes[3]. Et c'est un marabout malien, connu pour ses pouvoirs de guérison qui fut, en Martinique, à l'origine de l'organisation de l'islam, religion à laquelle se convertirent plusieurs Antillais.

Au-delà de ce lien particulier, les Antillais sont depuis le XVIIe siècle, confrontés à la diversité qui leur est quasi consubstantielle : ils sont eux-mêmes issus de la rencontre entre cultures africaine, européenne, amérindienne, tamoule, etc.[4] Rien d'étonnant alors, même s'il existe à Paris des voyants antillais, à ce qu'ils consultent spontanément des marabouts, et à ce que, coutumiers qu'ils sont des échanges et des contacts, ils soient les plus nombreux à le faire, qu'ils soient les pionniers de cette ouverture. Ce n'est donc pas un hasard si, recevant pour un entretien une journaliste de télévision, Ndao le Vaniteux présenta comme l'un de ses disciples un client antillais spécialement convoqué pour l'occasion. Avec la manie du classement qui le caractérise, il dit compter dans sa clientèle 40 % d'Antillais, proportion supérieure, dit-il, à celle des Africains. La définition fort large que donne du mara-

---

1. Sur les différents personnages magico-religieux antillais, aux Antilles et en France, cf. Henry-Valmore (1988).

2. Simonne Henry-Valmore évoque notamment le cas d'une voyante martiniquaise « acculturée », exerçant son art en France, qui fit un voyage « en terre africaine [Sénégal] parce que c'est le pays des vrais guérisseurs, parce que c'est là qu'on les prend au sérieux » (1988 : 173).

3. Lors d'une réunion tenue à Paris, rassemblant Antillais et Africains, a été rapportée l'histoire de deux jeunes Africaines américaines venues en Casamance à la recherche de marabouts ; elles furent hébergées par l'un d'entre eux qui pria pour elles jusqu'à leur départ et leur aurait dit : « Restez ici, là-bas ce n'est pas chez vous. » À propos de ces relations, cf. aussi Ebin (1990).

4. Cf. à ce sujet le recueil d'articles publié sous la direction de Bonniol (2001).

bout un jeune Guadeloupéen indique bien la perméabilité entre divers personnages de l'occulte :

> [C'est] quelqu'un qui peut guérir, qui peut sortir... savoir les problèmes des autres c'est-à-dire quelqu'un, on lui a fait du mal, il essaie de comprendre qui lui a fait du mal... qui le guérit, qui le nettoie, fait du positif, qui peut aussi faire du mal par des trucs qu'il faut amener, des photos...

Les Antillais sont, en outre, de fréquents intermédiaires entre clients français et marabouts.

Un second groupe numériquement non négligeable fréquentant les marabouts parisiens est constitué de ceux qui, Turcs mais surtout Maghrébins, sont, de près ou de loin, imprégnés d'une culture musulmane faisant appel à des personnages intercesseurs et à des voyantes (qu'elles se réclament ou non expressément de l'islam[5]), et sont familiers de comportements qui, telle la *sadaqa*, continuent d'être largement observés en France. La similitude des personnages et des savoirs du nord au sud du Sahara rend d'emblée intelligibles aux consultants le langage et les prescriptions des marabouts. Ils nomment sans aucune difficulté leur marabout El Hadj, et Amina appelle spontanément le sien *shaykh*. Lorsque Hussein rend visite à Ndao, ils parlent l'arabe[6], et remplissent ensemble leur carton de loto avant que le marabout ne s'occupe des problèmes de son consultant.

Le rapport des Portugais avec les marabouts africains est sans doute plus indirect, il semble difficile d'y voir la réminiscence de liens coloniaux anciens ; les « Portugais noirs », lusophones chrétiens des îles du Cap-Vert[7] sont, pourtant, tant dans leur pays qu'en France, clients des marabouts. Cette explication est, néanmoins, mineure au regard d'une religiosité intense et de la vivacité du culte de saints intercesseurs (telle Notre-Dame de Fatima). Un prêtre thaumaturge de la région de Guarda a pour fidèles, pendant les congés d'été, des immigrés portugais de l'Europe du Nord qui, de retour dans leur village, craignent d'être en butte à la jalousie et à l'envie des leurs ; avant de rentrer au pays, ils font bénir leur voiture sur laquelle se cristallisent toutes les pensées maléfiques par ce père qui « rassure son propriétaire quant à la justesse morale de sa décision d'immigrer » (Catani 1993 : 292-295) : voici qui nous rapproche singulièrement de sentiments et de faits repérés dans l'analyse des causes des « problèmes » ! Enfin, d'une sensibilité à l'occulte et à la surnature témoigne la présence, à Paris, de voyants portugais.

---

5. Cette référence reste très importante ; ainsi une voyante tunisienne met en avant, dans sa publicité radiodiffusée à destination de Maghrébins, le fait qu'elle est « de retour de La Mecque où elle a effectué le pèlerinage ». Elle accole à son prénom celui de *ḫajja*.

6. Ndao a longuement fréquenté des milieux maghrébins à Paris.

7. Les îles du Cap-Vert, situées au large du Sénégal, ont été colonisées par les Portugais au XVe siècle.

De Français – terme trop globalisateur –, tout marabout en a reçu au moins un ou deux ; même Dia, resté très centré sur son savoir originel[8], n'ayant en rien adapté son abord de la clientèle au contexte parisien, vivant dans un foyer, a travaillé pour deux femmes françaises, l'une affligée de cauchemars et d'hallucinations visuelles récidivantes, l'autre désireuse de déprendre son mari de la passion du jeu, et pour un homme, pressé de vendre son laboratoire d'analyses biologiques. On connaît le prodigieux essor de l'occultisme et des parasciences dans la France contemporaine et le développement technologique de ce secteur : il suffit de consulter un annuaire télématique pour constater l'ampleur des réseaux et serveurs voués à ce domaine. Cette modernité traduit la vigueur de schémas de pensée, de conceptions de l'univers et de l'être qui n'ont cessé, depuis des siècles, d'habiter la mémoire collective (en dépit de leur illégitimité au regard d'une norme rationaliste hégémonique), et de réinterprétations contemporaines souvent qualifiées de réactionnelles (Laplantine et Rabeyron 1987). Ces faits, dans lesquels les médecines parallèles prennent leur place, ont été assez décrits pour qu'on ne s'y arrête pas davantage. Le terrain était donc largement prêt, ce que les marabouts ont fort bien senti, on l'a vu dans l'analyse de leur insertion juridique et légale. Pour insuffisante qu'elle soit à expliquer à elle seule la fréquentation des marabouts par des consultants français, fréquentation inférieure, en tout cas, à celle des Antillais et des Maghrébins, cette explication n'est cependant pas négligeable.

Les Asiatiques sont les clients auxquels les marabouts se réfèrent le moins : « Ils sont refermés sur eux-mêmes », constate l'un d'eux. En dépit d'une grande perméabilité dans d'autres domaines, en particulier celui de la consommation alimentaire, celle concernant la sphère magico-religieuse semble encore extrêmement restreinte, mais non totalement inexistante ; ainsi le cas de cette Indienne, qui s'adressa à Diaby pour résoudre le problème de son père, tombé amoureux d'une femme apparentée à sa propre épouse.

Il y a encore tous ceux qu'il est difficile de caractériser comme représentants d'un groupe, d'une « communauté » : cette Polonaise venue voir Camara parce que son mari l'avait délaissée pour une autre femme, ce gitan ayant fait appel à Sow pour un problème de « tête qui tourne » concernant son fils, cette Réunionnaise qu'aucun médecin ne réussit à soigner. Au-delà d'une présentation « communautariste » des faits, il faut inclure dans la démarche une multitude de liens individuels plus ou moins ténus. Il y a enfin tous ceux pour lesquels l'existence des marabouts a quelque importance, sans qu'ils aillent jusqu'à leur rendre visite, telle cette femme irakienne qui, se sentant peu à l'aise dans le rationalisme ambiant, garde dans son porte-monnaie les cartes publicitaires de Mohammed, Lamine et les autres, témoignage d'une inquiétude, d'un hypothétique réconfort...

Restent les Africains eux-mêmes, ceux d'Afrique centrale, ces Congolais, ces Zaïrois dont certains marabouts prétendent qu'ils font du trafic de diamants à destination de la Belgique et ont, pour cette raison, besoin de protections... cette Gabonaise, cette Tanzanienne qui ont des peines de cœur, cette Camerounaise

8. Par exemple, il ne comprend pas le mot « dépression » ni le comportement, l'idée qu'il sous-tend, alors que d'autres marabouts l'ont intégré à leur vocabulaire.

atteinte par la jalousie de sa voisine[9]. Ces « gens de la forêt » (et non du Sahel) sont considérés globalement avec un certain mépris par les marabouts, qui les désignent du terme péjoratif de *njak*.

S'agissant des Africains de l'Ouest pour lesquels les marabouts, même s'ils ne les fréquentent pas, sont, « leur univers, ils ont toujours vécu avec cela », comme l'assure un jeune Sénégalais, leurs sentiments et leurs attitudes envers ceux qui ont tenté leur chance à Paris sont très ambivalents.

Lorsqu'un Africain de l'Ouest familier des marabouts arrive en France, il a été pourvu d'amulettes, généralement par ses parents dont c'est le rôle. Khadija porte celles que sa mère a fait confectionner pour qu'elle ne soit pas malade à Paris, qu'elle n'y rencontre aucun problème, que « les portes s'ouvrent », qu'elle soit protégée du mauvais œil. Les étudiants prennent leurs précautions pour réussir leurs examens, les travailleurs, pour trouver de l'embauche. Ces protections sont complétées ou enrichies lors de chaque retour au pays. Encore faut-il pouvoir y retourner facilement... Et que faire lorsqu'un problème survient subitement, qu'il est pressant de le résoudre, qu'on n'a ni le temps ni les moyens d'aller voir son marabout au pays, ni ceux de le faire venir en France ? Faire intervenir celui-ci à distance est une solution souvent retenue[10] mais pas toujours possible, soit que les liens sont trop distendus soit que l'urgence est trop grande : si l'on est menacé de licenciement, « le temps que le travail [du marabout] soit fait, on est déjà à la porte de l'usine ! », remarque Bokar. Que faire encore pour pallier les cauchemars d'un nouveau-né ? Et que faire lorsque, à l'occasion de multiples pérégrinations en France ou en Europe, les amulettes finissent par s'égarer, y compris celles du lignage ? Certains s'habituent à cette perte, soit qu'elle manifeste une distance déjà établie avec des manières de faire auxquelles ils n'adhèrent plus entièrement, soit que, aucun malheur ne survenant, elle coïncide avec une prise de conscience brutale et non dénuée d'inquiétude de cette inadéquation. Mais pour d'autres, rien de tel que ce manque pour fragiliser la personne : il est la cause souvent avancée de multiples déboires survenant en France, auxquels il faut très vite remédier... Cette urgence, ce besoin de dépannage, mais aussi la sédentarisation en France, expliquent en partie la venue des marabouts et leur fréquentation par les Africains. Il n'empêche que si certains disent avoir trouvé, en France, « leur bon marabout », choisi selon des critères précis, débarrassé de toute image négative, comme on le verra plus loin, les sentiments sont généralement très mitigés à leur égard.

Les raisons avancées en sont multiples : prix excessifs de la consultation et du travail, appât du gain, incompétence, usurpation d'un rôle, voire conduites condamnables[11], sont les reproches le plus souvent encourus par les marabouts parisiens de la part de leurs compatriotes : « Les marabouts de Paris, lâche Maïmouna, c'est pour les Antillais et les Français ! »

---

9. Description des rapports entre marabouts et Camerounais en France dans Bouly de Lesdain (1994 : 160-163).

10. Pour cela, on téléphone, on envoie de l'argent. Khadija a procédé de la sorte pour obtenir une bourse d'études alors qu'un refus lui avait, dit-elle, été signifié par l'administration française.

11. Notamment la séduction de leurs clientes.

Figure 10. Amulettes originaires d'Afrique et de France, portées par une jeune femme sénégalaise vivant à Paris.
Ces amulettes se portent généralement autour du cou en Afrique, dans le sac en France.

a : amulette pour la réussite des examens. Fabriquée au Sénégal par le marabout de famille. Cuir marron.

b : amulette de protection générale. Fabriquée au Sénégal deux jours avant le départ pour la France. Cuir rouge.

c : amulette pour l'intelligence et la mémoire, fabriquée au Sénégal par un « vieux ». Cuir marron.

d : amulette pour sortir de toute démarche « la tête haute » . Fabriquée au Sénégal, envoyée par les parents à leur fille vivant en France. Cuir marron.

e : amulette pour la réussite. Fabriquée au Sénégal par un membre de la famille Mbacké (famille du fondateur de la confrèrie mouride). Se porte sur la poitrine, à droite. Tissu rouge à fleurs.

f : amulette pour la réussite. Fabriquée par un marabout parisien ; lors de son utilisation, doit être touchée trois fois avec la langue. Coussinet de tissu blanc cousu.

g : amulette dont sa propriétaire a oublié l'usage. Fabriquée par un marabout parisien. Coussinet de tissu gris grossièrement cousu.

Toutefois ces arguments, visant le contexte parisien, ne font que reprendre une tradition du mépris et du dénigrement dont on a déjà souligné l'étendue et l'ancienneté, tant au Maghreb qu'en Afrique de l'Ouest, dénigrement qui n'a jamais empêché de fréquenter ceux-là mêmes qui sont critiqués. Rappelons en outre que cette accusation d'insuffisance dont les marabouts parisiens feraient preuve trouve un écho dans ce qu'en aparté ceux-ci disent d'eux-mêmes : nul *waliyu*, certes, à Paris, mais des marabouts très ordinaires, pour les problèmes « de tout le monde ». Pourtant à la constatation de cette médiocrité s'ajoute un sens différent lorsqu'on compare la vision qu'ont les Africains de la vie en Afrique et en France.

Vues de Paris, les relations humaines en Afrique sont conçues comme entièrement dominées par la violence. Les histoires ne manquent pas, de marabouts et de devins redoutables dont l'action se solde par la mort ou la folie :

> « Un Peul *fulabé* a giflé un homme ; celui-ci dit à son agresseur : "tu ne feras plus jamais ça !" Deux jours après, le type était mort » ; « un homme aimait une femme que sa famille réservait à un autre. Il a bravé cet interdit ; il est mort paralysé dans de très grandes souffrances alors que tous les médecins disaient qu'il n'avait rien » ; « une femme aimait un homme ; elle est allée voir plusieurs marabouts, elle a mis ce qu'ils lui donnaient dans la nourriture de sa rivale mais ça n'a pas marché. Un jour elle va voir un féticheur, elle lui demande de rendre folle sa rivale. Le féticheur prend l'argent mais il hésite : l'autre femme est si gentille ! Mais il fait ce qu'on lui demande, et il quitte le pays. Un beau jour, la victime se met à se promener nue... Elle est devenue folle. On n'a rien pu faire. Elle est morte deux ans plus tard. »

Ces bribes de récits peuvent, certes, s'apparenter aux « récits typiques » évoqués par Favret-Saada (1986 : 31), ceux qui sont construits pour montrer que « ça a marché » ; mais le fait remarquable est qu'une réussite d'une telle force se produit toujours en Afrique : la violence y imprègne toute la vie sociale. Pour cette raison, Aw ne veut pas rentrer : « C'est affreux là-bas », soupire-t-il... La distance d'un océan ne suffit pas toujours à en supprimer les effets[12]. En comparaison, l'existence en France est présentée comme moins menaçante, plus édulcorée.

Non que les problèmes qu'on y rencontre ne soient pas redoutables, mais c'est que la violence y est (encore) si contenue, que parfois les amulettes ramenées du pays peuvent être dangereuses. Ainsi de ces protections pour l'invulnérabilité (*yasi(n)*, évoquées plus haut) ; selon Sylla, ceux qui en sont pourvus doivent à toute force s'éloigner d'une bagarre qu'ils apercevraient dans la rue, sinon ils s'en mêleraient sans retenue, car ce talisman rend belliqueux[13]. Un incident dans un train de banlieue vaut à Yaya une double amende[14] ; ne se considérant pas en faute, il

12. Pour certains Africains et Antillais, il est des génies, sorciers, actions maléfiques qui agissent par-delà les mers.

13. Ce talisman, utilisé autrefois lors des guerres, trouve sa traduction moderne dans les rixes urbaines ; pour annuler l'effet du *yasi(n)*, il fallait réussir à mettre à terre ceux qui le portaient, faute de quoi ils allaient au combat.

14. Il est monté dans un train en marche et n'a pas de billet valable, faits qu'il conteste.

parlemente avec le contrôleur qui ne cède pas. Racontant cette aventure, Yaya se félicite de ne pas avoir porté, ce jour-là, le seul gri-gri qui lui reste de son père[15] car avec ce gri-gri fait pour donner de la force, « on tremble un peu, ça donne les nerfs, on se gonfle » ; il aurait risqué de s'énerver contre le contrôleur et de le frapper, ce qui aurait évidemment aggravé son cas...

La puissance du travail réalisé en Afrique est donc parfois inadaptée à la situation parisienne ; situation qu'il est utile de connaître pour agir à bon escient, ce qui légitime les marabouts parisiens.

Position extrêmement paradoxale, donc, que celle des clients africains, dont les actes contredisent les discours ; si, bon gré, mal gré, ils sont amenés à les consulter, les marabouts restés en Afrique gardent néanmoins une réputation d'efficacité incomparable et le voyage au pays reste, quand il est possible, le moyen le plus puissant et, en définitive, le moins coûteux, de régler un problème qui résiste : « Avec tout ce que tu as dépensé, dit Khadija à Marie, consultante française à la poursuite d'un amour déçu, tu aurais pu aller au Sénégal ! » Cet ailleurs qu'est, provisoirement, la terre natale, reste, malgré la violence, paré de multiples vertus.

Revenons maintenant à l'ensemble des consultants. Comme pour l'ensemble des guérisseurs, de la plupart des « nouveaux mouvements religieux[16] » ainsi que des marabouts apparaissant sporadiquement dans les villes africaines (Guissé 1997 : 124-125), la clientèle des marabouts parisiens traverse l'ensemble des couches sociales urbaines ; faire du recours aux marabouts une pratique populaire, celle des sans voix dont ce serait le seul moyen de se faire entendre et de dominer son existence[17], réduit considérablement le sens de ce phénomène et tend à la mise en place d'une catégorie de rejet. Pour s'en tenir aux consultants d'origine française qu'on pourrait penser, dans une analyse à courte vue, comme les plus éloignés du mode de pensée des marabouts, on a croisé dans leurs consultations des diplômés : des étudiants, un professeur de philosophie, un écrivain, une interprète internationale, soucieux qui, de la réussite de leurs examens ou concours, qui, de l'avenir de sa relation avec son amie, qui, du succès de son roman, qui, de ramener à elle un homme aimé, etc.[18] Il en est de même pour les consultants antillais ou maghrébins, telle cette femme d'un chercheur algérien qui, ne supportant plus cette situation, a

15. Il s'agit d'un long collier assez volumineux constitué d'une lanière de cuir sur laquelle sont cousues des amulettes également gainées de cuir ; il est porté en bandoulière sur la poitrine. Yaya le possède depuis 1967.

16. Voir à titre d'exemple, le recrutement des nouveaux mouvements religieux japonais en France, Hourmant 1995 : 210.

17. Une interprétation semblable a été développée à propos des cultes de possession et de la sorcellerie. Mais certains auteurs (Augé, Olivier de Sardan) soulignent l'existence de problématiques contradictoires, voire opposées. De plus, on se heurte à un problème jamais résolu : celui de la définition du « populaire ».

18. Cette expérience est corroborée par d'autres sources : cf. par exemple Diallo (1984 : 182). En 1992, une enquête de police révéla les aventures malheureuses d'un marabout et de membres d'une famille française bourgeoise, parmi lesquels : un actuaire en bourse et sa femme ingénieur, les deux sœurs de celle-ci, l'une pharmacienne, l'autre chef du service juridique d'une chaîne de télévision.

expulsé le couple dont son mari lui avait longtemps imposé l'hébergement, le résultat d'un tel geste étant le départ du mari ; telle cette jeune Antillaise angoissée par la préparation d'un doctorat de droit. Concernant le sexe et l'âge des consultants, il semble possible, du moins pour les non-Africains, de noter une proportion non négligeable de femmes généralement jeunes (entre vingt et quarante ans). C'est dire que la « seconde génération », jeunes femmes nées ou élevées en France, fait autant appel aux marabouts que la première, celle de leurs mères, sans doute pour des raisons différentes ; les réminiscences du passé ou le « retour (mythique) aux sources » d'une culture sont l'une des explications possibles de ce phénomène, mais la vogue française de la voyance, qui traverse tous les milieux et se montre désormais sans honte, en est une autre. Ces indications globales ne doivent cependant pas faire oublier Amadou, désireux de faire aboutir son dossier de naturalisation, Mohammed, inquiet pour son projet d'installation professionnelle aux États-Unis, José qui s'est fait « truander » par son associé qui lui doit de l'argent, Alain, poursuivi par la malchance, dont toutes les démarches échouent, Wahid qui se bat sans résultat pour trouver du travail...

Mais il convient d'exprimer une réserve envers les globalisations culturalistes, tout comme envers les déterminations sociologiques. Affirmer que les Antillais, par exemple, fréquentent les marabouts ne veut, certes, pas signifier que tous agissent de la sorte ; une étude centrée sur les clients eux-mêmes devrait rendre justice aux multiples clivages qui traversent tel ou tel groupe abusivement unifié. Un seul exemple : Munira, jeune femme tunisienne, a de nombreuses amies qui consultent les marabouts parisiens, l'une d'entre elles, notamment, dont l'obsession est de se marier. Munira conteste la démarche de celle-ci : si elle ne trouve pas de mari, n'est-ce pas simplement parce qu'elle est « invivable » ? Les marabouts résoudront-ils ses « problèmes relationnels » ? Mais la fille ne veut rien entendre, et Munira trouve alors justifié qu'elle dépense son argent pour rencontrer des marabouts. Sans nier le poids de la culture, il importe aussi de restituer toute leur place à des trajectoires et à des choix individuels.

Autre objection : même si le contexte parisien ne suffit pas à uniformiser totalement les difficultés auxquelles tous s'affrontent, c'est bien une même intensité individuelle des problèmes, une même tension parfois véritablement vitale vers leur solution qui réunit, par-delà les déterminations ethniques ou culturelles, ceux qui fréquentent les marabouts. Au demeurant, on peut se demander si ce nivellement n'est pas en train de se réaliser partiellement : à en croire certains marabouts, parmi tous les problèmes dont on a donné, plus haut, un éventail très ouvert, ceux qui leur sont posés le plus fréquemment, quelle que soit l'origine des consultants, relèvent de la cohésion du couple et de la famille, celle-ci étant sinon nucléaire, du moins restreinte, même si les ascendants, les collatéraux peuvent être évoqués à l'appui d'un diagnostic de jalousie, par exemple. Si des cas peuvent sembler plus spécifiques, tel celui de ces femmes africaines ou maghrébines que leurs maris sont allés chercher au village et qu'ils délaissent en France, dans un monde dont elles ignorent tout, d'autres problèmes atteignent un niveau certain de généralité : le divorce, l'éloignement du mari ou de la femme, l'irresponsabilité du père envers les siens, l'instabilité dans les relations entre homme et femme, l'avenir de celles-ci, la solitude qu'on éprouve, à Paris, lorsqu'on est sans ami, sans amour, l'incompréhension entre parents et enfants, l'éducation de ceux-ci ; ces difficultés ne connaissent, à Paris, nulle frontière culturelle, pas plus que le souci de la reproduction de cette famille[19] ; ceci sans compter que même les sentiments amoureux et les désordres affectifs s'expriment désormais, en particulier chez les plus jeunes, en des termes identiques, et prennent une place aussi importante tant chez les Français que chez les Maghrébins, les Antillais, les Africains, comme en témoignent les émissions de voyance de diverses radios communautaires et « généralistes » de la bande FM[20].

Ces réserves étant faites, il nous faut examiner les raisons de cette diversité des consultants.

Soi et l'autre

La première de ces raisons est, sans aucun doute, le brassage des populations à Paris. N'oublions pas la nature des quartiers dans lesquels les marabouts se sont installés : de multiples nationalités s'y côtoient. Rudy l'Antillais connaît et fréquente Touré depuis le temps où ils étaient voisins, boulevard de la Chapelle ; Dia a des clients cap-verdiens habitant les immeubles jouxtant son foyer, qui viennent s'y approvisionner en épicerie africaine, des clients maghrébins logeant ou travaillant dans la rue commerçante toute proche. Puis le bouche-à-oreille fonctionne, qui élargit le cercle. Mais la clientèle des marabouts n'est pas essentiellement celle du voisinage, on peut venir les voir parfois de très loin[21] et le brassage existe à une échelle beaucoup plus vaste. Keita en a une conscience très claire : pour lui, la présence des marabouts à Paris est, certes, liée à celle des Africains en général, mais le mélange des populations y est tel que les Français, ou d'autres, les croiseront nécessairement un jour sur leur route :

> Si tu vas dans un hôpital et que c'est un Africain qui te soigne, tu ne vas pas dire : « Non, je ne veux pas » ; pour les marabouts, c'est la même chose.

---

19. On a maintes fois souligné l'importance du thème de la stérilité.

20. Éric de Rosny (1991 : 477-478) apporte une confirmation à l'ensemble de cette analyse. À la suite de la publication de son ouvrage sur la sorcellerie sud-camerounaise, il reçut un grand nombre de lettres parmi lesquelles une quantité importante contenait des demandes d'intervention (de désorcellement). La plupart émanait de Français mais aussi d'Africains ou de Maghrébins vivant en France, parmi lesquelles une majorité de femmes de tous milieux sociaux, essentiellement originaires des villes. Ces lettres relataient toutes la survenue d'un malheur attribué à des causes non naturelles, dans de multiples domaines de la vie (santé, études, travail), mais avec une prédominance pour celui des relations affectives ou sexuelles.

21. Comme on l'a vu dans l'exemple de cet Africain américain venu rencontrer en France le marabout malien Cissé ; plus modestement, Diallo a reçu pendant plusieurs semaines de suite trois femmes venant de Poitiers.

Diaby va encore plus loin en constatant qu'« à Paris, il y a très peu de vrais Français, pour cela il faut aller en province, mais ça ne change rien à la nature des problèmes ». La rencontre, entre hasard et nécessité, est donc induite par une pluriculturalité urbaine de fait.

« Très peu de vrais Français » : cette constatation provocante pose aussi la question des incidences de ces brassages sur une identité « française » considérée trop souvent de façon rigide. Certains clients se coulent peu à peu dans des habitudes en vigueur en Afrique : la voisine de Cissé lui porte de la nourriture et le salue avec déférence, Marie a appris à ne jamais venir consulter ses marabouts les mains vides, elle leur offre du thé, du lait, des fruits, conformément à l'habitude africaine. Alain l'Antillais fait présent à Diakité de bouteilles de rhum (que celui-ci, après avoir remercié, s'empresse de jeter à la poubelle une fois le consultant parti[22] !).

À ce mimétisme parfois intuitif, parfois induit par le modèle d'amis africains ou de consultants observés en attendant son tour[23] s'ajoutent d'autres faits plus fondamentaux.

N'est-ce pas l'autre, l'étranger, qui ouvre le champ du possible, rétablissant l'individu (ou promettant de le rétablir...) dans son équilibre ? Marie le dit fort bien, elle qui, obsédée par un problème de retour d'affection, a « besoin d'un truc étranger à soi pour commencer à revivre ». Ce « truc étranger », ce sont tous ces rituels sur lesquels elle s'interroge à peine, mais qu'elle exécute en général scrupuleusement, sans poser de questions, sans recevoir d'explications. C'est le décalage culturel qu'elle recherche : qu'il s'agisse d'enterrer une pierre recouverte d'écrits ou d'abandonner un œuf sur le trottoir, elle obéit d'autant plus facilement que ces conduites impliquent un dépaysement plus total ; sentiment d'étrangeté qu'elle exprime aussi lorsque, parcourant la rue Robert-Houdin (la bien nommée[24] !) pour se rendre chez un de ses marabouts, elle dit se sentir « très loin de Paris ». Cette quête de l'autre qui lui permet de vivre, Marie n'est certes pas la seule à la mener, et ce supposé pouvoir de l'autre est une constante qu'on retrouve en maints lieux : n'est-ce pas le pouvoir du *fqir sûsi*, l'homme du sud, qu'on recherchait à Rabat ? Des talismans écrits en caractères hébraïques que les musulmans yéménites cherchaient à obtenir des juifs, alors que ceux-ci prisaient particulièrement, pour des raisons identiques, les caractères sabéens ? Plus proches du milieu qui nous occupe, Mungo Park ([1800]-1982 : 215, 240) et René Caillié ([1830]-1979 : 298, 305) ne se virent-ils pas demander des talismans par leurs hôtes africains ? Park écrit :

> Vers minuit, lorsque les Maures m'eurent quitté, il [son hôte] me fit une visite et me pria avec beaucoup d'insistance de lui écrire un saphi. « Si le saphi d'un Maure est bon, disait cet hospitalier vieillard, celui d'un Blanc doit nécessairement être meilleur. » Je lui en donnai volontiers un, pourvu de toutes les vertus que je pouvais y mettre, car il contenait l'oraison dominicale (*ibid.* : 215).

22. On l'aura compris : prohibition islamique de l'alcool oblige.

23. Ainsi Marie a pu remarquer, dans la pièce de séjour-salle d'attente d'un marabout, un client africain, venu avec un sac de riz qu'il venait d'acheter, en verser un plein saladier à la femme du marabout.

24. C'est le nom d'un célèbre magicien.

Zempleni (1975 : 195) note que Barthélemy, rencontré à Bregbo dans l'entourage du prophète Atcho, avait aussi, dans son errance à travers de multiples « religions », expérimenté la puissance de médailles et d'objets en provenance d'officines françaises, mise en balance avec, selon ses propres mots, la « faiblesse des fétiches africains ». Déjà Marty, avec ses préjugés, relevait ce fait dans sa généralité :

> Le Noir, quelque irrévérence qu'il y ait à chercher un terme de comparaison dans la Grèce classique, est comme ces lettrés d'Athènes dont le cycle des croyances religieuses comportait une place pour le « dieu inconnu ». Il adore les gris-gris de toute nature et de toute provenance. À ceux qu'il avait déjà en abondance [...] il est heureux [...] d'en ajouter un, souvent doué d'une valeur universelle, quelquefois spécialisé, mais toujours souverain et portant dans ses flancs la force divine de l'écriture (1917 II : 128).

Revenant à la situation parisienne, et à cet attrait pour le « dieu inconnu » caractérisant tant les consultants africains que les clients français, rappelons que cette attirance vers la connaissance de l'autre est l'exacte réciproque de la stratégie mise en œuvre par les marabouts eux-mêmes, consistant à aller forger son pouvoir hors de chez soi.

Mais l'effet de ce contact avec l'altérité culturelle agit plus profondément encore ; car ce que recherche Marie, c'est aussi le dépassement des normes : non seulement celles du comportement, lorsqu'elle enterre son caillou, au vu de tous les passants, au pied d'un arbre dans une allée du Jardin des Plantes, mais surtout celles des recours habituels. Les marabouts ne sont pas des voyants, dont les interprétations sont, à ses yeux, trop éculées (des « bondieuseries », dit-elle) ni des « psy », à la puissance contraignante, à l'accès réglementé et parfois humiliant : sécurité sociale, centres de soin redoutables, toute une organisation obligée, une remise en cause de soi, voire l'émergence d'une culpabilité qui lui répugnent.

Que les marabouts soient hors de toute institution officielle, en particulier psychologique ou thérapeutique, qu'ils ne cataloguent pas leurs consultants dans ces schémas, qu'ils intègrent les syndromes dans des analyses d'un tout autre registre, est un de leurs atouts majeurs. Leur situation de liminarité, pour reprendre le terme de Turner ([1969]-1990 : 96 et sq.), celle de « gens du seuil », mi-méprisés, mi-redoutés, les rend les plus aptes à bouleverser les valeurs établies. Tel est l'enjeu de ce détour par l'autre et l'un des fondements de son efficacité : la subversion de références familières conçues comme trop émoussées ou contraignantes, voire aliénantes[25].

---

25. Marie connaît bien, en effet, certaines institutions psychiatriques. Lorsqu'elle pleurait son amour enfui, son médecin lui a recommandé de se rendre à La Borde (clinique liée à l'antipsychiatrie) ; elle en est revenue horrifiée et persuadée que le conseil de son médecin masquait en fait une sanction de son état, de son désir de retrouver l'homme qu'elle aime. On pense ici aux analyses de Foucault sur la folie et l'enfermement.

Mais cet autre, en est-il pour autant enfermé dans une altérité irréductible, serait-il d'autant plus efficace qu'il est indéchiffrable ? Certes, parmi tous les succès de librairie relatifs au domaine de l'ésotérisme, l'Afrique est peu médiatisée au regard de la popularisation de pratiques orientales diverses et reste, en France, en grande partie inconnue ; pour leurs clients en particulier non Africains, les marabouts demeurent mystérieux. Pourtant, lorsque Marie évoque, par exemple, la puissance de la volonté, ce « je veux » dominateur (qu'on prononce en serrant l'amulette), elle ajoute que « l'Afrique est ce qu'il y a de plus proche de nous à affirmer ça ».

Cette proximité, Marie ne la définit pas, peut-être même ne repose-t-elle sur aucune connaissance précise où l'on pourrait retrouver trace de l'organisation symbolique des marabouts... Il n'empêche, son existence, sa nécessité, même, sont affirmées. Un lien quelconque avec une Afrique mythique ou réelle, constituée de stéréotypes ou de souvenirs de voyages, de séjours qu'y fit un être cher, de rencontres avec des Africains, suffit à construire cette proximité. Si elle est un facteur essentiel de la relation entre marabouts et clients français, si elle redonne couleur et force au quotidien, sens à ce qui, tout d'un coup, vacille et que les repères connus ne suffisent plus à comprendre, l'altérité ne saurait donc être totale, le lien semble tout aussi indispensable que l'étrangeté. Marie, dans sa longue fréquentation des marabouts, oscille constamment entre ces deux pôles.

Cette dialectique entre le même et l'autre décrite à propos de consultants français ne s'exprime pas toujours en des termes identiques. Elle est certainement différente pour les Antillais, en raison de leur relation particulière avec l'Afrique ; différente encore pour les Africains de l'Ouest vivant à Paris.

S'il s'agit, pour ceux d'entre eux qui sont proches des marabouts, d'une habitude culturelle que l'existence en France entame lentement ou peu malgré les réticences, il est des exemples qui mettent nettement en lumière cette présence de l'altérité.

Yaya est arrivé en France il y a vingt ans ; il s'y est relativement bien débrouillé même si, actuellement, il est au chômage. Mais depuis peu, rien ne va plus, il a un accident, des problèmes administratifs inédits qui lui résistent : il « sent quelque chose » (de peu naturel). Le recours au marabout s'impose et Yaya écrit à celui de sa famille, resté en Afrique, pour qu'il lui « envoie quelque chose ». Mûsâ reçoit de son frère, resté au Sénégal, une lettre lui recommandant la plus grande prudence : les Blancs, dit la missive, l'auraient trahi. Inquiet, Mûsâ rapproche cet avertissement des problèmes qu'il a à cette période avec la préfecture et décide d'aller consulter un de ses parents, marabout à Paris. Celui-ci confirme la prémonition du frère et prescrit un sacrifice. Mûsâ n'en fera rien, marquant implicitement sa distance envers ces pratiques qu'il connaît bien ; mais il a entendu les mots, il a reconnu le code qui pour un temps le rassérènent. Ces deux exemples représentent, en quelque sorte, l'inverse de celui de Marie : lorsque vivant sans problèmes majeurs dans un pays étranger, Mûsâ, Yaya et bien d'autres y sont soudain confrontés à l'inconnu, à un trop de réel, l'explication que peut donner le marabout se révèle indispensable pour conférer un sens à une situation qui se dérobe.

Reconnaître un code familier, dans toutes les acceptions de ce verbe, est, pour Aïssata, un enjeu essentiel de son existence en France ; y vivant depuis longtemps, elle évoque la solitude qui est la sienne lorsqu'elle est affrontée à des difficultés : où trouver le réconfort lorsque la famille est loin ? Survient aussi le remords : pourquoi avoir « lâché » les gestes qu'on faisait autrefois au pays, les sacrifices, les protections, pourquoi s'être peu à peu coupé de ces coutumes dont l'absence soudain vous dénude ? Pour Aïssata, fréquenter les marabouts dans ces moments de crise revient autant à renouer les fils d'une identité culturelle et affective en perdition, à trouver des conseils que la parenté absente ne peut pas donner, un lieu contre la solitude, qu'à rechercher une parole et une efficacité auxquelles l'urgence et le désarroi pourraient également donner une force renouvelée. Retrouver provisoirement le langage du même permet de surmonter une altérité brusquement trop intense. Ceci, soulignons-le, n'implique en rien une adhésion totale à ces pratiques réhabitées ni une observance scrupuleuse des gestes prescrits et n'annule en rien la multiplicité des appartenances et des références acquises en France. Être originaire d'Afrique de l'Ouest ne signifie pas qu'on soit totalement enfermé dans sa culture, ce que les marabouts savent fort bien, eux qui, on le verra, composent avec le pouvoir des autres.

Face à cette diversité de la clientèle, et au-delà de la constatation du brassage des populations à Paris, quelle est l'attitude des marabouts ? Diakité constate que « l'homme, c'est l'homme » ; quel que soit celui qui vient le trouver, il doit lui « donner le moral ». Quant à Cissé, il déclare avec force que sous la peau, « le sang est toujours rouge ». C'est l'unicité de l'homme qu'il affirme, qu'il expérimente, et par voie de conséquence, l'universalité de sa démarche, universalité que nous avions déjà rencontrée dans celle, postulée, de l'islam et des pratiques qui en découlent. L'uniformisation des problèmes, qui outrepasse l'origine culturelle des consultants, n'empêche pourtant pas les marabouts de se livrer à des constatations plus fines : les soucis des Français sont plutôt centrés sur les relations amoureuses, ceux des Antillais, sur l'ascension sociale, le retour au pays, ceux des Africains et des Maghrébins sur le travail, les titres de séjour. À Paris, se faire spécialiste de l'amour, comme c'est le cas de Ndao, est un ajustement judicieux au contexte[26] ; Amadou, quant à lui, n'hésite pas : à une consultante française qu'il regarde droit dans les yeux, il déclare d'emblée, avec assurance :

> Ce qui vous amène, c'est un problème de sentiment, votre mari va avec une autre femme, il n'est pas fidèle, vous comprenez ?

Concernant les Antillais, Diallo constate que « c'est toujours quelqu'un qui leur fait du mal, quelqu'un qui travaille sur eux, jamais quelque chose de naturel, une maladie du bon Dieu ».

26. Ce n'est, pourtant, pas une innovation : Marty signale de tels spécialistes au Sénégal au début du siècle (1917, t. I : 118).

Chaque rencontre avec des clients non africains fournit aux marabouts l'occasion de mieux cerner les inflexions particulières de leur pensée, d'accumuler sur eux tout un savoir et de développer une véritable activité sémiotique qui orienteront leur pratique ; Diallo sait que les Antillais refusent de consommer la viande sacrificielle, qu'en France, en général, on préfère les bagues en or massif (« il faut faire de l'effet », constate-t-il), alors que ce sont habituellement les objets en argent qui ont valeur protectrice, que les Antillaises et les Françaises sont particulièrement redoutables et prêtes à tout lorsqu'il s'agit de problèmes d'amour, que les Blancs sont « sensibles et dangereux » et ne supportent pas la déception. Cette connaissance des points faibles et des particularités s'assortit, en aparté, de jugements à leur propos : on a vu combien semblait étrange, voire méprisable, l'acharnement amoureux dont certains font preuve à Paris. Chacun sent, aussi, qu'il doit composer avec ce double mouvement de dépaysement et de rapprochement, implicite dans l'attitude des consultants français, qu'il doit tendre le miroir que ceux-ci attendent.

Extrayant précautionneusement d'un sac, avec la plus grande lenteur, dans le plus grand silence, son arsenal divinatoire, tête de vautour, coquillages, puis apostrophant ses génies en poular, Ndao sait bien qu'il offre à son consultant l'Afrique imaginaire que celui-ci recherche à Paris, mystérieuse, puissante, douée de forces invisibles, tous stéréotypes qui préexistent à la relation avec le marabout et sont aussi importants que la situation de communication elle-même. Mais s'il se fond provisoirement dans le moule culturel du Noir sorcier, cliché tenace que Doutté ([1908]-1984) : 34) et Westermarck (1935) relevaient déjà dans le Maghreb du début du siècle, il sait aussi qu'il lui faut éviter de rendre cette étrangeté trop inquiétante : il la tempère en y adjoignant des gestes, des pratiques connues tel le magnétisme, des mots familiers à son consultant. Dans cet exemple, il s'agit à l'évidence, de la part du marabout, d'une stratégie construite, consciente[27] ; mais un tel mouvement est toujours présent. L'exotisme peut être créé involontairement par des détails très simples : que le marabout reçoive son client assis à terre sur un tapis ou une peau de vache, appuyé sur un coussin, attitude habituelle en Afrique, peut y suffire. Se déchausser, coutume banale, se transforme en un rituel étrange lorsqu'il est imposé aux consultants non africains. En revanche, la prière commune, souvent indispensable au travail, en particulier lors du sacrifice, est un moment que bien des marabouts considèrent comme patrimoine partagé[28] ; que le consultant ne soit pas musulman n'est d'aucune gêne, d'autant moins que, selon la pensée soufie, la bénédiction d'Allah est universelle et s'étend sur le croyant comme sur le mécréant. « Le client vient me voir, et moi je suis religieux, il y a une communication, ça suffit », dit Diakité. La référence, par-delà un islam fédérateur, au Dieu unique, est aussi un

27. Mais le savoir-faire de Ndao lui-même, dont on a étudié plus haut le « système », est marqué par la compénétration de différents univers culturels, tant islamo-africains qu'européens, dont rien ne prouve que l'un ou l'autre lui soit moins familier : autre variation du soi et de l'autre...

28. Certains marabouts, on l'a vu, conseillent la prière à leurs consultants, que celle-ci soit musulmane ou non : dire *bismillah* pour tout ce qu'on entreprend, se prosterner, etc.

pont lancé entre musulmans africains et Blancs, dont certains, remarque Gassama, sont croyants et font la prière :

« Les musulmans, comme les catholiques, comme les juifs, disent amen », rappelle-t-il. Cette référence proprement religieuse à Dieu permet d'ailleurs de nouer un lien plus large avec de multiples pratiques mystiques contemporaines qui postulent toutes l'existence d'un « grand autre », qu'il soit nommé divinité ou « guide spirituel[29] ».

Le poulet qu'a apporté Marie-Lyne, jeune femme antillaise, est là, dans son panier, aux pieds du marabout ; toutes les personnes présentes, parents, visiteurs, ethnologue, sont conviés à la prière. Le marabout écarte les mains de la jeune femme et lui fait tourner les paumes vers le ciel. D'une voix forte, il récite les versets coraniques et les invocations appropriés, puis ensemble, tous les participants, y compris Marie-Lyne, passent leurs mains sur leur visage ; ceux qui le veulent disent amen. Gassama conclut la prière : « Bonne chance Marie-Lyne. » Marie-Lyne n'est pas croyante, ne prie jamais ; pourtant cette scène solennelle chargée d'émotion ne la laisse pas indifférente.

Ici encore, cette prière en commun faite avec des non-musulmans, pour adaptée qu'elle soit à la situation française, se pratiquait déjà en Afrique. Sanneh (1979 : 189) mentionne son existence en milieu diakhanké, où ce fait s'explique par l'environnement étranger dans lequel ceux-ci vivaient :

> [...] ways have been found to compensate for this apparent limitation[30], largely through the practice of spontaneous prayer in which both Christians and pagans can be included[31].

Cette habitude des Diakhanké est, d'ailleurs ancienne, puisque Sanneh la trouve mentionnée dans le récit de Park. Venant en France, ceux-ci ne faisaient, sur ce point, que reproduire une situation dont ils étaient coutumiers. Mais à Paris, cette solution est adoptée par l'ensemble des marabouts.

À un niveau plus profond, ce qui rend possible de ne pas exacerber des traits culturels[32] tout en lançant des ponts, c'est l'existence de nombreuses références communes, qui traversent tant la société française que les sociétés islamisées ouest-africaines, ce que certains marabouts savent fort bien : « même les Français

29. On pourrait en dire autant de la référence aux anges ; ceci sans que les marabouts aient le moindre rapport avec les mouvements du *new age* ni avec une quelconque secte.

30. Sanneh fait allusion au fait que les prières légales habituelles ne devaient réunir que des musulmans.

31. « Des moyens de compenser cette apparente limitation ont été trouvés, notamment la pratique de la prière spontanée pouvant inclure chrétiens et païens. »

32. Qui pourraient être tout à fait durcis dans un contexte urbain étranger.

connaissent les *jinne*, les diables », assure Sylla ; références communes déjà évoquées lorsque nous nous demandions ce qui rendait possibles les emprunts faits par tel marabout à la kabbale juive ou à des pratiques phytothérapiques appartenant au patrimoine français. Que les marabouts eux-mêmes soulignent de telles correspondances est donc loin de n'être qu'un artifice rhétorique permettant d'assurer leur crédibilité au-delà du milieu africain : eux-mêmes, vivant en France, s'en sont imprégnés.

Il y a d'abord des convergences historiques sous-jacentes : le savoir astrologique gréco-arabe, qui a nourri l'Occident médiéval jusqu'au XVIe siècle en dépit des oppositions tardives de l'Église ; les traités d'élection[33] arabes recopiés tels quels ou adaptés aux conditions politiques du royaume de France aux XIVe et XVe siècles, contre lesquels Thomas d'Aquin s'éleva avec une certaine indulgence[34] ; l'origine arabe de la géomancie européenne.

Outre ce fonds historique commun, on peut trouver de nombreuses correspondances entre la pratique des marabouts et la médecine familiale exercée encore largement dans la France rurale, comme le rappelle Loux (1990 : 83) ; citons pêle-mêle : la valorisation de l'équilibre et de la modération (*ibid.* : 84), l'idée que les humeurs malignes doivent être expulsées du corps (Loux 1983 : 222), l'attention portée aux déchets ou traces corporels, éléments de la personne pouvant donner prise à des actions maléfiques (*ibid.* : 223), la multiplicité des recours thérapeutiques (Loux 1990 : 87-88), l'usage de rituels symboliques dans la lutte contre la stérilité (Loux 1983 : 180). D'autres convergences encore, jusque dans le détail : ces sachets protecteurs qu'on porte à même la peau (Favret-Saada 1977 : 285) tout comme les amulettes des marabouts, ces clous censés renvoyer ou repousser le mal (*ibid.*), tel le « fer noir » perçant une cola dans certains sacrifices[35]. Des homologies, enfin, avec ce que Charuty considère comme un fonds commun aux sociétés européennes : l'influence de la lune dans l'apparition de l'infortune (1997 : 179-180), les cures par la mesure (*ibid.* : 199-203), l'imaginaire relatif au crapaud, être maléfique et « esprit auxiliaire » (*ibid.* : 86 et sq.), etc.

S'il ne suffit pas d'affirmer que la plupart des Français vivant en ville sont bien issus d'un terroir dont ils ne sont pas, pour la plupart, totalement coupés, et que nombre de ces idées continuent de cheminer dans la mémoire collective[36], on pourra

33. Passant en revue les moments favorables pour se marier, conduire une guerre, etc.

34. L'une des formules de sa condamnation : « Les astres inclinent mais ne nécessitent point » sert d'ailleurs d'exergue à la revue d'astrologie *Horoscope*.

35. Bien qu'il ne doive pas nécessairement être tordu, comme dans le bocage normand (mais les consultants évoqués par Favret-Saada n'en ont-ils pas trouvés qui sont restés droits ?...), Gassama explique que « quand on cherche à t'attacher, ça se retourne contre celui qui t'a fait le mal ».

36. La pratique récente de dépôts d'ex-voto sur un arbre, dans un pays (la Picardie), où il n'en reste guère et où les champs sont striés par une autoroute, en est une autre preuve. Concernant la lutte contre la stérilité, on sait que des gisants au sexe saillant du cimetière du Père-Lachaise, tel celui de la tombe de Victor Noir, ont remplacé, à Paris, les mégalithes et statues de saints contre lesquels les femmes se frottaient, dans les campagnes. La constatation d'une telle continuité n'implique en rien l'affirmation selon laquelle ces pratiques ne seraient que survivances résiduelles (Loux 1983 : 180).

aussi noter d'autres convergences plus urbaines ou plus « modernes » : le soin du corps dans son ensemble, le questionnement envisageant l'ensemble de la personne, communs au travail maraboutique et aux « médecines douces » et notamment l'homéopathie[37] ; les demandes d'intercession, par des prières personnelles ou la médiation de personnages charismatiques (Fainzang 1991) : « Toi aussi, tu as ça », dit Cissé à sa consultante française ; une conception ternaire de la personne dans l'islam et de nombreuses cultures africaines, comparable à celle vivace dans de nombreuses pratiques occultistes qui distinguent le « corps physique », le « corps astral », le « corps spirituel[38] »). Et que dire encore du morceau de coton des magnétiseurs, qui rappelle celui que les marabouts donnent à leur client comme talisman ? De l'eau miraculeuse, semblable à celle des bains d'écriture, que certains marabouts nomment, d'ailleurs, « eau bénite » ? De l'usage curatif des parfums, usage ancien (Charuty 1987, Le Guérer 1990), qui constitue le fondement de ce nouveau recours qu'est l'aromathérapie ? Faut-il aussi rappeler que, de façon quasiment universelle, des objets de toutes sortes, pierres, médailles protectrices, coquillages, objets écrits ou non, sont considérés comme des amulettes ?

Chaque consultant porte en lui des bribes, aussi ténues soient-elles, de ces références communes ou seulement semblables. Anne, cliente française explique tout le bienfait qu'elle retire du bain donné par Touré ; l'idée de « nettoyer [son] corps » et de le purifier ne lui est en rien étrangère[39]. Il serait absurde de conclure à une similitude plus globale entre les cultures ouest-africaine et européenne à partir de la simple comparaison de traits pris isolément. Ce qu'il s'agissait de montrer, c'est que ces traits constituent, pour les consultants européens des marabouts, des fils à saisir, une accroche possible, consciemment ou non.

Mais on peut aller encore plus loin dans l'analyse de ce jeu subtil entre soi et l'autre. L'expression, par les marabouts parisiens, de causes d'infortune extérieures à l'individu n'a-t-elle pas pour effet de révéler au grand jour la « face cachée », soigneusement occultée, d'une idéologie majoritaire rationaliste et chrétienne, de laisser éclater ce que chacun, peut-être, porte au fond de soi : la force de la jalousie, de la rivalité entre proches, parents ou collègues ? Qui n'a entendu attribuer tel cancer aux mauvaises relations familiales subies par celui qui en est affligé ? La cliente portugaise de Touré ne sait-elle pas parfaitement que c'est une femme qui est responsable de l'apathie de son fils, cet homme français pour lequel rien ne marche plus n'est-il pas persuadé d'être attaqué par un sorcier, cette secrétaire d'un général ne soupçonne-t-elle pas l'une de ses collègues de lui nuire et de l'empêcher

37. N'oublions pas, d'ailleurs, que les marabouts sont englobés dans ce cadre par certains consultants, en raison de leur usage de plantes.

38. Définitions qui, pour n'être pas entièrement superposables à la conception islamique, manifestent une remarquable souplesse ; voir l'une d'entre elles par un occultiste du début du siècle dans Edelman (1995 : 150).

39. Remarquons qu'une telle idée est assez nettement suggérée par les publicités que font les firmes d'eaux minérales.

d'obtenir une promotion ? Ceci avant-même que le marabout consulté ait formulé la moindre divination. Concevoir ces sentiments comme des moteurs des relations humaines, faire des collègues, voisins, proches, des causes possibles d'infortune est plus répandu qu'on ne consent à le dire et en tout cas, dépasse largement la seule Afrique[40].

De ces va-et-vient multiples entre soi et l'autre, auxquels il faut évidemment ajouter toutes les tensions entre pratiques et interprétations divergentes, tous les réaménagements de lexique précédemment analysés, va-et-vient qui caractérisent tant les marabouts que leurs consultants, on peut voir une illustration symbolique dans une expérience partagée de la langue, par-delà les cultures particulières. À la nécessité de dialoguer, postulée par Diallo lorsqu'il apprit le français, nécessité qui explique aussi son appétit pour des connaissances extérieures à celles léguées par son père, à l'expérience de traversée des mondes qui fut celle de Ndao, saisi par les génies, lui qui, plus tard, commença un ouvrage intitulé *L'Observation universelle de l'homme dans le monde*, à l'invention d'une langue secrète par Lamine, Marie ne répond-elle pas, elle dont le métier d'interprète lui permet d'affirmer qu'« il n'y a pas vraiment d'étranger, on fait toujours de la traduction » ? Vision trop optimiste sans doute, qui laisse dans l'ombre bien des malentendus, bien des oppositions culturelles qui n'en sont pas pour autant annulées. Au demeurant ces rencontres et ces ajustements réciproques ne sont pas les seules raisons expliquant la diversité de la clientèle des marabouts.

Une recherche pragmatique

« Est-ce que ça a marché ? » demande Khadija à Marie, venue consulter Cissé pour son problème de « retour d'affection ». Bien qu'on puisse se contenter d'une simple divination, c'est, dans la gestion de la vie quotidienne, la recherche de l'efficacité la plus immédiate qui attire les clients. Cette chance que l'on cherche à faire « tourner », entendu dans son sens quasi physique, comme s'agissant d'une personne qu'on forcerait à tourner la tête, fonde en grande partie, la place des marabouts en France.

Là comme souvent en Afrique, l'interprétation des causes d'infortune et leur résolution appartiennent généralement à des personnages distincts : les voyants parisiens contemporains n'ont plus pour fonction que de prédire l'avenir, très rares sont ceux qui agissent (« pas plus de cinq pour cent », nous dit Guirassy...) ; les

---

40. Ces faits dont j'ai relevé maints exemples, sont corroborés par l'étude de Fainzang (1988) qui analyse la place de la parenté et de l'environnement social comme causes avancées d'un cas de maladie ; ils apparaissent aussi nettement dans les lettres reçues par Laplantine ou ses collaborateurs à la suite d'une émission sur la sorcellerie : « l'une des particularités de cette sorcellerie urbaine contemporaine est certainement son caractère professionnel très prononcé : c'est presque toujours un commerçant qui suspecte un autre commerçant de l'avoir envoûté ; un architecte, un autre architecte ; un médecin, l'un de ses confrères » (1987 : 50).

marabouts réunissant ces deux fonctions, ont donc un rôle particulier par rapport à leurs concurrents, un avantage qu'ils mettent nettement en avant dans leur publicité. Certains expliquent, dans un vocabulaire adapté au contexte français, qu'il sont à la fois voyants et médium (ce dernier terme[41] étant pris dans une acception originale et signifiant la capacité à donner aux problèmes des solutions).

« Je me fiche de savoir s'il m'aimera ou non, je veux qu'il m'aime » dit, en effet, Marie, une consultante française à propos de son ami : la recherche de l'efficacité peut amener certains clients à passer du voyant classique au marabout. Et cette originalité des marabouts peut fournir une explication supplémentaire à l'absence relative de modification du savoir concernant le travail, modification inutile puisque celui-ci est pratiquement sans concurrence. « Quand on a des problèmes dans la vie, on fait ce qu'il faut pour les résoudre, si un moyen ne va pas, on change » ; [quant aux marabouts], « on ne regarde pas s'il est tidjane, ou qadriya, on regarde les moyens dont il dispose » déclare un consultant africain. La force de ce besoin de solution est telle qu'on passe sans difficulté d'un marabout à un autre, ou à la consultation de plusieurs d'entre eux dans le même temps. C'est ainsi que Marie, à la recherche de son amour perdu, consulta en deux ans plus de douze marabouts, certains successivement, d'autres simultanément, hésitant toujours, tout comme les Africains eux-mêmes, entre le sentiment que leurs actions s'annulaient, ou au contraire se renforçaient. Dans des cas urgents, la prééminence est nettement donnée au travail plutôt qu'à l'interprétation.

La sœur de Bintou est malade, fièvres, convulsions, les médecins hésitent ; Bintou se rend chez un premier marabout : cette maladie a-t-elle des causes naturelles ou est-ce un sorcier ? C'est la maladie d'Allah, dit Dramé, qui décrit un homme poursuivant la sœur ; il prescrit des sacrifices et promet des médicaments. Bintou se rend aussitôt chez Sherif ; pour ce second marabout, la cause, c'est aussi un homme, mais un sorcier. Ces deux avis ne sont-ils pas contradictoires ? Question secondaire pour Bintou, uniquement préoccupée de ce que les deux hommes lui donneront pour soigner sa sœur.

Ce pragmatisme fait aussi franchir sans rupture d'autres seuils, selon des orientations et des rythmes propres à chacun. Aminata tarde à être enceinte ; diverses consultations gynécologiques à Paris se sont révélées sans effet ; de retour en Afrique, elle consulte un marabout qui lui donne « un truc à boire » jusqu'au résultat : une encre diluée contenant un peu de sable provenant de sept mosquées différentes. La divination, classique, révèle que quelque chose doit sortir du ventre de la jeune femme. Tout en continuant de boire cette eau chaque jour, Aminata revient en France et prend rendez-vous dans un service hospitalier spécialisé où elle

41. Il a peu à voir avec son acception stricte dans le spiritisme ; Kardec définit ainsi le médium : « Médium, du latin *medium*, milieu, intermédiaire. Personne accessible à l'influence des esprits et plus ou moins douée de la faculté de recevoir et de transmettre leurs communications » (cité par Edelman 1995 : 82). Il est néanmoins vrai qu'au milieu du XIXe siècle, les médiums (essentiellement des femmes) sont guérisseuses. La législation à leur encontre se durcit à la fin du siècle.

subit un débouchage des trompes, vérification, à ses yeux, de la justesse de la divination. Cette opération se révèle insuffisante, et tout en poursuivant les investigations médicales, Aminata se rend à Lourdes pour prier « sainte Myriam », démarche tout à fait naturelle à ses yeux puisque « c'est dans le Coran » dit-elle[42]. Cet itinéraire montre clairement l'imbrication des recours, et l'effet déterminant de la parole du marabout sur la décision de prolonger les soins médicaux.

Autre parcours encore, que celui de Zohra, femme marocaine, inquiète pour sa fille, âgée de dix-sept ans : elle sort et rentre quand elle veut, a une « mauvaise fréquentation », est perturbée ; selon sa mère, elle a « le diable en elle ». Zohra a profité de vacances au Maroc pour faire faire à sa fille « le soin[43] » ; mais est-elle guérie ? Pour le savoir, Zohra consulte un marabout parisien qui confirme son inquiétude et affirme la nécessité d'une protection... Quant à Sylvain, un jeune Antillais, il a fréquenté, pour soigner son impuissance, maints quimboiseurs dans son île comme à Paris ; là il entre en contact avec des marabouts qu'il croise chez son épicier du XVIIIe arrondissement. Il les visite assidûment, ceux-ci prient pour lui. Puis survient une nouvelle rencontre à Paris, et un brusque revirement : il les accuse de lui avoir jeté un sort et se tourne vers l'évangélisme : désormais seul Jésus-Christ, assure-t-il, peut lui apporter la guérison ; enfin, dernier avatar de sa recherche, mais sans abandon de l'étape précédente, il place un grand espoir dans diverses racines de plantes africaines... Chaîne ininterrompue des recours, bâtie, maillon après maillon, par le sentiment obstiné du possible.

La sollicitation de plusieurs marabouts à la fois, même si ceux-ci, pour des raisons qu'on analysera plus loin, n'apprécient guère cette collaboration involontaire, le passage par des spécialistes de traditions et de savoir-faire, de légitimité différents, auxquels conduit le pragmatisme des consultants, n'est certes pas une nouveauté parisienne : un tel comportement existe au Maghreb (Doutté 1914 : 93) comme en Afrique de l'Ouest : rappelons-nous la multiplicité des recours dont Wangrin, sous la plume d'Hampaté Ba, est un champion (1973 : 237), celle que décrit Rouch en milieu songhay et qu'il résume ainsi : « plusieurs demandes valent mieux qu'une, c'est aux divinités de choisir la plus qualifiée. Il arrive souvent alors que tous ces cultes s'entremêlent » ([1960]-1989 : 230).

Ortigues ([1966]-1984 : 32) et plus récemment Fassin (1992 : 113 et sq.), à travers la présentation de cas cliniques, font des constatations semblables à Dakar et dans sa banlieue. Et, comme le remarque Benoist dans l'ouvrage qu'il a dirigé sur ce thème, « la pluralité des usages simultanés de soins apparemment contradictoires [...] est la norme, en termes de fréquence, de généralité des pratiques » (1996 : 9). Faut-il enfin citer comme exemple parisien de cette perméabilité ce fonctionnaire des impôts qui, recevant de nombreux marabouts dans l'exercice de son métier et ayant à leur égard une attitude ambivalente[44], demanda à un « sorcier blanc » rele-

42. On sait que c'est le nom que les musulmans donnent à Marie.

43. Il s'agit vraisemblablement de la visite à un *shaykh*. J'ignore le contenu du « soin ».

44. « Ce sont des oiseaux de mauvais augure », dit-il, affirmant que lorsque les marabouts se rendent à son bureau ou à la préfecture, « ils mettent des petits trucs par terre, des trombones, des petits bouts de trucs pour jeter des mauvais sorts ».

vant également de ses services, de l'aider à se prémunir contre eux ? Or l'un des écrits que celui-ci lui donna à suspendre au mur de son bureau, se révéla être... un chant très connu du vaudou haïtien (transcrit du créole) !

L'extension de tels passages, marqués par la tension vers la réussite, s'enracine dans l'histoire individuelle des personnes autant que dans des rencontres culturellement et socialement déterminées. Qui pourra imiter l'expérience de cette jeune étudiante antillaise qui, née « coiffée », particularité à laquelle elle doit une sensibilité exacerbée au monde invisible, consulte un marabout pour tenter de maîtriser des rêves prémonitoires perturbants tout en étant une lectrice assidue de Jung ?

« Je sais bien mais quand même... » : à cette constatation célèbre de Manonni (1969), qui correspond à une première mise en forme consciente de l'expérience, il faut ajouter, en amont, ce que la psychanalyse nous a depuis longtemps appris : que la rationalité est constamment battue en brèche par les contradictions inhérentes à tout sujet, qui n'est pas qu'un être de raison agissant de façon cohérente. D'un point de vue plus anthropologique, ces comportements de la clientèle des marabouts peuvent aussi être interprétés à la lumière du « principe de coupure » bastidien : tendus vers un résultat positif, les clients peuvent à la fois consulter un marabout et un médecin de même que les marabouts eux-mêmes peuvent employer des techniques d'origine différente.

L'existence de tels phénomènes rencontrés à Paris permet de contredire l'affirmation fréquente faisant du pragmatisme une caractéristique des polythéismes africains, religions paysannes[45] : celui-ci concerne également les religions révélées à vocation universaliste et est de plus en plus largement présent dans les sociétés occidentales modernes urbanisées. Une telle remarque est presque devenue le lieu commun des études actuelles en sociologie et anthropologie religieuses.

Ces multiples passages, qui se jouent souvent des frontières culturelles, qui oscillent entre le sentiment vague d'une transcendance et la gestion du quotidien le plus banal, les marabouts les connaissent fort bien et les assument : les clientes de Ndao ne le menacent-elles pas, s'il ne parvient pas à leur ramener leur ami, de s'adresser au mage Guérin[46] : « Il paraît, dit-il, qu'il fait le mal, des sorts pas très catholiques... » ? Gassama ne sait-il pas qu'Yvette allume des bougies et dit des neuvaines tout en venant le voir ? Certains consultants n'ont-ils pas été adressés à Diakité par une voyante avec laquelle lui-même avait eu jadis des contacts[47] ? Plus encore, Sakho et son fils n'ont-ils pas eux-mêmes collaboré, un temps, avec un voyant, celui-ci se chargeant de la divination, les marabouts, du travail ? Cas peu

---

45. Cet aspect, souligné notamment par Augé (*Génie du paganisme*, 1982) est repris par plusieurs auteurs ; cf. par exemple Gibbal (1988 : 78).

46. Il s'agit d'un mage exorciste, ancien commis pâtissier, ayant pignon sur rue à Paris.

47. Bien qu'il cherche à taire cette relation par souci de conserver son image d'homme religieux, Diakité a, jadis, aidé cette voyante lorsqu'elle perdit son mari ; celle-ci lui a ensuite envoyé des clients ; cette information, confirmée avec réticence par le marabout, nous a été livrée par une de ses clientes. Je n'ai pas pu rencontrer la voyante.

nombreux peut-être[48], mais qui témoignent de l'existence de liens entre voyants et marabouts alors qu'une concurrence très sévère et des discours négatifs de part et d'autre pourraient faire croire à une opposition radicale. D'ailleurs une association regroupant voyants et marabouts a existé[49].

Il arrive aussi à ces derniers d'aiguiller leurs consultants vers d'autres marabouts et d'autres spécialistes. Les maux de tête de sa consultante française, « quelque chose qui ne respire pas », échappent à la compétence de Bakary. Il la renvoie à un médecin ou à un autre marabout. Sans doute s'agit-il ici pour lui d'un problème médical, et l'on sait qu'il mieux vaut, à Paris, respecter la « séparation des pouvoirs », comme le déclare dans ses émissions radiodiffusées, un marabout particulièrement au fait des lois. Aiguiller sa cliente vers un médecin est donc parfaitement adéquat dans le contexte parisien ; mais conseiller la visite à un autre marabout est tout à fait courant en Afrique, où chacun a ses spécialités et ses incompétences : tel renverra son consultant au marabout du village voisin, ou, de façon plus sibylline, vers l'est, pour lui signifier qu'il n'est pas son homme. À Paris, sans doute ne peut-on totalement écarter l'hypothèse que l'orientation vers d'autres spécialistes crée une impression de sérieux, qui permet de se démarquer de ces hommes-orchestres dont la publicité promet la résolution de toutes les infortunes... Il n'empêche que ce pluralisme des recours, cette complémentarité des spécialistes sont ici affirmés. Comme le dit un marabout :

> Dieu donne quelque chose au docteur, quelque chose au marabout, il ne peut pas donner tout à la même personne.

Mais bien qu'ils entérinent la diversité des approches, qu'ils admettent la validité de tel ou tel médicament allopathique dont eux-mêmes ne maîtrisent pas l'usage ou qu'ils se refusent à conseiller, à Paris où l'activité maraboutique est, pour beaucoup, le gagne-pain essentiel, et où la concurrence est rude, une telle attitude, souvent affirmée, est rare[50], ce qui suscite l'ironie des Africains : « Rarement un marabout dira qu'une chose n'est pas possible », critique l'un d'eux.

Ce pragmatisme n'est en rien incompatible avec l'attitude généralement fort circonspecte des consultants envers leur marabout ; Marie-Lyne, jeune Antillaise nommée à un poste en métropole, désireuse que Gassama contribue à la réussite d'un concours qui lui permettrait de rentrer chez elle, marque d'emblée sa distance : « J'étudie sa méthode », dit-elle simplement, à l'issue de la consultation. Il n'y a, dans son attitude, pas d'« engagement de soi », expression par laquelle Lenclud

48. Et dont je n'ai que des récits émanant, outre de clients, comme dans l'exemple précédent, des marabouts eux-mêmes ou de leur famille. Les voyants que j'ai pu interroger à ce sujet ont nié cette collaboration ; de celle-ci, je ne connais pas avec précision l'organisation matérielle ni financière.

49. Il s'agit de l'« Association amicale internationale des marabouts, voyant(es), magicien(nes), médiums, relations entre ces derniers, loisirs », dont le but est la résolution de problèmes administratifs ; elle a été déclarée à la préfecture en 1986.

50. Sauf, on l'a vu, pour des problèmes médicaux, pour des raisons de légalité.

(1994 : 7) désigne « la manifestation de ce que nous appelons [...] croyance », ou du moins, pas d'engagement total : le marabout est sous surveillance. Si, par exemple, il lui demandait de l'argent, comportement considéré comme typiquement « parisien[51] », Marie-Lyne le considérerait immédiatement comme un « charlatan » et ne retournerait plus chez lui. Elle exécute néanmoins les gestes prescrits, mais son attitude est faite d'un scepticisme tranquille : « On verra bien », dit-elle.

Cette adhésion conditionnelle peut même amener à se gausser sous cape des faits et gestes du marabout ; ainsi, cette égalité de deux mesures, prises avec une ficelle sur le bras d'une consultante[52], que celle-ci, moqueuse, se propose, en sortant, de vérifier... ainsi de ce marabout qui prétend entrer en *khalwa* la nuit et recevoir ses consultants le lendemain matin : « Des blagues », se moque Mussa. C'est bien la même attitude que l'on retrouve chez Marie, faisant appel à des marabouts pour retrouver son amour perdu, à la fois par énergie du désespoir et par suprême dérision, sentiment contradictoire qui l'habite en permanence.

Pourtant cette « distance au rituel [qui] fait encore partie du rituel[53] » est nettement plus accentuée chez les consultants africains que chez d'autres. Alassane, secrétaire du marabout Sow, est au premier rang pour observer l'attitude des clients, et se désole de l'attitude de ces Français, de ces Antillais, aveuglés qui, plus que d'autres, selon lui, « ne mettent rien en doute » et « sont prêts à donner tout ce qu'ils ont » ; par là même, ils « donnent au marabout une importance qu'il n'a pas », outrepassant largement son rôle d'intercesseur.

Car cette attitude faite d'un recul parfois facétieux, qu'on retrouve aussi chez les clients des guérisseurs (Friedmann 1981 : 94), impose aux marabouts une contrainte : réussir, mais en respectant certaines règles implicites, en se maintenant dans des normes socialement acceptables, comme le suggérait l'exemple de Marie-Lyne évoqué plus haut. En outre, elle fait partie intégrante du jeu que partagent le marabout et son consultant. Ainsi pour Diallo, que celui-ci ait confiance en lui est de peu d'importance : « Ça encourage seulement le client mais ça n'est pas ça qui agit » ; en revanche, le prestige qu'il retirera d'un succès remporté auprès d'un consultant et la réputation qui s'ensuivra sont à la mesure du scepticisme que celui-ci aura manifesté au départ. Certes, une telle présentation des faits oblitère toute la relation d'emprise du marabout sur son client (cf. *supra*). Mais elle indique clairement que, pour l'un comme pour l'autre, ce qui compte avant tout, c'est l'efficacité. C'est lorsque celle-ci a été constatée qu'est fondée la croyance, rétrospectivement. Après sa visite chez Dramé et Sherif dont l'accueil l'a rassérénée, Bintou raconte un rêve qu'elle avait fait plusieurs jours auparavant, auquel elle attribue maintenant valeur prémonitoire : elle avait vu sa sœur, errant et fuyant, son bébé

51. Pourtant les romans africains nous ont montré qu'un tel comportement existait aussi, du moins au Sénégal.

52. D'où il ressort que la personne recherchée est bien celle décrite dans la divination.

53. Comme le note Bromberger à propos de l'emploi d'amulettes propitiatoires par les *tifosi* napolitains (1993 : 310).

dans les bras, criant qu'un homme la poursuivait. Or ce songe est l'écho de la divination des marabouts : sa fonction est d'authentifier la perspicacité de ceux-ci.

Pourtant la prudence préliminaire peut conduire à vouloir se dégager d'un marabout que l'on n'apprécie pas, soit que son comportement sorte de normes que le consultant pense devoir être respectées, soit que l'effet de son travail tarde à se manifester ou que ses divinations ne soient pas convaincantes. Mais rien n'est moins aisé, car même celui qui est décrété mauvais marabout, un « charlatan », est un homme d'un grand pouvoir.

« Crains le marabout (même) mauvais, et le bon te sauvera » : ce proverbe noté au Maroc par Doutté (1914 : 318) est d'actualité à Paris. Khadija, entraînée par une amie à consulter Samaté qu'elle ne connaît pas, refuse le travail proposé : il ne connaît rien, ne sait même pas écrire l'arabe, fait « du n'importe quoi » ; mais elle lui a donné son nom, élément grâce auquel ce marabout véreux peut se venger et lui faire du mal. Accompagnée de sa copine sénégalaise, une Française consulte Djitté. Elle refuse de payer mille francs pour un travail qui permettrait de résoudre une série d'infortunes que le marabout dit avoir découvertes : faire revenir son mari (qui n'est jamais parti...), lui rendre l'amitié de ses amis qui l'abandonnent au bout d'un ou deux mois, rétablir sa chance « coincée », faire en sorte que l'argent ne coule pas entre ses doigts, etc. (Que diable allait-elle faire dans cette galère !) L'entrevue se termine dans une atmosphère très tendue, et il apparaît clairement qu'il faut fuir ce marabout aussi peu perspicace qu'indélicat. Néanmoins l'Africaine prévient sa copine qu'elle pourrait avoir des cauchemars, effet de représailles possibles du marabout mécontent ; il faudrait alors faire « enlever ça » par un homme de confiance.

Au demeurant, tout marabout est réputé doté d'une redoutable toute-puissance. Khadija, toujours, rend visite à Dramé qu'elle connaît bien, auquel sa famille a confié plusieurs travaux : il est devenu au fil du temps leur recours à Paris. L'homme prie la jeune femme de noter une adresse : méfiante, elle confie le stylo à son cousin qui l'accompagne, craignant qu'à l'aide des signes tracés de sa propre main, Dramé ne lui fasse « des trucs ». La définition du « bon » marabout que donne Alassane porte bien la marque de cette ambivalence : « c'est celui qui a des pouvoirs mais ne s'en sert pas pour faire du mal »[54].

Ici encore, tous les clients ne sont pas également prévenus contre ce double visage du marabout. La naïveté des Français, en particulier, leur méconnaissance de règles implicites de comportement les rend éminemment vulnérables. C'est pourquoi à leur amie française, fréquentant régulièrement les marabouts, deux jeunes Africains regagnant pour un temps leur pays prodiguent maintes mises en garde : ne pas accepter de donner trop d'argent, ne pas indiquer son nom inconsidérément, etc. Rendre visite à un marabout n'est jamais anodin, c'est pourquoi il importe de savoir choisir le bon. Or les conditions parisiennes bousculent pour tous, marabouts et clients, les normes de reconnaissance en vigueur en Afrique.

---

54. Mais on a vu combien les catégories du bien et du mal étaient manipulables.

Des réseaux familiaux aux publicités télématiques

Personnages fortement institutionnalisés en Afrique de l'Ouest, et jouissant d'un grand prestige en dépit de critiques anciennes, les marabouts ont vu leur statut considérablement modifié en France, où ils ont presque totalement perdu leur charisme de fonction. Considérés comme des immigrés « régularisés » mais assimilés à une profession à peine tolérée et assez méprisée, celle des voyants, de surcroît encore majoritairement exercée par des femmes alors qu'être marabout est, en Afrique, une affaire d'hommes, ils côtoient une clientèle multiculturelle très souvent ignorante des signes qui, en Afrique, permettent de les identifier ; de plus les réseaux d'interconnaissance parisiens sont, de l'avis de tous, nettement moins serrés que ceux, déjà distendus mais encore souvent efficaces, fonctionnant dans les villes africaines ; la modification des rapports sociaux au sein des communautés africaines, l'absence, à Paris, d'une autorité maraboutique incontestée, viennent accentuer ces bouleversements.

Des *karâmât* du marabout immigré à l'administration de la preuve

Il subsiste peu de chose, à Paris, des signes émanant de la personne, *karâmât* (miracles) plus ou moins remarquables, renom de l'individu et de son lignage qui, en Afrique, authentifient le charisme.

Certes, le regard profond, le front brillant à force de prières, la « lumière » du visage, « plus forte que le soleil », comme le note l'hagiographie d'un marabout guinéen venu conforter son pouvoir en France, permettent toujours, lorsqu'on est africain, de distinguer un marabout « courageux » d'un « fainéant », comme le dit Dia. L'âge respectable reste aussi un élément favorable, même si, comme on l'a mentionné plus haut, les jeunes marabouts ont aussi leur place ; on préfère avoir affaire à un « vieux », manifestation de la sagesse attribuée aux anciens, à un « grand[55] ». L'attitude humble et modeste, la parole parcimonieuse, le retrait des contacts publics trop fréquents, le fait de ne pas se dévoiler soi-même, attitude sans aucun doute héritée du soufisme[56], restent toujours un comportement prisé des Africains.

Mais la possession de certains attributs (recueils manuscrits, Coran et autres ouvrages religieux), la posture majestueuse, le vêtement courant des marabouts (un grand boubou de basin, éventuellement le fez bordeaux ou la calotte blanche crochetée propre à tout musulman, le châle d'épaule ou de tête protégeant parfois un crâne rasé[57]), ont perdu, à Paris, toute valeur identificatoire : on peut y observer toutes les variantes, du boubou, éventuellement recouvert d'un manteau européen, au costume trois-pièces, des babouches aux baskets : affaire d'habitude, de goût, ou de stratégie, comme on le verra plus loin.

---

55. Terme par lequel on s'adresse à un homme plus âgé que soi.

56. Addas (1989 : 185) note que la caractéristique des grands soufis est d'être « des personnages anonymes, effacés, quasiment invisibles ».

57. On a vu à propos de la *khalwa* que cheveux et poils sont entachés d'impureté.

Quant aux actions extraordinaires ou miraculeuses (*karâmât*) qui entretiennent traditionnellement le renom du personnage, éléments obligés de toute hagiographie[58], elles ont, à Paris, leur version immigrée. Le voyage pour la France, effectué, dit-on, sans billet, est en soi-même une sorte de miracle, tout comme le fait de traverser les frontières sans papiers en règle, de ne pas avoir de problème de logement, de ne pas payer d'impôts, d'échapper aux attentats[59] ; actes extraordinaires soulignant un comportement hors normes, qui alimentent les récits admiratifs de nombre d'Africains, et sont mis en exergue par les marabouts eux-mêmes. Mais lors de la consultation, il est d'usage que ceux-ci montrent, par un prodige, un avant-goût de ce dont ils sont capables, présageant du succès du travail. De tels tours ne font pas défaut à Paris[60], dont certains marabouts puisent même la substance hors du patrimoine africain, pour renouveler leur effet : bague nue qu'on retrouve dans un papier, œuf plein que l'on récupère vide ou renfermant un objet, ou d'autres prodiges plus élaborés.

Devant Aminata sa consultante, et une assistance silencieuse et attentive, Aliou copie sur sa planchette un *khâtim* confié par son maître ; après l'avoir lavée et avoir recueilli l'eau noircie dans une cuvette émaillée, il en verse une partie dans un verre, qu'il recouvre d'un linge blanc au tissage très serré (percale). Il retourne le verre rempli et lie le tissu par une ficelle, formant une boucle qui doit permettre de suspendre le récipient retourné. Le liquide, affirme Aliou, ne traversera pas le tissu avant trois jours[61]. Pour preuve de sa bonne foi et de son assurance, Aliou propose à Aminata de faire l'expérience en emportant chez elle le verre, ce qu'elle refuse[62]. Le marabout suspend alors l'objet à un clou dans sa chambre. Trois jours plus tard, il téléphone à sa cliente pour qu'elle vienne constater le prodige. Aminata ne se déplacera pas mais dira : « J'ai confiance en toi. »

Cette démonstration de puissance impressionne la jeune femme, non pas tant, d'ailleurs, en raison de sa valeur intrinsèque qu'en raison de sa présence même, attendue. Ici aussi, son attitude n'est pas exempte de recul critique ; mais qui aurait l'audace, l'incongruité de contredire un marabout ? Attitude impensable : « Quand un marabout ne dit pas la vérité, on ne le dit pas, on fait comme si on n'avait pas compris », affirme Sow.

---

58. Translocation, capacité à marcher sur les eaux, à éviter la brûlure, à faire jaillir l'eau : ces faits miraculeux caractérisent toute existence sainte. Ils existent aussi en milieu africain non ou peu islamisé ; cf. Dupire (1976 : 7) qui relate de tels prodiges chez les magiciens-devins serer du Sine (Sénégal).

59. En 1986, un attentat fut perpétré aux galeries Lafayette ; un marabout raconta qu'il était sur les lieux à ce moment, mais qu'il n'avait été touché en rien, preuve de son comportement hors du commun. Selon un Africain, un marabout est capable de dresser un « mur de défense » autour de lui.

60. On en a déjà rencontré un : celui par lequel un marabout vérifiait la possibilité de la consultation par la disparition du billet de banque posé dans une pochette (cf. *supra*).

61. Est-ce une variante de ce prodige que relève Gaden dans ses *Légendes et coutumes sénégalaises* (1912 : 199) : « Les gens du Cayor prétendent que les Serinye-Gadde puisaient l'eau nécessaire au bain du Damel avec un récipient en paille tressée à mailles larges et qui, cependant, ne laissait pas échapper une goutte d'eau » ?

62. À la fois parce que ce serait mettre en doute le prodige du marabout, et parce que, ce jour-là, elle n'est « pas propre » (elle a ses règles).

Il en va tout autrement des clients français lorsque les marabouts entreprennent de leur montrer leur pouvoir : pour un Français, ces prétendus miracles ne sont généralement que supercherie, tour élémentaire de bateleur et, par exemple, pour l'expérience du verre décrite plus haut, simple phénomène physique de capillarité ! Ainsi Marie démonte-t-elle impitoyablement les métamorphoses de l'œuf que lui montre Guirassy : ce dernier ne s'est-il pas rapidement détourné pour effectuer la manipulation ? L'usage de ces prodiges, stratégie habituelle en Afrique que bien des marabouts ne remettent pas en cause à Paris, manque souvent son effet.

Reste alors la reconnaissance du nom, du lignage, du village qui permet d'identifier un marabout. En Afrique de l'Ouest, le nom du lignage (poular *yetoode*) définit l'origine de l'ensemble du groupe. Ainsi un Sow ou un Bah sont apparentés aux lignages peuls du même nom ; porter le nom de Kanté signifie, par exemple, une appartenance ancienne à un lignage de forgerons, même si son statut actuel n'a plus rien à voir avec cette activité. Il existe, de même, des lignages de marabouts plus ou moins anciens au sein desquels se transmet, en principe, le savoir ; chacun connaît les Cissé, « mori Mandé » (« marabouts du Mandé »), les Touré, les Tall (descendants de la famille de Shaykh Omar). Mais tous les Touré ne sont pas marabouts et cet héritage lignager n'est pas, on le sait, la seule façon de le devenir. Dès lors, ce sont les réseaux d'interconnaissance qui permettent d'identifier avec certitude tel individu, en particulier par l'identification de son village d'origine ; c'est la réputation qui permet de distinguer ceux ou celui qui, à l'intérieur de tel lignage, parmi les disciples de tel maître, ont le mieux reçu en partage le savoir ou le « don ».

Certes, même en Afrique, il est parfaitement possible de jouer avec ces signes d'identité, de s'en affubler pour se couler dans la personnalité du marabout, l'illusion touchant, sans doute, d'autant mieux son but qu'on est loin de son village... On se souvient des multiples satires du personnage, fréquentes dans les textes littéraires. Par ailleurs, on a déjà noté l'existence, en Afrique, depuis maintenant presque trois quarts de siècle, de marabouts free-lance, hors de tout lignage maraboutique, phénomène dû notamment à la colonisation puis aux désordres sociaux causés par l'urbanisation accélérée[63]. Si certains tentent ainsi leur chance, il n'en reste pas moins que les repérages mentionnés plus haut restent encore possibles, même dans les grandes villes.

Mais à Paris ? La démocratisation de la *baraka* s'y est considérablement accentuée, ce que chaque Africain sait fort bien. Et si les *sharîf*, les Touré, les Aïdara considérés *a priori* comme « des saints[64] », jouissent toujours d'un préjugé favorable, identifier celui dont il s'agit précisément, dans ce lieu où « il est difficile de connaître tout le monde », se révèle infiniment plus complexe. D'ailleurs tous ces signes qui sont, en Afrique, presque suffisants, ne deviennent plus, en France, que

63. Voir le cas du marabout guérisseur de Grand Yoff, analysé par Guissé (1997).
64. Ils sont réputés être les descendants du Prophète.

de simples indices préjugeant peu d'un avis définitif : « Au village, s'appeler Mohammed Fodé[65], ça suffit, pas à Paris. »

La méfiance est de règle et la crainte d'usurpation du nom fréquente : ce Tall, est-il si proche qu'il le prétend de la famille de Shaykh Omar ? Est-ce seulement son vrai nom ? Sow met cette parenté en doute, craint d'être abusé. Car malgré les multiples réseaux, la vie à Paris est de plus en plus affaire individuelle.

Cet effacement du nom est infiniment plus accentué encore lorsqu'il s'agit de consultants non africains : aucun savoir généalogique, aucune connaissance des familles ne vient rompre l'anonymat auquel les marabouts sont soumis. Sont également ignorées les réputations ethniques qui leur sont faites, réputations qui admettent en Afrique même, de nombreuses variantes[66].

Cissé, Dia et bien d'autres ressentent vivement ce laminage général[67], cette perte de la référence valorisante qu'ils subissent à Paris, où chaque marabout ne représente plus que lui-même : aucun des signes connus en Afrique, même s'ils sont parfois contestés, ne suffit à assurer leur prestige et la considération qui devrait leur être due, alors qu'en Afrique, comme le dit Dia, « on sait que tout ça est vrai » ; et Cissé : « Un marabout, en Afrique, on lui apporte plein de cadeaux, ici c'est pas possible. » Ceux qu'on peut apercevoir aux pieds de Keita, paquets de gâteaux, bouteilles d'eau de Cologne, tissus, ne sont rien en comparaison de ce qu'il pourrait recevoir en Afrique ou dans les pays arabes où l'on connaît le respect dû au personnage. Le sentiment du manque va bien au-delà de l'absence de produits et de végétaux évoquée plus haut.

Si les premiers marabouts arrivés à Paris, ayant une réputation solide, persistent à défendre avec force leur nom, la valeur de leur lignage, la plupart d'entre eux ne peuvent plus se contenter de gérer un héritage, réel ou emprunté : il est nécessaire de l'aménager. La routinisation du charisme n'a pas résisté à la transplantation en France. Des stratégies nouvelles émergent alors : la mise en valeur des signes de l'authenticité, sans être totalement obsolète, fond culturel indélébile, est fortement concurrencée par l'administration de la preuve tangible de l'excellence : « Ici, dit Diallo, les gens ne croient que quand ça marche. »

Même si, comme on l'a vu, les Africains, les Antillais, les Maghrébins sont plus que les clients français prédisposés à accorder crédit aux marabouts, l'attente de la

65. Mohammed le marabout.

66. Selon l'un de mes informateurs, les Peuls seraient particulièrement « forts », mais avec certaines spécialisations : ceux de Guinée seraient particulièrement réputés pour les affaires, ceux du Macina (Mali), pour la protection personnelle, ceux du Sénégal, pour les affaires de famille, de femmes, etc. D'autres, au contraire, valorisent les Diakhanké.

67. Sans compter le nivellement onomastique auquel sont soumis, en France, les Africains en général, le sens des noms disparaissant totalement ; ainsi le hasard d'une inscription administrative transforme le nom de Salifou Diali (« Salifou le griot ») : Salifou devient le patronyme, Diali le prénom !

preuve est en fait devenue commune à tous les consultants. Le modèle évoqué par certains marabouts est Moïse, dont le bâton se transforme en serpent devant les yeux de Pharaon incrédule (sourate XX : 66-71). L'efficacité pratique conduit à cette définition :

> « Comment reconnaît-on qu'on a affaire à un bon marabout ? » demande une consultante française à sa copine africaine, qui répond :
> « Quand on connaît quelqu'un qui a eu affaire à lui et que ça a marché. »

Ce moyen très ouvert de forger sa réputation suppose une chaîne orale où le nom du marabout est répété et transmis par des clients satisfaits. Un tel critère ouvre les portes à tous ceux qui, détenteurs de quelques connaissances mais non reconnus par leur groupe, se lancent dans l'aventure parisienne.

Un seul exemple, celui de Ndao le méprisé, qu'un noble peul du foyer, accablé par des problèmes administratifs, se résout à aller consulter, car sa réputation de démêler les dossiers les plus embrouillés l'emporte sur la mésestime très affirmée que ce client a de lui.

Permettant d'outrepasser des relations conventionnelles, ce critère est aussi l'occasion d'affirmer à son maître, à son père, restés en Afrique, avec lequel la relation est toujours secrètement agonistique, qu'on a acquis en France un savoir-faire nouveau, découlant d'une intelligence du contexte français, qu'eux-mêmes ne maîtrisent pas. Le charisme tend à n'être plus que personnel.

Le nom répété

À cette réputation orale fondée désormais sur une efficacité personnellement éprouvée et non plus sur un consensus social, les marabouts attribuent une grande importance. S'il subsiste, à Paris, des réseaux familiaux qui privilégient, lorsqu'on a des problèmes, un marabout apparenté à son lignage, ou celui qu'on connaît depuis le village, le plus souvent, on va trouver celui, étranger à sa parenté, qu'un parent, un « frère[68] » de confiance, vous a conseillé parce que lui-même l'a testé.

Bien qu'un tel fonctionnement se répande également en Afrique de l'Ouest, c'est à Paris qu'il acquiert toute sa pertinence ; il se décline sous différentes formes, y compris par l'appel téléphonique d'un client satisfait : Djitté n'hésite pas à faire dialoguer un consultant encore hésitant avec une jeune femme se répandant en éloges sur son « travail » grâce auquel elle a retrouvé très facilement un emploi... La réputation d'un marabout peut largement déborder les frontières culturelles, circulant hors des milieux africains ou y revenant : si plusieurs marabouts consultés par Marie lui ont été recommandés par des amis africains, c'est inversement par l'intermédiaire d'une amie française que Khadija a connu Dramé, devenu le marabout de sa famille en France. La trace d'une influence africaine peut même s'effacer

68. Rappelons que ce terme désigne une relation confiante nouée en France entre des individus non apparentés.

complètement dans la construction de ces réseaux : la cliente portugaise de Touré lui a été recommandée par une amie de même origine qu'elle, pour laquelle il en était déjà ainsi.

Transculturels, ces réseaux traversent aussi frontières et océans. C'est par la médiation d'un ami habitant en France qu'un jeune Dakarois a fait la connaissance de Ndao, notre marabout iconoclaste pour lequel cette organisation de la preuve par le témoin a une importance capitale, lui qui ne pourrait jamais se prétendre marabout en Afrique. C'est du Sénégal que ce client lui demande son aide pour réussir enfin à y trouver du travail, après quatre ans de recherches infructueuses. Ainsi un marabout vivant en France peut, par la réputation acquise dans ce pays, forger ou accroître une clientèle en Afrique. Ces réseaux peuvent encore passer par bien d'autres milieux puisque certains voyants servent de relais orientant des clients vers les marabouts ; dans ce cas aussi, le lien à l'Afrique peut avoir totalement disparu.

Ces relations fondées sur l'expérience personnelle peuvent aussi être utilisées par les marabouts eux-mêmes pour renforcer leurs propres liens d'allégeance, de rivalité, d'amitié. Marie rencontre un grand marabout de passage à Paris, recommandé par un de ses parents, qui ne s'occupera pas directement d'elle mais qui la confiera à Cissé, son disciple, installé en France pour une période plus longue. Autre exemple : Keita est retourné depuis longtemps en Afrique, il ne reviendra pas en France de sitôt. Un jour, une cliente française, qui a eu avec lui des contacts chaleureux, reçoit un appel téléphonique de Diaby, qu'elle ne connaît pas : Keita lui aurait parlé d'elle et lui aurait demandé de s'occuper de son cas. Diaby et Keita sont liés, ayant été disciples du même maître. Tenter d'accroître sa clientèle en faisant bénéficier ses proches de sa renommée personnelle est un jeu auquel certains se prêtent, à Paris.

Établir sa réputation de bouche-à-oreille sauvegarde les apparences d'un fonctionnement traditionnel : jamais un marabout ne clame lui-même son pouvoir, le don devant toujours être dévoilé par un tiers, ceci n'empêchant pas, comme le montre la situation parisienne, que ces réseaux se travaillent. Changement total d'attitude avec un autre moyen de se faire un nom : la publicité.

Le nom placardé

Cet usage est inconnu sous cette forme en Afrique. Tout juste peut-on voir, dans les villes d'Afrique de l'Ouest et d'Afrique centrale, des écriteaux sur lesquels chacun a inscrit, devant la porte de sa maison, ses qualités ; tel celui-ci aperçu dans une rue de Dakar : « Tradi-praticien. Médecine traditionnelle modernisée. Cures et tisanes » (mars 2000). Pourtant Fassin (1992 : 240) donne un autre exemple sénégalais montrant que la visibilité ainsi acquise par un marabout pikinois a attiré sur lui la « mauvaise langue » ; la maladie qui s'en est suivie l'a convaincu de décrocher sa pancarte, de déménager de sa maison désormais maléfique et de se faire oublier… Preuve qu'il y a bien là une limite dangereusement franchie. Car généralement, en Afrique de l'Ouest, seuls les marabouts réputés ou de famille reconnue annoncent à la radio leur présence en tel lieu, ou diffusent leur carte, et ce, aux seuls consultants et visiteurs, non à n'importe quel passant comme à Paris. De plus, celles-ci ne mentionnent que le nom et l'adresse, éventuellement le village d'origine ou la filiation. Ainsi celle de Touré ne comporte, à la suite de son nom, que l'indication suivante : « Fils de El Hadj Almamy sidi TOURÉ, marabout », quartier [...] Djenné. »

À Paris, certains marabouts utilisent aussi de telles cartes de visite vierges de toute propagande, en marquant bien la différence avec celles distribuées aux sorties des métros et dans les rues. De ces dernières, ainsi que des publicités dans les journaux, il est intéressant de faire l'histoire.

Petite histoire de la publicité des marabouts à Paris

Apparue au début des années 1970, antérieurement, rappelons-le, aux mesures de restriction de l'immigration et à l'établissement des cartes de séjour (1975), elle s'intègre dans la mode de la publicité exotique datant du début du siècle[69] ; dans les journaux du premier tiers du XXe siècle, on vante aussi bien le thé mexicain du Dr Jawas pour maigrir, la crème Icilma provenant d'une célèbre source algérienne, ou Bichara, parfumeur syrien de la Chaussée-d'Antin.

Si les personnalités religieuses (l'Abbé Hamon, sœur Bonnefoy, religieuse des hôpitaux) semblent avoir le monopole d'une thérapeutique qu'on qualifierait aujourd'hui de « douce », constituée de tisanes et de plantes, on trouve, à côté de cartomanciennes et somnambules[70] telle Mlle Lenormand ou Mme Debora, plusieurs « fakirs », « professeurs » ou « prophètes » au nom étranger, portant turban ou fez. La mode est plutôt à la « philosophie hindoue » et aux « sciences égyptiennes » qu'à l'Afrique. Mais les titres des personnages, la présence valorisante de l'étranger, qualité réelle ou alléguée, la nature des textes et des services proposés sont déjà bien présents[71]. Ce cadre ne varie pas sensiblement, au regard de notre sujet, jusqu'au lendemain de la Seconde Guerre mondiale.

---

69. Je dois à D. Champault et à son abondante bibliothèque cette incursion dans les revues du début du siècle.

70. Les techniques de divination ont leur mode et leur histoire ; au début du siècle, celle-là était au somnambulisme et à la lecture des empreintes du pouce. Cf. Edelman (1995).

71. Ainsi la publicité d'un journal pose ces questions : « Voulez-vous apprendre à préparer les philtres et les breuvages triomphateurs de l'amour. Apprendre à jeter et à conjurer les sorts envoûteurs. Obtenir les faveurs que l'on désire. Découvrir les secrets les plus cachés. Savoir tout ce qui se passe dans les maisons, chez ses voisins. Acquérir beaucoup d'esprit, de mémoire et de volonté. Donner le dégoût des alcools et guérir l'ivrognerie. Prendre à la main, lièvres, oiseaux et poissons. Pouvoir guérir toutes les maladies ; lisez *Science et magie* » (*Femina*, 1910).

Fondée en 1950, la revue *Horoscope*[72] révèle dans ses publicités l'apparition progressive de spécialistes se réclamant de l'Afrique puis d'Africains se manifestant pour leur propre compte. À côté de Zita la Zingara ou de M. Pham, « professeur asiatique », on trouve un « grand voyant corse retour d'Afrique noire » qui se réclame de « nombreux secrets de sorciers noirs » (1958). La première référence d'une voyante africaine est celle de Mme Camara, jeteuse de cauris (1965-1968). De 1968 à 1971, une publicité associe un « voyant médium astrologie conseil » au nom français et le « mage noir » Colombo, détenteur de « procédés africains millénaires » ; mais ce dernier reste au second plan, simple faire-valoir du premier qui, lui, reçoit la clientèle[73]. Tandis que se poursuit l'allusion par des cabinets français, à la « magie orientale et africaine » ou au « ruban des moines d'Afrique aux sept nœuds miraculeux » et qu'émergent d'autres « mages noirs », domiciliés à Paris ou en Afrique, apparaît, en 1972, le « Grand Marabout Fall Keba » : c'est la première occurrence du mot ; mais il est toujours accompagné d'un intermédiaire en France (Mme Fortune SA, Nice).

En 1973 se manifeste pour la première fois, seul, « Monsieur Karamba Diaby », qui se dit « grand médium africain », spécialiste d'« affection retrouvée ». Il est rejoint, en 1975, par un second à la publicité identique puis par « el Hadji Gassama », venant de Casamance, spécialiste de « psychologie, télépathie, voyance ». À partir de cette date, leur nombre va croissant (trois en 1975, six en 1976), tandis qu'apparaissent progressivement les ingrédients ancrant ces personnages dans une culture musulmane : référence à la « voyance directe ou sur chapelet » (1976), aux « extraits du Coran » (1977), mention de la qualité de « chef religieux » accompagnée de symboles musulmans (1977), de l'ascendance « d'un grand saint de l'islam » (1977), d'un diplôme « de l'université d'El Azahr (Égypte) » [*sic*] (1977). Ces références coexistent avec celles faites à la radiesthésie, à la psychologie, à l'IPS[74].

En 1977, le cadre des publicités futures est définitivement posé, et Sadia Diaby résume toutes les composantes qu'on retrouvera le plus fréquemment par la suite ; il se déclare « grand marabout et médium africain, chef religieux musulman originaire de la Casamance, grand centre maraboutique de l'Afrique ».

Résumons les grands traits de cette évolution. Dès l'origine l'« exotique est quotidien », l'existence de colonies expliquant en partie ce fait, et l'interférence entre pratiques françaises et africaines, ancienne ; l'inscription des marabouts

---

72. La rédaction de cette revue a mis très courtoisement sa collection à ma disposition, me permettant d'en faire le dépouillement exhaustif ; je l'en remercie chaleureusement. Il en est de même pour la rédaction de la revue *Amina* dont il sera question plus loin.

73. Cette association s'enrichira d'un troisième membre et de la « magie antillaise ». De semblables collaborations, toujours aussi inégalitaires, sont encore d'actualité : dans une publicité récente du journal *Amina* (juin 1993), on trouve le « mage Albert, astrologue voyant, disciple d'Allan Kardec », dont la photographie montre qu'il s'agit d'un Blanc, associé à l'Africain Hamadiou, « mage noir, procédés secrets », tous deux spécialistes d'« astrologie + magie antillaise et africaine ».

74. Institut de psychologie scientifique, école de voyance toujours en activité.

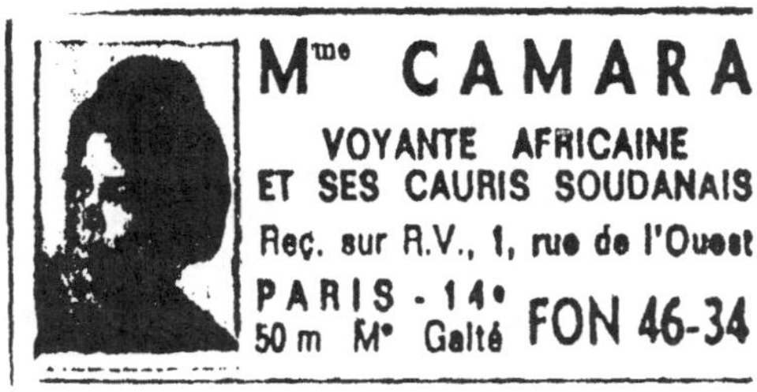

1965

1968

Figures 11. Premières publicités de voyants africains, parues dans la revue *Horoscope* (1965 et 1968).

africains dans des références, dans un vocabulaire français n'est donc guère étonnante, d'autant plus qu'ils ont d'abord fonctionné sous le couvert de voyants ou de cabinets français, avant de prendre leur autonomie : telles ces voyantes somnambules du XIXe siècle qui, travaillant d'abord sous le contrôle d'un magnétiseur, se sont peu à peu émancipées pour exercer seules, faisant entendre leurs voix de femmes dans un monde d'hommes (Edelman 1995 : 39, 60), les marabouts choisissent de faire entendre la leur, celle d'immigrés, dans un milieu dominé par des Français.

Mais l'image qu'ils donnent de l'Afrique se démarque progressivement de celle, mystérieuse, redoutable, fétichiste, suggérée par les voyants français, pour mettre en avant des attaches religieuses islamiques ; les premiers à investir la publicité sont des Diakhanké, dont on connaît l'art de l'accommodement, ce qui se marque également dans la référence très précoce aux problèmes d'amour, « très important ici » comme le soulignait Moustapha.

Chaque citadin connaît le développement de ces publicités dans nombre de journaux gratuits mais aussi, à différentes périodes, de quotidiens d'information (*Le Parisien*, *Ici-Paris*, naguère la rubrique « Gri-gri » de *Libération*), d'hebdomadaires (*Le Nouvel Observateur*) et dans une presse spécialisée très diversifiée, depuis celle consacrée au sport à celle relatant enquêtes de police et de détectives, sans compter les nombreuses publications consacrées à la voyance.

La « stratégie de l'ailleurs », l'une des explications de la présence en France des marabouts, se vérifie aussi à propos de la publicité puisque certains marabouts cherchent délibérément à toucher une population plus large qu'africaine ou même française : la presse antillaise[75] et réunionnaise, les journaux gratuits portugais, turcs ou tamouls comportent aussi, traduites dans ces langues, leurs annonces. Mais les revues africaines ne sont pas oubliées, car la stratégie vise à atteindre le plus grand nombre. Ainsi la revue féminine *Amina*[76], diffusée dans tous les pays d'Afrique, aux Antilles et en France, insère des publicités pour des marabouts, parmi de multiples annonces de gourous et de yogis hindous domiciliés en Inde ou au Nigeria, de voyantes françaises, brésiliennes, haïtiennes, de ventes de talismans, pierres de chance, parfums d'attirance ou plantes de beauté distribuées par des entreprises françaises (Maurice Mességué, par exemple) : preuve supplémentaire de l'entrecroisement, de la compénétration fort ancienne de pratiques et de spécialistes d'horizons différents. À partir de 1989[77], à la faveur d'une modification éditoriale, leur nombre augmente sensiblement, tout comme la taille des publicités, qui atteint rapidement la pleine page. Notons que d'un journal à l'autre, le contenu des textes n'est pas sensiblement modifié pour s'adapter à un public particulier.

75. Tant en France qu'aux Antilles ; on pouvait encore trouver en 1999 des publicités de marabouts dans le quotidien d'information *France-Antilles*.

76. Dépouillée depuis 1980. Cette revue a été fondée en 1972.

77. Date à laquelle cette revue crée un cahier central d'informations destinées aux résidents africains en France et où le tarif des insertions publicitaires devient plus favorable aux métropolitains.

décembre 1972

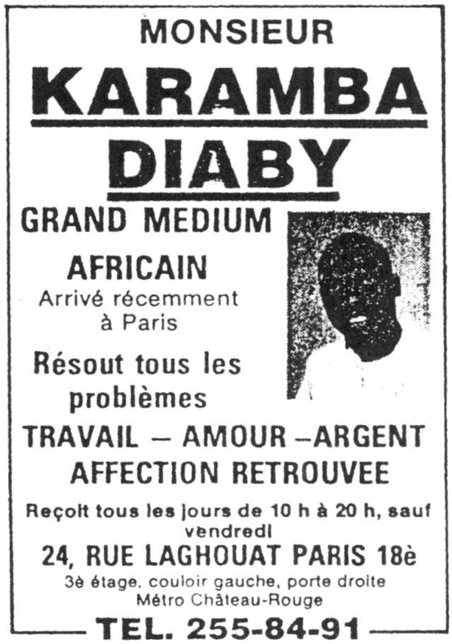

août 1975

février 1973

Figures 12. Premières publicités de marabouts africains dans la revue *Horoscope* (1972-1975).

Pour donner une idée de l'investissement fait par certains marabouts dans ce type de publicité, on notera le cas de Diaby qui, en un laps de temps de trois ans, s'adressa à une cinquantaine de journaux différents[78], de Paris, de province et des Antilles ; quant aux sommes que certains parmi les plus médiatisés y consacrent, elle peuvent être considérables[79], et, en termes comptables, constituent, de loin, leurs frais les plus importants.

Les cartes distribuées dans la rue ou aux bouches de métro sont apparues sensiblement à la même époque que les encarts dans les journaux[80]. Considérées comme la publicité du pauvre, elles sont souvent méprisées en raison de leur impact minime et de leur manque de professionnalisme, et évitées en raison de la honte secrète que génère leur distribution. Rarement, d'ailleurs, les marabouts se livrent en personne à cette tâche, qu'ils confient à un « petit » de la famille ou à une personne extérieure, très faiblement rémunérée[81].

Fait intéressant, ce travail, sporadique, peu visible, est actuellement recherché par des immigrés récents en situation précaire (Éthiopiens, et surtout Indiens possesseurs d'un visa de tourisme de trois mois, qui leur interdit tout travail) : souvent sédentarisés à Paris, y ayant, du moins, désormais acquis une certaine aisance de mouvement, les marabouts ouest-africains jouent de fait, pour ces nouveaux venus, le même rôle de dépannage que jouèrent parfois à leur égard les juifs maghrébins, les Portugais installés en France avant eux.

Plus que les publicités des journaux, les cartes elles-mêmes, en dépit de leur nombre, suggèrent l'éphémère, feuilles légères qu'emportera l'eau des caniveaux dans lesquels elles auront été jetées, ou qu'aspireront les balayeurs maliens de la COMATEC : *scripta volant*, contrairement à ce que prétend l'adage courant... En outre, la visibilité des marabouts est liée aux changements politiques, et la décroissance de la publicité a été sensible entre les années 1986 et 1988[82].

---

78. On ne peut évidemment les citer tous ; parmi eux on trouve des journaux de quartier, des journaux régionaux (tel le *Journal de Rouen* ou *de Toulouse*), des revues d'astrologie (*Horoscope*, *L'Inconnu*, etc.), des revues antillaises et africaines, des publications relatives au bricolage et à la maison (*Bricolage-décors*, *La Maison de Valérie*), des quotidiens (*Ici-Paris*), des hebdomadaires (*Le Journal du dimanche*, *TV-Plus*), etc.

79. Une pleine page de publicité en noir dans *Amina* coûte 7 701 F (TTC) en 1993, un quart de page, 2 016 F, un publi-reportage d'une page, 4 981 F. Dans *Horoscope*, un quart de page coûte 4 200 F (HT). On peut évaluer les sommes investies lorsqu'on constate que certains marabouts figurent dans ces revues et plusieurs autres dans le même temps, tout au long de l'année.

80. Il existe d'autres supports que les cartes et les journaux, tels les calendriers musulmans, portant le nom et les qualités d'un marabout ; mais cette forme est très peu répandue à Paris.

81. En 1995, les distributeurs sont payés de 100 à 200 F pour la distribution d'un paquet de 1 000 cartes.

82. Période de « cohabitation » entre un gouvernement de droite et une présidence de gauche.

Papagan, journal bilingue franco-turc, mai 1989

Publicité d'un marabout africain dans un journal tamoul de Paris, 1994

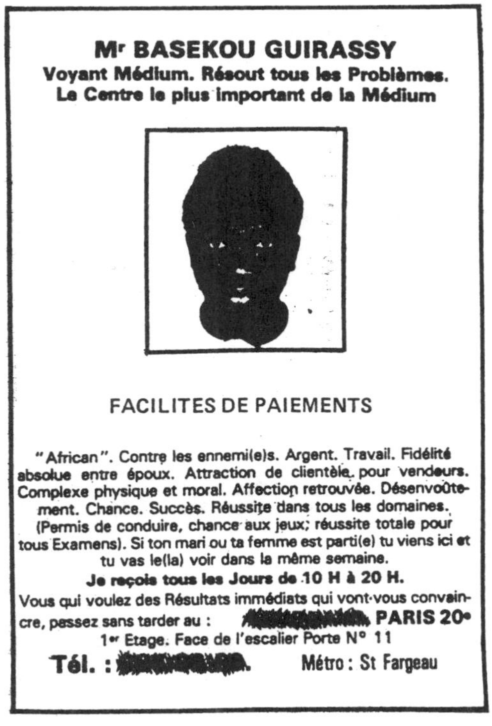

Département publicitaire franco-portugais, octobre 1985

Figures 13. Publicités de marabouts parues dans des journaux étrangers (turcs, tamouls, portugais) paraissant en France (1985-1994).

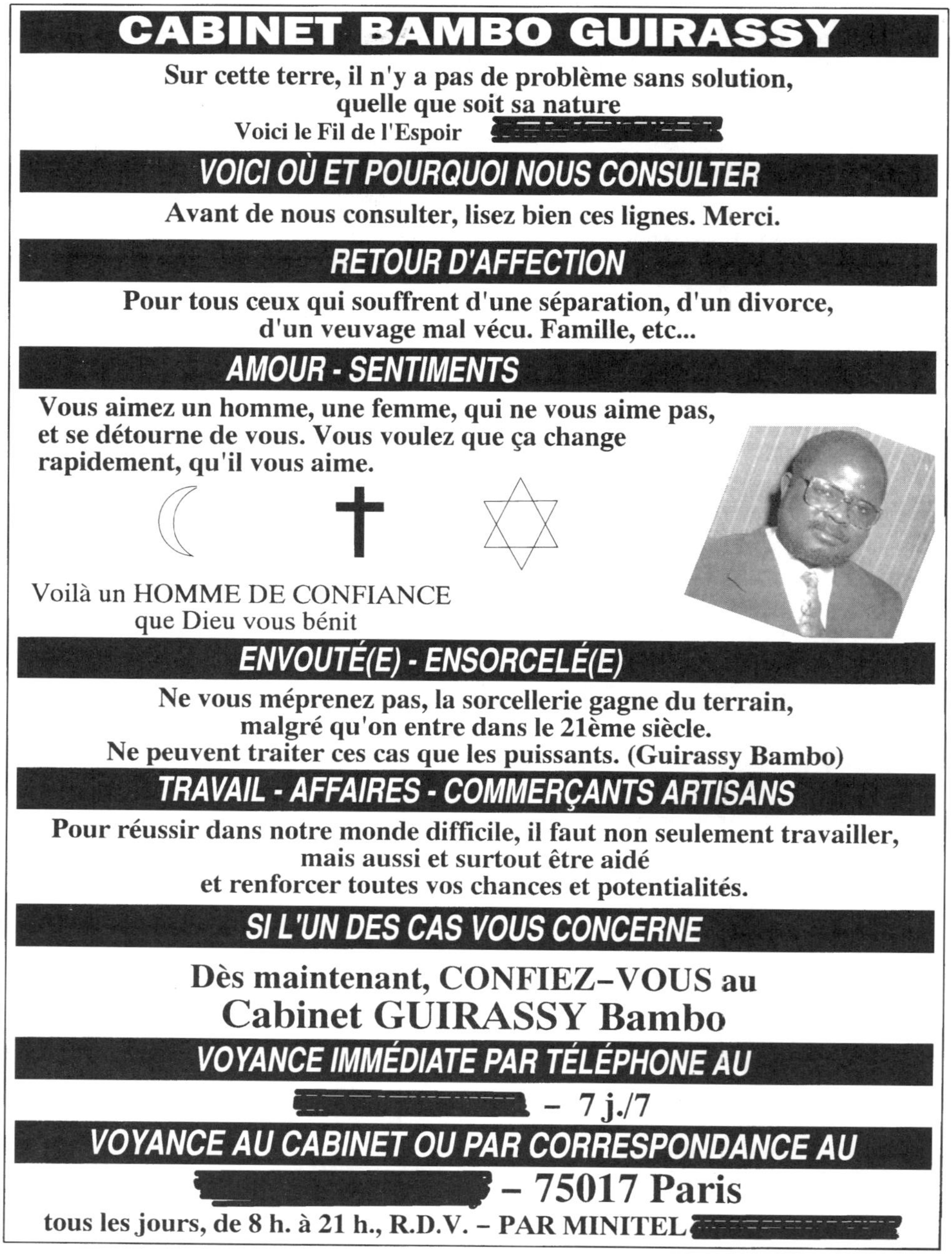

Figure 14. Publicité de grand format (pleine page) parue dans la revue *Amina* (1994).

Figure 15. Site web d'un marabout vivant en banlieue parisienne (2001).

La distribution de ces cartes se fait en général dans l'environnement proche ; ainsi sur 102 cartes recueillies à la station de métro La Chapelle, 78 émanent de marabouts domiciliés dans le XVIIIe arrondissement. Mais il y a bien des exceptions à cette règle. D'ailleurs le choix des lieux traduit la volonté de plus en plus manifeste d'élargir son champ d'action hors des quartiers à forte population immigrée : outre les bouches et les couloirs du métro, certains marabouts choisissent des lieux de passage de plus en plus cosmopolites, tels le défilé du 1er Mai ou les extrémités des trottoirs roulants de la station Les Halles, carrefour urbain souterrain où circule sans interruption la foule la plus composite qui soit.

Ces petites feuilles volantes, de couleurs souvent vives, ont connu, au fil du temps, une sorte de normalisation ; réalisées naguère en différentes qualités de papier (bristol, carton, papier épais veiné, glacé, etc.), elles sont actuellement le plus souvent découpées dans de minces feuilles de papier ordinaire et sont d'une taille quasi unique (1/8e ou 1/9e de page). C'est que les imprimeurs auxquels les marabouts s'adressent se sont, eux aussi, rodés à ce travail qui représente pour eux un revenu d'appoint non négligeable[83]. Pourvoyeurs d'emplois pour les bijoutiers et les cordonniers africains fabriquant bagues et étuis d'amulettes, pour les épiciers vendant plantes, cornes et coquillages, les marabouts le sont également pour de petits artisans, français ou étrangers.

L'itinéraire de deux d'entre eux ne manque pas d'intérêt[84]. Le premier est un petit imprimeur français, dont l'atelier est situé dans le XVIIIe arrondissement ; rien, si ce n'est son emplacement, ne le prédisposait à avoir des contacts avec les marabouts ; mais il eut, pendant un temps, un ouvrier sénégalais venant d'une autre imprimerie dont la fonction essentielle était l'impression de ce type de cartes, et le jeune homme a amené ses clients à son nouveau patron.

Le second, sis dans une impasse du XVIIe arrondissement, a fait pour la première fois des cartes sur la demande d'un marabout, son voisin ; originaire de l'ex-Yougoslavie, cet homme est imprimeur-éditeur et publie des ouvrages de poésie et des textes littéraires écrits par ses compatriotes exilés. Pour lui permettre

83. Les cartes sont actuellement réalisées en offset. Le texte est d'abord saisi sur un logiciel de PAO et l'éventuelle photographie du marabout, de plus en plus rare, passée au scanner ; après obtention de la plaque métallique sur laquelle est fixée la matrice de la carte, l'imprimeur lance la machine offset. L'impression de 10 000 cartes dure environ 25 minutes ; le travail final consiste en une coupe au massicot et à l'emballage par paquets de 1 000. Le temps de travail réduit (une heure au plus lors de la première commande, où il faut saisir le texte sur ordinateur), le faible coût du matériel utilisé rendent cette entreprise assez « rentable » pour les imprimeurs, selon le terme qu'ils emploient eux-mêmes : 10 % de leur chiffre d'affaires, m'ont-ils affirmé, mais on peut estimer que ce chiffre est minoré. Elle n'est, cependant, pas considérée par eux comme une « référence » de ce qu'ils savent faire. Les imprimeurs que j'ai interrogés m'ont dit avoir de 12 à 20 clients par mois, certains passant commande de 10 000 cartes, d'autres pouvant aller jusqu'à 40 000 ou 60 000, voire 100 000. Le prix d'une commande de 10 000 cartes varie de 200 à 250 F selon les imprimeurs, 300 à 350 F avec photographie (en 1993). Le nom et l'adresse de l'imprimeur doivent théoriquement être indiqués sur chaque carte, loi valable pour tout écrit distribué sur la voie publique. Elle est souvent ignorée.

84. Le nombre des imprimeurs de cartes de marabouts s'est beaucoup réduit depuis quelques années ; actuellement on compte à Paris trois ou quatre spécialistes de ce travail.

de s'adonner à cette tâche, l'impression des cartes est un gain d'appoint appréciable, de l'« air frais », dit-il. Le travail des marabouts ne l'attire guère, mais il éprouve envers eux une solidarité d'immigré. Ces deux exemples, loin d'être anecdotiques, montrent encore une fois les multiples brassages et complémentarités qui s'instaurent à Paris.

L'analyse de la publicité et de son évolution nous montre le mieux l'insertion des marabouts dans la modernité urbaine. Car si elles restent des supports importants, les cartes et les insertions dans les journaux sont souvent combinées avec des techniques nettement plus contemporaines de visibilité médiatique. Ainsi un marabout (encore un diakhanké) fit-il placarder son nom, pendant plusieurs semaines du printemps 1994, sur des panneaux publicitaires dans les rues de Paris, dans tous les wagons d'une ligne de RER traversant Paris du nord au sud, et dans ceux de tous les trains de banlieue de la région parisienne. De même fit-il envoyer, la même année, sa publicité par mailing. À la recherche d'autres innovations, un petit nombre propose aussi des consultations par courrier ou par téléphone, inscrivant leur nom dans des répertoires télématiques de voyants ; notre marabout diakhanké posséda dès 1991 une messagerie[85] interactive où, à côté de l'énoncé de sa généalogie et de la place laissée au consultant pour formuler sa demande et raconter ses expériences, figuraient des développements détaillés sur toutes sortes de pratiques divinatoires, de l'astrologie chinoise à la numérologie, des runes au spiritisme, toutes rubriques également présentes dans les messageries des cabinets de voyance les plus célèbres. Pionnier en ce domaine, il diffusa dès 1998 un site web construit sur le même schéma et pourvu de nombreuses illustrations et portraits. Mais un autre canal est également investi, manifestant la même volonté d'ouverture sur un large public, la diffusion de publicités sur des radios portugaises, antillaises, maghrébines, et même sur des antennes « généralistes[86] » de la bande FM. Enfin, se conformant aux pratiques les plus contemporaines des voyants, plusieurs cabinets de marabouts assurent sur ces radios des émissions de voyance en direct[87]. Cette forme de contact avec la clientèle, auparavant inédite en milieu maraboutique, implique un maniement aisé de la langue française, ce qui n'est pas le cas, on l'a souligné, de l'ensemble des marabouts pour lesquels le refus de fréquenter l'école française était un mode de résistance à l'ordre colonial. Il semble qu'il n'en ait pas été ainsi pour le marabout le plus féru de médias[88], très critiqué (et très jalousé) pour sa stratégie très audacieuse de visibilité, pour la surenchère publicitaire à laquelle il se livre (mais que certains commencent à imiter).

---

85. Celle-ci a connu plusieurs variantes.

86. Chérie FM, par exemple.

87. L'une d'entre elles s'est longtemps intitulée « Voir plus clair ». Sur la radio maghrébine, une présentatrice assure la traduction en arabe des paroles du marabout, à l'adresse de ceux des auditeurs maîtrisant mal le français.

88. Un marabout anciennement installé à Paris, avec lequel je parlais de cet homme, laissait entendre que ce dernier aurait plus fréquenté l'école française que l'école coranique. Dans ses publicités et émissions, celui-ci affirme, au contraire, que son père l'aurait retiré de l'école (française) lorsqu'il eut atteint ses huit ans.

Le souci d'investir l'espace urbain, tant aérien que souterrain, tant hertzien qu'électronique, en utilisant les moyens les plus traditionnels comme les plus modernes de communication[89] montre à l'évidence combien l'insertion dans une communauté est dépassée. Cette volonté de présence médiatique, moyen on ne peut plus contemporain de se faire un nom, est actuellement en pleine expansion et se hisse largement jusqu'aux techniques de marketing les plus professionnelles, utilisées auparavant par des cabinets de voyance. La lutte entre marabouts et voyants est en effet très rude, et le partage du territoire acharné, en dépit de collaborations qui parfois se sont organisées de fait (cf. *supra*). Les marabouts sont ostracisés, quasiment exclus des festivals de voyance, absents des guides si ce n'est pour y être fustigés, et les monopoles d'antenne, les contrats se négocient âprement. Cherchant à s'opposer à cette stratégie d'ouverture combien redoutable, les voyants renvoient de leurs concurrents une image dévaluée, les enfermant dans les clichés d'une culture africaine faite de sauvagerie d'un autre âge et de redoutables mystères, image dont les marabouts veulent à tout prix se démarquer ; ces « gens du sud » comme les nomme une voyante[90], avec une politesse pleine de sous-entendus, ne sont pas pour les Français ; quant à cet organisateur d'un festival, qui pourtant engage parfois « des Noirs », il considère que « les marabouts, c'est la sorcellerie, c'est le niveau au-dessus, quelque chose de spécial... ils vous demandent des sommes folles, le savez-vous ? ».

Le caractère désormais policé des pratiques est refusé à ces « autres » que sont censés être les marabouts. Il existe actuellement, dans certains journaux gratuits, deux rubriques, l'une intitulée « voyants » (ou « voyance »), l'autre intitulée « marabouts », fait récent, alors que naguère, toutes les publicités de ce type étaient confondues. Ce partage entre deux catégories sert nettement aux premiers à prendre leurs distances par rapport aux seconds... qui ne se privent pas, néanmoins, de contourner astucieusement cet obstacle, comme on le verra plus loin.

Dans la construction d'une respectabilité qui leur est contestée, c'est la mise en valeur de l'islam, d'une fonction religieuse que quelques-uns occupent effectivement à Paris (conduite de la prière, intervention lors des baptêmes, mariages, décès, enseignement du Coran), du rôle d'envoyé de Dieu qui permet aux marabouts de se démarquer de cette image du sorcier de l'Afrique profonde. C'est également de cette manière qu'ils se singularisent par rapport aux voyants[91], comme on l'avait déjà remarqué dans l'analyse de la genèse de la publicité, tendance qui se confirme au fil du temps.

---

89. Lors de l'enquête, un des marabouts m'a demandé de lui faire connaître des journalistes de télévision, condition indispensable de sa collaboration.

90. Qui quelques mois plus tard, vaincue par le principe de réalité, fera paraître sa propre publicité dans le journal africain *Amina*. Le souci de diversifier leur clientèle amène les voyants français à choisir des stratégies inverses de celle des marabouts : ainsi un cabinet s'est-il adjoint des voyantes d'origine maghrébine afin de mieux répondre (parfois en arabe) aux besoins de cette clientèle particulière.

91. Qui, souvent, font appel à des références religieuses ou spiritualistes mais n'ont aucune fonction religieuse au sens strict.

CONFIDENT ZOULOU

HOMME DE DIEU BETON
IMPUISSANCE, FRIGIDITE, FAMILLE,
GUERIT LE MAL DANS LES COUPLES
RESOUT TOUS LES PROBLEMES D'AMOUR
MADAME SI MONSIEUR NE PEUT RIEN TE FAIRE AU LIT
JE LUI DONNE MA PUISSANCE
ANNONCE SERIEUSE, PLAISANTIN S'ABSTENIR
TEL:
IMPRIMERIE ROUSSEL R.C.S. BOBIGNY 387 565 765

1990

Figures 16.
Cartes publicitaires distribuées dans les rues, dans le métro, dans les boîtes aux lettres (1984-2002). On peut remarquer la permanence des thèmes au fil des années, en particulier l'insistance sur les problèmes d'amour. Quelques suggestions nouvelles apparaissent : lutte contre le tabagisme, obtention du permis de conduire.

SI VOUS DESIREZ VOIR UN VRAI MARABOUT
PRENEZ CONTACT AVEC

Mr. EL HADJI DIAONNE SAMA
Résultats immédiats

Résout tous les problèmes et difficultés de famille. Voit les problèmes les plus désespérés et assure l'avenir par retour d'affection. Guérit tout complexe physique et moral. Renforce, provoque, attire les sentiments d'affection, sympathie, considération et d'amour. Réussite sociale, examens, transactions. Neutralise toutes adversités et influences néfastes ou maléfiques. Surmonte, désagrège l'obstacle quel qu'il soit. Résout les problèmes les plus désespérés ou qui paraissent irréalisables.

CROYANT AYANT ETE A LA MECQUE

Reçoit tous les jours de 9 heures à 20 heures

75009 PARIS TEL.
2e étage droite, 2e porte Métro : PIGALLE

1984

Mr. FOFANA GASSAMA
Grand marabout célèbre médium voyant prédicateur spécialiste
résout tous les problèmes après consultation stabilité chance
succès réussite sociale attraction de clientèle chance aux jeux
affection retrouvée bague d'amour travaux rapides efficaces
et sérieux conditions de paiement très intéressantes
* **Travail par Correspondance** *
يتقن علوم الاسرار واستعمال فنون الاوفاق و الطلسمات
السرية استعدوا لمقابلته شخصيا قبل فوات الاوان يدير لكم
كلما تحتاجو اليه من العمل ويحل مشاكلكم ويكشف مستقبلكم
* **Reçoit tous les jours de 9 heures à 20 heures** *
75019 PARIS **Métro : CRIMEE**
1er étage sur BALCON au fond à gauche
Direction Aubervilliers ☎

1985

2002

2000

2000

Moins sensible dans les publicités écrites, où apparaît cependant l'appellation « homme de Dieu », terme hérité de la hiérarchie soufie (*rijâl Allâh*), comprenant de multiples catégories mais désignant tous ceux qui, à quelque titre, recèlent une parcelle du divin, l'islam est en revanche régulièrement évoqué dans les textes radiodiffusés, les messageries ou les émissions de voyance : la qualité, souvent invérifiable et, en tout cas toujours contestée par les pairs, de « chef religieux » ou une « ascendance très spirituelle » sont constamment mises en valeur ; certains détails évoquent la construction de mosquées, de longues périodes de réclusion, des pèlerinages répétés à La Mecque, une transmission secrète du don, voire une responsabilité confrérique[92].

Il est frappant de constater qu'une telle mise en exergue perpétue la tradition des généalogies fictives propres aux soufis ; en Afrique de l'Ouest, le rattachement des lignages à des sources musulmanes est ancien (Robinson 1985 : 1402). Mais à Paris, ces filiations religieuses, parfois affirmées mais le plus souvent alléguées, servent un double but, non seulement à l'usage des Africains immigrés par la reproduction d'un modèle culturel connu, mais aussi à l'usage d'un public très large par l'inscription dans une lignée religieuse rassurante.

Pour autant, cette image d'homme religieux n'est pas la seule que les marabouts cherchent à donner d'eux-mêmes. Dans un répertoire télématique, un même marabout figure sous deux noms différents. Sous un pseudonyme à consonance française précédé du titre de « Monsieur », il se dit « voyant sorcier médium » et, sans aucune référence ni à l'Afrique ni à l'islam, énonce une série de problèmes quotidiens dans un vocabulaire proche de celui employé dans la « nébuleuse mystique-ésotérique[93] » – vocabulaire que lui ou ses scribes ne font que capter sans avoir aucun contact avec quiconque appartenant à ce milieu. En revanche, sous son nom de lignage précédé du titre de « Maître », il se dit « pur marabout de l'Afrique de l'Ouest », insistant sur son charisme et son implication dans l'islam, aussi bien légal qu'ésotérique. Les problèmes qu'il se propose de résoudre concernent notamment l'assistance religieuse, la spiritualité et la protection contre les infortunes.

---

92. Notre marabout médiatique prétend ainsi que l'un de ses ancêtres aurait été khalife général de la *qadîriyya* pour la région du Sénégal oriental, ce qui est vivement contesté, ou que son grand-père aurait été imam de la mosquée de Touba (mais il existe de nombreuses localités portant ce nom : il induit ainsi une assimilation au seul Touba qui soit célèbre, celui des mourides).

93. Terme employé notamment par F. Champion. Ce marabout s'adresse à ceux qui veulent « briser les frontières qui vous empêchent d'évoluer ». Selon F. Champion (1993 : 486), l'un des fondements de cette « nébuleuse » est de « privilégier la "voie mystique", en ce sens qu'il s'agit avant tout de se transformer soi-même ».

Voici les textes intégraux de ses deux messages télématiques, diffusés simultanément par le même serveur (juillet 1994) :

> Morain.
> Voyant sorcier médium
> Mr Morain consulte tous les jours.
> Il vous accueille dans un cabinet dans le nord de Paris.
> Vous souhaitez réussir pleinement votre existence terrestre ?
> Accomplir une tâche qui vous tient à cœur ? Découvrir le grand amour ?
> Aimer et être aimé ? Rencontrer l'âme sœur ? Voir clair dans votre vie ?
> Sortir de l'impasse ? Adoucir vos douleurs ? Observer vos enfants
> grandir dans le bonheur ? Éloigner le mal de votre entourage ? Vieillir en paix ?
> Être meilleur ? Obtenir un poste que vous convoitez depuis toujours ? Briser les
> frontières qui vous empêchent d'évoluer ? Revenir en arrière et aller de l'avant ?
> Vous êtes envoûté, ensorcelé, timide ? Complexé ? Hésitant ? Malheureux ?
> Indécis ? Égaré ? Troublé ? Impuissant ? Faible ? Mal aimé ? Malchanceux ?
> Sans mémoire ? Mauvais père ou mari ? Seul au monde ? Si vous êtes de ceux-là,
> n'hésitez pas à rendre visite à Monsieur Morain, pur sorcier bénéfique
> qui trouvera une solution à votre cas.

> Maître Sakho : pur marabout de l'Afrique de l'Ouest
> Son charisme agit sur de grandes populations noires notamment lors de mani
> festations religieuses. Reconnu et respecté de l'islam. Père spirituel, chef religieux
> musulman, il réalise de formidables travaux occultes par le jeûne, la prière,
> la charité et les autres piliers de la foi. Il fait appel aux anges et les fait intervenir
> dans les affaires humaines. Il élimine les maléfices qui bloquent votre existence
> et il vous permet de vivre dans le bien-être. Quels que soient vos problèmes,
> il les résout pour vous : amour, chance, revenants et fantômes, désenvoûtements,
> exorcisme de votre demeure ou lieu de travail.
> Assistance religieuse, réconciliation des couples déchirés, protection contre tous les
> dangers, mal de vivre, travail, spiritualité, retour vers Dieu pour ceux qui sont
> écartés du chemin, succès pour les arbitres, les sportifs, examens, concours,
> troubles intimes, domination de soi, puissance, commerce, carrières politiques
> ou administratives, alcoolisme ou tabagisme vaincus.
> Facilités de paiement.

Ces deux messages diffusés simultanément sont exemplaires de la volonté de certains marabouts de moduler et diversifier leur image. L'on constate une stratégie identique dans certains doubles sites web. Si l'objectif poursuivi est d'attirer la plus large clientèle, on retrouve bien ici leur art de jouer avec toutes les ressources symboliques que la situation parisienne met à leur disposition ou leur impose. Mais les variations du nom sont, à elles seules, révélatrices de cette stratégie.

Métamorphoses du nom

Je laisserai de côté l'analyse des textes des publicités eux-mêmes, qui relève notamment d'une approche ethnolinguistique[94]. Quelques indications suffiront à les caractériser et à donner les lignes de force d'une recherche future.

Elles sont généralement rédigées par des membres de la famille, des amis ou des clients de confiance maîtrisant le français écrit, ce qui n'est pas le cas de l'écrasante majorité des marabouts parisiens ; rarement réalisées à l'usage d'un marabout en particulier (la distorsion avec la personnalité et la pratique réelle de celui-ci étant souvent frappante), elles sont ensuite le plus souvent recopiées telles quelles d'une carte à l'autre, ce qui explique le caractère stéréotypé des textes ; il existe, en fait, un très petit nombre de modèles de base, reproduits à l'identique d'une carte à l'autre depuis plus d'une quinzaine d'années. Les variantes de ces modèles sont réalisées selon une technique de collage, phrases juxtaposées sans souci de cohérence créant un inventaire hétéroclite, tels les « cadavres exquis » des surréalistes.

Mais cette reproduction à l'identique, les marabouts y tiennent fermement, et laissent à leurs imprimeurs très peu de latitude pour redresser telle formule, corriger telle faute : tout se passe souvent comme si ce texte, au-delà du sens, était une sorte de figement ne valant que par sa répétition exacte. Il y a là un usage de l'écrit qui mériterait d'être plus attentivement analysé. Cette tendance générale n'est pas exclusive d'une recherche de la formule frappante : tel se présente comme « le marabout anti-crise », tel autre comme « amoureulogue » [*sic*] ou encore « homme de Dieu-béton ». La correction orthographique et syntaxique s'est améliorée au fil des années.

L'une des caractéristiques du style de ces cartes réside aussi dans l'adresse directe faite au client potentiel, souvent tutoyé, dont sont exposées les difficultés les plus concrètes et les plus quotidiennes, les désirs les plus secrets, tout comme les questions les plus générales :

> de passage à Paris, que dois-je faire, que vais-je
> devenir ? quelle sera ma destinée... ?
> sont autant de questions que l'on se pose... Face à des problèmes et des questions
> difficiles, acceptez que l'on vous aide :

ou encore :

> Si ton mari ou ta femme et
> trahit tu viens ici pour retrouver l'amour perdu [*sic*]

Car dans ces textes, le consultant est autant mis en scène que le marabout lui-même. Quant à la ponctuation, ou plutôt son absence assez régulière, elle évoque, par l'effet d'accumulation produit, un boniment, que l'on dirait d'un trait ; et les

94. Que je réserve à un travail ultérieur. Quelques remarques dans Bacou *et alii* (1988).

guillemets multipliés enserrant les termes importants semblent vouloir pallier le manque d'expressivité de l'écrit. C'est ici le versant oral de l'écrit qui se fait jour, dont témoigne aussi le style.

On ne sera pas étonné de retrouver dans ces cartes des traductions en différentes langues : nom, parties de texte en arabe, ou, plus étonnant, en anglais, peut-être à l'intention des Africains anglophones :

A TELEPATIE SOLVES ALL TYPE OF PROBLEM
LITIE ENGAGEMENT [*sic*]

L'ornementation est, elle aussi digne d'intérêt ; encore faut-il distinguer entre les fantaisies de l'imprimeur, peu contrôlé sur ce plan, qui insère à sa guise cœurs, doigt tendu (comme dans les publicités du début du siècle), étoiles, voire caractères pseudo-arabes qu'il trace lui-même à la main, et des signes précis voulus par les marabouts, croissant, soleil, étoile à six branches, croix chrétienne, autre témoignage de leur stratégie d'ouverture. Le libellé des adresses, qui, figurant selon les normes françaises, sont souvent complétées par des détails (« derrière Suma », « en face de l'hôpital »), suggère un repérage pratique de l'espace urbain. Les horaires des consultations indiquent si le marabout a une autre activité (et ne reçoit qu'une partie de la journée, ou le soir) ; ils excluent souvent le vendredi, jour dévolu à la prière, ou du moins les heures consacrées à la mosquée[95]. Enfin le numéro de téléphone, suivi de plus en plus souvent de celui du portable, est indiqué en gros caractères, lien essentiel sans lequel rien ne peut fonctionner à Paris.

La liberté de rédaction que manifestent les cartes est plus restreinte pour les journaux. C'est que la loi est là, qui menace de poursuites pénales toute affirmation pouvant être considérée comme frauduleuse (« résout tous vos problèmes », « toutes garanties », par exemple) ou suggérant une action malfaisante (« envoûtement[96] »). Il y a donc un polissage nécessaire du texte qui, en définitive, tout comme le fait de se conformer aux normes sociales, contribue à la respectabilité parisienne du marabout.

La publicité écrite a autant pour but d'attirer la clientèle que de marquer la présence des marabouts à Paris. Cette stratégie de visibilité, les marabouts l'ont menée beaucoup plus loin que d'autres spécialistes étrangers du magico-religieux vivant en France.

Revenons maintenant aux métamorphoses du nom dans cette publicité, nom dont on a vu combien il avait perdu, à Paris, sa valeur identificatoire.

À côté d'annonces où figurent, dans un ordre variable, le nom personnel et le nom de lignage (Moustapha Gassama, Sakho Moussa), le nombre de celles qui ne

95. Même les moins islamisés sont réticents à recevoir le vendredi : ce jour-là, dit Diallo, « c'est une journée dure, quand ça marche, tout marche, quand ça rate, tout rate ».

96. Contrairement aux imprimeurs de cartes, les directions des journaux peuvent être considérées comme complices de délit en cas de publicité trompeuse (article L. 121-1 de code de la consommation).

comportent qu'un nom personnel n'est pas négligeable : Professeur Mohammadi, El Hadj Ibrahima, Monsieur Aliou. Loin de n'être qu'une imitation de la publicité des voyants, il s'agit bien de l'affirmation d'une existence individuelle ; on sait, en effet, que c'est par ce nom personnel qu'un individu est singularisé dans sa lignée[97]. À Paris, les marabouts ont donc conquis la possibilité d'afficher leur nom propre. Mais est-ce bien le leur ? Permet-il de les identifier ? Tout montre le contraire, car ce nom mis en avant est, en fait, le nom... de personne[98] tant sont nombreux ceux qui peuvent le porter ; d'ailleurs il permet à peine parfois de conclure à une appartenance ouest-africaine. Un pas de plus est franchi dans cette non-reconnaissance par l'emploi, depuis le début des années 1980, de prénoms français, généralement les plus communs : Jean, Pierre, Charles, Michel, etc. Inconnu du cercle des proches, un tel prénom peut résulter d'une francisation (Moïse pour Mussa), d'une naturalisation lors de laquelle un nom officiel à consonance française a été choisi, ou d'un choix ponctuel, variable, souvent modifié, induisant des appartenances diverses (José, ᶜAziz, etc.[99]).

Mais cette modification du nom est parfaitement conforme à sa flexibilité en Afrique même ; *yettoode ko basode*, « le nom de clan est une apparence » : ce proverbe peul recueilli à Paris[100] indique que le nom de lignage, ne faisant pas partie de la personne, peut être changé en de multiples circonstances : un disciple, un esclave peuvent adopter celui de leur maître, on peut encore, par son choix, infléchir l'image qu'on donne de soi (abandonner, par exemple, celui de Diallo pour prendre celui de Kane vise à accentuer une appartenance musulmane), on change de nom de lignage lorsqu'on change de région.

C'est bien un tel phénomène qui se produit à Paris par l'adoption d'un prénom d'emprunt ou d'un nom qui a peu à voir avec celui du lignage, nom créé selon quelques procédés récurrents : francisation ou adoption d'un nom français (Motard pour Moctar, Monsieur Vallé), apocope (Guy pour Guirassy), métonymie se référant à l'activité du marabout (Monsieur El Hadj, Professeur Corne). Pierre de la Chapelle, nom choisi par un marabout du XVIIIᵉ arrondissement, résume parfaitement cette démarche, joignant à un prénom typiquement français un toponyme indiquant son insertion dans un quartier de Paris largement investi par des Africains de l'Ouest. Le nom ne servant plus à être identifié comme marabout, toute latitude est laissée à ceux qui le désirent de se fondre dans divers moules. Cette stratégie du kaléidoscope vise à attirer une clientèle multiple et à banaliser sa présence ; c'est ainsi que

---

97. Même s'il existe divers codages de ces noms, tels les noms ordinaux, donnés dans l'ordre de naissance, ou ceux, d'origine islamique, correspondant aux jours de la semaine.

98. Ce jeu de mots est inspiré du titre de l'article de Zonabend (1980).

99. Un même marabout peut emprunter un prénom à consonance française, maghrébine, portugaise, selon le public qu'il vise.

100. Le terme *basode*, traduit ici par « apparence », connote l'idée de « nettoyer » : « On se débarrasse du nom comme l'on nettoie quelque chose de sale qu'on a sur la main en l'essuyant, par exemple, sur un mur » (commentaire dû à Sada Ba). Cf. variante dans Gaden (1972) : *yettoode ko baasore*, « le nom qui honore c'est chose placardée (contre la personne) ».

les marabouts déjouent l'ostracisme dont ils sont victimes, l'adoption d'un nom français, un certain nettoyage de leur texte publicitaire leur permettant de figurer dans la rubrique « voyants » des journaux. L'individualisation des marabouts ne se manifeste donc pas par le fait d'avoir droit à son prénom, mais par le jeu sur l'ensemble du nom.

Mais ce jeu qu'autorise l'anonymat, comment en sortir pour être reconnu ? Le titre, dont de nombreux marabouts font précéder leur nom, contribue à résoudre ce problème. Celui de « Monsieur », le plus fréquent, traduit à l'évidence un nivellement à la publicité des voyants, dont témoignent également les multiples occurrences des termes de « voyant » ou de « médium » accompagnant souvent celui de « marabout ». Puis viennent les titres de Professeur et de Maître, écho lointain, sans doute, de l'une des activités majeures du marabout en Afrique, l'enseignement du Coran.

Mais dans le contexte français, ce que connote l'ensemble de ces titres, est un changement de réseaux : de hiérarchiques et verticaux en Afrique (le marabout est tributaire de son père, de ses maîtres), ils deviennent horizontaux à Paris ; Professeur, Maître, suggèrent une assimilation consciente ou non à des professions libérales très valorisées (avocats, notaires, patrons de médecine, etc.), structurées autour d'ordres défendant et contrôlant la valeur personnelle de pairs également responsables. La mention, dans certaines publicités, d'un « ordre des marabouts de l'Afrique », comme il existe un « ordre des avocats » ou un « ordre des médecins » et comme est allégué, sur un modèle similaire, un « ordre des conseillers psychiques internationaux » ou un diplôme de l'« académie de France des sciences occultes[101] » confirme cette analyse. D'ailleurs le terme de « Monsieur » lui-même, dans son acception précise[102], manifeste bien ce nivellement horizontal très large, qui fait fi de toute hiérarchie. De la part d'immigrés, son emploi montre aussi la demande d'une respectabilité qui leur est souvent refusée.

Ici encore les marabouts sont loin de privilégier une seule orientation. Le titre de Hadj, désignant celui qui a été à La Mecque, est assez fréquemment indiqué. De même, le jeu sur les noms et la dissimulation du véritable prénom, partie intégrante de la personne tout comme l'empreinte des pas ou les traces corporelles, ont plusieurs explications : ils visent tout autant à se conformer à l'usage local, à faire varier les images de soi, qu'à éviter les attaques maléfiques, en particulier celles de marabouts concurrents. La découverte qu'un « collègue » se présente, dans sa publicité, sous un nom identique à son propre prénom inquiète fort Bakary, car ce nom ainsi donné en pâture le rend vulnérable, alors qu'il ne s'agit pour le collègue que d'un pseudonyme : le nom de famille, dit-il, n'a pas d'importance, mais le prénom ! Il empoigne son téléphone, bien décidé à enjoindre le marabout à modifier sur-le-champ sa publicité. On peut donc observer la coexistence de pans de plusieurs systèmes de référence.

---

101. Publicité d'une voyante dans un journal gratuit.

102. « Titre donné aux hommes de toutes conditions », selon la définition du *Petit Robert*.

« Acheter le nom de Dieu »

Moyen efficace de se faire connaître à Paris, la publicité est cependant fortement réprouvée par la plupart des Africains de Paris et, à travers eux, par de nombreux consultants d'autres origines. Cette pratique est considérée comme détestable à un double titre : il s'agit d'une hérésie qui transforme le nom de Dieu en marchandise, or « on n'achète pas le nom de Dieu », selon la formule consacrée que tous répètent. Cette position religieuse de principe se fonde également sur l'image idéalisée du marabout obscur qui ne va jamais au-devant de la clientèle, mais qu'on sollicite parfois contre son gré ; c'est d'ailleurs ainsi que Diakité se présente, lui qui, tôt arrivé à Paris, dit avoir été piégé par la réputation que lui fit sa famille, lui amenant des consultants toujours plus nombreux désireux de s'attacher sa *baraka*, alors que son désir était avant tout d'enseigner et d'étudier.

Cette évolution de l'oral, où le groupe forge la réputation du marabout, à l'écrit où lui-même emphatise son nom, suggère une comparaison avec le rôle du griot. Par sa publicité qui transforme son nom en monnaie d'échange, qui le grandit et le déclame, le marabout ne joue-t-il pas cette fonction à son propre usage ? Question troublante lorsqu'on sait que, traditionnellement, le griot est un casté, ce que n'est pas le marabout, et qui donne toute la mesure de l'effritement subi à Paris par les structures sociales ouest-africaines traditionnelles. Peut-être, d'ailleurs, n'est-il pas indifférent que le marabout le plus (auto-)médiatisé de Paris ait fait venir, un jour, sur les ondes de la radio où il assurait des émissions de voyance, un groupe de griots pour chanter ses louanges, effaçant, pour un temps, ce bouleversement.

Les marabouts usant de la publicité sont donc objets d'une méfiance particulière : la subversion de toute hiérarchie, le nom dont ils osent s'affubler eux-mêmes, la richesse que, dans les cas les plus manifestes, de tels procédés laissent supposer – mais on a souvent souligné le double visage de cette richesse, signe tantôt de dévoiement, tantôt d'excellence –, la rupture avec un comportement traditionnel semblent rendre les critiques sans appel. Scrutant à la loupe la photographie[103] de notre marabout médiatique, Diallo croit deviner qu'il « aura des problèmes », sanction de son ambition et de sa démesure. Et lorsqu'en 1999, cet homme disparut soudain de la scène parisienne, une telle interprétation ne manqua pas d'être spontanément évoquée.

Et pourtant, faut-il en rester à une opposition aussi manichéenne, que reprennent de nombreux chercheurs[104] ? Y a-t-il une différence de nature entre les marabouts à publicité et les autres ? Et, par exemple, les foyers, censés être les conservatoires de la tradition en France, en sont-ils vierges ? Si la réponse est positive, ce n'est certes pas à cause d'une prétendue authenticité des pratiques dont ils seraient le cadre, mais pour deux raisons.

---

103. Paru dans une publicité.

104. Voir par exemple Kepel (1987 : 145, 414) qui oppose les « grands marabouts », chefs de confréries musulmanes africaines, qui font des tournées en France lors desquelles ils dispensent « conseils et consignes de vie », et les « marabouts à carte de visite » définis comme « guérisseur[s] qui [font] un usage magique de textes sacrés de l'islam ». Cette opposition suggère, de plus, que tous les marabouts présents en France sont du second type.

D'une part parce que le foyer constitue une caisse de résonance souvent suffisante pour se constituer une clientèle qui s'étendra hors les murs : « Le foyer, dit Aïdara, c'est bien pour se faire connaître ». C'est ainsi que Ndao, notre marabout « free-lance », s'est constitué une clientèle importante auprès de soninké[105] du foyer où il a vécu de très longues années ; celle-ci s'est étendue à des personnes de toutes origines, au-delà des frontières et jusqu'en Afrique ; or Ndao n'a jamais eu recours à la publicité et, puisque son succès s'est établi sans elle, il s'offre le luxe d'y être opposé, se coulant ainsi dans le moule d'un marabout respectueux des traditions ! Le foyer, où chacun, dit-on, est maintenu dans le droit chemin par la surveillance du groupe, laisse bien émerger, en raison du nombre des personnes qui s'y côtoient, des comportements sortant de la norme. D'autre part parce qu'au dire de nombreux marabouts, les clients non africains répugnant à venir au foyer, la publicité, qui leur est essentiellement adressée manquerait ainsi son but principal.

En outre, un examen attentif des deux positions, l'une hostile, l'autre favorable à cette publicité, montre que cette opposition est souvent plus pragmatique qu'idéologique ; pour les détracteurs de ce procédé parisien, avoir à se vanter soi-même signifie qu'on est incapable d'établir sa renommée sur son savoir, sur la réputation de son lignage, sur une connaissance d'« avant » ; la coupure s'établit donc entre ceux dont la réputation serait légitime et les autres, dont la concurrence, facilitée par ces moyens modernes de se faire un nom, serait déloyale. Ainsi pour Touré, « ceux qui font de la publicité dans un pays où personne ne les connaît et disent qu'ils sont capables de tout, c'est faux ». La difficulté et l'injustice de la publicité viennent de ce qu'elle est à la portée du tout-venant. Pour ceux qui en défendent l'usage, la question n'est plus de savoir si cette pratique est conforme ou non à l'islam, mais si actuellement, à Paris, on peut s'en passer. « Diakité[106] est là depuis trente ans, dit Sakho ; il n'y avait pas beaucoup de concurrence, maintenant c'est nécessaire de faire de la publicité pour se faire connaître. » Chacun ne fait que défendre, à sa manière, son existence en France. Preuve que l'anonymat dans lequel on peut se trouver, à Paris, est parfois une réalité douloureuse : la situation de Dia, notre « marabout-clochard », originaire d'une famille maraboutique respectée, dont on a vu qu'il avait commencé à se créer une clientèle grâce à ses condisciples de l'école coranique sans jamais avoir clamé lui-même sa qualité, mais des déménagements successifs, l'absence de parents, des périodes d'errance, l'éloignement du foyer où il a vécu de longues années ont raréfié ses consultants, affaibli ses réseaux : « Pas de chance pour moi dans les grandes villes », soupire-t-il. Lui qui n'éprouve que mépris pour ceux qui font usage de la publicité commence à en ressentir la nécessité. Un copain lui rédige un texte qui parle de transmettre des « vibrations » au consultant, d'une étude « comportementale » du cas : tout un vocabulaire auquel Dia ne s'est adapté en rien. Il garde encore ce texte dans sa poche sans se résoudre à passer à l'acte, et continue à vivre misérablement. Mais

105. C'est-à-dire d'un groupe extérieur à son lignage.

106. L'un des marabouts les plus anciens de Paris, actuellement très connu, et qui n'a jamais fait de publicité.

son évolution est un aveu implicite que les prières et les *khâtim* utilisés pour faire venir les consultants ne sont plus considérés comme suffisants.

Au demeurant, même les marabouts les plus conservateurs ont pu être sensibles à l'argument de la ville anonyme. Ainsi lors de discussions anciennes avec les responsables de la préfecture, un représentant d'une association de marabouts a-t-il plaidé sans succès[107] l'idée que seule la publicité leur permettrait d'avoir de plus nombreux clients, la conséquence en étant… qu'ils paieraient plus d'impôts ! Cette interdiction a donné à la contrainte de s'en tenir au comportement africain habituel une nouvelle valeur : le respect la loi française ; et c'est en fait autant par opportunisme que par respect de la tradition que Diakité prêcha en vain[108], dans des réunions de foyers où il rassembla un grand nombre de marabouts, le refus de la publicité. Cette attitude a aussi d'autres avantages : elle entre en résonance avec la déontologie du corps médical[109] : on perçoit bien ici, dû au contexte parisien, l'entrecroisement de diverses formes de légitimation.

À l'inverse, la présence médiatique, la capacité à employer la technique la plus sophistiquée, allant même jusqu'à s'attacher les services d'une agence de publicité et d'une conseillère en communication[110], bref, le professionnalisme, la rationalité que l'emploi de tous ces moyens modernes laissent supposer, n'apportent-ils pas, malgré toutes les réticences, une autre forme de crédibilité ?

Le jeu sur les images qu'on souhaite donner de soi, est loin d'être encore stabilisé : un marabout ne soutenait-il pas, récemment, que faire paraître sa photographie dans les journaux signifiait qu'il ne se cachait pas, qu'il avait pignon sur rue ? On mesure la distance parcourue entre une obscurité qui, dans le contexte français, pourrait faire supposer une clandestinité, et celle habituelle en Afrique dans un comportement inspiré du soufisme. Si la réputation de bouche-à-oreille n'est pas une pure création mais se travaille, la publicité recèle elle aussi des sens plus ambivalents qu'une analyse trop simpliste pourrait le laisser croire. En tout cas, tout montre que, entre ceux qui en font usage et les autres, les barrières sont loin d'être infranchissables. De plus un marabout peut se constituer un noyau de clientèle par la publicité et, une fois celui-ci établi, ne plus se fier qu'à la transmission orale de son nom. Il ne faut pas non plus oublier que les uns et les autres se retrouvent ensemble à la mosquée, participent aux mêmes baptêmes ou aux mêmes mariages, appartiennent aux mêmes associations régionales, peuvent avoir des liens d'amitié et de solidarité.

---

107. En raison du statut commun aux marabouts et aux voyants, qui condamne la publicité.

108. Preuve supplémentaire de ce qu'il n'existe, en France, aucune autorité maraboutique réellement efficace, capable de maîtriser le jeu social. Les propres amis de Touré, ceux qui font partie de la même association régionale que lui, avec lesquels il célèbre baptêmes et mariages, pratiquent la publicité.

109. L'article 23 du code de déontologie médicale stipule que « la médecine ne doit pas être pratiquée comme un commerce. Tous les procédés directs ou indirects de réclame et de publicité sont interdits aux médecins ».

110. C'est le cas de ce marabout médiatique qui a transformé son travail en un produit à promouvoir.

Quel que soit le mode de constitution de leur clientèle, tous les marabouts savent qu'il est indispensable de pérenniser ces réseaux fragiles et éphémères en les entretenant. Le courrier, le téléphone, même depuis l'Afrique ou tout autre lieu où le marabout séjourne (les Antilles, l'Arabie Saoudite), sont utilisés pour prendre amicalement des nouvelles et préparer son retour en induisant de façon à peine voilée de nouvelles consultations ; ainsi l'absence de Paris ne rompt pas le contact et peut au contraire apporter une aura supplémentaire : il importe de ne pas être qu'un marabout parisien mais de montrer ou de laisser entendre qu'on exerce aussi son pouvoir ailleurs. Il y a aussi le répondeur pour informer de la date du retour et, à l'instar des médecins, les remplaçants pour assurer la continuité d'une présence : parents se relayant (fils classificatoire remplaçant son « petit père[111] », frères utérins se succédant, entre lesquels existe, de façon classique, un rapport de connivence ; ou, moins habituel, femme remplaçant son mari, le rôle de celle-ci étant, cependant, réduit à la remise des travaux préparés par le marabout, à l'information concernant son retour, à la prise de rendez-vous. La correspondance personnelle et les réponses au courrier des consultants sont confiées à des secrétaires : « frères » connus en France, maîtrisant bien le français ; même en France, ces aides sont généralement choisis d'une origine extérieure au village du marabout, afin d'éviter toute relation de rivalité[112]. La nécessité de cultiver ses réseaux conduit certains marabouts à structurer leur « cabinet » en une entreprise performante. Ainsi notre spécialiste d'une publicité multiforme et intensive dispose d'un secrétariat de plusieurs personnes, et trois ou quatre « frères » consultent en permanence dans diverses pièces d'un même local ; la constitution d'un « dossier » pour chaque consultant, d'un fichier général, permet un suivi efficace. Mais lui-même joint à cette modernité la couleur de la tradition, insistant sur son rôle d'aîné, sur la structure hiérarchique de son cabinet, sur la révérence envers son père resté en Afrique, sur une réputation créée de bouche-à-oreille : le succès auprès d'une clientèle multiculturelle est toujours au prix de l'alliance entre ces deux aspects.

Toutes les convergences que nous avons soulignées, tant avec les fragments d'une pensée symbolique profondément ancrée dans la mémoire collective française qu'avec quelques traits contemporains plus ou moins proches du mouvement *new age*, le pragmatisme des consultants impliquant la multiplicité des recours, le brassage des populations parisiennes, l'émergence de la part d'ombre d'une culture rationaliste, le rôle particulier des marabouts dans la résolution des problèmes, la dialectique subtile entre soi et l'autre, l'impact d'un religieux universaliste, l'emploi de techniques de visibilité déjà éprouvées par leurs concurrents, toutes ces raisons qui peuvent expliquer l'existence des marabouts à Paris ne sauraient atténuer le poids de la présence de l'homme lui-même face à son client.

---

111. Expression désignant les frères du père.

112. On retrouve ici le même éloignement que celui qui s'avère nécessaire dans l'échange des savoirs : jamais on ne confie ses secrets à un proche. Ce type de comportement se maintient donc fortement à Paris.

La dramaturgie du marabout

Cette présence du marabout, on avait déjà commencé à l'évoquer lorsque, à propos de la divination, on avait mis l'accent sur l'emprise exercée sur le client et les interactions constantes entre les deux protagonistes. La consultation est, en effet, à considérer comme un authentique drame avec toutes ses caractéristiques : un espace clos créé par le téléphone généralement débranché, un temps suspendu, une immédiateté de la relation excluant tout interférence extérieure, un art oratoire, une intrigue à résoudre, celle qui amène le consultant.

Décors et costumes

Dans le cabinet de Diallo, le souci, sinon de planter un décor, du moins de lancer aux consultants quelques clins d'yeux, est manifeste. La branchette de buis, contenue dans une corne placée au-dessus de la porte d'entrée[113], évoque irrésistiblement au client français celle des Rameaux ; quant au fer à cheval, suspendu au même endroit, il constitue un porte-bonheur, une protection contre le mauvais œil tant en France qu'au Maghreb (Desparmet 1932 : 97), où être en possession de celui trouvé sous la monture d'un marabout est considéré comme particulièrement bénéfique. Au-dessus de l'endroit où se tient le devin lors de la consultation, des chromos représentant notamment la pierre noire de La Mecque, et une grande étoile de mer sur laquelle est attaché un œil. Selon Diallo lui-même, l'étoile, ramassée sur une plage de Martinique, serait un signe destiné aux clients antillais ; selon Ba (*ibid.*), elle serait plutôt une allusion à l'origine aquatique attribuée, dans les mythes, à la culture peule : la polysémie des objets implique une liberté d'interprétation tout à fait bienvenue lorsqu'on a affaire à une clientèle multiculturelle.

Cette volonté d'un décor signifiant est encore plus affirmée chez Sakho. Dans la salle d'attente, sur le mur situé face aux sièges où s'assoient les consultants attendant leur tour, est accrochée une très grande tapisserie représentant la Cène. Les murs latéraux portent deux autres tapisseries de moindre format : à gauche, la Kaaba, à droite, un décor de pyramides, une caravane arrêtée près d'un sphinx et, au premier plan, une scène de prières. L'allusion à l'islam et l'adresse au client français (ou antillais) censé être chrétien étant assez transparentes, on s'arrêtera sur la troisième figuration. Elle entre en résonance avec d'autres objets présents dans la salle de consultation de Sakho, pièce quasi monacale aux murs blancs : le regard du consultant, au-delà du vaste bureau auquel il est assis, face au marabout, est attiré par des portraits photographiques anciens tant de chefs charismatiques de diverses confréries ouest-africaines, que des parents (souvent mère et père) ; ces photographies sont un élément récurrent de très nombreuses pièces où les marabouts consultent.

113. Le buis remplaçant la branche d'*abrus precatorius* placée à l'entrée de toute case peule ; cf. Ba (1987 : 353).

L'ensemble induit deux conclusions :

– la connaissance et le savoir-faire des marabouts sont très anciens (d'où la présence des pyramides et du sphinx[114]) ;
– ils s'enracinent dans une lignée (d'où les portraits d'ancêtres et de maîtres et la référence, dans les paroles adressées aux consultants, aux dires de ceux-ci) et ne reposent pas uniquement sur la capacité individuelle d'un homme : ce n'est pas seulement le marabout qui est dépositaire de son don, il est l'héritier de toute une histoire[115].

On perçoit combien cette légitimité fondée sur la force d'un héritage ancestral, transmis, de plus, pendant de longues années d'apprentissage, légitimité perpétuant celle en vigueur en Afrique, se démarque de celle mise en avant par les voyants, où seule est célébrée l'aventure solitaire d'une personnalité hors du commun.

D'autres objets sont visibles, dont il est plus difficile d'affirmer que leur présence est toujours intentionnelle : des corans et d'autres livres empilés, suggérant l'image, valorisée en France, du lettré[116], le désordre d'un matériel inconnu : plantes, racines, boîtes, *kalam*, talismans et chapelets pendant à des clous. L'odorat également est souvent sollicité et les fumées de benjoin ou d'autres essences ou encens[117], s'exhalant d'un brûle-parfum, enveloppent le consultant d'une odeur prenante. L'usage de ces parfums dans le travail maraboutique n'empêche pas qu'ils fassent partie d'une mise en scène, consciente ou non. De même – mais plus rares – des bougies allumées solennisent l'endroit. Pourtant on aurait du mal à trouver, dans ces décors, les mises en scène grandioses et syncrétiques de certains voyants.

Le vêtement dont on a souligné qu'il avait perdu, à Paris, toute valeur identificatoire, n'en contribue pas moins, dans le contact épisodique avec les consultants, à modeler l'image que ceux-ci se feront de leur marabout. Ndao sait fort bien que « le fossé se crée déjà par le vêtement[118] ». Décrivant la déception visible d'une consultante française venue le trouver pour une première visite au foyer, alors qu'il portait un simple costume de ville, il souligne, narquois, qu'il lui manquait ce jour-là l'« aura » nécessaire, favorisant la rencontre attendue avec un « personnage mystique ».

---

114. Ils constituent aussi une allusion à la thèse, soutenue par certains Africains, selon laquelle la racine des cultures ouest-africaines se situerait en Égypte, argument leur permettant également de ne pas être confondus avec l'Afrique « sauvage » du vaudou et des sorciers dont on a vu qu'ils cherchaient à se démarquer.

115. Au point que, lorsqu'il s'est agi d'apporter à l'administration des preuves de légitimité, certains marabouts exhibaient le portrait de leur père censé être marabout.

116. Diallo (1984 : 188) note cependant, que se plonger dans la lecture du Coran est pratique courante lorsque le marabout attend un client. J'ai aussi fait la même constatation ; de plus, certains marabouts font ostensiblement leurs prières devant les consultants.

117. Autre point de convergence...

118. Il fait ici allusion à la distanciation nécessaire, l'image de l'autre, évoquée précédemment, que le marabout doit donner dans un premier temps.

Ici encore, le port de tel vêtement n'implique pas toujours une mise en scène organisée ; les grands boubous colorés de Diakité lui sont coutumiers, même lorsqu'il sort dans la rue ; rappelons aussi que le boubou est souvent, en France, un vêtement d'intérieur, de repos. Dia, en revanche, préfère un blouson de cuir noir, une cravate, parfois des lunettes de soleil griffées, et porte un attaché-case. Il n'en reste pas moins que, comme le note chaque marabout, les Français sont sensibles au costume à l'africaine ; et si enfiler par-dessus son pantalon et sa veste à l'occidentale un vaste boubou de couleur brique lorsqu'il consulte n'est pour Diallo qu'une habitude ancienne[119], contrairement à Sakho qui a soigneusement choisi pour apparaître devant ses clients un boubou noir, l'un et l'autre sont sûrs de leur effet. Une calotte crochetée généralement blanche, portée par tout musulman, ou un fez bordeaux, complète cet habillement. Cette présentation de soi peut éveiller, chez le visiteur européen, d'autres réminiscences ; ainsi voyant le grand boubou blanc cassé porté au foyer par Ndao, une femme parlait de sa robe de bure...

Mais ces manières de se vêtir ne sont pas fixées une fois pour toutes. Ainsi se sont modifiées, au fil des années, les présentations du marabout médiatique évoqué plus haut, apparu d'abord dans les journaux en banal boubou (dont on n'apercevait que l'encolure caractéristique), puis en costume, chemise blanche, cravate et lunettes, vêtement évoquant le cadre classique d'une entreprise dynamique ; enfin, dans un publi-reportage où il évoquait sa famille, il apparaissait dans un grand boubou violet rebrodé de fils dorés. On retrouve ici le même choix stratégique que celui constaté à propos de la publicité : la variation est préférée à la fixité d'une représentation qui limiterait la relation. Pour autant, les marabouts se s'affublent d'aucun costume d'apparat qui serait inventé pour la circonstance, d'aucun déguisement conçu pour frapper l'imagination : ils ne jouent qu'avec les possibilités de leurs vêtements habituels.

Il faudrait évoquer encore d'autres aspects de cette dramaturgie du marabout : d'abord la variation des positions des deux protagonistes : le marabout assis à terre sur un tapis ou une peau de vache, le client devant lui sur une chaise pour l'entretien préliminaire et la consultation mais, chez certains, invité à descendre à même le sol lors de la divination proprement dite : confrontation intense, presque corps à corps ; autre choix : un face-à-face plus distancé de part et d'autre d'un bureau, conformément à toute relation d'ordre administratif ou médical, banale à Paris, face-à-face dense quand la consultation se déroule hors de la présence d'un tiers[120]. Mais il arrive exceptionnellement que les personnes présentes dans la chambre ne la quittent pas, attitude hors des normes traditionnelles où le secret est de rigueur, mais qu'un marabout comme Ndao utilise au foyer pour asseoir son pouvoir et le faire éclater au grand jour.

Ensuite, la part de la convivialité, cliché par lesquels les Français aiment à définir les Africains : se voir offrir le thé à la menthe ou le riz au poisson, comportement très habituel d'hospitalité ou jeu adapté au contexte, est toujours interprété par

119. Qu'il conserve lorsqu'il retourne à Dakar.

120. Pourtant la médiation de ce tiers est parfois admise ; cf. introduction.

les consultants non africains comme la marque d'une chaleur de l'accueil provoquant un réconfort immédiat, accueil tranchant avec celui, impersonnel et formel, des médecins ou d'autres professionnels.

Enfin les modulations de la voix, rires ou tensions, sûreté et soupirs ; la mimique, frottement des yeux, concentration, et surtout le regard porté sur le consultant, regard que certains savent fort bien travailler. Fixer celui-ci droit dans les yeux avec insistance, comme le font bien des marabouts, vise explicitement à « dévoiler la personne », selon l'expression employée par Ndao : tout comme la révélation de particularités extérieures au problème posé, ce comportement a pour effet d'amoindrir les résistances du consultant et son orgueil.

Au-delà d'une relation voulue d'emprise, il est néanmoins vrai que l'immédiateté du contact avec le client, les inflexions de sa voix, sa posture, fournissent au marabout une multitude d'informations. La capacité des marabouts à cerner avec aisance, au premier regard, la personne qui leur fait face, leur est implicitement reconnue, même si elle est exclue d'une description canonique de leur pouvoir : « Les bons marabouts sont psychologues », constate Alassane, observation faite également dans d'autres contextes (Rouch [1960]-1989 : 207). D'ailleurs la qualité de la relation personnelle est conçue comme essentielle dans le choix d'un marabout. Faut-il voir dans la nécessité souvent soulignée que marabout et client « soient bien ensemble pour que ça marche » une condition rendant possible le transfert[121] ? Encore faut-il que l'ascendant qu'exerce le marabout sur son consultant soit exempt de tout rapport de force, que l'homme paraisse désintéressé, et que le rôle essentiel de médiation du matériel divinatoire ou des objets du « travail » reste sensible. Cet équilibre fragile, peu théorisé par les marabouts et entièrement fondé sur la perception intuitive et l'expérience humaine, où le regard joue un rôle central, se rompt parfois. Il arrive que la violence de la relation soit vivement ressentie par les consultants de toutes origines : « Il cherche le côté faible des gens », se révolte Khadija à propos d'un marabout qui l'a décontenancée.

Mais l'un des éléments essentiels de cette dramaturgie réside dans le maniement de la parole : « Les hommes s'attachent par la parole », constate Guirassy.

Parole et écrit

Cette parole, c'est d'abord du silence : celui de l'attente tendue que fait subir un marabout à son client[122], parfois en sa présence lorsque, alléguant une précédente consultation, il consigne longuement, sans mot dire, ses conclusions avant de s'adresser à celui qui lui fait face ; silence de la concentration aussi lorsque, lors de la divination, il interdit d'un geste au consultant de l'interrompre.

Ce silence participe d'un art du dévoilement dans lequel la profération joue un rôle majeur.

---

121. Au sens psychanalytique du terme.

122. Cette attente reproduit celle habituelle lorsqu'on rend visite à un grand marabout, où on fait antichambre pendant plusieurs heures, voire plusieurs jours. Cf. Soarès (1997 : 308).

Éric, Français ayant longtemps vécu aux Antilles, consulte Diaby : quel est son avenir avec son amie, alors que leur union bat de l'aile ? « Vous ne vivrez plus ensemble parce que vous n'oserez pas », telle fut, rapportée par Éric, la parole du marabout, véritable oracle sur lequel lui-même et son amie s'interrogèrent longuement : que voulait dire « oser » ? Conjectures multiples qu'autorisait cette sentence large et ambiguë du devin, qui n'en constitua pas moins le barrage définitif de la relation du couple. Un tel effet, qui se contente d'une parole parcimonieuse, qui se joue du français approximatif parlé par la majorité des marabouts, traduit les place respectives occupées par chacun des protagonistes : le rôle d'autorité occupé par le marabout se réalise *hic et nunc* dans la profération elle-même, c'est par celle-ci que se crée, dans l'espace de la consultation, une part de la légitimité du personnage.

D'autres mécanismes permettent de mieux cerner l'effet illocutoire[123] : l'emploi de verbes performatifs (« je vous demande de ne pas pleurer », « je vous demande de vous mettre dans la tête que vous allez réussir inch'allah[124] », « je vous interdis de faire ça »), la répétition insistante du nom du consultant, réinstaurant sans relâche le face-à-face, le contrat entre les deux protagonistes ; parfois implicite, celui-ci prolonge le temps de la consultation, tel le rêve du consultant entérinant *a posteriori* les dires du marabout. Nous en avions donné un premier exemple à propos du pragmatisme, le second est analogue : celui d'un jeune Antillais, réputé incurable, attendant la mort... Un de ses amis lui parle de Diallo ; la nuit, le malade rêve qu'il entre dans une maison où habite une personne qui peut le guérir. En arrivant chez Diallo le lendemain, il reconnaît la maison apparue en rêve.

Il est aussi des contrats explicites. Ainsi dans le cas qui vient d'être évoqué, Diallo, à l'issue d'une première consultation, refuse de prendre en charge le client, l'affaire est trop grave. Le consultant, pesant toute l'étendue de son malheur, se met à pleurer : « Je vous en prie, aidez-moi avec l'aide de Dieu », supplie-t-il. Diallo regarde à nouveau puis finit par accepter : « Je vous aide avec l'aide de Dieu ? – Oui », répond le consultant, ceci, à trois reprises.

Le lien est ainsi scellé, dans une atmosphère solennelle et ritualisée[125]. Cette sorte de don échangé se manifeste encore d'une autre manière dans l'acte de parole. Aïssata est contente de sa visite chez Camara ; elle est « épatée » qu'il ait pu deviner que, parmi les voitures qui l'avaient accompagnée à l'aéroport, l'une d'elles était bleue. Or la conversation ne s'est pas déroulée exactement selon le récit qu'elle en fait ; Camara a dit : « Une voiture noire un peu ou... (geste d'hésitation ou d'ambivalence) foncée... », Khadija enchaînant : « Oui, bleue. » C'est, en fait, le consultant lui-même qui dit à son insu ce qu'il attribue au marabout, tout l'art de

123. Notion empruntée à Flahaut (1978), qui s'inscrit dans la lignée de la philosophie analytique anglaise. Il définit ainsi l'effet que la parole a sur la situation des interlocuteurs.

124. Cette injonction s'adresse à une étudiante à la veille de passer un DEUG de sciences.

125. Il s'agit ici d'un récit de Diallo, je n'ai pas assisté moi-même à la scène. Mais j'ai assisté à d'autres pactes moins spectaculaires mais tout aussi explicites. Ainsi Bakary dit à sa consultante française : « Vous ferez ce que je vous dirai, vous me le promettez ? »

celui-ci consistant à susciter la révélation de ce qu'il recherche et à avoir ainsi toujours le dernier mot. On pourrait trouver de nombreux exemples de ce jeu d'écho, de ces ajustements progressifs où le consultant ne soupçonne pas qu'il a lui-même parlé – pas plus que les paysans du bocage lorsqu'ils visitent les devins (Favret-Saada 1977 : 46).

Toute une rhétorique de la description contribue aussi à rendre la situation plus saisissante et à ébranler l'imagination. Ainsi, s'agissant d'une relation de couple, Sakho dépeint ainsi le mari de sa consultante :

> Je le vois allongé par terre, la tête vers vos pieds et vous debout devant, ça veut dire qu'il est dominé par quelque chose qu'il ne peut pas maîtriser et que vous voulez vous en aller.

Comment résister à une telle évocation, d'autant plus qu'elle est ponctuée de commentaires alternativement rassurants et inquiétants : « C'est pas très grave », suivi de : « Pourquoi avoir attendu si longtemps, maintenant c'est plus dur », qui brouillent l'appréciation que le consultant peut se faire de la sévérité de son cas ?

Il est impossible, dans le cadre de ce travail, de restituer dans tous ses détails cette éloquence et cet art de la suggestion. Mais on peut en mesurer les effets depuis l'induction de rêves ou d'hallucinations chez la consultante la plus sceptique[126], jusqu'à l'apparition de désordres physiques. En 1984, un marabout aurait jeté un sort sur un centre des impôts du XVIIIe arrondissement, à la suite duquel certains membres du personnel seraient tombés gravement malades (dépression nerveuse et même cancer) ; les témoignages des personnes que j'ai pu interroger établissent un lien direct entre les deux faits[127].

Dans ces actes illocutoires, se joue encore autre chose. Outre cette parole, forte parce que peu abondante, il y a les rires, l'humour, les plaisanteries, les expressions poétiques dues au parler franco-africain, et à nouveau le silence, non plus celui de l'attente et de la tension, mais de l'écoute, de la sollicitude pour le consultant qui expose ses difficultés, auquel le marabout pose très peu de questions, dont il n'exige explicitement aucune anamnèse. On ne saurait dire si ce silence a un rapport avec celui des analystes ; en tout cas son existence n'a certainement pas pour but de solliciter la parole du consultant.

Si elles ne semblaient trop formelles, on pourrait reprendre ici les six fonctions du langage selon Jakobson (1963 : 209-220)[128], et trouver rassemblées, dans la communication entre marabout et consultant, plusieurs d'entre elles : la fonction phatique, établissement d'un contact, réconfort d'un lien, d'une voix ; la fonction

---

126. Ainsi Marie, cette cliente française plusieurs fois évoquée, eut-elle la vision d'une femme voilée de blanc au pied de son lit. Le marabout qu'elle consultait alors attribua une grande importance à la couleur des vêtements de l'apparition.

127. Pour cette raison, un inspecteur ayant des contacts fréquents avec des marabouts aurait réclamé à son supérieur hiérarchique une prime de risque.

128. Cf. critique dans Flahaut (1978 : 27 et sq.).

poétique, séduction des mots ; la fonction émotive, la fonction conative, action exercée sur le destinataire, sans compter le sens des paroles. L'ensemble forme une communication perçue comme plus chaleureuse, moins utilitaire que celle vécue dans le cabinet d'un médecin ou d'un avocat.

Diali a pour clients toute une famille antillaise, Dieu, dit-il, l'a aidé à résoudre leurs problèmes et depuis lors, la femme l'appelle sans arrêt ; aujourd'hui, elle a mal aux jambes, et Diali lui répond avec grande patience et compassion. Affirmant à sa cliente qu'il souffre avec elle, Diali partage le poids de l'infortune qui n'est plus portée par un individu esseulé. La disponibilité des marabouts, joignables par téléphone à tout moment, auxquels le consultant peut exprimer sa détresse, son impatience, son inquiétude, tranche aussi avec la relation généralement établie avec les professionnels évoqués plus haut, en particulier les psychanalystes ; ceci sans compter la façon dont certains marabouts dénomment leurs clients. Diakité, par exemple, appelle ses consultantes « ma fille » : simple prise en compte africaine des classes d'âge par un homme déjà âgé, mais qui connote également une proximité de la relation, et suscite la réminiscence d'une parenté spirituelle sécurisante auxquelles les intéressées sont, en général, fort sensibles. Ajoutons enfin que le marabout dit souvent avoir su que tel client allait venir, allégation visant à emphatiser ses dons de voyance ; il n'empêche : le consultant est toujours attendu, reconnu.

Mais cette parole vive[129], dont l'impact est immense, ne se passe pas totalement du recours à l'écrit.

C'est parce qu'« ici, on n'aime que les écritures » que Diallo ajoute à sa panoplie l'usage des *khâtim* et d'autres « kabbales » écrites, parfois même en caractères sanscrits. Cette constatation fournit une explication supplémentaire à l'emploi majoritaire, à Paris, par l'ensemble des marabouts, de talismans écrits.

Diali lui-même écrit peu ; mais lorsqu'il consulte, il a devant lui une pile de petits feuillets blancs ; il en tend un à son client et ordonne : « Note ! » Cette scène très organisée, se répète sous des formes différentes chez d'autres marabouts ; ainsi, sur le pas de la porte, Bakary conseille à sa consultante d'écrire ce qu'il lui a révélé, et d'y penser. Simple aide-mémoire rapidement griffonné permettant de se souvenir des sacrifices et des gestes à faire, l'écrit a aussi pour rôle d'ancrer la profération dans l'avenir. Car il est entendu qu'une révélation peut fort bien trouver sa réalisation plus tard dans l'histoire du consultant[130] sinon dit Diali, cela veut dire qu'« on ne connaît pas son métier » ; il importe donc de consigner aussi ce qui, au moment de la consultation, est douteux et d'en garder la trace, afin de perpétuer le témoignage de l'excellence du marabout. Diali conseille même à son consultant de barrer sur son papier les prédictions au fur et à mesure de leur réalisation.

---

129. Expression empruntée à Derrida (*De la grammatologie*, Paris, Éd. de Minuit, 1967 : 58).

130. Un autre marabout affirme : « Ça peut sortir même dix ans après, les gens ils se rappellent même pas, parce que c'est vieux, c'est vieux...! après ils disent : ah oui, c'est vrai, c'était telle année... »

Mais derrière cette solennité somme toute utilitaire, se cache sans doute un usage plus profond, débordant le seul accommodement à une culture réputée dominée par l'écrit. Dans son étude des signes graphiques du géomancien gourmantché, Cartry décrit l'inscription par les devins, sur des fragments de calebasse, des résultats de leurs interrogations du sable ; pratique que l'on retrouve, sous des formes différentes, au Bénin et en milieu bambara (1963 : 276). Les informations que consigne le devin gourmantché concernent l'identité de l'être transcendant qu'il s'agit de se concilier pour résoudre le problème posé, et la nature des sacrifices à accomplir. Certes, la situation est très différente de celle de Paris, puisque dans ce dernier cas, c'est le consultant qui écrit et non le devin, et que le message noté n'est pas limité aux deux éléments qui viennent d'être énoncés ; pourtant, à la lumière des faits gourmantché, on peut suggérer que lorsque les marabouts, issus de cultures dites de l'oralité, usent ou suggèrent à leurs consultants d'user de l'écrit, ce n'est pas au hasard, mais pour fixer ce qui émerge de leur contact avec le monde surnaturel, ce qui pour eux-mêmes a du poids.

Cette dramaturgie du marabout parisien, organisée autour de la parole et d'un usage particulier de l'écrit, révèle le poids de ce dernier dans les cultures dites orales et inversement la puissance de l'oralité dans une culture dite de l'écrit ; constater qu'en sont les artistes ces immigrés surveillés que la société dans son ensemble réduit le plus souvent au silence, eux qui, par la force de leur présence et de leurs mots français malhabiles, tentent de rassurer, de rétablir des liens, et, pour eux-mêmes, d'accumuler ainsi des richesses, n'est pas l'un des moindres paradoxes.

Nous avons tenté de cerner la constitution de la clientèle des marabouts parisiens par trois approches successives.

La première situe ce phénomène dans l'ensemble de la société urbaine contemporaine. Elle met l'accent sur la sédentarisation des populations ouest-africaines, malgré le maintien de divers liens avec les pays d'origine ; sur les multiples brassages des gens et des pratiques qui s'opèrent à Paris, brassages favorables à la stratégie de l'ailleurs depuis longtemps éprouvée par les marabouts ; sur la spécialisation acquise par eux parmi les praticiens français de la divination ; sur les courants culturels sous-jacents et les similitudes visibles qui contribuent à constituer le ciment des interactions avec des personnes non originaires d'Afrique de l'Ouest ; sur le pragmatisme, enfin, des consultants, avant tout désireux de résoudre leurs problèmes. Elle analyse également la dialectique subtile et mouvante entre soi et l'autre que clients et marabouts mettent en œuvre, et le rôle particulier joué par l'étranger et ses interprétations dans la mise au grand jour de l'envers d'une société rationaliste et chrétienne.

La deuxième approche envisage les attitudes et stratégies adoptées par les marabouts, réponses intuitives ou pragmatiques, permettant la reconstruction d'une légitimité qui, malgré la situation à bien des égards favorable dessinée plus haut, ne leur est pas reconnue : méfiance des uns (les Africains de l'Ouest), ignorance des autres, les signes identificatoires traditionnels ayant, de plus, perdu leur effet. Si entre l'Afrique et Paris, peut demeurer, dans son ensemble, la cohérence des interprétations de l'infortune, en revanche les règles du jeu social sont fondamentalement différentes. La mise en valeur de l'efficacité pratique est centrale dans ce processus de réélaboration et de création, processus très ouvert puisqu'il est à la portée de tous ceux que leur groupe ne peut pas contrôler avec rigueur. Un pas de plus est franchi dans l'innovation avec l'usage de la publicité ; elle révèle avec netteté les interactions avec le milieu des voyants et l'ajustement au contexte parisien du vocabulaire employé, des thèmes proposés, des noms. Mais une analyse plus fine montre l'émergence d'autres éléments de légitimité. En fait, plus que de construire une respectabilité fixée une fois pour toutes, les marabouts, par touches successives, par essais et erreurs, tendent avant tout à diversifier et faire varier, tel un kaléidoscope, l'image qu'ils proposent d'eux-mêmes.

La troisième perspective décrit ce qui se joue, au plus proche, dans le face-à-face entre marabout et consultant. Ce que j'ai nommé don de langage et, surtout, la force de la profération montrent que le rapport d'autorité et l'ascendant du marabout se constituent dans l'acte de langage lui-même et dans tout ce qui l'accompagne.

Cette triple approche souligne qu'une approche strictement culturaliste ne peut rendre compte de la constitution de la clientèle des marabouts. En témoignent les multiples passerelles lancées par les marabouts en direction des voyants, des professions libérales dans leur ensemble, les collaborations, les complémentarités affirmées, voire théorisées avec d'autres spécialistes : autant de points de contact, d'ajustements voulus ou vécus excluant le repliement culturel sur soi. En témoigne aussi une légitimité à géométrie variable, où se combinent les différents types dégagés par Weber (1971 : 219-274). La visée d'asseoir son charisme personnel est centrale à Paris ; elle se fonde à la fois sur la méconnaissance du statut respecté du marabout en Afrique et sur l'absence dans cette ville d'une autorité religieuse hégémonique ; ses ingrédients sont la mise en valeur de qualités et de dons hors du commun, l'existence réelle ou alléguée de disciples, une indifférence affectée pour l'argent, le poids d'une personnalité qui en impose. Toutefois ce charisme personnel ne se défait pas totalement du soutien de la tradition, de l'inscription dans une lignée religieuse, de la revendication d'un héritage, de la redistribution de ses biens et savoirs, comportement habituel de toute autorité traditionnelle. Mais on a relevé à plusieurs reprises la volonté manifestée par les marabouts de s'appuyer aussi sur une légitimité légale rationnelle : l'insistance sur le respect des lois et règlements français, sur le fait de se couler dans le moule des professions libérales, la mise en exergue d'instances de contrôle[131] garantes de la compétence en sont les signes les plus visibles ; par là, les marabouts tendent à donner d'eux-mêmes l'image d'un véritable groupement professionnel au statut clair, que peut-être ils sont en passe de devenir réellement, sous la pression des diverses administrations auxquelles ils se confrontent. Entre le fonctionnement de réseaux très fluides et les normes imposées par des instances fixes de légitimation, les marabouts ont appris à jouer, de gré ou de force.

Il nous reste maintenant à rassembler, au-delà du rituel, l'ensemble des rôles joués à Paris par les marabouts auprès de leur clientèle.

131. Le plus souvent inexistantes en réalité.

Chapitre 2

« Calmer le feu »

La limitation du rôle du marabout à celui d'un simple voyant-guérisseur, définition la plus répandue à Paris, irrite profondément Diakité : une telle méconnaissance est, remarque-t-il non sans humour... « une maladie des Français ! ». Donner des gris-gris, « tout le monde peut le faire, même les gamins », ajoute-t-il. S'il cherche à valoriser ce qui est sa véritable passion, l'enseignement, l'exégèse du Coran, qu'il considère comme la « racine » de l'activité maraboutique[1], il n'en demeure pas moins qu'à Paris, ses clients occupent le plus clair de son temps, cinq jours de la semaine, jusque fort tard dans la soirée et que cette activité constitue l'essentiel de son gagne-pain. Sa longue habitude des consultations, où il fait face aux déboires des personnes les plus diverses, lui ont cependant appris que la relation avec celles-ci ne se limite pas à la remise de talismans. D'où la définition très large de la tâche de fond qu'il fait sienne, citée en début de ce chapitre. C'est à analyser les différentes formes prises par cette tentative des marabouts de « calmer le feu », ainsi qu'aux ambiguïtés et malentendus qu'elle peut générer de part et d'autre, que nous allons maintenant nous attacher.

Au-delà du rituel

Envisager un « au-delà du rituel » peut sembler contradictoire avec la puissance de celui-ci, exposé plus haut ; n'avions-nous pas insisté sur la prééminence de l'acte et le respect exact des gestes prescrits, sur lesquels reposait l'efficacité, en dehors du sens la plupart du temps non expliqué mais conçu comme universel ? Sur la souplesse d'une procédure n'impliquant de la part du consultant nulle adhésion à des dogmes mais une attitude active laissant libre cours à l'imagination et à l'émotion ?

1. Mais c'est bien au Sénégal qu'il a fondé une école, dont il s'occupe à distance, et non à Paris.

Cette constatation n'empêche pas chacun, dans sa démarche même, d'accomplir un certain cheminement et de modifier son attitude face aux problèmes qu'il affronte, comme le montre l'exemple de la relation entre des marabouts et une cliente française.

Chronique d'un retour d'affection

Le cas de Marie déjà évoqué, ayant fréquenté pendant plus de deux ans des marabouts parisiens, n'autorise sans doute pas à extrapoler ce que pourrait être une perception française des marabouts. Mais il est exemplaire à plus d'un titre : d'une part parce que le problème posé, celui du « retour d'affection », est l'un des plus fréquemment soumis par les consultants parisiens non africains ; d'autre part parce que la durée de sa relation avec les marabouts permet de suivre avec précision son cheminement sous-jacent. L'analyse permet de saisir comment Marie se réapproprie ou rejette les paroles dites et les actes prescrits, et symétriquement, les réactions et interrogations de ses interlocuteurs à son égard[2].

On ne reviendra pas sur l'origine sociale aisée, parisienne, de Marie[3], sur le pragmatisme qui la pousse chez les marabouts, sur son lien préexistant avec l'Afrique, sur le manque d'intérêt et de pertinence, à ses yeux, des interprétations formulées par les voyants classiques qu'elle a également consultés, sur son refus horrifié des « psy » et son désir de solutions différentes à l'impasse dans laquelle elle se trouve. On n'insistera pas, non plus, sur son ambiguïté : sur le scepticisme qui préside à sa démarche, allant parfois jusqu'au sentiment d'une dérision tragi-comique, mais que dément souvent son opiniâtreté, le lien qu'elle noue ou renoue avec des marabouts en lesquels elle dit ne pas avoir confiance et que, pourtant, elle paie (parfois cher), saisie par l'urgence et le désarroi.

Pour rencontrer la douzaine de marabouts qu'elle fréquente en deux ans, à la recherche d'un homme qu'elle a très peu connu et qui la rejette, Marie utilise la plupart des médiations par lesquelles ceux-ci se font connaître à Paris ; elle rencontre le premier grâce à une annonce dans la rubrique « Gri-gri » du journal *Libération*, puis viennent les (journaux) « gratuits » que pourtant elle méprise ; elle suit les réseaux d'amis africains ou français qui lui font rencontrer « leur » marabout, elle en croise un autre qui se recommande d'un collègue rentré au pays. Ses pas la mènent dans des foyers et dans des hôtels de luxe, dans des squats et dans des HLM anonymes, dans les ruelles de Paris et en lointaine banlieue ; elle y voit des marabouts depuis longtemps installés à Paris et d'autres qui n'y font qu'un bref séjour. Conformément à la démarche africaine qu'elle réinvente spontanément, elle en consulte et en fait travailler plusieurs simultanément. Tandis qu'elle n'en voit certains qu'une ou deux fois, l'un, assez rigoriste, retournant en Mauritanie, l'autre qu'elle abandonne parce qu'il ne cesse de lui réclamer de l'argent, elle entretient

2. Outre le recueil de ses récits, j'ai souvent accompagné Marie chez les marabouts qu'elle a contactés, observé ses gestes et son attitude à l'égard des prescriptions qui lui étaient faites.

3. Rappelons qu'elle est interprète et que la notion d'étranger est pour elle relative.

avec d'autres des relations longues, souvent amicales. Elle tient une sorte de journal de son expérience, où elle consigne le nom et l'origine des marabouts rencontrés, les dates de ses entrevues avec eux, les objets qui lui sont donnés, les prescriptions qui lui sont faites, les sacrifices conseillés ; ce cahier, qui ne porte aucune trace de son itinéraire intérieur ni de ses échanges avec les marabouts, ne garde mémoire que de ce qui, de façon tangible, la plonge dans l'altérité, comme s'il s'agissait de planter solidement le décor dans lequel pour un temps, elle évolue ; décalage qui lui est indispensable pour sortir d'un quotidien sans issue, et auquel elle prête aussi une valeur poétique.

À travers cette vaste expérience, se dessinent les multiples facettes du personnage qu'elle recherche. Celui-ci s'intègre dans la vaste série des recours alternatifs en raison notamment de l'emploi de plantes et de racines[4] ; il constitue une figure paternelle qu'elle trouve chez les marabouts d'âge mûr (sa confiance est spontanément moindre envers les plus jeunes), assimilation qu'elle n'est pas la seule à opérer et qui aurait été évidemment impossible si elle avait consulté des voyantes ; un être charismatique dépositaire d'une connaissance de lettré respectable, empreint d'une « sérénité », d'une « grande sagesse », d'une « pureté » qu'elle repère dans plusieurs signes : le fait que l'un d'eux travaille dans un « petit village » loin des scories de la grande ville[5], qu'un autre n'exhibe, dans sa chambre, ni magnétoscope ni autre instrument prouvant sa « contamination » par la société marchande. Ce personnage quasi religieux – d'un religieux d'autant plus acceptable qu'il n'est pas familier – a aussi pour elle le visage du « bon sorcier », version masculine de la « bonne fée » de l'enfance, qui saura par un miracle réaliser son désir.

C'est, en effet, à assumer la toute-puissance de son désir que Marie assigne le travail des marabouts, toute-puissance dont, au-delà du retour de son ami, elle souhaite vérifier l'existence. Elle s'attache peu au détail des interprétations diverses formulées par les marabouts consultés (les uns invoquant la jalousie de son *jinne* éloignant la présence de tout homme, les autres, à l'inverse, la jalousie du *jinne* de son ami, rendant impossible l'approche de toute femme, les autres encore, l'action maléfique d'une femme qui empêcherait l'homme d'exprimer à Marie son amour ou l'aurait détourné d'elle). Seul importe un fait : sortir des schémas explicatifs habituels, entendre que la cause du problème lui est extérieure et n'exige d'elle aucun retour sur soi (qu'elle ne serait en aucun cas prête à supporter), qu'il est possible de briser ce mur auquel elle se heurte.

Mais si certains d'entre les marabouts les plus affranchis par le milieu parisien accèdent sans difficulté à sa requête, d'autres, sans modifier leur logique d'interprétation, considèrent que cette *nafsu*, composante de la personne assimilable au désir, doit précisément être refrénée. En aparté, tout en ayant accepté le « travail », ils expriment leur doute, voire leur réprobation : est-il raisonnable de vouloir s'attacher

---

4. De l'un d'entre eux, elle dira, avant même de l'avoir vu, se l'imaginer comme « un type très doux ».

5. « Petit village » qui se révélera être la ville de Saint-Quentin où ce marabout se rend pour les besoins d'un client...

un homme que l'on n'a vu qu'une ou deux fois ? Ne doit-elle pas attendre ? Quelques-uns lui formulent des critiques plus ou moins voilées. D'autres lui demandent avec fermeté un engagement conforme à la morale sociale qu'ils défendent : celle du mariage, de l'union proclamée, ou du moins, stabilisée (cf. *supra*) ; dimension qui échappe totalement à Marie puisqu'elle pense que ces marabouts veulent simplement s'assurer de la sûreté de son désir de retrouver cet homme.

En fait, l'idée de transgression traverse toute l'aventure de Marie. Qu'elle veuille ou non retrouver son ami est une question à laquelle personne ne pourrait répondre avec certitude, et c'est un propos qui échappe à l'ethnologue ; en revanche le sens de sa démarche auprès des marabouts, sous-jacente à l'expression exacerbée de son désir, est une révolte contre la condamnation, par la morale sociale en vigueur en France, de la femme amoureuse osant affirmer sa passion : manifester son amour lorsqu'on est éconduite reste inconvenant pour une femme ; le désir féminin est encore un tabou. Seuls, pense-t-elle, les marabouts peuvent lui permettre de passer outre cet interdit, eux qui soutiennent qu'il est possible d'agir sur autrui ; transgression détournée cependant, puisque qu'elle leur délègue ce pouvoir, sauvegardant ainsi les apparences. Toute la démarche de Marie montre qu'il n'y a pas qu'une dimension individuelle, mais bien aussi sociale à son mal être.

Pourtant cette démarche des marabouts, qui la subjugue par son caractère « anti-fataliste », par la subversion des normes qu'elle y repère, elle ne peut y adhérer réellement. Au moment où elle expérimente le plus fortement l'altérité, où elle est le plus éloignée d'une mise en question d'elle-même, elle fait en sorte que l'action des marabouts échoue[6] ; bien qu'elle pense que tout homme émet des « ondes » que les marabouts savent capter, c'est bien la conception même de la personne véhiculée par les marabouts, de ce double sur lequel il est loisible d'agir qui lui apparaît inacceptable, puisqu'elle va jusqu'à considérer qu'elle « achète » son ami en faisant travailler des marabouts, ou encore qu'il s'agit d'un « viol ».

Ce cheminement personnel se repère aussi dans l'observance des gestes que les marabouts lui prescrivent. Elle surdétermine certains actes qu'elle accomplit scrupuleusement, attitude que favorise l'absence d'explications ; ainsi d'un écrit à jeter dans la Seine elle fait en sorte qu'il passe devant l'habitation de son ami puis devant la sienne, ce qui à ses yeux a un grand impact mais n'a rien à voir avec le rituel tel qu'il est conçu par les marabouts[7]. En revanche, impatiente du résultat, elle enfreint certains interdits tenus pour intangibles par les marabouts, telle l'interruption des bains ou du port d'amulettes pendant ses menstrues. Tantôt elle se plie rigoureusement aux prescriptions qui lui sont faites, déposant un œuf sur le trottoir de sa rue, achetant chez Toto-Soldes, comme le lui recommande Diaby, treize mètres de basin

6. Par exemple, elle indispose encore plus son ami par des appels téléphoniques répétés, que les marabouts lui avaient recommandé de cesser.

7. Elle n'est d'ailleurs pas la seule à investir telle action de sens qui lui sont propres : ce consultant français ne se mit-il pas à genoux pour recevoir la bouteille contenant le bain préparé pour lui par Gassama ?

gris, déléguant tout sacrifice sanglant mais parfaitement consentante à ce que celui-ci soit exécuté ; tantôt elle choisit : ainsi le sens de purification essentiel au rituel des bains, qu'elle nomme avec humour « instant love », lui échappant, elle en espace l'usage. De même, bien que son appartement soit, à certaines périodes, entièrement investi par les amulettes (il y en a sous son fauteuil, sous son matelas, sur sa table de nuit, dans le tiroir de son bureau, dans celui de sa table de cuisine, sur les portes, dans son sac...), Marie ne considère que celles émanant des marabouts qu'elle respecte et finit par abandonner les autres, quitte à en reconsidérer plus tard la puissance. Bref, elle jongle avec ce qui lui est imposé, et le marabout n'est finalement pas maître de ce qui, dans l'ensemble des prescriptions, va faire sens ou non pour elle. Cependant cette constatation, plus que l'échec de la relation, indique plutôt la liberté qu'elle comporte[8].

On pourrait continuer à relever les glissements occasionnés par ce détour nécessaire par l'autre. Marie ne se désintéresse pas totalement des marabouts : elle est même sensible à leur « cohérence », c'est-à-dire à l'organisation symbolique dont elle saisit quelques bribes derrière leurs faits et gestes, elle se renseigne sur leur renommée : ceux du Mali, de Casamance sont-ils réputés ? Mais, refusant d'entendre bien des interprétations qui lui sont données, elle affirme sa propre hypothèse sur l'éloignement de son ami ; s'il ne veut pas de femme, comme certains marabouts l'avancent, ce n'est, à son sens, pas en raison de la présence d'un quelconque génie mais parce qu'il est uniquement préoccupé de son travail. Aux raisons possibles de l'échec du travail des marabouts (soit, suppose sa copine Fatou, un marabout a fait le contraire de ce qu'il fallait faire, soit l'ami est « bien protégé », on « ne peut pas l'attacher », sauf à trouver un marabout « très fort », en Afrique), Marie rétorque que si protection il y a, « c'est dans sa tête, et non par un marabout ». Malgré son besoin de sortir des schémas explicatifs habituels qu'elle n'est pas en état de supporter, elle y est constamment ramenée.

Failles et incompréhensions également dans la façon dont les marabouts considèrent le problème de Marie. Voici à nouveau la transgression évoquée plus haut : si son cas est difficile, voire impossible à résoudre, n'est-ce-pas parce qu'elle et son ami « se sont amusés », ont eu (n'ont eu que) des relations sexuelles, violant ainsi les règles du mariage ? C'est, du moins, ce qu'en disent les plus religieux. À cette condamnation de l'illicite, de cette faute essentielle, s'ajoute la réprobation d'un tel acharnement amoureux. Peut-on s'obstiner à ce point à ramener vers soi un homme alors que tout montre que c'est impossible ? L'amie africaine, elle, aurait « laissé tomber depuis longtemps ». C'est, en outre, une conception différente des relations affectives entre homme et femme qui apparaît ici[9]. D'une femme très amoureuse on dit qu'elle a été « attachée » (par un marabout), rien de naturel dans

8. Guillemoz (1992 : 112) fait une remarque analogue à propos du récit d'une séance chamanique à Séoul : « "Ça" marche, mais personne ne sait d'avance ce qui marche ou ce qui ne marche pas. »

9. Ce qui n'empêche que certains Africains vivant en France s'expriment dans les mêmes termes que Français ou Antillais.

ce comportement qui, s'il est poussé à l'extrême, est taxé du plus grand mépris[10] et considéré comme une véritable folie (« elle est folle cette fille », s'exclame Tidian) ; en Afrique, « jamais on n'oserait déranger un marabout pour ça, on irait voir quelqu'un qui a un petit secret familial », assure Moustapha qui, en France, est pourtant convaincu de l'importance de ces questions et... s'occupe du cas de Marie et de bien d'autres aux problèmes semblables avec zèle et une certaine sollicitude.

Mais l'incompréhension finit parfois par percer dans certains propos : « N'y a-t-il pas d'autres hommes au monde ? » glisse, un jour, Keita (qui, ambigu, interdit pourtant à Marie de s'intéresser à eux de peur de la perdre comme cliente) ; et Amadou va jusqu'à lui proposer de « travailler » afin qu'elle fasse une autre rencontre... Malgré la fréquence des problèmes d'amour à Paris et leur prise en charge par des marabouts s'adaptant aux façons d'être de ce milieu, fixer sa passion sur un seul homme, hors mariage, et surtout étaler ses sentiments au grand jour, afficher sans pudeur des relations sexuelles demeure totalement incongru. En définitive, l'essai de modération que tentent les marabouts est en tous points opposé à la raison pour laquelle Marie sollicite leur action.

Toutes ces failles prouvent combien, tout en respectant une partie des gestes imposés, Marie poursuit un cheminement personnel parallèle à celui des marabouts. Son expérience montre que le nécessaire appel à l'étranger, seul à même de secouer l'emprise d'habitudes et de normes réduisant le champ du possible, n'implique pas toujours, ni de la part du consultant ni de celui du marabout, un fonctionnement du principe de coupure exempt de doute, d'indignation et de rejet.

Mais il est encore d'autres divergences qui dépassent largement le cas de Marie.

De quelques difficultés parisiennes

Deux d'entre elles, particulièrement récurrentes, s'expriment avec une certaine force.

Le temps

À l'issue de la première entrevue de Marie avec le premier marabout rencontré, celui-ci affirme qu'il peut travailler au retour de l'ami, que « ça peut marcher ». Cette formulation laisse Marie insatisfaite et méfiante : ce marabout qui semble réserver son pronostic, manque de fermeté, reste « évasif » lorsqu'elle insiste, lui apparaît nettement comme un « charlatan ». Or ce que reproche Marie, et bien

---

10. C'est l'un des points soulignés dans l'analyse de la vision par les marabouts de la vie en France. Un marabout peut intervenir, en Afrique, pour « attacher » un homme et une femme dans un mariage arrangé, veiller à la fertilité d'un couple, etc. Dans *Karim*, Socé fait dire au marabout très sage que consulte le héros : « Mon fils, je n'écris jamais de gris-gris concernant l'amour, cette chose insignifiante ; mais comme c'est dans l'intention louable d'épouser la femme que tu aimes, je vais prier Dieu pour toi » (1948 : 61).

d'autres consultants principalement non africains, correspond en fait, de la part des marabouts, à l'attitude la plus coutumière : jamais, en Afrique, ils n'oseraient afficher de certitude, et par conséquent, ne se risqueraient à fixer de délais. Car c'est la chance, souvent teintée de couleur religieuse, qui détermine, en dernier ressort, l'issue du travail. « Je propose, Dieu dispose », répète Gassama à tous ses clients, auxquels il explique que lui aussi rencontre dans sa propre vie des problèmes qui ne sont pas résolus. Que la réussite ne puisse jamais être certaine traduit l'idée, largement présente dans le Coran, que la connaissance de l'avenir appartient à Dieu seul. Pour les marabouts, simples intercesseurs, outrepasser leur pouvoir est donc, comme le dit l'un d'eux, « une bêtise » qui se retournera contre eux au jour du jugement dernier.

On se souvient aussi que l'une des caractéristiques de la *baṯṯuta*, ces procédures démoniaques expéditives aux antipodes de l'art de la mesure, était leur violence et leur instabilité ; il sera « comme un morceau de bois » : ainsi est décrit l'ami de Marie s'il lui était ramené par un de ces moyens. La fébrilité et l'impatience des consultants non africains ne manque pas de déconcerter les marabouts.

Leur travail doit, au contraire, pouvoir se dérouler dans la durée ; un problème d'amour, « ça peut prendre des mois et des mois, il faut se purifier très longtemps, dit Cumba, après la personne ne te lâche plus ».

À l'affirmation que le temps nécessaire à l'avènement d'un souhait est inconnaissable, que ce n'est « pas la cour des Miracles », comme le dit Aw, transformant le sens habituel de l'expression, s'ajoute une différence dans la conception de la temporalité ; en Afrique, il ne s'agit pas d'un temps d'horloge, mesuré, précisé : un événement peut se réaliser à une date donnée ou être renvoyé à plus tard de façon tacite sans qu'il y ait trahison ou manquement à sa parole.

Or n'a-t-on pas déjà vu les marabouts contraints de prendre en compte cette précipitation urbaine française : réduire le temps de la *khalwa*, privilégier les moyens divinatoires rapides ? Certains marabouts s'efforcent de contourner l'exigence de précision sur les délais, formulée principalement par des consultants non africains : « ça ne prendra pas de temps », « c'est imminent », « ça ne va pas durer », « ça ne tardera pas » : autant de réponses qui manifestent à la fois la contrainte d'indiquer une limite et l'essai de temporiser. Mais la pression des clients se fait parfois insistante, et grande la menace de les perdre si les marabouts ne s'y soumettent pas. De sorte que Ndao, conscient de « sortir de [sa] tradition », finit par préciser la date exacte où son travail devrait être couronné de succès. Sa réticence à moitié feinte montre combien reste intériorisé, même chez ceux qui sont à l'origine hors de tout milieu maraboutique, un comportement conforme aux normes islamo-africaines. D'autres pourtant, à Paris, devancent la demande de leurs consultants, annonçant dans leurs publicités un résultat « dans un délai fixe », « dans la même semaine » ou « dans trois jours ». C'est précisément ces arguments qui ont attiré Marie. Dans la pratique, le choix des délais que ceux-ci sont souvent acculés à donner ou indiquent spontanément évoque des chiffres canoniques (7 et ses multiples, 27, 40) ; d'autres précisent des temps plus ou moins reculés : un mois après son départ au Mali, assure Cissé[11] ; samedi à 11 heures du soir ose avancer Vieux-Faty, instaurant chez sa consultante une tension intolérable et provoquant son effondrement lorsque ce délai se trouve dépassé !

À cet effet pernicieux d'une précision souvent extorquée s'oppose, en revanche, une érosion du problème posé par le consultant, due à des échéances sans cesse repoussées, à une exhortation à la patience dont est soulignée l'action bénéfique. Mais celle-ci peut aller encore plus loin que ce que soupçonnent les marabouts.

Reprenons l'exemple de Marie. Certes, l'action des marabouts consultés peut paraître retorse puisqu'ils semblent l'encourager à espérer un résultat qui ne saurait tarder, l'empêchant par là même de se détacher de l'objet de son désir. Pourtant l'attente toujours renouvelée, les discours critiques et temporisateurs de la majorité d'entre eux[12], n'ont-ils pas pour effet final de domestiquer cette *nafsu*, ce désir dont l'impétuosité les déroute, dont l'expression est à peine admissible ? Et, sans la heurter de front, en allant dans le sens de ce désir, ne conduisent-ils pas Marie, à son insu et au leur peut-être, à réfléchir, ne lui donnent-ils pas… le temps de peser son attachement intempestif pour l'homme qu'elle s'évertue à retrouver ? Le rituel des bains à se passer sur le visage ou le corps, qui réactive sans arrêt son désir, alimente l'urgence de sa demande, ne finit-il pas, à la longue, par tenir lieu de moratoire, de viatique accompagnant une attente qui peu à peu se dissout ? C'est d'ailleurs pourquoi, ambivalente elle-même, elle en abandonne puis en reprend l'usage selon l'évolution de ses sentiments jusqu'à ce que, doucement, à force d'attendre, elle renonce à son désir, et trouve la force d'espacer ses contacts avec les marabouts de peur qu'eux-mêmes ne l'entraînent à rallumer une passion qui s'éteint[13].

Ainsi la prise en compte de la durée, théorisée par les marabouts comme nécessaire à leur action, et de certains rituels qui l'impliquent mais qui sont détournés de la fonction qui leur est assignée – détournement auquel contribue la parcimonie des explications les concernant – peut produire, comme dans le cas de Marie, des effets bénéfiques non explicitement prévus dont les marabouts ne sont peut-être eux-mêmes pas maîtres.

Pourtant, si un client exige que le marabout consulté fixe un délai à son action, n'est-ce pas parce qu'il est insupportable que ce que l'on va payer ne se conclue par un contrat clair entre les partenaires ? C'est bien ce que laisse entendre le marabout médiatique plusieurs fois évoqué, affirmant que sa notoriété repose sur la précision de son engagement envers ses clients, dont fait partie l'indication du temps qui lui est nécessaire. Le changement de valeurs est ici aussi manifeste que celui qui met en exergue le professionnalisme de l'homme : un entrepreneur moderne, responsable, ne peut rien laisser dans le vague.

S'agissant de contrat, nous abordons la seconde difficulté parisienne.

---

11. Il ne s'agit pas d'une dérobade puisqu'on sait que l'éloignement ne coupe pas tous les liens ; et ce marabout reviendra à Paris quelques mois plus tard.

12. Discours qui n'empêchent pas la fixation de délais plus ou moins souples.

13. Ce que certains ne manqueront pas de faire. Mais inversement elle-même les a de nombreuses fois harcelés, réactivant une demande à laquelle certains pensaient qu'à la manière africaine, elle avait fini par renoncer.

L'argent

Un détour rapide sur la rémunération et la gratification des marabouts dans leurs pays d'origine est nécessaire, sans pour autant uniformiser des pratiques qui n'ont rien de monolithique ni d'immuable : les remarques de Santerre en milieu peul nord-camerounais concernant la fabrication croissante d'amulettes par les maîtres d'école en raison du caractère plus rémunérateur de cette activité, les différentes figures de marabouts dépeintes dans les textes littéraires, les condamnations fort anciennes relatives à l'âpreté au gain, nous font très nettement sentir la variété et l'évolution des attitudes et des représentations.

Il n'en reste pas moins que, récompensés en colas ou par chèque, les marabouts jouissant d'un charisme de fonction, sont dans la position de donataires : « La belle maison, la belle femme, le beau cheval doivent appartenir au marabout », dit un proverbe soninké ; ceci implique qu'ils redistribuent les biens et portent assistance à leurs disciples. Ce qu'on honore chez un marabout, et qui justifie les dons qui lui sont faits, c'est à la fois sa connaissance, son travail (le « prix de la sueur ») et sa médiation, due à ses pouvoirs occultes et à ses réseaux, qui permettront à celui qui en bénéficie de prospérer (poular *bamtare*).

La nécessité de la contrepartie donnée au marabout en l'échange d'une prière ou d'un talisman est exprimée en ces termes par une consultante africaine parisienne : « sinon l'amulette que tu portes au cou, c'est comme une pierre ».

De l'Afrique de l'Ouest au Maghreb, les prestations des saints, le travail des marabouts sont toujours récompensés par un don, somme infime ou présent prestigieux[14]. Bien qu'il soit désormais monétarisé en Afrique, et évalué pour sa valeur d'échange, il reste souvent plus qualitatif que quantitatif. C'est du moins, la distance aidant, l'image idéalisée qu'en donnent les Africains rencontrés à Paris ; l'on peut voir encore, dans les villages ou chez les représentants importants de confréries, les consultants glisser dans la main du marabout un billet roulé en boule dont celui-ci qui n'a formulé aucune exigence, ne connaît pas la valeur et qu'il feint d'abandonner dans un coin sans y jeter un regard. Chacun donne selon ses possibilités.

Mais le milieu urbain contemporain contribue à durcir les situations économiques et à modifier la rémunération du marabout. Décrivant la visite de plusieurs d'entre ceux-ci par une même consultante à Pikine (banlieue de Dakar), Fassin nous donne un éventail de différentes attitudes :

> [...] le Manding n'exige rien ; le Mandjak demande 2 500 F[15] et une paire de chaussures ; le Peul parle de 5 000 F, mais comme le mari de Khardiata n'a que

14. À propos des pèlerinages à Lalla ᶜAziza, Berque fait état, sans nuance péjorative, d'un « véritable fisc de la sainteté » (1955 : 289).

15. Il s'agit de francs CFA ; 2 500 F CFA équivalaient, à l'époque où écrit Fassin, à 50 FF. Pour permettre d'évaluer ces sommes, Fassin signale qu'un kilo de riz vaut 160 F CFA.

> 500 F, il les accepte et repousse à plus tard le reste de la somme. Enfin, il y a les grands marabouts, comme Mountaga Tall, descendant d'El Hadj Oumar, chef de l'une des deux grandes familles de la confrérie tidjane : il a fait sa bénédiction et écrit un verset coranique, et n'a rien pris en paiement (1992 : 123-124).

Revenons à Paris où, on le sait, l'une des raisons de la venue en France des marabouts est, comme le dit l'un d'eux, de « se faire des sous » ; ceci n'empêche qu'il soit très mal vu d'affirmer qu'on est venu « pour ça » – pour gagner sa vie comme marabout. Paraître désintéressé est un élément essentiel au charisme et à la confiance suscitée chez le consultant. C'est pourquoi notre marabout médiatique habille toutes ses mesures promotionnelles d'incitation de la clientèle (réductions diverses, consultations gratuites) de discours humanitaires (il s'agit de montrer que « le cabinet a un cœur », que c'est même « le cabinet du cœur[16] ») ou de sentiments religieux (ces incitations seraient un « sacrifice » – *sadaqa* – ou une action pieuse en temps de ramadan[17]).

Pourtant, lors de l'analyse de la vision qu'ont les marabouts de la vie en France, nous avions relevé leur vif sentiment de l'omniprésence de l'argent dans la société française ; loyer, électricité, transports, impôts, vêtements, nourriture, téléphone auxquels s'ajoutent, lorsqu'on est marabout, taxes diverses, URSSAF, etc. Bref, « tant de choses à payer », la cherté de l'existence parisienne modifient nécessairement le rapport avec les consultants, le modifient parfois d'autant plus que réussir économiquement en France est, on le sait, indispensable au prestige que l'on acquiert dans son milieu[18]... d'où des prix qui ne peuvent en rien être comparés avec ce qu'ils sont en Afrique de l'Ouest.

Or les marabouts déplorent le peu de considération à leur égard et, en conséquence, le manque de générosité alors que, pour un nombre croissant d'entre eux, leur pratique est leur unique gagne-pain : le don est devenu salaire. Dans ces conditions, comment laisser le paiement à l'appréciation de chacun puisque la règle tacite, selon laquelle le marabout ne réclame rien explicitement car le consultant sait qu'il n'est pas quitte, risque de ne pas être respectée ? S'exposer à ne rien recevoir en remerciement de son travail, tant de la part de Français que de celle d'Africains, conduit la plupart des marabouts à pratiquer et à justifier des prix fixés à l'avance ; l'un d'entre eux a même établi un véritable barème écrit allant de la consultation pour un nouveau-né à celle, nécessitant de nombreuses prières, d'une personne au cas compliqué.

---

16. Slogan répété induisant évidemment un rapprochement avec les « restos du cœur ».

17. Paraître désintéressé n'implique pas pour autant qu'on doive offrir le spectacle de la pauvreté ; ainsi s'agissant de ce même marabout médiatique, un jeune Africain disait qu'« il est certainement bien car il a une messagerie Minitel qui coûte cher ».

18. Même en France, il faut pouvoir tenir son rang ; quelle gêne que celle de Dia, notre « marabout-clochard » : un forgeron (casté) du foyer, beaucoup plus riche que lui, « a honte » (est gêné) de l'inviter à baptiser son enfant car il sait que Dia n'a pas d'argent alors qu'il doit, statutairement (en tant que marabout et noble), faire un don d'argent.

Mais, comme souvent en Afrique, le marchandage est toujours possible. Encouragé par l'économie marchande, cet art de la transaction donne parfois lieu à des joutes oratoires où l'on peut mesurer, une nouvelle fois, l'ascendant que, plus ou moins adroitement, les marabouts cherchent à exercer sur leurs consultants. La négociation serrée permet d'observer de notables changements de ton, allant de la persuasion, l'humour, à la menace d'une aggravation implacable du problème si le client ne s'exécute pas. Bah, auquel sa consultante française propose 100 F au lieu des 200 demandés, lui rétorque : « Alors je ne vous fais qu'une couche de voyance ! » Oserait-elle, lorsqu'elle va acheter une robe, dire qu'elle ne possède que la moitié de la somme demandée ? Il suggère ainsi clairement que la voyance est bien un produit comme un autre.

La fixation du prix est aussi une façon de montrer qu'on se conforme à une « normalité » comptable française[19], le client étant alors placé quasiment en état d'infraction s'il émet une contestation ; cette conformité est parfois poussée jusque dans ses détails administratifs : faisant à sa cliente le décompte du travail qu'il lui propose, Sakho lui consent un abattement d'usage parce qu'elle a des enfants. D'autres détails marquent ce souci d'être pleinement intégré dans les pratiques françaises. À une consultante africaine suggérant maladroitement qu'une des raisons de la fréquentation par les Français des marabouts parisiens est la modicité de leurs tarifs au regard de ceux des voyants français, Keita rétorque qu'il n'est en rien un voyant au rabais et qu'il peut exiger jusqu'à 3 000 F pour certains travaux[20]. À travers le respect d'habitudes culturelles privilégiant des prix modiques, justifiés par une morale sociale (« le nom de Dieu ne s'achète pas ») et le désir contraire de fonder sa notoriété sur le nivellement à un comportement français, on retrouve à nouveau l'oscillation entre plusieurs légitimités.

Pourtant l'on trouve parfois exprimé cet art de la mesure, l'un des fondements du travail maraboutique : selon Camara, un prix trop fort ou trop faible compromet le travail ; et de nombreux Africains considèrent que l'échec de bien des marabouts parisiens est dû à leurs tarifs prohibitifs, à l'« arnaque », comme le dit Ly, à laquelle, selon lui, tous sans exception se livrent à Paris : « Ça les pourrit » constate-t-il ; Gassama qui aime les proverbes déclare qu'« un bien mal acquis ne profite pas ». Comportement intériorisé, la recherche de la justesse de la somme ne manque cependant pas d'être aussi utilisée comme stratégie et mise en scène : ce n'est pas lui mais les cauris, qu'il a lancés à cette fin, qui ont indiqué le prix demandé par Camara à sa consultante pour un problème d'amour (50 F pour la consultation, 500 F pour le travail). Comment le consultant résisterait-il à un argument aussi irréfutable ?

---

19. On sait que l'administration des impôts a reproché aux marabouts, dans les années 1980, de ne tenir aucune comptabilité sérieuse, entravant ainsi tout contrôle fiscal, fréquent à cette époque.

20. Ces chiffres datent de 1987. Pourtant, en moyenne, ce que souligne cette consultante africaine est une réalité : en 1993, une « sorcière luciférienne » spécialisée dans l'aide aux entreprises fait payer 600 F à son consultant pour une première analyse ; en 1995, ce prix est passé à 1 000 F et il en coûte 20 000 F pour un accroissement de clientèle simple.

En 1987, le prix d'une consultation divinatoire varie de 50 F à 200 F et depuis 1993, de 100 F à plus de 300 F. Ces prix, y compris les plus bas, sont, toutes choses égales par ailleurs, considérablement plus élevés que ceux habituels en Afrique. À de rares exceptions près, les tarifs les plus bas sont ceux des marabouts, réputés moins cupides, qui disposent d'une autre source de revenu. C'est le cas de Gassama, éboueur à la ville de Paris, qui ne demande rien pour sa divination. Laisser toute initiative au consultant, rare à Paris, est donc moins une attitude traditionnelle que le signe d'une relative aisance. Le prix du « travail » est évalué en fonction des possibilités du client, de la difficulté du problème, du temps de prières, du matériel nécessaires, du danger encouru par le marabout à affronter tel ou tel ange, etc. Ce dernier élément, hors de toute quantification possible, rend hasardeuse l'idée d'un bénéfice, au sens strictement économique du terme.

Sur le cahier d'écolier où Bakary consigne les données relatives à ses consultants figurent des sommes allant de 500 à 5 000 F (en 1993). Voici quelques exemples de sommes demandées ou reçues par Dia, notre « marabout clochard », noble Peul très sensible au respect de son statut ; malgré sa pauvreté, tout en maugréant que les gens sont « radins », il lui arrive de faire, pour les chômeurs du foyer et les castés envers lesquels il se doit d'être généreux, des *listikhar* gratuits.

En 1986, il reçoit d'une femme française dont il calme les cauchemars récidivants 300 F et du tissu (pour coudre un costume). Un compatriote sénégalais au chômage lui promet 500 F s'il retrouve du travail, mais finit par ne lui en donner que 200 ; Dia lui-même n'a rien demandé. À un employé arabe du foyer que le gérant veut licencier, il fixe la somme de 1 800 F sans compter le prix du sacrifice (un métrage de tissu) ; il recevra 400 F, le reste devant être échelonné.

En 1989, pour l'obtention d'un permis de conduire déjà plusieurs fois raté, il fixe 1 400 F, mais recevra une somme inférieure ; d'un compatriote qui lui demande un travail pour obtenir un poste important parmi les résidents sénégalais en France, il reçoit... 10 F ; considérant que l'homme s'est moqué de lui, il fait, dit-il, « quelque chose » pour que « ça ne marche pas » !

En 1993, sollicité par un homme maghrébin pour faire revenir sa femme partie avec un Français, il demande 4 000 F ; l'homme en proposera 2 000 que Dia refusera, la somme lui paraissant dérisoire au regard du nombre de nuits de prières nécessaires et le travail ne se fera pas. Pour faire sortir un Cap-Verdien de prison, il demande 6 000 F, comprenant l'achat du mouton du sacrifice, et n'en obtiendra que la moitié.

Dia est dans la moyenne des marabouts parisiens, tant pour les prix fixés que pour les sommes effectivement reçues. Mais certains ont des tarifs nettement plus élevés : dit-elle vrai, cette cliente antillaise aux abois qui, pressurée par plusieurs demandes successives du même marabout censé régler ses problèmes de famille, a déjà versé 30 000 F, acheté trois bouteilles de parfum et rechigné devant l'achat de la télévision demandée ? Quant à Marie, outre les consultations, elle aura payé 2 000 F (au lieu des 3 000 demandés) à un premier marabout, 500 F (au lieu de 1 500) à un second, 1 200 (au lieu de 1 500) à un troisième, 3 000 à un autre qui refuse négociation et délai sans égard pour son désespoir et son compte bancaire à découvert... sans compter le prix du tissu, des moutons du sacrifice, sans compter que si certains s'en tiennent une fois pour toutes à la somme fixée, d'autres exigent sans arrêt des compléments, fait particulièrement condamnable aux yeux des Africains. Certains sont pourtant sensibles à sa détresse, l'un d'eux, lorsqu'elle manque totalement d'argent, ira jusqu'à proposer de lui en prêter : le marabout ne doit-il pas assistance à son consultant/disciple ? Un autre, riche marabout commerçant de passage à Paris, ne lui demandera rien pour sa consultation, l'adressera à l'un de ses disciples pour le travail en promettant de payer lui-même le sacrifice et tous les frais – ce que, reparti au Mali, il ne fera pas.

Le client, plus à Paris qu'ailleurs, est celui qui paie. Et comme pour l'ensemble de leur relation avec leurs consultants, les marabouts parisiens ont acquis sur ceux-ci tout un savoir analysant les attitudes des uns et des autres envers l'argent. Que la clientèle soit plus riche en France qu'en Afrique est une évidence – moins riche, cependant, que dans les Émirats arabes, remarque Cissé. Les Français sont réputés bons payeurs, mais trop sensibles à cette loi du marché selon laquelle ce qui est rare est cher ; ainsi Camara déplore que « quand ils trouvent un marabout qui ne demande que 500 F, ils hésitent et pensent qu'il n'est pas bien ». Alors qu'il affirme : « Quand je ne peux pas faire le travail, je ne peux pas, même si on m'offre un million. »

Cette remarque qui montre *a contrario* la séduction de l'argent, condamne implicitement certains Français mais plus encore, des Antillais, réputés prêts à payer de grosses sommes sans rechigner, constituant ainsi une proie trop facile pour les marabouts les plus cyniques ; de là à dire que ce sont ces clients qui pervertissent les marabouts, il n'y a qu'un pas que certains franchissent aisément : n'avait-on pas déjà évoqué un usage auto-justificateur de la conception de la France comme un milieu souillé.

Quant aux consultants africains, ils sont parfois redoutés : selon Camara, ils prennent parfois prétexte de ce qu'« on est tous parents, tous frères » pour refuser de payer ou persistent à s'aligner sur les prix africains (d'où les 10 F payés à Dia). Le secrétaire de Sow résume sans concession ce qu'il pense être le sentiment de son marabout (qu'il juge pourtant « assez honnête ») : « T'es Blanc, t'as de l'argent, t'es Antillais, c'est pareil ; t'es Noir, si t'es pas du même coin, et si tu discutes, tu vas ailleurs. »

Échapper à l'échange marchand semble n'être concédé – parfois avec réticence – qu'aux membres du village ou à ceux partageant les mêmes réseaux d'interconnaissance.

En revanche, celui-ci apparaît nettement dans les multiples mesures d'incitation de la clientèle même si, comme on l'a noté plus haut, certains s'efforcent de les maquiller. Dès 1984, Dramé promet « une consultation gratuite pour trois visites » et Djitté, en 1985, avec la même offre, inscrit sa publicité dans la rubrique « médium » d'un placard où figurent également des restaurants, des auto-écoles, des bijouteries, etc., tous commerces réunis par l'injonction suivante : « Faites des économies en réservant vos achats aux commerçants affiliés au consum'club 75. »

Depuis ces dates, les consultations gratuites, les réductions de 30 ou 50 % se sont multipliées. Puisqu'il s'agit de gagner sa vie, les possibilités du système sont également essayées, et le consultant considéré comme un consommateur.

Cette pratique marchande touche également la relation des marabouts entre eux. L'une des formes que revêt leur rivalité concerne l'argent. Diaby découvre que sa cliente a consulté un autre marabout avant lui, fait pourtant très habituel. Mais il décide de ne pas continuer son « travail » tant que dure cette situation, prétextant que ce qu'il ferait en même temps que « l'autre monsieur » serait sali par cette contiguïté et perdrait de sa puissance. La question sous-jacente est tout autre : si le résultat survient, comment la cliente saura-t-elle auquel des deux marabouts en attribuer le bénéfice et, par conséquent, payer son dû ? Diaby propose néanmoins à sa cliente de lui donner un bain pour que personne ne lui fasse de mal ; mais celle-ci, brusquement éclairée par un tel comportement, soupçonne que le marabout cherche plutôt à la détacher du marabout rival... Qu'il y ait dans cette situation moins un problème de souillure qu'un problème d'argent est confirmé par des remarques plus explicites ; ainsi Dramé n'accepterait pour cette raison que la collaboration avec un maître réputé ou un chef de confrérie – collaboration obligée, en quelque sorte, qui annule la relation d'égalité, donc de rivalité !

Enfin le paiement fractionné, habituellement proposé aux clients récalcitrants qui opposent vivement au prix demandé l'état de leurs finances, semble le passage obligé de cet art du compromis, fondement de toute négociation marchande bien comprise : en général, le client doit la moitié de la somme au début du travail, l'autre après le résultat. En réalité, le fractionnement est d'autant plus important et le paiement d'autant plus espacé que, comme le déplore Bakary, « c'est la crise mondiale », et qu'il est de plus en plus difficile, à Paris, de recouvrer la somme prévue.

Mais la situation parisienne n'est pas une explication suffisante à cet arrangement commode. Car le « paiement après résultat » figurant sur de nombreuses publicités parisiennes est répandu en de nombreux lieux d'Afrique : du Maghreb (Doutté 1914 : 91, Desparmet 1932 : 103) au pays sénoufo (Sindzingre 1985 : 44), du Nord-Cameroun peul (Santerre 1973 : 98) aux contrées songhay (Rouch [1960]-1989 : 305)[21]. Santerre note que le client paie, avant le début du « travail », le quart de la somme fixée, qui ne sera pas remboursé même en cas d'échec, le reste du paiement dépendant des résultats obtenus. Rouch écrit, à propos des *korte :*

21. Il est, bien sûr, impossible, dans le cadre de ce travail, d'entrer dans les détails de ces pratiques et dans leurs diverses variantes selon les lieux. Rappelons que ce paiement fractionné caractérisant déjà, au début du siècle, selon Marty, la rémunération du marabout enseignant : « [...] les marabouts n'aiment guère cette méthode qui ne leur assure que la moitié de la somme prévue, car à la sortie de l'enfant, il faut d'interminables discussions pour arriver à toucher une partie de ces 150 F » (1917 II : 60).

> [...] un candidat chef de canton donne simplement « la kola » (un mouton), à la prise du korte. Il ne paiera qu'une fois élu (deux bœufs, deux chevaux et plusieurs pièces d'étoffe). Ce système de paiement après réussite montre la confiance qu'ont les magiciens dans l'efficacité de leurs charmes.

À Paris, la première partie de la somme sert à l'achat du matériel nécessaire (encens, bougies, parfois sacrifices) et constitue une première récompense faite au marabout pour sa peine ; mais il peut aussi tenir lieu d'engagement entre les deux partenaires[22]. Bien qu'elle puisse être fixée d'un commun accord ou par l'application d'un barème tacite, c'est lors du paiement de la seconde partie, qui sanctionne la réussite, que le consultant peut se laisser aller à sa générosité. Cette deuxième somme relève donc plus du don, de l'hommage, que d'un salaire pour service rendu. Il est néanmoins implicite que si le client manquait à ce devoir, le marabout pourrait anéantir tout son travail et causer de graves dommages à l'irrespectueux[23].

Pour fidèles à ces comportements que soient les marabouts parisiens, tant ceux qui ont adopté les façons de faire de la société française que les autres, le paiement fractionné n'en est pas moins entré, en France, dans le cadre des échanges économiques ordinaires. Il est devenu soit une sorte de crédit forcé accordé à un client impécunieux, mais plus fréquemment encore, une assurance de paiement minimum, le complément de la somme restant toujours aléatoire dans un milieu où on ne peut être sûr de personne. Dans ce « marché » qu'est Paris, le client est rarement un voisin avec lequel on entretient des rapports de confiance ou dont la communauté sanctionnera le manquement à la règle ; par ailleurs, il n'est pas question d'assumer la malhonnêteté puisqu'il s'agit de gagner sa vie : forts de ces constatations, les marabouts les plus respectés comme les plus contestés savent que bien souvent, la fermeté est nécessaire avant le « travail ». Mais les plus critiques envers les marabouts parisiens ne laissent-ils pas entendre que la première somme serait évaluée pour leur suffire ?

Il n'en reste pas moins que, prévue avec précision ou non, celle qui fait défaut, est bien la somme finale où peut s'exprimer la générosité du donateur, qui peut surpasser la somme fixée, ajouter des présents en nature. Ce qui frappe certains marabouts, c'est l'esprit de petit épargnant qui règne en France, l'attachement à la valeur de l'argent, la rareté de toute dépense de nature somptuaire ou consumatoire, et du don en général. Au-delà de la véracité du fait[24], l'exemple, rapporté par Gassama, de ce Français qui, satisfait de son travail, fit tuer une vache et lui offrit un grand festin pour le remercier, mérite d'être signalé pour l'étonnement même qu'il suscita chez ce marabout. Certes, on l'a noté, il n'est pas rare qu'un marabout

---

22. Cet engagement a fort bien été perçu par une consultante française à laquelle, grand prince, un marabout avait rendu les 200 F de la consultation, après des protestations de la jeune femme concernant sa situation financière. Celle-ci a voulu à tout prix rendre le billet au marabout précisément pour matérialiser le lien et l'obligation à travailler pour elle qu'à son sens, ce paiement impliquait.

23. Par exemple le rendre fou – ou menacer de le faire, ce que j'ai pu constater également à Paris.

24. Que je n'ai pas pu contrôler.

reçoive y compris de la part de clients français, de menus présents, nourriture, thé, le plus traditionnel étant un Coran, ou qu'on lui promette, si le résultat annoncé advient, « un beau cadeau », une télévision couleur par exemple[25]. Mais la faiblesse, à Paris, de ces présents en nature au profit de l'argent, et d'une somme strictement mesurée au plus serré, semble bien marquer un certain effacement de la pratique du don en elle-même. Un pas de plus est en passe d'être franchi avec l'emploi de la carte bancaire, impliqué par l'usage des divinations par téléphone ou par internet pratiquées par quelques marabouts : le paiement différé, l'échange dématérialisé n'ayant plus rien à voir avec les présents qu'on dépose aux pieds d'un marabout, l'absence de contact physique entre les deux protagonistes semblent dissoudre encore plus l'hommage à la personne.

Ce que paient les clients non africains, c'est moins le travail d'un homme qu'un service : la solution du problème soumis. Toute transaction marchande exige une égalité parfaite entre les deux termes de l'échange ; payer permet d'être quitte et si le résultat n'intervient pas, un consultant français s'estime en droit de demander des comptes au marabout.

« Alors Keita, j'ai payé et tu n'as rien fait pour moi ! » s'exclame Marie exaspérée[26]. Une contestation aussi directe serait d'une impertinence inouïe venant d'un client africain pour lequel, quelles que soient les critiques qu'il puisse formuler en aparté, un marabout, pour puissant (et redoutable) qu'il puisse être, n'en reste pas moins un simple intercesseur. Or c'est le pouvoir de l'argent payé qui semble autoriser la méconnaissance de ce rôle par des consultants comme Marie, et la rupture de toute relation d'autorité : la toute-puissance de l'argent induit pour eux la toute-puissance du marabout et l'hypertrophie du rapport marchand permet d'exiger des garanties et des délais, comme pour un produit ordinaire.

Ce bouleversement des représentations habituelles du rôle du marabout et cette négation de la chance expliquent cette constatation désabusée de Cissé : « Les Blancs ne croient pas en Dieu, ils ne croient qu'en leur argent », remarque qui n'est en rien incompatible avec le regret du manque de prodigalité de ces mêmes clients.

Pourtant d'un tout autre point de vue, cette relation quasi commerciale poussée à l'extrême, cette façon qu'ont les marabouts de faire payer le rêve, n'a-t-elle pas, à l'insu des uns et des autres, une certaine vertu pédagogique, parfois sensible chez les consultants ? Vaste débat qui outrepasse, sans doute, les compétences de l'ethnologue, et qu'on se contentera de suggérer ; le geste de payer n'a-t-il pas en lui-même, au-delà de sa fonction explicite, celle de dénouer l'angoisse de Marie (conformément, d'ailleurs, à l'étymologie du mot) ? Et réaliser que « l'amour vaut 3 000 F », que « ce n'est pas ça, l'amour », ne l'aide-t-il pas à se détacher peu à peu de sa quête sans issue ?

---

25. Don parfois fortement suggéré par le marabout lui-même. Mais il arrive aussi que le client satisfait trompe son marabout et ne lui donne pas la télévision promise.

26. Marie va encore plus loin dans ce sens en comparant les marabouts à des « tueurs à gage auxquels on demande une action sur un tiers et dont on se dédouane en les payant ».

Si les lois du marché dominent le plus souvent les relations entre consultants non africains et marabouts, ce qui n'exclut ni l'amitié ou le respect, et si en semble considérablement réduite la part du don, on ne saurait pourtant aller jusqu'à en déduire l'irréductibilité de deux conceptions des rapports humains, l'une, africaine, faisant une part importante à l'offrande et l'autre, française, centrée sur un utilitarisme mercantile. D'une part parce que ce serait trop idéaliser une situation africaine ; personne n'oserait soutenir que le respect de l'homme, le fait qu'il s'agisse, à travers lui, de favoriser sa chance, efface toute idée de paiement au sens marchand du terme : chacun connaît le double langage du marabout qui demande 1 000 F payable en deux parties tout en se récriant qu'il ne veut rien. D'autre part, est-il sûr que les marabouts parisiens eux-mêmes, conduits par la nécessité de vivre, se sont entièrement assujettis aux contraintes et aux jeux de l'échange marchand ?

On se souvient du don de menus objets, fruits, pièces de monnaie, remis au marabout au seuil de la consultation divinatoire, non comme paiement mais « pour le sacrifice », pour susciter la parole des cauris, des tracés géomantiques. Les quelques centaines de francs CFA actuellement donnés en Afrique de l'Ouest pour la consultation, gardent en partie ce sens. En France, les pièces souvent demandées pour l'« ouverture de la séance du médium », comme le dit Ndao, ont pour seule fonction d'honorer ceux qui dévoilent les secrets. Ce n'est qu'à l'issue de la consultation que l'on parlera vraiment d'argent et que sera discuté le prix de la divination et éventuellement du « travail ». Mais dans la majorité des cas, la distinction entre deux sommes et deux fonctions est moins claire. S'il est logique que le sacrifice d'ouverture soit donné avant le début de la divination, c'est en fait une somme assez conséquente, parfois âprement négociée, qui joue ce rôle, dont il est évident qu'elle constitue également la rémunération du marabout ! L'ambivalence de cette somme, à la fois sacrifice et salaire, est sensible pendant toute la durée de la consultation. Certains gestes montrent néanmoins qu'est préservé quelque chose du sens originel du don : le marabout laisse intact le billet là où le consultant l'a posé, ne se l'appropriant qu'à la fin de la consultation, ou, plus souvent, il le glisse sous la feuille de papier sur laquelle il consigne les éléments de sa divination, tout comme le jeteur de cauris lance, avec ses coquillages, les graines ou les pièces offertes aux « génies » pour qu'ils parlent.

Il devient alors bien difficile d'affirmer que le rapport marchand a entièrement dominé le comportement des marabouts. Seule la méfiance envers une pratique difficilement admissible pour un non-Africain a poussé certains marabouts à renoncer à ces gestes. Car de tout cela, un consultant français ne sait rien.

Ces multiples facettes des difficultés parisiennes les plus marquantes que sont le temps et l'argent – dont il est presque inutile de souligner qu'ils constituent deux moteurs des sociétés occidentales contemporaines –, impliquent donc conflits et ajustements réciproques ; certains d'entre eux amènent parfois des modifications d'importance dans les représentations du rôle des marabouts, et peuvent parfois entraîner ces derniers sur des pentes glissantes : exigences insoutenables de la part du consultant, tentations excessives de l'argent de la part du marabout en sont parfois la rançon. Mais si, dans l'action et le comportement des marabouts parisiens, il n'y a pas que des réussites, l'exemple de Marie montre l'existence de chemins de traverse, le détournement de gestes et d'interprétations au profit de son attente profonde, et, parfois à l'insu du client comme du marabout, un effet bénéfique imprévu alors que le sens premier des pratiques semblait aller dans le sens opposé. Sans effacer pour autant divergences et incompréhensions, sans exclure les complaisances et les excès de part et d'autre, les marabouts se sont également imposés auprès de leurs consultants d'une autre manière.

De la divination à la négociation

L'analyse des bricolages parisiens des pratiques maraboutiques nous avait montré que l'insistance sur des gestes rituels strictement respectés entrait en tension avec son contraire, l'effacement de ceux-ci sous l'effet conjugué d'une nécessaire invisibilité et d'une désymbolisation, manifestation d'une conception plus spiritualisante et d'un cheminement plus individualisé. Le rôle de conseiller que remplissent les marabouts auprès de consultants de toutes origines (et non seulement auprès des Africains de l'Ouest vivant à Paris) est une manifestation de cette seconde tendance.

Arbitrer, expliquer

Le plus souvent, c'est à l'issue d'une divination que Diakité remplace la remise de talismans ou de bains par la promesse de faire des prières et par un entretien avec son consultant désemparé, qu'il s'efforce de rassurer, d'orienter, auquel il suggère tel comportement. Mais des relations de confiance s'étant établies, la divination peut n'être plus un préalable nécessaire à cette activité de conseil : à cette femme maghrébine que son mari a laissée sans ressources, Keita parle « comme à une sœur », soulignant que selon le Coran, un homme peut avoir jusqu'à quatre femmes pourvu qu'il les traite avec égalité[27]. Cette écoute et cette réassurance se développent aussi à la faveur de la disponibilité dont font preuve les marabouts, palliant l'attente lors d'un travail dont le résultat tarde. Le rituel devient secondaire.

L'une des situations où l'écoute des marabouts et leurs conseils sont le plus souvent sollicités est la crise familiale : que faire devant un enfant qui se drogue ? Lorsqu'on est battue par son mari ou qu'il ne rentre pas à la maison ? Ou qu'une séparation paraît inévitable ? L'importance de ces questions pour des immigrés de toutes origines témoigne à la fois du regroupement familial et des vicissitudes dues au contexte parisien ; promiscuité du logement, absence fréquente de la parenté, isolement des femmes sans travail ou au contraire, contacts répétés de celles-ci avec l'extérieur, liberté des maris, venue d'une co-épouse (dans les mariages polygami-

27. Sourate IV (« Les femmes »).

ques), incompréhensions entre parents et enfants sont, de la même manière, des thèmes dominants sur lesquels les marabouts interviennent par leur divination et leur « travail ». « S'il doit y avoir un crime, c'est mieux de se séparer », affirme Diakité[28].

Mais, appelé auprès d'un couple ou d'une famille déchirés, ce marabout tente toujours la conciliation, surtout si cette famille comprend des enfants petits. Il s'évertue à sauvegarder les liens ancestraux noués lors d'une première alliance et à privilégier toute union *ḫalâl*. Concernant les enfants, il tente de resserrer les liens avec les parents, de leur rappeler le respect, insiste sur le rôle de la solidité et de l'amour de la famille dans la construction de l'identité de l'enfant : « La civilisation, dit-il, c'est dans la tête, pas dans les étages[29] et les Mercedes. »

Les positions qu'il défend, et que bon nombre de marabouts partagent, visent au maintien et à la reproduction à Paris des structures familiales africaines les plus traditionnelles[30]. Et l'importance attribuée au mariage intralignager, encore largement maintenu dans l'émigration, mariage qui constitue le plus souvent la première alliance[31], et à la descendance, montre que les marabouts ne s'intéressent pas qu'à la famille nucléaire mais bien à l'ensemble d'un groupe dont ils cherchent à sauvegarder la cohésion. L'un des buts de ces conseils est aussi d'éviter autant qu'il est possible le tribunal : « Mieux vaut un mauvais arrangement qu'un bon procès », dit Guirassy. Car outre les problèmes d'argent inhérents à ce type de recours, et le désir de s'arranger entre soi en évitant de faire appel à des institutions parfois rigides, c'est aussi la confrontation avec des conceptions différentes de l'ordre familial, sous-jacentes aux jugements, qui est durement ressentie. Ainsi Sow regrette que les divorces prononcés devant des tribunaux français soient toujours favorables aux femmes, auxquelles est généralement confiée la garde des enfants, auxquelles les hommes doivent verser une pension alimentaire : bouleversement complet des statuts de l'homme et du patrilignage que certains hommes ne sont pas près d'accepter. Ce simple exemple montre l'étendue des ruptures culturelles auxquelles les marabouts comme ceux qui les sollicitent sont confrontés.

Certes, les marabouts sont loin d'être les seuls à jouer ce rôle de négociateurs, les réunions de parents des deux parties en litige s'efforcent également d'arbitrer les

---

28. Les conditions du divorce sont notamment exposées dans la sourate La Vache (II : 227-242), à laquelle il se réfère.

29. Maisons à étages, signe de richesse.

30. On a vu, lors de l'analyse des causes d'infortune, que rapprocher un homme et une femme pour une union non légale était considéré comme un interdit pesant sur le marabout lui-même ; ceci malgré des aménagements adaptés au contexte parisien.

31. En milieu ouest-africain, le premier mariage est le plus souvent un arrangement familial. « Maintenant [en immigration], on va chercher une fille au village et on la ramène en France ; les gens s'épousent entre eux, on ne lâche pas une fille à un homme extérieur au village parce qu'on ne la reverrait plus », explique Mohammed. L'intervention du groupe ou du marabout a d'autant plus de poids, en cas de conflit, que la femme est jeune et qu'il s'agit d'un premier mariage.

désaccords[32], et les nobles peuvent faire appel à leurs griots pour trouver les « belles paroles » qui emphatisent les liens familiaux et ouvrent la voie de la réconciliation. Cependant le caractère souvent conservateur des positions qu'ils affirment, et le bouleversement, à Paris, des hiérarchies sociales oriente bien des immigrés vers d'autres médiations[33].

Est-ce à dire que les marabouts seraient refermés sur un traditionalisme excessif qui reléguerait ce rôle de conseiller au sein d'une partie de leurs communautés ? Vision culturaliste démentie par leur intervention sur des thèmes analogues auprès d'un nombre croissant de leurs consultants maghrébins, antillais et français. Au point que, selon Aïdara, l'un des apports essentiels des marabouts parisiens auprès des Français serait de leur épargner le divorce ! Tout en favorisant le maintien des mariages familiaux (quand il y a lieu), les unions légales, l'obéissance à la volonté des parents, la répartition classique des rôles entre homme et femme, la nécessité du mariage lui-même, seul capable de conférer à un homme ou une femme un statut respectable, les marabouts savent faire preuve d'une certain ajustement aux personnes et à leur culture, ainsi qu'au contexte urbain contemporain : il ne s'agit en aucun cas pour eux de prôner un respect rigoriste de valeurs islamiques prises à la lettre. À Sylvie, jeune Antillaise qui a eu plusieurs enfants de pères différents, Sakho se contente de recommander la stabilité ; à Ada, autre femme antillaise, il conseille de ne pas céder à son impulsion et de ne pas aller vivre seule avec ses deux enfants ; à la famille d'Alexa, très jeune Française amoureuse d'un homme marié, il conseille de travailler à détacher ce lien mais sans brusquerie ; à la mère de Leïla, femme algérienne soucieuse de ce que la relation de sa fille avec un jeune homme se concrétise vite par un mariage, il recommande de ne pas l'étouffer sous prétexte de la protéger ; à un homme maghrébin refusant que sa fille sorte avec un non-musulman, il oppose la liberté de chacun et le fait que, « qu'on soit chrétien ou musulman, Dieu nous aime nous tous ». Cherchant à maintenir ou à rétablir des liens, ces interventions modérées ont aussi un rôle temporisateur. On voit que ce cadre moral assez conservateur n'exclut ni l'ouverture ni la souplesse et admet dans une certaine mesure la singularité de choix individuels que certains marabouts évitent de heurter de front.

Si l'on peut voir dans ce rôle de conseiller et de négociateur rempli par les marabouts l'effet d'une évolution vers moins de rituel, n'est-il pas aussi le signe qu'il existe, à Paris, un besoin d'instances et de lieux, formels ou informels, aptes à prodiguer réconfort et médiation concernant les relations familiales que tous les

---

32. C'est ainsi que s'est décidé le divorce d'une femme peule mariée avec un homme dont elle a découvert à Paris qu'il était un « captif ». La femme avait voix au chapitre car il s'agissait d'un second mariage.

33. Par exemple diverses associations, regroupant des originaires d'Afrique de l'Ouest mais également à la composition beaucoup plus large. Sur les décalages entre générations parmi les immigrés ouest-africains parisiens, cf. l'article de Pradelles de Latour (2001).

sociologues disent en crise ? Demande dépassant largement le milieu africain et immigré et qui s'exprime si fortement que les marabouts eux-mêmes, ni prophètes ni directeurs de conscience, sont amenés à y répondre, au même titre que bien d'autres professionnels ou associations institués ou improvisés.

En prise avec les problèmes contemporains, les marabouts assument également auprès de leurs compatriotes et des milieux immigrés une fonction informelle d'interface, de charnière. Lors de réunions organisées dans les foyers pour ceux dont l'audience est la plus large ou, beaucoup plus fréquemment, dans ce lieu de rencontre qu'est leur habitation, où s'échangent des nouvelles, des avis au sein du réseau de relations que chacun s'est constitué, ils informent des lois (telles celles sur l'immigration), expliquent les démarches, rassurent sur une situation administrative. Malgré leurs positions parfois rigides dans certains domaines, les marabouts sont donc aussi, à leur mesure, sans qu'il s'agisse de grossir exagérément ce rôle, des vecteurs d'ouverture.

Fonctions d'organisation et de négociation sont généralement assumées à Paris par des marabouts respectés ou dont le réseau d'interconnaissance est important ; pourtant les autres, dont la réputation se forge petit à petit à Paris, se fondent eux aussi dans ce moule. Même Ndao, grâce à sa fine connaissance des rouages de la société française et de son langage, se fait écrivain public (en français) et traducteur : convaincu de ne rien pouvoir faire face à un malade atteint d'un cancer que ses concurrents les médecins n'ont pu guérir, il relaie, dans des mots intelligibles pour son interlocuteur[34], un discours médical non compris ou inacceptable. L'adepte des médias plusieurs fois évoqué, défendant les mêmes positions concernant les relations familiales que les plus respectés et les plus anciens des marabouts parisiens, s'évertue à faire naître des courants de solidarité dans des circonstances parfois dramatiques ; sur les ondes de la radio où il fait ses émissions de voyance, il appelle ses auditeurs à l'aide (matérielle et morale) d'une jeune femme maghrébine : celle-ci, vivant seule et sans travail, a réussi à faire sortir d'un établissement de la DASS ses deux enfants qui y avaient été déposés par sa propre famille dont, pense-t-elle, elle éprouve sans cesse l'hostilité.

Ce rôle renoue avec les fonctions larges du marabout telles qu'elles existaient en Afrique ; apanage traditionnel des marabouts chefs ou représentants de confrérie lors de leurs tournées parisiennes, cette activité de guide spirituel et moral, qui resserre les réseaux familiaux et religieux, qui donne des recommandations autorisées sur l'attitude qu'il convient d'adopter en France est relayée, en leur absence, par les marabouts parisiens, reconnus ou improvisés. Mais s'ils peuvent prendre cette place, qu'ils adaptent à la société française et à une population dépassant les seuls milieux immigrés, place pour laquelle ils ne sont en rien mandatés par leurs aînés et souvent maîtres, c'est bien à la faveur de l'organisation acéphale du milieu maraboutique à Paris ; c'est aussi parce que, tout comme pour l'invisibilité qui conduisait, à l'instar des grands marabouts, à gratifier le consultant de prières plus

34. Même s'ils pourraient paraître totalement fantaisistes à un médecin.

que de talismans, l'imitation de ce rôle leur permet de se montrer sous l'aura d'une légitimité traditionnelle qui leur est refusée, facette de cette légitimité kaléidoscopique évoquée plus haut.

Arbitrer, expliquer conjugue donc, pour les marabouts parisiens, un triple effet : manifestant un affaiblissement du rituel, l'une des deux voies de l'évolution des pratiques – la seconde étant exactement à l'opposé –, ce rôle rencontre aussi opportunément une situation parisienne marquée par le besoin d'instances pouvant recueillir l'expression des inquiétudes personnelles ; il permet en retour de revendiquer ou de suggérer son appartenance à une tradition ancienne de l'islam ouest-africain.

Enfin, si les marabouts sont aussi des confidents, n'est-ce pas en raison de l'émergence de cette intériorité de l'infortune, où l'on est soi-même responsable de son sort, où l'on doit sortir de sa torpeur, être rasséréné, stimulé ? En cela, le rôle multiforme de conseiller nous ramène à la divination et au travail, dont nous allons maintenant reprendre les différents éléments.

« Le gri-gri n'empêche pas la mort... »

À l'origine, une question : cette nervosité que Nabila éprouve à l'égard de son mari, est-elle naturelle ? L'ami d'Émilie, qui l'a quittée mais veut revenir, ne va-t-il pas la trahir une seconde fois ? Ces promesses d'embauche qui échouent au dernier moment, pourquoi ?

Ne se limitant en rien à une simple description et pronostication, le marabout tranche dans le foisonnement des causes possibles même si, dans la réalité de son travail, il procède parfois par ajustements successifs. Malgré l'affirmation que Dieu est la cause ultime (ce qui réduit théoriquement l'acharnement à l'action), c'est bien le caractère aléatoire de tout ce qui peut advenir que le marabout est censé maîtriser : « Il n'y a rien de sûr dans aucune situation, dit Aw, on ne sait pas ce qui peut se passer. » Le « coup de pouce » au destin est légitime, de même que la tentative d'orienter la vie d'un individu dans le bon sens.

Le marabout se contente rarement de la question posée ; c'est le plus souvent la personne dans sa globalité que sa divination prend en compte, ses désordres physiques et ses projets à venir, ses actions passées, ses relations avec autrui, ses gains et ses pertes, au sens le plus large de ces termes, sa chance ou sa malchance : la pertinence des causes déterminées par le devin est ainsi démontrée dans la cohérence de toute une vie.

C'est, en outre, non pas l'individu isolé qui est envisagé, mais l'ensemble de sa lignée puisque le marabout précise si le « problème » vise personnellement le consultant ou résulte d'une infortune concernant ses ascendants, et les répercussions possibles sur ses descendants ; cette dimension projette le client dans un passé et un avenir qui le dépassent et lui confère, lorsqu'il entreprend un « travail », une obligation morale quasi historique à l'égard de sa famille.

Si l'on consulte un marabout, c'est parce que ce dernier est supposé détenteur d'un savoir et d'un savoir-faire, garantis par sa réputation et la constatation de son efficacité. Ce caractère central de la connaissance du marabout, censé permettre le dévoilement de la vie du consultant, distingue nettement l'action entreprise d'un acte psychothérapeutique, encore plus psychanalytique, auxquels on pourrait être tenté de la comparer trop rapidement[35]. Car dans l'expérience analytique, c'est le psychanalyste lui-même qui est le pivot et l'instrument de la cure, non son savoir, et la connaissance qu'il acquiert de son consultant n'en constitue pas le ressort. De même il semble difficile de parler de la part des marabouts d'une véritable prise en charge de leurs consultants. Non seulement parce que la situation parisienne n'a rien à voir avec ce qu'elle est dans les villages d'Afrique de l'Ouest où, si leur cas l'impose, certains consultants passent souvent plusieurs jours dans la maison du marabout et n'en sortent parfois qu'au terme du « travail[36] » ; mais surtout parce que la tentative d'apaiser le consultant, de le calmer – vertu cardinale tant dans les relations entre disciple et marabout qu'entre ce dernier et son consultant – n'implique pas la recherche d'une véritable élaboration psychologique.

En outre chez la plupart des marabouts, la relation ne prend en rien la forme d'entretiens réguliers fixés d'un commun accord, comme l'exige, par exemple, le déroulement d'une cure analytique ou d'un désensorcellement par une magicienne telle Mme Flora (cf. Favret-Saada, 1977). Mais si nombreux sont ceux qui se contentent d'une relation très ponctuelle avec leurs consultants, la disponibilité de certains autres, qu'on peut contacter à tout moment, qui invitent même leur consultant à leur rendre visite quand ils le souhaitent joue une part non négligeable dans le « travail » : ils s'efforcent de consoler, de restaurer la confiance par des paroles rassurantes, de conseiller comme on l'a vu plus haut, bref, d'« accompagner » leurs clients, selon le terme employé spontanément par plusieurs d'entre eux. Ce registre d'intervention, fondé de façon empirique sur la persuasion et la suggestion, rapprocherait plutôt le rôle des marabouts de l'un de ceux actuellement remplis par les médecins généralistes.

Ces différences n'empêchent pas l'existence de multiples interactions entre le marabout et son consultant. On ne reviendra pas sur l'imaginaire préexistant à la consultation elle-même, sur le sens du nécessaire accord entre les génies des deux partenaires, sur l'emprise et l'exercice subtil du questionnement analysés plus haut, où l'art du marabout consiste à susciter la parole du client et à en effacer la trace. Le dialogue qui s'établit laisse, à l'insu du consultant, le soin à celui-ci de compléter l'information donnée en fonction de son cas personnel.

Ce dispositif trouve une efficacité particulière lorsqu'il s'agit de démasquer le coupable (d'un vol, d'un détournement de mari, d'une malchance qui s'abat sur le consultant). Le marabout ne donne jamais de nom, se contentant de livrer des indices très vagues : « Un homme corpulent du torse et mince du bas », « une fille

35. Ceci n'exclut pas certaines similitudes ponctuelles que nous avons esquissées, concernant notamment le rapport à l'argent.

36. Mais il est rare qu'il en soit ainsi dans les villes africaines.

mince » ; ce faisant, il stimule l'élaboration à laquelle se livre le consultant qu'il met sur la voie de l'identification. Par une « voyance dormante », Diallo révèle à son client antillais que ses difficultés sont dues à l'envoûtement d'un homme, amorçant ainsi la reconstitution par le client de sa propre histoire : lorsqu'il était petit, en Martinique, alors que plusieurs membres de sa famille cultivaient un champ, un de ses parents a voulu frapper son père. Le jeune homme l'en a empêché et l'agresseur l'a menacé : « Je te retrouverai ! » C'était lui la cause de son mal.

Ce processus peut aller encore plus loin dans le sens d'une collaboration et d'une responsabilité partagée. À une Camerounaise échouant dans toutes ses entreprises, Bakary dit avoir découvert par *listikhar* que la cause en est une femme ; puis par des bains et prières à réciter avant de s'endormir il suscite chez sa consultante une activité onirique qui lui permettra de mettre elle-même un nom sur cette femme jusque-là indéterminée[37]. Renouant ainsi avec les procédures originelles de l'incubation grecque (où c'est, en principe, le patient lui-même qui rêve), un tel dispositif soutient que la découverte de la vérité est d'autant plus opérante que le client en est lui-même le maître d'œuvre. La mise en avant du matériel divinatoire masque ces mécanismes, allégeant en apparence la part d'élaboration des deux protagonistes, donnant aux paroles la force d'une évidence et non d'une simple hypothèse humaine. Mais cette identification, cette symbolisation libèrent le consultant pour l'action.

Si la relation entre les partenaires ne repose pas essentiellement sur la parole, celle-ci est loin d'être négligée, on en a vu l'importance dans la dramaturgie du marabout, dans le caractère performatif de la divination et l'art de la profération. Bien que la parole qui compte semble être avant tout celle, attendue, du marabout, certains parmi les plus insérés dans un mode d'être parisien, font grand cas de la formulation de leurs problèmes par leurs consultants : « Si vous le gardez [votre problème, votre ressentiment], c'est encore plus dangereux, parler, c'est comme si vous étiez libérée de la chose », dit notre marabout médiatique.

Pourtant ce qui semble bien être une prise en compte du consultant comme sujet ne se vérifie pas toujours ; ainsi pour l'interprétation des rêves, suscités ou non, si importants dans la pratique maraboutique et dans l'expérience des consultants de toutes origines. À Gassama, une cliente française raconte un rêve qui l'a beaucoup effrayée : elle se trouve sur une table d'opération où on lui retire toutes ses entrailles ; le sens donné par le marabout est positif : tout le mal est sorti, le bien va venir. Le cadre d'interprétation est celui, fort classique, de l'extirpation du mal, repérée dans de nombreux actes pratiqués par les marabouts lors de leur « travail ». Les récits du consultant constituent donc, pour le marabout, des indices qu'il interprète selon des codes symboliques préconstruits dont on a exposé quelques

37. Il importe de préciser qu'une telle procédure existe aussi en Afrique ; ainsi Fatou, voulant savoir quel serait l'avenir du mariage qu'elle projetait, est allée voir un marabout qui lui a donné des prières à réciter ; elle a rêvé la nuit et a vu, sur une grande plage, atterrir un grand avion blanc : signe favorable.

éléments, et desquels il infère des indications sur l'avenir ou sur les gestes à accomplir, non une connaissance de la personne elle-même.

Cette collaboration entre marabouts et consultants débouche sur la mise en évidence d'une situation agonistique que l'on est forcé de prendre en considération. Quel que soit le cas, même lorsque aucun problème grave ne se profile, que la vie semble se dérouler dans l'harmonie, il faut veiller, se protéger de l'envie, de l'attaque toujours possible d'un génie, renforcer une chance qui peut tourner ; cette précarité permanente de l'existence[38], c'est être naïf[39] ou imprévoyant que de ne pas en faire cas. Elle se transforme en crise manifeste lorsque l'attaque survient.

Mais si la guerre est bien là, elle n'est jamais officiellement déclarée. L'action du marabout vise, au contraire, à empêcher tout affrontement direct avec l'agresseur présumé. Tout en dévoilant la violence à laquelle chacun est soumis, le marabout la régule et son action s'oppose à toute justice expéditive que le consultant serait tenté d'appliquer. Ce service des bourses qui exige des attestations à n'en plus finir et tarde à donner sa réponse, pas question d'y faire un scandale ravageur. À Marie, il est ordonné de ne plus téléphoner sans arrêt à son ami, de ne plus l'assaillir de pleurs et de reproches, d'un amour transformé en haine. Au contraire, pendant que le marabout travaille, le consultant ne doit plus rien entreprendre avant de recevoir des instructions à suivre avec précision. Non, loin de là, qu'il reste passif ; mais l'initiative de l'action est entièrement contrôlée par le marabout, sorte de garde-fou qui, comme le dit une cliente, l'empêche de « faire des bêtises ». Parfois, d'ailleurs, entre le moment où cette interdiction est formulée et l'indication d'actions à entreprendre, s'écoule une courte période, quelques jours, quelques heures, temps vide permettant au consultant de faire tomber sa colère, d'apaiser son sentiment d'impuissance. Rappelons ici le rôle fondamental de la durée dans le « travail » maraboutique.

Dans cette guerre où les marabouts s'interposent, le refus de la vindicte conduit même certains d'entre eux à détourner les consultants de la recherche du coupable : « Il ne faut pas chercher qui a fait quoi, il vaut mieux l'enlever[40] », conseille Guirassy. Et l'on a vu qu'il existait des moyens de « travailler » à protéger l'agressé sans s'occuper du coupable.

Cette recommandation accentue le fait que toute l'action est centrée sur la personne du consultant elle-même, dont il s'agit avant tout de résoudre le problème ou de restaurer la chance, même si le renvoi de l'infortune sur un éventuel agresseur reste bien présent dans la nature de certains talismans ou sacrifices (cola percée d'un clou, par exemple), cet agresseur pouvant, cependant, rester indéterminé.

De même il s'agit, parfois, de décharger les proches, les membres de la famille, auteurs traditionnellement tout désignés d'un envoûtement ou d'une malchance.

38. D'autant plus grande que, comme le dit un marabout, « quand il y a du bien, il y a aussi du mal » et que, selon un autre, « un jaloux n'est jamais petit, il est toujours fort ».

39. Caractéristique des Parisiens d'origine française, selon certains marabouts.

40. L'action maléfique.

Ainsi Guirassy conseille-t-il aux victimes d'un mauvais sort ou d'une jalousie de ne pas accuser systématiquement les belles-mères[41]. Ce fait ne manifeste pas une volonté particulière d'épargner le cercle familial, qui reste pour beaucoup le milieu d'expression habituel des rivalités les plus fortes et le lieu privilégié où se concentre l'infortune puisqu'elle peut s'y hériter ou s'y transmettre ; il semble néanmoins traduire l'amorce d'un changement de perspective : l'édulcoration de l'expression de la violence[42], le détournement des souhaits de vengeance, l'encouragement à ne pas accuser les proches ou, à l'inverse, à ne pas les attaquer, ne sous-tendent-ils pas l'idée que cette famille n'est plus, à Paris, le seul cercle d'appartenance d'un individu ? Et, plus encore, au-delà de l'évitement de la vindicte, que chacun suit individuellement son chemin[43] ? Que la réussite personnelle est légitime, qu'elle est voulue par Dieu et n'a donc pas à être condamnée ? C'est ce qu'explique le marabout médiatique :

> « La personne a réussi plus que moi, il ne faut pas qu'elle avance, je lui jette un sort pour stopper toutes les puissances » : c'est de la méchanceté. Il faut accepter la volonté de Dieu, il faut savoir que quand quelqu'un est en avance, c'est le Dieu qui lui a donné cette chance, il ne faut pas que je lui en veux pour lui faire du mal pour stopper sa chance et malheureusement les 95 % se retournent contre soi-même : si tu arrives à gifler quelqu'un, tu as mal à la main.

Idée qui fait singulièrement écho à ce que déclarait déjà, dans le contexte de la Côte d'Ivoire coloniale, le prophète Atcho (Bureau 1975 : 117) et que l'on retrouve comme une constante très contemporaine tant chez les clients des chamanes coréens, soucieux d'affronter avec succès la concurrence (Kendall 1996 : 518), que chez les adeptes de nombreux « nouveaux mouvements religieux » animés du désir de réussir leur vie personnelle dans ce monde (Champion 2000 : 526).

« Ne pas suivre sa fougue », « obtempérer sa rage », selon les mots employés par un marabout, se garder de toute conduite intempestive se manifeste plus largement. Dès que marabout et consultant se sont mis d'accord sur les modalités d'un « travail », l'une des conditions majeures pour que celui-ci puisse débuter est le respect de cet ordre donné au consultant : « Refroidir son cœur », selon une expression consacrée. Il faut se calmer, arrêter de pleurer, arrêter de ressasser sans fin son problème, il faut prendre courage, recommencer à travailler, à manger, à faire des projets ; certains marabouts vont jusqu'à se mettre en colère lorsque le consultant ne fait pas l'effort indispensable, expliquant, comme le dit l'un d'eux, qu'être triste ou

41. La belle-mère, personne souvent considérée comme hostile dans la culture française traditionnelle et contemporaine, l'est de même dans certaines cultures maghrébines et africaines, si l'on en croit ce marabout (diakhanké) et les proverbes recueillis en milieu peul par Gaden (1931 : 35-36).

42. Cette édulcoration de la violence, où le « retour à l'envoyeur » de l'infortune est détourné, est déjà amorcée par l'islam, bien que les marabouts ne la reprennent pas tous à leur compte.

43. Exprimant cette idée, un marabout conseillait de ne pas oublier que si tel individu avait réussi, il avait aussi durement travaillé pour arriver à ce résultat.

hors de soi envoie des « ondes négatives » entravant le « travail ». Ici encore, c'est de ce qu'elle semble émaner d'une nécessité du dispositif maraboutique lui-même, et non de l'homme, que cette injonction, qui pourrait relever d'une méthode Coué naïve, tire sa force. Du consultant, piégé par son propre désir de réussir, c'est donc un changement radical d'attitude que le marabout cherche à induire et cette maîtrise de soi qu'il est indispensable de recouvrer, à l'instar de celle pratiquée par le marabout lui-même, joue un rôle essentiel dans l'apaisement de l'angoisse et de la tension éprouvées. Elle peut parfois aussi favoriser, comme dans le cas de Marie, l'amorce d'un travail de deuil.

« Refroidir son cœur » implique d'emblée de la part du consultant une attitude active. L'action est d'ailleurs, on le sait, au cœur de la relation avec le marabout ; on se souvient que certains types de divinations (tel le jet de cauris) comportent en eux-mêmes une modification de la situation révélée : redressant un coquillage, l'enfonçant de telle manière, le devin peut chercher à éviter un accident, retarder une mort annoncée ; que toute divination indique les gestes nécessaires à cette modification (sacrifices, etc.) ; enfin que les révélations du marabout décrivant le ralentissement ou la paralysie réels ou possibles de l'activité d'une personne (une « chance coincée » ou qui « a été chipée », un « empêchement », un « blocage », un « barrage », une « chute », un individu qu'on a « coupé », qui a été « cassé au milieu », etc.) et la cause d'un tel état, impliquent qu'« il y a peut-être quelque chose à faire », comme le dit une consultante antillaise.

S'en remettre au marabout dont le rôle est de s'interposer, peut évidemment générer une dépendance que certains consultants finissent par regretter, surtout lorsque l'entreprise a échoué, que beaucoup d'argent a été dépensé, qu'une flamme d'espoir est sans cesse entretenue par des marabouts indélicats maintenant leurs consultants dans un état de sujétion passive. Pourtant ce que cherchent à faire naître chez leurs consultants les marabouts les plus clairvoyants est une attitude dynamique. S'il est exclu de se heurter directement à l'adversaire, il s'agit bel et bien de s'impliquer dans l'action et, selon les expressions que certains d'entre eux emploient, de « ne pas rester tranquille » [ne pas rester passif], de « ne pas se laisser abattre » et même, de « compter sur soi d'abord ». Battre le génie maléfique, détruire l'envoûtement par les bains, par le port d'amulettes, par les sacrifices : on ne reviendra pas sur la place faite à l'expérience intime des consultants dans ces gestes qui leur sont prescrits ; mais il s'agit aussi, à travers cette purification, de donner au consultant l'envie, la force d'affronter avec calme et assurance une situation hostile. Munie du cadenas qu'elle va refermer en prononçant quatre fois son nom, Aminata ose retourner voir sa maîtresse de stage qui, une première fois, a refusé de lui fournir l'attestation demandée ; la phrase qu'elle prononce (« je *veux* qu'elle me signe ce papier »), ordre sûr de lui qui exclut le simple souhait et le doute, loin de ne manifester que la « hautaine suffisance[44] » de la démarche

44. Expression empruntée à Frazer, citée par Matton dans l'introduction à *La Magie arabe traditionnelle* (1977 : 22).

magique, est le témoignage de sa propre détermination à maîtriser son adversaire. Si le « problème » se caractérise essentiellement par une incapacité à faire, un échec généralisé (à déclarer son amour, à maintenir de bonnes relations avec ses collègues, à obtenir un travail stable, etc.), l'ensemble des rituels prescrits et des objets donnés par le marabout n'ont pas pour but de faire attendre passivement un résultat en s'abstrayant momentanément des réalités sociales ; ils visent au contraire à inverser la situation : à reconstituer ce faire, réintégrant pleinement le consultant dans le jeu social où il assume avec assurance difficultés et compétition, bref, à transformer la victime en acteur déterminé à vaincre. L'ensemble de la démarche ne constitue pas un repliement sur soi mais au contraire une ouverture. Et l'amulette est comme l'accompagnement, le témoin de cette action en train de se faire.

Il faut d'ailleurs revenir sur ce que les marabouts entendent lorsqu'ils attribuent au « problème » une cause non pas extérieure à l'individu, mais inhérente à son propre comportement, à sa propre personnalité. En mettant ainsi en jeu le sujet lui-même, ils signifient moins une mise en accusation de celui-ci, sa culpabilisation, que sa responsabilité personnelle dans le déroulement de sa propre vie. « C'est long et il faut y mettre du sien » affirme un client antillais : toute médiatisée que soit son action par le travail maraboutique, c'est bien à l'individu de s'impliquer dans la construction de son existence, de façon bien plus explicite que si le malheur était dit avoir autrui pour origine.

Le résultat n'en est pas pour autant assuré, sauf par les moins scrupuleux d'entre les marabouts, qui allégueront, s'il se fait attendre, d'un manque de respect des gestes prescrits ou d'un blocage imprévu nécessitant de nouveaux sacrifices, de nouvelles prières, moyennant une somme supplémentaire… ancrant encore davantage le consultant dans son malheur. Mais le principe de la relation avec le marabout et de son « travail » est de redonner au consultant un élan serein vers l'action, chaque cas comportant un ajustement de ce principe : attaque plus forte pour les uns, attente plus longue pour les autres ; ainsi peu d'entre les marabouts ont conseillé à Marie d'aller elle-même au-devant de son ami, beaucoup lui assurant que celui-ci reviendrait de lui-même, s'ingéniant à justifier de multiples manières le retard du résultat, avec l'effet de lui faire enfin accepter l'évidence de son éloignement définitif.

La visée de cette attitude dynamique est autant un bien-être individuel qu'une conduite sociale acceptable. Germaine, consultante antillaise d'une cinquantaine d'années, travaille dans une entreprise comme aide-comptable depuis plus de vingt ans ; elle brigue la place de sa supérieure hiérarchique partant en retraite, place qui lui revient, pense-t-elle, eu égard à ses capacités et à son ancienneté ; or elle risque d'être supplantée par la jeune belle-fille de cette collègue, qui intrigue ouvertement pour obtenir ce poste. Le marabout propose son intervention afin que Germaine, dit-il, « ne soit pas humiliée ».

Le « travail » du marabout permet avant tout de ne pas perdre la face dans un contexte donné. Le talisman que porte sur elle Bintou, qui lui a été envoyé d'Afrique par ses parents, elle l'utilise « pour sortir de toute démarche la tête haute ». Un proverbe peul recueilli à Paris, tout en précisant les limites de l'action, résume parfaitement cet enjeu :

> Le gri-gri n'empêche pas la mort, il empêche d'avoir honte[45].

Éviter la honte, c'est maintenir sa place dans la société, place qu'une attaque de génie, le mauvais œil, la jalousie ou son propre comportement font vaciller. Germaine ne doit pas être bafouée publiquement et doit acquérir la promotion qui lui est due. À Marie qui fait des gestes inconsidérés à la poursuite de son ami, qui est comme « folle », il faut restituer un comportement acceptable. Cet homme qui dépense inconsidérément l'argent de sa famille à cause d'une femme, le marabout doit faire en sorte, à la demande de sa fille, qu'il rentre dans le droit chemin. Bien sûr, tout est affaire d'appréciation et de perspective. Mais l'efficacité sociale, la place de l'homme dans son environnement sont toujours sous-jacentes à la satisfaction d'un désir individuel. Tentant de dénouer la crise qui les amenait, les marabouts renvoient leurs consultants à la société telle qu'elle est, la remise en cause de celle-ci n'étant pas à l'ordre du jour ; au contraire, ils aident leurs clients à y trouver leur place et à la défendre, à y progresser ; tout comme eux-mêmes se sont efforcés de s'insérer dans les cadres existants de la société parisienne.

L'ensemble de cette démarche, dont certains aspects (l'affrontement contrôlé, l'apaisement de l'angoisse) ne sont pas très éloignés de ce que décrit Favret-Saada à propos du désensorcellement dans le bocage normand (1990), repose sur une série de déplacement des dispositions initiales. L'obligation de faire des gestes réputés efficaces connus pour les consultants africains, et étrangers à la plupart des consultants extérieurs à ces cultures[46], de se plier aux exigences de la durée du travail, tandis que le marabout lui-même se conforme, de son côté, aux temps opportuns, aux nécessités de la purification, de la maîtrise de soi, imposent des transformations à chacun des protagonistes tout en détournant le consultant d'une attention trop exclusive au problème qui l'assaille. À cela s'ajoute, pour le client français, le fait d'appréhender, à travers ces actes inhabituels, un autre ordre du monde qui permet de considérer le problème posé au marabout sous un autre angle : le besoin de l'autre n'est-il pas un besoin de distanciation pour mieux se retrouver ?

La mise à jour de ces mécanismes nous ramène ainsi à l'importance des formes culturelles que ceux-ci prennent : on a assez insisté sur la dialectique du soi et de l'autre pour comprendre la place précise qu'y tiennent les objets et leur manipulation, le rituel, l'ordre symbolique qu'ils véhiculent, ordre symbolique sans cesse retravaillé, réapproprié par fragments comme toute culture vivante : il semble impossible de ravaler ces éléments au rang de « gadget local », comme le fait

45. *Talkuru hadataa maayde kono ini hada koyeeram*. Variante recueillie par Gaden : « L'aumône n'empêche pas la mort mais elle éloigne l'humiliation » (1931 : 173).

46. Je ne reviens pas sur la dialectique du soi et de l'autre que je schématise ici.

abusivement Favret-Saada (1977 : 17)[47]. Leur existence constitue, au contraire, un atout non négligeable des marabouts parisiens. Le charisme, la légitimité, aussi importante que soit leur construction en milieu parisien, les interactions entre les deux partenaires ne sauraient suffire sans la part prise par cet ensemble. Ceci n'empêche pas l'existence de tendances contraires où sa place tend à s'amoindrir.

Avant de conclure l'ensemble de ce travail, gardant présentes à l'esprit les failles, les incompréhensions relevées tout au long de cette étude, mais aussi toutes les convergences, l'importance du lieu, du type de communication qui s'instaure, on reviendra sur l'exemple de Marie, puisque l'une des questions posées par la présence en France des marabouts, est celle de leur impact sur des consultants français. Nous n'en oublions pas pour autant que Marie ne représente qu'un cas particulier et il ne s'agira pas de généraliser les remarques qui vont suivre.

On a insisté sur la force et la souplesse d'un rituel n'exigeant aucune adhésion et laissant le champ libre aux interprétations particulières, sur la validité du détour par l'autre lorsque les recours habituels sont épuisés ou impossibles à envisager, détour qui permet de décentrer l'analyse du « problème », de transgresser des normes établies.

La plus importante de ces transgressions est sans doute, de la part des marabouts, de prendre le problème de Marie tel qu'elle-même le pose, c'est-à-dire de ne pas lui attribuer, totalement ou partiellement, son échec amoureux. Libération ou aliénation ? À ce moment, ne pas renoncer à son ami est pour Marie d'une importance vitale, au sens fort de ce terme. Exorciser sa part de responsabilité en la reportant sur un tiers (une autre femme, un génie), espérer le retour, lui permet, même si au fond d'elle-même ces explications lui sont inacceptables et si elle n'est pas entièrement dupe, de ne pas être trop brutalement confrontée à l'absence, de ne pas affronter trop vite une inévitable remise en question solitaire de soi. Situation fragile où les marabouts, s'ils n'avaient eu pour la plupart une attitude modérée, et si elle-même n'avait eu la sagesse (l'intuition ?) d'écarter les plus complaisants, auraient pu la faire sombrer davantage.

Marie n'a jamais retrouvé son ami ; les marabouts n'ont-ils donc servi à rien, aussi légers dans leur action que ces fragiles bulles de savon représentées dans les Vanités de XVIIe siècle ? L'extériorité de la cause de son malheur ne l'a pas empêchée d'accomplir elle-même son propre « travail » : s'il l'a peut-être ralenti, il l'a aussi adouci. Et bien qu'ils n'aient peut-être pas entièrement maîtrisé le sens implicite de sa démarche, les marabouts ont sans doute contribué à lui restituer sa place sociale que l'amour fou ou le désespoir, tout aussi condamnables à leurs yeux, risquaient de lui enlever.

---

47. Qui semble avoir abandonné cette position polémique puisque, dans son analyse de l'utilisation des cartes par Mme Flora (1990), elle démontre précisément le contraire.

Conclusion

Le « temps des marabouts[1] » n'est pas mort. Si leur nombre semble s'être stabilisé à Paris, ils y ont largement assuré leur visibilité : chaque jour apporte sa part de nouveauté principalement en matière de communication médiatique ; pour les plus dynamiques d'entre ceux qui ont appris à manier les règles, les codes culturels, juridiques parisiens, celle-ci est devenue un souci majeur, car ce n'est plus seulement le soutien du groupe, mais les médias qui constituent désormais la caisse de résonance la plus efficace. Pourtant la diversité des marabouts sur laquelle on a largement mis l'accent, tant dans le savoir, l'ancienneté de leur implantation parisienne, que dans l'abord des consultants, l'usage des normes précédemment évoquées ou le succès, rend fallacieuse toute tentative de saisir leur présence en France dans une vision globale trop univoque.

À Paris, coexistent deux modèles qui, remarquons-le, ne sont ni l'un ni l'autre étrangers au contexte africain : le « religieux », qui a conquis sa place sur une réputation familiale ou personnelle ancienne, et l'« entrepreneur », qui, jouant à fond la carte de la libre entreprise, modèle valorisé, met à profit toutes les possibilités offertes par le contexte parisien.

Mais si l'on peut avancer que le second de ces modèles deviendra dominant, il convient de ne pas systématiser leur opposition ; d'une part parce qu'elle correspond, en grande partie, à une évolution diachronique plus qu'à une valeur personnelle : ce qui était possible il y a trente ans est presque impossible actuellement, se contenter d'une réputation de connaisseur du Coran et d'une origine maraboutique peut fort bien conduire à être « clochard » ; d'autre part parce que le « religieux » peut être aussi un très bon professionnel, qui tout en maintenant son aura de sagesse, a su modeler son vocabulaire, sa façon de recevoir les consultants, entretenir des relations avec des voyants ; quant à l'« entrepreneur », il s'appuie tout aussi bien, pour fonder sa respectabilité, sur l'ancienneté du savoir dans son lignage, valorise la réputation de bouche-à-oreille : l'un et l'autre profitent à leur manière des ressources du contexte parisien ; contexte particulièrement propice au jeu sur les images dont certains marabouts, à l'instar de bien des voyants, font leur

1. Titre de l'ouvrage de Triaud et Robinson (1997) traitant des « grands marabouts » de la période coloniale.

stratégie : on peut, avec grande liberté, y masquer ou y laisser émerger telle facette ou telle autre d'une présentation de soi et d'une affirmation de légitimité qui se veulent, à Paris, kaléidoscopiques. Pour le consultant, cette image complexe et mouvante ménage toujours une part de surprise. Les marabouts bricolent leur identité comme ils bricolent leurs pratiques.

Retracer leur existence en France non seulement dans leur efficacité symbolique et ses multiples aménagements mais aussi dans leur existence quotidienne, comme immigrés à « régulariser » (selon le terme officiel), travailleurs non qualifiés, habitants provisoires ou plus stables d'une grande ville européenne, nous a montré que les marabouts y sont venus pour les mêmes raisons (trouver l'« ailleurs » et y vivre), partagent les mêmes conditions, ont la même volonté de réussite que ces consultants dont ils se proposent de résoudre les « problèmes » – activité devenue leur gagne-pain. Et leurs multiples allers et retours entre France et Afrique permettent de revoir une conception monolithique de l'immigration, de souligner la multiplicité des appartenances et non le clivage de soi.

Même si, comme pour leurs consultants africains, le souci du collectif et de la famille élargie reste souvent présent, cette réussite est de plus en plus personnelle. Cette possibilité est largement due à la démocratisation de la baraka, qui permet au possesseur d'un simple secret familial de tenter sa chance ; à l'absence, à Paris, de toute personnalité au charisme et à l'autorité assez forts pour jouer un rôle de régulateur : le milieu maraboutique n'est pas hiérarchisé mais fonctionne en réseaux très fluides de rivaux égaux ; enfin au fait que la façon dont un immigré assure en France sa réussite reste son secret ; de retout au pays, seul compte le résultat, pas le moyen pour y parvenir. Cette autonomie de la vie à Paris est source de liberté et d'initiative. Sans doute, pour les improvisateurs, la seule limite à ne pas franchir serait de prolonger ce jeu en Afrique.

On ne reviendra pas sur les multiples formes d'emprunt et d'accommodement qu'introduisent les marabouts dans leurs pratiques à chaque étape de leur intervention et selon des intensités différentes, ce qui se déroule devant le consultant étant plus profondément modifié que ce qui relève du travail solitaire. La forme dominante de ces aménagements est la juxtaposition et l'alternance, plus que la production de formes réellement syncrétiques. Soulignons le rôle catalyseur des villes, qui par les multiples brassages des personnes et des savoirs qu'elles génèrent, sont source de grande richesse. Ce processus, manifeste dès la constitution même de l'islam ouest-africain dans ses diverses facettes, ne se dément pas à Paris.

Mais il serait inexact de ne voir dans ces transformations parisiennes qu'une évolution linéaire. Au contraire, on observe bien souvent une tension entre plusieurs tendances opposées : l'accent sur le rituel coexiste avec son euphémisation dans le sens du processus de rationalisation commun à toutes les religions ; les causes de « problème » extérieures à l'individu s'épanouissent à côté de celle qui mettent en jeu le sujet, cela dans la pratique d'un même marabout, selon le cas, le consultant, etc. Cette tension contredit l'hypothèse formulée jadis par Augé et Zempleni

(1975), qui interprétaient l'intériorisation progressive des causes d'infortune dans l'entourage du prophète ivoirien Atcho comme un signe de modernité. L'exemple des marabouts bat en brèche une conception trop univoque, quasi hégélienne de l'évolution des sociétés. C'est, au contraire la coexistence des contraires qui nous semble le fait le plus contemporain.

Au demeurant, si les causes extérieures à l'individu (le génie, le sorcier, l'autre) font sens pour les consultants parisiens, en particulier ceux d'origine française, c'est bien qu'elles révèlent la force, dans cette société contemporaine, d'interprétations subversives par rapport à des normes judéo-chrétiennes et rationnelles hégémoniques ; interprétations que ces étrangers que sont les marabouts contribuent à sortir de l'ombre. Mais ils partagent, avec bien d'autres mouvements parallèles, le bénéfice de ce besoin d'explications alternatives qui traverse actuellement la plupart des courants de pensée religieux ou politiques.

Ces tentatives alternatives n'empêchent pas les marabouts de viser également l'universel : ils affirment l'existence d'une commune humanité, de cet homme universel au sang toujours rouge quelle que soit la couleur de sa peau, auquel leurs pratiques peuvent s'appliquer sans difficulté. Mais c'est aussi à un véritable travail de traduction que se livrent certains d'entre eux, établissant des passerelles entre toutes les cultures ; ainsi les hommes ou les femmes coupables de jalousie sont à rechercher dans des milieux élargis : l'envie et l'influence néfaste sont désormais interculturelles. S'il est vrai que renvoyer à l'extérieur de soi les causes de l'infortune, c'est la socialiser, et qu'on n'est jalousé que par ses égaux, n'est-ce pas réaliser ainsi une unification de l'ensemble des personnes vivant sur le territoire français quelle que soit leur origine, négativement, certes, puisque chacun est censé être susceptible d'attaquer, positivement aussi par l'édulcoration de la violence ? Ainsi l'inclusion de l'Autre dans des cadres culturels africains inchangés a pour conséquence l'agrandissement du cercle des appartenances à Paris. C'est aussi des passages que frayent parfois les marabouts pour leurs compatriotes, auxquels ils tentent de donner quelques clés du monde parisien contemporain. De tels phénomènes montrent qu'il est impossible considérer les marabouts et leurs consultants africains à Paris, comme un isolat[2]. Une approche strictement culturaliste (ou ethnicisante) ne peut rendre compte de tous les aspects de leur existence et des multiples liens tissés, à divers niveaux, avec l'ensemble de la population parisienne.

Cette démarche universalisante est, on le sait, largement inscrite dans l'islam. La présence et les pratiques des marabouts montrent l'existence, à Paris, d'un islam ordinaire, d'un islam quotidien[3], très peu prosélyte, qui entre en résonance avec certaines pratiques chrétiennes ou même civiques des plus admises dans la société française (tel le rapprochement entre sacrifice et aumône).

---

2. Pas plus, d'ailleurs que d'oublier les liens jamais coupés qui les relient à leur pays d'origine.
3. Ce qui n'empêche que l'islam maraboutique intègre, comme on l'a vu, de multiples accommodements.

Le fait le plus marquant de ce passage est bien le rôle d'« écouteur public[4] » que certains marabouts jouent auprès de consultants de toutes origines. Un tel rôle ne traduit-il pas la faille de la médiation dans la société française contemporaine ? Alors que celle-ci subit une judiciarisation à outrance qui montre journellement son impuissance à régler les problèmes quotidiens, cette fonction nécessaire de médiateur est assumée par des individus ou des groupes plus ou moins formels, parmi lesquels les marabouts sont également sollicités. Notons qu'en ce qui les concerne, cette médiation repose plus sur la qualité de relations individuelles toujours à conforter que sur une légitimité statutaire souvent contestée ; c'est pourquoi le projet d'institutionnaliser certains personnages dans ce rôle risque de manquer son effet.

La crise, le bouleversement des valeurs, l'horreur du risque dans une société sans cesse plus technicisée mais qui laisse bien des parts d'ombre, la recherche de sens, ne sauraient à elles seules expliquer le relatif succès des marabouts à Paris. D'ailleurs la crise ne serait-elle pas permanente, puisqu'en 1932, dans un contexte différent, il est vrai, Desparmet évoquait déjà le chômage comme l'une des raisons de visiter tel sanctuaire de Blida (1932 : 284) ? Au demeurant, on peut douter que les marabouts aient toujours un rôle infaillible de réintégration sociale, dans un contexte où l'internationalisation des entreprises rend leur action extrêmement complexe ; du moins leur « travail » permet-il peut-être de résorber la lutte efficace contre l'autre dans une attitude dynamique que le client retrouve pour se relancer dans la bataille contre les aléas de la vie ; attitude qui permettra peut-être… de ne plus être chômeur.

C'est plutôt la spécialisation de la voyance, au fil du XXe siècle, dans le seul pronostic divinatoire, et la place laissée en grande partie vacante pour le « travail » qui a ouvert une voie aux marabouts ; ceux-ci, loin de se contenter de n'être qu'un jalon supplémentaire dans ce domaine proliférant, ont fort bien mis en valeur cet apport qui les singularise. Plus que la crise sociale, c'est ce remodelage du champ parisien des recours qui éclaire leur impact. Et leur acclimatation a probablement été favorisée par la relation privée entretenue entre consultant et marabout, relation classique à Paris puisqu'elle est aussi le fait des voyants, qui s'insère sans peine dans un quotidien banal ; fondée sur l'individu, elle n'exige pas le soutien d'un groupe.

Mais la chance des marabouts – cet impondérable sans lequel ils ne sauraient eux-mêmes compter pour réussir – réside surtout dans une conjoncture historique.

Au fondement de leur action se trouve cet art de la mesure, de la maîtrise de soi et de la durée : valeurs anachroniques dans une société atteinte par la vitesse, suscitant l'expression effrenée du désir, mais qui peuvent justement faire entrevoir un

4. J'emprunte cette expression au psychiatre italien (partisan de l'antipsychiatrie) Franco Basaglia.

refuge, une halte. En outre, ils sont, à leur manière, des « généralistes », envisageant la personne dans sa totalité : son corps, ses sentiments, ses relations à autrui, bref, une personne réunifiée, contrairement au morcellement qu'implique la société contemporaine. À cette personne ils proposent de résoudre ses problèmes les plus quotidiens, pragmatisme appliqué à l'ordinaire de l'existence qui a pour but l'intégration dans le monde tel qu'il est, compétitif et concurrentiel. Assurer cette réussite individuelle s'appuie à la fois sur des moyens rituels, petite cuisine du désir, et sur l'attitude dynamique du consultant rétabli comme acteur de sa propre vie.

Toutes ces caractéristiques rapprochent très fortement les marabouts des propositions des groupes charismatiques ou pentecôtistes ou encore de celles de nombreux « nouveaux mouvements religieux ». En aménageant leurs pratiques sous la pression du contexte parisien mais sans refonte majeure de leur organisation symbolique, les marabouts se sont trouvés en résonance, pour certains sans l'avoir cherché, avec les aspirations les plus actuelles. C'est à ces convergences, auxquelles il faut également ajouter la place du charisme personnel sur lequel ils ont cherché à reconstituer un pan de leur légitimité, que les marabouts doivent la place qu'ils occupent à Paris, la possibilité d'y survivre et pour certains, d'y prospérer. Ainsi ce qui a changé pour eux, c'est moins leurs pratiques en elles-mêmes que la valeur que celles-ci ont prises à Paris, leur permettant une intégration presque immédiate dans un cadre tout prêt, pleinement en accord avec les préoccupations les plus contemporaines.

Faisant désormais partie d'une vaste chaîne des recours bâtie sur l'effondrement des grands systèmes de pensée hégémoniques et sa conséquence, la pratique contemporaine du pluralisme (médical, religieux, etc.), les marabouts contribuent ainsi à une sorte de banalisation croissante à Paris de cet islam quotidien évoqué plus haut ; ce dont témoigne la diversification de leur clientèle.

Si cette convergence les a en quelque sorte presque dépassés, il serait faux, cependant, d'oublier que les plus dynamiques d'entre les marabouts en ont habilement joué, comme on l'a souligné par de nombreux exemples ; ainsi des variations de l'image de soi à travers la publicité, tantôt mettant l'accent sur une légitimité traditionnelle, tantôt s'intégrant dans un vocabulaire et des thèmes proches du style *new age*. Il y a donc un va-et-vient permanent entre les rencontres dues au contexte, les transformations que celui-ci induit, et les démarches volontaires entreprises par les marabouts pour les soutenir.

Pourtant, dans ce paysage urbain contemporain dans lequel les marabouts sont désormais intégrés, il faut souligner leur place originale. Originalité du « travail » qu'ils proposent, et non la seule voyance ; originalité du jeu subtil entre soi et l'autre, mesuré, construit par les marabouts et leurs consultants, qui fonde l'un des attraits et des mystères de leur personnage et de leurs gestes et permet de mettre en évidence la face cachée de notre société. Mais aussi grande souplesse de ces petits entrepreneurs religieux, qui n'exigent de leurs consultants aucune adhésion à quelque doctrine que ce soit, aucun engagement de longue haleine mais un simple lien contractuel, pragmatique, juste le temps du « travail ».

Considérés comme en marge de notre société qui semble ne leur concéder que le maintien de la propreté des rues et des bureaux pour être à l'unisson d'une grande part de leur pratique véritable (purifier l'homme des attaques qui le salissent et le fragilisent), les marabouts sont au cœur de ses préoccupations les plus contemporaines. Mais sans ces convergences historiques, n'auraient ils pas partagé avec ceux dont ils entreprennent de gérer le désir, ces « vies minuscules » évoquées par Pierre Michon[5], celles de gens sans destin particulier, dont personne n'a retenu l'histoire ?

5. Pierre Michon, *Vies minuscules*, Paris, Gallimard, 1984.

Annexes

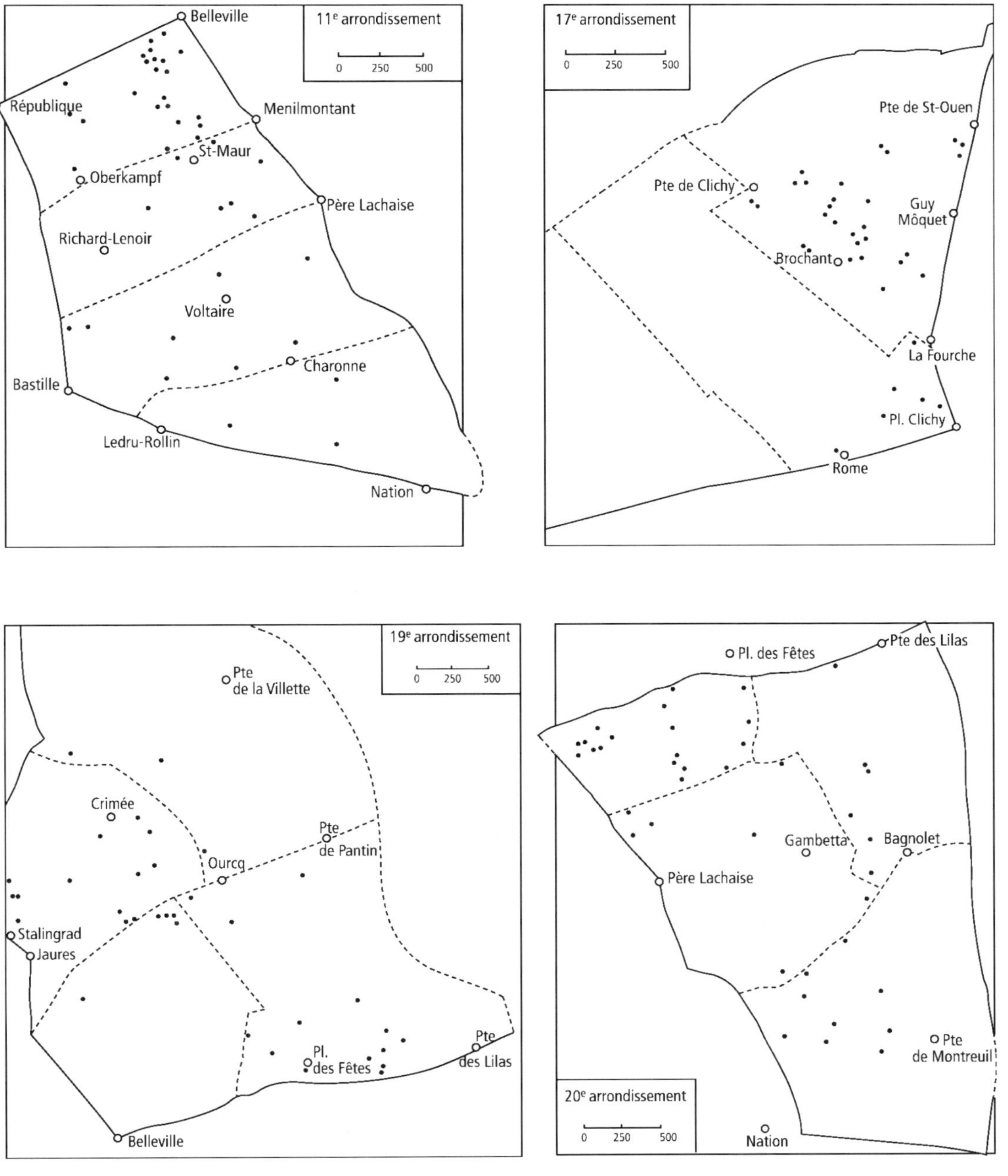

Carte 7. Répartition des marabouts dans les arrondissements de Paris où ils sont concentrés (1993).

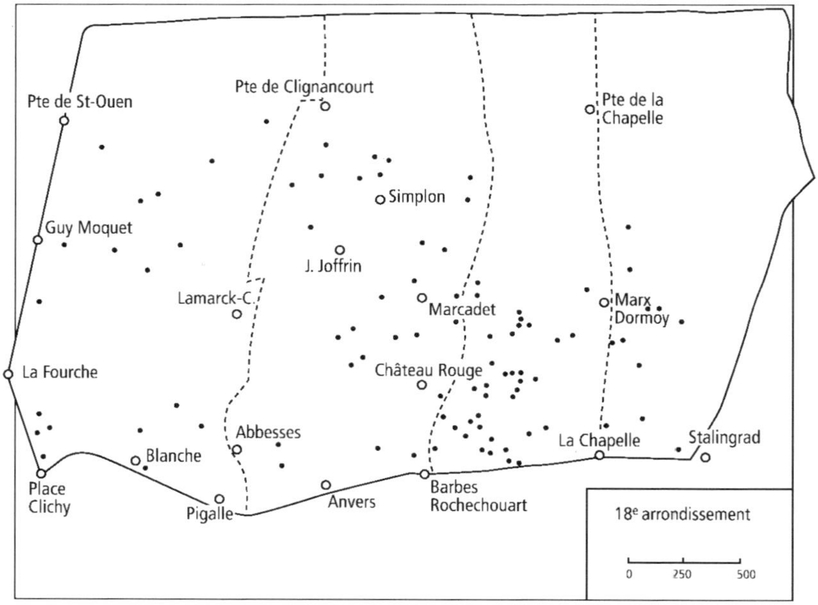
Pte de St-Ouen
Pte de Clignancourt
Pte de la Chapelle
Simplon
Guy Moquet
J. Joffrin
Lamarck-C.
Marcadet
Marx Dormoy
La Fourche
Château Rouge
Abbesses
La Chapelle
Stalingrad
Blanche
Place Clichy
Pigalle
Anvers
Barbes Rochechouart
18e arrondissement
0
250
500

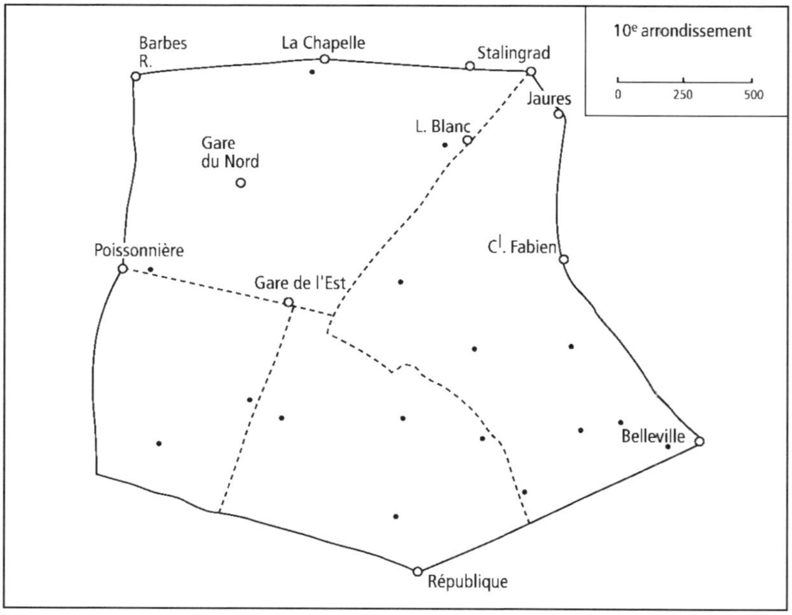
Barbes R.
La Chapelle
Stalingrad
10e arrondissement
0
250
500
Jaures
L. Blanc
Gare du Nord
Poissonnière
Cl. Fabien
Gare de l'Est
Belleville
République

Carte 8. Répartition des marabouts dans la banlieue parisienne (1993).

Bibliographie

ADDAS C., 1989, *Ibn 'Arabi ou la quête du soufre rouge*, Paris, Gallimard.

ADLER A., et ZEMPLENI A., 1972, *Le Bâton de l'aveugle : divination, maladie et pouvoir chez les Moundang du Tchad*, Paris, Hermann.

AIGLE D., 1996-1997, « Anthropologie religieuse du monde musulman », *Annuaire EPHE, Section sciences religieuses*, 105, pp. 281-289.

AL-QAYRAWÂNÎ (traduction Bercher Léon, 8e édition), 1980, *La Risâla ou Épître sur les éléments du dogme et de la loi de l'islâm selon le rite malikite*, Alger, Éditions populaires de l'armée.

AMSELLE J.-L. et M'BOKOLO E. (dir.), 1985, *Au cœur de l'ethnie, ethnies, tribalisme et état en Afrique*, Paris, La Découverte.

ATLAGH R., 1993, « Le point et la ligne. Explication de la Basmala par la science des lettres chez 'Abd al-Karim al Gili (m. 826 h.) », *Bulletin d'études orientales*, Damas, t. XLIV, année 1992, pp. 161-190.

AUGÉ M., 1975, « Logique lignagère et logique de Bregbo », in *Prophétisme et thérapeutique. Albert Atcho et la communauté de Bregbo*, PIAULT C. (éd.), pp. 219-236.

AUGÉ M. et HERZLICH C. (éd.), 1984, *Le Sens du mal. Anthropologie, histoire, sociologie de la maladie*, Paris, Éditions des archives contemporaines.

AUSTIN J.L., 1970, *Quand dire c'est faire*, Paris, Éditions du Seuil.

BA A.H., 1973, *L'Étrange Destin de Wangrin*, Paris, UGE.

BA A.H., 1980, *Vie et enseignement de Tierno Bokar. Le sage de Bandiagara*, Paris, Éditions du Seuil, « Points-Sagesses ».

BA A.H. et DIETERLEN G., 1961, *Koumen, texte initiatique des pasteurs Peul*, Paris, Mouton, *Cahiers de l'homme*, n° 1.

BA O., 1968, *Petit lexique peul-français de la faune et de la flore du Fouta Toro*, Dakar, Centre de linguistique appliquée.

BA S.M., 1987, « Réflexions sur un devin peul dans le quotidien français », *Vers des sociétés pluriculturelles : études comparatives et situation en France*, Paris, Éditions de l'ORSTOM, pp. 351-354.

BACOU M., BIEBUYCK B., CAMPION-VINCENT V., 1988, « Les marabouts s'affichent », *Cahiers de littérature orale*, n° 24, pp. 193-200.

BAROU J., 1978, *Travailleurs africains en France*, Grenoble, Presses universitaires de Grenoble/Presses orientalistes de France.

BASTIDE R., 1970, « Mémoire collective et sociologie du bricolage », *L'Année sociologique*, pp. 65-108.

BAZIN J., 1985, « À chacun son Bambara », in *Au cœur de l'ethnie. Ethnies, tribalisme et état en Afrique*, AMSELLE J.-L. et M'BOKOLO E. (dir.), pp. 87-127.

BEL A., 1938, *La Religion musulmane en Berbérie. Esquisse d'histoire et de sociologie religieuses*, t. 1, Établissement et développement de l'islam en Berbérie du VIIe au XXe siècle, Libraire orientaliste P. Geuthner.

BENKHEIRA M.H., 1997, *L'Amour de la loi. Essai sur la normativité en islam*, Paris, PUF, « Politique d'aujourd'hui ».

BENKHEIRA M.H., 1999, « Lier et séparer. Les fonctions rituelles de la viande dans le monde islamisé », *L'Homme*, n° 152, pp. 89-114.

BENOIST J. (sous la dir. de), 1996, *Soigner au pluriel. Essais sur le pluralisme médical*, Paris, Karthala, « Médecines du monde ».

BENOIST J., 1998, « Les médecines douces », in *Passions ordinaires. Du match de football au concours de dictée*, BROMBERGER C. (sous la dir. de), Paris, Bayard, pp. 523-542.

BENVENISTE E., 1969, *Le Vocabulaire des institutions indo-européennes*, Paris, Éd. de Minuit, 2 tomes.

BERNUS S., 1969, *Particularismes ethniques en milieu urbain : l'exemple de Niamey*, Paris, Institut d'éthnologie, Mémoires de l'Institut d'ethnologie.

BERQUE A., [1919, 1947, 1949, 1951]-1986, *Écrits sur l'Algérie*, Edisud, « Archives maghrébines ».

BERQUE J., 1955, *Structures sociales du Haut-Atlas*, Paris, Presses universitaires de France.

BERTAUX C., 1983, « La technique des prescriptions sacrificielles dans la géomancie bambara (région de Ségou, Mali) », *Systèmes de pensée en Afrique noire*, n° 6, pp. 117-130.

BERTONCELLO B. et BREDELOUP S., 2000, « Commerce africain, réseaux transnationaux et société locale », *Hommes et migrations*, n° 1224, pp. 5-21.

BONNIOL J.-L. (sous la dir. de), 2001, *Paradoxes du métissage*, Paris, Éditions du CTHS.

BONTE P. *et alii*, 1991, *Al-Ansâb. La quête des origines. Anthropologie historique de la société tribale arabe*, Paris, Éditions de la Maison des sciences de l'homme.

BONTE P., BRISEBARRE A.-M., GOKALP A. (éd.), 1999, *Sacrifices en islam. Espaces et temps d'un rituel*, Paris, CNRS Éditions.

BOTO E., 1971, *Ville cruelle*, Paris, Présence africaine.

BOUDIMBOU G., 1991, *Habitat et modes de vie des immigrés africains en France*, Paris, L'Harmattan.

BOUGEROL C., 1997, *Une ethnographie des conflits aux Antilles. Jalousie, commérages, sorcellerie*, Paris, PUF.

BOULY DE LESDAIN S., 1994, « Migration camerounaise et sorcellerie en France », *Revue européenne des migrations internationales*, vol. 10, n° 3, pp. 153-173.

BREDELOUP S., 2000, « Portraits croisés de marins », *Hommes et migrations*, n° 1224, pp. 29-35.

BRENNER L., 1985, *Réflexions sur le savoir islamique en Afrique de l'Ouest*, Centre d'étude d'Afrique noire, Institut d'études politiques, Université de Bordeaux-I.

BRENNER L., 1988, « Sufism in Africa in the seventeenth and eighteenth centuries », *Islam et sociétés au sud du Sahara*, n° 2, pp. 80-93.

BRENNER L., 1993, « Two Paradigms of Islamic Schooling in West Africa », in *Modes de transmission de la culture religieuse en islam*, ELBOUDRARI H. (sous la dir. de), Le Caire, Institut français d'archéologie orientale, pp. 159-180.

BRISEBARRE A.-M., 1998, *La Fête du mouton. Un sacrifice musulman dans l'espace urbain*, Paris, CNRS Éditions.

BROMBERGER C. (sous la dir. de), 1998, *Passions ordinaires. Du match de football au concours de dictée*, Paris, Bayard.

BROMBERGER C., 1993, « L'âne et les feux d'artifice. Essai sur l'imaginaire de Naples à travers son football », in *Ferveurs contemporaines, textes d'anthropologie urbaine offerts à Jacques Gutwirth*, PÉTONNET C. et DELAPORTE Y. (éd.), pp. 303-319.

BROWN P.,1984, *Le Culte des saints. Son essor et sa fonction dans la chrétienté latine*, Paris, Cerf.

BUREAU R., 1975, « La religion du prophète », in *Prophétisme et thérapeutique. Albert Atcho et la communauté de Bregbo*, PIAULT C. (éd.), pp. 81-119.

CA' DA MOSTO A., 1994, *Voyages en Afrique noire (1455 et 1456)*, Paris, Éditions Chandeigne/Unesco.

CAILLIÉ R., [1830]-1979, *Voyage à Tombouctou*, Paris, Maspéro-La Découverte, 2 tomes.

CARDAIRE M., 1949, *Contribution à l'étude de l'islam noir*, IFAN, Memorandum II du Centre IFAN Cameroun.

CARTRY M., 1963, « Note sur les signes graphiques du géomancien gourmantché », *Journal des africanistes*, XXXIII, 2, pp. 275-306.

CATANI M., 1993, « Comment de l'insolite peut naître un "miracle" », in *Ethnologie des faits religieux en Europe*, BELMONT N. et LAUTMAN F. (éd.), Paris, Éditions du CTHS, pp. 279-297.

CHAMPAULT D., 1991, « La pierre qui dure. De quelques usages contemporains d'objets préhistoriques (Sahara, Yémen) », *Techniques et culture*, n° 17-18, pp. 319-330.

CHAMPION F. (éd.), 2000, « Les nouveaux mouvements religieux », *Ethnologie française*, n° 4.

CHAMPION F., 1993 « Le cabaret mystique », in *Ethnologie des faits religieux en Europe*, BELMONT N. et LAUTMAN F. (éd.), Paris, Éditions du CTHS, pp. 481-491.

CHARUTY G., 1987, « Le Mal d'amour », *L'Homme*, t. XXVII (3), pp. 43-72.

CHARUTY G., 1993, « Maux dits, maux écrits », in *Écritures ordinaires*, FABRE D. (éd.), BPI Centre Georges Pompidou-POL, pp. 223-260.

CHARUTY G., 1997, *Folie, mariage et mort. Pratiques chrétiennes de la folie en Europe occidentale*, Paris, Éditions du Seuil.

CHEBEL M., 1995, *Dictionnaire des symboles musulmans. Rites, mystique et civilisation*, Paris, Albin Michel.

CHELHOD J., 1986, *Les Structures du sacré chez les Arabes*, Paris, Maisonneuve et Larose.

CHEVALIER J. et GHEERBRANT A. (sous la dir. de), 1982, *Dictionnaire des symboles*, Paris, Robert Laffont.

CHODKIEWICZ M., 1986, *Le Sceau des saints, prophétie et sainteté dans la doctrine d'Ibn Arabi*, Paris, Gallimard.

CISSÉ Y., [1973]-1981, « Signes graphiques, représentations, concepts et tests relatifs à la personne chez les Malinké et les Bambara du Mali », in *La Notion de personne en Afrique noire*, Paris, Éditions du CNRS, pp. 131-179.

COPANS J., 1980, *Les Marabouts de l'arachide. La confrérie mouride et les paysans du Sénégal*, Paris, Le Sycomore.

Le CORAN, éditions du Club français du livre, 1959 (trad. Hamidullah).

COULON C., 1983, *Les Musulmans et le pouvoir en Afrique noire*, Paris, Karthala.

COULOUBALY P.B., 1980, *Les Angoisses d'un monde*, Dakar/Abidjan/Lomé, Nouvelles éditions africaines.

COULOUBALY P.B., 1997, « Réflexions critiques sur l'ethnopsychiatrie », in *La Folie au Sénégal*, D'ALMEIDA L. *et alii*, Dakar, Association des chercheurs sénégalais (ACS), pp. 85-113.

CRAPANZANO V., 2000, *Les Hamadcha. Une étude d'ethnopsychiatrie marocaine*, Paris, Institut d'édition Sanofi-Synthélabo.

D'ALMEIDA L. *et alii*, 1997, *La Folie au Sénégal*, Dakar, Association des chercheurs sénégalais (ACS).
DE JONGE K. *et alii*, 1978, *Les Migrations en Basse-Casamance (Sénégal)*, Rapport final d'un projet de recherche multidisciplinaire sur les facteurs socio-économiques favorisant la migration en Basse-Casamance et sur ses conséquences pour les lieux d'origine, Leiden, Afrika-Studiecentrum.
DEGOS J., 1983, « Les marabouts africains à Bordeaux : des gris-gris à la montée de l'islam », *Hommes et migrations*, n° 1051, pp. 31-33.
DELAFOSSE M., 1922, « L'animisme nègre et sa résistance à l'islamisation en Afrique occidentale », *Revue du monde musulman*, vol. XLIX, pp. 121-162.
DELAFOSSE M., [1912]-1972, *Haut-Sénégal Niger*, t. III, *Les Civilisations*, Paris, Maisonneuve et Larose.
DERMENGHEM E., [1954]-1982, *Le Culte des saints dans l'islam maghrébin*, Paris, Gallimard.
DESPARMET J., 1932, *Le Mal magique, ethnographie traditionnelle de la Mettidja*, Publications de la faculté des lettres d'Alger, Carbonnel-Geuthner.
DESSUART J. et A., 1984, *La Voyance*, Paris, Presses universitaires de France, « Que sais-je ».
DEWITTE P., 1985, *Les Mouvements nègres en France, 1919-1939*, Paris, L'Harmattan.
DIALLO M., 1984, « Les marabouts de Paris : permanence et transformation de l'irrationnel en France », *Un regard noir, les Français vus par les Africains*, Paris, Autrement, pp. 119-197.
DIARRA F.A., 1971, *Femmes africaines en devenir, les femmes zarma du Niger*, Paris, Anthropos.
DIETERLEN G., [1950]-1988, *Essai sur la religion Bambara*, Éditions de l'Université de Bruxelles.
DIETERLEN G. et LIGERS Z., 1959, « Note sur un talisman bambara », *Notes africaines*, n° 83, pp. 89-91.
DIOP A.B., 1981, *La Société wolof, tradition et changement. Les systèmes d'égalité et de domination*, Paris, Karthala.
DIOP A.M., 1981, *Tradition et adaptation dans un réseau de migration sénégalais : la communauté manjak de France*, Paris, EHESS, thèse de 3e cycle.
DIOP B., 1961, *Les Nouveaux Contes d'Amadou Koumba*, Paris, Présence africaine.
DIOP M.C., 1981, « Fonctions et activités des dahira mourides urbains (Sénégal) », *Cahiers d'études africaines*, XXI (1-3), pp. 79-91.
DOUGLAS M., [1967]-1981, *De la souillure. Études sur la notion de pollution et de tabou*, Paris, François Maspéro.
DOUTTÉ E., 1914, *Missions au Maroc. En tribu*, Paris, Geuthner.
DOUTTÉ E., [1908]-1984, *Magie et religion dans l'Afrique du Nord*, Paris, Maisonneuve-Geuthner.
DOZON J.-P., 1995, *La Cause des prophètes. Politique et religion en Afrique contemporaine*, Paris, Le Seuil, « La librairie du XXe siècle ».
DUPIRE M., 1976, « Chasse rituelle, divination et reconduction de l'ordre socio-politique chez les Serer du Sine (Sénégal) », *L'Homme*, XVI (I), pp. 5-32.
EBIN V., 1990, « Commerçants et missionnaires : une confrérie musulmane sénégalaise à New York », *Hommes et migrations*, n° 1132, pp. 25-31.
EBIN V., 1993, « Les commerçants mourides à Marseille et à New York : regards sur les stratégies d'implantation », in *Grands commerçants d'Afrique de l'Ouest. Logiques et*

pratiques d'un groupe d'hommes d'affaires contemporains, GRÉGOIRE E. et LABAZEE P. (éd.), Paris, Karthala-Orstom, pp. 101-123.

EDELMAN N., 1995, *Voyantes, guérisseuses et visionnaires en France, 1785-1914*, Paris, Albin Michel.

ELBOUDRARI H., 1993 (sous la dir. de), *Modes de transmission de la culture religieuse en islam*, Le Caire, Institut français d'archéologie orientale.

ENCYCLOPÉDIE DE L'ISLAM 1 : entrée *marabut.*

ENCYCLOPÉDIE DE L'ISLAM 2 : entrées *abdjad, istikhara.*

ÉTIENNE M., 2000, *Heka. Magie et envoûtement dans l'Égypte ancienne*, Paris, Réunion des musées nationaux, « Les dossiers du Louvre ».

FAHD T., 1987, *La Divination arabe*, Paris, Sindbad.

FAHD T., 1993, « La connaissance de l'inconnaissable et l'obtention de l'impossible dans la pensée mantique et magique de l'islam », *Bulletin d'études orientales*, Damas, t. XLIV, année 1992, pp. 33-44.

FAINZANG S., 1985, « Les sexes et leurs nombres. Sens et fonction du 3 et du 4 dans une société burkinabé », *L'Homme*, XXV (4), pp. 97-109.

FAINZANG S., 1988, « La maladie de Lucie », *Ethnologie française*, XVIII (1), pp. 55-63.

FAINZANG S., 1989, « Pour une anthropologie de la maladie en France. Un regard africaniste », *Cahiers de l'homme*, nouvelle série XXIX.

FAINZANG S., 1991, « Suppliques à Notre-Dame de Bonne Garde. Construire l'efficacité des prières de guérison », *Archives de sciences sociales des religions*, n° 73 (janvier-mars), pp. 63-79.

FALL A.S., 1991, *Réseaux de sociabilité et insertion urbaine dans l'agglomération de Dakar*, Thèse de doctorat de 3e cycle en sociologie, Université Cheikh Anta Diop, Dakar.

FALL M., 1987, « Les marabouts africains noirs à Bordeaux », Talence, Maison des Sciences de l'Homme d'Aquitaine, Université de Bordeaux II, Centre de sociologie de la santé.

FALL M., 1990, « La pensée sauvage sur les bords de la Garonne », *Sociologie santé*, n° 2, pp. 67-78.

FASSIN D., 1992, *Pouvoir et maladie en Afrique*, Paris, Presses universitaires de France.

FASSIN E. et FASSIN D., 1988, « De la quête de légitimation à la question de la légitimité : les thérapeutiques "traditionnelles" au Sénégal », *Cahiers d'études africaines* 28, n° 110, pp. 207-231.

FAVRET-SAADA J., 1977, *Les Mots, la Mort, les Sorts*, Paris, Gallimard.

FAVRET-SAADA J., 1986, « L'invention d'une thérapie : la sorcellerie bocaine 1887-1970 », *Le Débat*, n° 40, pp. 29-46.

FAVRET-SAADA J., 1990, « Ah la féline, la sale voisine... », *Terrain*, n° 14, pp. 20-31.

FLAHAUT F., 1978, *La Parole intermédiaire*, Paris, Éditions du Seuil.

FRIEDMANN D., 1981, *Les Guérisseurs. Splendeurs et misères du don*, Paris, A.M. Métailié.

GADEN H., 1912, « Du nom chez les Toucouleurs et Peuls islamisés du Fouta sénégalais », *Revue d'ethnographie et de sociologie*, t. III, pp. 50-56.

GADEN H., 1912, « Légendes et coutumes sénégalaises », *Revue d'ethnographie et de sociologie*, t. III, pp. 119-137 ; t. IV, pp. 191-202.

GADEN H., 1913, 1914, *Le Poular, dialecte peul du Fouta sénégalais*, Paris, Ernest Leroux, 2 tomes.

GADEN H., 1931, *Proverbes et maximes peuls et toucouleurs, traduits, expliqués et annotés*, Paris, Institut d'ethnologie.

GADEN H. (†), 1972, *Dictionnaire Peul-Français*, fasc. II, Université de Dakar, *IFAN*, « Catalogues et documents » n° XXII.

GANDOULOU J.-D., 1984, *Entre Paris et Bacongo*, Paris, CCI, Centre Georges Pompidou.

GIBBAL J.-M., 1982, *Tambours d'eau. Journal et enquête sur un culte de possession au Mali occidental*, Paris, Le Sycomore.

GIBBAL J.-M., 1984, *Guérisseurs et magiciens du Sahel*, Paris, A.M. Métailié.

GIBBAL J.-M., 1988, *Les Génies du fleuve ; voyage sur le Niger*, Paris, Presses de la Renaissance.

GIRARD J., 1969, *Genèse du pouvoir charismatique en Basse-Casamance*, Dakar, IFAN.

GLOBET F. et GUILLON M., 1983, « Les "marabouts voyants" africains à Paris : un aspect marginal de l'immigration », *Espaces populations, sociétés* (II), pp. 141-145.

GOBERT E.G., 1948, « Essai sur la litholâtrie », *Revue africaine*, n° 414-415, pp. 24-110.

GOMEZ-PEREZ M., 1998, « Associations islamiques à Dakar », in *Islam et islamismes au sud du Sahara*, KANE O. et TRIAUD J.-L. (sous la dir. de), IREMAM-Karthala-MSH, Paris, pp. 138-153.

GOODY J., 1986, *La Logique de l'écriture. Aux origines des sociétés humaines*, Paris, Armand Colin.

GRÜNEBAUM G.E. von, 1967, « La fonction culturelle du rêve dans l'islam classique », *Le Rêve et les sociétés humaines*, Gallimard, pp. 7-23.

GUILLEMOZ A., 1992, « Séoul, la veuve et la *mudang*. Les transformations d'un chamanisme urbain », *Diogène*, n° 158 (avril-juin), pp. 104-115.

GUISSE Y.M., 1997, « Pour une anthropologie politique de la folie en milieu urbain », in *La Folie au Sénégal*, D'ALMEIDA L. *et alii*, Dakar, Association des chercheurs sénégalais (ACS), pp. 115-139.

HAMAYON R., 1990, *La Chasse à l'âme. Esquisse d'une théorie du chamanisme sibérien*, Nanterre, Société d'ethnologie.

HAMAYON R., 1997, « Esprit, es-tu encore là ? », *L'Homme*, n° 143, juillet-septembre, pp. 117-122.

HAMÈS C., 1987, « Taktub ou la magie de l'écriture islamique. Textes soninké à usage magique », *Arabica*, t. XXXIV, pp. 305-325.

HAMÈS C., 1993, « Entre recette magique d'Al-Bûnî et prière islamique d'Al-Ghazâlî : textes talismaniques d'Afrique occidentale », *Systèmes de pensée en Afrique noire*, 12, « Fétiches II, Puissance des objets, charme des mots », pp. 187-223.

HAMÈS C., 1997, *L'Art talismanique en islam d'Afrique occidentale. Personnes. Supports. Procédés. Transmission*, Thèse de doctorat, Paris, EPHE.

HAMÈS C., 2001, « L'usage talismanique du Coran », *Revue de l'histoire des religions*, 218, 1, pp. 83-95.

HAMÈS C. et EPELBOIN A., 1993, « Trois vêtements talismaniques provenant du Sénégal (décharge de Dakar-Pikine) », *Bulletin d'études orientales*, Damas, t. XLIV, année 1992, pp. 217-241.

HARRISON C., 1988, *France and Islam in West-Africa, 1860-1960*, Cambridge University Press, African Studies Series 60.

HEMMET C., 1989, « La Thaïlande, le pays au million d'amulettes », *Objets et mondes*, t. 26, fasc. 1-2, pp. 49-64.

HENRY-VALMORE S., 1988, *Dieux en exil*, Paris, Gallimard.

HERVIEU-LEGER D., 1999, *Le Pèlerin et le Converti. La religion en mouvement*, Paris, Flammarion, « Essais ».

HISKETT M.,1984, *The Development of Islam in West Africa*, London & New York, Longmans Studies in African History.

HOLAS B., 1949, « La clé des songes des musulmans sénégalais », *Notes africaines* (avril), pp. 45-49.

HOLAS B., 1949, « Moyens de protection magique chez les Lebou », *Notes africaines* (mai), pp. 19-24.

HOURMANT L., 1995, « Les nouveaux mouvements religieux japonais en France entre laïcisation et euphémisation du sacré », *Social Compass*, 42(2), pp. 207-220.

HUBERT H. et MAUSS M., 1968 (*L'Année sociologique* 1899, 2), « Essai sur la nature et la fonction du sacrifice », in MAUSS M., Œuvres, 1, *Les Fonctions sociales du sacré*, Paris, Éd. de Minuit, pp. 193-354.

IBN KHALDÛN (trad. de Slane), [1868]-1977, « La magie et la science des talismans », in *La Magie arabe traditionnelle*, MATTON S. (éd.) Paris, Bibliotheca Hermetica, Retz, pp. 29-70.

IBN SÎRÎN, [?]-1992, *L'Interprétation des rêves*, Lyon, Alif éditions.

IBN WAHSHÎYA (trad. Hammer), [1806]-1977, « La connaissance longuement désirée des alphabets occultes enfin dévoilée », in *La Magie arabe traditionnelle*, Paris, Bibliotheca Hermetica, MATTON S. (éd.), Retz, pp. 133-241.

JAKOBSON R., 1963, « Linguistique et poétique », *Essais de linguistique générale*, Paris, Éditions de Minuit, pp. 209-248.

JAMIN J., 1977, *Les Lois du silence. Essai sur la fonction sociale du secret*, Paris, François Maspéro.

JAUNET H. et BARRY J., 1949, *Histoire de l'AOF*, Cours moyen et supérieur, Paris, Nathan.

JOUSSE M., 1975, *L'Anthropologie du geste ; la manducation de la parole*, Paris, Gallimard.

KANE C.H., [1961]-1979, *L'Aventure ambiguë*, Paris, UGE.

KANE O., 1998, « Le réformisme musulman au Nigéria du Nord », in *Islam et islamismes au sud du Sahara*, KANE O. et TRIAUD J.-L. (sous la dir. de), Paris, IREMAM-Karthala-MSH, pp. 117-135.

KANE O. et TRIAUD J.-L. (sous la dir. de), 1998, *Islam et islamismes au sud du Sahara*, Paris, IREMAM-Karthala-MSH.

KANE O. et VILLALÓN L., 1998, « Entre confrérisme, réformisme et islamisme. Les mustarchidîn du Sénégal. Analyse et traduction commentée du discours électoral de Moustapha Sy et réponse de Abdou Aziz Sy junior », in *Islam et islamismes au sud du Sahara*, KANE O. et TRIAUD J.-L. (sous la dir. de), Paris, IREMAM-Karthala-MSH, pp. 263-310.

KASSIBO B., 1992, « La géomancie ouest-africaine. Formes endogènes et emprunts extérieurs », *Cahiers d'études africaines*, XXXII (4), pp. 541-596.

KENDALL L., 1996, « Korean Shamans and the Spirits of Capitalism », *American Anthropologist*, 98 (3), pp. 512-527.

KEPEL G., 1987, *Les Banlieues de l'islam, naissance d'une religion en France*, Paris, Éditions du Seuil, « L'épreuve des faits ».

KERHARO J. et ADAM J.G., 1974, *La Pharmacopée sénégalaise traditionnelle. Plantes médicinales et toxiques*, Paris, Vigot.

KOUROUMA A., 1970, *Les Soleils des indépendances*, Paris, Éditions du Seuil.

KOUROUMA A., 1990, *Monnè, outrages et défis*, Paris, Éditions du Seuil.

KUCZYNSKI L., 1987a, « C'est secret et discret. Des marabouts africains à Paris », in *Chemins de la ville : enquêtes ethnologiques*, Paris, Éditions du CTHS, pp. 203-227.

KUCZYNSKI L., 1987b, « Terrain en ville : les marabouts à Paris », *L'ethnologue et son terrain*, t. I, *Bulletin de l'AFA*, n° 29-30, pp. 79-82.

KUCZYNSKI L., 1989, « Figures de l'islam. Connaissance et représentations des marabouts africains à Paris », *Archives de sciences sociales des religions*, n° 68/1, pp. 39-50.

KUCZYNSKI L., 1999, « Plus fort que le secret des livres. Le savoir des marabouts ouest-africains de Paris », *Sigila*, n° 3, pp. 81-91.

KUCZYNSKI L., 2000a, « Des génies à l'hôtel. La *khalwa* des marabouts africains à Paris », in *La Politique des esprits. Chamanismes et religions universalistes*, AIGLE D., BRAC DE LA PERRIÈRE B., CHAUMEIL J.-P. (éd.), Nanterre, Société d'ethnologie, pp. 397-409.

KUCZYNSKI L., 2000b, « Fidélité et liberté. Transmission du savoir chez les marabouts de Paris », *Ethnologie française*, n° 3, « Envers et revers de la transmission », pp. 369-377.

LAPLANTINE F. et RABEYRON P-L., 1987, *Les Médecines parallèles*, Paris, Presses universitaires de France, « Que sais-je ».

LE GUÉRER A., 1990, « Le déclin de l'olfactif, mythe ou réalité », *Anthropologie et sociétés*, vol. 14, n° 2, pp. 25-45.

LEMAY R., 1993, « L'islam historique et les sciences occultes », *Bulletin d'études orientales*, Damas, t. XLIV, année 1992, pp. 19-32.

LENCLUD G., 1994, « Attribuer des croyances à autrui. L'anthropologie et la psychologie ordinaire », *Gradhiva*, n° 15, pp. 3-25.

LEVI-STRAUSS C., 1962, *La Pensée sauvage*, Paris, Plon.

LINGS M., 1977, *Qu'est-ce-que le soufisme ?* Paris, Le Seuil, « Points-Sagesse ».

LORY P., 1985, « La science des lettres en terre d'islam : le chiffre, la lettre, l'œuvre », in *La Contemplation comme action nécessaire*, Paris, Berg International, pp. 89-101.

LORY P., 1986, « Magie et religion dans l'œuvre de Muhiy al Dîn al Bûnî », *Horizons maghrébins*, n° 7-8, pp. 4-15.

LORY P., 1989, « La magie des lettres dans le Sams al Ma'arif d'Al-Buni », Damas, *Bulletin d'études orientales*, t. XXXIX-XL, pp. 97-111.

LORY P., 1989, « Magie des lettres, des mots et du discours dans l'occultisme islamique », in *Magie et littérature*, Paris, Albin Michel, « Les cahiers de l'hermétisme », pp. 75-80.

LORY P., 1993, « Verbe coranique et magie en terre d'islam », *Systèmes de pensée en Afrique noire*, 12, « Fétiches II, Puissance des objets, charme des mots », pp. 173-185.

LOUX F., 1983, *Traditions et soins d'aujourd'hui*, Paris, Inter-éditions.

LOUX F., 1990, « La médecine familiale dans la France rurale », *Anthropologie et sociétés*, vol. 14, n° 1, pp. 83-92.

MAGASSOUBA M., 1985, *L'Islam au Sénégal. Demain les mollahs ?*, Paris, Karthala.

MANNONI O., 1969, *Clefs pour l'imaginaire ou l'autre scène*, Paris, Éditions du Seuil.

MARIE A., 1997, « Avatars de la dette communautaire. Crise des solidarités, sorcellerie et procès d'individualisation (itinéraires abidjanais) », in *L'Afrique des individus. Itinéraires citadins dans l'Afrique contemporaine (Abidjan, Bamako, Dakar, Niamey)*, MARIE A. (éd.), Paris, Karthala, « Hommes et sociétés », pp. 249-328.

MARIE A., 1997, « Du sujet communautaire au sujet individuel. Une lecture de la réalité africaine contemporaine », in *L'Afrique des individus. Itinéraires citadins dans l'Afrique contemporaine (Abidjan, Bamako, Dakar, Niamey)*, MARIE A. (éd.), Paris, Karthala, « Hommes et sociétés », pp. 53-110.

MARQUET Y., 1993, « La détermination astrale de l'évolution selon les frères de la pureté », *Bulletin d'études orientales*, Damas, t. XLIV, année 1992, pp. 127-146.

MARTY P., 1917, *Études sur l'islam au Sénégal*, 2 tomes, Paris, Ernest Leroux.

MARTY P., 1920, *Études sur l'islam et les tribus du Soudan*, 4 tomes, Paris, Ernest Leroux.

MARY A., 1994, « Bricolage afro-brésilien et bris-collage post-moderne », in *Roger Bastide ou le réjouissement de l'abîme*, LABURTHE-TOLRA P. (éd.), Paris, L'Harmattan, pp. 85-98.

MARY A., 2000, *Le Bricolage africain des héros chrétiens*, Paris, Cerf.

MATTES H.P., 1990, « Le presse islamiste au Sénégal », *Islam et sociétés au sud du Sahara*, n° 4, pp. 167-169.

MAUPOIL B., [1936]-1981, *La Géomancie à l'ancienne Côte des esclaves*, Paris, Institut d'ethnologie.

MEILLASSOUX C., 1986, *Anthropologie de l'esclavage, le ventre de fer et d'argent*, Paris, Presses universitaires de France.

MICHEL M., 1982, *L'Appel à l'Afrique. Contribution et réactions à l'effort de guerre en A.O.F.*, 1914-1919, Paris, Publications de la Sorbonne.

MONENEMBO T., 1993, *Un Attiéké pour Elgass*, Paris, Éditions du Seuil.

MONTEIL C., 1931, « La divination chez les Noirs de l'AOF », *Bulletin du comité d'études historiques et scientifiques de l'Afrique occidentale française*, XIV, 1-2, pp. 27-136.

MONTEIL V., [1964]-1980, *L'Islam noir*, Paris, Le Seuil.

MORABIA A., 1975, « Surnaturel, prodiges prophétiques et incubation dans la ville de l'envoyé d'Allâh », *Studia islamica*, XLII, pp. 93-114.

MORICE A., 1981, « Les vélos de Kaolack », *Cahiers d'études africaines*, XXI (1-3), pp. 197-210.

NICOLAS G., 1981, *Dynamique de l'islam au sud du Sahara*, Paris, Presses orientalistes de France.

Notion de personne en Afrique noire (La), colloque, [1973]-1981, Paris, Éditions du CNRS.

OLIVIER DE SARDAN J.-P., 1994, « Possession, affliction et folie : les ruses de la thérapisation », *L'Homme*, 131, pp. 7-27.

ORTIGUES E., 1981, *Religions du livre et religions de la coutume*, Paris, Le Sycomore.

ORTIGUES M.-C. et E., [1966]-1984, *Œdipe africain*, Paris, L'Harmattan.

OULD CHEIKH A.W., 1997, « Harun Wuld al-Shaikh Sidiyya (1919-1977), in *Le temps des marabouts. Itinéraires et stratégies islamiques en Afrique occidentale française v. 1880-1960*, ROBINSON D. et TRIAUD J.-L. (dir.), Paris, Karthala, pp. 201-219.

PARK M., [1800]-1982, *Voyage dans l'intérieur de l'Afrique*, Paris, Maspéro.

PETONNET C., 1982, *Espaces habités. Ethnologie des banlieues*, Paris, Galilée.

PIAULT C. (éd.), 1975, *Prophétisme et thérapeutique. Albert Atcho et la communauté de Bregbo*, Paris, Hermann.

POLLET E. et WINTER G., 1971, *La Société soninké (Dyahunu, Mali)*, Bruxelles, Éditions de l'Institut de sociologie, Université libre de Bruxelles.

POUTIGNAT P. et STREIFF-FENART J., 1995, *Théories de l'ethnicité*, suivi de BARTH F., *Les Groupes ethniques et leurs frontières*, Paris, PUF, « Le sociologue ».

PRADELLES DE LATOUR, C.-H., 2001, « Clivages et dérapages. Première et deuxième générations d'Africains en banlieue parisienne », *L'Homme*, 157, pp. 151-166.

QUIMINAL C., 1991, *Gens d'ici, gens d'ailleurs. Migrations soninké et transformations villageoises*, Paris, Bourgois.

QUIMINAL C., 1994, « Le rôle des immigrés dans les projets de développement et les formes de coopération possibles dans la vallée du fleuve Sénégal », *Migration et développement*, Paris, OCDE.

QUINN C.A., 1979, « Maba Diakhou and the Gambian Jihad 1850-1890 », in *Studies in West African islamic History*, WILLIS J.R. (éd.), vol. I, pp. 233-258.

RABAIN J., [1979]-1994, *L'Enfant du lignage. Du sevrage à la classe d'âge*, Paris, Payot.

REGOURD A., 1993, « Astres et astrologie chez Ibn Al-Qalanisi », *Bulletin d'études orientales*, Damas, t. XLIV, année 1992, pp. 69-77.

ROBINSON D. et TRIAUD J.-L. (dir.), 1997, *Le Temps des marabouts. Itinéraires et stratégies islamiques en Afrique occidentale française v. 1880-1960*, Paris, Karthala.

ROBINSON D., 1985, « L'espace, les métaphores et l'intensité de l'islam ouest-africain », *Annales ESC*, novembre-décembre, n° 6, pp. 1395-1405.

ROCHE C., 1985, *Histoire de la Casamance, conquête et résistance : 1850-1920*, Paris, Karthala.

ROSNY E. de, 1991, « La sorcellerie et ses parades », *Études*, t. 375, n° 5, pp. 475-486.

ROUCH J., [1960]-1989, *La Religion et la Magie songhay*, Éditions de l'Université de Bruxelles.

SAAD E.N., 1983, *Social History of Timbuktu, the Role of Muslim Scholars and Notables, 1400-1900*, Cambridge Studies in islamic Civilization.

SADJI A., 1958, *Maïmouna*, Paris, Présence africaine.

SALEM G., 1981, « De la brousse sénégalaise au boul'Mich : le système commercial mouride en France », *Cahiers d'études africaines*, XXI (1-3), pp. 267-288.

SAMB D., 1998, *L'Interprétation des rêves dans la région sénégambienne*, Dakar, Les Nouvelles Éditions africaines du Sénégal.

SAMUEL M., 1978, *Le Prolétariat africain noir en France*, Paris, François Maspéro.

SANDERVAL A.O., (vicomte de), 1882, *De l'Atlantique au Niger par le Foutah-Djallon, carnet de voyage*, Paris, P. Ducrocq.

SANNEH L.O., 1979, *The Jakhanke, the History of an Islamic Clerical People of Senegambia*, London, International African Institute.

SANTERRE R. et MERCIER-TREMBLAY C. (éd.), 1982, *La Quête du savoir. Essai pour une anthropologie de l'éducation camerounaise*, Montréal, Les Presses de l'université.

SANTERRE R., 1973, *Pédagogie musulmane d'Afrique noire. L'école coranique peule du Cameroun*, Presses de l'université de Montréal.

SCHMITZ J., 1983, « Un politologue chez les marabouts », *Cahiers d'études africaines*, XXIII (3), pp. 329-351.

SEMBÈNE O., 1973, *Xala*, Paris, Présence africaine.

SIMMEL G., [1908]-1976, « La société secrète », extrait de « Das Geheimnis und die geheime Gesellschaft » reproduit dans « Du secret », *Nouvelle revue de psychanalyse*, n° 14, pp. 281-305.

SINDZINGRE N., 1985, « Healing is as healing does : Pragmatic resolution of misfortune among the Senufo (Ivory Coast) », *History and Anthropology*, vol. 2, pp. 33-57.

SISSOKO F.D., [1936]-1960, *La Savane rouge*, Les Presses universelles.

SKINNER A.N. et CURTIN P., 1971, « The story of Malik Sy », *Cahiers d'études africaines*, XI (3), pp. 467-487.

SMITH P., 1979, « Aspects de l'organisation des rites », in *La Fonction symbolique. Essais d'anthropologie*, IZARD M. et SMITH P. (éd.), Paris, Gallimard, pp. 139-170.

SMITH P., 1991, « Rite », in *Dictionnaire de l'ethnologie et de l'anthropologie*, BONTE P. et IZARD M. (éd.), Paris, PUF, pp. 600-603.

SOARES B.F., 1997, *The Spiritual Economy of Nioro du Sahel : Islamic Discourses and Practices in a Malian Religious Center*, PhD, Evanston (Ill.), Northwestern University.

SOCÉ O., 1948, *Karim*, Paris, Nouvelles éditions latines.

SOW A.I. éd., 1966, *La Femme, la Vache, la Foi*, Paris, Julliard, « Classiques africains ».

SY M.O., 1971, « Considérations sur les principes constitutifs de la personnalité chez les négro-africains », *Bulletin de l'IFAN*, t. XXXIII, n° 1, pp. 14-62.

SYLLA O. et D'ALMEIDA L., 1997, « Législation et pratiques coutumières en matière de maladies mentales », in *La Folie au Sénégal*, D'ALMEIDA L. *et alii*, Dakar, Association des chercheurs sénégalais (ACS), pp. 229-256.

TALL E.K., 1984, *Guérir à Cubalel. Interprétation de la maladie et pratiques thérapeutiques chez les Haalpulaaren dans la vallée du fleuve Sénégal*, Paris, EHESS, thèse de 3e cycle en ethnologie.

TODOROV T., 1989, « Fictions et vérités », *L'Homme*, n° 111-112, pp. 7-33.

TODOROV T., 1973, « Le discours de la magie », *L'Homme*, t. XIII (n° 4), pp. 38-65.

TOUBON J.-C. et MESSAMAH K., 1990, *Centralité immigrée. Le quartier de la Goutte d'Or*, Paris, L'Harmattan-CIEMI (2 vol.).

TOURÉ A. et KONATÉ Y., 1990, *Sacrifices dans la ville. Le citadin chez le devin en Côte-d'Ivoire*, Abidjan, Éditions Douga.

TRAORÉ M., 1946, « Séances d'hypnotisme en Guinée », *Notes africaines*, n° 29, pp. 16.

TRIAUD J.-L., 1986, « Le thème confrérique en Afrique de l'Ouest ; essai historique et bibliographique », in *Les Ordres mystiques dans l'islam : cheminements et situation actuelle*, Paris, Éditions de l'EHESS, pp. 271-282.

TRIAUD J.-L., 1988, « Khalwa and the Career of Sainthood. An Interpretative Essay », in *Charisma and Brother Hood in African Islam*, CRUISE O'BRIEN D.B. et COULON C. éd., Oxford, Clarendon Press, pp. 53-66.

TRIAUD J.-L., 1997, « Introduction », in *Le Temps des marabouts. Itinéraires et stratégies islamiques en Afrique occidentale française v. 1880-1960*, ROBINSON D. et TRIAUD J.-L. (dir.), Paris, Karthala, pp. 11-29.

TRIAUD J.-L., 1997, « Le crépuscule des affaires musulmanes en AOF, 1950-1956 », in *Le Temps des marabouts. Itinéraires et stratégies islamiques en Afrique occidentale française v. 1880-1960*, ROBINSON D. et TRIAUD J.-L. (dir.), Paris, Karthala, pp. 493-519.

TRINCAZ J., 1981, *Colonisations et religions en Afrique noire. L'exemple de Ziguinchor*, Paris, L'Harmattan-CNRS.

TURNER V.W, [1969]-1990, *Le Phénomène rituel. Structure et contre-structure*, Presses universitaires de France, « Ethnologies ».

VERNANT J.-P. *et alii*, 1974, *Divination et rationalité*, Paris, Éditions du Seuil.

VIALLES N., 1987, *Le Sang et la Chair. Les abattoirs au pays de l'Adour*, Paris, Éditions de la Maison des sciences de l'homme.

VIDAL P., 1977, *Garçons et filles. Le passage à l'âge d'homme chez les Gbaya Kara*, Publications du Laboratoire d'ethnologie et de sociologie comparative, Université de Paris-X, Recherches oubanguiennes, n° 4.

VILLALÓN L.A., 1995, *Islamic Society and State Power in Senegal. Disciples and Citizens in Fatick*, Cambridge University Press.

VIROLLE-SOUIBÈS M. et TITOUH-YACINE T., 1982, « Initiation et imaginaire social en Kabylie », *L'Ethnographie*, LXXVIII, n° 87-88, pp. 189-225.

WEBER M., 1971, *Économie et société*, Paris, Plon.

WEIGEL J.-Y., 1982, *Migration et production domestique des Soninké du Sénégal*, Paris, ORSTOM, « Travaux et documents », n° 146.

WERNER J.-F., 1997, « Itinéraires individuels à la marge. Études de cas sénégalais », in *L'Afrique des individus. Itinéraires citadins dans l'Afrique contemporaine (Abidjan, Bamako, Dakar, Niamey)*, MARIE A. (éd.), Paris, Karthala, « Hommes et sociétés », pp. 367-403.

WESTERMARCK E., 1935, *Survivances païennes dans la civilisation mahométane*, Paris, Payot.

WILLIS J.R. éd., 1979, *Studies in West African Islamic History*, vol. I, *The Cultivators of Islam*, London, Frank Cass.

WULD AL-BARA Y., 1997, « Les théologiens mauritaniens face au colonialisme français : étude de fatwa-s de jurisprudence musulmane », in *Le Temps des marabouts. Itinéraires et stratégies islamiques en Afrique occidentale française v. 1880-1960*, ROBINSON D. et TRIAUD J.-L. (dir.), Paris, Karthala, pp. 85-117.

ZAFRANI H., 1986, *Kabbale, vie mystique et magie*, Paris, Maisonneuve et Larose.

ZEMPLENI A. *et alii*, 1986, « Causes, origines et agents de la maladie chez les peuples sans écriture », *L'Ethnographie*, n° 96-97.

ZEMPLENI A., 1968, *L'Interprétation et la thérapie traditionnelle du désordre mental chez les Wolof et les Lébou du Sénégal*, thèse en ethnologie, faculté des Lettres et sciences humaines, université de Paris.

ZEMPLENI A., 1975, « De la persécution à la culpabilité », in *Prophétisme et thérapeutique. Albert Atcho et la communauté de Bregbo*, PIAULT C. (éd.), pp. 155-218.

ZEMPLENI A., 1987, « Des êtres sacrificiels », in *Sous le masque de l'animal, essais sur le sacrifice en Afrique noire*, CARTRY M. (éd.), Paris, PUF, pp. 267-317.

ZEMPLENI A., 1996, « Savoir taire. Du secret et de l'intrusion ethnologique dans la vie des autres », *Gradhiva*, n° 20, pp. 23-41.

ZONABEND F., 1980, « Le nom de personne », *L'Homme*, XX (4), pp. 7-23.

Glossaire

Ne sont consignés ici que les termes les plus fréquemment rencontrés, à l'exception de ceux entrés dans le langage courant.

Les langues sont indiquées de la manière suivante :
ar. : arabe
md. : manding
pl. : poular
sg. : songhay
sn. : soninké
wl. : wolof

Les termes sans mention particulière consignent la prononciation locale de l'arabe, quand elle diffère de la prononciation classique.

abadjada (ar. *abjad*) : transcription cryptée (selon divers procédés) des lettres en chiffres, utilisée dans la divination et le travail maraboutique
alluwal (ar. *al-lawh*) : planchette à écrire
almuddo : disciple, jeune marabout
aniya (pl.) (ar. *niyya*) : intention
asraria, lasrari, sirru (ar. *sirr*, plur. *asrâr*) : secrets ; désigne toute pratique occulte apparentée à l'islam (ar. *ᶜilm al-asrâr* science des secrets)
aya : verset (du Coran) ; bain préparé avec l'écriture lavée ; *lotshital* (pl.), *nasi* (sg.), *safi* (md.)
badanal (pl.) : trouble non naturel
basmala (ar.) : dénomination de la formule *bismillah…*
baṯṯuta : magie maléfique
bidᶜa (ar.) : innovation blâmable
biledjo (pl.) : sorcier bénéfique
daara (wl.) : communauté agricole ou urbaine, rassemblant des disciples autour de leur maître
dabare (pl.) : travailler, jeter un sort

djilul (pl.) : maladie de la tête qui tourne
du^{c}*a* : prière d'intercession
fâ^{c}*ida* (ar.) : recette magique
fâtih̲a (ar.) : sourate d'ouverture du Coran
gandal (pl.) : connaissance
gandal sirru (pl.) : connaissance des secrets
h̲idjâb (ar.) : protection, amulette (terme employé surtout en milieu diakhanké)
ism (ar.) : nom de personne ; *inde* (pl.)
jinne (ar. *jinn*) : génie ou ange, être surnaturel peuplant l'univers et intervenant dans la vie des hommes comme dans le travail maraboutique
karâmâ (ar.) : pouvoir miraculeux attribué aux saints
khalwa (ar.) : réclusion mystique
khâtim (ar.) : (litt.) sceau ; carré magique ; tout écrit efficace
lappetaki (pl.) : (litt. : « ne doit pas être frappé ») ; talisman d'invulnérabilité
ligej (wl.) : travail, en particulier maraboutique
listikhar (ar. *istikhâra*) : procédé de divination par rêve nocturne
malâ'ika (ar.) : anges
miftâh (ar.) : clé ; par ext : clé des songes
nafsu (ar. *nafs*) : âme
ngabdi (pl.) : physiognomonie
njammnjeddo (pl.) : sorcier mangeur d'âme
ramli (ar. *khat̲t̲ bi-l-raml*) : géomancie
râwh̲ân : être surnaturel, ange, serviteur d'Allah
râwhaniyya (ar. *rûhâniyya*) : divination par appel des génies
rûh̲u (ar. *rûh̲*) : âme, souffle vital
sadaqa (ar.) : sacrifice, aumône, charité. *sarakh* (wl.), *sadaq* (pl.), *saraka* (md.)
safar (ar.) : voyage, mobilité, dispersion (terme diakhanké)
sharîf (ar.) : descendant du Prophète
shejtan (ar. *shajtân*) : génie maléfique, mauvais esprit
shirk (ar.) : associationnisme
sihr (ar.) : sorcellerie
silatigi (pl.) : maître des connaissances pastorales
sukhunja (pl.) : sorcier
taalibe (wl.) : élève d'école coranique, disciple
tabdîl (ar.) : transformation magique
tarîqa : voie soufie
tasbîh (ar.) : chapelet ; *krus* (pl.), *wirdu* (pl.)
tierno (pl.) : enseignant, maître, homme sage ; *serigne* (wl.), *karamokho* (md.), *fode* (md.)
timgal (pl.) : divination
tjedde (pl.) : cauris
tjorfol (pl.) : maladie mystérieuse

tjuraj (wl.) : parfum ; *kambere* (sn.)
tuppal (pl.) : divination dans l'eau
ute ndjamdi (pl.) : litt. « boubou de fer », vêtement d'invulnérabilité
waliyu (ar. *walî*) : saint
wonki (pl.) : principe vital ; *fit* (wl.)
yasi(n) : vêtement d'invulnérabilité

Index

N

O

P

R

S

T

U

V

Table des matières

Deuxième Partie

La connaissance

Troisième Partie

Marabouts et parisiens

Composition et mise en page :
FACOMPO, Lisieux

Achevé d'imprimer sur les presses de l'Imprimerie BARNÉOUD
B.P. 44 - 53960 BONCHAMP-LÈS-LAVAL
Dépôt légal : Décembre 2002 - N° d'imprimeur : 13708
Imprimé en France